WER **W9-AXF-715**

WITHDRAWN
L. R. COLLEGE LIBRARY

De Boor-Newald

Geschichte der deutschen Literatur

Band VI/1

GESCHICHTE
DER DEUTSCHEN LITERATUR

VON DEN ANFÄNGEN BIS ZUR GEGENWART

VON HELMUT DE BOOR

UND RICHARD NEWALD †

SECHSTER BAND / ERSTER TEIL

C.H.BECK'SCHE VERLAGSBUCHHANDLUNG
MÜNCHEN MCMLXXIII

VON KLOPSTOCK
BIS ZU GOETHES TOD

1750–1832

VON

RICHARD NEWALD †

ERSTER TEIL

ENDE DER AUFKLÄRUNG UND VORBEREITUNG DER KLASSIK

C.H.BECK'SCHE VERLAGSBUCHHANDLUNG
MÜNCHEN MCMLXXIII

ISBN 3 406 00725 2

Sechste, unveränderte Auflage. 1973
© C. H. Beck'sche Verlagsbuchhandlung (Oscar Beck) München 1957
Druck der C. H. Beck'schen Buchdruckerei Nördlingen
Printed in Germany

VORWORT

Der Band der Literaturgeschichte, der hier vorgelegt wird, trägt den Namen eines Mannes, der nicht mehr unter uns weilt. Am 28. April 1954 ist Richard Newald, der Mitbegründer des Gesamtwerkes, jäh aus dem Leben gerissen worden. In dem letzten Gespräch, das ich mit dem Freunde und Mitarbeiter hatte, sprach er, erfrischt aus den Ferien zurückkehrend, hoffnungsvoll von dem baldigen Abschluß seines 6. Bandes. Am nächsten Tage raffte ihn ein Herzschlag hin. Alle Pläne und Hoffnungen auf die gemeinsame Vollendung des Werks, an dem wir gemeinsam arbeiteten, waren zerstört.

Dieser Verlust trifft nicht nur das Gesamtwerk, er verzögerte auch das Erscheinen dieses Bandes, der nahe vor der Vollendung stand. Technische Schwierigkeiten erforderten mehr Überlegung und Arbeit, als zunächst vorauszusehen war. Nachdem eine Bestandsaufnahme von Newalds Hinterlassenschaft einen Überblick ermöglichte, ergab sich die Notwendigkeit einer Umdisponierung des ursprünglichen Plans. Sie führte zur Aufgliederung des 6. Bandes, der ursprünglich auch die ganze Weimarer Klassik und die ältere Romantik umspannen sollte, in zwei Halbbände. Dieser erste Halbband darf mit Recht als Eigentum Richard Newalds gelten; er ist sein Werk. Was Frau Dr. Helene Newald und in selbstloser Hilfsbereitschaft Professor Dr. Walther Killy für die Durchsicht, Abrundung und Ausfüllung von Lücken noch dafür geleistet haben, tut dem keinen Abbruch.

Der Grenzpunkt, der bei der Teilung des Bandes entscheidend war, ist gegebenermaßen Goethes italienische Reise. Der Halbband umspannt mithin chronologisch etwa 35 Jahre, entscheidende Jahre der deutschen Geistes- und Literaturgeschichte. Doch so wesentlich das Jahr der italienischen Reise als ein echter Wendepunkt auch ist – eine mechanische chronologische Grenze war damit nicht zu ziehen. Was von der Aufklärung fort- und zur Weimarer Klassik hinführt, Vorstufen, Seitenzweige und Durchbrüche von mancherlei Art, hört nicht mit einem Datum auf, und die Großen dieser Zeit, Lessing, Wieland, Klopstock, Herder, wirken in sie hinein. Es mußte erlaubt sein, über das Grenzjahr 1786 zum Teil erheblich hinauszugreifen, wo es sachlich erforderlich war. Wenn diese Epoche „vorweimarisch" genannt wird, so geschieht es im Sinne einer inneren Chronologie.

Die eigentliche Schwierigkeit ergab sich aus dem Zwang, die Darstellung Goethes und Schillers auf zwei Halbbände zu verteilen und sie verschiedenen Verfassern anzuvertrauen. Bei Newalds geprägter darstellerischer Eigenart wird der zweite Halbband nicht in dem Sinne eine Fortsetzung des ersten sein können, wie wenn das Ganze aus seiner Feder geflossen wäre. Doch ist es erstrebt – und hoffentlich auch gelungen –, die Darstellung des vorweimarischen Goethe, in der der bedeutendste Anteil Walther Killys liegt, und des jungen Schiller so zu gestalten, daß dem Fortsetzer, Professor Dr. Hans Egon Hass, die Grundlage der Fakten gegeben ist, ihm aber doch ein Rückgriff auf die vorweimarische Periode und deren Beleuchtung aus eigener Sicht offen bleibt. Im ganzen habe ich die Zuversicht, daß der Band als ein gerundetes Ganzes erscheint und sich als solches dem Gesamtwerk harmonisch einfügt.

Berlin, im Frühjahr 1957.   Helmut de Boor

INHALTSÜBERSICHT

EINLEITUNG

Gegenüber den Stoffmassen der deutschen Literatur, ihrer Gesamt- und Einzeldarstellungen muß sich jeder neue Versuch, sie zu ordnen und zu bewerten, rechtfertigen. Der Zeitraum von etwa 180 Jahren, den der 5. Band überblickte, zeigte sich als eine zwischen zwei klassizistisch-poetische Gesetzgebungen, die europäische von Scaliger und Ronsard und die deutsche von Gottsched, eingeschlossene Entwicklung, deren Höhepunkt in der Entfaltung ornamentalen Schmuckes und dem Losbrechen wilder Leidenschaft liegt. Die zwei Menschenalter deutscher Literatur dieses und des folgenden Bandes lassen sich als Entwicklung der schöpferischen Dichterkraft aus dem Chaos einer Revolution zum wohlgefügten Kosmos klassischer Harmonie und deren späterer Aufhebung ansehen. Doch hält diese Betrachtung nur leuchtende Entwicklungsfäden fest, nicht das verschlungene Gewebe des Hintergrundes, vor dem sich vielleicht das großartigste und immer wieder neu zu deutende Wunder der deutschen klassischen Dichtung entfaltet. Es hat mit der mittelhochdeutschen Blüte deutscher Dichtung gemeinsam, daß es sich in der dünnen Luft einer Höhe vollzieht, zu der vielen Zeitgenossen der Weg verschlossen blieb, und nicht unmittelbar in die Breite wirken konnte. Es gab seinen Schöpfern Maßstäbe in die Hand, deren Strenge sie an ihren eigenen großen Werken und an den kleinen der anderen erprobten. Dadurch erhielten die Urteile der Großen, eines Lessing, Herder, Goethe oder Schiller, Autoritätswert. Es ist häufig unterblieben, die Leistungen der anderen zu würdigen und ihren zeitlich bestimmten Standpunkt zu verstehen. Lessings Verdikt Voltaires, Goethes literarische Überschau (Dichtung und Wahrheit 10. Buch) und so manches boshafte Xenion lassen sich in den Formulierungen der Literaturgeschichten bis in unsere Zeit feststellen. Das ist ernster zu nehmen als Umwertungsversuche, die eine gelangweilte oder sensationssüchtige Leserschaft glauben machen wollen, daß alles auf den Kopf gestellt werden müsse und daß unsere Klassik eine Wiederaufnahme der Bestrebungen Gottscheds, ein literarischer Zopf oder derartiges sei.

Dazu konnte der wahllose Gebrauch der Worte Klassik und Klassizismus einladen. Übernehmen wir sie in der Bedeutung, die Rudolf Unger vorschlug, so wird in dem hier darzustellenden Zeitraum der Klassizismus – das ist die bewußte Auswertung der Antike oder anderer Vorbilder zur regelgebenden und ausschließlichen Norm – überwunden. Das formal Äußerliche, die praktisch-technische Einzelanweisung, die Reste der epigonenhaften Gelehrtendichtung erweisen sich nicht mehr als lebensfähig. Um 1740 war die deutsche Dichtung arm an schöpferischen Kräften. Sie glaubte, den Anschluß an die europäische Entwicklung durch die Nachahmung jener Moden zu erreichen, welche in Frankreich oder England herrschten. Aber gerade der französische Klassizismus, den Gottsched als Ziel aufgestellt hatte, wurde als Hindernis angesehen, das sich vor die nationale Sonderart stellte; denn mit der Besinnung auf diese bildeten sich die Wachstumsbedingungen für die religiöse Begeisterung, das bürgerliche Drama, für Barden- und Volkspoesie, Naturalismus und Leidenschaft. Den Alexandriner und *vers commun* verdrängten Blankvers und Hexameter. Im Bereich des Epos ist der französische Klassizismus durch Milton, Klopstock und Homer überwunden worden. Man verzichtete auf die Gesellschaftsdichtung zugunsten des Begeisterungsschwunges und des naiven Volksepos. Längere Rückzugsgefechte lieferte die französische klassizistische Tragödie dem neu in den Gesichtskreis tretenden Shakespeare. Man warf sich dieser neuen Wirklichkeit begeistert an die Brust. Den Vergleich mit Shakespeare hielt Voltaire nicht aus. Damit erledigte ihn Lessing.

So legte der Rationalismus einen Grundstein für das idealistische Formprinzip der klassischen Dichtung. Sie konnte auf die unfreie Nachahmung antiker Muster verzichten, weil sich aus Youngs Forderung entwickelte, daß nicht Inhalt, Stoff oder Ornament Vorbild sein können, sondern die Art und Weise, der Geist, aus dem die Griechen dichteten. In solchem Gegensatz zum Klassizismus eröffnete sich der Weg zu einem der bedeutsamsten Ziele deutscher Klassik, zur harmonischen Einheit des Menschen, zum Zusammenklang von Natur und Geist, Leib und Seele. Die Höhe klassischer Gesundheit verwirklichte sich im Griechentum und unter der Sonne Homers. Die Unbefangenheit seiner Natur ließ den griechischen Menschen das Rechte tun. Daraus wurde die Forderung abgeleitet, die Gottheit – worunter der außerweltliche Gott und die von ihm diktierten Gesetze zu verstehen sind – in den Willen aufzunehmen. So löse sich die Starrheit des Gesetzes, und der Mensch gewinne die Möglichkeit wieder, aus seiner Natur, d. h. wie die Griechen zu handeln. Alle Möglichkeiten einer Entwicklung zur klassischen Haltung und Lebensform lassen sich auf den Gegensatz zur klassizistischen Normung zurückführen. In dieser Bedeutung werden die Worte Klassizismus und Klassik im folgenden gebraucht.

Mögen sich diese gegensätzlichen Kunstauffassungen im fortlaufenden Gespräch über ästhetische Anliegen und Läuterung des Geschmacks widerspiegeln, so wird damit keineswegs die geistige Einheit des 18. gegenüber dem 17. Jahrhundert preisgegeben. Sie unterstellt sich einem rationalistischen Kulturideal und ruht auf Toleranz und Humanität. Man mußte jene vom Indifferentismus, diese vom Einfluß der Leidenschaften trennen. Beurteilung und Wertung des Christentums als einer geschichtlichen Erscheinung konnte damit einsetzen und eine neue Art des Denkens nach geschichtlichen Entwicklungsreihen eröffnen. Ja, man hätte zum erstenmal von objektiver Warte über die Konfessionen urteilen können, wenn diese ein solches Tribunal anerkannt hätten. Doch fehlte dazu das Verständnis für geschichtliche Erscheinungen, obwohl schon Voltaire die Geschichte – damals noch keine Spezialwissenschaft – mit philosophischem Geist an Stelle des theologischen gefüllt hat. Bodmer hingegen meinte, er schreibe eine Geschichte des menschlichen Verstandes, und Haller, er habe die Absicht, „Sitte und Gemütsart der Menschen in verschiedenen Zeiten zu schildern". Wie so ganz anders trat der deutsche Idealismus nach der vorbereitenden Tat Herders den geschichtlichen Erscheinungen gegenüber!

In der zu betrachtenden Zeitspanne vollziehen sich einschneidende Veränderungen auf allen Gebieten des geistigen Lebens. Wie das politische Denken und Geschehen in Europa im Zeichen der Französischen Revolution und ihrer Vorbereitung steht, so ist auch das Wissenschafts-, Kunst- und Moraldenken entscheidenden Umwälzungen unterworfen. Mode, Lebensstil, Geschmack und alles, was ein Zeitalter augenfällig werden läßt, wandelt sich. Befreiung von unerträglichem Zwang ist die Parole, die sich in einem Umsturz, in der Einfachheit des naturhaften Lebens, der Rückkehr zu einem vermeintlichen unverbildeten Urzustand, der Besinnung auf die eigene Vergangenheit, kurzum in einer anderen Einstellung zu allem Lebendigen erfüllt. Der langsame Fortschritt zu einem vollkommenen Staatswesen, den der aufgeklärte Absolutismus zu ermöglichen schien, entspricht dem segensvollen Wirken eines geregelten Geschmacks, wie ihn Voltaire als *homo litteratus* zum letztenmal für Europa bestimmen wollte. Dazu bedurfte es einer klugen Auswahl der Autoren.

Voltaire ist weder Original noch Genie noch selbständiger Denker. Dennoch stand er im geistigen Kampf ganz vorne, indem er seinen Sinn für das Aktuelle bewährte und eine einzig dastehende Lebenskraft äußerte. Er allein war der Umschlagplatz einer Zentnerlast von Ideen, die er verjüngte, denen er lebensfrische Wirkenskraft gab. Er hielt ein halbes Jahrhundert Europa in Atem. Er überraschte es mit immer neuen Leistungen. Deshalb gilt er als Repräsentant einer breiten geistigen Bewegung. Man setzte sich in Deutschland in verschiedenen Gebieten immer wieder auseinander mit ihm als dem Vertreter des Klassizismus, fortschrittlicher Tendenzen, seiner Nation oder einer literarischen Vorherrschaft. Es scheint paradox, daß Voltaire, der seinem Jahrhundert den Namen gab, bei den führenden deutschen Geistern keinen Eindruck hinterlassen hat. Er zog nur die Mittelmäßigen an. So fortschrittlich er auch sein mochte, er hat doch mehr in die Breite und wenig in die Tiefe gewirkt. Man stieß überall auf seine Gedanken, aber man nannte seinen Namen selten, weil man sich in seiner menschlichen Gegenwart nicht

1*

wohl fühlte. Er schuf Grundlagen, auf denen sich die deutsche Klassik entwickeln konnte. Die Popularphilosophen sind in seine Schule gegangen. Ihm verdanken sie ihre gewandte Prosa. Was immer die deutsche Sprache, auch die Lessings, aus Voltaire gewann und was sie von ihm lernen konnte, war *clarté* und *élégance*. Der Gegensatz zwischen dieser Ausdrucksweise und der neu emporsteigenden, die sich auf das Wesen der Sprache besann, löste sich schließlich in der geläuterten Sprache der deutschen Klassik. Sie ist nun nach einer Jahrhunderte währenden Entwicklung ganz in die Bezirke getreten, die das Lateinische als Rechts- und Gelehrtensprache, das Französische als Unterhaltungsmittel der höheren Gesellschaftskreise umspannt hatte.

Die landschaftliche Verschiedenheit schriftlicher Ausdrucksweise ist nun ausgeglichen, die neue Dichtersprache wird ohne Schwierigkeit in allen Teilen des deutschen Sprachgebietes verstanden, sie schöpft aus dem Reichtum der Mundart und der Sprache des 16. Jahrhunderts. Die Dichtung wendet sich an das Volk und an die höchsten Kreise. An den Platz der Erbauungsliteratur drängt sich ein minderwertiges Schrifttum, das Aufklärung verbreiten soll, Moral auf Vernunft gründet und Sensationslust befriedigt mit dem Äußerlichen, was als Brosame von den Tischen des Sturms und Drangs fiel, der Zutat und dem Kostüm von Rittern und Räubern. Die Kluft, die sich einst zwischen gelehrter und Volksdichtung durch die Anwendung der lateinischen Sprache gebildet hatte, hat sich nicht verengt, nur sind das Trennende jetzt Stoff, moralische Haltung und die in Niederungen des Geistes gesunkene Absicht des Dichters, zu unterhalten und zu belehren.

Noch ist der alte Unterschied zwischen Gesellschaftsdichtung und Lesestoff des niederen Volkes, zwischen Klarheit und Schwulst lebendig. Nicolai vertritt die Ansprüche des Publikums auf einen bildenden Lesestoff gegen das Volkslied. Die rationalistische Kritik aber weiß nicht zu unterscheiden zwischen dem lohensteinischen Schwulst, der begeisterten Sprache Klopstocks und dem Pathos der Geniezeit. Sie sieht das Äußerliche und glaubt zu wissen, daß hinter den Erscheinungen die gleiche geistige Haltung steht. Dennoch sind die Generationsunterschiede, ja die feindselige Einstellung der Söhne gegen die Väter, ebensowenig mit den Schlagworten „konservatives Alter" und „fortschrittliche Jugend" zu erklären, wie aus gewissen Ansichten und Vorurteilen die Zugehörigkeit zu einer Gruppe erschlossen werden kann. Glaubt man in der Verteidigung des Kindesmordes, der Forderung, seinen Motiven nachzugehen und den Einzelfall zu untersuchen, ein besonderes Merkmal der Geniezeit zu erkennen, so ist man enttäuscht, in Justus Möser einen der schärfsten Befürworter strenger Gesetzgebung gegenüber Kindesmörderinnen zu finden. Wir dürfen die drei Mitarbeiter an dem Buch „Von deutscher Art und Kunst", Herder, Möser und Goethe, nicht auf ein bestimmtes Programm, wohl aber auf ein gemeinsames Wollen verpflichten. Die vereinfachende Sicht auf das Zeitalter konnte zu der Behauptung führen, die deutsche Dichtung habe nun in Weimar, als zweiter Auflage des einstigen Landgrafenhofes in Thüringen, einen festen Mittelpunkt bekommen, wie ihn Frankreich in Paris besitze, und dadurch seien die landschaftlichen Entwicklungen bedeutungslos geworden. Dagegen ist zu sagen, daß zahlreiche Landschaften, wie etwa die alemannische, bayerische, schlesische, längst keine literarische Bedeutung mehr hatten, daß aber dennoch die Ausstrahlungen der Goethezeit zunächst nicht in solche Weiten gingen. Im Poetenwinkel Heitersheim bei Freiburg i. Br. singen in den ersten beiden Jahrzehnten des 19. Jahrhunderts J. G. Jacobi und Ittner noch genau so anakreontisch, wie es zu Halle 60 Jahre vorher kaum übermäßig modern gewesen war. Solche Tatsachen machen mißtrauisch gegen chronologische Bestimmungen aus stilistischen Merkmalen. Wir dürfen sagen, daß bei entsprechenden Wachstumsbedingungen, wie etwa in Österreich, die literarischen Entwicklungen ohne besondere Beeinflussung aus einer Weimarer Zentrale vor sich gehen und sich nach wie vor die Sonderart örtlicher Überlieferung bewährt. Es ist sinnvoller, von einer Leipziger oder Zürcher Diktatur um 1740 zu sprechen als von einer Weimarer unter Goethe und Schiller um 1795; denn mit dem Wesen der Klassik ist Diktatur unvereinbar. Es bleibt aber bedeutungsvoll, daß sich der Schwerpunkt der deutschen Dichtung aus Schlesien nach Leipzig und von dort nach Weimar verlagert hat, dank der Leistung dreier Landesfremder, des Frankfurters Goethe, des Ostpreußen Herder und des Schwaben Schiller, zur gleichen Zeit, als an der Universität Jena die Philosophie des deutschen Idealismus geformt wurde.

Nur vereinzelt ist das Epos bevorzugte Dichtungsgattung. Es tritt hinter der Lyrik, die teils den Volkston zurückgewann und teils von Pindar beschwingt wurde, und dem Drama nur manchmal hervor. Das Kräftespiel englischer und französischer Vorbilder kann dies veranschaulichen. Der Kampf zwischen Leipzig und Zürich bereitete den Boden für die Überwindung der Aufklärung und den Aufstieg des vorromantischen Irrationalismus. Man fand von Milton zu Shakespeare zurück. Der Aufstieg des Wunderbaren und die Entwertung der Regel erschlossen den Zugang zu Shakespeare. Aber nicht er war der ruhende Pol des schweizerischen ästhetischen Denkens, sondern Milton, weil man diesen als religiösen Erbauungsdichter verstehen konnte. Religiöse Erbauung aber glaubte Bodmer in Klopstocks Messias zu finden. Er konnte nur diese Wurzel des religiösen Epos sehen, nicht aber die andere lebenskräftigere des Schöpfertums. Deshalb sahen die Schweizer den Messias als Krönung ihres Wollens, als Abschluß an; die Vorahner der Geniebewegung dagegen mußten ihn als Anfang einer neuen Epoche erkennen.

Nicht in den Bezirken des Epos, sondern in denen des Dramas lagen stärkere Entwicklungsmöglichkeiten, die sich wie zwangsläufig in der Diskussion über Shakespeare entfalteten. Als ihn Voltaire und auf seinen Spuren Johann Elias Schlegel auf der Suche nach neuen Möglichkeiten für das klassizistische Drama zur beschränkt vorsichtigen Auswahl heranzogen und Lessing ihn unter die aristotelischen Naturgesetze des Dramas stellte, war der Blick im Geiste der Aufklärung noch auf das Stoffliche und Seelische oder auf die Führung der Handlung, nicht auf den Stil gerichtet. Erst als man sich von diesem angezogen fühlen konnte, war man für den neuentdeckten Meister begeistert. Das bedeutete die Überwindung einer klassizistischen Überlieferung, die von der Spätantike an zu verfolgen ist. Sie fühlte ihren Geltungsbereich bedroht und beharrte deshalb auf der festen Ordnung der Regel gegenüber dem Irrationalismus, der Geniebewegung und der Romantik. Ihre Vertreter verbauten sich damit selbst den Zugang zur Klassik und sahen sich nicht mehr verstanden. Die Auseinandersetzungen eines Nicolai, Lessing und Wieland mit der jungen Generation kennzeichnen diese klassizistische Haltung ebenso wie der Umstand, daß von hier aus, sowohl was die Wendung des eigenen Schaffens wie auch das Verstehen der neuen Werke betrifft, kaum ein Zugang zur klassischen deutschen Dichtkunst versucht wird, deren Ursprung aus dem abgelehnten Sturm und Drang verdächtig blieb.

In der Auseinandersetzung mit Gottsched im 17. Literaturbrief (1759) und Voltaire in der Hamburgischen Dramaturgie gewann Lessing sein Shakespearebild. Einige, wie der zwanzigjährige Nicolai (1753), ein anonymer Frankfurter (1753), der Übersetzer einiger Szenen aus Richard III. (1756) und der Basler Simon Grynaeus (1758) hatten gleichsam das Vorgelände von Lessings Schlachtfeldern abgetastet. Lessing bekämpfte seine Gegner mit den gleichen Waffen des Rationalismus, die auch ihnen zu Gebote standen. Auch ihm galt die Regel alles, aber er drang in ihr Wesen, indem er sie als geschichtlich bedingte Gegebenheit ansah. Er dachte weiter als seine Vorgänger und entdeckte, daß die Beziehungen des deutschen Dramas zum englischen inniger und fester sind als zum französischen. Auch hier stieß er an die Grenzen des Rationalismus vor und löste wider seinen Willen dem Irrationalismus die Zunge, indem er durch seine Denkbemühung zur Erkenntnis des Gleichklangs der Stile kam. Als Herder dies fühlte, dehnte er sein ahnendes Erkennen in die Weite, in Vergangenheit und Zukunft auf alle Literaturen aus, während Lessings Blick sich nach dem Prinzip richtete und vereinfachte. Dieser dachte als Aufklärer aus der Fülle erfaßter Erscheinungen nach Grundsätzen, während Herder als Irrationalist vom Grundsatz fort nach der Fülle der Erscheinungen hin dachte. So werden Wissen und Rüstzeug beider zu auseinanderliegenden, entgegengesetzten Zwecken verwendet. Dasjenige

Lessings erscheint wirksamer, steht an bestimmten Stellen zur Verfügung und gehorcht dem ordnenden Geist, das Herders verflüchtigt sich, nachdem es seine Aufgabe, einen Eindruck zu vermitteln, erfüllt hat. In der Gewinnung Shakespeares fand die deutsche Dichtung zu sich selbst zurück. Er ist der Dramatiker an sich, wie Homer der Epiker an sich ist, beide schöpferische Dichter, hinter denen die römische Antike, das Idol des Klassizismus, Vergil und der Stoizismus zurücktraten. Damit wurde das Band zerrissen, das die deutsche Entwicklung mit der romanischen verbunden hatte, und das Verständnis für alles erschwert, was zeitlich und örtlich jenseits dieses Vorgangs lag. Begeisterung und Liebe, mit denen sich Herder und die Geniezeit der neuentdeckten schöpferischen Kunst hingaben, stehen an den Anfängen der deutschen Literaturwissenschaft. Es wird in solchen Zusammenhängen oft behauptet, daß der spätere Verlust weltbürgerlicher Haltung und abendländischer Gemeinschaft die neuen Einsichten in das geschichtliche Werden nicht aufwiege. Aber mit einer solchen unhistorischen oder gar moralisch-pädagogischen Betrachtungsweise ist gegenüber der Vielfalt von Zusammenhängen nichts getan, die es zu erkennen und zu erklären gilt. Nachträglich entstandene politisch-historische Situationen oder Wunschträume der Gegenwart sind keine Maßstäbe gegenüber einem Zeitraum wie dem der deutschen Klassik, dessen Bild sich in langsamer, redlicher und ernster Kleinarbeit immer mehr verdeutlicht hat. Ist man doch heute geneigt, die Einheit des Zeitalters aus seiner ständigen Entwicklung zu gewinnen, scharfe Zäsuren abzulehnen und über den sichtbar werdenden Gegensätzen das Gemeinsame aufzusuchen. Die Zeiten sind vorüber, da in allzu billigen Parallelen Auf- und Umbrüche gefunden werden mußten.

Die deutsche Klassik wird als geläuterte Geniebewegung und als Rückkehr zu den Grundsätzen des Rationalismus angesehen. Faßt man sie allein so auf, so scheint die Anwendung des Wortes Klassizismus auf ihre künstlerische Ausdrucksform berechtigt. Spricht man von einer Ablösung der künstlerischen Prinzipien in kurzer Frist, so hat man vor Augen, daß trotz Lessing, als dem stärksten Vertreter des Klassizismus, sich die ausschlaggebenden Kräfte in der Geniebewegung sammeln und, zur Klassik geläutert, sich über deren abgesunkene Trabanten und Nutznießer Iffland und Kotzebue erheben. Es war nicht vorauszusehen, an welcher Stelle die Entwicklung ihren Höhepunkt erreichen werde – man könnte sich vorstellen, daß dieser bei Lessings Klassizismus oder im Sturm und Drang hätte liegen oder zwei Stilprinzipien unentschieden um den Vorrang hätten streiten können. Aber die Vorstellung vom organischen Wachstum kennt keine Sprünge oder Unterbrechungen, hingegen Läuterungsvorgänge, Evolutionen und Rückbesinnungen. So vereinigen sich Elemente verschiedenster Herkunft zu einer schnell wieder sich auflösenden harmonischen Einheit. Man kann also in der

Hinwendung der deutschen Klassik zum Griechentum eine Rückkehr zu Winckelmann und eine Erhöhung des Klassizismus sehen, wie man in der Vielfalt der Gestalten einer Iphigenie, eines Tasso, Faust, Meister, Egmont, Wallenstein, Max Piccolomini, Tell und einer Maria Stuart die vollendete Kunst der Individualisierung erblicken kann.

Bei der Beurteilung dieser Vorgänge ließ man sich, veranlaßt von den vielen literarischen Auseinandersetzungen und Feindschaften, in der Deutung einzelner, in besonderen Zusammenhängen oder vertraulich geäußerten Ansichten dazu verleiten, an feste, ästhetisch-doktrinäre Programme zu glauben, die Dichter nach ihrer Anhängerschaft in Parteien zu ordnen, nicht auf ihre Entwicklung zu achten und ihre mehr oder weniger vorhandene Linientreue zu registrieren. Aber sie waren doch mehr als Kinder derselben Zeit, Angehörige verschiedener Generationen, oder sonst Geister, die von allerhand Erscheinungsformen abhängig sind: sie sind zu den höchsten Erkenntnissen vorgestoßen und ließen die meisten mehr oder weniger weit hinter sich zurück. Das läßt sich am Wandel der Ideen, Probleme, Gestalten und Vorbilder sowie der Auffassungen, Urteile und Gesichtspunkte beobachten. Sobald die bewegenden Kräfte sich zur Gestaltung einer geschlossenen, harmonischen Einheit vereinigen und das Vorbild – seien es die Griechen oder Shakespeare – nicht als Norm oder Schablone, sondern gleichfalls wie die eigene Leistung als in sich geschlossene, harmonische Einheit angesehen wird, haben wir von Klassik zu sprechen. Werke, die in deren Zeichen stehen, sind das Ergebnis naturhaften Wachstums. Werke des Klassizismus können ihnen ähnlich sein, aber sie sind unter der Beobachtung gewisser Regeln und Gesetze entstanden. Von hier aus ist ein Zugang zur Klassik möglich, also von Winckelmann und Lessing zu Goethe und Schiller, genau so wie die erstarrende Klassik wieder zum Klassizismus führen kann. Erst durch die Abklärung des Sturms und Drangs, d. h. mit der Auswertung seiner gesunden Kräfte, konnte die Klassik sich über den Klassizismus erheben, konnten Gottsched und Opitz endgültig überwunden und ihre Wirkungen aufgehoben werden. Das konventionell-aristokratische Ideal, die Erbschaft des 17. Jahrhunderts, ging im Naturalismus der individualistisch-demokratischen Kunst der Geniebewegung unter. Diese erfüllte also eine zerstörende und eine in die Zukunft weisende Sendung. Aber erst mit dem Hinüberführen des Individuellen in das Allgemeine, Wesenhafte gewann die Geniebewegung den Zugang zur Klassik. Für Herder war die Kunst Wesensausdruck. Wenn Schiller von den „unveränderlichen Schranken" der französischen Kunst spricht, so bezeichnet er sie als Vorstufe zum Ideal der Kunst und trennt damit den Klassizismus von der Klassik als dem „hohen Urbild" der Kunst. So standen Klassizismus und Klassik in der gleichen Front gegen den Naturalismus, die Formlosigkeit des Sturms und Drangs.

Aber die Klassik hob sich darin vom Klassizismus ab, daß dieser sich an das alte horazische Rezept des *prodesse* und *delectare* hielt, während jene sich nach ewigen menschlichen Werten ausrichtete, d. h. sie unterschieden sich darin, daß „ihre lebendigen Bewegungen gegeneinander laufen".

Die klassische Höhe einer jeden Nationalliteratur überwindet immer die Enge der sogenannten völkischen Bezirke. Sie nimmt das dem Wesen der Nation Entsprechende in kluger Auswahl, woher es immer kommen mag, auf und verwertet es, wenn sie es harmonisch in ihr Weltbild einordnen kann. Die Harmonie dieses Weltbildes steht nicht unter pedantisch zu beobachtenden Regeln, sondern unter jenen Gesetzen des geistigen Lebens, die ähnlicher Art sind wie die platonischen Ideen und sich nicht kodifizieren lassen. Ein solcher epigonenhafter Versuch macht das klassische Gesetz zur klassizistischen Regel. Die Geschichte des antiken Erbes im Abendlande lehrt, daß der Zugang zu Platon erst im 18. Jahrhundert erschlossen wurde und die sogenannten platonischen Ideen bis dahin in der neuplatonischen Gestalt sichtbar wurden. Sie lehrt uns auch, daß jede künstlerisch-geistige Einheit, die als Klassik bezeichnet werden kann, nach der revolutionären Überwindung einer klassizistischen Periode, in der die Regel erstarrend wirkte, eintritt und ihr meist nur kurze Dauer beschieden ist; denn die Erkenntnis von Gesetzen, die nicht als Zwang, sondern als ordnende Mächte in allen geistigen Bereichen empfunden werden, ist die Voraussetzung eines Kosmos, der dem Chaos folgt und von einer mechanisch geregelten Ordnung abgelöst wird. So ist der Begriff Klassik auf die geistige Lebensform überhaupt übertragen und angesehen worden als „das Vermögen, die geistigen und seelischen Kräfte eines Volkes, die sonst einseitig neben- oder gegeneinander wirken, zu einer Einheit zusammenzuzwingen und dadurch das Gesetz für das Leben eines Zeitalters zu schaffen". Diese Definition Buchwalds umfaßt Denken, Dichten, Kunstschaffen als schöpferische Eigenschaften. Beschränkt sich unsere Darstellung auch auf das Werden der Dichtung, so läßt sich der geistige Hintergrund, der deutsche Idealismus, davon nicht trennen. Begriffe wie Freiheit, Gesetz, Ordnung bestimmen den künstlerischen Schaffensprozeß, nachdem die Urkraft des Genies sich geläutert hat. Das ist die Voraussetzung davon, daß das sittliche Handeln sich genauso der *mâze* unterstellt, wie die Kunst unbewußt der Harmonie dient. So wird auch der geistig-künstlerische Gleichklang zwischen der Blüte mittelalterlich-höfischer Dichtung und der klassischen Höhe deutscher Dichtung am Ende des 18. Jahrhunderts vernehmbar.

Im Gegensatz zur erstarrten Aufklärung und ihrer rationalistischen Grundhaltung entwickelte sich das neue Denken, wie sich im Gegensatz zur Regel die neue Dichtung entwickelte. Dem Mechanismus der Ableitung, der psychologischen und naturwissenschaftlichen Analyse stellte sich die Natur entgegen, die sich freiwillig offenbart und der die letzten Geheimnisse des Lebens nicht mit Hebeln und Schrauben abzutrotzen sind. Mit erfühlten Gründen, nicht mit ableitender Beweisführung wurden die Voraussetzungen des Rationalismus erschüttert, als dessen Zweck und Ziel die Zerstückelung der Einheit und Wirklichkeit des Lebens angesehen wurde. Zu deren Herstellung bedurfte es schöpferischer Kräfte. Die Rückbesinnung darauf schlägt eine Brücke zum Zeitalter der Renaissance. Wie dieses in den Ausdrucksformen römischer Sprache, Bildhauerei und Baukunst die lebenspendenden Ideen, die *vis superba formae*, wirken sah, die es aus der Erstarrung löste, so erkannte man jetzt im Unverbildeten, Naturhaften, Einfachen, im Volk, an den Ursprüngen das Echte und Wahre. Die Zusammenhänge zwischen den beiden Perioden liegen in der Forderung Zurück! Sie rief das einemal zu den Quellen und das anderemal zur Natur in der Erkenntnis, daß im Kunstwerk überirdische Kräfte wirken. Diese werden dort in der bildenden Kunst, hier in der Dichtung sichtbar, ja in gleichen Gestalten und Symbolen wie Prometheus, Niobe, in der Aufnahme von Stoffen und Motiven wie Götz, der Wiederkehr des Herrenmenschentums, kurzum in einer tiefen geistigen Verwandtschaft, als deren Urgrund man neuplatonisches Denken angenommen hat. Das hat dazu geführt, den Anteil der religiösen Kräfte an den geistigen Bewegungen in Rechnung zu stellen, die Klassik enger an die Reformation anzuschließen, die inneren Zusammenhänge zwischen Ronsard, der Pleiade, Spensers idealistischer Dichtung, dem englischen Sturm und Drang, Shakespeare und der deutschen Dichtung der Goethezeit zu erkennen: die deutsche Dichtung habe sich mangels einer ausgebildeten Sprache, weil die geistigen Interessen der Nation in der Erörterung religiöser Probleme lagen, ein geistiger und kultureller Mittelpunkt fehlte, erst 200 Jahre später als die der westeuropäischen Völker entfalten können, dann aber die Entwicklung mit einem Schlage nachgeholt; schließlich sei dank der weltbürgerlichen Einstellung erst Ende des 18. Jahrhunderts eine deutsche Dichtung möglich gewesen, die über den landschaftlichen Sonderentwicklungen im ganzen deutschen Sprachgebiet allgemeine Geltung gewonnen und damit die politische Einheit des deutschen Volkes angebahnt habe. Zudem sei dies erst in einer Zeit möglich gewesen, die die religiösen Bekenntnisse nicht mehr so wichtig nahm. Damit soll angedeutet sein, wie verzweigt und kaum zu erschöpfen die gesamte Fragestellung, ja wie schwierig es ist, auch nur Kernpunkte festzuhalten.

Wesentlich scheint mir die Betonung des Menschentums zu sein, der Versuch, es jetzt mit oder ohne die Mittel der Religion zu erhöhen und in einer neuen geistigen Welt zu begründen. Dazu taugte weder der Optimismus der Aufklärung noch die Erwägung über das Nützliche solcher Unternehmung. Das Gefüge dieser geistigen Welt war nicht mehr dadurch zu gewinnen, daß man sie in Einzelheiten auflöste, sondern dadurch, daß man den bewegenden Kräften nachging, den Gesetzen, den Urgründen, der μορφή. Die neue Wissenschaft Morphologie ist für Kunst und Natur, Ästhetik und Naturwissenschaft in gleicher Weise verbindlich. Sie bietet die Möglichkeit, die großen Einheiten, Kultursysteme, Völker zu erfassen. Im Gegensatz zu Kant haben Hamann, Herder, Jacobi und Schiller solche Ansichten vorgetragen. Ihr Vorstoß zur Erkenntnis von Gesetzen hob den Gegensatz auf und führte die getrennten Wege zusammen, ähnlich wie die Erkenntnis des ästhetischen Gesetzes die Möglichkeiten schuf, daß Klassizismus und Klassik übereinstimmen konnten.

Die feindliche Stellung, welche die jungen Genies gegenüber Nicolai als verkörperter Aufklärung bezogen, konnte leicht dazu führen, mit dieser die Vorstellung der Starrheit zu verbinden, gegen welche sich dann das Gesetz der Bewegung durchsetzte. Dennoch ist mit dem Wesen der Aufklärung im Sinne von Voltaire und Lessing der Geist langsamen Fortschritts aufs engste verbunden. Sie sind die Vollender des Klassizismus, wenn sie versuchen, altersschwache Regeln durch neue zu ersetzen. Das Verhältnis zwischen Voltaire und Rousseau ist dem zwischen Lessing und Goethe sehr ähnlich; denn zwischen Voltaire und Lessing besteht nur ein Unterschied in der Anwendungsart fester Grundsätze, während die revolutionäre Bewegung die Möglichkeit solcher Grundsätze überhaupt bezweifelte. In dem Augenblick aber, da man zu festen Grundsätzen zurückkehrte und wieder an langsamen Fortschritt glaubte, konnte man an die Aufklärung anknüpfen. Ja, die Klassik stellte sich in engsten Zusammenhang mit ihr: Kant wurde der Philosoph des Idealismus, Schiller empfand die Rückkehr zur Dramatik Voltaires als heilsam. Aber der Dichter der Jungfrau von Orléans wehrte sich doch gegen die frivole parodistische Behandlung seiner Heldin als *Pucelle*. Er spürte diesen ihm verhaßten Geist Voltaires auch in Blumauers Äneis. Er verachtete sie ähnlich wie die regel- und formlosen Werke des Sturms und Drangs. Man verleugnete diese gleichsam oder schämte sich ihrer und bekannte sich lieber zu einer ruhigen, steten Entwicklung.

In der Übereinstimmung Kants mit dem Irrationalismus erblickt Hermann Nohl den Beginn der deutschen Bewegung, die den Forderungen folgt, sich an die Erfahrung, nicht an den Begriff zu halten, den wahren Inhalt des Lebens aus dem Zusammenhang unseres Bewußtseins abzuleiten. Damit wird die Skepsis überwunden, die Einheit von Erfahrung und Erlebnis begründet, die Geschichte als Ganzes gesehen. Über Kant hinausgehend erfüllte Schiller die Ethik mit ästhetischem Gehalt und erkannte Fichte die Freiheit des Geistes als Prinzip der Wirklichkeit.

Es war die Dichtung, die über Rationalismus und Nützlichkeitsstandpunkt siegte, Lebenszusammenhänge erschloß, ästhetische Maßstäbe schuf und den Grundstein der Erkenntnislehre und neuen Ethik legte, den Weg zum Verständnis des Endlichen und Unendlichen öffnete, den Pantheismus erhob und die Rückkehr zur Metaphysik und Mystik anbahnte. Was der Rationalismus zerstört oder aufgehoben hatte, bemühte sich der Idealismus wiederherzustellen: „Die religiöse Gewißheit und die Verbindung mit dem Ewigen." Der gleichzeitige Übergang vom Weltbürgertum zum Nationalstaat, die redlichen geistigen Bemühungen, in eigenen Untersuchungen, in Briefen und Gesprächen über die tiefsten Probleme der Menschheit ins klare zu kommen, die von Theoretikern des 18. Jahrhunderts vertretene Auffassung der Deutschen als Menschheitsnation führten dazu, jene von Hermann Nohl nur auf die Höhe des deutschen Idealismus angewendete Bezeichnung „Deutsche Bewegung" auf die Goethezeit überhaupt auszudehnen und eine Zeitlang überhebliche Feststellungen damit zu verbinden.

Die Verklärung, die über gleichgerichteten klassischen Zeitaltern immer wieder strahlt, läßt das harte Ringen, die Schärfe der Auseinandersetzung mit gegnerischen Kräften, ja mit den eigenen Jugendidealen oft vergessen. Sie macht es uns schwer, so manches sonderbare Urteil der Zeitgenossen zu verstehen, die dem Werdenden zu nahe waren, sich von persönlicher Abneigung bestimmen ließen und Entwicklungen noch nicht sehen konnten. Wenige Mitlebende vermögen zu erkennen, ob der dunkle Drang den rechten Weg weist und wohin dieser führt. Deutlich glaubt es der Nachfahre wahrzunehmen, dem der geschichtliche Abstand Möglichkeiten der Beurteilung und Ordnung gibt. Er sieht den Verlauf, bestimmt Höhepunkte und Hemmungen, erkennt das Kräftespiel des Verstandes mit dem Gefühl, den Gegensatz zwischen Natur und Geist, Starrheit und Bewegung und wie solche Begriffspaare auch immer heißen mögen. Er wertet und ordnet nach seinem Empfinden, ohne sich immer klar darüber zu sein, daß er Denkhilfen schafft, die sich für andere Zwecke als unbrauchbar erweisen können. Der Blick auf die geistige und dichterische Entwicklung des 18. Jahrhunderts zeigt, daß der Rationalismus festumrissene Ausdrucksformen wählt, der Irrationalismus nach der Möglichkeit sucht, das körperliche und geistige Erleben wiederzugeben, und der Idealismus dahin strebt, das Wahre und Gute, die Ziele der Wissenschaft und Ethik, mit dem Schönen, dem Ziel der Kunst, harmonisch zu vereinen. Diese drei Sehweisen in ständig fortschreitender Entwicklung, ihr Widerspiel und ihre Auflösung hat H. A. Korff in seinem „Geist der Goethezeit" dargestellt, dem Hauptwerk der Geistesgeschichte, das die zwei Menschenalter 1770–1830 als Einheit im Zusammenhang der Ideen behandelt.

Es ist oft gesagt worden, die Bildungskrise der Gegenwart sei aus der Entfernung von der deutschen Klassik, ihrer Einheit und ihrer Denkweise zu erklären und durch eine Rückkehr dahin zu beheben, als ob mit solchen Rezepten und Heilmitteln geistige Entwicklungen aufgehalten oder angebahnt werden könnten. Damit wird eine Doktrin bereitgestellt, die eine andere verdrängen soll. Das aber heißt, die Gedanken einer ständig bewegten und darum geistig so reichen Zeit in ein System zwingen, von dessen Anwendung und Auswirkung Wunder erwartet werden. Die feste Masse des Klassizismus und der Aufklärung läßt sich in Regeln bannen, die vom Genius geschaffenen Werke stehen unter eigenen Gesetzen. Regeln konnte der witzige Kopf lehren und anwenden. Der schöpferische Geist aber erfühlte das Kunstgesetz. Es wird uns sichtbar im reifenden Werden und erfüllt sich in der Unendlichkeit. Deshalb sind die Grenzen der Klassik ebensowenig zu bestimmen wie die Möglichkeiten schöpferischen Gestaltens. Man sollte sich der Willkür solcher Grenzziehungen bewußt bleiben und sie als Ursache oder Voraussetzung von Polaritäten und Widersprüchen nicht zu ernst nehmen. Die Begriffe Klassik und Idealismus fordern uns auf, auch in der Bewegung eine harmonische Einheit zu erkennen. Der Vorwurf mit dem deutlichen Hinweis auf das Faustische im 19. Jahrhundert und der Gegenwart, diese Denkart habe den Deutschen über die festen Grenzen seines Daseins gehoben, stellt die Werte von Klassik und Idealismus in Frage und macht sie als Hybris zu Schuldigen am Unglück unserer Zeit. Solchem Heidentum sei nur mit neu erstehenden religiösen Haltungen zu begegnen, dem Dogma der Klassik mit dem Dogma des Christentums. Meinungen solcher Art gegenüber könnte der Apologet des Christentums auch zum Apologeten der Klassik werden; denn die Aufklärung hatte sich am weitesten vom Christentum entfernt, Idealismus und Klassik werten es wieder als geschichtliche Erscheinung. Darin liegt die große Leistung Herders.

Der geistige Auftrag an unsere Zeit, die große Revision der Kunst- und Wissenschaftsbestände nach ihren dauernden Werten vorzunehmen, verlangt eine ehrfurchtsvolle Begegnung mit der deutschen Klassik und dem deutschen Idealismus. Wir erblicken in ihren Schöpfern größere Schicksalsgenossen, die in einer Zeit des Umbruchs sich mit revolutionären Ideen auseinandersetzten und unter der Bedrückung ihrer staatlichen und nationalen Selbständigkeit standen. Sie konnten es, weil sie eine geistige Wiedergeburt erfahren, die großen ewigen Ideen der Menschheit zurückgewonnen und den Sinn des Lebens in einem neuen Menschentum gefunden hatten. Sie nahmen die neuerworbene geistige Freiheit im Sinne einer höheren zwanglosen Ordnung wie ein Geschenk aus Götterhänden entgegen. Sie wußten um die Schuld, in die der Mensch aus den Urgründen seiner Seele und durch das Schicksal verstrickt werden kann, und errangen sich die Unabhängigkeit vom Schicksal. Deshalb bekannten sie sich zu einer veredelten Lebensfreude, die sich aus der unwirklichen Welt der Anakreontik, aus der stillzufriedenen Selbstgenügsamkeit einer geselligen Kultur emporgeläutert hatte. Das

Werden der deutschen Klassik zeigt, wie sich Goethe und Schiller aus
solcher vorgeformten Gedankenwelt in hartem Ringen mit der eigenen
Dämonie befreiten. Sie können uns lehren, das ewig Beständige zu erkennen und dem Vergänglichen nicht sinnlos nachzutrauern, dem Un-
vergänglichen aber ehrfurchtsvoll zu begegnen.

LITERATUR

Gesamtdarstellungen: H. A. Korff, Geist der Goethezeit, 4 Bde. Leipzig 1923–53.
F. Martini, Die Goethezeit, Stuttgart 1949. K. Viëtor, Deutsches Dichten und Denken
von der Aufklärung bis zum Realismus, 2. Aufl., Berlin 1949. K. J. Obenauer, Das
deutsche Schrifttum von 1700 bis 1830, Potsdam 1941. J. Petersen, Aus der Goethezeit, Leipzig 1932. W. H. Bruford, Die gesellschaftlichen Grundlagen der Goethezeit, Weimar 1936. H. Nohl, Die deutsche Bewegung und die idealistischen Systeme,
in: Logos 2 (1911/12) S. 350–59. B. Rosenthal, Der Geniebegriff des Aufklärungs-
zeitalters, Berlin 1933. H. Schmeer, Der Begriff der „schönen Seele" besonders
bei Wieland und in der dt. Literatur des 18. Jahrh., Berlin 1926. H. M. Wolff, Die
Weltanschauung der deutschen Aufklärung in geschichtlicher Entwicklung, München
1949. M. Kommerell, Der Dichter als Führer in der deutschen Klassik, Berlin 1928.
Ders., Geist und Buchstabe der Dichtung, 2. Aufl., Frankfurt 1942. F. Schultz,
Klassik und Romantik der Deutschen, 2 Bde. 2. Aufl., Stuttgart 1952. F. Strich,
Deutsche Klassik und Romantik oder Vollendung und Unendlichkeit, 4. Aufl., Bern
1949. Ders., Die Mythologie in der dt. Literatur von Klopstock bis Wagner, 2 Bde.
Halle 1910. E. Franz, Dt. Klassik und Reformation, Halle 1937.

Problematik: W. Muschg, Die dt. Klassik, tragisch gesehen, in: Abhandlungen der
Klasse der Literatur, Akademie der Wissenschaften und der Literatur, Wiesbaden 1952,
Nr. 4, S. 85–101; erweitert in Tragische Literaturgeschichte, 2. Aufl., Bern 1953, S. 206
bis 241. J. Hoffmeister, Die Heimkehr des Geistes, Hameln 1946. K. Berger, Menschen-
bild und Heldenmythos in der Dichtung des dt. Idealismus, Berlin 1940. E. Busch,
Die Idee des Tragischen in der dt. Klassik, Halle 1942. B. v. Wiese, Die dt. Tragödie
von Lessing bis Hebbel, 2. Aufl., Hamburg 1952. K. Francke, Weltbürgertum in der
dt. Literatur von Herder bis Nietzsche, Berlin 1928. W. Rehm, Griechentum und
Goethezeit, 3. Aufl., Bern und München 1952. Ders., Götterstille und Göttertrauer,
München 1951. Ders., Das Werden des Renaissancebildes in der dt. Dichtung vom
Rationalismus bis zum Realismus, München 1924. Ch. Ephraim, Wandel des Grie-
chenbildes im 18. Jahrh., Bern und Leipzig 1936. E. M. Butler, The Tyranny of
Greece over Germany, Cambridge 1935. H. A. Korff, Voltaire im literarischen
Deutschland des 18. Jahrh., 2. Bde., Heidelberg 1917/18. F. Gundolf, Shakespeare
und der dt. Geist, 1. Aufl., Berlin 1911. A. Bettex, Der Kampf um das klassische Weimar 1788–1798, Zürich 1935. R. Buchwald, Das Vermächtnis der dt. Klassiker, Leipzig
1947.

DIE SPRENGUNG DER KLASSIZISTISCHEN TRADITION

Die entscheidenden Ereignisse in der Geschichte der deutschen Dichtung zwischen Klopstocks Messias, Wielands Agathon und Lessings Hamburgischer Dramaturgie, auf denen im folgenden der Schwerpunkt liegt, zeigen die Auflösung des strengen Klassizismus Gottschedscher Ordnung in zwei voneinander unabhängige Bezirke, den gemäßigten Kanon einer veränderten ästhetischen Gesetzgebung für Drama und Roman und ein neues Dichtertum, wie es der Messias und die aus der Begeisterung geschaffenen Oden verkörperten. Klopstock konnte an die Zürcher Kunstrichter anknüpfen, zu deren Gunsten er den Streit gegen Gottsched entschied. Daß er sich aber so schnell von Bodmer trennte, zeigt, wie schmal die Grundlage für das gegenseitige Verstehen war. Dennoch sind von der Schweiz entscheidende Anregungen ausgegangen, da hier das neue Naturgefühl erwachte und mit der Lösung vom französischen Vorbild die Wendung zu den Engländern sichtbar wurde. Mag Lessing in seinen Musterdramen auch nur den Weg zu einem Ziel gewiesen und sich ebenso wie Wieland an theoretische Richtlinien und praktische Vorbilder gehalten haben: das Ziel lag noch immer da, wo es Opitz aufgestellt hat. Es war nun erreicht, die deutsche Literatur stand ebenbürtig neben den übrigen europäischen, die deutsche Muse trat nicht mehr zum Wettlauf mit der französischen, sondern mit der englischen an. Aber als sich die Träume des 17. Jahrhunderts unter andern Voraussetzungen zu erfüllen schienen, war von Siegesstimmung wenig zu verspüren, weil die Regel, der man so lange vertraut hatte, sich nicht mehr als Stütze erwies. Das brachte Wieland um seinen Ruhm. Seine großen Leistungen waren schnell überholt, man warf ihm vor, den wahren Shakespeare verfälscht zu haben, und über dem Agathon erhob sich der Werther. Darüber vergaß man Wielands sprachliche Leistung, seine geschmackbildende Wirkung und den praktischen Beweis, daß man auf deutsch genau so anmutig und geistreich erzählen könne wie auf französisch. Das Brüchigwerden der Regeln bedingte das Ausschöpfen der Möglichkeiten, die der Klassizismus bot. Unter solchen Voraussetzungen sehen wir hier mit dem Höhepunkt klassizistischer

Grundgesetze auch die Grenzen erreicht, die keine Regel überschreiten kann. Der spätere Kampf gegen die Regel war leicht zu führen, weil die Art, wie Vorbilder verwertet werden konnten, äußere Schablone geworden war. Die letzten Bastionen des französischen klassizistischen Dramas zerstörte Lessing, aber das Triumphgeschrei stimmten die Genies an, deren Weg über die Trümmer nicht sehr beschwerlich war und keine Denkarbeit erforderte.

ERSTES KAPITEL

KLOPSTOCK UND DIE BARDEN

Bei wenigen Dichtungen setzte sich die Überzeugung von ihrer geschichtlichen Bedeutung so schnell fest wie bei denen Klopstocks. Doch befriedigen die Versuche nicht, seine Werke in einer geistes- oder stilgeschichtlichen Kategorie unterzubringen. Das liegt an seiner besonderen Ausdrucksweise, welche die Klarheit Lessings vermissen läßt, an seinem Stil, seiner Bindung an alte Überlieferungen, ja an seiner unbewußten Rückkehr zu alten geistigen Haltungen und auch daran, daß er an den festen Kategorien einer normativen Ästhetik und geistes- und stilgeschichtlichen Begriffen gemessen wurde. Die Klopstockforschung steht vor der schwierigen Aufgabe, sich mit seinem Wortschatz und dessen Bedeutung auseinanderzusetzen; denn Klopstock gibt oft den Worten einen anderen Sinn als seine Zeitgenossen. Als Feind aller Polemik verzichtet er auf eine scharfe Prägung seiner Begriffe. Es müssen daher auch ihre Gefühlswerte bestimmt werden. Klopstock begreift das Neue als Ahnender. Das Gefühl ist ihm alles. Weil man so viel von seinem dichterischen Schöpfertum und seinen Visionen sprach, verschloß man sich lange der Erkenntnis, daß er nicht durch das Auge, sondern durch das Ohr die stärksten Eindrücke gewann, daß er von Ton spricht, wo wir von Stil sprechen. Darauf hätte auch das Schwebende und Geistbezogene seiner Vergleiche hinweisen können, die das Geschehen nicht deutend auslegen, sondern Stimmung vermitteln wie die Musik, mag es sich um die erbauende Wirkung des *Messias*, die Begeisterung der Ode für Religion, Vaterland oder Freundschaft handeln. Stoff, Erlebnisgehalt, Erkenntnisse oder Lehren stehen zurück hinter der Ergriffenheit des Dichters, der von Hörer oder Leser die gleiche Ergriffenheit und Hingabe fordert. Weder der spendende Dichter noch der aufnehmende Hörer waren sich klar darüber, daß hochgespannte Begeisterung kein Dauerzustand bleiben konnte. Die Nüchternen zweifelten gleich an der Echtheit des Gefühlsüberschwangs oder machten sich darüber lustig.

Es ist daher mit Beißner festzuhalten, daß Klopstock nicht aus dem Erlebnis dichtete wie Goethe, daß er sich vielmehr als „Priester, Seher und Diener der Gottheit" fühlte und damit wieder das Ideal des *poeta vates* herstellte. Wenn er aber dennoch für sich die Stellung eines „Großliteraten", zu dessen universaler Tätigkeit auch das Dichten gehört, beanspruchte, so suchte er die Einheit seines Literatentums von der Dichtung aus zu begründen, glaubte aber, auf das Philologische im engeren Sinne verzichten zu können. Wenn Goethe von Klopstock den

Eindruck gewinnt, er fühle sich als „Stellvertreter höherer Wesen, der Religion, der Sittlichkeit und Freiheit", so weist er ihm ebenfalls den geistigen Standort des *poeta vates* zu. Klopstock ahnte den Weg zum Griechentum ohne lateinische Vermittlung. Er bereitete die Überwindung des Klassizismus durch den Irrationalismus vor. Ihm offenbarte sich der Genius der Sprache; denn er erfuhr, daß sie Begeisterung vermitteln und das Geschaute hörbar gestalten kann. Dabei kommt es ihm weniger auf dessen Weiterleitung oder eindeutige Wiedergabe an, sondern mehr darauf, durch die Sprache das Gefühl seiner Hörer zum Mitschwingen zu bringen. Es war das Unerhörte, Neue, daß Klopstock mit der Nachahmung aufräumte, das eigenschöpferische Prinzip der Kunst erlebte und zu einem „Winckelmann der deutschen Wortkunst" wurde. Man könnte da von einer Wiederholung des Vorgangs sprechen, den wir bei Quirinus Kuhlmann (Bd. 5 S. 269 ff.) beobachten konnten, wenn das Werk Klopstocks nicht das Fühlen der besten Zeitgenossen ergriffen hätte. Solche Ströme des Irrationalismus waren bisher immer abseits des Klassizismus zu beobachten. Jetzt erst ging Klopstock Kunstgesetzen und nachzuahmenden Vorbildern erfolgreich zu Leibe. Nicht, daß er dem Streit der Leipziger und Schweizer ein Ende setzte, war seine große Tat, sondern daß er in den festgefügten Bau des Klassizismus die erste Bresche riß. Auf eine Auseinandersetzung mit „witzigen Köpfen" ließ er sich nicht ein, da er in Herz, Seele und Gefühl seine besseren Berater hatte.

Gegenüber der Bindung Klopstocks an den Pietismus ist mit Recht seine bejahende Weltoffenheit in den Vordergrund gestellt worden. Er will die höhere göttliche Welt offenbaren. Er führt diese nicht dem Alltag zu, wie der Pietismus, sondern hebt sie darüber hinaus. Damit gewinnt er die dichterische Würde wieder. Das machte ihn unfähig, gegebene literarische Formen aufzunehmen und seine Dichtung auf festen Boden zu gründen. Wunsch und Wirklichkeit werden ihm nie zur Einheit. Alle Vorgänge auf Erden werden ihm zu Symbolen des Eigentlichen, das an den geistigen Raum gebunden ist. So ist auch sein Nationalismus, sein vaterländisches Denken in metaphysischen Voraussetzungen begründet. Wir dürfen uns darüber nicht hinwegtäuschen lassen, wenn wir bei ihm und den ersten Vertretern des Staatspatriotismus (Abbt, Möser) dem gleichen Wortschatz begegnen. Klopstock sieht ein großes germanisches Vaterland in Visionen. Es hat viel mehr mit den Wunschbildern der großen, politisch-historischen Staatsromane eines Anton Ulrich von Braunschweig zu tun als mit einer Staatstheorie, welche in der Wirklichkeit erprobt werden könnte.

Sollte eine der jüngsten Beurteilungen Klopstocks wirklich unserer Zeitlage entsprechen, der „phantastische Irrweg" des großen Epikers darin sichtbar werden, daß der Messias „als Ganzes, in der Gattung, ein durchaus künstliches Gebilde" sei und Klopstock dem Wahn, ein christlicher Homer zu werden, „die besten Jahre seines Lebens" geopfert haben? Oder vollendet sich, wie es noch vernehmlicher zu hören war, im Messias das religiöse Epos der Barockzeit? Es ist das Schicksal des deutschen Dichters, der aus dem Geist und einer vom Gefühl bestimmten Seele dichtete, daß noch zwei Jahrhunderte, nachdem die ersten Gesänge seines Hauptwerkes einen Sturm der Begeisterung erregten, das Gefühl die Beurteiler des Dichters in zwei Lager scheidet. Die einen nehmen ihn auf und lassen sich, indem sie ihn zu verstehen suchen, in einen Taumel der Gefühle versetzen. Die anderen wollen sich davon freihalten und bedauern, daß er sich nicht nach ihrem Richtmaß entwickelt hat.

1. JUGEND

Friedrich Gottlieb Klopstock, ältester Sohn des schleswig-holsteinischen Lehnssecretärs und *advocatus ordinarius* Gottlieb Heinrich Klopstock und der Anna Maria geb. Schmidt aus Langensalza, ist am 2. 7. 1724 zu Quedlinburg geboren. Natursinn, Freude an Sport, persönlicher Mut, Ehrenhaftigkeit und Offenheit sind väterliches Erbteil. In der Herrschaft Friedburg, die sein Vater 1732–36 gepachtet hatte, verbrachte er eine mehr der körperlichen als geistigen Ausbildung gewidmete glückliche Zeit. Die Gestalt des ersten Sachsenkaisers Heinrich weckte früh seinen Sinn für vaterländische Geschichte. Vom Quedlinburger Gymnasium kam Klopstock im Herbst 1739 an die Fürstenschule zu Pforta. Der Schulhumanismus erschloß ihm die künftigen Vorbilder seiner Dichtung. Von den deutschen Dichtern wurde ihm Hagedorn vertraut. Anlage und Sendungsbewußtsein bringen ihn den Schweizern näher als Gottsched. Die Absicht, ein patriotisches Epos zur Verherrlichung Kaiser Heinrichs zu singen, trat hinter die Berufung zur *heiligen Poesie* zurück, die sich ihm in Miltons *Verlorenem Paradies* erschließt. Das verkündet sein poetisches Programm, die lateinische Abschiedsrede vom 21. 9. 1745: *Declamatio qua poetas epopoeiae auctores recenset F. G. Klopstock.*

Über die theoretischen Gemeinplätze und die längst vollzogene Preisgabe der Gelegenheitsdichtung kommt Klopstock zur wahren Dichtung im Sinne von Pyra. Zielsicherer als dieser preist er die biblischen Sänger in ihrer Erhabenheit, weil sie Stoffe besingen, die für alle von Bedeutung sind, und neben ihnen Homer und Vergil, in deren Werken sich die *anima naturaliter christiana* offenbart. Seit ihnen habe die wahre Poesie geschlafen. Solche Gedankengänge halten an der Wiedergeburtsidee fest. Die Überschau der Renaissanceepen beginnt mit Tasso und Marino, sie sieht in Milton einen Höhepunkt und wendet sich beschämt den deutschen Epen (*Theuerdank* und Postels *Wittekind*) zu. So kann Klopstock am Schluß ein deutsches Epos, der Menschheit, der Unsterblichkeit und Gottes selbst würdig, ersehnen und, den Anwesenden kaum verständlich, sich selbst seine Sendung zuweisen.

Klopstocks Abschiedsrede erteilt zum letztenmal der christlichen Heldendichtung den höchsten Rang. Über Tasso hinausgelangend habe Milton den Gipfel erklommen; denn in ihren Werken verbinde sich „jene natürliche Schönheit, die in den besten weltlichen Werken die höchste Vollkommenheit ist", mit erhabenen Gegenständen. Nun wird wieder *numine afflatus* gedichtet. Das bedeutet die Ausrichtung der Dichtung auf das Innere, die Kräfte des Gemüts, welche die Aufklärung scheinbar lahmgelegt hatte. Die wahre Dichtung kommt aus dem *fühlenden Herzen*. Das berührte die Kreise pietistischen Denkens. Die Dichtung sollte das Innere erregen, die ganze Seele bewegen, weil sie sich der Erhabenheit verschrieb. Die schöpferischen Kräfte wurden erweckt. „Das bewegte Herz", so heißt es in Klopstocks Abhandlung *Von der heiligen Poesie* (1760), feuert uns an, „groß und wahr zu denken". Der unmittelbar daran anschließende Ausruf: „Welche Entwürfe, welche Entschlüsse!" heißt, nach einem Jahrzehnt in die Sprache des Sturms und Drangs übersetzt: „Sauwohl! Projekte!" Da erst tritt das Neue sichtbar in Erscheinung, da erst kann von einer Säkularisation gesprochen werden. Aber Klopstocks Wirken und Programme können ebensogut als Rückkehr zu einer alten Geisteshaltung angesehen werden. Wie in der Renaissance die religiös-künstlerische Begeisterung von einer rational-klassizistischen Formgebung abgelöst wurde, so führt der Weg nun vom klassizistischen Gesetz zur Erkenntnis *künstlerischen Schöpfertums*. Dieses wird später aus den religiösen Bezirken des *Messias* und der Oden in die weltlichen übertragen. Mögen wir seit Klopstock auch wissen, daß der neue Dichter im Dienst des Erhabenen steht, die Dichtung die Seele bewegt und zu großen Gedanken, Entwürfen und Entschlüssen anregt, so haben wir ihn doch weniger als Entdecker denn als Ahner einer neuen Entwicklung anzusehen. Seine Leistung liegt in der Gewinnung der schöpferischen Haltung, welche nun weiterentwikkelt werden konnte.

Nach einem Semester in Jena ging Klopstock mit seinem Vetter Johann Christoph Schmidt nach Leipzig (1746). Bald verband ihn mit den Bremer Beiträgern, besonders mit Giseke, eine empfindsame Freundschaft. An Horaz geschulte Oden hielten die Stimmung der freundschaftlichen Lieder fest, welche Lange und Pyra gewechselt hatten. Der Weg, den Klopstock als *Lehrling der Griechen* sucht, zeigt, daß er sich ähnlich wie Opitz als anderer Horaz fühlt und ihm Winckelmanns Welt verschlossen bleiben wird, mag er auch mit seinen Freunden, von der Begeisterung des Gesanges getragen, im Tempel des Dionysos einziehen. Er sucht dort nicht die klaren Umrisse harmonischer Formen, sondern schaut in Visionen die künftigen Freunde und die künftige Geliebte, die er unter dem englischen Romannamen *Fanny* verehrt. Im Bewußtsein seiner Berufung ahnt er das goldene Zeitalter im Zeichen der Freundschaft. Aber nicht ihre Wonnen, sondern ihre Leiden halten die letzten Oden mit der Übersteigerung des Trennungsschmerzes fest, der über den abwesenden Freund wie über einen Toten trauert. Nachdem die ersten drei Gesänge des *Messias* in den Beiträgen erschienen waren, verließ Klopstock Leipzig (Ostern 1748). Er wurde Hauslehrer der Söhne seines wohlhabenden Onkels Johann Christian Weiß in Langensalza.

2. DER MESSIAS

Mit dem Plan des *Messias* verließ Klopstock Schulpforta. Daß er sich vornahm, mit der Ausführung des Werks bis zu seinem dreißigsten Lebensjahr zu warten, zeigt, wie unschlüssig er über die Form war und wie schwer es ihm wurde, sich von der Tradition zu befreien; denn da er in deutscher Sprache dichten wollte, durchbrach er die altgewohnte lateinische, episch-religiöse Kunstübung, und da er die Prosa aufgab, konnte er nicht an die Erbauungsprosa eines Martin von Cochem anknüpfen. Vielleicht dachte er an eine Darstellung in Prosa, die von geistlichen Betrachtungen durchbrochen wurde. Klopstocks Stellung in der Geschichte der deutschen Dichtung bestimmt der *Messias*. Anlage und Bau regen zu Vergleichen mit den Oratorien Händels und den spätbarocken Kirchen an. Man hat das Werk als Krönung und Gipfel barocker Wortkunst bezeichnet, allerdings ohne Rücksicht auf den Schwulst Caspers und Hofmanns. Soll das aber heißen, daß der *Messias* den Ruf nach einem großen religiösen, klassizistischen Epos erfüllt, wozu man durch den Stufenbau der 20 Gesänge veranlaßt werden kann – zehn auf dem irdischen und zehn auf dem überirdischen Schauplatz mit wohlberechneten Entsprechungen des Geschehens –, so regt sich der Widerspruch zugunsten der irrationalen Kräfte und der anderen Art zu dichten; denn Klopstock gestaltete, was er visionär geschaut hatte, in einer Sprache, die er nach eigenen, selbstgefundenen Gesetzen bändigte. Wenn er sich später in theoretischen Abhandlungen darüber Rechenschaft gab, so wollte der Nur-Dichter sich als Literat und Kritiker rechtfertigen. Es ist von untergeordneter Bedeutung, daß der Rationalismus früher oder später über die himmlischen Pflastertreter lächelte, gegenüber der durch den Messias erwachenden Erkenntnis, daß der wahre Dichter vom Geist berührt sein müsse. Für uns ist Pyras *Tempel der wahren Poesie* durch eine Welt vom *Messias* geschieden. Für die Zeitgenossen konnte er ein vorbildliches Werk sein, das zur Nachahmung herausforderte, oder das Denkmal eines Genies, eines Originals. Hier schieden sich die Geister: Bodmer mit seinen *Patriarchaden* – Gerstenberg, Herder, die Göttinger. Für diese hatte Klopstock mit dem Verzicht auf die Prosa oder den Blankvers Miltons und durch die Wahl des Hexameters sich von der

Nachahmung befreit und den Pfad des Originals beschritten. An jenem glückhaften Sommernachmittag 1746, da er beim ersten Versuch eine Seite deutscher Hexameter aufs Papier brachte, befreite er sich von einer belastenden Überlieferung. Er glaubte den Rhythmus der deutschen Sprache mit dem antiken Versmaß bändigen zu können und wußte nicht, daß er auf dem Wege war, ihm seine Eigengesetzlichkeit zu gewinnen und die Erkenntnis dichterischer Schöpferkraft zu fördern.

In langen Zeitabständen sind die Teile des *Messias* erschienen. Drei Gesänge brachten die Bremer Beiträge 1748. Überarbeitet erschienen sie zusammen mit dem 4. und 5. Gesang als 1. Band 1751. Die Hälfte des Werkes lag in der zweibändigen Kopenhagener Ausgabe 1755 vor. Der 3. Band mit 5 Gesängen erschien 1768. Ihm folgte 1773 der abschließende vierte. Für die Gesamtausgabe des Werkes (1781 und 1798) hat Klopstock den Text nochmals geglättet und mitunter seinen gewandelten Ansichten angepaßt. Der Sturm der Begeisterung, der die ersten Gesänge begleitet hatte, die leidenschaftliche Diskussion über die Rettung *Abbadonas* war damals längst verstummt.

Evangelien, Apostelgeschichte und *Apokalypse* sind Klopstocks Stoffquellen. Für Aufbau und Darstellung ist Milton das Muster. Das Weltbild wird aus der neuplatonischen Überlieferung gestaltet, mit dem göttlichen guten und dem teuflischen bösen Prinzip, das sich als gestaltgewordener Haß in *Adramelech* offenbart. Bei der Erlösungstat des Messias, welche für die Menschheit den Streit entscheidet, werden aufs neue die Urkräfte entfesselt. So erhält die Ölbergszene, der die religiösen Epiker schon früh den Sinn gaben, daß hier die letzte Entscheidung als Gottes Befehl fällt, bei Klopstock die Bedeutung eines Introitus der Passion, und der Kreuzestod wird zur Vorahnung des Triumphes, dem der zweite Teil gewidmet ist.

Diesen Plan enthüllen die einleitenden Verse. Das Weltall ist der Schauplatz des Geschehens. Die Vorgänge auf der Erde werden in den neuauflodernden Kampf zwischen Himmel und Hölle einbezogen. Der *Messias* ist bereit, seine Erlösungstat zu vollbringen und sich zu opfern (1. Ges.). Wie Gabriel sein Gebet zum Vater hinaufträgt, so entfesselt der aus dem Besessenen ausgetriebene Satan die Macht der Hölle, in der gegen die Stimme Abbadonas der Tod des *Messias* beschlossen wird (2. Ges.). Nicht dieser Widerstand allein befreit Abbadona von seiner satanischen Natur, sondern die Betrachtung der Passion, die er als Augenzeuge verfolgen wird. Der scheinbare Erfolg der Hölle offenbart sich (3. Ges.) im beginnenden Seelenleid des Heilands und in der Gewinnung des Verräters Judas. Im 4. Gesang treten irdisches Spiel und Gegenspiel hervor: Kaiphas, Werkzeug des Satans, setzt im Hohen Rate gegen Gamaliel und Nikodemus die Verurteilung des Messias durch. Judas verrät. Der Erlöser spricht mit seinen Sendboten beim letzten Abendmahl von der Liebe. Die große Erlösungstat offenbart sich dem Messias in den Gesichten aller Sünden des Alten Bundes (5. Ges.). Er nimmt vor Jehova diese Last auf sich. Die Himmlischen entfernen sich trauernd. Aber getröstet vom Hymnus Eloas, der ihm seine triumphierende Erhöhung verkündet, ist der Messias auf die Zukunft vorbereitet. Nun folgt die Dichtung dem biblischen Bericht: Gefangennahme und Verhör vor den Hohenpriestern (6. Ges.), vor Pilatus und Herodes; Verurteilung (7. Ges.). Auch da wird das Geschehen durch Gegensätze belebt. Dem milden Hannas und dem erbarmungslosen Kaiphas gesellt sich der sinnlose Hasser Philo. Unruhe treibt Portia in den Palast des Hohenpriesters. Auf ihre Fürsprache bei ihrem Gatten Pilatus setzt Maria ihre letzte Hoffnung. Der biblische Bericht wird in den folgenden drei Gesängen zu einer großen Revue und einem ersten Gericht, das sich unmittelbar an den Tod des Heilands anschließt. Engel umschweben das Kreuz, Satan und Adramelech verspüren im Toten Meer den Zorn Gottes. Inmitten der gestörten Weltordnung erleidet der Messias den Tod.

Triumph und himmlische Heerschau sind die Leitmotive des Erlösungswerkes. Zuerst erscheint dessen Vorgeschichte in den auferstandenen Gestalten des Alten Testaments (11. Ges.). Nach der Totenklage (12. Ges.) sammeln sich die Menschen, Seelen und Geister um das heilige Grab. Der Auferstehung folgt als Vorbote des Gerichts der Verzweiflungstod Philos (13. Ges.). Nachdem sich der Auferstandene den Frauen und den Jüngern in Emmaus gezeigt (14. Ges.) und sich Thomas geoffenbart hat, hält er das erste Gericht auf dem Tabor über die Seelen der jüngst Verstorbenen (15. Ges.), feiert seinen endgültigen Sieg über Satan, nachdem er zur Hölle hinabgestiegen ist (16. Ges.), und schart die Seelen der Auserwählten des Alten Bundes um sich (17. Ges.). In Visionen zeigt der Messias dann dem Stammvater Adam einzelne Vorgänge des Jüngsten Tages (18. Ges.), steigt der Erlöser durch die himmlischen Gefilde zum Thron Jehovas empor, bis er, von Jubelchören der Engel und Seelen begleitet, seinen Platz zur Rechten des Vaters einnimmt (20. Ges.).

Die jubelnden Empfindungen ließen sich noch weniger abstufen als die Äußerungen der Trauer und des Schmerzes. Die gleichzeitige Arbeit an verschiedenen Teilen des Werkes konnte den Dichter nicht vor Ermüdung und wiederholender Behandlung gleichartiger Motive retten. Die Stimmung der Bewunderung vor dem erhabenen großen Gegenstand, die innere Bewegung und Erregtheit über die einzelnen, bekannten oder neuen, in andere Zusammenhänge gestellten Themen konnten mit Mitteln, wie sie die erzählende Dichtung bot, kaum gesteigert oder gemildert werden. Die Gestalten sind, wenn man von den bösen Mächten absieht, in ihrem Handeln an die Heilsgeschichte gebunden. Nicht das bis in die letzte Einzelheit bekannte Geschehen konnte fesseln, sondern nur seine empfindsame Deutung. Deshalb gestand man dem Dichter die Freiheit gerne zu, dem Höllenfürsten in Adramelech einen wütenden Trabanten zu gesellen oder seine geliebte Cidli in die Welt der Evangelien zu versetzen. Das kam dem Denken der Zeit ebenso entgegen wie der Triumph des göttlichen Versöhners. Wie mannigfaltig konnte die Betrachtung vertieft werden, angefangen beim Messias, der sein Denken offenbart, bis hinab zu den Seelenqualen des endlich doch zum Heil berufenen Abbadona. Die Liebe wirkt nicht in den Menschen als eine hebende, sondern als eine vom Messias und vom Himmel ausstrahlende Kraft.

Es würde sich lohnen, den Spuren barocker Gleichnisse und Gesten, der Temperamenten- und Pathoslehre, Charakterabstufung, Rhetorik und Farbensymbolik nachzugehen; denn das „Barocke" im Messias ist bisher ersehen worden aus der Freude an der Antithese und dem Parallelismus in der Anordnung der Gestalten Adramelech und Abbadona neben Satan, Hannas und Kaiphas, Portia und Pilatus, Gabriel und Abbadona (Todesengel) u. a. Damit werden die naiven Verhältnisse der Passionsdichtung einem Mechanismus unterstellt. Ähnlich verliert bei Klopstock, dem sich die Gedankenwelt Youngs erschlossen hatte, das

Urelternpaar gegenüber der Auffassung Miltons die naiven Züge. Darauf legen auch die poetischen Bilder Klopstocks keinen Wert. Sie bewegen sich im Geistigen und wirken wie Allegorien, vergeistigend, nicht veranschaulichend, wenn etwa irdische Gestalten mit Gedanken oder einem Stimmungswechsel verglichen werden. Darin folgt Klopstock den Anweisungen Breitingers.

3. ZÜRICH UND KOPENHAGEN

In Marie Sophie Schmidt, seiner Base, der Schwester seines Freundes, fand Klopstock seine *Laura*, voll Tugend und Vorzügen, mehr Idee als lebendige Gestalt. Als *Cidli* wurde sie in die Umwelt des Messias, als *Fanny* – der Name stammt aus Fieldings Roman *Joseph Andrews* – aus der Empfindsamkeit des Romans in die der Ode versetzt. Man darf sich nicht darüber wundern, daß Bodmers Vorstellungen den Dichter des Messias mit dem Nimbus empfindsamen Schwärmens umgaben und der seraphische Jüngling, der ihm sein Innerstes erschlossen hatte, ihn nachher enttäuschte. Gerade die petrarkistischen Züge von Klopstocks Liebeslyrik konnten den Altmeister überzeugen, daß er es hier mit seinesgleichen zu tun haben werde, zumal der Dichter sich von einem Fortbestehen der Liebe nicht etwa Erfüllung erhoffte, sondern die Anregung zu insgesamt vier Büchern Oden und einem Buch Epoden, womit er zum deutschen Horaz, zum ernsten Sänger von Liebe und Freundschaft werden sollte. Das war nach dem Herzen Bodmers. Es schien ihm für sein persönliches und kritisches Ansehen nur nützlich, wenn er den Dichterjüngling auf unbeschränkte Zeit zu sich nach Zürich einlud.

Diese Episode im Leben Klopstocks zeigt uns mehr als den Gegensatz zweier Generationen oder einen enttäuschten Meister und einen widerborstigen Jünger; denn in den Charakteren lag es ebensowenig wie in den unerfüllten Hoffnungen, daß Bodmer und Klopstock einander nicht verstehen konnten und ihre Illusionen zerstört sahen. Bodmer dichtete deutsch, wie die humanistischen Epiker um 1600 lateinisch, und setzte sich seine Dichterwelt am Schreibtisch aus den Mosaiksteinchen seines Wissens zusammen. Klopstock dichtete aus innerer Ergriffenheit. Er sah aus der Ferne in Bodmer, der ihm die Welt *Miltons* erschlossen hatte, seinesgleichen, und Bodmer glaubte, Klopstock habe als Mensch „die Gedanken schon gedacht, welche die Himmlischen denken". Bald aber witterte er in den Gedichten des Schützlings *tibullische Frivolitäten*. Das Größere, welches Klopstock von der Zukunft forderte, konnte ihm der Zürcher Gastgeber nicht bieten; es waren nur wenige Seiten, um die der Messias dort weiter gedieh. Außer dem poetischen Willkommengruß *An Bodmer* entstand die Ode *Der Zürchersee*, die die Seefahrt der fröhlichen neun Paare am 30. 7. 1750 festhält:

Göttin Freude, du selbst! dich, wir empfanden dich!
Ja, du warest es selbst, Schwester der Menschlichkeit,
Deiner Unschuld Gespielin,
Die sich über uns ganz ergoß!

Hier verläßt die Allegorie ihre Höhen und nähert sich der irdischen Welt. Wir vernehmen in diesem Schweizer Naturerlebnis den Vorklang des *Gesanges der Geister über den Wassern,* die ohne Vermittlung erdachter Gestalten oder Gestalt gewordener Abstrakta zum Symbol des menschlichen Lebens werden. Wenn Johann Kaspar Hirzels Frau, von Klopstock begleitet, der Gesellschaft Hallers Lied *Doris* zu Dank sang, die Jünglinge wie Hagedorn sangen und empfanden und die Teilnehmer von der glücklichsten Schiffahrt ihres Lebens sprachen, so werden wir in der Erinnerung an das *Glückhafte Schiff von Zürich* (Bd. 5 S. 116) und den Preis der Bürgertugend uns bewußt, daß diese sentimentalischen Menschen sich in den Idyllen Geßners und Kleists wiederfinden konnten. – Als Klopstock am 14. 2. 1751 Zürich verließ, war sich Bodmer längst darüber klar, daß ihm der Besuch des heiligen Poeten und liebenswürdigsten Jünglings keine „neue Epoque" seines Lebens eröffnet hatte. Wohl aber begann nun eine neue Epoche in Klopstocks Leben.

Johann Hartwig Ernst Freiherr von Bernstorff (1712–72), Sohn eines Kammerherrn aus Hannover, war von 1732 an Diplomat in dänischen Diensten und wurde 1750 von Friedrich V. zum Minister des Auswärtigen ernannt. Er wirkte an der Seite des Grafen Gottlob von Moltke (1710–92) im Sinne des aufgeklärten Absolutismus und regte die Berufung Klopstocks nach Kopenhagen an, um ihm durch eine später bis an des Dichters Lebensende gewährte Ehrenpension die Vollendung des *Messias* zu ermöglichen. Als Friedensfürst, gläubiger Christ, Menschenfreund, Patriot und Kulturschöpfer entspricht Friedrich V. dem Ideal der Aufklärung. Der Adel der Dichtkunst öffnete Klopstock den Hof und machte ihn den Vertretern des Geburtsadels ebenbürtig. Unter Friedrich V. wurde Kopenhagen zum Sitz deutscher Dichter und Gelehrter. Es ist der bedeutendste Vorläufer von Weimar. Dem Sänger des Messias (1751) folgte Johann Andreas Cramer (1753) als Organisator des Kirchenwesens. Basedow wirkte als Nachfolger Johann Elias Schlegels an der Ritterakademie Soröe. Der Zürcher Rahn, Klopstocks späterer Schwager, richtete eine Seidenfabrik ein. Graf Christian Günther zu Stolberg, der Vater der beiden Dichter, wurde 1756 als Oberhofmeister der Königinmutter nach Kopenhagen berufen. Später kamen Gerstenberg (1763), in dessen Sommersitz Lyngby Klopstock musikalische Anregungen empfing – um diese Zeit pflegte er regen Gedankenaustausch mit Gluck –, Helferich Peter Sturz, Bernstorffs Privatsekretär, Schönborn und Mathias Claudius.

Von Giseke empfohlen, hatte Klopstock in Hamburg (1751) eine Verehrerin seiner Dichtungen, Meta Moller (1728–58), kennengelernt. Zwar pflegte er die empfindsame Liebe zu *Fanny* weiter, aber in einem regen Briefwechsel gewann er Metas mitfühlendes Herz. Im Frühsommer 1752 gestanden die beiden einander ihre Liebe, doch widersetzten sich Metas Mutter und Stiefvater noch einer Ehe, solange Klopstock keine feste Stellung hatte. Nun tritt die Geliebte als *Cidli* in die Oden (*An Sie, Ihr Schlummer, Furcht der Geliebten, Gegenwart der Abwesenden, Das Rosenband*) – wunschentsprungene poetische Wirklichkeit und ruhige Beglückung. Am 10. Juni 1754 wurde die Ehe in Hamburg geschlossen. Unmittelbar nachher, während sich das neuvermählte Paar in Quedlinburg aufhielt, wurde Klopstock von einer heftigen Fiebererkrankung heimgesucht. Sonst strahlte über der kurzen Ehe gleichmäßiges Glück.

Muncker neigt zur Annahme, Klopstocks Entwicklung hätte eine andere Wendung nehmen können, wenn er 1755 als Sekretär der dänischen Gesandtschaft nach London gegangen wäre, und er wird darin bestärkt durch die Beobachtung, daß Klopstocks künstlerische und geistige Persönlichkeit von da ab neuen Ideen kaum mehr zugänglich war. Aber es scheint, daß nicht einmal Metas früher Tod (28. 11. 1758) die Ausführung seiner Pläne entscheidend beeinflußt hat. Seine Ergriffenheit strömt nicht in Gedichten aus. Er glaubte der Verstorbenen mit der Herausgabe ihrer *Hinterlassenen Schriften* (1759) ein Denkmal setzen zu können. Sie scheinen sich nicht über die landläufigen Beiträge in den Moralischen Wochenschriften und die Nachahmung von Vorbildern (Klopstocks *Tod Adams*, Elisabeth Rowe) zu erheben. So ist das Denkmal, welches ihr Klopstock im *Messias* (15, 419–475) gesetzt hat, dauerhafter. Damit ist Hallers Haltung überwunden (Bd. 5, S. 464) und kündigen sich die Trauerverse auf *Euphorion* – Byron in Faust II an.

Vielleicht war es innere Unruhe, was Klopstock nach Metas Tod zu längeren Reisen nach Hamburg (Winter 1759) und der alten Heimat (Quedlinburg 1762, Magdeburg 1763) veranlaßte.

4. DIE ODEN

Die *Odendichtung* begleitet Klopstock von 1747 an bis in das neue Jahrhundert. Freundschaft, Religion, Liebe, Vaterland, Politik und Wissenschaft sind ihre Hauptgegenstände, Ergriffenheit und Begeisterung ihr Atem. Ihre Einheit ist unverkennbar, nur ihre Anlässe, die Entfaltung einzelner Formen, der Aufschwung zum Hymnischen und der Wandel zum wortkargen Altersstil könnten eine chronologische Behandlung rechtfertigen. Das Gesetz aber, aus dem sie entstehen, ändert sich nicht; denn nie sucht Klopstock die Gelegenheit, nie läßt er sich ein Thema stellen oder fühlt sich als Sprecher einer Gemeinschaft. Er dichtet aus der Erfahrung im Geiste. Darunter versteht er die Ergriffenheit, den inneren Drang. Nie prägt er Sentenzen oder formt allgemein gültige Aussagen, Devisen oder Maximen. Die Odendichtung Klopstocks behauptet ihren Platz zwischen Haller, Brockes, der Anakreontik und dem Lehrgedicht einerseits und der Lyrik Goethes anderseits. Die Gunst des Augenblicks, die Freude an der Bändigung des Sprachstoffs, der sich seiner formenden Kraft fügt, sind die aus dem Irrationalen kommenden Voraussetzungen seines Schaffens. Der zerredete Begriff *Erlebnisdichtung* kann auf Klopstock nur mit der Beschränkung angewendet werden, daß seine Dichtung aus Erlebnissen im Geiste, in seinen Illusionen, im Bereich des Unwirklichen beschwingt und von einem bewußten Gestaltungswillen geformt wird. Daraus läßt sich Klopstocks Sonderstellung und Unabhängigkeitsstreben ableiten, es bedeutet aber nicht, daß er ohne das vorhandene Formen- und Gedankengut hätte auskommen können. Er wählte nach souveränem Ermessen, was ihm zusagte, gab dem Gewählten die seiner gestaltenden Fähigkeit entsprechende Form und machte es seinen besonderen Zwecken dienstbar. Er brach mit dem mosaikmäßigen Zusammensetzen bewährter Formeln und Bilder. Dennoch befreit er sich nur mühsam von jener petrarkistischen Stimmung, welche er erlebt hatte, überzeugt von der Echtheit und Wahrheit seiner Empfindung. So wird man bei Klopstock einen ähnlichen Willen, sich von einer belastenden Tradition zu befreien, feststellen können wie bei den Psalmenübersetzern des 16. Jahrhunderts (Bd. 5 S. 29ff.). Diese fügten sich einer vorbildlichen, nach musikalischen Voraussetzungen ausgerichteten Formgebung, er aber erfüllte als Berufener seine Sendung und vermochte nur andeutend zu sagen, was Gott ihm befahl. Deshalb ist er weder als Reformator noch als Begründer neuer Überlieferungen aufgetreten. Er hatte kaum eine Möglichkeit, einer Umwelt, die in rationalen Ordnungen dachte, Einblick in jenen geistigen Vorgang des Schöpfungsprozesses zu gewähren, über den er sich selbst nicht klar sein konnte.

Der bewußten Planung des *Messias* stehen die *Oden* gegenüber, welche sich gleichsam selbst dichten. So haben wir Klopstocks Äußerung Bodmer gegenüber aufzufassen: „Ich habe mir niemals vorgenommen, Oden zu schreiben, und gleichwohl ist es so weit gekommen." Ihre Voraussetzungen liegen also im Unbewußten. Doch ist die Beziehung zwischen dem geistigen Gehalt, dem Rhythmus und dem inneren Sprachstil bisher unerschlossen, so daß uns das Besondere seines Schaffens noch nicht faßbar ist. Wir werden in der Annahme, daß Klopstock bewußt zu einer besonderen Form strebt, bestärkt durch seine Erkenntnis, daß der besondere Anlaß mit der dichterischen Gestaltung harmonisch zusammenklingen muß und daß sich dem Dichter alle Betätigungsformen menschlichen Geistes öffnen. Als Aufbauprinzip der Oden Klopstocks hat Kaußmann das Verhältnis eines selbständigen *Ich* zu einem selbständigen *Du* erkannt. Mit der Loslösung davon geht das Aufgeben der horazischen Odenform Hand in Hand. Aber diese wird mit der Rückkehr zur *Ich-Du*-Spannung wieder aufgenommen. Der anredende Titel „An . . ." zeigt die Richtung der Ode, nicht ihren Inhalt an. Geschlossenheit, Rückkehr zum Ausgang, harmonische Anlage – so lehrt es Horaz und so dichteten Balde und Rettenpacher – sucht man bei

Klopstock vergebens. Seine Oden stehen unter einem thematischen Gesetz, sie sind musikalisch aufgebaut. Er durchsetzt die Aussage mit hymnischen Zurufen, hält sich an Wortsymbole und führt die Ode neuen Gestaltungsgesetzen zu. Stets gibt er sich den Anregungen seiner Gesichte hin und kann sich ohne mitfühlende innere Beteiligung keine Dichtung vorstellen. Er zeigt die Erscheinung meist in der Bewegung und unterstellt seine Sprache besonderen Gesetzen.

Die Einheit der dichterischen Rede bestimmt die Ode. Darunter ist die besondere (poetische) Form sprachlicher Tätigkeit mit den Werkzeugen des Geistes und der hörbaren Lautbildung zu verstehen. Die sprachliche Tätigkeit erhebt sich nach Klopstocks Auffassung über den Stoff, sie wird im Rhythmus hörbar, auf dessen Gestaltung weniger das vor den Oden abgedruckte Versschema als die besonderartige Interpunktion hinweist. Gedanken und Empfindungen – nicht etwa ein stoffliches Geschehen – werden von der Sprache eingefangen. Die syntaktische Grundform verzichtet auf die Aussage. Sie ist imperativischer Ausruf. Klopstock offenbart nicht seine dichterische Welt, sondern er ist der Schöpfer eines Sprachbildes, das eine bestimmte Situation festhält und die Aufgabe erfüllt, eine vorgesehene Wirkung hervorzubringen.

Klopstock wählte die antike Odenform, weil die leiernde gereimte Liedstrophe seine Absicht einer freieren sprachlichen Gestaltung in rhythmisch bewegter Rede nicht erfüllen konnte. Das antike Odenmaß ermöglichte ihm den Gleichklang von Verston und Sprachton. Auch er konnte sich wie Opitz auf Horaz berufen, doch nahm er nicht diesen, sondern die Griechen zum unmittelbaren Vorbild. Ohne nachzuahmen versuchte er mit dem deutschen Sprachstoff, indem er ihn an den griechischen Formen des Hexameters und der Odenmaße erprobte, dasselbe, was Horaz für das Lateinische geleistet hatte. Er lockerte die syntaktische Erstarrung, die sich dem Gesetz der lateinischen Sprache gefügt hatte, und schlug einen Ton an, der mit dem Pindarisieren von Opitz gleichklang. Seine Freiheit bestand in der Formung neuer rhythmischer Einheiten, die er aus dem Geiste der deutschen Sprache nach griechischem Vorbild, wie er es auffaßte, formte. Daraus hat Kaußmann die Einheit von Oden und Hymnen, von Strophen und freien Rhythmen erwiesen; denn jene wären ohne das Schema ein mehrdeutiger Sprachstoff. Das Werden der Ode steht im Zeichen der Stimmung und der Begeisterung, die sie mit wechselnder Schau begleitet. Das sind die Voraussetzungen des persönlichen Sprachstils als Ausdruck der persönlichen Dichtergestalt.

Klopstocks gewollte Entwicklung vom Lehrling der Griechen über den Wetteiferer mit den Engländern zum deutschen Meister zeigte sich ihm als Befreiungstat. Im brieflichen Verkehr mit englischen Dichtern – Klopstock trat zu Young und Meta zu Richardson in Beziehung – wuchs das Streben, der deutschen Poesie Anerkennung zu verschaffen und vaterländische Helden zu feiern. Das konnte an die *Freundschafts*-oden anschließen. In den *Cidli-Oden* hat Klopstock, nicht mehr in der Art von Young und Elisabeth Rowe, aus der Mitte des Erlebten ausgeglichenere Stimmungen gemalt. Der Eifer, mit welchem er sich 1756 einem „zweiten Beruf" zuwendet, erklärt, daß die Odendichtung für eine Weile verstummt. So ernst nahm es Klopstock mit seinen *Geistlichen Liedern* (1. T. 1758, 2. T. 1769) für den öffentlichen Gottesdienst. Er wollte mit Neudichtungen auf alte Melodien und Anpassung alter Lieder den Gottesdienst neu beleben. Dem gleichen Ziel sollte seine Absicht dienen, ein neues protestantisches Gesangbuch aus seinen eigenen und Liedern von Cramer, Gellert, J. E. Schlegel, Basedow u. a. zusammenzustellen. Schon dies zeigt, daß er abseits vom Pietismus einen Stil für das *empfindsame gereimte Kirchenlied* schaffen wollte, zu dem er von der Ode aus kam. Mit solchen Erneuerungsbestrebungen, die eine Anpassung der Psalmen an die Empfindungen seiner Zeit förderten, entfernte er unbewußt das Kirchenlied von seinen Voraussetzungen, indem er sein subjektives Empfinden und den Drang zu Pathos und Ausruf dem Denken der Gemeinde nicht anpassen konnte. So verstärkt sich der Eindruck, als stünden hinter einigen Liedern nicht die Vorstellungen der Evangelien, sondern die des *Messias*. Auch der Zugang zum Passionslied über die Ballade blieb ihm verschlossen. Sined konnte sich bei der Reformierung des katholischen Kirchengesangs dem volkstümlichen Denken anpassen. Deshalb sind einige seiner Meßgesänge (*Hier liegt vor Deiner Majestät*) heute noch lebendig. Er ist nie ein seraphischer Jüngling gewesen.

Von den sanften Liedern, deren Ziel moralische Besserung ist, wendete sich Klopstock dem erhabenen Gesang der religiösen *Hymnen* zu. Sie wurden zuerst in Cramers Moralischer Wochenschrift *Der nordische Aufseher* (1758–61) veröffentlicht, ehe sie mit den *Oden* (1771) erschienen. Klopstock glaubte sie aus der gleichen Stimmung zu dichten, in der die Psalmen entstanden. Er wählte die Form Pindars und der griechischen dramatischen Chorlieder. Unter dem Eindruck von Metas Tod wurden alte Gedankengänge wiederaufgenommen: Jenseitssehnsucht, Todesbereitschaft, Abstand zwischen Gott und Mensch, Wechsel von sinnlicher Anschauung zu Vision (Frühlingsfeier 1759). Betrachtungen und Empfindungen schwingen ineinander. Begeisterung hat das Wort. Prunkvoll und schwer rauscht der Rhythmus. Lessing vermißte die festen Begriffe. Wenn er die Form dieser Hymnen als künstliche Prosa und Herder sie als die natürlichste und ursprünglichste Poesie ansah, so stehen hier nicht nur rationalistische und irrationalistische Beurteilung gegeneinander, sondern es geht um die ganze Problematik der freien Rhythmen.

Klopstock durfte sich als metrischer Neuerer fühlen. Was vor ihm mit Hexameter und Odenmaßen versucht worden war, war über Ansätze nicht hinausgekommen. Er aber trat als Verteidiger der Rechte dieser Versmaße auf, weil sie nach seinem Empfinden der seherischen Urpoesie entsprachen. So schuf er eine metrische Mythologie. Er brach als Theoretiker des Verses genauso mit der Überlieferung wie als Dichter. Schottel und Gottsched bedeuteten ihm nichts mehr, als er sich im Nebel einer unklaren Theorie seinen Weg suchte. Der Schöpfer des deutschen Hexameters läutete den Alexandriner, den epischen Vers der Vergangenheit, zu Grabe. Erst nachdem er diesen, dann den Blankvers, den trochäischen Gang und die Prosa erprobt hatte, verschrieb er sich dem homerischen Hexameter als Vorbild. Er achtete nicht auf dessen Zäsuren und das Gewicht der Silben, wie Voß und Goethe. Deshalb können wir, wenn uns deren Hexameter im Ohr klingen, diejenigen Klopstocks so schwer lesen.

Jambisches Auf und Ab empfand Klopstock als Zwang, wie er im Reim eine Bändigung des natürlichen Rhythmus zu erkennen glaubte. Er konnte sich rühmen, die deutsche Dichtersprache von beiden befreit zu haben, nicht zugunsten formloser Freiheit, sondern im Geist einer Form, die er durch sein rhythmisches Empfinden regelte. Aus den umgebauten, strengen lateinischen Formen entstanden neue Töne. So lockerte er die festen lateinischen Odenformen, als er in den Hymnen jeder Zeile ein eigenes Silbenmaß gab, wie er auch den Hexameter in den kühnen Silbenfolgen der freien Triumphgesänge am Ende des *Messias* auflöste. Darin konnte ihm keiner folgen. Zwischen Freiheit und Formstrenge bewegt sich Klopstocks metrische Formgebung. Folgte er der gedanklichen Eingebung des Augenblicks, so konnte sich der Rhythmus in hymnischer Verzückung unter Verzicht auf die Fessel des Verses frei ausleben. Klopstock befreite den Vers aus der silbenzählenden starren Füllung. Ode, Hexameter und freie Rhythmen sind die Stufen seiner metrischen Leistung, die in der letzten ihren Höhepunkt erreichten. Da löste sich die strenggebundene Folge in eine unstrophische Freiheit. Da erreichte seine Schöpferkraft ihr Ziel in der Übereinstimmung des gefühlten, inneren Ausdruckswillens mit der äußeren Sprachform.

Klopstocks Altersoden kreisen vor allem um geschichtliche Ereignisse, den Tod Maria Theresias, die politischen Vorgänge in Frankreich, und um seine wissenschaftlichen Herzensangelegenheiten. Stofflich kehren in ihnen die Gedanken aus den Prosawerken in einer verschleierten Wirklichkeit wieder. Er führte der Ode die Themen des Lehrgedichtes zu, weil er von den theoretischen Fragen innerlich genauso ergriffen war wie einst von seiner religiösen und vaterländischen Begeisterung. Aber auch solche Stimmungen hält das Erinnern in den neuen Oden fest. Man wird dem ahnenden Geist, der an eine Verwirklichung seiner Ideale in Politik, Dichtung und Kunst in naher Zukunft glaubte, nicht gerecht, wenn man von empfindsam utopischer Schwärmerei, seraphischen Träumen, Lebensferne oder Weltfremdheit spricht.

Klopstock empfand und formte alles aus der Mitte seines Wesens, seines Gestaltungswillens und einer einheitlichen Welt, die er sich selbst aufgebaut hatte. An der Einheit seines wissenschaftlichen und künstlerischen Weltbildes ist festzuhalten. Leistung und Verdienst stehen in Gegensatz zu Absicht und Wollen. Jene weisen in die Zukunft und legen einen wichtigen Grundstein für die deutsche Klassik, diese

wollen Gefährdetes retten: den Glauben, die Sitte, die Formen der ge-
lehrt-aristokratischen Dichtung, die Bindung an das Vaterland, die Freiheit und die deutsche Sprache als Werkzeug künstlerischen Schaffens.
Wie konnten die Zeitgenossen sehen, daß er dieser Sprache Ausdrucksmöglichkeiten zumutete, die sie nicht bewahren und pflegen konnten,
weil die kommende Generation ihr eine angemessenere Gestaltung angedeihen ließ: den Blankvers, den Knittel, einen der Natur abgelausch-
ten Rhythmus und schließlich die romantischen Formen? Ohne ihn und
seine sprachformende Leistung wäre das nicht möglich gewesen, das
wußte die Generation nach Klopstock. So ist er aus der Entwicklung
der deutschen Dichtung nicht wegzudenken; denn alle die Großen,
Wieland, Goethe, Schiller, Hölderlin, sind seine Schüler.

5. DRAMEN UND BARDIETE

Über den Dramatiker Klopstock glaubte man die Akten schließen zu
können, wenn man seinen *Dramen* Bühnenfremdheit nachsagte. Das
stimmt nur soweit, als er bewußt an keine vorhandene Bühnenüberlie-
ferung anknüpfte und mit dem religiösen Drama ähnliches leisten wollte
wie mit dem Messias für das Epos. So geht es denn auch in seinem ersten
Drama *Der Tod Adams* (1757) um eine tiefere Begründung des Erlösungsgedankens, um die alte Beziehung Adam - Christus der geistlichen
Dichtung, um die Auseinandersetzung mit dem Todesproblem.

Die Schrecken, welche der Stammvater des Menschengeschlechts bei seinem Tode
empfindet, glaubt Klopstock aus der Wendung *des Todes sterben* (Genesis 2, 17) ableiten zu können, er versteht darunter eine besonders schwere Todesart. Solcher
Steigerung entspricht auch die Auffassung des *Kain*, in dem sich ein Übermaß von
Bosheit und Unglück sammelt. Klopstock setzt auch hier alles auf die Sprache. Er
glaubt, durch eine würdevolle, natürlich schöne Ausdrucksweise allein unmittelbar
auf das Gemüt wirken zu können. Es öffnen sich Beziehungen zu Geßners *Idyllen*,
nur daß hier die Personen selbst über ihre Stimmungen und Gedanken Aufschluß
geben. Auch die Anerkennung, welche dem Drama Klopstocks in Frankreich zuteil
wurde, festigt diese literarische Verwandtschaft.

Daß Klopstock seiner religiösen Berufung zum Dramatiker weiter folgte, zeigen
die beiden Trauerspiele *Salomo* (1764) und *David* (1772). In der Bekehrung Salomos
(1. Könige 11) glaubte Klopstock „eine Materie gewählt zu haben, die im Tragischen alle, die bisher berühmt geworden sind, übertrifft." Das Seelenheil des Helden
steht mit dem seiner Untertanen auf dem Spiel. Stoische Märtyrermotive (Opferung
zweier schuldloser Knaben) paaren sich mit der sich überschlagenden Tragik des
Rationalismus; denn Salomo geht an seiner Weisheit und Grübelei zugrunde. Sie
führen ihn zum Götzendienst. Das war wie ein Visieren des Alten Testaments auf
den Meridian des 18. Jahrhunderts. Es geht hier nicht um eine Erneuerung des Klopstock kaum bekannten religiösen Dramas, sondern vielmehr um eine Vorwegnahme
des *Seelendramas*. Alles Geschehen ist in die Seele des zu bekehrenden Helden gelegt.
Dies, der frei behandelte jambische Versbau und der Widerstreit des Rhythmus mit
dem gestalteten Gedanken weisen in die Zukunft, nicht aber die der antiken Tragödie

abgeschaute Technik des Botenberichts. Dasselbe gilt auch für David (2. Sam. 24).
Die Gegenspieler sind Satan, der dem Helden in einem Traum den Plan einer Volks-
zählung einflüstert, und Gott, auf dessen Geheiß der Todesengel die Pest verbreitet
und wieder erlöschen läßt. Es ist der Versuch, die Welt des *Messias* ins Drama zu
verpflanzen.

Zu einer neuen dramatischen Form ist Klopstock als vaterländischer
Dichter gekommen. Es ist das Besondere seiner drei B a r d i e t e *Hermanns
Schlacht* (1769), *Hermann und die Fürsten* (1784), *Hermanns Tod* (1787), daß
sie die klassizistische Bahn der Hermannsdramen von Johann Elias
Schlegel (1743) und Justus Möser (1749) verlassen. Sie entstanden zu
einer Zeit, in der Vaterland und Patriotismus im Mittelpunkt von Klopstocks Denken standen. Das äußerte sich zuerst in der Verherrlichung
Friedrichs des Großen, ähnlich wie bei Gleim, dann aber hielt Klopstock
sich an die beiden geschichtlichen Gestalten, welche ihm aus seiner Heimat vertraut waren: *Heinrich den Vogler* und *Hermann*. Mit dem Ausdruck
Bardiet betonte Klopstock den Unterschied seiner Werke von Tragödie
und Schauspiel. Er verstand darunter den Text der Schlachtgesänge,
deren Pflege Aufgabe der *Barden* war. Auch diesem Wort gab Klopstock
einen besonderen Sinn, um seine Art zu dichten auch durch den Namen
hervorzuheben.

Der Name des irischen Berufssängers, der zur Harfe Kampf- und Preislieder sang,
ging schon im 17. Jahrhundert auf den vaterländischen Sänger über. Schon vor der
Festlegung des Begriffes nannte Lessing Kleist einen neuen Barden. Die Altertums-
studien skandinavischer Forscher (Ole Worm, Resenius, Bartholin) und des West-
schweizers Mallet (1756) unterschieden nicht zwischen Keltischem, Nordischem und
Angelsächsischem. Sie bahnten der Aufnahme *Ossians* den Weg. Klopstock schloß
aus der Ähnlichkeit der Wörter, daß es Aufgabe der Barden war, den *barditus*, von
dem Tacitus (Germ. 3) berichtet, anzustimmen. Diese falsche Sinngebung des rhythmisch bewegten Schlachtrufes kam dem erwachenden Patriotismus nach dem Muster
Gleims zugute und festigte den Inhalt einer neuen, meist lyrischen Gattung, deren
Aufgabe es war, männliche Tapferkeit, Biedersinn, Vaterlandsliebe und Tugend-
reinheit der rokokohaft-anakreontischen Verweichlichung entgegenzuhalten. Das
sind die Ausgangspunkte *bardischer Dichtung*.

Der *barditus* – von Klopstock als Wiederaufnahme des antiken Chores
gedacht – ist das Wesentliche der *Bardiete*. In den heiligen Sängern fühlt
Klopstock eine Vorform seines Daseins und seiner Sendung. Sie sind
die treibende Kraft; denn von ihnen erhält die in der Ferne vor sich
gehende Schlacht den geistigen Antrieb. Mit dem entscheidenden Geschehen außerhalb der sichtbaren Bühne werden auch die Gefühle in
den Zuschauern bewegt. Das ist der Zweck, der durch „Anwendung
der Willenskraft" erreicht wird. Denn die Handlung beginnt nach
Klopstock „mit dem festen Entschluß" und schreitet „in verschiedenen
Graden und Wendungen" zu ihrem Ziel fort. Klopstock trennt sich
damit bewußt vom Drama der Antike, des französischen Klassizismus
und Shakespeares. Er verzichtet auf jede Rhetorik, bedient sich einer

,,schmucklosen, nur aus innerer Notwendigkeit lebenden Sprache", die nach seiner Meinung der *Urpoesie* entspricht, und legt den Hauptwert auf Gestaltung und künstlerische Gesinnung.

Drei entscheidende, in einem kurzen Zeitraum zusammengedrängte Ereignisse aus Hermanns Leben führen die Bardiete vor: den letzten Tag der Schlacht im Teutoburger Wald (Klopstock möchte Roßtrappe und Bodetal vor Augen haben. Hermanns todwunder Vater Siegmar bestimmt den Bardenchor, vom Bardenfelsen aus die Schlacht geistig zu leiten), den unglücklichen Ausgang der Schlacht gegen Caecina (der Kriegsrat der Fürsten verwirft den einsichtsvollen Plan Hermanns, den Ausfall des eingeschlossenen Römerheeres abzuwarten, und greift dessen gut verschanztes Lager an), den Untergang Hermanns (dessen Plan, an der Spitze eines gemeinsamen germanischen Heeres Rom zu erobern, von den Fürsten als Versuch angesehen wird, die Alleinherrschaft über Germanien an sich zu reißen). Der Mangel ,,bühnenmäßigen Geschehens" hat Zeitgenossen und späte Beurteiler immer wieder befremdet, weil sie sich nicht klarmachen konnten, daß Klopstock eine *dramatische Urform* wieder ins Leben rufen wollte und von seinen Zuhörern Mitgehen mit den wechselnden Stimmungen verlangte. Es kam ihm nicht so sehr darauf an, stoische Heldengröße vorzuführen, wissenschaftliche Belehrung zu bieten, moralisch zu bessern, Mitleid zu erwecken, als die Zuschauer zu veranlassen, dem Vorgehen mit wechselnden Stimmungen oder geistigen Betrachtungen zu folgen. Deshalb verschwimmen die scharfen Konturen der Ereignisse ähnlich wie im *Messias*. Deshalb auch führt der Vergleich der Quellen, welche in der Ausgabe von J. E. Schlegels *Hermann* (1761) genannt sind, mit den Texten nicht zu sicheren Ergebnissen. Man kann aus der Ähnlichkeit vermuten, daß Bodmers Nibelungenbearbeitung den letzten Szenen von *Hermanns Tod* die Stimmung vermittelte.

6. DIE DEUTSCHE GELEHRTENREPUBLIK

Klopstocks Prosa löste sich langsam von der gebundenen Form. Der erbauenden Betrachtung dienten *Drei Gebete eines Freigeistes, eines Christen und eines guten Königs* (1753), der Verteidigung die beiden Abhandlungen *Von der heiligen Poesie*, *Von der Nachahmung des griechischen Silbenmaßes im Deutschen*, mit denen er 1755 den 2. Band des Messias einleitete. Er rechtfertigte seine erdichteten Zutaten, indem er die sittliche Schönheit als Ziel der höheren Poesie herausstellte und dieser den Dienst an der Religion als Aufgabe zuwies. Genie und Geschmack des Dichters treten zurück. Klopstock gewährt Einblicke in seine Werkstatt, wenn er über Anlage, Gliederung, Steigerung und Kontraste spricht oder erklärt, daß die Würde der Personen und ihrer Handlungen nicht verletzt werden dürfe. Die metrischen Erkenntnisse waren aus der Praxis gewonnen. Klopstock verteidigte Hexameter und antike Strophen, indem er ihre Vorzüge vor den epischen, lyrischen Maßen pries.

Eine Gegenüberstellung von Klopstocks Versdichtung und Prosa zeigt, daß er mit seinen Forderungen nach begeistertem Pathos in jener und nach schlichter Gestaltung in dieser die drei Stilcharaktere der antiken Rhetorik, welche bisher sowohl für den Vers wie für die Prosa gegolten hatten, verläßt; denn in Messias und Odendichtung herrscht der *hohe*, in seiner wissenschaftlichen (nicht dramatischen) Prosa der *niedere Stil*. Er ersetzt damit die sechs Möglichkeiten, welche die alte Theorie zur Auswahl bereitstellte, durch eine *Polarität*, die die Ausdrucksmöglichkeiten auf Poesie und Prosa beschränkte, ehe sie Schiller auf die *naive* und *sentimentalische* Sehweise, also auf die *innere Struktur*, zurückführte.

Klopstocks Beiträge zum *Nordischen Aufseher* (1758–61) halten sich an das Programm der Moralischen Wochenschriften. Er findet von seinen Charakterbeschreibungen im Sinne von Theophrast, La Bruyère und Rabener keinen Weg zum Drama und trennt daher seine dramatischen Bemühungen von denen der Beiträger. Wir begegnen alten Themen der Moralsatire, manchmal mit Youngschen Gedanken verbrämt, dialogischen Erörterungen über Freundschaft und Liebe, Auseinandersetzungen mit der Freigeisterei, Gedanken der Aufklärungsästhetik, durchsetzt von Ahnungen neuer Erkenntnisse. Schon meldet er gegen die *Graecomanie* Winckelmanns im Namen des Christentums und des deutschen Vaterlandes Bedenken an. Unter den Künsten weist er der Poesie den höchsten Rang zu; denn Musik und bildende Kunst haben sie auszudeuten. Diese Gedankengänge kehren in seinen Anweisungen an Johann Martin Preisler und Angelika Kaufmann über die Kupfer zu seinen Werken wieder.

In den Aufsätzen über Themen der Poetik bereitet sich der Plan der *Gelehrtenrepublik* vor; denn Klopstock verspricht sich vom Gedankenaustausch einer geistigen Elite mehr als von der literarischen Kritik, ja er glaubt, daß die Dichtung durch eine Zeitschrift vom Schlag der Bremer Beiträge am besten gefördert werden könne. Er will also seine Stellung durch *bleibende Kunst* und nicht durch *vergängliche Kritik* festigen. Damit gründet er sein Literatentum auf die Poesie allein, deren Wesen für ihn darin besteht, „daß sie durch die Hilfe der Sprache eine gewisse Anzahl von Gegenständen, die wir kennen oder deren Dasein wir vermuten, von einer Seite zeigt, welche die vornehmsten Kräfte unserer Seele in einem so hohen Grad beschäftigt, daß eine auf die andere wirkt und dadurch die ganze Seele in Bewegung setzt". Aus Klopstocks Bemühung um die Organisation des geistigen und literarischen Lebens ist zu sehen, daß er sich nicht als Vorläufer gefühlt hat. Er glaubt, seinen Plan einer Förderung der Wissenschaften durch Staatspreise, Pensionen, Orden, Schutz des geistigen Eigentums, Verfolgung des unbefugten Nachdrucks, Pflege gelehrter, dramatischer und musikalischer Übung mit Hilfe des kaiserlichen Hofes in Wien (1768) verwirklichen zu können. Alte Formen – die gelehrten Genossenschaften eines *Celtis*, Sprachgesellschaften mit ihren politischen und philologischen Bemühungen – verbinden hier noch einmal die Wiedergeburtsidee mit Anliegen der Gegenwart. Klopstock, der nach dem Tod Friedrichs V. (1766) Bernstorffs Stellung erschüttert sah, hoffte wohl auch, sein Dasein in Wien auf neue Grundlagen stellen zu können und vom Südosten des deutschen Sprachgebietes aus jene geistige Einheit herzustellen, welche seine

Dichtung begründet hatte. Aber die Widmung des ersten *Bardiets* an Joseph II. und das mit Brillanten umrahmte Miniaturbildnis, das der Kaiser dem Dichter überreichen ließ, waren eine zu schwache Grundlage, um nach dem Sturz Bernstorffs durch Struensee und der Übersiedlung Klopstocks nach Hamburg (1770) die Hoffnungen, welche in Kopenhagen versanken, in Wien aufleben zu lassen.

Klopstock festigte seine Stellung mit der ersten Ausgabe seiner *Oden* (1771), die er Bernstorff widmete, und dem Abschluß des *Messias*. Das laute Echo des Göttinger Hains konnte ihn beschwingen. Zu einem günstigen Zeitpunkt verschickte er die Einladung zur Subskription auf sein Werk: *Die deutsche Gelehrtenrepublik, ihre Einrichtung, ihre Gesetze, Geschichte des letzten Landtages. Auf Befehl der Aldermänner durch Salogast und Wlemar.* Mehr als dreieinhalbtausend Besteller aus dem ganzen deutschen Sprachgebiet ermöglichten das Erscheinen des ersten und einzigen Bandes im Frühling 1774.

Titel und unmittelbare Anregung stammen von dem Spanier Diego Saavedra Fajardo, dessen *Gelehrte Republik* (1649) in zwei deutschen Übersetzungen (Leipzig 1748 und Prag 1771) erschienen war. Bei aller Verehrung Klopstocks für Leibniz wird die internationale Begründung des utopischen Staatswesens auf eine geistige Elite des Abendlandes aufgegeben und tritt die Forderung nationaler Belange in den Vordergrund; denn das deutsche Volk beansprucht mit Klopstock die erste Stimme im Konzert der Völker. Den Gedanken, daß der Staat für die Gelehrten zu sorgen habe, nahmen Karl August und Karl Friedrich, der Markgraf von Baden, auf, ohne ihn einer Verwirklichung näherzubringen. Klopstock gliedert das Staatswesen weder nach Ständen noch nach einer sozialen Ordnung, sondern gibt nach dem Maß und Stoff des Wissens eine aristokratische Verfassung. Nach jenem unterscheidet er zunächst *Aldermänner* und *Volk*, sowie die *Ruhenden*, welche von ihrem Wissen keinen Gebrauch machen, und die *Wirksamen* oder *Oberzünfte*, deren Tätigkeit er in Entdeckungen und Erfindungen aufteilt. Von der niedrigsten Stufe, den *Kennern*, zu denen die Masse der Frauen gehört, steigt man zu den *Drittlern*, den *Kundigen*, und schließlich zu den *Wissenden* empor. Drei Zünfte (Geschichtsschreiber, Redner, Dichter) stellen dar, acht (Theologen, Naturforscher, Juristen, Astronomen, Mathematiker, Philosophen, Scholiasten und die gemischte Zunft) handeln ab. Das eigentliche Ziel der Wissenschaft – Zusammenfassung von Entdeckung, Erfindung und Darstellung – ist das *Neue*. Das bedeutet die endgültige Entwertung der Nachahmung zugunsten der *Originalität*. Mit der Geringschätzung der Scholiasten ahnt Klopstock das Ende philologischer Bemühung um die Texte. *Freiheit* als Ergebnis, *Neuheit* als Inhalt, *Würde* als Ausdruck der gelehrten Arbeit, sowie Erkenntnis des nationalen Wertes durch Vergleich mit den Leistungen anderer Nationen, kennzeichnen die Sonderart der deutschen Gelehrtenrepublik. Der allgemeine *Landtag* steht als Behörde über den Aldermännern, welche aus den Zünften gewählt werden. *Salogast* und *Wlemar*, in denen Klopstock die Schreiber der *Lex Salica* und der *Lex Frisionum* vermutete, führen die Verhandlungsprotokolle bei den Landtagen. Gesten der Versammlung (z. B. Naserümpfen) können als Strafe über Mitglieder verhängt werden. Über niedrige Vergehen urteilt ein Gericht aus zwölf Bürgern und einem Zunftmitglied. Das Plagiat wird einem Sondergericht unterstellt. Soweit die Einrichtung.

Die Gesetze richten sich nach einem Vorbild des *idealen Gelehrten* aus. Trotz der geschichtlichen Verbrämung wenden sie sich unmittelbar an die Zeitgenossen. Sie verlangen von ihnen Charakter und vorbildliche Haltung. *Literarische Diktatur* ist das schlimmste Verbrechen. Über die erzieherische Aufgabe hinaus hat die Wissenschaft noch den Dienst an der Wahrheit zur Aufgabe. *Die Stunde des Genies* – Klopstock versteht darunter den schöpferischen Augenblick – ungenutzt vorübergehen zu lassen ist ein Vergehen. Darin und in der Abneigung gegen Dichterschulen kündigt sich die *Geniebewegung* an. Reich belohnt wird die Förderung einer Begabung, wenn diese nicht durch Starrheit oder Verpflichtung auf ein System gehemmt wird. Das war an Bodmers Adresse gerichtet. Nachahmung und Gebrauch einer fremden Sprache wird verboten. Der Gelehrte suche die höchste Stufe der Vollendung zu erreichen. Mittelmäßigkeit wird verurteilt. Gelehrtendünkel, Mißgunst und schulmäßiger Zusammenschluß werden verpönt. Oberstes Gesetz ist die Wahrung von *Freiheit* und *Würde*. Die praktische Anwendung der Gesetze wird in der Beschreibung des letzten Landtages vorgeführt. Da wird das kulturpolitische Programm Klopstocks sichtbar, von seinen grammatischen und orthographischen Reformgedanken angefangen bis zur Grundlegung seiner Metrik und Poetik.

Die Absage an Polemik und Auseinandersetzung, die eigentümliche Terminologie, die Abneigung gegen Systematik und logische Entwicklung der Gedanken machten es schwer, die poetische Theorie Klopstocks als Vorwegnahme der Genielehre zu erkennen. Man wollte es nicht wahrhaben, daß er über die Aufklärung, ja über Lessing hinauskam, wenn er die Poetik auf Erfahrung gründete, den Künstler als Selbstschöpfer ansah, in der Erfindung, dem Schöpferisch-Neuen, die Aufgabe des Dichters erkannte, nur das Innerlich-Lebendige – d. h. was den Dichter ganz ergriffen hat – nach außen wirken sah. Den Gedanken, daß Stoffwahl und Form untrennbar miteinander verbunden sind, hat Klopstock als erster ausgesprochen. Erst der Zusammenhang von Form und Inhalt – hier bewährt sich Klopstock als Befreier vom Stofflichen – kann die ganze Seele beschäftigen. Das bedeutet sowohl Rückkehr zur neuplatonischen Poetik der Frührenaissance als auch die theoretische Grundlegung für die Poetik der Geniebewegung. „Frage du den Geist, der in dir ist, und die Dinge, die du um dich siehest und hörest, und die Beschaffenheit deß wovon du vorhast zu dichten; und was die dir antworten, dem folge!" Nicht der Verstand erweckt den Dichter, wohl aber „das gewaltige Feuer, womit du dein Werk hast bearbeitet". Solche Gedanken der Abhandlung *Von der heiligen Poesie* nahm die deutsche Gelehrtenrepublik auf. Sie bezeichnet als Endzweck der Dichtung moralische Schönheit. Nach Goethes Zeugnis haben nur wenige den fruchtbaren Kern dieser erkenntnisreichen Ahnungen erfaßt. Klopstock spann sie in seinen *Epigrammen* weiter.

7. LETZTE LEBENSJAHRE UND TOD

Die Reise, welche Klopstock im Herbst 1774 antrat, glich einem Triumphzug. Er folgte einer Einladung des Markgrafen Karl Friedrich von Baden nach Karlsruhe. Erst umjubelten ihn die Göttinger. Mit Zurückhaltung begegnete der Gefeierte dem jungen Goethe in Frankfurt. Den Winter verbrachte er in Karlsruhe, ohne sich entschließen zu können, für immer dahin zu übersiedeln. Später ehrte er den Markgrafen mit der Widmung seines zweiten Bardiets. Dieser plante mit Herder und Johannes von Müller die Gründung einer *deutschen Gesellschaft* nach dem Vorbild von Klopstocks Gelehrtenrepublik. Den Fürsten Leopold Friedrich Franz von Dessau gewann Klopstock für die Errichtung eines *Erinnerungsdenkmals an die Hermannschlacht* (1788). Die beginnende Französische Revolution war der Verwirklichung solcher Pläne ungünstig.

Seit der Warnung an Goethe, das tolle Treiben in Weimar einzustellen (1776), begann das unwidersprochene Ansehen Klopstocks zu sinken. Seine theoretischen Arbeiten über Rechtschreibung und Verslehre vermochten es nicht zu heben, so die kleine Schrift *Über die deutsche Rechtschreibung* (1778). Er wollte diese schwierige Kunst auf phonetische und vereinfachende Grundsätze zurückführen, indem er forderte, daß ein Laut nur einem Zeichen entsprechen dürfe. Die *Fragmente über Sprache und Dichtkunst* (1778/79) wandten sich gegen etymologische Schreibweisen und Fremdwörterei. Sie nahmen Gedanken der schweizerischen Kunstlehre wieder auf. Klopstock regelte die Strophenform seiner Lyrik, konnte sich aber nicht zur Erkenntnis der Verschiedenheit langer und betonter Silbe durchringen. Wir werden da an die Erörterungen der *Fruchtbringenden Gesellschaft* erinnert. Doch weist es bedeutsam in die Zukunft, daß Klopstock den deutschen Vers mit dem griechischen vergleicht. Das ist das Entscheidende und nicht, was er daraus folgert, oder daß er den deutschen über den griechischen Hexameter stellt. An der Diskussion über die beste Art zu *übersetzen* beteiligte er sich eifrig und lieferte selbst *Übersetzungsproben* nach griechischen und lateinischen Autoren. Er verlangte, daß die freie Übersetzung in deutscher Sprache alle Nuancen des Originals wiedergeben müsse. Andere Pläne, eine Selbstbiographie und eine Geschichte des Siebenjährigen Krieges, wurden nur wenig gefördert.

Die großen politischen Ereignisse – Amerikanischer Freiheitskampf, Französische Revolution – fanden in Klopstock einen begeisterten Ausleger. Zahlreiche Oden, mit denen er die Entwicklung begleitete, geben seine wechselnde Stimmung von ahnungsbeschwingter Zukunftshoffnung und Begeisterung bis zu Warnung, Abscheu und Verdammung wieder. Wie ein Jüngling jubelte er 1788 der Einberufung der *Etats généraux* zu. Sein Gefühl, als Mitbürger geistig dabei zu sein, belohnte die Generalversammlung mit der Übersendung des Bürgerdiploms (1792). Aber schon bald sieht er die Seele der Freiheit, das Gesetz, gemordet. Er verdammt die *Hochverräter der Menschheit*, faßt aber schnell wieder Hoffnung und preist die „erhabene Männin" Charlotte Corday. Schließlich sieht er seine eigenen Oden als denkwürdige Zeugnisse vom Tod der Freiheit an. Eine Ode an Alexander I. (1801) schließt die Gattung ab. Auch der Erinnerung weiht er seine Dichtung. Dem toten Ebert widmet er Gedenkworte voll innerer Ergriffenheit (*Erinnerung*, 1795).

Hand in Hand damit geht sein sprachtheoretisches Bemühen in *Grammatischen Gesprächen* (1794). Wenn da die Redeteile, Buchstaben oder Silben, dem Vorbild Lukians folgend, als Sprecher auftreten, so werden wir an Andrea Guarnas *Bellum grammaticale* erinnert. Klopstock bewegt sich in den Gedankengängen der Gelehrtenrepublik und der Fragmente, wenn er sich über Wortungeheuer des Regensburger Kanzleistils lustig macht. Da klingen in den sprachsatirischen Beobachtungen noch Erinnerungen an Fischart auf. Zu den späteren Generationen deutscher Gelehrter und Dichter ist Klopstock nicht mehr in engere Beziehungen getreten.

Im Herbst 1791 heiratete Klopstock die ihm schon lange bekannte Nichte seiner ersten Frau, Johanna Elisabeth geb. Dimpfel, deren Mann Johann Martin von Winthem 1789 gestorben war. Die sorgsam vorbereitete Prachtausgabe seiner Werke begann von 1798 an bei Göschen zu erscheinen. Von häufigen Krankheiten heimgesucht starb Klopstock in Hamburg am 14. 3. 1803. Für keinen deutschen Dichter war bis dahin eine solche Trauerfeier gehalten worden. Man konnte darin ein letztes Aufleuchten barocker Prunkfreude und die Ehrung des dichterisch-gelehrten Selbstbewußtseins sehen, das seit Petrarca das abendländische Dichtertum begleitete.

8. DIE BARDEN

Als Dichter des Messias hatte Klopstock keine nennenswerte Gefolgschaft. Seine Oden tönen bedeutsam nach. Der alten Barden Hochgesang wurde in den sechziger und siebziger Jahren lauter gehört. Konnte sich Gerstenberg auch als Urheber des Bardengesanges rühmen, so bestimmte Klopstock doch den bardischen Stil. Aber die Zugänge zur bardischen Dichtung führen über die Anakreontik, Rousseaus Naturbegriff, religiös-moralisches Wollen, vaterländische Begeisterung und alte Allegorik.

Karl Friedrich Kretschmann (1738–1809), der in Jena 1757–62 Jura studiert und 1764 in seiner Vaterstadt Zittau sich als Advokat niedergelassen hatte, machte sich mit dem *Gesang Ringulphs des Barden, als Varus geschlagen war* (1768), einen Namen. Er und mancher andere trieben mit dem Formenschatz Klopstocks ihr mosaikartiges Zusammensetzspiel. Leicht war die Schäferkleidung des Anakreontikers abgelegt und das rauhe bardische Gewand übergezogen.

Wesentlich anders verhält es sich mit den österreichischen Barden. Sie versuchten, ihre aus der gelehrt-lateinischen Überlieferung kommenden dichterischen Ausdrucksformen mit Anregungen zu beleben, die die werdende Nationalliteratur bot. Opitz war noch immer ein Ansehen fordernder Name. Gottsched machte als Sprachmeister Schule. Freier als er entwickelte Johann Siegmund Popowitsch die Grundlegung eines neuen Sprachunterrichtes, der mundartlicher Eigenart

Rechnung trug. Wenn Klopstock auf die Verwirklichung seines Wiener Planes hoffte, so hatte er ein Recht dazu; denn er hatte der deutschen Nation, zu der sich die Deutschen der habsburgischen Länder bekannten, ein religiöses Epos in deutscher Sprache geschenkt und wurde als erster deutscher Dichter im gesamten deutschen Sprachgebiet verehrt. Das erkannten die Träger des kulturellen Lebens, die Jesuiten. Nun leiteten sie ihre alte gewohnte Kunstübung in die neue deutsche Formgebung. Klopstock löste Denis die deutsche Zunge. Neben diesem traten seine beiden Ordensbrüder Karl Mastalier (1731–95) und Johann Christoph Regelsperger (1734–97) nur schwach hervor.

Johann Nepomuk Cosmas Michael Denis (1729–1800) ist als Sohn eines Gerichtsprokurators im damals bayerischen Schärding geboren. In Haidenburg im Vilstal verbrachte er seine Jugend (1734–39), dann kam er an das Jesuitenkolleg in Passau. Im Herbst 1747 trat er zu Wien in den Jesuitenorden. Nach drei Jahren erteilte er den Anfangsunterricht an der jesuitischen Lehranstalt in Graz und von 1752 an in Klagenfurt. Um diese Zeit setzen seine lateinischen *Schulspiele* und Gelegenheitsdichtungen ein. In Graz begann 1754 seine theologische Ausbildung. Zum Priester wurde er 1757 geweiht. Nach einjähriger Schulung in Judenburg kam er als Lehrer der Rhetorik nach Preßburg, trat jedoch schon im Herbst 1759 seine Lehrtätigkeit an der Theresianischen Akademie in Wien an. Seine Aufgabe, die schönen Wissenschaften zu unterrichten (1761–73), kam seinen literarischen Neigungen entgegen. Die Lektüre Miltons begeisterte ihn zum Studium des Englischen. Die erste Sammlung seiner Gedichte *Die Lieder Sineds des Barden* (1772) begründete seinen Dichterruhm. Auch nach der Aufhebung des Jesuitenordens wurde ihm neben seiner Lehrtätigkeit die Aufsicht über die k. k. Garellische Bibliothek übertragen (1773–84). Damit wurde er seiner großen Aufgabe und seinen auch heute noch anerkannten Leistungen auf dem Gebiete der Gelehrtengeschichte, Bücherkunde und Bibliothekswissenschaft zugeführt. Nach Aufhebung der Theresianischen Akademie (1784) wurde Denis zweiter und 1791 mit gleichzeitiger Ernennung zum Hofrat erster Custos der Hofbibliothek. Er wird als sanft, bescheiden und wahrhaft fromm geschildert. Selbst Nicolai verehrte ihn als „einen Mann von biederem bayrischen Sinn."

Wenn man über *Sined* als *bardischen Chorführer* und *Ossianübersetzer* mitleidig lächelte, so übersah man, daß Denis alles andere denn ein Neuerer und Wegbahner war. In seinen Werken verströmt das letzte Leben jesuitisch-dramatischer Spielübung und verklingt die neulateinische Lyrik, die aus dem Geiste der Gegenreformation lebte. Deshalb müßte sein lyrisches Schaffen an Balde und noch mehr an Rettenpacher angeschlossen werden. Es kommt aus den gleichen geistigen Voraussetzungen; denn nicht der Wille, Gedanken und Formen einander anzugleichen, sondern die Aufnahmefähigkeit des angesprochenen Hörers läßt ihn Sprache und Form wählen. Seine lyrischen Gedichte begleiten sein inneres und äußeres Leben, seine Neigungen wie die Freude an der Natur, an der Schönheit der Schmetterlinge, seine Betrachtungen über Ereignisse aus dem Zeitgeschehen. Sie halten alle Phasen des Siebenjährigen Krieges und Familienereignisse im Kaiserhaus fest. Um diese

Kunstübung ausführlicher zu kennzeichnen, müßte wiederholt werden, was über Rettenpacher (Bd. 5 S. 426 ff.) gesagt wurde. Nur ist bei Denis das harmonische Nebeneinander gleichwertiger Leistungen auf dem Gebiete des Dramas, der Lyrik, der Geschichtsschreibung und bibliothekarischer Tätigkeit gestört.

Mit einem ausgearbeiteten Drama *Gasto Fuxiensis* (1750) kam Denis nach Graz. Von einer Verschwörung gegen Alexander d. Gr. (*Alexander trans Tanaim*) ging er zu kleinen biblischen Schulspielen (*Isaac, Joseph, David*) und einer allegorischen Darstellung der Temperamentenlehre (*Concordia qualitatum*) über. Sein letztes Werk *Otium pastorum*, ein Schäferspiel, wurde in Wien im gleichen Jahre aufgeführt, als den Jesuiten das Komödienspielen verboten wurde (1761). Aus dem Gefühl, daß die Formen erschöpft seien, stimmte Denis seinen Bardengesang an. In ihm glaubte er die neuen Schläuche für den abgestandenen Wein der Dichtung nach dem Muster von Opitz, auf den er sich beruft, zu finden. Das heißt nun freilich nicht, daß Denis außerhalb seiner Zeit stand. Er förderte die sprachlich-grammatischen Bemühungen von Popowitsch. Seine ersten lyrischen *Gedichte* in deutscher Sprache (1756) bekennen sich zu Gellert und Hagedorn, befreien sich aber nicht vom Schwulst der Schlesier. Wer Klopstocks *Messias* 1765 in einem wohlgemeinten alexandrinischen Lehrgedicht preisen konnte, dem kann kein überfeinertes Stilempfinden nachgesagt werden. Dennoch bot ihm Klopstock eine andere dichterische Ausdrucksform, in der er sich mit Glück versuchte: Denis hat den ganzen *Ossian* nach der englischen vollständigen Ausgabe (1765) übersetzt (3 Bde. 1768/69).

Den schottischen Schriftsteller James Macpherson (1736–96) verleitete der Erfolg seiner *Fragments of Ancient Poetry, collected in the Highlands of Scotland* (1760) dazu, die beiden Epen *Fingal* (1762) und *Temora* (1763) als Übersetzungen von gälischen Originalwerken des Barden *Ossian* auszugeben. Er bediente sich dazu des volkstümlich gewordenen Namens eines Heldensängers, des irischen Oisin, der den irischen Sagenkreis beherrschte und später als blinder schottischer Nationalsänger *Ossian* Ansehen und Verehrung genoß. Was von diesem überliefert ist, ist frei von Empfindsamkeit. Als die Londoner *Highland society* 1807 in einem selbst zusammenkomponierten altertümlichen Gälisch die angeblichen Originale Macphersons mit einer lateinischen Übersetzung veröffentlichte, hätte man sich über diese Fälschung bald klarwerden können. Sie blieb für die abendländische Literaturentwicklung nicht etwa deshalb bedeutsam, weil ihre Echtheit nur behutsam angezweifelt wurde – die Bedenken Gerstenbergs wurden von A. W. Schlegel und der Talvj (1840) verstärkt, aber noch J. Grimm trat für Macpherson ein (1857) –, sondern weil sie eine besondere Stimmung festhielt und ein nordisch-nebelhaftes Landschaftsbild vorführte, in dem die scharfen Konturen verschwammen. In der Ossianischen Landschaft, welche vorübergehend an die Stelle der anakreontischen trat, bewegen sich sentimentalisch schwermütige Gestalten. Von Macphersons schottischem Homer *Ossian* fühlte sich die empfindsame Seele zutiefst angesprochen, weil er ein Bild des naturhaften Urzustandes der Menschheit bot, das mit den Farben der Palette Rousseaus gemalt war. Es war die Rückschau des alten erblindeten Sängerhelden auf seine Jugend, die Heldentaten seines Vaters *Fingal*, die patriarchalisch-nordische Urväterzeit in engster Verbindung mit der Natur. Da diese Menschen human, tolerant, großmütig und empfindsam waren, wurden sie dem 18. Jahrhundert lieb und wert. Es lauschte dem bewegten Rhythmus einer Prosa, die mit den Kunstmitteln der Rhetorik und des biblischen Parallelismus dem Ohr schmeichelt und von sachlich schnell erzählten Handlungen durchpeitscht wird. Dieser *Ossian* ist eine merkwürdige Mischung dessen, was zeitgenössischem Empfinden wohltat, mit Bildungsstoffen aus der Antike (Homer, Vergil), mit Milton, Pope, Grabes- und Dämmerungs-

stimmungen, biblischem Sprachgut, heimischen Überlieferungen und den letzten
zersungenen Resten der irischen Königs- und Heldensage wie der Abwandlung
des Vater-Sohn-Motivs (*Clessamor und Carton*) oder der *Ballade von der Gauraschlacht*
im ersten Buch der *Temora*. In der Ossiandichtung verbindet sich die Sehnsucht nach
einer naturhaften Wiedergeburt mit einer Landschaft, die man als Prägung heimatlicher Gefilde ansehen konnte. Ein anonymer Übersetzer im *Bremischen Magazin* 1762,
Johann Andreas Engelbrecht, R. E. Raspe und Albrecht Wittenberg waren die Vorläufer von Denis. Nach ihm brachten Edmund Freiherr von Harold 1775, 1782, 1795,
Johann Wilhelm Petersen, ein Mitschüler Schillers in der Karlsschule 1782, 1808
und Chr. W. Ahlwardt 1811 vollständige Übersetzungen der Werke *Ossians* neben
den Proben von Goethe 1771, Herder 1771–83, Lenz 1775/76, Kretschmann und
Bürger 1779.

Nach Macphersons zweiter veränderter Ausgabe (1773) gestaltete
Denis seinen Text in den drei ersten Bänden der *Lieder Ossians und
Sineds* (1784). Da suchte er dem Wortlaut des Originals noch gerechter
zu werden und überflüssig erscheinende Fremdwörter durch deutsche
Wendungen zu ersetzen. Ramler rühmte den Hexametern, mit welchen
Denis die Atmosphäre der ossianischen Welt auflöste, „vorzüglichen
Wohlklang" nach. Sined fühlte sich als germanischer Heldensänger. Er
las die Gesänge nicht als originale Volkspoesie. Er dachte die heidnische
Welt ins Christliche um, wie er auf den Spuren der Überlieferung Ver-
gangenheit und Gegenwart zur Einheit zusammenwob und Ossians
Geist beschwor:

> Die Zeiten der Ahnen, die Zeiten
> Der Vaterland-Liebe, der Tugend,
> Des Mutes, der Ruhmgier und Einfalt
> Im Liede zurücke zu führen, wie Du.

So fühlte sich Denis auch zum Sittenlehrer berufen. Er verbannte den
Witz, das frostige Ergötzen, die Wollust der Anakreontik aus dem Bereiche der wahren Poesie. Das war Rückkehr zu Pyra. Denis war wohlbelesen in der deutschen Literatur. Er suchte die Verbindung zu Klopstock, zu seinen bardischen Kollegen Kretschmann und Hartmann, zu
Christian Felix Weiße, Nicolai, Ramler und Gleim. Schon diese Namen
zeigen, daß es von seiner Kunstauffassung und dichterischen Übung
keinen Zugang zur Genielehre gab.

LITERATUR

Klopstock: Die immer wieder erhobene Forderung nach einer kritischen Ausgabe
seiner sämtlichen Werke ist nur für die frühen Oden von F. Muncker und J. Pawel,
Stuttgart 1889, erfüllt worden. Unter den zahlreichen Ausgaben sind folgende besonders zu erwähnen: 12 Bde. Leipzig 1798/1817. 10 Bde. Leipzig 1844. 6 Bde.
hrsg. v. R. Boxberger, Berlin, Hempel 1879. DNL 46/48 (1884).

Manche Ansätze zu einer längst fälligen Neugestaltung des Klopstockbildes können aus dem alten K. F. Cramer, Klopstock, *Er und über ihn.* 7 Theile 1780–92, gewonnen werden. Für mehr als ein Menschenalter legte Franz Muncker mit seiner Biographie, Stuttgart 1888, 2. Aufl. Berlin 1900, das Klopstockbild fest. Erst K. Viëtor, *Geschichte der deutschen Ode,* München 1923, und einige Gedächtnisreden zu Klopstocks 200. Geburtstag, wie die von E. Elster, Marburg 1924, A. E. Berger, Darmstadt 1924, F. Schultz, Frankfurt 1924, und E. Bertram, Deutsche Gestalten, 2. Aufl. Leipzig 1935, brachten neue Anregungen. Die Dissertationen von M. Kirschstein, *Kl.s deutsche Gelehrtenrepublik,* Berlin 1928, E. Kaußmann, *Der Stil der Oden Kl.s,* Leipzig 1931, eröffneten neue Gesichtspunkte. H. Kindermann, *Kl.s Entdeckung der Nation,* Danzig 1935, stellte auch hier einen neuen Aufbruch fest. Bedeutsamer förderte die maßvolle Arbeit: F. Beißner, *Kl.s vaterländische Dramen,* Weimar 1942. Von der umfangreichen neuen Klopstockbiographie von K. Kindt, Berlin 1941, sind noch keine Anregungen ausgegangen.

Ossian: H. Hecht, *James Macphersons Ossiandichtung.* GRM 10 (1922) 220–37. R. Horstmeyer, *Die deutschen Ossianübersetzungen des 18. Jahrh.s,* Diss. Greifswald 1926. P. van Tieghem, Préromantisme, Paris 1924.

Denis: P. v. Hoffmann-Wellenhoff, *M. D.* Innsbruck 1881.

ZWEITES KAPITEL

GESETZGEBUNG
FÜR BILDENDE KUNST UND DICHTUNG

Die festen Normen der theoretischen Kunstgesetzgebung wurden durch den Literaturstreit zwischen Leipzig und Zürich kaum erschüttert. Klopstock gefährdete sie, ehe die Geniebewegung darauf verzichten zu können glaubte. Winckelmann und Lessing gewannen aus neuen Erkenntnissen und Ahnungen Richtlinien, die starre Ordnungen auflösten. Es ist kaum möglich, die Einbußen des französischen klassizistischen Gesetzeskanons zu registrieren. Mit dem Streben, als Ergebnis eines mehr oder weniger leidenschaftlich geführten Gesprächs einen neuen Kanon zu finden, stellte man das Ansehen von Gesetz und Regel in Frage. Wir sehen heute Resultate und Entwicklungen, wo die Theoretiker damals die Einzelheiten auf ihre Wirkensfähigkeit prüften, sie verwarfen oder aufnahmen und neue Grundlagen schufen. Gewähren sie uns Einblick, indem sie ihre Programme an einem Gegner oder Anreger messen, so sind wir geneigt, ihnen allein Anteil an der Gestaltung der Zukunft zuzusprechen und es auch heute noch mit ihrer Partei zu halten, weil sie recht hatten.

Vergegenwärtigen wir uns aber, daß kunsttheoretische und poetische Fragen bis in die Romantik hinein beinahe ununterbrochen und immer wieder von neuen Gesichtspunkten aus erörtert werden und daß neben den Großen auch mancher Kleine ein gewichtiges Wort mitspricht, so sollten wir nicht bedeutungslose Schichten annehmen, sondern eine Ebene, auf der diese Auseinandersetzung erfolgt. Opitz, Boileau, Gottsched, Bodmer, ja selbst Scaliger sind noch am Ende der sechziger Jahre lebendige Kräfte, deren sich mancher bediente, wenn er auch schon von Herders Gedankengängen berührt war. Das Zweiparteiensystem der konservativen und Fortschrittsmänner existiert nur in den Literaturgeschichten. Wenn die Männer um Klotz mit Hamanns prophetischem Orakelton gar nichts anfangen konnten und, obwohl sie wußten, daß Herder sein Jünger war, doch zuerst aus den *Fragmenten* viele Anregungen aufnahmen, so glauben wir, sie seien noch nicht zur Erkenntnis organischer Zusammenhänge vorgestoßen. Vom Standpunkt der immer noch lebendigen Renaissancepoetik aus aber ist es ihnen leichter, das Revolutionäre in Hamanns Ausdrucksweise zu wittern als bei Herder, dem sie erst später sein selbstbewußtes Auftreten ankreiden.

Die lehrbare Universitätswissenschaft der Poetik wird nun nicht mehr von akademischen Lehrern und Literaten betrieben, sondern von Weltweisen, Liebhabern, witzigen Köpfen und Dichtern. Nicht nur weil sie von verschiedenen Disziplinen herkamen, redeten sie aneinander vorbei, sondern weil sie sich auf verschiedene Weise bemühen mußten, den neuen Zustrom (Milton, Richardson, Fielding, Shakespeare, Ossian,

Sterne, die entdeckte Volksdichtung, Homer) in der gelehrten Bildungs-
und Gesellschaftsdichtung unterzubringen. Zwischen dem Verschließen
vor diesem Zustrom, der frohlockenden Erklärung, man könne darauf
verzichten, und dem Versuch einer Auffrischung der alten Bestände, um
mit dem Neuen wieder eine Gelehrtendichtung zu begründen, oder gar
der begeisterten, kritiklosen Aufnahme mußten alle Möglichkeiten
erprobt und durchschritten werden. Daß sie nicht klar formuliert niedergelegt sind, darf über ihr Vorhandensein in der Entwicklung
der Meinungen, sei es eines einzelnen, sei es einer Gesamtheit, nicht
hinwegtäuschen. Dennoch glauben wir zu erkennen, daß in dieser
ständigen Erörterung der poetischen Theorie die Grenze des Klassizismus zwar erreicht, aber nicht überschritten und damit für andere ihre Fragwürdigkeit offenbar wird. Der Kunstkanon eines Winckelmann, Lessings Theorie und seine Meisterdramen sowie Wielands
vollendete Kunst bezeichnen das Höchste, was Klassizismus, d. h.
geregelte und nachahmende Dichtung, zu leisten imstande ist. Von
da aus gibt es zur Klassik und Romantik keinen Zugang. *Vernunft-
und Naturidealismus* waren nur aus der neuen Naturauffassung, die
der Klassizismus ablehnte, für die abgekühlten Stürmer und Dränger
erreichbar, nicht aber für den nachahmenden Regelsucher, den Klassizisten.

Damit ist kein Werturteil über dessen Leistung ausgesprochen. Gewiß gibt es
zwischen der klassizistischen Bearbeitung eines Stoffes nach Regel und Vorbild und
dem naturhaften Zusammenwachsen des gestaltenden Willens mit dem gestalteten
Stoff manche feste Beziehung, aber es gibt keine Möglichkeit, ohne die völlige Überwindung des Klassizismus ein klassisches Werk zu schaffen, klassisch im Sinn höchster Vollendung und naturhafter Selbstverständlichkeit. Wie das klassische Ethos
aus der Natur, aus dem Innern, und die klassizistische Moral aus einem Sittenkodex
kommt, so entsteht klassische Dichtung aus der harmonischen Abstimmung von
Stoff und Form und klassizistische aus der Anwendung der Theorie auf einen gewählten Stoff. Nur die Absage an den Klassizismus macht den Weg zur Klassik frei.
Sowie aber die lebendigen Kräfte zu erstarren beginnen und Gesetze für die Kunst
aufgestellt werden, wandelt sich die Klassik zum Klassizismus und verwischen sich
die Grenzen zwischen beiden.

Wir haben nun die klassizistische Theorie aus der von Winckelmann geprägten
neuen Auffassung der bildenden Kunst hinüberzuführen zu den theoretischen Einsichten und zu den Werken *Lessings*, die immer die besten Kräfte angezogen
haben. Sie liegen in vorbildlichen Ausgaben vor. Die eindeutige Klarheit, mit der
Lessing seine Gedanken vortrug, sein männliches Eintreten für die Wahrheit, sein
stets gegenwärtiges Wissen, seine Umsicht und Tapferkeit im kleinen literarischen
Scharmützel und in schweren Gefechten sichern ihm viele Freunde. Manche davon
machten ihn zu ihresgleichen, zum liberalen Freidenker, unbestechlichen Vertreter
öffentlicher Meinung, Schutzpatron und Retter der Verkannten oder zum Prediger
von der Bühne; denn sie sahen auf seine zweckbestimmte Kunst. Es ist bezeichnend,
daß der Blick auf Lessings Weltanschauung zur selben Zeit gerichtet wurde, als
man ihn als Irrationalisten entdeckte. Der Mann, der scheinbar so offen von allem
sprach, verhüllte sein Wesen scheu vor seinen besten Freunden. Sie wollten ihn

ebensowenig als ihren Gesinnungsgenossen preisgeben, wie es seine „Kenner"
zulassen wollten, daß ihn Leisegang den Mystikern zuwies. Mit vollem Recht! In
Lessings Weltanschauung begegnen wir noch einmal jenem Denken, das sich an
keine festen Glaubensbekenntnisse binden kann, frei von Gefühlsüberschwang und
Jenseitsgesichten.

Lessing steht an der sichtbarsten Wende im deutschen Geistesleben.
Nach ihm gab es keinen Kompromiß mehr zwischen Orthodoxie und
Aufklärung. Er überwand einen belastenden Geschmack, indem er dessen Vorbilder der Lächerlichkeit preisgab. Er schuf einen nationalen
Stil, dessen Elemente verschiedenster Herkunft zwar noch klassizistisch
waren, weil er sich an literarische Vorbilder hielt. Aber er glich sie einem
neuen Programm an, das eine feste Grundlage für die Zukunft bildete.
In den *Literaturbriefen* vollzog sich Lessings große Wende: die Abkehr
von der klassizistischen Tragödie. Er begründete sie in der *Hamburgischen Dramaturgie*, indem er die griechische Tragödie in der Form über
die französische und Shakespeare im Gehalt über Voltaire stellte. Als
kritisches Richtmaß erkannte er nicht mehr die Beobachtung der Regel
an, sondern die Echtheit der Wirkung, die *künstlerische Wahrheit*. Endziel
der Kunst ist ihm die *naturwahre Nachahmung*. Nur solange die Regel damit übereinstimmt, wird ihr ein Daseinsrecht zuerkannt. Die logisch
entwickelten Folgerungen und Ableitungen im Verein mit psychologischen und gefühlsmäßigen Erfahrungen bedingen Lessings Erledigung
des französischen Klassizismus als negatives und Anerkennung Shakespeares als positives Ergebnis seiner Kritik. Mit ihr im Bündnis stellte
die Philologie neue vernunft- und empfindungsbedingte Kunstaxiome
auf. Darauf kommt Lessing schließlich hinaus, wenn er die aristotelische
Poetik mit den Elementen Euklids vergleicht, also eine gemeinsame
Basis von Kunst und Wissenschaft annimmt, d. h. an der Gelehrtendichtung festhält. Die Regel als technische Anweisung aber entwertete
er, weil das Genie sie nicht braucht. Ihm sind die Regeln ohne Schulwis-
sen zugänglich. Das Genie braucht die Nachahmung nicht, aber es un-
tersteht dennoch der Ordnung. Das gilt auch für die Wiedergewinnung
von Shakespeare, der so bald schon den Klassizismus ad absurdum
führte. Für Lessing bedeutet er einen Komplex von Fragen und Grundsätzen der poetischen Theorie, nicht den schöpferischen Einzelmenschen.
Deshalb konnte Lessing nicht den Weg zur Klassik gehen. Er zerlegte
das Werk Shakespeares gleichsam in logisch gerechtfertigte Einzelheiten, die auf den Verstand, unser geistiges, nicht unser sinnliches Fassungsvermögen durch Auge und Ohr wirken. Wenn Lessing aber Aristoteles und Shakespeare zusammenspannte, so sicherte er diesem eine
Stellung zwischen dem französischen Klassizismus und dem Naturalismus des Sturms und Drangs. Damit rettete er ihn auch für die deutsche
Klassik.

1. WINCKELMANN

Der Begründer der klassischen Archäologie und einer neuen Art der Kunstbetrachtung ist auch als Verkünder eines Glaubens angesehen worden. Dies, seine Werke und seine Sprache als Ausdruck seines Wesens sichern ihm einen Platz in der deutschen Literatur. Seit Winckelmann strahlt Licht über den Werken bildender Kunst, ist nicht mehr die Künstleranekdote oder der Wissenskram bedeutsam. Johann Friedrich Christ, Gottscheds Kollege und Lessings Lehrer, schrieb als Philologe in schwerfälligem Deutsch über Gegenstände der Kunst. Er setzte neue Wertakzente, wies auf die „Manieren der einzelnen Nationen", empfand künstlerisch und weckte die Möglichkeit, „die Werke der Meister aus dem gar deutlichen Unterschied des Geistes, der Regel, des Risses und der Manieren" zu erkennen. Winckelmann zeigte, wie die Werke der Kunst anders, *geschichtlich*, aus ihren Entstehungsbedingungen, gefühlt werden können. Er setzte schauende Erfahrung an die Stelle von Begriffen und Worten. Er lehrte seine Leser sehen, weil er erkannte, daß Buchgelehrsamkeit solche Eindrücke nicht vermitteln könne. Nicht, daß er der griechischen bildenden Kunst absoluten Wert zusprach, ist bedeutungsvoll, sondern wie er diesen methodisch begründete. Quellenstudium, Denkmalbetrachtung, Deutung des Gegenständlichen und Formanalyse lassen ihn zur Erkenntnis des Stils vordringen, in dem sich die Elemente von Kunst und Leben vereinigen, wie sich in seiner Darstellung vergeistigte Schau und eigenste Sprachkunst verbanden. Seine Ergriffenheit zittert in seinen Beschreibungen der Kunstwerke nach. Sein Weg führte über die Literatur zur Kunst.

Das Leben und die Wunder des Schustersohnes Johann Joachim Winckelmann beginnen am 9. 2. 1717 in Stendal. Es ist, als ob er nur im Vertrauen auf die Zukunft seiner Sendung zugeführt würde; denn weder das Gymnasium noch eine kurze Hauslehrerzeit in Berlin und später in der Altmark, noch das Studium in Halle (1738) und Jena (1741) vermochten ihn auf seinen Beruf vorzubereiten. Er fand ihn bei den griechischen Dichtern, die er mit Eifer las, auch als ihm das Amt eines Konrektors in Seehausen (1743) nur die Nachtzeit für seine Liebhabereien übrigließ. Einer Zukunft, die ihn bestenfalls auf einen philologischen Lehrstuhl gebracht hätte, entsagte er als Bibliothekar des Grafen Bünau in Nöthnitz bei Dresden (1748–54). Seine Männerliebe und sein Übertritt zum katholischen Glauben (1754) gaben seinen Biographen Rätsel auf. Wir haben jene mit seinem künstlerischen Empfinden in Einklang zu bringen und in diesem kaum eine Wesensänderung zu suchen. In Rom sang Winckelmann die Lieder des Gesangbuches. Das Recht, ihm moralische Festigkeit abzusprechen, ist daraus nicht abzuleiten.

Vom päpstlichen Nuntius, dem Grafen Archinto, wurde Winckelmann dem Kardinal Passionei als Bibliothekar nach Rom empfohlen. König August III. bewilligte ein Reisestipendium. Die Abhandlung *Gedanken über die Nachahmung der griechischen Werke in der Malerei und Bildhauerkunst*, welche Winckelmann vor seiner Abreise schrieb, zeigt, daß er in seinem Fach alles gelernt hatte, was in Deutschland zu lernen war. Die Freundschaft mit Raphael Mengs erleichterte ihm das Eingewöhnen in Rom (1755). Graf Archinto († 1758), der inzwischen Kardinalstaatssekretär geworden war, Kardinal Passionei und Kardinal Albani, bei dem Winckelmann eine Art Hofdienst zu versehen hatte, schenkten ihm ihre Gunst. Von 1755 an trug er das Gewand eines römischen Abbate. Mit Ausnahme von Aufenthalten in Neapel (1758, 1762, 1767) und Florenz (1758), wo er den Katalog der Gemmensammlung des Freiherrn Philipp von Stosch (1760) verfaßt hatte, hielt sich Winckelmann immer in Rom auf. Sein Hauptwerk, an dem er immer wieder feilte, die *Geschichte der Kunst des Altertums*, erschien 1763. Zur selben Zeit wurde er zum *Romanarum Antiquitatum Praeses* ernannt und erhielt damit eine Stelle, die einst Raffael bekleidet hatte. Die *Monumenti antichi inediti* (1767), Abbildungen und Beschreibungen jener Kunstdenkmäler, die in den vorangegangenen Jahrzehnten bekannt geworden waren, sind das Ergebnis zwölfjähriger Arbeit und das Zeugnis seiner Dankbarkeit an alle, die ihn gefördert hatten. Er war seinem Wirkungskreis ganz gewonnen, als Friedrich der Große seine Bedingungen, die Leitung der königlichen Bibliothek für ein Gehalt von 1500-2000 Thalern zu übernehmen, mit dem Bemerken abschlug, für einen Deutschen genüge die Hälfte (1765). Die langgehegte Absicht, seine Freunde in Deutschland zu besuchen, wollte Winckelmann im Frühling 1768 ausführen. Aber er fühlte sich der Heimat entfremdet und war nur mit Mühe zu bewegen, von Regensburg aus noch Wien aufzusuchen. Dort wurde er von Maria Theresia freundlich aufgenommen und schied mit dem Versprechen, daß er in einem Jahr ihr Kunstkabinett ordnen werde. Während er das Schiff erwartete, das ihn nach Venedig bringen sollte, wurde er zu Triest in seiner Herberge am 8. 6. 1768 ermordet.

Das Neue an Winckelmanns bedeutsamer Erstlingsschrift, in der Oeser, Goethes späterer Lehrer, „die ganze Knospe von Winckelmanns Seele" erkannte, war seine neue Auffassung der Kunst. Er begründete, wichtige Gedanken früherer kunsttheoretischer Schriften aufnehmend, seine Lehre auf den Vorrang der griechischen Kunst: es ist unerläßlich, die Antike nachzuahmen, weil sie die schöne Natur darstellt. Daran schließen sich Bemerkungen über Lebensgewohnheiten, Landesbeschaffenheit und Sprache. Nach Festlegung des Konturs und der Draperie der griechischen Statuen werden *edle Einfalt* und *stille Größe* als wesenhaft für Ausdruck und Stellung derselben bezeichnet. Den Abschluß bildet ein Ausblick auf die Malerei und Allegorie. In Griechenland, so wird im einzelnen ausgeführt, hat sich der gute Geschmack gebildet. Leichter ist es, das vollkommen Schöne von der Antike zu lernen als von der Natur, aus der man es mühsam gewinnen müsse. Nun konnte das Griechentum zu einer Lebensmacht werden. Winckelmanns Hauptwerk *Die Geschichte der Kunst des Altertums* hält seine Einsichten von 1761 fest. Wie sich seine Ansichten wandelten, zeigen die Anmerkungen (1767). Er erkannte in der Kunst das Sichtbarwerden einer den Gesetzen von *Wachstum, Blüte* und *Verfall* unterworfenen geistigen Kraft und wies der griechischen Leistung die höchste Vollendung zu; denn ihr gelang die vollkommene Darstellung des Schönen in der jugendlichen Männlichkeit. So verbinden sich Winckelmanns Fühlen und Erkennen mit dem *Idea*-Begriff der Renaissancepoetik und dem neuplatonischen

Gedanken, daß die Empfindung die wechselseitige Beziehung zwischen den Erscheinungsformen des Schönen herstellt. Dennoch konnte er der bildenden Kunst nur klassizistische Gesetze geben. Für die klassische Dichtung aber konnten seine Gedanken fruchtbar werden in der Verbindung mit dem neuen Naturbegriff.

Winckelmanns *Versuch einer Allegorie besonders für die Kunst* (1766) ruht auf der Proportion, die er schon früher aufgestellt hatte: die Allegorie belehrt die Erwachsenen wie die Fabel die Kinder. Sie spricht also den Verstand an, die Fähigkeit, zu denken. Unter Allegorien versteht Winckelmann bildhafte Symbole, die durch ihre Einfachheit, Anmut, Klarheit oder Deutlichkeit – d. h. ohne schwierige Erklärung – wirken. Den Höhepunkt erreicht die Allegorie, wenn sie menschliches Geschehen durchgeistigt. In dieser Verquickung des Symbols mit der allegorischen Um- und Ausdeutung eines Vorgangs und dessen Auswertung zu einem besonderen Zweck, den er nur in der Hebung oder Festigung der Moral sehen kann, zeigt sich, daß Winckelmanns Vorstellungen von der griechischen Götterwelt noch nicht auf eine erhöhte Menschlichkeit, den Humanitätsglauben, gestellt sind, sondern von einer moralischen Idee her Gestalt gewinnen. Er forderte ja auch die Nachahmung der Alten als „einzigen Weg für uns, groß, ja wenn es möglich ist, unnachahmlich zu werden". Das Schlußwort seiner mutigen Pionierarbeit, das er aus innerster Ergriffenheit vom Schönheitsideal eines idealischen Griechentums und wehmutsvoll nach einer nie wiederkehrenden glücklichen Zeit zurückblickend schrieb: „Einige müssen irren, damit viele richtig gehen", ist zuversichtlicher als Lessings berühmtes Wort von der Wahrheit.

2. LESSINGS JUGEND- UND LEHRJAHRE

Gotthold Ephraim Lessing ist als der dritte von den zwölf Kindern des Pastors primarius Johann Gottfried Lessing und seiner Ehefrau Justina Salome, geb. Keller, am 22. 1. 1729 zu Kamenz in der Oberlausitz geboren. Die väterlichen und mütterlichen Ahnen waren Gottes- und Rechtsgelehrte, Pfarrer und Richter.

Wohlvorbereitet kam Lessing 1741 nach St. Afra, der Fürstenschule zu Meißen. Daß er sich dort in der Welt von Theophrast, Plautus und Terenz am wohlsten fühlte, deutet auf seine frühe Neigung zur psychologisch gegründeten Menschendarstellung hin. Martial und Phaedrus wiesen ihm den Weg zu *Epigramm* und *Fabel*. Bald lernte er französisch parlieren und lesen, sowie den Gebrauch der Muttersprache nach den Gesetzen der Rhetorik und Senecas. Die deutsche Dichtung konnte er mit den Augen von Opitz sehen lernen. Aber das Vorbild der Bremer Beiträger, die in Meißen oder Schulpforta herangebildet worden waren, übte eine stärkere Anziehungskraft auf ihn aus. Lieber tändelte er anakreontisch, als daß er, vom Vater beauftragt, die Schlacht bei Kesselsdorf (1745) besang, um einen Gönner zu ehren, der für seinen Aufenthalt in St. Afra aufkam. Vorlaut und altklug gibt er der Schwester den Rat: „Schreibe wie du redest, so schreibst du schön!" Er hielt sich selbst daran und wirkte deshalb nicht papieren. Dennoch bekam es ihm nicht gut, sich in die Rolle des jungen Gelehrten hineinzuspielen. Gern beteiligte er sich an Disputationen. Dem Gesuch, ihm das letzte Schuljahr zu erlassen, wurde stattgegeben. So hielt Lessing am 30. 6. 1746 seine Abschiedsrede *De mathematica barbarorum*. Wahrscheinlich suchte er die Barbaren vor dem Vorwurf des Zurückgebliebenseins zu rechtfertigen.

Im darauffolgenden Semester ließ er sich als Theologe in Leipzig immatrikulieren. Mehr zogen ihn die Mathematik bei Kästner und die Philologie an. Seinen vielseitigen Interessen, aber auch seinem Hang zur Zersplitterung kam das Studium bei Christ entgegen, der „mit einer ausnehmenden Gelehrsamkeit den feinsten Geschmack" verband. Lessing mag von ihm nachdrücklich auf die altdeutsche Dichtung des 16. Jahrhunderts hingewiesen worden sein. Er sah seine Neigungen bei Christ und nicht bei Gottsched gefördert. Sein Stubengenosse und Vetter Christlob Mylius, Freigeist und Mann des Fortschritts, eröffnete ihm den Journalismus Leipzigs und bahnte ihm den Weg zur Neuberschen Bühne. Die väterliche Weisung zur Heimkehr (Januar 1748) entzog den auf Abwege geratenen Sohn einem feuchtfröhlichen Kommilitonenkreis und der gemeinsamen Übersetzerübung mit Christian Felix Weiße. Eben war Lessings Lustspiel *Der junge Gelehrte* erfolgreich über die Bretter gegangen. In Kamenz hätte man sich seines Gehorsams und seiner Kenntnisse noch mehr gefreut, wenn er nicht mit dem berüchtigten Vetter befreundet gewesen wäre und nicht Komödien geschrieben hätte. Man erlaubte ihm, in die medizinische Fakultät hinüberzuwechseln. Es blieb bei Ansätzen. Er entsagte der Theaterleidenschaft nicht. Eine leichtsinnig eingegangene Bürgschaft veranlaßte ihn, unbemerkt von seinen Gläubigern Leipzig zu verlassen. Er glaubte, in Berlin seinen Weg als Literat machen zu können.

Schon hatte sich Lessing in verschiedenen Gattungen bewährt. Seinem Lebenshunger entsprach anakreontisches Schwelgen in Wein und Liebe. Aber er entlockte der Leier auch Töne, die er dem Leben abgelauscht hatte. Er lobte die Faulheit ironisch, pries den Knaster und setzte in Gedichten fort, was er in froher Gesellschaft gesprochen hatte. Den Brüdern berichtet er, wie ihn gestern beim Wein der Knochenmann holen wollte und er ihn befriedigt mit der Anweisung auf die Hälfte seiner künftigen Patienten ziehen ließ. Solche Stimmungen hat das Kommersbuch bis in unser Jahrhundert festgehalten. Die Technik des anakreontischen Liedes hat Lessing schnell gelernt. Antithese und Dialog werden zum schlagfertigen Zwiegespräch. Stoff gewann er wie Hagedorn, in dem er den „größten Dichter unserer Zeiten" verehrte, aus der Literatur. Das Bändchen *Kleinigkeiten* (1751) erhielt in der zweiten Auflage (1753) eine Vorrede, in der sich Lessing damit rechtfertigt, „daß man sich dieser Art von Gedichten so wenig als einer anderen zu schämen habe". – Weniger glücklich ahmte er Gellerts Fabeln nach. Dichtete er Schwänke, so griff er zu Poggio und Bebel. Herzenssache ist ihm allein das *Epigramm*. Euricius Cordus, den er in Wittenberg las, Owen und Martial versahen ihn mit Stoff. Er prägte ihn um und gab ihm die unerwartete Wendung. Typen, Situationen und Bilder waren längst bekannt. Lessing zeichnete sie

nach. Das war eine gute Vorschule für den Dramatiker. Freude am Widerspruch, an
der Demaskierung gab ihm eine überlegene Haltung. Er bemühte sich, in der prägnanten Kürze das lateinische Vorbild zu übertreffen. Er war des Regeltones satt und
wollte Klopstocks Kunst vor dem Regelgewäsch Meiers und Bodmers bewahrt wissen.
Damit stellte er sich schon 1749 über die Parteien.

Das Fragment *Die Religion* entstand unter dem Eindruck der Lektüre
des Messias (1748/49) und wurde 1751 im *Neuesten aus dem Reiche des
Witzes* veröffentlicht. Es ging um eine Rechtfertigung der Religion.
Lessing zeigt sich hier von einer ganz anderen Seite als in den anakreontischen Liedern. Er zieht einen Trennungsstrich zwischen seiner
Auffassung und der des Atheisten, des Freigeistes. Er weist der Vernunft die Aufgabe zu, durch die Überwindung von Spott, Zweifel und
Aberglauben Selbsterkenntnis zu fördern und zur Sittlichkeit zu führen.
Die echte Religion ist an der sittlichen Tat zu erkennen. Überhaupt
wird dem Handeln eine besondere Bedeutung zugemessen, wie sich
aus der Überschau über die Wissenschaften ergibt. Die kritische Betrachtung des Menschen führt zu einem besonderen Gottesbegriff, den
weder die Orthodoxie noch der aufklärerische Idealismus gewährt.
Lessing verläßt also hier die Grundlegung der Religion, den Glauben.
Gedanken, welche in der Schrift *Das Christentum der Vernunft* (vor 1752)
niedergelegt sind, beschäftigten Lessing lange. Seine Metaphysik des
Christentums bildete sich später im Gedankenaustausch mit Mendelssohn. Er sah die Welt nicht dualistisch wie Wolff, sondern als harmonische Einheit, in der Gedanken und Sein gleichgeordnet sind. Wie ihn
das Ringen um religiöse Erkenntnisse nicht mehr losläßt, so begleitet
ihn auch das Theater, dem er sich mit dem leidenschaftlichen Ehrgeiz,
ein deutscher Molière zu werden, verschrieb.

Was Leipzig bieten konnte, nahm er wahllos auf. Er versuchte sich im alexandrinischen Schäferspiel und durchstöberte die Bestände der dramatischen Weltliteratur,
auch die modernen Engländer. Noch glaubte er, den dramatischen Lorbeer mit einer
Haupt- und Staatsaktion zu erwerben. In der Literatur wurzelt das erste Lustspiel
Damon oder die wahre Freundschaft (1747). *Die alte Jungfer* zeigt Vertrautheit mit Bühne
und Theatertypen. *Der Misogyne* (1748) trägt einen Titel Menanders weiter. In dem
späteren Umguß (1767) aus einem in drei Akte hat die Komödie nicht viel gewonnen.
Bei den anderen Lustspielen handelt es sich um persönliche Angelegenheiten Lessings.
Der junge Gelehrte wurde von der Neuberschen Truppe im Januar 1748 mit Erfolg gespielt. Bücherweisheit, d. i. humanistische Quisquilienjagd und polyhistorische Stoffhuberei sind der Stolz des *Damis*. Er bleibt unbelehrbar. Sein Gegenspieler Valer
spannt ihm die Braut aus, der Diener sagt ihm den Dienst auf und empfiehlt sich,
verlobt mit dem flotten Stubenmädchen Lisette. Mitspieler und Publikum konnten
sich über die Drohung des *Damis* freuen, das undankbare Vaterland zu verlassen.
Der Freigeist, mit dem sich Lessing vor seinem Vater als Komödienschreiber rechtfertigen wollte, stellt den Helden *Adrast* als oberflächlichen Rationalisten bloß. Die
weltmännische Duldsamkeit seines Freundes *Theophan* bemüht sich um seine Heilung,
die schließlich in der Ehe vollendet wird. Die Diener passen sich dem Charakter ihrer
Herren an. In den *Juden* (1749) gab Lessing moralischen Anschauungsunterricht. Der

Reisende, der einem Freiherrn das Leben rettet, indem er ihn von dem Überfall zweier
Schurken – es sind zwei verkleidete Amtspersonen, nicht Juden, wie vermutet wurde –
befreit, ist kein Edelmann, als den ihn der Lakai vortäuschen will, sondern Jude. Der
Baron, der dem Edelmann seinen Besitz und seine Tochter gern überlassen hätte, bedauert nun, dem Juden nicht dankbar sein zu können. Es war der erste Jude auf der
deutschen Bühne, der die Achtung des Theaterpublikums forderte.

Im Spätherbst 1748 begann Lessing sein Berliner Literatendasein zu
begründen und den Weg zu einem akademischen Lehramt zu beschrei-
ten. Er wendete sich Theater und Bühne zu mit der wohlvorbereite-
ten, von 1750 an erscheinenden Zeitschrift *Beiträge zur Historie und Aufnahme des Theaters*. Wenn hier größere Rücksicht auf das Theater der
Antike, der Engländer, Italiener, Spanier und Holländer gefordert
wurde, hieß das Gottsched herausfordern, aber kaum ihn übertrumpfen.
Das erwartete man; denn die Vorrede tat reichlich selbstbewußt.
Kraft und Erfahrung genügten trotz der Hilfe von Mylius nicht, das
zu erfüllen, was versprochen worden war, darunter Übersetzungen
aus allen Zeitaltern und Regionen, eine Theorie der Schauspielkunst,
eine geschichtliche Überschau über die Theaterfeinde. Aber frech
wurde die kritische Geißel geschwungen. Sie prasselte auf den *Magister
Gregorius aus Kamenz* herab. Mit Umsicht sammelte Lessing alles Erreichbare über Plautus, brachte kluge Textverbesserungen und bereitete
sich auf eine Übersetzung der *Captivi* und des *Trinummus* vor.

Christian Friedrich Voß gewann Lessing 1751 für seine Zeitung. Fünf Jahre hat er
für sie rezensiert und sich in seiner Selbständigkeit zwischen den literarischen Parteien bewährt. Zunächst schrieb und übersetzte er für die Monatsbeilage der *Vossischen Zeitung: Das Neueste aus dem Reiche des Witzes* (1751). Für einen Buchhändler in
Zerbst übertrug Lessing Juan Huartes *Prüfung der Köpfe zu den Wissenschaften* (1752).
Charles Rollin, von dessen *Römischer Historie* er drei Bände übersetzte (1749-52), bereitete ihn auf die neue geschichtliche Sicht Voltaires vor, dessen *Zeitalter Ludwigs XIV.*
1751 erschien. Lessing war eine Weile Voltaires Tischgenosse und freute sich seines
Auftrags, an den 15 historischen Essays seinen deutschen Stil zu erproben. Sie erschienen als *Kleinere historische Schriften* (1752). Bayle wurde eifrig studiert, für die
Herrnhuter Duldung gefordert. Dabei ist Lessing keineswegs so unberührt von Arnolds *Kirchen- und Ketzerhistorie*, wie Erich Schmidt es haben möchte. Auch der Spott
auf La Mettrie bestätigt, daß Lessing den Pietismus nicht ablehnt.

Samuel Henzis Versuch eines Staatsstreiches gegen die Berner Patrizierherrschaft
und seine Verurteilung zum Tode (1749) veranlassen Lessing, den Berner Prozeß und
seine staatsreformatorischen Grundzüge dramatisch zu behandeln, das Vorgehen der
Verschwörer und der Vertreter der Staatsgewalt psychologisch zu erklären und die
Charaktere gleichmäßig abzustufen. Er hatte kaum die Absicht, das Drama, von dem
er eineinhalb Akte 1753 mit Vorwort und Nachrede herausgab, zu vollenden. Wie
Lessing dramatische Pläne aufgreift, sie in einem Zug ausführt oder unvollendet liegen
läßt, zeigt, daß sich sein Eifer von den Studien nach bewährten Mustern nun den
Skizzen zeitgenössischer Begebenheiten zuwendet. Die Schweizer – selbst Haller, der
unter dem Eindruck der großen Tat stand – sprachen dem Ausländer das Recht ab,
ihre Angelegenheiten auf die Bühne zu bringen. Das hätte Lessing eher zur Vollendung gereizt, wenn er sich in seine frühere Stimmung hätte versetzen, wenn
er eine Form hätte aufnehmen können, die seinen Forderungen nicht mehr entsprach.

4*

Nachteilig war für Lessing der Mißbrauch, den er mit Druckbogen des *Siècle de Louis XIV* trieb. Wohl war es keineswegs seine Absicht, sich eine Diebesbeute zunutze zu machen, aber sein Geltungsbedürfnis ließ ihn damit auftrumpfen. Sein Spott auf Mäcenas ist bitter ernst gemeint, nachdem er sich mit der Gunst Voltaires auch sein Weiterkommen in Berlin verscherzt hatte. Deshalb tauchte er gegen Jahresende 1751 in Wittenberg unter und promovierte dort im nächsten Frühling zum Magister mit lateinischen *Beiträgen zur Biographie Huartes*. Lerneifer und Genauigkeit kamen den Berichtigungen Lessings zum *Gelehrtenlexikon* Jöchers zugute, der dem jungen Gelehrten allerdings empfehlen konnte, sich „manchmal weniger heftig, beißend und anzüglich auszudrücken". Seines Fleißes konnte er sich damals schon rühmen. Davon und von seinem Willen, vorwärtszukommen, zeugen seine Schriften, um deren Herausgabe er sich vom Spätjahr 1752 an wieder in Berlin bemühte. *Lyrica* brachte das erste Bändchen (1753), *Briefe* das zweite, *Rettungen* das dritte (1754), *Dramen* das vierte und fünfte (1755).

Die *Briefe* sind zumeist in Wittenberg entstanden: Feuilletons und Kritiken. Das Neue waren die *Rettungen*, Ehrenerklärungen für verkannte Gegner der Reformatoren Simon Lemnius, Johannes Cochlaeus, Hieronymus Cardanus und – Horaz. Ging es bei jenen um ein Verstehen ihrer Haltung, ihrer christlichen Gesinnung und Ehrenhaftigkeit, so bei diesem um die Reinigung von Vorwürfen, er sei ein Diener der Wollust, ein Feigling und Atheist. Als Anwalt des Horaz trat Lessing denn auch gegen die Fehler und Irrtümer in S. G. Langes *Horazübersetzung* (1752) mit seinem *Vademecum* (1754) auf. Da ging es nicht um Fragen des Stils, der Atmosphäre oder der pietistischen Färbung, sondern um Fehler, Irrtümer und Mißverständnisse, um Elemente der Übersetzung, Sprach- und Stoffkenntnis. Lessings Meisterschaft im literarischen Gefecht zeigt sich in der Beherrschung der Technik, die er von den lateinischen Streitschriften aus dem Zeitalter der Reformation lernen konnte. Er überzeugt den Leser von vornherein, daß er für eine gerechte Sache kämpft. Er beherrscht die Register, erweckt den Eindruck, den Vorrat seiner Argumente nie zu verausgaben, ein treffendes Beispiel für viele zu setzen. Er steht in der Arena als Zeuge der Wahrheit und nimmt damit eine Haltung ein, die seinem Wesen entspricht, mag er sich um die Klärung philosophischer, kunsttheoretisch-ästhetischer oder religiöser Fragen bemühen, so daß es dem angesprochenen Leser schwer wird ,zwischen Person und Sache, ehrlicher Entrüstung und berechneter Pose zu unterscheiden.

3. BÜRGERLICHES DRAMA UND LITERARISCHE KRITIK

Wer so scharf prüft wie Lessing, kann sich keiner Partei anschließen und nicht in das begeisterte Lob literarischer Gruppen einstimmen. Er konnte nicht seraphisch schwelgen und wollte bei aller Bewunderung Klopstocks den Hochflug der Sprache dämpfen, um sie für gewöhnliche Sterbliche verständlich zu machen. Als kritischer Journalist ist Lessing zuerst einen Weg gegangen, der weder nach Zürich, wie der Klopstocks und Wielands, noch nach Leipzig führte, wohl aber in Berliner Literatenkreise zu Sulzer, Ramler, Nicolai und Mendelssohn. Aus dem gemeinsamen Philosophieren und der Absicht, die Fragestellung der akademischen Preisaufgabe *ad absurdum* zu führen, ist die gemeinsame Arbeit Lessings und Mendelssohns: *Pope, ein Metaphysiker* entstanden. Sie traten für die Rechte des Dichters ein, der nicht an eine erschöpfende Behandlung des Themas gebunden sei.

Im Verein mit Nicolai sah Lessing neue dramatische Aufgaben. Sie zeigten sich in dem Aufstieg bürgerlicher Rührseligkeit in England, wie sie George Lillos Dramen und Richardsons Romane boten. In wenigen Wochen gesammelter Arbeit wurde im Frühjahr 1752 *Miß Sara Sampson*, ein bürgerliches Trauerspiel in 5 Aufzügen, abgeschlossen. Also keine große Aktion, sondern Konflikte in der Seele, Vergehen, die nicht von weltlicher Justiz verfolgt werden können. Das war entscheidend, nicht die ständische Ordnung, in welche die handelnden Personen einzureihen waren, oder das Hotelzimmer, um das das dramatische Geschehen kreist. Es lag irgendwo in England und beherbergte seit zwei Monaten die leidende Heldin und ihren Liebhaber *Mellefont*, den Mann zwischen zwei Frauen. Die andere Frau, *Marwood*, eine zweite Medea, will das Paar trennen, indem sie dem alten *Sampson* dessen Aufenthalt verrät und selbst, jederzeit zum Eingreifen bereit, mit ihrem und Mellefonts Kind *Arabella* ihren Posten bezieht. Mellefont führt sie unter falschem Namen bei der ahnungslosen Sara ein. Als diese mit der Verzeihung ihres Vaters ihr Dasein gerettet glaubt, setzt das Werk der Marwood ein. Sara geht an ihrem Gift zugrunde, und Mellefont stößt sich ihren Dolch ins Herz. Wie der Knoten geschürzt wird und wie sich die Figuren mit ihren *confidents* unterhalten oder monologisch ihre Absichten ins Publikum hineindonnern, war weniger bedeutsam als die neuen Motive, die Wendung zum englischen Vorbild, die Grundlegung einer ausbaufähigen Form. Der entscheidende Schritt zur Emanzipation vom französischen Vorbild, von Gottsched und Gellert war getan. Doch bedeutet das nicht, daß Lessing auf sämtliche Requisiten der deutschen Schaubühne und weinerlichen Komödie verzichten konnte. Er drechselte Elemente verschiedenster Herkunft zusammen. Deshalb gelang es ihm auch nicht, Individuen zu gestalten, von den Charakteren her die Handlung zu bewegen und von Seneca loszukommen. Aber er verzichtete auf die drei Einheiten. Inniger wäre die Berührung mit Diderot geworden, hätte Lessing seine *Theatralische Bibliothek* 1754 mit Erläuterungen über das bürgerliche Drama fortgesetzt, in der er großspurig „eine kritische Bühnengeschichte für alle Völker und Zeiten" verheißen hatte. So führte er die *Beiträge* fort, trat für *Senecas* Dramen gegenüber den griechischen (*Euripides*) ein und rechtfertigte ihn vor seinen französischen Nachahmern. Das war ein Bruch mit der klassizistischen Überlieferung, ein Verzicht auf das mythologisch-heroisch Höfische; denn wie er mit Sara bewiesen hatte, verstand er es, eine antike Gestalt (Medea) in die englische Umwelt seiner Zeit zu versetzen.

Die Pause in Lessings dramatischem Schaffen entsprach seiner Absicht der Sammlung und Veränderung im äußeren Leben. Er plante eine Reise durch Europa mit dem Schweizer Gottfried Winkler, der in Leipzig lebte. Dort war Lessing im Oktober 1755 wieder seßhaft geworden. Im darauffolgenden Frühling brach man auf. Braunschweig, Wolfenbüttel, Hamburg, Bremen, Groningen und Amsterdam waren erreichte

Stationen, als der Krieg begann und die Besetzung Leipzigs die beiden Reisenden zur Rückkehr zwang. Der Verkehr mit Christian Felix Weiße wurde eingeschränkt, als sich Lessing mit Ewald von Kleist und Gleim befreundete. Es ist opitzisch gedacht, wenn er den zum Grenadier gewordenen Anakreontiker als deutschen Tyrtaeus pries, aber es weist in die Zukunft, wenn er mit Mendelssohn und Nicolai dramaturgische Briefe über Mitleid und Furcht wechselte und an der Alleinherrschaft der Moral irre wurde.

Nicolais Preisausschreiben (1757/58) veranlaßte Lessing zu neuen dramatischen Versuchen und zur Erprobung verschiedener Stoffe. Die Pläne blieben liegen. Daß ihn Revolutionen, mißglückte oder gelungene Staatsumwälzungen anregten, bewies der *Henzi*. Jetzt löste sich Lessing völlig vom Alexandriner. Seine Planung einer Lukretiatragödie (*Das befreite Rom*, Szenar 1756/57) steht in unmittelbarem Zusammenhang mit *Samuel Henzi* und *Sara Sampson* und unter dem Eindruck einer sozialen Spannung. Die Heldin sollte vor dem versammelten Volk ihre Schande erzählen und sich vor den Augen desselben erstechen. Ein neuer Entwurf zwischen französischem Klassizismus und englischer Bürgerlichkeit blieb liegen, weil sich der *Virginiastoff* als ergiebiger erwies. Der Heroismus Lukretias konnte Bewunderung erwecken, in dieser aber sah Lessing einen kalten Affekt. Bandellos Novelle zeigte in der Furcht Virginias, sie könnte dem Verführer erliegen, die Möglichkeit, den kalten Affekt in verstehendes Mitleid hinüberzuführen. Unter den bearbeitenden Händen wurde die Heldin zur *Emilia Galotti* (Entwurf Anfang 1758), so wie vorher Senecas Medea den Weg zur *Sara Sampson* gewiesen hatte. Überdruß am Stoizismus machte es Lessing leicht, den geplanten *Codrus* liegen zu lassen; wie dort stand auch im *Cleonnis* (1758) der Tod fürs Vaterland im Mittelpunkt des Geschehens. Der Versuch, die Starrheit der Antike zu lösen, steht mit den ersten dramatischen Blankversen Lessings in innerem Zusammenhang. Aber für das dramatische Epigramm *Philotas* (1759) wählte er eine scharf geschliffene vielsagende Prosa. Vaterlandsliebe, Ehre, Soldatentod: die ethischen Grundlagen des Siebenjährigen Krieges wurden aus der Antike gewonnen. Der Heldenjüngling kam aus der humanistischen Schulatmosphäre. Er konnte ohne Frauenliebe in den Tod gehen und sollte als Beispiel wirken. Deshalb schüttet er sein Denken in langen Monologen aus. Zu Lessings Unbehagen goß Gleim den Philotas in Verse um (1760) und gewann ihn der Atmosphäre des Grenadiers. Die Lösung von Seneca und Wendung zu Sophokles zeigt der Entwurf *Das Horoskop*, ein Oedipus im Polen des 16. Jahrhunderts. Nach einem Abstecher in den Orient – der tragische Einakter *Fatime* (1759) stellte den Selbstmord einer Frau aus Überdruß an einem eifersüchtigen Liebhaber in den Mittelpunkt – trat Lessing mit dem *Alcibiades* (in Persien) in Wettbewerb mit Otway und Campistron. Sein alternder Held verpflanzte die Ideen einer sokratischen Gemeinde in das Herz des Satrapensohnes *Susamithres-Zaris*. Das Motiv vom gleichen Rang der Weltanschauung und dem gemeinsamen Ethos der zum Höchsten berufenen Menschheit klingt hier zum erstenmal leise an.

Wäre mehr als die Teufelsrevue des *17. Literaturbriefes* und das Szenar einer Teufelsversammlung erhalten oder ausgeführt und ließen sich vor allem die Andeutungen Lessings mit den überlieferten Zeugnissen von Grebler, Engel und Blankenburg in Einklang bringen, so könnten wir Fausts Wissensdurst zwischen dem jungen Gelehrten und dem Wahrheitsstreben des reifen Lessing einordnen oder wenigstens feststellen, ob Lessing zwei Pläne nebeneinander vollenden wollte, ob ihn neue Eindrücke und einströmende Motive ältere verwerfen ließen. Vielleicht regte ihn eine Berliner Faustaufführung der Schuchschen Truppe 1774 an. Während der Weltreise wollte er in England das Werk vollenden, das zerspielte Volksschauspiel mit neuer Gedankenfracht beladen, da ihm die Welt Marlowes unzugänglich war. Er zeigte *Faust* als überlegenen Sprecher mit dem Chor der Teufel und versah diese Revue mit lebendigem geistigem Gehalt. Dazu hätte auch das Volksbuch mit seinen langen Disputationen anregen können. In Breslau entstand das Szenar, das den Teufelsberichten im *Redentiner Osterspiel* verwandt ist. So scheint es, daß Lessing mehr von dem technischen Problem der dramatischen Revue in Bann geschlagen wurde als vom Fauststoff. Wenn er in Hamburg 1775 von einer Dramatisierung der gemeinen Fabel ohne alle Teufel gesprochen hat, bei der man zu jeder Szene sagen sollte: das hat der Teufel gefügt, so könnte man in der Äußerung, daß gar nicht Faust selbst, sondern ein Phantom das alles erlebt habe, die Umrisse des zweiten Plans erkennen und vermuten, daß Lessing sich weniger mit dem Problem der Rettung von Fausts Seele auseinandersetzte als mit dem technischen einer Darstellung des Traumes auf der Bühne. Wer annimmt, Lessing wollte als Bearbeiter des gleichen Stoffes mit Goethe in die Schranken treten, der verwechselt ihn mit dem alten Bodmer. Der Umstand, daß Lessings dramatische Entwürfe Szenare, skizzierte oder fertige Szenen festhalten, berechtigt zur Annahme, daß die erste Gesamtplanung wohl feststand, daß er vieles im Kopfe fertig hatte und weniges dem Papier anvertraute, daß die ausgefeilte Einzelheit schließlich auch in einem veränderten Plan Platz finden konnte. Seine Arbeitsweise bricht also mit festen Überlieferungen.

Im vierten Stück der *Theatralischen Bibliothek* (1758) wurde auf Gandini verwiesen, John Drydens dramatische Theorie im Auszug bekanntgemacht und Shakespeares Stücke schwerer als die regelmäßigen französischen Schauspiele befunden. Gleichzeitig wurde mit Eifer die großangelegte Arbeit über *Sophokles* gefördert. Doch blieb der Druck nach 7 Bogen stecken (1760); Eschenburg hat sie erst 1790 veröffentlicht. Die philologische Meisterschaft bewährte sich bei der Ausdehnung der Scholien in scharfsinnigen Interpretationen. Hätten wir aber eine Übersetzung Lessings aus dieser Zeit, sie hätte gegenüber der von Opitz den Vorzug, ohne Fehler zu sein, doch hätte auch sie sich über Senecas Stil nicht emporheben können.

Konnten sich Lessings altphilologische Leistungen denen seiner Zeitgenossen an die Seite stellen, so bedeutet seine Beschäftigung mit der älteren deutschen Dichtung einen Stillstand gegenüber Gottsched und den Schweizern. Er bemühte sich weder um einen Überblick über den Stoff, noch ging er einzelnen Handschriften nach. Dennoch hat er mit seinem Auswahlverfahren, seinen Abschriften und Ausgaben das Interesse wecken können. Er plante die Herausgabe ausgewählter Texte mit Untersuchungen und einem Wörterbuch. Zufall, Geschmack und Neigung waren maßgebender als der Überblick, der im 18. Jahrhundert auch kaum erreichbar gewesen wäre. Andreas Scultetus (vgl. Bd. 5 S. 260) wurde in Wittenberg entdeckt. Geschichtliche Studien über das deutsche Epigramm vereinigten Lessing und Ramler als Herausgeber Logaus (1759). Mit den drei Büchern *Fabeln* und Untersuchungen über das

Wesen dieser poetischen Form (1759) rechtfertigt Lessing, nachdem er sich mit den Definitionen seiner Vorgänger auseinandergesetzt hat, die nüchtern-sachliche prosaische Fassung dieser Gattung und stellt die sogenannten *aesopischen Fabeln* – den Inhalt festhaltende Auszüge – als die dem Zweck und Wesen der Gattung entsprechende Form dar. Der allgemeine moralische Satz muß aus einem besonderen Fall abgeleitet werden, so daß man ihn „anschauend erkennt". Der moralische Nutzen und die Überschaubarkeit der Geschichte blieben die Hauptsache. Das war rationalistischer Stil reinster Prägung und forderte den Protest der Romantik heraus; denn das Naive geht trotz dem natürlichen Charakter der Tiere verloren. Man war nicht auf den Schluß der Geschichte gespannt, vielmehr ob die Rechnung aufging und sich die Moral als Summe ergab. Das war gottschedisch gedacht. Da aber, wo sich Lessing über das Wesen einer Handlung klarzuwerden bemüht, und „jeden inneren Kampf von Leidenschaften, jede Folge von verschiedenen Gedanken, wo eine die andere aufhebt", einbezieht, stößt er in Neuland vor und stellt die Einheit von *prodesse* und *delectare* her. Doch Hamann hatte Recht, wenn er „unter dem gelehrten Balg einer anschauenden Erkenntnis" die Poesie als Ursprache des Menschengeschlechtes vermißte, und Herder, wenn er den „dürren Sittenspruch in der Schale" nicht als Werk der wahren Fabelmuse ansehen wollte. Aber Lessings *Fabeln* warfen dennoch wie Epigramme kritische Streiflichter auf Welt, Leben und Kultur. Bodmers breitspurige Angriffe (1760) wehrte er in den *Literaturbriefe* ab. – Belesenheit im älteren Schrifttum zeigt das *Wörterbuch*. Es unterstützt seine Bemühung, altertümliche Wörter neu zu beleben.

Die *Briefe, die neueste Literatur betreffend* begannen im Januar 1759 zu erscheinen. Die Anonymität des Herausgebers Lessing wurde lange gewahrt. Mendelssohn war für die Philosophie verantwortlich, Nicolai unterstützte das Unternehmen, wenn es an Stoff fehlte. Die Einführung – unterrichtende Briefe an einen verwundeten preußischen Offizier – und das bis September 1760 Erschienene, trägt den Stempel Lessings. Dann blieb er gelegentlicher Mitarbeiter, bis die Briefe im Sommer 1765 ihr Erscheinen einstellten. Er ehrte Kleist, den er kurz vor seinem Tode als Dichter und Soldaten im 36. Brief gefeiert hatte, durch Schweigen, weil er ihn vor dem nachgeschwätzten Zeug retten wollte. So urteilte Lessing über die *Trauercarmina*. Was über Geschichtsschreibung, die Sudelküchen der Übersetzer, die talentlosen Vielschreiber gesagt wird, ist ein Präludium zum *17. Brief* über Gottscheds vermeintliche Verdienste um die deutsche Schaubühne mit der Wendung vom zierlichzärtlichen französischen Vorbild zum englischen, zu Shakespeare und zu dem ausklingenden Hinweis auf die Faustszene. Deren Ferne von der Geniebewegung zeigt uns, daß es Lessing nicht um die Wiedergeburt Shakespeares oder die Einführung einer neuen Technik ging, sondern um die Wahrheit der Charaktere, um das psychologische Erfassen großer Leidenschaften, um eine Regeneration der deutschen Bühne. Sein Zugang zu Shakespeare führte nicht über die Gedankenwelt Youngs, Wielands Übersetzung oder Gerstenbergs Literaturbriefe. Später verlangte Lessing von einem tragischen Dichter, daß er „das wilde Feuer" verloren haben müsse. Wieland wird eine bittere Lektion erteilt, Klopstock mit Zweifel bewundert, mit dem *Nordischen Aufseher* abgerechnet.

4. MINNA VON BARNHELM. LAOKOON

Im Herbst 1760 trat Lessing nach einem Besuch des frischen Grabes von Kleist in Frankfurt a. d. Oder seine Stellung als Gouvernementssekretär bei dem Festungskommandanten von Breslau, General Bogislaw Friedrich von Tauentzien, an. Er freute sich, eine Zeit „mehr unter Menschen als unter Büchern zu leben", verbrachte die Abende beim l'Hombrespiel, schien unfähig, „seinem Geist eine feste Richtung zu geben", beschäftigte sich mit der schlesischen Literatur und sammelte Erfahrungen. Die reife Frucht seiner Militärzeit war *Minna von Barnhelm oder Das Soldatenglück*, unmittelbar nach dem Friedensschluß geplant, 1765 abgeschlossen und Ostern 1767 gedruckt. Damit setzte Lessing einen unübertrefflichen Maßstab für das deutsche Lustspiel.

Dieses Meisterstück erhebt sich über die französisch-sächsische Komödie, in der Typen und Situationen die Hauptsache waren. Lessing kann ihrer zwar nicht entbehren, sie gehören zum Apparat. Aber sie sind von untergeordneter Bedeutung; denn das Menschliche, die warme Herzensgesinnung, die unmittelbare Beziehung zur Gegenwart ist wichtiger als die Handlung, welche zwei liebende Paare, *Tellheim* und *Minna*, den Wachtmeister *Werner* und *Franziska*, am Ende glücklich vereinigt. Der sittliche Kern dieses Lustspiels ist Tellheims Ehrbegriff. Eine edle Tat – die Herabsetzung einer untragbaren Kontribution und persönliche Bürgschaft – bringt ihn in den Verdacht unsauberer Geschäftsführung. Er löst seine Verlobung, weil er seiner Braut eine eheliche Verbindung nicht zumuten kann mit einem, der unter dem Verdacht steht, unehrenhaft gehandelt zu haben. Die Gefährdung seiner Ehre durch diese Verdächtigung wiegt schwerer als der in Aussicht stehende Verlust seines Vermögens. Die Moral als Grundzug der dichterischen Charaktere ruht nicht mehr auf den Eigenschaften oder Tugenden, sondern in einer sittlichen Haltung, im Wesen des Charakters, in der Ehre als Grundlage des eigenen, moralisch-menschlichen Daseins. Tellheims Ehrgefühl reagiert wie eine Goldwaage, aber es läßt sich nicht wie verletztes Rechtsgefühl zu unbedachten und leidenschaftsbestimmten Handlungen hinreißen, sondern hält sich an die feste sittliche Ordnung wahrer Menschenwürde. Wie wird sich solches Pflichtbewußtsein gegen die Rechte selbstloser Liebe (Minna) und Hilfsbereitschaft (Werner) behaupten? Diese hat Tellheim der Witwe des Rittmeisters gegenüber gezeigt. Er kennt sie also, aber er bewertet sie nicht so hoch, und zudem kann er Werners Angebot nicht annehmen, weil er nicht weiß, ob er je in der Lage sein wird, seine Schuld zurückzubezahlen. Sein von der Vernunft bedingter Standpunkt dem Wachtmeister und der Geliebten gegenüber läßt ihn nicht an den guten Leumund denken, sondern an die sittliche Haltung und Würde. Diese hohe Forderung birgt die Tragik des Werkes (II 9). Minna sieht in Tellheim erst den Träumer, dann den Stolzen, sie versteht ihn scheinbar nur oberflächlich. Noch einmal (IV 6) versucht sie, durch eine Aussprache die Meinungsverschiedenheiten zwischen sich und Tellheim zu lösen, und erst, als sie nicht zu ihrem Ziel gelangen kann, weil Tellheim erklärt, er könne sie durch seine Liebe nicht der Verachtung aussetzen, greift sie zur List, spielt die Verstoßene und Mittellose und löst das Verlöbnis, indem sie ihm den Ring zurückgibt. Jetzt fordert seine Ehre, sie nicht zu verlassen. Noch als durch das königliche Handschreiben Tellheims Ehre wieder hergestellt ist, gibt ihm Minna, die ihre Rolle weiterspielt, Gelegenheit, seinen Charakter ganz zu enthüllen: er ist bereit, auf die Gnade seines Königs zu verzichten, um ihr gleich zu sein. Da erst gesteht Minna dem Geliebten ihre List, die sich gegen sie selbst gewendet hat.

Zur gleichen Zeit wertete Lessing seine literarisch-kritischen und kunsttheoretischen Studien aus. Er prüfte, was über Malerei und Dichtung, dichtende Malerei und malende Dichtung, die poetischen Gattungen und Voraussetzungen künstlerischen Schaffens gesagt worden war, sammelte seine Gedanken, wollte sie in einer *Hermaea* als erläuternde Lesefrüchte verwerten, besprach sich mit Mendelssohn über die Systematik der Künste und verwarf schließlich alles zugunsten einer Untersuchung, scheinbar einer Wanderung ohne festes Ziel. Doch zeigt sich dieses Ziel schließlich im Titel *Laokoon oder Über die Grenzen der Mahlerey und Poesie* (1766). Die Antwort gab das Motto aus Plutarch: „Durch den Stoff und die Arten der Nachahmung unterscheiden sie sich". Es mußte also der Stoff untersucht werden, mit dem Dichter und bildende Künstler arbeiten – sprachliche Darstellungsmöglichkeiten und das Abbilden von Körpern im Raum oder auf der Fläche, denn unter Malerei verstand Lessing auch die Skulptur – und nach welchen Regeln dieser Stoff richtig angewendet wird. Die Regeln mußten aus den Meisterwerken abgeleitet werden. Nicht nur Winckelmann, sondern auch der Wille zur Befreiung vom lateinisch-romanischen Zwang und der mühsam errungene unmittelbare Zugang zum Griechentum verwiesen auf die Originale in der päpstlichen Sammlung, auf die Berichte von Plinius, Plutarch, Pausanias, auf Aristoteles, Homer und die griechischen Tragiker. Interpretation der Quellen war die Voraussetzung. Noch kann auf geschichtliche Entwicklungen, zeitbedingten Stil und Geschmack – kurzum auf das, was Herder ahnt und seine Kritik zu bedenken gibt – keine Rücksicht genommen werden; denn Lessing spürt den *archimedischen Gesetzen der Künste* nach und ist davon überzeugt, den Weg, auf dem man zu ihnen kommt, gefunden zu haben.

In der Statue seufzt Laokoon, im Epos Vergils schreit er. Winckelmann, stoischen Gedanken folgend, sieht in jenem den Ausdruck einer edlen Seele und wirft einen verurteilenden Seitenblick auf Vergil. Lessing aber erwähnt die schreienden Götter in der Ilias und führt den Philoktet des Sophokles an. Er weist die schmerzverbeißende Haltung den Barbaren zu. Die Griechen ließen ihren Tränen freien Lauf, sie beherrschten ihre Gefühle nur, wenn es erforderlich war. Entscheidender ist Lessings Frage: Wenn Winckelmanns Feststellung mit dem Tatbestand nicht übereinkommt, wie muß die verschiedene Behandlung des gleichen Gegenstandes erklärt werden? Wie verhalten sich nun die Maler bei der Darstellung des Schmerzes? Sie verhüllen wie *Timanthes* das Antlitz des Weinenden. Ein schreiendes, weinendes oder lachendes Antlitz ist häßlich. Oberstes Gesetz griechischer Kunst war die Schönheit, so hatte es Winckelmann selbst gelehrt. Lessing konnte noch glauben, daß die griechische Kunst keine Furie dargestellt habe, und für die bildende Kunst die Darstellung des Vollendeten fordern. Für die Dichtung hielt er die vollkommenen Charaktere ungeeignet. Der bildende Künstler müsse aus einer fortlaufenden Handlung einen Augenblick wählen, der das Vorhergehende und Nachfolgende ahnen lasse: also Ajas nach seiner Wahnsinnstat oder Medea vor dem Kindermord. Dieser fruchtbare Moment biete der Phantasie die Möglichkeit, andere Phasen der Handlung hinzuzudenken. Methodisch und nicht durch das Ergebnis bedeutsam war Lessings Untersuchung, ob Vergils Dichtung oder die Laokoonstatue früher anzusetzen sei. Das bot Gelegenheit zu Auseinandersetzungen mit Spence und Caylus. Er beweist ihnen auf einem Streifzug durch die *Ilias*, daß der Inhalt weniger Verse ein treffliches Bild geben und eine lange Folge unergiebig sein könne. Wie schwer aber sei es, Götter neben Menschen auf die Leinwand zu bringen. Welche Fülle von Vorwürfen bieten die Evangelisten den Malern, und wie wenig wissen diese mit Miltons *Verlorenem Paradies* anzufangen! Damit ist nichts über den poetischen Wert beider ausgesagt. Die Beispiele, Analysen und kritischen Bemerkungen der ersten 15 Abschnitte führen in die Problemlage ein.

Der Spaziergang durch archäologische, malerische und dichterische Gefilde wird nun durch eine streng logische Gedanken- und Schlußkette unterbrochen: Nebeneinander im Raum existierende Körper sind Gegenstände der Malerei. Sie arbeitet mit dem Nebeneinander der Figuren und Farben. Nacheinander in der Zeit vor sich gehende Handlungen sind Gegenstand der Dichtung. Sie arbeitet mit dem Nacheinander der artikulierten oder schriftlich niedergelegten Sprache. Soll die Malerei Handlungen nachahmen, so muß sie es „andeutungsweise durch Körper" tun, sie muß dazu den prägnantesten Augenblick wählen. Soll die Poesie Körper darstellen, so muß sie es „andeutungsweise durch Handlungen" tun, in denen das einzelne Charakteristische besonders hervorgehoben wird. Hier stürzt die barocke *Synästhesie*, der Glaube an das Gesamtkunstwerk, zusammen.

Homer erzählt die Entstehungsgeschichte des Bogens des Pandaros, berichtet, wie der Wagen der Hera zur Abfahrt bereitgestellt wird, wie Hephaistos den Schild des Achilleus anfertigt. Er läßt uns mitwandern, wenn er beschreibt. Hallers Blumen, Popes Schilderungen, ja selbst die Bilder aus des Freundes *Frühling* wurden dieser Erkenntnis geopfert. Anakreon weist den Maler an, wie er die Geliebte zu malen hat. Aber wir sehen nur die Einzelheit oder deren Fülle, aus welcher sich der schöne oder häßliche Mensch zusammensetzt. Der Eindruck, den schöne Menschen auf ihre Umgebung machen – wie Helena auf die trojanischen Greise – vergegenwärtigt uns diese schönen Menschen. Vor Homer, der uns die Wirkung der Schönheit zeigt, versinkt Ariosts Bild der Zauberin Alcina und mit ihm alle Bilder, welche das Rezept gelehrter spätantiker Kunstübung vorschrieb. Hier erschloß sich der Rationalismus einen Zugang zu Homer. Der Irrationalismus erfocht sich den anderen mit der Erkenntnis des Originalgenies. Das Transitorische erstarrt in der Wiedergabe der bildenden Kunst. Lessing wendet sich dem Häßlichen, Ekelhaften und Lächerlichen zu. Er will die Malerei eher davor bewahrt wissen als die Poesie. Hier trifft er mit dem klassizistischen Kunstidealismus Winckelmanns zusammen. Aber dessen *Geschichte der Kunst des Altertums* vermochte ihn nur zu gelegentlichen philologischen Berichtigungen zu veranlassen. Das angebotene Gespräch hat Winckelmann nicht angenommen, ebensowenig wie Lessing auf Herders *Kritisches Wäldchen* geantwortet hat; denn der *Laokoon* blieb ein Torso.

5. DIE HAMBURGISCHE DRAMATURGIE

Anfang 1765 entschloß sich Lessing zur Rückkehr nach Berlin. Er konnte, auf seine Zugehörigkeit zur Akademie der Wissenschaften pochend, hoffen, dort als Bibliothekar unterzukommen. Aber der König beachtete weder seine noch Winckelmanns Kandidatur und berief im Sommer 1767 den kuriosen Benediktiner Antoine Joseph Pernéty. Eine Reisebegleitung nach Pyrmont bot Lessing die Möglichkeit, in Göttingen, Kassel und Halberstadt haltzumachen. Er stand auf dem Markte, als ihn das Hamburger Nationaltheater zum Dramaturgen wählte. Der Laokoon blieb darüber liegen. Aber Lessing konnte sich dem Theater wiedergegeben und der Aufgabe zugeführt sehen, das deutsche Nationaltheater mit aufmunternder produktiver Kritik zu begleiten und dem deutschen Drama seine Gesetze zu geben. Er konnte hoffen, seine vielen Entwürfe abzuschließen und seine Werke auf die Bühne zu bringen. Mit der Zeitschrift *Hamburgische Dramaturgie* sollte Lessing die Aufführungen kritisch begleiten, die Leistungen der Dichter und Schauspieler würdigen.

Anfangs, von Mai bis August 1767, erschienen wöchentlich je zwei Stücke, dann ging es langsamer, bis mit dem 101. bis 104. Stück Ostern 1769 der bittere Epilog gehalten wurde. Konrad Ekhof und Friederike Sophie Hensel galten als die besten deutschen Schauspieler. Lessing hat ihre Leistungen festgehalten und ohne Vorbehalt anerkannt. Von Ekhof glaubte er wie die Engländer von Garrick einen Regelkanon der Schauspielkunst ableiten zu können. Aber es beleidigte schon den Ehrgeiz der Hensel, daß er sie mit dem seltsam anerkennenden Tadel bedachte, sie sei für eine bestimmte Rolle zu groß. So unterließ er es vom 26. Stück an, über schauspielerische Leistungen zu berichten. Lessing schrieb die erste Dramaturgie für die deutsche Bühne der Berufsschauspieler; er entwickelte an den Beispielen, die der Spielplan bot, seine dramatische Theorie und stellte nach den Grundsätzen der neuerstandenen aristotelischen Poetik aus den verwendbaren Trümmern des klassizistischen Theaterapparates ein theoretisches Gebäude her. Das war klassizistisch gedacht und begünstigte das Wachstum klassizistischer Formen; dennoch wurde mit der Ächtung erstarrter Regeln, der Entdeckung der Schönheiten Shakespeares, dem Hinweis auf die Darstellung der Leidenschaften der Boden für die Geniebewegung vorbereitet. Aber Lessing mußte in der literarischen Revolution den Triumph der Regellosigkeit sehen. So ist er mit seinen Dramen und seiner dramatischen Theorie bis zu der Grenzlinie vorgestoßen, die dem Klassizisten den Eintritt in die Bereiche der Klassik verwehrt.

Was in Hamburg aufgeführt wurde, war danach, den Dramatikern und einem verständigen Publico zu zeigen, wie man es nicht machen soll. Deshalb ging es ans Vergleichen mit anderen Stücken, Szenen, Charakteren oder der natürlichen Verhaltensweise des Menschen, an das Ableiten, Entwickeln und Interpretieren von Dramen und poetischen Theorien. Mit dem *Lustspiel* war Lessings Revision bald fertig. Er plädierte für den *Hanswurst* und die *Burleske*, war dem Niedrig-Komischen geneigt. Aber wo war denn das deutsche Lustspiel zu finden? Nicht bei Frau Gottsched, eher noch in der weinerlichen Atmosphäre der „wahren Familiengemälde" Gellerts. Das beste deutsche Lustspiel in Versen war noch immer *Die stumme Schönheit* J. E. Schlegels. Was blieb übrig, als aus den Nachfolgern Molières, Marivaux' und Destouches, das Beste herauszuholen? Zu Shakespeares Lustspielen hatte Lessing keinen Zugang, und so hat er selbst Voltaires Lustspiele anerkannt. Vom Verfasser der Minna von Barnhelm hätte man tiefere theoretische Einsichten in das Wesen der Komödie erwarten können. Er bewies größere Meisterschaft, wenn er die barocke Tragödie zur Strecke brachte. Sie wurde gemustert von den stoischen Märtyrerhelden an, die man bewundern sollte, bis zu den großen Werken eines Corneille und Racine, vom Gespenst des Ninus in der *Semiramis* Voltaires, das gegen alle Geistergewohnheit am hellen lichten Tage in einer Staatsversammlung auftritt, von der sich als Liebe gebärdenden Galanterie angefangen bis zum Kernpunkt: der Fragwürdigkeit der drei Einheiten. Das war die kleinlich beachtete Regel, die sich auf die Autorität des Aristoteles berief. Mit zwingender Logik argumentiert Lessing: Die Franzosen halten sich nicht an die Forderung der drei Einheiten, sie umgehen sie; denn diese sind gegen die Natur der Tragödie. Die Franzosen halten in ihnen ein von Aristoteles für die griechische Tragödie erlassenes Gesetz fest. Es sei aber nicht gesagt, daß, was für die griechische Tragödie gelte, auch für die französische maßgebend sei. Diese habe ja keinen Chor. Im übrigen habe Aristoteles unter den drei Einheiten nicht das verstanden, was die Franzosen darunter verstünden. Deren leidige Mißverständnisse haben das Wesen der wahren Tragödie zerstört. Lessings Vorbereitung auf den Kommentar der Poetik des Aristoteles kam seiner Erklärung der Tragödiendefinition zugute. Er ersetzte den *Schrecken* durch *Furcht* und sah in dieser ein auf uns selbst bezogenes Mitleid(en). Er erwies sich als Kind seiner Zeit, wenn er alle mitfühlenden und mitleidenden, sympathischen, philanthropischen Neigungen mit Mitleid und Furcht auf die gleiche Stufe setzte. Die moralische Auslegung der *Katharsis* hat Lessing damit nicht überwunden. Sein Kampf gegen den französischen Klassizismus gewinnt dadurch einen persönlichen Charakter, daß er mit Voltaire abrechnet und ihm zeigt, wie wenig er es mit der Wahrheit und den geschichtlichen Tatsachen hält, wie kleinlich er als Kritiker und Mensch ist. Mit ähnlichem Ziel kämpften auch humanistische Streithähne. Aber für Lessing war trotz aller Freude, die er daran hatte, nicht die Erledigung des Gegners die Hauptsache, sondern die Neugestaltung des Dramas nach anderen Mustern. Dazu wählte er Voltaire als Opfer, mit dem er ähnlich umging wie einst mit Lange.

Die *Hamburgische Dramaturgie* hat nur für einen neuen Klassizismus die *ewigen* Gesetze des Dramas gefunden oder wieder zur Geltung gebracht. Das erreichte sie durch ihre vergleichende Methode, deren Ziel die Aufstellung neuer Muster war: Die von den Schlacken des französischen Klassizismus gereinigte *Antike* und *Shakespeare*. Das war eine Angelegenheit des Geschmackes. An drei Gestalten Voltaires zeigt Lessing, wie in ihnen das Spiegelbild der Natur, d. i. Shakespeares, verzerrt ist. Orosman, Zaïre und der Geist des Ninus reflektieren. Deshalb glaubt man ihnen nicht. Aber an Othello, Julie und den Geist von Hamlets Vater glauben wir. Das Gräßliche, Ungeheure, Gigantische, Pathetische, Rhetorische, Ornamentale tritt nun, von innen her ausgehöhlt, als verpönt zurück. Auf neuen rationalen Grundrissen glaubt Lessing dramatische Musterbauten errichten zu können. Der Aufklärungsklassizismus triumphiert über den Barockklassizismus, ehe die Regel und mit ihr der gesamte Klassizismus über Bord geworfen wird, weil das fühlende Herz seine Ansprüche an den wahren Dichter geltend macht. Die jungen Genies liebten Lessing nicht, aber sie achteten und ehrten ihn, sie lernten von ihm und ließen unangetastet, was er bewiesen hatte. Er aber wußte, daß seine Kunst auf dem Boden der Kritik gewachsen war; denn er fühlte „die lebendige Quelle nicht in sich, die durch eigene Kraft sich emporarbeitet".

Seinen Freund Weiße überbietend entwarf Lessing die Komödie *Die Matrone von Ephesus* (1767), eine psychologisch wohlvorbereitete Charakterstudie; aber sie wäre doch eine makabre Satire auf die Leichtfertigkeit der Frauen geworden und hätte sich wie der *Schlaftrunk* aus der gleichen Zeit in die sächsische Lustspieltradition eingeordnet. Gegen Ende seines Hamburger Aufenthalts brachte die Beteiligung an dem Verlagsunternehmen Joachim Christoph Bodes Lessing um sein letztes Geld. Er beschloß, vom Erlös seiner verkauften Bücher ein Jahr in Italien antiquarischen Studien zu leben. Der Stadtklatsch sah ihn schon als Nachfolger Winckelmanns in Rom. Auch in Klopstocks in Wien geplanter Gelehrtenrepublik glaubte Lessing als Theatersachverständiger wirken zu können. Doch nahm er die Berufung an die Bibliothek nach Wolfenbüttel an. Ehe er dahin abging (April 1770), kreuzte sich sein Lebensweg mit dem Herders.

6. ANTIQUARISCHE STUDIEN, EMILIA GALOTTI. LESSINGS EHE

Kritische Bemerkungen, welche Klotz gegen recht unwesentliche Äußerungen im Laokoon vorgebracht hatte, waren der Anlaß zu einer neuen Auseinandersetzung. Lessing, der durch Schmeichelei nicht für eine literarische Partei zu gewinnen war, ließ den sachlichen Erläuterungen einige grundsätzliche Bemerkungen über literarisches Cliquenwesen folgen. Es geht ihm zuletzt um das Ethos des Gelehrten. Er legte den ersten Teil der *Briefe antiquarischen Inhalts* im Hochsommer 1768 vor. Er behandelt das Allgemeine (Ahnenbilder, bemalte Wachsbüsten, Gemmen). Der zweite Teil (1769) wendet sich dem Besonderen zu (der borghesische Fechter wird als *Chabrias* gedeutet). Dann erst werden die Briefe persönlich, stellen den Gegner bloß und zeigen ihn in seiner Erbärmlichkeit. Nicht die Ergebnisse der Untersuchung sicherten diesen Briefen ihre Bedeutung, wohl aber die Methode der Fechtkunst, einer Polemik, welche mit den Kräften haushält und am Schluß den Gegner erledigt. Dazwischen hat Lessing in sachlicher Gelassenheit eine Nebenstudie zum Laokoon abgeschlossen: *Wie die Alten den Tod gebildet* (1769). Er antwortet: nicht als Gerippe wie die barbarischen mittleren Zeiten, sondern als Gegenfigur zu seinem Bruder, dem Schlaf, als Jüngling mit der gesenkten Fackel. Der Grabkunst des ausgehenden

Jahrhunderts kam dieser Hinweis recht. Lessings literarische und antiquarische Kritik war damit abgeschlossen. Wie ein Nachklang an die enge Fühlung mit der Bühne mutet die Vollendung der *Emilia Galotti* an zu einer Zeit, da Lessing seine bibliothekarische Tätigkeit und die Herausgabe der Fragmente schon auf jene Gebiete geführt hatten, denen das Interesse seines letzten Lebensjahrzehnts galt. Lukretia und Virginia haben oft im Mittelpunkt der neueren Tragödie gestanden, wenn die Parole *In tyrannos* von der Bühne ausgegeben wurde. Sie trat bei Lessing zurück, als er die Heldin in die bürgerliche Umwelt seiner Zeit versetzte, die Handlung am Hof von Guastalla vor sich gehen ließ und ihr Züge aus den Familienromanen Richardsons verlieh. Etwa von 1750 an, über Nicolais Preisausschreiben und die lebendige Berührung mit der Hamburger Bühne, plante und gestaltete Lessing, bis er das Werk im Frühling 1772 zu Wolfenbüttel abschloß.

Als Musterbeispiel für die Regeln der Hamburgischen Dramaturgie wird der Prinz im 1. Akt durch seine Handlungen gekennzeichnet: Erregung beim Namen Emilia, Übergang von der Orsina zu Emilia Galotti, die Unterredung mit Marinelli, dessen Planung des Anschlags auf Appiani, die Eile, mit der der Prinz „recht gern" das Todesurteil unterzeichnen will, um sich in das neue Liebesabenteuer zu stürzen. In Odoardo Galottis Haus zu Sabionetta umgibt uns zu Beginn des 2. Aktes eine Atmosphäre des Mißtrauens. Schon sehen wir Marinelli am Werk. Der Bösewicht Angelo erfährt von Galottis Diener Einzelheiten über die Fahrt der Hochzeitsgäste. Odoardo warnt vor der Sorglosigkeit, mit der Emilia allein in die Kirche gegangen sei. Kaum hat er das Haus verlassen, flüchtet sich Emilia in die Arme ihrer Mutter: die Liebesschwüre des Prinzen haben ihre Andacht gestört. Nach beruhigenden Worten findet sie rasch ihre Fassung wieder und tritt ihrem Verlobten unbefangen entgegen. Auch dieser kennzeichnet sich in seiner sentimentalischen Gehaltenheit und ehrenhaften Zurückhaltung durch Handlungen, wenn er Marinelli gegenüber auf seine diplomatische Sendung verzichtet und dessen Frechheit mit dem Wort „Affe" beantwortet. Die drei folgenden Akte spielen im Schlosse von Dosalo. Marinellis Bericht an den Fürsten wird durch Schüsse in der Nähe gestört. Angelo meldet, daß der tödlich verwundete Appiani in die Stadt gebracht werde. Emilia wird von einem Diener in das Schloß gerettet und sieht sich fassungslos dem Prinzen gegenüber. Marinelli empfängt Claudia, die sich den Weg zu ihrer Tochter bahnt. Mit den Anschuldigungen des Prinzen und der beschämenden Rechtfertigung Marinellis setzt der 4. Akt ein, ehe Orsina mit ihrer ganzen Leidenschaft und Empörung das Gegenspiel entfesselt, den Hergang des Anschlages und den Prinzen als eigentlichen Urheber des Mordes erkennt. In ihrem Gespräch mit Odoardo wird noch einmal der ganze Zusammenhang aufgedeckt. Die so kühl berechnet erscheinenden Worte der beiden sind leidenschaftsgeladen. Von ihr erhält er den Dolch. Sein Gespräch mit Claudia klingt wie ein Verhör. Er wird handeln, nachdem Orsina mit Claudia ihre Heimfahrt angetreten hat. Aber erst im letzten Akt unterrichten uns seine drei kurzen Monologe über seine Absichten. Nicht als Rächer wird er sich auf den Mörder stürzen, vielmehr darf dieser sein Ziel nicht erreichen. Deshalb kann er nicht im Sinne Orsinas handeln und die Rache vollstrecken, sondern seine Aufgabe ist es, „die gekränkte Tugend zu retten". Zeigt er sich auch im Gespräch mit dem Prinzen und Marinelli deren neuem Intrigenspiel nicht gewachsen, so kann er sich doch ein Gespräch mit Emilia ausbedingen. Diese begehrt selbst ihren Tod, er erfüllt ihren Wunsch und stellt sich dem Gericht.

Es ist viel von der wenig glücklichen Charakteristik Emilias gesprochen worden. Man berief sich darauf, daß Lessing selbst mit dem Abschluß der Tragödie unzufrieden war und gegen die Regeln verstieß, die er aufgestellt hatte. Die Tragödie steht zwischen dem klassizistischen Drama nach Gottscheds Muster und dem Anklagestück der Geniezeit. Die Gestalten – auch die der Bürger – halten die Mitte zwischen den Typen des französischen Klassizismus und den Individuen der Sturm-und-Drang-Zeit. Es schlägt die Brücke von der Haupt- und Staatsaktion zur Tragödie, in der ein sittlicher Konflikt nach festen moralischen Grundsätzen ausgetragen wird, nicht vom Herzen, sondern von einem überlegenen Verstand, der Herr über die Regungen des Gefühls ist. Wenn aber trotz aller Bewunderung solcher festen Haltungen das Gefühl die Zuschauer an der Folgerichtigkeit der Handlung zweifeln läßt, so wird die Zwischenstellung des Dramas offenbar. Die Zeitgenossen sahen in den empfindsamen Zügen, welche Emilia trägt, Wahrheit. Die Beobachtung der Regel und des moralischen Gesetzes führt Lessing an die Grenze dessen, was Vorbilder zu leisten vermögen. Seine Menschen handeln noch nicht im Zeichen einer in ihnen ruhenden Humanität, eines Gesetzes, das die Freiheit zu geben vermochte. Ohne es zu wollen, wies Lessing dem Sturm-und-Drang-Drama den Weg. Er verwahrte sich gegen alles Genie, „was gewisse Leute in Beschlag genommen haben". Er zog nach dem tiefen Eindruck, den *Die Leiden des jungen Werthers* auf ihn gemacht hatten, einen Trennungsstrich zwischen diesem und Karl Wilhelm Jerusalem. Er glaubte, dessen Andenken mit der Herausgabe seiner Schriften (1776) zu retten, und gestand in der Vorrede dem Genie das Recht zu, auch ohne Regeln gut zu arbeiten. Aber er stellte die Frage, ob es mit deren Beachtung nicht besser gearbeitet hätte.

Im Mai 1770 trat Lessing sein Amt in Wolfenbüttel an. Schon die Meinungen seiner Zeitgenossen über seine Tätigkeit und Amtsführung gingen auseinander. Er sah seine Aufgabe darin, die ihm anvertrauten Schätze zu verwerten, nicht in der Organisation oder Registratur der Bestände. Mit den Bibliographen seiner Zeit, einem Degen oder Panzer, darf er nicht verglichen werden. Wie man katalogisiert, war ihm gleichgültig. Was in den Büchern steht, verwertete er in seinen Rettungen und Entdeckungen, die er in seinen 1773 beginnenden Beiträgen *Zur Geschichte und Literatur. Aus den Schätzen der herzoglichen Bibliothek zu Wolfenbüttel* veröffentlichte. Ihr Vorläufer war die Ausgabe der Gedichte von Andreas Scultetus (1771). Wertvoll war Lessings Entdeckung, daß Ulrich Boner Verfasser jener Fabeln aus den Zeiten der Minnesinger war, die Bodmer und Breitinger 1757 herausgegeben hatten. Der geliebten Fabel wandten sich Untersuchungen über *Romulus und Rimicius* (1773) zu. Zerstreute Anmerkungen über das Epigramm erschienen

1775. In Berengar von Tours glaubte Lessing einen Mann seines Schlages zu entdecken.

In Hamburg war Lessing der Abschied von Frau Eva Katharina König, der Tochter des Heidelberger Kaufmanns Hahn, die 1756 den Hamburger Handelsherrn Engelbert König geheiratet hatte, besonders schwer geworden. König war Ende Dezember 1769 auf einer Geschäftsreise in Venedig gestorben. Ehe Frau König ihre Reise nach Wien antrat, um den dortigen Besitz – Seiden- und Tapetenfabriken – für ihre Familie zu retten, besprach sie sich mit Lessing in Braunschweig. Im Sommer 1770 setzte der Briefwechsel zwischen beiden ein. Er erinnert trotz aller Sachlichkeit und vieler Familienmitteilungen von ferne an die Gespräche zwischen Minna und Tellheim, nur daß Lessing der tapferen Frau Mut zusprechen muß. Nach ihrer Rückkehr im Sommer 1771 wurde eine stille Verlobung gefeiert. Neue Verwicklungen machten die Anwesenheit von Frau König in Wien nötig. Bald nachdem sie im Februar 1772 dahin gereist war, schien sich auch für Lessing im Rahmen der Klopstockschen Unternehmung eine Möglichkeit zu bieten, als Dramaturg und Theaterdichter in der Kaiserstadt zu wirken. Lang zogen sich die Verhandlungen hin, bis er endlich im Frühling 1775 in Wien eintraf. Man feierte den Dichter mit Aufführungen von Minna und Emilia. Eine Audienz bei Maria Theresia und Joseph II. ehrte den berühmten Gast. Aber von einer Anstellung scheint nicht die Rede gewesen zu sein. Schon Ende April verließ Lessing Wien in der Begleitung des Braunschweigischen Erbprinzen Leopold. Damit erfüllte sich sein Wunsch nach einem Aufenthalt in Italien. Die Reise ging über Mailand, Venedig, Livorno, Corsica, Genua, Turin, Parma und Bologna nach Rom und Neapel. Wenig berichten seine Tagebücher über seine Eindrücke. Anregungen für spätere Arbeiten hat er nicht empfangen. Weihnachten hielt er sich in Wien auf. Nochmals wurde der Plan einer Theaterreform erwogen. Aber Lessing zog es vor, eine wichtige Einladung beim Fürsten Kaunitz abzusagen mit der Begründung seiner schnellen Abreise am 5. Januar 1776. Sie führte ihn nach Dresden, wo er die Zusicherung erhielt, die Nachfolge Hagedorns antreten zu können. Anschließend sah er seine Mutter in Kamenz zum letztenmal.

Nach seiner Rückkehr wurde in Braunschweig sein Anstellungsverhältnis neu geregelt und damit die Grundlage für den neuen Hausstand geschaffen. Am 8. 10. 1776 fand seine Vermählung mit Eva König auf dem York, dem Gute der befreundeten Familie Schuback zwischen Hamburg und Stade, statt. Zur selben Zeit wollte der Kurfürst Karl Theodor Lessing an das Mannheimer Theater und die aufblühende Akademie verpflichten. Mit Begeisterung wurde er Anfang 1777 in Mannheim vom Maler Müller begrüßt, aber bald mußte er einsehen, daß er zu einem erneuten Versuch, die deutsche Schaubühne zu reformieren, nicht taugte. Wieland hielt diese Episode in den Kapiteln über Euripides in Abdera fest. Am Schluß des Jahres, das ihm Eheglück und friedsame Häuslichkeit schenkte, schrieb Lessing an Eschenburg: „Ich wollte es auch einmal so gut haben wie andere Menschen, aber es ist mir schlecht bekommen." Sein Knabe Traugott starb einen Tag alt unmittelbar nach dem Weihnachtsfest. „War es nicht Verstand, daß er die erste Gelegenheit ergriff, sich wieder davon zu machen?" Am 10. Januar 1778 verlor Lessing seine Frau. „Diese Erfahrung habe ich nun auch noch gemacht. Ich freue mich, daß mir viel dergleichen Erfahrungen nicht mehr übrig-

sein können zu machen und bins ganz leicht." Das war Odoardos
Lachen. Davon konnte ihn nicht der Wille zum Leben befreien, sondern
nur eine Arbeit, in der er seinen Mann stellen mußte.

7. DER STREIT UM DEN FRAGMENTISTEN

Auf seinen letzten theologischen Feldzug hat Lessing sich wohl vorbereitet. Er suchte wie Johannes Arndt das wahre Christentum, aber er
stellte sich nicht in die aufgelöste neuplatonisch-mystische Tradition der
Schwärmer, sondern sah sein Vorbild in der mannhaften geistigen Haltung der Ketzer, in ihrem mutigen Kampf gegen die Autorität, gegen
die hergebrachte Meinung, die es als Vorurteil hinzustellen galt. Hermann Samuel Reimarus, ein Weltweiser, der für sich eine rationalistische Kritik der Bibel geschrieben hatte, war 1768 in Hamburg gestorben. Ein Jahr nachher lernte Lessing seinen Sohn, den Arzt Dr. Johann Albert Hinrich Reimarus und dessen Schwester Elise kennen. Im
stillen und nicht für die Öffentlichkeit bestimmt kämpfte eine Schutzschrift des alten Reimarus „für die vernünftigen Verehrer Gottes". Er
kannte das theologische und philosophische Schrifttum, nahm die Anregungen Thomas Woolstons (1669–1733) zur Begründung einer lebens-
nahen Wissenschaft auf und verzichtete auf die Belohnung der Tugend
im Diesseits oder Jenseits. Er maß die biblischen Berichte mit der Waage
der Vernunft, fand sie zu leicht und verwarf die Offenbarung. So weithin
Reimarus geschichtliche Zusammenhänge übersieht, so nahe kommen
einzelne seiner Deutungen erfahrungspsychologischen Erwägungen.
Märchen, Mythologie und biblischen Bericht stellt er als Lüge hin. Im
Neuen Testament erkennt er keine Einheit. Er nimmt eine *natürliche Religion* an, die Jesus den Eingeweihten predigte, um sie für ihre Sendung,
die ganze Menschheit zu gewinnen, reifen zu lassen. Aber der Künder
der natürlichen Religion ließ sich verleiten, die Messiashoffnungen des
jüdischen Volkes verwirklichen zu wollen. Seine Kreuzigung beweist,
daß er daran scheitern mußte. Auferstehung und Erleuchtung der Apostel durch den Heiligen Geist sind Lügen. Reimarus setzte seine Kritik
am herrschenden Glauben an und forderte eine Rückkehr zur natürlichen Religion, einem ewig gültigen Sittenkodex. So spiegelt sich der
Reformationsgedanke, die Forderung nach Rückkehr zu den Quellen,
das Ziel der Rosenkreuzer und Gottsucher, im Denken der Aufklärung.
Das geschichtliche Denken suchte nach neuen Grundlagen.

Während der Sohn Reimarus glaubte, es sei besser, die Schrift seines Vaters erst zu
gegebener Zeit der Öffentlichkeit vorzulegen, wollte die Tochter die Orthodoxie zum
Entscheidungskampf herausfordern. Das war nicht Lessings Meinung. Er entfernte
sich bewußt von vielen Gedankengängen des Werkes. Aber er hoffte, nach vergebli-

chen Verhandlungen über die Drucklegung des Ganzen, wenigstens mit der Veröffentlichung einzelner Fragmente eine Klärung herbeizuführen. An die neu herausgegebene und erklärte Rechtfertigungsschrift Adam Neusers, eines Heidelberger Theologen, der sich einem Prozeßverfahren durch die Flucht nach der Türkei (1574) entzogen hatte, schloß Lessing in seinen Beiträgen (1774) das Kapitel *Von Duldung der Deisten, Fragment eines Ungenannten* an. Man vermutete bald Lessing, bald Johann Joachim Schmidt als Verfasser. Nach Lessings Rückkehr aus Italien erschienen im 4. Stück der Beiträge fünf *Fragmente* (1777). Lessing fügte ihnen *Gegensätze* an, in denen er erläuternd seine Meinung vortrug. Mit den Gegenschriften des Johann Daniel Schumann und Johann Heinrich Reß gegen die Fragmente setzte er sich sachlich auseinander. In seiner *Duplik* (1778) fällt das unvergängliche Wort: „Wenn Gott in seiner Rechten alle Wahrheit und in seiner Linken den einzigen immer regen Trieb nach Wahrheit, obschon mit dem Zusatz, mich immer und ewig zu irren, verschlossen hielte und spräche zu mir: Wähle! ich fiele ihm mit Demut in seine Linke und sagte: Vater, gib! Die reine Wahrheit ist ja doch nur für Dich allein!" Der Hamburger Hauptpastor Johann Melchior Goeze (1717–1786), gelehrter Sammler der deutschen Bibelübersetzungen, puritanischer Verächter des Theaters und Hüter der Orthodoxie, hatte sich in seinen Auseinandersetzungen mit seinem Kollegen Julius Gustav Alberti (gest. 1772), dem Vorkämpfer der Toleranz, streitbar erwiesen. In den *Freiwilligen Beiträgen* vom Dezember 1777 und Januar 1778 ergriff Goeze zweimal das Wort. Es ist ihm genau so ehrlich zumute wie Murner, dem Verteidiger des Glaubensschlosses, wenn er die Heilige Schrift, die allerheiligste Religion vor den „Entstellungen" Lessings und des Fragmentisten schützte. Ihm ging es um den Glauben, um die ganze Heilige Schrift. Er konnte weder den absoluten Wert der Bibel preisgeben noch sich mit dem relativen begnügen; denn Buchstabe und Geist sind ihm eins, Offenbarung und Vernunft sind eine unlösbare Einheit. Er konnte Lessings Vernunftchristentum gleichsetzen mit der *anima naturaliter christiana* und ihn als Wegbereiter eines Kryptokatholizismus ansehen. Wenn Goeze die Frage nach Lessings Glaubensbekenntnis stellte, so tat er es, um die Seele des Gegners zu retten. Man sollte nicht so schnell von schreiendem Gezeter sprechen, wenn es sich um eine beschwörende Haltung handelt, die das Unheil bannen will. Darum will Goeze den Namen des ungenannten Fragmentisten wissen. Darum sieht er erneut das Komödienschreiben als Gefahr für die Religion an und bedauert, daß der Verfasser des „unnachahmlichen Meisterstücks, der Abhandlung, wie die Alten den Tod gebildet" sich von der antiquarischen Gelehrsamkeit auf die Gefilde der Religion begeben habe; dazu tauge die Theaterlogik nicht.

In Lessings Abwehr steigert sich seine Bereitschaft zum Kampf. Mit der *Parabel vom Königspalast der christlichen Religion*, dessen Wert für so viele in den Grundrissen liegt, die sie so verschieden auffassen, und nicht im Bau, versucht Lessing seine Meinung noch einmal zu erklären. Er entwickelt die Vorgeschichte, stellt richtig, daß er nie behauptet habe, die Einwände des Fragmentisten gegen die Bibel seien nicht zu widerlegen, und kennzeichnet die falsche, starre, sich zu Unrecht auf Luther berufende Orthodoxie im Gegensatz zum wahren Luthertum, das zwischen dem Geist und dem Buchstaben scheidet. Er denkt geschichtlich, wissenschaftlich. Goeze denkt nach der Autorität des Glaubens, er steht „einem Christentum, wie es Christus selbst itzt lehren würde", um das Lessing ringt, fassungslos gegenüber, weil er Luther nicht als geschichtliche Gestalt erkennen kann.

Nach einem festen Plan zieht Lessing in seinen letzten und ernstesten
Kampf. Zunächst werden die Sätze, Thesen, „Axiomata, wenn es deren
in dergleichen Dingen gibt", aufgestellt. Er kann sich auf den Kirchen-
vater Irenäus berufen, wenn er das Bestehen der Religion auf den Geist
gründet. Mit dieser logischen Beweisführung kommt Lessing dem Denken der Empfindsamen, ja auch des späteren Klopstock nahe. Auf solcher
Grundlage steht der *Anti-Goeze*. Es sind elf Schriften; mit den Nachträgen wurden es fünfzehn. Lessings Polemik erinnert in ihrer Schärfe
an die persönlichen und sachlichen Auseinandersetzungen zwischen den
Glaubensbekenntnissen, wie sie im Bereich der Wissenschaft in lateinischer, in dem des Glaubens in deutscher Sprache ausgetragen wurden.
Lessing führt seinen Kampf in einem beschränkten Gebiet. Unmittelbar
sind nur die Orthodoxen und Neologisten daran beteiligt. Der Pietismus
bleibt völlig unberührt. So grundsätzlich geführt der ganze Streit erscheinen mag, er bleibt doch eine Phase und sollte nicht aus den Zusammenhängen gelöst werden. Lessings Leidenschaft, Überlegenheit und ehrliche Überzeugung ziehen uns auch heute noch in ihren Bann. Sie lassen
uns aber vergeblich nach dem Zeitlosen und Wertbeständigen in diesem
Streit suchen. Am Ende sehen wir zwei Kämpfer, die einander nicht verstehen können, die sich beide als Sieger fühlen, weil sie mit dem Aufge-
bot einer sehr verschiedenen Geisteskraft und Klarheit aneinander vor-
beifechten trotz der Versicherung Lessings, er werde seinem Gegner
nahe an den Leib rücken und ihn in einen Winkel drängen, so daß er ihm
nicht entwischen könne. Das zeigt die Überlegenheit des einen, der
gegen viele focht und diese noch mit der Veröffentlichung des Fragments *Von dem Zwecke Jesu und seiner Jünger* reizte.

Lessing klärte sein Verhältnis zum Ungenannten, er verstand es so
gut, die anderen mit Anspielungen auf gewisse Vorfälle zu reizen. Wenn
er seinen Stil rechtfertigt, so gibt er nicht seine Kampfmittel preis, sondern freut sich, daß es ihm keiner der Gegner gleichtun kann. Er läßt
sie auch seine Überlegenheit in der Kenntnis der Patristik fühlen. Lessings eigentliche Gegner sind Stillstand und Erstarrung, denen er im
Namen der Wahrheit entgegentritt. Deshalb können w i r in Goeze eine
Personifikation sehen. Mit gewandter Fechterkunst schützt Lessing den
Namen des Fragmentisten. Aber er weicht der Hauptfrage des Gegners
nach seinem Glaubensbekenntnis aus. Goeze verlangt damit von Lessing
die Preisgabe eines Wesenszuges, den Jacobi erkannt hatte: Lessing
„setzte willig ein System beiseite und suchte einen jeden auf demjenigen
Wege zur Wahrheit zu führen, auf welchem er ihn fand". Nicolai warnt
davor, von Lessings Prinzipien zu sprechen, wenn es sich um etwas han-
dele, was er „mit vieler Lebhaftigkeit und scharfsinnigen Gründen behauptete". Goeze fordert Antwort auf die Fragen: Was denkt der Frag-
mentist? Was denkt Lessing? Er suchte vergeblich nach ihren Systemen,

um sie an der festen Ordnung seines Glaubens zu messen. Lessings *Nötige Antwort auf eine unnötige Frage* Goezes bemühte sich um eine Klärung der begrifflichen Grundlagen; denn es war keine *confessio*, wenn er als christliche Religion „alle diejenigen Glaubenslehren" bezeichnete, „welche in den Symbolis der ersten vier Jahrhunderte der christlichen Kirche enthalten sind". Im Gegensatz zu den Fragmenten sagte Lessing: „Der Buchstabe ist nicht der Geist, und die Bibel ist nicht die Religion." Demgegenüber fühlte sich Goeze als Verteidiger der Bibel.

Lessing ließ gewisse Offenbarungswahrheiten als Vernunftwahrheiten gelten. Er sah in den Offenbarungsreligionen geschichtlich bedingte nötige Durchgangsstadien der menschheitsgeschichtlichen Vernunftentwicklung und stellte eine neue Theorie über das Verhältnis von Vernunft und Offenbarung auf, indem er die vernünftige Religion als Teil der geoffenbarten erkannte. Jene ist die Grundlegung, wie die Gesetze Euklids für die Mathematik, die Lehren des Aristoteles für die Dramaturgie. Lessing glaubt, auf die Schriften der Apostel und Evangelisten verzichten zu können, ohne daß die Religion – der christliche Vernunftglaube – dadurch gestört wird. Damit überwand Lessing die *Neologie*. Er sah sie in der Bemühung um die Aufrechterhaltung der Offenbarung gemeinsamen Sinnes mit der Orthodoxie. Deshalb vergleicht er diese mit unreinem Wasser und jene mit Mistjauche. Er wirft ihren Vertretern vor, daß sie die Vernunft verschleierten und auf dem halben Wege stehenblieben, so daß er nur so lange mit ihnen gehen konnte, als sie die Offenbarung bekämpften.

Lessings Ansichten decken sich trotz seiner naturalistischen Neigung nicht mit denen von Reimarus. Für diesen war jede Offenbarung wertlos, während Lessing in ihr Vernunftwahrheiten in veralteter Form erkannte, weshalb er am Inhalt der Offenbarung festhielt, ohne ihn wie die Neologie der natürlichen Vernunftreligion gleichzusetzen. Er sah in Christus nur „einen von Gott erleuchteten Lehrer", hielt aber an der Lehre von der Dreieinigkeit, der Erbsünde und Rechtfertigung fest. Damit stimmt er mit der Orthodoxie überein, nicht um zwischen den Parteien zu vermitteln, sondern aus Überzeugung. Als geschichtlich bedingte Erscheinung war ihm die Offenbarung ein Irrtum, aber er erkannte die Richtigkeit einzelner Inhalte an. Dennoch ist Lessing nicht auf die Dauer von der Religion als einem System von Lehren, welche die Vernunft gewann, befriedigt gewesen. Er sah in ihr auch eine „Fülle von Lebenskräften, die dem Menschen zuteil wird". Hier überwindet er die Lehrhaftigkeit seines Jahrhunderts, indem er das Erbe des Elternhauses pietätvoll wahrte. Wohl fühlte er nicht die lebendige Kraft eines Glaubens in sich, doch begriff er ahnend die weiten Zusammenhänge. Er dachte lebendig weiter, was er in Ferguson gelesen hatte, daß der Naturzustand nicht glückhaft paradiesisch, wie Rousseau meinte, sondern hart und rauh sei. Diese Gedanken, welche den Karlsschüler Schiller fesselten, bis sie im Naturidealismus des *Spaziergangs* Gestalt gewannen, führen Lessing zu der Erkenntnis des glückhaften Aufstiegs der Religionen. Deshalb revidierte er seine Ansichten, nahm manches Dogma wieder auf, was er verworfen hatte, und stellte es in eine wachsende Überlieferung hinein.

Damit ist Lessing der Wegbereiter der letzten Phase der Aufklärung, des Rationalismus im engeren Sinn geworden, jener theologischen Neuorientierung, die kaum in seiner Gefolgschaft, aber in den gleichlaufenden Gedanken von Kants Schrift *Die Religion innerhalb der Grenzen der bloßen Vernunft* (1793) erst völlig sichtbar wird. In der Erziehung des Menschengeschlechts glaubte Lessing diese Entwicklung bestimmen zu können. Auch ohne das Eingreifen der Zensur, die Lessing Schweigen auferlegte (Juli 1778), hätte keiner der Gegner den anderen überzeugt. Aber Lessing hätte sich vielleicht nicht veranlaßt gesehen, auf seiner „alten Kanzel, auf dem Theater wenigstens noch ungestört" zu predigen. Die Möglichkeit, „selbst die Streitigkeiten verschiedener Religionen" auf die Bühne zu bringen, hat Lessing früh erwogen. Er holte im August 1778 die alten Entwürfe hervor, begann im November mit dem Umguß in fünffüßige Jamben und vollendete im Mai 1779 das Werk *Nathan der Weise*. Der Kern, die Fabel Boccaccios (Dec. I, 3) von den drei Ringen, wird mit neuem Ideengehalt, der Toleranz als einer sittlichen Forderung, Geistesgut des 18. Jahrhunderts, gefüllt. Die Frage „Welches ist der rechte Glaube?" beantwortet Nathans überlegene Weisheit damit, daß er nicht vom Äußerlichen, von historischen oder überlieferungsbedingten Gesetzen abhänge, sondern in der beseligenden inneren Kraft liege, „beliebt zu machen, vor Gott und Menschen angenehm". Dies ist keine ohne Zutun seines Besitzers von ihm ausstrahlende Kraft, sondern hängt von dessen Bereitschaft zur Erfüllung ethischer Forderungen ab. Darin liegt der geistige, gleichsam eingebildete Symbolwert des Ringes. Der Wert, den der Träger in den Ring legt, ist erst in der geschichtlichen Entwicklung und durch diese zu erkennen. Sanftmut, herzliche Verträglichkeit, Wohltun, innigste Ergebenheit stärken die Kräfte des Steines, d. h. sie beseitigen Vorurteile. An die Stelle der Gnade, d. i. der Weihe durch das Heilige, tritt im Sinne der Aufklärung das Menschliche, das Vertrauen auf die menschliche Natur und die in ihr zu weckenden Fähigkeiten. Mit dem Nathan wächst auch Lessings anderes Vermächtnis, die *Erziehung des Menschengeschlechts*. Die Neugierde Saladins, der von dem Gesprächsspiel mit dem Juden – als solches wurzelt die Kernszene des Dramas in literarischen Überlieferungen des 17. Jahrhunderts (vgl. Bd. 5 S. 214 ff.) – nur eine geistreiche Unterhaltung erwartet hatte, wandelt sich in Ergriffenheit. Daraus holt ihn Nathan mit seiner Frage nach den Geschäften zurück. Orientalische Umwelt und Fabel gewann Lessing aus eifrigem Quellenstudium (Marin, Herbelot, Bohadin, Abulfeda). Der menschliche orientalische Fürst, der sich manchem Christen überlegen zeigt, wie ihn die *Entführung aus dem Serail* darbietet, war längst eine brauchbare dramatische Figur. Lessing überträgt die Gegensätzlichkeit der Gestalten Saladins und des Patriarchen in die Sphäre der Humanität. Dieser ist ein Abbild des Patriarchen Heraclius von Jerusalem, den Marin schon als Dunkelmann gekennzeichnet hatte. Voltaires Dramen *Mahomet* und *Les Guèbres ou la Tolérance* wiesen die Richtung und boten das Motiv der Geschwisterliebe. Gleims *Halladat* zeigt die Menschenliebe im Gewand des Koran.

Die epigrammatisch pointierte Prosa der Emilia löst sich in den breiten Faltenwurf des wiegenden Blankverses. Die scheinbar von außen herantretende ruhige

Entwicklung der Gedanken und das Eingehen auf Einwände bedingen den Verzicht auf rhetorisches und moralisches Pathos, die Grundpfeiler der klassizistischen Theorie. Freier wechseln die Schauplätze, teilen sich Stimmungen mit. Dennoch sehen wir den Dichter das Räderwerk des dramatischen Mechanismus planvoll bewegen, die Geschichte der Geschwister langsam enthüllen. Das Mittelstück mit der Ringfabel wölbt sich als Kuppel über einem klaren Grundriß. Hier erfüllen sich die Forderungen des *Renaissanceklassizismus*, nicht die des Zopfstils. Die äußersten Möglichkeiten und Grenzen des Klassizismus werden erreicht. Die Familiengeschichte wird nicht mehr nach dem Muster Senecas durch eine neue Medea oder eine neue Virginia mit Gift oder Dolch gewaltsam abgeschlossen, sondern die Gegensätze lösen sich harmonisch in der Ehe Assads, des verschollenen Lieblingsbruders Saladins, mit einer Christin, einer Dame aus staufischem Haus. Deren Sohn Curd Leu von Filneck wird später, nachdem seine Eltern in des Vaters Heimat zurückkehrten, seine Mutter nach der Geburt eines Mädchens starb und sein Vater in der Schlacht fiel, von seinem Vormund zum Kreuzzug und Eintritt in den Templerorden veranlaßt. Nathan, einst von Assad gerettet, als er Frau und Söhne verloren hatte, nahm sich des verwaisten Christenmädchens an und ließ es erziehen. Das Brevier Assads mit seinen Eintragungen bestätigt als Indizienbeweis die sonderbaren Zufälle und Vermutungen als Wahrheit. Der Templerritter ist bis auf die Gewohnheitsgeste das Ebenbild seines Vaters Assad. In der Aufklärung dieser Vorfälle erschöpft sich das Drama. Es gibt kein Spiel und Gegenspiel; denn der Patriarch löst keine Handlung aus, er bleibt Episodenfigur, kennzeichnet sich selbst und erfüllt in der fallenden Handlung eine ähnliche Aufgabe wie Riccaut und die Orsina. Lessing bedarf keiner allegorischen Nebenhandlung, in der er die Haupthandlung erläutert. Die Personen, nicht ihre Eigenschaften, ihr Alter, ihr Temperament, ihre Vorzüge und Laster, stehen an den schwer zu bestimmenden Übergängen vom Typus zum Individuum. Wie leicht das zu verkitschen ist, bewiesen die Iffland und Kotzebue. Aber es muß dagegen protestiert werden, daß dieses ergreifende und unser Innerstes berührende Drama heute als kitschig angesprochen oder gar als Ausgangspunkt moderner Glaubenslosigkeit angesehen wird. Die Patriarchen belieben in unserer Zeit, mit der Maske des Ästheten frei zu schalten. Bei Lessing ist diese Gestalt mit Zügen des Antichrist und gewisser Figuren der Reformationssatire ausgestattet, die er bei Goeze zu finden glaubte. Ihm steht der Klosterbruder, einst Assads Reitknecht, mit seiner naiven echten Herzensfrömmigkeit, die von der Theologie nichts weiß, gegenüber. Ähnlichen Geistes, doch cholerischen Temperaments und sentimentalisch ist der Derwisch Alhafi, den Lessing mit Zügen eines Schachpartners von Mendelssohn ausstattete, wie denn manche Zeitgenossen behaupteten, die lebendigen Vorbilder der Gestalten im Nathan zu kennen. So hat man mit Recht in der Großzügigkeit Saladins einen Zug Lessings erkannt und in Sittah ein Abbild von Elise Reimarus. Das Menschliche, wenn auch der natürlichen Ordnung von Temperament und Alter unterworfen, verdrängte die feste Ordnung eines Tugendsystems. Dort hätte der „plumpe Schwabe", der ungestüm aber gut veranlagte Curd keinen Platz gefunden. Daß Erziehung zur Gesellschaftsmoral und innerhalb der Schranken einer festen Konfession fehl am Platze ist, muß Daja von Nathan und ihrem Zögling Recha lernen. Es bleibt angedeutet, daß diese wie ein weiblicher Agathon von ihrer Schwärmerei geheilt wird. Die Jugend ohne Erfahrung steht der Weisheit des Alters gegenüber. Gerade jene Erfahrung, auf die Lessing gerne verzichtet hätte, offenbart Nathans Größe, der nach dem Judenmorde von Gath, wo er seine Frau und seine sieben Söhne verlor, seine Menschenliebe an Recha bewähren kann und damit die höchste Stufe der Toleranz erreicht. Eine solche Haltung ist hoch erhaben über Proselytentum und Bekehrungseifer. Nathan hat sie sich selbst erworben und verwertet sie in den Grundsätzen seiner Erziehung, in der die Menschlichkeit über den Bekenntnissen steht. Wir dürfen weiter gehen und sie auf Staaten, Rassen und Nationen ausdehnen.

Wenn sich Nathan über den Schmerz um das grausame Hinschlachten der Seinen mit den Worten an Gott erhebt: „Ich will! Willst Du nur, daß ich will", so erkennen wir darin nicht nur einen Fingerzeig auf den Gedanken, in dem Lessing nach Evas Tod Trost fand, sondern auch einen Hinweis darauf, wie er sich zum Problem der Willensfreiheit stellte. Die menschlichen Handlungen sind vom eigenen Willen abhängig, aber dieser gehorcht einem anderen außer ihm stehenden, in diesem Falle der Vernunft, damit im weiteren Sinne Gott. Das ist *psychologischer Determinismus*. Solche Übereinstimmung des eigenen geistigen Zustands mit der Vernunft, solcher Seelengleichklang des Menschen mit Gott ist Ziel der Mystik. Der Gedanke der Wechselbeziehung zwischen der göttlichen Kraft im Stein des Ringes, die nur in einem Berufenen wirken kann, gehört in die gleichen Zusammenhänge. Als Werkzeug der Vorsehung, die göttlichen und menschlichen Willen zusammenbindet, ist Nathan der Erzieher jener Bildungsfähigen, die berufen sind, aus der Enge einer konfessionell gebundenen Religion in die Weite der Vernunftreligion vorzudringen: Recha zunächst, die sein Vorbild erlebt, aber auch Saladin und Sittah. Er weist dem Tempelherrn den Weg zur Toleranz und Humanität. Über den Fanatiker (Derwisch), den Abergläubigen (Klosterbruder) und die Einfältige (Daja) hat diese Religion keine Macht. Doch wird ihnen Achtung zuteil, Toleranz läßt sie gelten. Zur starren Unbarmherzigkeit (Patriarch) führt keine Brücke. Die Handlung soll die Probe aufs Exempel der Ringparabel bilden: sie sollte die Gleichwertigkeit der drei Glaubensbekenntnisse, die Ergebnisse besonderer geschichtlicher Voraussetzungen sind, gegenüber der Vernunftreligion vorführen, deren Symbol dem Hörer vorenthalten bleibt. Die Gleichung geht nicht auf. Die Arbeit daran ist Lessing, wie er an Ramler schrieb, „wirklich am sauersten geworden." Das hohe Thema forderte den neuen Vers, von dem Herder prophetisch in den *Fragmenten* (1768) verkündet hatte, er werde „unserer Sprache zur Natur und zum Eigentum werden". Lessing wählte den Vers, dessen Handhabung ihm leichter war als die der Prosa, weil er geeignet war, den „orientalischen Ton" festzuhalten. In Hamburg und Weimar (1801) wurde der Nathan zuerst aufgeführt. Berlin, Braunschweig und Mannheim folgten. Seither hat das Werk die Bühne erobert.

8. LESSINGS GEISTIGES VERMÄCHTNIS

Als gebändigter Geist des Widerspruchs, Wortführer von Prozessen, in denen es galt, Revisionen durchzuführen, Vorkämpfer der Klarheit, mit mathematischer Präzision arbeitender Denker, Brett- und Schachspieler, der seine Figuren stellt, Feind billiger Kompromisse und sendungsbewußter Wahrheitssucher, Prüfer der Grundlagen, ist Lessing seinem Wesen nach leicht zu bestimmen. Es war wertvoll, sein überall begegnendes Ethos zu erkennen. Aber das lenkte den Blick von seiner Weltanschauung ab. Sie wird in seinen letzten Werken sichtbar.

Im September 1778 wurden Lessings *Gespräche für Freimaurer. Ernst und Falk* gedruckt. Bei Spaziergängen in Bad Pyrmont beantwortet Falk, „ein skeptischer Freimaurer höheren Stils", die Fragen des Adepten Ernst. Äußere Formen, Grade, Organisationsfragen treten hinter den Taten zurück, worunter nicht das sichtbare Wirken im Geiste der Caritas zu verstehen ist, sondern „alles Gute, was in der Welt ist und sein wird". Es ist Aufgabe der Erziehung, zum Dienst am Guten zu führen. *Das zweite Gespräch* geht von der Betrachtung eines Ameisenhaufens aus und dient dem Erfassen des Staates als einer notwendigen Voraussetzung zum humanitären Weltbürgertum und ewigen Völkerfrieden. Nicht über Vor- und Nachteile der Staatsformen wird im Sinne von Hallers Staatsromanen gesprochen, sondern das Recht des einzelnen wird verkündet und der Wert staatlicher Einrichtungen abgewogen. So sehr Lessing auch mit den Gegebenheiten rechnet, die Strahlen utopischer Staatslehren leuchten in die seine dennoch hinein. Die beiden Unterredner wollen dem Patriotismus eine Grenze setzen und weisen den Freimaurern die Aufgabe zu, aufzuheben, was die Menschen voneinander trennt. Es ist, wie die Einleitung des *dritten Gesprächs* ausführt, Aufgabe der Freimaurer, die unvermeidlichen Übel des Staates auszugleichen. Da die Ziele des Ordens auch außerhalb der Gemeinschaft verfolgt und erreicht werden können, wird über die Mitgliedschaft gesprochen. Das bietet Anlaß zur Kritik an der Praxis der Mitgliederaufnahme, am gegenwärtigen Zustand und den Mißbräuchen in den Logen. Mit der Erwähnung der Goldmacherei im *vierten* wird das Thema des *fünften Gesprächs*, Geschichte der Freimaurer, angeschlagen, indem auf ihre Zusammenhänge mit dem Templerorden verwiesen wird, ohne Rücksicht auf neuplatonisch-mystische Bewegungen des 16. und 17. Jahrhunderts. Aber die Erziehung zur Humanität und deren Stellung gegen die notwendigen Übel des Staates treten am Ende vor die Augen des Lesers.

Anlaß zur *Erziehung des Menschengeschlechts* (1780) war die Kritik an Reimarus, dem Lessing vorhielt, daß das Alte Testament als Träger der Offenbarung nicht alle Vernunftwahrheiten zu enthalten brauche. Erst aus den tieferen Zusammenhängen einer leitenden göttlichen Erziehung des Menschengeschlechtes durch die Offenbarung können die Vernunftwahrheiten erfaßt werden. Doch darf man sich diese Erziehung nicht als schülerhafte Bemühung, den Geboten des Lehrers zu gehorchen, vorstellen, sondern als Äußerung Gottes in den von ihm erleuchteten Menschen. Somit vollzieht sich die Offenbarung immer wieder im Menschen. Die innere bewegende Kraft Gottes wird in der Entwicklung der Menschheit sichtbar: das ist der Erziehungsvorgang. Aber Lessing hält sich nicht an die Festlegung seiner Begriffe. Ja, er mußte seine Ansätze preisgeben, sobald es sich um das Herantreten der Inhalte an den Lernenden handelte und er in der Aufnahme von Erscheinungen, die der Natur angemessen sind, die Begründung des organischen Wachstums zu erkennen glaubte. Das Werk berührt sich mit mystischen Spekulationen und bewegt sich in den Gedankengängen des Streites um die Offenbarung, deren erziehende Aufgabe Herder verkündet hatte. Dieser Ausflug Lessings in die pädagogische Provinz seiner Zeit hält vor der letzten Entwicklungsstufe an. Die scharfen Formulierungen täuschen darüber hinweg, daß wir auf Schritt und Tritt Gedanken begegnen, die uns in Herders Prägung geläufig sind. Die geistige Entwicklung des einzelnen Menschen durch Erziehung wiederholt die Erziehung der Menschheit durch die Offenbarung. Beide werden auf fortschreitender Bahn gezeigt, so urteilt Lessing über die Sendung des Christentums, *als die Zeit erfüllt war*. Da erst war die Menschheit reif, den Gedanken der Unsterblichkeit zu erfassen. Jetzt aber wird mit heißer Inbrunst das Mannesalter der Menschheit gefordert: Ohne Offenbarung, herzensrein, die Religion in der Moral bergend. Es bleibt unentschieden, ob Lessing den Gedanken der Wiederkehr der Seelen um seiner selbst willen aussprach, oder ob er die aufsteigende Entwicklung der Menschheit damit erklären wollte.

Lessing betrachtet die Welt als *Organismus*, der durch eine lebenspendende Kraft zur Vollkommenheit geführt wird. Die Entwicklung der Menschheit setzt die Entwicklung in der Natur fort. Er vereinigt im Sinne Fergusons sein naturphilosophisches mit seinem geschichtsphilosophischen Denken. Wenn er aber an die Verfälschung der reinen Lehre eines Sokrates oder Christus dachte, so mußte sein Aufklärungsoptimismus irre werden. Er bemühte sich auch da vergeblich um ein einheitliches System, nachdem er die vereinheitlichende Kraft einer natürlichen Religion erkannt hatte. Er unterscheidet zwischen Erziehung und Entwicklung. Der Husarenritt durch das Alte Testament und die Geschichte des Christentums legte die Entwicklungsstationen des menschlichen Erkenntnisvermögens nach einem bestimmten Plan fest als Auflösung der Einheit Gottes in Vielheiten (Vielgötterei und Abgötterei) und Zurückführung dieser zur Einheit. Das in den biblischen Anfängen erscheinende Kindheitsalter der Menschheit wird mit dem Bewußtwerden der Vernunft überwunden durch Christus. So wird die Fähigkeit erworben, Vernunftwahrheiten zu glauben und nach ihnen zu handeln. Die Aneignung der Vernunftwahrheiten, das Wissen um sie, nämlich die Einheit Gottes und die Unsterblichkeit der Seele, bietet die Voraussetzung für das Mannesalter, das Lessing mit der Erkenntnis seiner Lehre beginnen läßt, einer neuen, von ihm entwickelten Sinngebung der Dreieinigkeit als Weltorganismus, der Erbsünde als „natürliche Unfähigkeit des primitiven Menschen zu moralischen Handlungen", der ewigen Höllenstrafen als Folgen der langsamen inneren Entwicklung des Menschen. In diesem Sinne lehrt uns Leisegang, Lessing nicht als nüchternen Verstandesmenschen zu sehen. Denn dieser rettet nun mit den bewährten Mitteln der Allegorie den philosophischen Gehalt der Lehren des Christentums und gibt ihnen eine höhere Wahrheit. Es ist durchaus folgerichtig, wenn Lessing sein Werk mit einem Ausblick auf die Seelenwanderung abschließt und die fortlaufende Entwicklung der Menschheit ihren großen Lehrern zuschreibt, die, ihrem eigenen Gesetz folgend, der Verwirklichung jener Planung dienen, in die er Einblick gewähren will. Wie einst Philo heidnisch-antikes und alttestamentliches Denken durch die Pforte der Allegorie ins Christentum einströmen ließ, so führte Lessing nun durch die gleiche Pforte das christliche in die Philosophie seiner Zeit, die ohne Christentum auskommen zu können glaubte. Auch diese geistige Tat Lessings ist eine *Rettung*. Die spätere Auseinandersetzung der Philosophie mit dem Christentum (Kant, Fichte, Schelling) bewegt sich, ohne es zu wissen, in solchen Gedankengängen.

Von *Nathan* und der *Erziehung des Menschengeschlechtes* eröffnet sich der schwierige Zugang zu dem Problem: Lessings Spinozismus. Jacobi hat es aufgeworfen, als er von seinen Gesprächen mit Lessing über Goethes *Prometheus* berichtete. Mendelssohn protestierte mit Recht. Aber keiner sah, daß Lessing seine Weltanschauung hinter der Spinozas versteckte. Als er diese gegen Bayles Abstempelung als Schwärmerei rettete, mochte er ihren Gleichklang mit seiner Anschauung verspürt haben. Weil Lessing die geschichtlichen Zusammenhänge der neuplatonisch-mystischen Tradition, von der er selbst berührt wurde, ahnte, verstand er die ähnliche Bemühung Dippels. Er konnte sagen, daß dieser am tiefsten in Spinozas Philosophie eingedrungen sei. Die Spekulation über das Wesen Gottes, zu der Spinoza von der Materie her gelangte, ist der Ausgangspunkt von Lessings Denken. Es bewegt sich auf dem gleichen Wege wie das von Spinoza, nur in umgekehrter Richtung. Aus dem Gespräch mit Jacobi läßt sich erschließen, daß Lessings Gottesbegriff, der sich selbst denkende Verstand, als die persönliche Ursache der Welt mit dem freien Willen ausgestattet ist. Er sieht „Ausdehnung, Bewegung und Gedanken offenbar in einer höheren Kraft gegründet". Die Gottheit gibt sich in der Begrenzung menschlichen Denkens nicht aus. Lessing, der seine Erkenntnisse in Gedanken von Spinoza und Leibniz einkleidete, verwirrte Jacobi, der das Gespräch auf die leidige Willensfreiheit geführt hatte.

Naive Berichterstatter über Lessings Leben und Werke hätten es lieber gesehen, wenn er statt der Herausgabe der *Fragmente* und der Auseinandersetzung mit Goeze den *Laokoon* oder die *Hamburgische Dramaturgie* weitergefördert oder mehrere der vielen Dramenentwürfe vollendet hätte. Solchen wird man kaum begreiflich machen können, daß Lessings letzte Lebensjahre vom Bewußtsein, eine Sendung zu erfüllen, getragen werden. Unter der ethischen Voraussetzung, daß der Erkenntnisdrang des Wahrheitssuchers vom Willen zum Besten bewegt wird, rechtfertigt Lessing das Vorhandensein von Irrtümern, ja ihre Notwendigkeit; denn auf die „gute Absicht", die „aufrichtige Mühe" des Erwerbens kommt es an, nicht auf den Besitz, „der ruhig, träge, stolz" macht. Aus diesem Weltbild ist jeder Dualismus verbannt. Die ethische Ausrichtung nach der Wahrheit ist nicht als „moralischer Aufklärungsoptimismus" zu kennzeichnen. Sie ist etwas Göttliches und wird im Wirken der „Erleuchteten" sichtbar. Als solcher konnte sich Lessing fühlen, wenn er sich selbst einen Standpunkt wählte, von dem aus er seinen Kampf führte gegen den Aberglauben der Orthodoxen, die sich hinter der Sicherheit eines geschlossenen Systems verschanzten. Dem setzte er sein *numine afflatus* im religiösen Sinne entgegen, nicht als gefühlsbeschwingtes Ahnden – denn Enthusiasmus ist der „gefährlichste", weil feinste „Feind der Religion" – sondern als Denken und Handeln Gottes im Menschen. Den Neologisten gegenüber schied Lessing die Bereiche der Geschichte von denen der Vernunft, d. h. den Glauben vom Wissen. Die Vernunftwahrheiten sind Wissen, das abgeleitet werden kann. Die Geschichtswahrheiten erweisen sich zumeist als Irrtümer, die geglaubt werden. Sie sind bedeutsam als Stationen auf dem Wege zur Wahrheit. Er trennte die theologische Auffassung der Geschichte als Offenbarung von der – man ist versucht zu sagen – kritisch-wissenschaftlich behandelten Geschichte, „in der sich Gott durch die Irrtümer der Menschen hindurch offenbart". Hier baut Lessing die goldene Brücke zwischen Theologie und weltlicher Wissenschaft, die auf das Wunder verzichten kann, weil schließlich die Irrtümer in der Erfüllung ihres Zweckes versinken und die ewige Wahrheit sichtbar wird. Ihr bereiten nach Lessings Meinung Reimarus und er selbst den Weg.

Es ist, als ob sich Lessing in diesen letzten Jahren nach Evas Tod im Streit mit den Theologen verausgabt hätte, und als ob sein Leben langsam

verdämmerte. Treu umsorgt von seiner Stieftochter, den Freunden
in Hamburg und Braunschweig, im Verkehr mit Eschenburg, Leisewitz,
Jacobi u. a., aber ohne weite Pläne fühlte er das Sinken seiner Kräfte,
wenn ihn nicht der tröstende Schlaf, traumlos wie immer, übermannte.
Er wußte, daß er „ein so fauler knörrichter Stamm" sei. Ende Januar
1781 fuhr er nach Braunschweig. Friedrichs des Großen *Schrift über die
deutsche Literatur* und Schlözers Bericht über das Verhalten der Orthodoxen in Jülich und Cleve waren das letzte, was er las. Am Abend des
15. Februar 1781 ist er an den Folgen eines Schlagflusses gestorben.
Gleims ehrlich gemeinter Vers

> Es werde Licht! sprach Gott, und Leibniz ward geboren.
> Es werde Finsternis! sprach Gott, und Lessing starb.

ist aus dem Geiste der alten Freunde geschrieben, die in Lessings Kritik
und Dichtung die Möglichkeiten des künstlerischen Wollens ihrer
Zeit erschöpft sahen. Sie konnten nur begreifen, daß er die Dichtung
der Aufklärung an die Grenzen ihrer künstlerischen Ausdrucksfähig-
keit geführt hatte, nicht aber, daß seine Fackel in das Morgenrot
hineinleuchtete.

LITERATUR

Winckelmann. Bibliographie von H. Ruppert, Jahresgabe der W.-Gesellschaft 1942.
Gesamtausgaben: K. L. Fernow, H. Meyer u. a. 11 Bde. Berlin 1808–25. J. Eiselein,
12 Bde. Donaueschingen 1825–29. Auswahl: F. Forschepiepe, Stuttgart 1943. Die
Neuausgabe der Briefe besorgt von W. Rehm und H. Diepolder für das Berliner
Archäologische Institut erschien 1952 ff.– Goethe, W. und sein Jahrhundert, Tübin-
gen 1805.
  Biographien: C. Justi, 2 Bde. Leipzig 1866–72, 3. Aufl. 3 Bde. 1923. B. Val-
lentin, Berlin 1931. – G. Baumecker, W. in seinen Dresdener Schriften. Berlin 1933.
  Lessing. Gesamtausgaben von K. Lachmann, 13 Bde. Berlin 1838/40 3. Aufl.
F. Muncker, 23 Bde. Leipzig-Stuttgart 1886–1924. J. Petersen u. W. v. Olshausen,
25 Bde. Berlin 1925. – Gespräche von F. Frh. v. Biedermann, Berlin 1924.
  Biographien: K. G. Lessing, 3 Bde. Berlin 1793–95. Th. W. Danzel und G. E.
Guhrauer, 2 Bde. Leipzig 1850–54. 2. Aufl. 1880. A. Stahr, 2 Bde. Berlin 1859.
E. Schmidt, 2 Bde. Berlin 1884–92. 4. Aufl. v. F. Schultz, Berlin 1923. K. Borinski,
2 Bde. Berlin 1900. R. M. Werner, in: Wissensch. u. Bildg. Bd. 52, 1908. W. Oehlke,
2. Bde. München 1919. B. v. Wiese, Leipzig 1931. A. M. Wagner, Leipzig 1931.
O. Mann, Hamburg 1949. – Untersuchungen: G. Kettner, Lessings Dramen im
Lichte ihrer und unserer Zeit, Berlin 1904. G. Fittbogen, Die Religion L. s, Leipzig
1923. H. Leisegang, L.s Weltanschauung, Leipzig 1931. M. Kommerell, L. und
Aristoteles, Frankfurt/Main 1940. H. Meyer-Benfey, L.s Faustpläne, in: GRM 12
(1924) S. 78–88.

DRITTES KAPITEL

WIELAND

Daß Wieland von Goethe „als Repräsentant seiner Zeit" angesehen wurde, verhinderte nicht, daß man es dabei bewenden ließ, ihm den Stempel der Charakterlosigkeit aufzuprägen. Seine Entwicklung steht im Zeichen der Aufklärung und ihrer geistigen Krisen. Manches Rätsel, das Wielands schwankende Gestalt den Zeitgenossen und der Nachwelt zur Lösung vorgelegt hat, ist noch nicht gelöst. Feste moralische Maßstäbe nach der Göttinger Façon erweisen sich dazu als ungeeignet. Sein Bildungsgang führt in scheinbar unvereinbare Gegensätze. Er vermochte nicht, aus sich Kräfte der Abwehr zu entwickeln, und nahm kritiklos Anregungen auf, woher immer sie kamen. Er „schwärmte" in den seraphischen und erotischen Gefilden der Dichtung. Wenn ihn die Kritik unsanft daran erinnerte, nahm er es sich zu Herzen und wählte wie Proteus eine andere Gestalt. Das mochte manche Leser narren. Literarhistorische Kategorien werden an Wieland unzulänglich. Deshalb hat man ihn in den Vorhof der Klassik gestellt. Als die Romantiker im *Athenäum* seinen Konkurs ausschrieben, wollten sie seine veraltete Denkart und mosaikmäßige Dichtweise dem Gelächter preisgeben. Sie empfanden ihn alt, nicht weil sie den wahren Grund „seiner Zurückgezogenheit im Schneckenhaus" erkannten, oder weil er sich im leidenschaftlichen Eifer scheinbar so oft verausgabt hatte, sondern weil sie ihn als Vertreter der Aufklärung ansahen. Sie hatten so unrecht nicht; denn Wieland ist der letzte große Vertreter des humanistischen Großliteratentums, des wissenschaftlichen Feuilletonismus, ein konservativer Dichter, der nach Vorbildern schafft, ein überlegener Planer, ein Klassizist, der den Weg zur Klassik mit zunehmender Leidenschaft wandelt und doch nur mit einer kleinen Dichtung ihr Gebiet berührt, wie wenn damit gezeigt werden sollte, daß der Klassik nur durch die läuternde Kraft der Geniebewegung die Weihe zuteil werden kann. Der für Wieland geprägte Begriff „humoristische Klassik" scheint dies anzudeuten. Nur auf kurze Strecken geleiten Freunde den Lebensweg Wielands. Den Mentor, den seine Romanhelden brauchen, hat er im Leben nie gefunden. Glücklicher war er mit Freundinnen, aber auch sie konnten dem Schwärmenden und Unberechenbaren nicht erfüllen, was er an harmonischer Einheit von Geist und Körperlichkeit von ihnen erträumte. Mit den harten Gegebenheiten des Lebens hat er nie gerechnet. Sie störten die Welt, die er sich jenseits der Wirklichkeit aufgebaut hatte und die er in seinen Werken gestaltete. Das aber, nicht die verletzte Moral der allzeit zeternden Spießbürger, entfremdet sie einem Geschlecht, das den Zugang zu den Idealen über Wirklichkeit und Leben sucht. Der gesellige Weltmann, der sich gab, wie er war, hat kaum mit Vorsatz einen Zeitgenossen verletzt, weil er sich mit Erfolg in alle hineinzudenken versuchte. So mußte es ihn schwer treffen, als Sündenbock für die verhaßte Frivolität seiner französischen Vorbilder verantwortlich gemacht zu werden. Die Tragik Wielands entstand durch die mangelnde Bemühung um ein Verstehen seines Wesens; denn damit, daß man ihn als Chamäleon oder Verwandlungskünstler bezeichnet, hat man keinen Schlüssel für seine problematische Persönlichkeit.

Von der Erkenntnis der Brüchigkeit der christlichen Weltanschauung über das Versagen der Schwärmerei, den Zusammenbruch seines Idealismus und das heitere Sichabfinden mit den Tatsachen führt der geistige Weg des Vermittlers Wieland zur Grundlegung auf eine frohe Menschlichkeit. Er geht ihn mit seinem Jahrhundert. Er überwindet wie Lessing die kirchliche Enge des väterlichen Pfarrhauses. Der Pietismus weckt seine Zweifel. Sein schwärmerischer Erkenntnisdrang läßt ihn die Spannung von Glauben und Wissen empfinden. Darin bestärkt ihn die Lektüre Bayles. Die Unvereinbarkeit zwischen sinnlicher Anschauung und intellektueller Erkenntnis führt ihn im Zeichen Voltaires dem Atheismus zu und begünstigt seinen Entschluß, „vielleicht der erste Nachfolger Spinozas zu sein". Zwischen weltschmerzlicher Enttäuschung und genießender Daseinsfreude schwanken seine Stimmungen. In kaum einem Dichterleben wiederholen sich so häufig ähnliche Situationen und die Rückkehr zu scheinbar abgelegten Haltungen. Man muß auf seine ständigen Auseinandersetzungen und Bemühungen, mit den Problemen fertig zu werden, achten, ehe man ihm schlaue Berechnung nachsagt und ihn mit Wesenszügen des Duckmäusers ausstattet. Man sollte über seinem Wechsel von einem Extrem ins andere nicht vergessen, daß dies Stationen einer fortschreitenden Entwicklung sind. In ständiger Auseinandersetzung und in harten geistigen Kämpfen bildet sich Wielands Weltanschauung. Er ringt lange vergebens um den Ausgleich zwischen Rationalismus und Empirismus. Das macht ihn zum Psychologen und läßt ihn im *Agathon* sein eigenes Suchen nach Wahrheit und Sittlichkeit darstellen. Es kommt ihm nicht auf deren Inhalte an, sondern auf den Weg und das erreichbare Ziel.

Damit wird das Hauptthema seiner Werke angeschlagen: Welche Erkenntnisse an Wahrheit und Sittlichkeit werden einem Menschen von einer bestimmten seelischen Veranlagung zuteil? Nachdem er sich von der theologischen Dogmatik gelöst und der Philosophie im Vertrauen auf die Vernunft hingegeben hatte, wendete er sich auch von dieser ab und erprobte in der Dichtung die Möglichkeiten der Enfaltung seines subjektiven Lebensgefühls. Verstand und Gemüt bedingen sein Schweben zwischen Philosophie und Dichtung, bis er dem Lehrgedicht entsagt und sich der „romantischen Dichtung" zuwendet. Das führt ihn zu Bodmer; denn in der Schweizer Theorie allein waren Stellen zu finden, an welchen Gefühlsmomente einströmen konnten und die Phantasie ihre Rechte geltend machen konnte. Dahin richteten sich die Blicke des Stiefkindes der Natur, das vergebens sein Glück gesucht hatte und nicht darauf verzichten wollte. Ergebnis war die Überzeugung, „daß der Mensch zu einer höheren Glückseligkeit geschaffen sei". Das öffnete den neuen Gegensatz zwischen Ichgefühl und Lebenserfahrung. Wieland bleibt der Aufklärung treu, aber wenn er die zweckvolle Ordnung des Universums preist, so ordnet er die moralisch-lehrhaften Maßstäbe den ästhetischen unter. Er weist dem Geschmack eine veredelnde Wirkung zu. Die Strenge, mit der er sich dem Tugendideal verschreibt, könnte darüber hinwegtäuschen, daß er sich vom Stoizismus lossagt, damit eine wichtige Bindung an die Vergangenheit zerschneidet und sich von der Klugheit Epikurs führen läßt. Um das *verum atque decens*, gesteht Wieland, habe er sich immer bemüht, und daraus leitet er seinen Enthusiasmus ab, den er in Shaftesbury bestätigt findet. Es ist ihm ernst mit seiner Rechtfertigung gegen mißverstehende Beurteiler im Vorbericht seiner *Poetischen Schriften* (1761). Optimismus, Daseinsfreude und Weltschmerz lösen einander ab. Nach ernster Prüfung gewinnt Wieland seine Schaffenslust immer wieder. Das sanguinische Temperament, das man dabei am Werke sah, ließ allzu leicht übersehen, daß solche Wandlungen – auch die von der großen, leidenschaftlichen Liebe zu Sophie hervorgerufenen – doch den Kern seines Wesens berühren. Dieses bedingte die ätherische Wendung, die Flucht aus der Wirklichkeit in sein Inneres. Das gesuchte Glück blieb ihm versagt. Dennoch rang er nicht vergebens um das richtige Maß zwischen idealistischer Weltfremdheit und realistischer Daseinsfreude.

1. JUGEND

Christoph Martin Wieland ist als Sohn des Pfarrers Thomas Adam Wieland in Oberholzheim bei Biberach am 5. 9. 1733 geboren. Der Urgroßvater des Dichters, Martin Wieland (1624–85), war Bürgermeister der schwäbischen Freien Reichsstadt Biberach. Dahin kam auch Wielands Vater 1736. Später bekleidete er dort die höchste geistliche Würde. Seine Frau Regina Katharina geb. Kick stammte aus dem bayerischen Schwaben. Der Vater leitete den Unterricht des frühreifen Knaben von dessen drittem Lebensjahr an. Als er mit 14 Jahren der heimatlichen Schule entwachsen war, kam er in die pietistische Vorbereitungsschule nach Klosterbergen mit der Absicht, später in Halle Theologie zu studieren. Schon dort schwankte Wieland zwischen übertriebenen Andachtsübungen und religiöser Skepsis im Sinn der französischen Aufklärung. Vielleicht schwebte ihm als Ideal vor, ein gelehrter Dichter nach dem Vorbild von Haller zu werden.

Nach Beendigung des Lehrganges (1749) ging Wieland nach Erfurt zu einem Verwandten seiner Mutter, der ihn in die Aufklärungsphilosophie einführte und ihm
den Don Quichote erklärte. Mehr mit Büchern, unter denen Cicero und Xenophon
eine besondere Anziehungskraft ausübten, als mit Menschen vertraut, kehrte Wieland
im Frühling 1750 nach Biberach zurück. Im Sommer begann, für sein Schicksal
entscheidend, seine Liebe zu Sophie Gutermann, einer Verwandten seiner Mutter,
Tochter des Stadtphysikus von Augsburg, welche soeben ihre Verlobung mit
dem italienischen Arzt Dr. Bianconi aus konfessionellen Gründen gelöst hatte. In
Sophie lernte Wieland eine Weltdame kennen, deren Erlebnisse sie zu einer Verehrerin
Richardsons gemacht hatten. Als Verlobter streifte er seine jugendliche Unbeholfen-
heit und mangelnde Lebenserfahrung ab. Mit Sophie verlebte Wieland den glücklichsten Herbst seines Lebens. Er befreite sich aus seiner Einsamkeit, wurde mitteil-
samer und vollzog die Wendung von der Gelehrsamkeit zur Dichtung. Im November 1750 kam er, mit einem kärglichen Biberacher Stipendium ausgestattet, als Jurist
nach Tübingen. Er lebte zurückgezogen, begann zu dichten, blieb der Aufklärung
treu, reifte der Aufnahme Shaftesburys entgegen und schloß sich Hagedorn als einem
Lehrmeister im Lehrgedicht an.

Mit seinem Lehrgedicht in Alexandrinern *Die Natur der Dinge* will Wieland Lukrez widerlegen, mit einem *Lobgesang* in Hexametern *auf die Liebe*
mit Klopstock wetteifern und mit einem nationalen Epos *Hermann* die
Gunst Bodmers gewinnen. Das war die Ernte des Jahres 1751. Dann bediente er sich wieder des Alexandriners, als er *Zwölf moralische Briefe in
Versen* schrieb. Heiterkeit, Leichtigkeit und anmutige Weisheit werden
gepriesen. Die Geliebte *Doris* oder *Diotima* belehrt ihn ebenso wie er sie.
Lehrhaft sein und Bekennen bestimmt hier zum erstenmal Wielands Dichtung. Hagedorn ließ ihn nun bitten, nicht mehr von der satirischen
Dichtart zu lassen. Im gelösteren Versmaß der *poésie fugitive* schrieb er
Anti-Ovid, oder die Kunst zu lieben. Mit Wielands Absage an die Philosophie
geht die schwärmende Hingabe an Träume und Empfindungen, die Wendung zu Klopstock parallel. Als Lyriker ist Wieland über dessen Nachahmung nicht hinausgekommen. Drückte er sein Pathos herab, so berührte er sich mit der Anakreontik. Aber in deren Vollendung lag Wielands lyrische Sendung nicht. Er reifte der Verbindung mit Bodmer über
die dichterische Beschreibung entgegen, und zwar in einer Hexameter-
dichtung *Der Frühling* (1752), die auf den Spuren von Thomson und Kleist
wandelt. Auch für empfindsame *Erzählungen* war Thomson Vorbild.

Entscheidend war Bodmers Eingreifen in Wielands Entwicklung.
Der leicht formbare und bewundernde Wieland beugte sich dem
Zürcher Lehrmeister. Mochte Bodmer die Erinnerung an Klopstock
dem neuen Talent gegenüber zur Vorsicht mahnen, so bezwang ihn
schließlich doch Wielands *Abhandlung von den Schönheiten des epischen
Gedichtes: Der Noah* (1753). Hier wurde dem Literaturgewaltigen ein
Platz neben, ja über Milton und Homer eingeräumt. Das nahm er wohl
für sich gerne hin, aber er verlangte, daß der junge Bruder in Apoll
auch seine anakreontischen Neigungen aufgebe und sich von der Welt

nicht verlocken lasse, ja er hielt ihn schon für einen Verlorenen, als er Klopstocks tibullische Elegie gegen einen Zürcher Kritiker verteidigte. Der Augenschein, den drei abgesandte Vertrauensleute in Tübingen nehmen konnten, bewog Bodmer, seine Einladung im Frühling 1752 ergehen zu lassen.

Wielands Bekenntnisbriefe an Bodmer sind nicht eitel Heuchelei. Er fühlte sich weder in Biberach noch in Tübingen verstanden und glaubte sein Dichtertum nur dadurch retten zu können, daß er sich dem angesehensten Kunstrichter im deutschen Sprachgebiet verschrieb. Er konnte nicht wissen, daß er sich dadurch gerade selbst preisgab und sein Dichtertum gefährdete. Er durfte seinen Einzug in Zürich im Herbst 1752 als glückliche Lebenswendung buchen. Aber nicht einmal sein Talent, das ihn Hagedorn nachstreben ließ, konnte sich in der Bodmerschen Stille bilden. Der Zürcher Patriarch brachte seinem geistigen Sohn manches Opfer, aber er belastete ihn auch mit seiner Autorität. Wohl hatte Wieland Gelegenheit, in Bodmers reichhaltiger Bibliothek jene englischen Autoren zu lesen, an denen sich die Geniebewegung später begeisterte, aber er folgte dem Kanon des Meisters und Mentors in seinem Urteil und seinem Dichten. Er verschrie den Reim, stolperte in Hexametern dahin und ergab sich den weihevollen religiösen Stoffen. Wielands seraphische Zeit beginnt mit lehrhaften lyrischen *Briefen von Verstorbenen an hinterlassene Freunde* (1753). Da triumphiert das Gefühl in der Darstellung seelischer Erregtheit. Es ist der Versuch, der geistlichen Dichtung verlorene Bezirke zurückzugewinnen. Aber Wieland fand damit weder die Anerkennung der Frommen noch die der Weltkinder. Deshalb ließ er sich gerne von Bodmer das Thema zur Patriarchade *Der geprüfte Abraham* stellen (1753). Es gelingt ihm in der ersten Fassung, den düsteren Vorwurf von Isaaks Opferung mit idyllisch-märchenhaften Zügen auszustatten. Seine Lyrik in Hexametern schlägt die Brücke von Klopstocks Schwung zur Prosa. Es war nicht Auflehnung gegen den Meister, wenn Wielands *Hermann* nach dem „Grundriß" Bodmers, der mit dem vollendeten Hexameterepos eine Waffe gegen Schönaich zu schwingen hoffte, ein Torso blieb. Der Stoff ließ sich trotz der idyllischen Auffassung und der altdeutschen Farben weder unter das Schema der Patriarchade beugen noch als Vorform der Bardiete Klopstocks gestalten. Es ist mit Recht auf Bilder im Geiste von Rubens hingewiesen worden. Damit stimmen die Beziehungen zur Hauptquelle, Caspers *Arminius*, überein. Es gesellen sich Elemente verschiedenster Herkunft dazu: Gleichnisse, wie sie Breitinger vorschrieb, Weissagungen im Stile Vergils, Anakreontisches, kurzum nur Literarisches, das vom Sinn für Würde unberührt bleibt. Nichts davon weist zu den Barden, zu Abbt oder Möser:

Auf dem Schlachtfeld sterben ist keine geringere Wollust,
Als die prächtigste Jungfrau im Bette neben sich haben.
Denn die Göttinnen, die in dem Saale des Vaters Odin sind,
Gehen von ihm gesandt den Erschlagnen entgegen und setzen
Sie zu dem Gott, der am obersten Ende der Tafel mit ihnen
Zechet, er Wein, sie Bier, sie lachen des irdischen Lebens.

2. KRISENJAHRE

Nachdem Sophie ihr Verlöbnis mit Wieland im Dezember 1753 gelöst hatte, setzte bei ihm mit einer langsamen Selbstbesinnung die Abkehr von Bodmer ein. Die Scheu vor einem Beruf veranlaßte Wie-

land, als Erzieher aufzutreten. Mehr Glück als bei Patriziersöhnen
hatte er bei empfindsamen Frauen der Gesellschaft. Er wurde ihr Seelsorger in einer Haltung, die mit der Susos verglichen wurde, aber
mehr mit der eines Leuchsenring oder Jean Paul gemeinsam hat. Die
Atmosphäre dieses Kreises halten die *Sympathien* (1754) fest, ein empfindsames Erbauungsbuch, das vom Geiste Richardsons genährt wird.
Wieland fühlt sich zu schwach, die kritische Geißel gegen die Anakreon-
tik zu schwingen, deshalb ruft er nach einem neuen Liscow. In dieser
Luft von Schwärmerei gedeiht Wielands Verehrung für Platon und
Shaftesbury und entstehen seine ersten *Dialoge.* Über ihnen schwebt
Dämmerung, Zaghaftigkeit und Entschlußlosigkeit. Er war sich kaum
bewußt, wie schwer es für ihn wurde, die Bezirke von Glauben und
Wissen, von Religion und Philosophie zu trennen. Er mag seinen
Freund Geßner beneidet haben, für den es dieses Problem nicht gab.
Auch darin wird Wielands Zwischenstellung sichtbar, daß er sich als
einer der letzten in seinen *Hymnen, Psalmen und Gedichten* (1755/56)
der rhythmischen Kunstprosa bedient. Er hat sich nie einer neuen
Form begeistert geöffnet oder eine alte verächtlich beiseite geworfen,
wie er auch in seinen Beziehungen zu den Menschen selten scharfe
Trennungsstriche gezogen hat.

So verpflichtete er sich Bodmer wieder in einer Gegenschrift gegen Schönaichs
Neologisches Wörterbuch, der *Ankündigung einer Dunciade für die Deutschen* (1755). Da
heißt Gottsched der „Antichrist des Witzes". Wieland fühlte sich so sehr als Schweizer, daß er die Deutschen verachtete, weil sie sich Gottsched anschlossen. Er konnte
keinen Ausweg aus der literarischen Situation sehen. Ob ihm Nicolais *Bemerkung*
(1755) die Augen öffnete, daß seine Muse ein junges Mädchen sei, das sich als Bet-
schwester kleide und, wer weiß, vielleicht einmal sich zu einer munteren Mode-
schönheit wandeln könne? Wie schwer Wieland diese Wandlung wurde, zeigen die
Empfindungen eines Christen (1756), in denen er sich als Bannerträger der christlichen
Dichtung gegen die anakreontischen „Prediger der Wollust und Ruchlosigkeit"
wendete. Es ist eine Ironie der Literaturgeschichte, daß er sich später mit geringerem
Erfolg gegen die neue Generation verteidigen mußte, als Uz sich gegen ihn verteidigt hatte.

In der Bearbeitung einer Episode aus Xenophons Kyropädie, dem
romanhaften Dialog *Araspes und Panthea* (1760) erwies Wieland, daß
er sich vom Seraph oder Luftgeist zum Menschen gewandelt habe,
daß ihm die Griechen mehr zu sagen vermochten als Patriarchen und
Heilige. Die erwachte irdische Liebe geht andere Wege als die himmlische, der Held kann seinen Auftrag, die gefangene Königin zu be-
wachen, nicht erfüllen, weil er deren Schönheit erliegt. In dem Augenblick, da Wieland unter Erdenkindern zu wandeln begann, konnte er
sich auch in das Seelenleben seiner Gestalten versenken. Zimmermann
gewann Wieland der Aufklärung wieder und öffnete ihm den Sinn für
die französische Dichtung. Er hätte sich ihr mit größerer Begeisterung

ans Herz geworfen, wenn seine *Sammlung einiger prosaischer Schriften* (1758) ihn nicht als Gefolgsmann Bodmers und Seraph gezeigt hätte. Er mißtraute sich selbst und war sich der großen Wandlung, in der er zum Dichter und Seelenkenner wurde, kaum bewußt. An dem Plan einer „Kritischen Geschichte seines Geistes und seiner Schriften" reifte schließlich der *Agathon*. Der Zweifel an seiner Aufrichtigkeit hat Wieland zu Unrecht verfolgt; denn er hätte sich sonst in seiner Unklarheit über sich selbst kaum so hin- und hergeworfen gefühlt und im Ausgleich das Heil gesucht. Auf einer menschlichen Ebene gestaltete Wieland seinen epischen Helden *Cyrus*, indem er den *philosophischen König* verherrlichte, der seit dem Ausbruch des Siebenjährigen Krieges im Rampenlicht stand. Davon lagen 1759 fünf Gesänge vor. Daß diesen kaum ein Achtungserfolg zuteil wurde, lag daran, daß sich Wieland als einer der letzten einer literarischen Großform bediente und Hofdichter werden wollte. Von den Beurteilern wußte keiner, welche Meisterschaft er in der Behandlung des deutschen Hexameters bewies und wie hoch der *Cyrus* über dem *Hermann* stand.

Im Formalen lag auch die Bedeutung der Tragödie *Lady Johanna Gray* (1758) nach dem Vorbild von Nicholas Rowe. Den Ruhm, den Blankvers der deutschen Bühne erobert zu haben, muß Wieland mit dem Basler Simon Grynaeus (1725–99) teilen, dessen Übersetzung von Shakespeares *Romeo und Julia* im gleichen Jahr erschien. Der Blankvers wies in die Zukunft, weniger der Erfolg, den die Ackermannsche Truppe mit ihren Aufführungen von Wielands Märtyrerdrama in Winterthur, Zürich und Basel hatte. Die protestantische Heldin triumphiert im Tod über die scheinbare Siegerin Maria Stuart. Solch stoisch barocke Haltung im Drama konnte damals nur noch in jenen Teilen der reformierten Schweiz bewundert werden, die sich im 17. Jahrhundert dem Theater nicht gewogen gezeigt hatten. Daß die empfindsame Bürgerlichkeit sich vom barocken Faltenwurf nicht umhüllen läßt, konnte nicht einmal Lessing sehen, der mit Recht über die „lieben frommen Menschen" spottete. Die Kritik wies Wieland kaum den Weg, wenn ihm das Gefühl sagte, daß er die seinem Wesen entsprechende Form noch nicht gefunden habe.

Des seraphischen Schwärmers Kern war der weltmännische Skeptiker, der sich zunächst als Swift gab. Er liebäugelte mit dem Plan einer Reform der Eidgenossenschaft durch die *Bildung des Verstandes und Herzens junger Leute* (1758). Er ist wohl der erste im deutschen Sprachgebiet, der den Gleichklang zwischen gelehrtem Vielwissen und kavaliermäßiger Höflichkeit im Sinne des gebildeten Beherrschers der Lebenskunst herstellt. Die Verbindung mit Iselin brachte ihm keine Lebensstellung. Endlich löste er sich von Zürich und begann im Juni 1756 zu Bern als Hauslehrer zu wirken. Elementarunterricht im Hause des Landvogtes Friedrich von Sinner bot ihm wenig. Er empfand den Abstand zwischen dem „natürlichen" Zürich und dem gesellschaftlichen Bern und sehnte sich nach Einsamkeit, bis er in Julie Bondely eine ihm geistig überlegene Persönlichkeit kennenlernte. Er geriet in

ihren Bann, verlobte sich, fühlte sich von ihr verzaubert und von ihrem
hohen Ideal der Einheit von Ratio und Ethos belastet. Sie lehnte Orthodoxie und Pietismus ab, überwand das Rokoko und war reif für die
Ideen Rousseaus. Als Juliens Gatte hätte Wieland sein Künstlertum
gegen ihren Widerstand durchsetzen oder sich ihrer Unabhängigkeit
beugen müssen, die ihm die Unsicherheit seines geistigen Daseins zum
Bewußtsein brachte.

Die Revision seiner Arbeiten, der manches angefangene Werk zum
Opfer fiel, die Eindämmung satirischer Pläne und das empfindsame
Trauerspiel in Prosa *Clementina von Poretta* (1760) nach dem Vorbild
von Diderot sprechen deutlich für eine solche Entwicklungshemmung.
Vielleicht war es eine Erinnerung an Sophie, daß Wieland den dramatischen Konflikt in das Problem der gemischten Ehe legte, das seit
Zesens *Adriatischer Rosemund* besprochen wurde. Schon glauben wir,
vor einer Lösung im Geiste der Humanität und Toleranz zu stehen,
als die Heldin ihr Seelenheil, mehr aus Laune denn als Zeichen inneren
Zwiespalts, gefährdet sieht. Noch hat sie nicht jene lächelnde Überlegenheit zur Erhebung über solche Rührseligkeit gewonnen. Vielleicht
unter dem Eindruck der *Literaturbriefe* und von Nicolais Schlußwort
zum Literaturstreit suchte Wieland noch einmal die Verbindung mit
Bodmer. Mochte es ihn auch verletzen, was Lessings Briefe (1759) über
ihn schrieben, es war richtig: er brauchte Ruhe und Besinnung, um zu
erkennen, daß ihn ein anderer klarer sah als er sich selbst. Der Plan,
eine kritische Zeitschrift herauszugeben, verließ ihn von da an nicht
wieder. Es bedeutete einen Einschnitt in sein Leben, daß er am 17. 4.
1760 einstimmig zum Senator von Biberach gewählt wurde.

3. IM AMT. AGATHON. KLEINEPEN

Mit der Annahme seiner Berufung verzichtete Wieland auf sein Dichtertum, doch
hoffte er, seine Unabhängigkeit zu wahren. In Biberach reiften seine großen Pläne,
dort wurde er sich seiner Sendung bewußt, indem er *Abdera* entdeckte; denn seine
Heimat war keineswegs das Tusculum, welches er sich erträumt hatte, sondern ein
von Kleinlichkeiten und Klatsch bewegtes Gemeinwesen. Er hatte es in der Zeit
seiner Verlobung mit der Katholikin Christine Hagel (*Bibi*) und seines Prozesses mit
der Stadt um das Amt des Kanzleiverwalters zu verspüren. Schließlich gelang es den
vereinten Bemühungen seiner Verwandtschaft, ihm in Anna Dorothea von Hille-
brand (1765) eine hausmütterliche Frau zuzuführen. Seine eigentliche geistige Heimat
wurde der Hof zu Warthausen, wo Graf Stadion, der langjährige Kanzler des Fürsten-
tums Mainz, seine Ruhejahre verbrachte, ein Mann, der den ersten deutschen Kleinstaat im Geiste der Aufklärung eingerichtet hatte, ein Politiker und Diplomat von
europäischem Ruf und auf der Höhe der Bildung. Die rechte Hand dieses Weltmanns war Georg Michael la Roche, der 1754 Sophie geheiratet hatte. So konnte
die Jugendgeliebte Wieland in diese höfische Welt einführen. Damit wurde er der
bürgerlich-pietistisch-akademischen Sphäre kaum entrückt, aber er mußte in der Luft

von Warthausen und in der Umgebung von Stadion eine Bestätigung jenes Zustandes finden, zu dem er sich mühsam durchgerungen hatte. Dabei konnte er der Gefahr, sich dem Eindruck einer großen Persönlichkeit hinzugeben, diesmal besser begegnen als im Hause Bodmers. In Warthausen suchte Wieland Vergessen nach der Trennung von *Bibi*. In einem Prozeß, den die Stadt Biberach gegen Stadion führte, gewann Wieland seine geistige Selbständigkeit gegenüber dem Hof. In der Einsamkeit entstanden neben seiner keineswegs anstrengenden Amtstätigkeit seine Werke.

Die Ernennung zum mainzischen Regierungsrat und Professor der Philosophie an der Universität Erfurt verdankte Wieland seinem überall mit Begeisterung aufgenommenen Roman *Agathon*. Er galt zunächst als Nebenarbeit neben der *Shakespeareübersetzung* (8 Bde. 1762–66). Diese dichtete das Vorbild der jungen Genies in den Stil des Gottschedischen Klassizismus um, d. h. die Bilder des Originals wurden als altertümlicher Schwulst empfunden und durch natürliche Ausdrücke „ersetzt". Um schneller mit der Arbeit, die er schließlich als Fron empfinden mußte, fertig zu werden, wählte Wieland für alle Stücke die Prosa mit Ausnahme des *Sommernachtstraums*, den er mit wahlverwandter Einfühlung übertrug. Als Leiter der evangelischen Komödiantengesellschaft inszenierte er mit großem Erfolg Shakespeares *Sturm* (1761). Indem er Shakespeare als Kenner des menschlichen Herzens und wahrheitsgetreuen Abschilderer der Natur preist, überwindet er den Standpunkt Voltaires. In fünf Jahren 22 Dramen zu übertragen, war eine gewaltige Leistung, die weder von Wieland selbst noch von seinen Zeitgenossen geringer als eine Originalleistung gewertet wurde. Vielleicht glaubte er auch, mit Übersetzungen, die für den Übersetzer kein solches Risiko wie Originale waren, schneller ein angesehener Autor zu werden. Nicht die Wucht der „Zentnerworte" und die Bildhaftigkeit waren es, was Wieland an Shakespeare anzog, sondern die vielgestaltige, fluoreszierende Formenwelt. Kritisch auseinandersetzen konnte sich der Stimmungsmensch Wieland mit Shakespeare nicht. Aber er versenkte sich in die Einzelheiten, die er liebte. Er blieb ein Bewunderer, der sich einer Kunstbetrachtung mit Enthusiasmus hingibt. Zusammenstimmung von Stoff und Form gab es für ihn nicht. Er übersetzte Stück für Stück, ohne vom Werk und dessen künstlerischer Mitte auszugehen. Das Spiel der Phantasie lag ihm besser als der rhetorische Prunk oder gar das Pathos. So hat denn Wieland auch in dieser Übersetzung der deutschen Sprache die Bezirke der Phantasie und Sinnlichkeit erobert. Dennoch hat sie mehr abstoßend als anziehend gewirkt. Daran waren auch die Anmerkungen schuld, die an dem großen Briten manches auszusetzen hatten, weil sie ihn am liebsten als verzärtelten Rokokodichter gesehen hätten.

Die Geschichte Agathons begann 1766 zu erscheinen. Der Titel verzichtet auf die Rückstände des historisch-politischen Heroismus und sucht bewußt den Anschluß an Fieldings *History of Tom Jones* (1749). Man suchte vergeblich nach einer Schablone, die Wieland als Muster gedient haben konnte, weil man die erlebte Entzauberung der Welt, die Absage an die Schwärmerei zu wenig ernst nahm, sei es wegen der Tarnung in das griechische Gewand, oder weil man den historisch-politischen Roman noch zu gewohnt war und die Entschleierung der persönlichen Verhältnisse eines Dichters zu wenig interessant fand. War es wirklich Flucht in die Unwirklichkeit der Antike – Crébillon verzichtete auf solche Reisen *dans des régions imaginaires* (1748) –, was Wieland veranlaßte, seine geistige Wandlung nach Griechenland zu verlegen, oder ist nicht überhaupt seine Neigung zur Verkleidung, zum Spiel mit dem Leser, seine Vorliebe, die Maske zu wechseln, weil er sich scheute, er selbst zu sein, die Triebfeder? Als Vorstufe des Werther ist der Agathon Bruchstück einer Konfession im Banne des Klassizismus. Doch ist mit Recht darauf hingewiesen worden, daß die Antike für Wieland nicht Maske allein, sondern auch Symbol war, nicht mehr Allegorie. Ihm leuchtete im Griechentum weder die Sonne Homers noch die klassische Höhe des perikleischen Zeitalters; er sucht auch nicht die antiken Götter oder orphische Weisheit, sondern den Hellenismus, ein Zeitalter, in dem sich wie in der Aufklärung die Philosophie vor die Religion stellt.

Wie in der Welt des Rokoko, so herrscht auch in Wielands erstem Entwurf (1762) die Frau, die Hetäre. Schnell vergißt Agathon die schwärmerische Neigung zu Psyche, als er in Danae die harmonische Einheit von Sinnlichkeit, Schönheit und Geist erkennt. Er wird sich dessen bewußt, daß er schwärmte, weil ihn platonische und sinnliche Liebe enttäuscht hat. Wie konnte der Dichter in der Selbstdarstellung seines Romans eine Lösung finden, da er sie auch in seinem Leben noch nicht gefunden hatte? Von 1765–67 beschrieb Wieland Agathons politische Tätigkeit im demokratischen Athen. Agathons Enttäuschung über die schwankenden Stimmungen des Volkes erschüttert seinen Glauben an die herrschende Regierungsform und läßt ihn für die Tyrannis schwärmen. Aber seine Tätigkeit in Syrakus am Hofe des Dionysius enttäuscht ihn wieder. Liebe und Politik werden nicht mehr – jene zur Unterhaltung, diese zur Belehrung – vorgeführt, sondern beide als unterhaltende Belehrung. Das verweist auf die Umwelt des Rokoko. Der Verzicht auf das Konventionelle, die Schäferwelt, die heroisch-höfische Galanterie, deutet auf erlebte Grundlagen. Das Aufsteigen des Vanitasgedankens am Ende läßt Agathon zwar nicht mehr zum Einsiedler werden, aber seine Ratlosigkeit verschließt ihm noch den Weg zum tätigen Leben in der Gemeinschaft. Seine Bekenntnisse gewähren Einblick in ein individuelles Seelenleben, nicht mehr in ein Herz, das die Ruhe in Gott findet. Mag man von einer endgültigen Überwindung des Barockromans oder einer Vorstufe zum irrationalen (Werther) oder klassischen Roman (Meister) sprechen: Wielands Agathon löste die Bindungen dieser poetischen Form an die Vergangenheit und schuf die Grundlage für ihren neuen Aufstieg. Seine Leistung in der Geschichte des deutschen Romans, die weniger sichtbar ist, weil er sich über diese Gattung theoretisch wenig geäußert hat, ist deshalb in Parallele zu der Lessings in der Geschichte des deutschen Dramas gesetzt worden. – Die Neuausgabe des Agathon (1773) wendete sich mit der eingefügten Geschichte Danaes an gleichgeartete schöne Seelen der geneigten empfindsamen Leserinnen. Danaes magdalenenhafte Wendung am Schluß entsprach zwar der Entsagung Agathons, klärte aber wenig, so daß erst die letzte Fassung (1794) mit der das Werk krönenden Geschichte und Lehre des Archytas und manchem Zugeständnis an den Zeitgeist einen Abschluß bot.

Nach dem ersten Entwurf des Agathon stand Wielands Schaffen ganz im Zeichen von Warthausen und der leichtgeschürzten Kleinkunst, mit der er an seine eigene Anakreontik anknüpfte. Der freie gereimte Vers ist als Symbol dafür anzusehen, daß Wieland zu sich selbst zurückgefunden hat. Jetzt gewinnt er die geschmeidige Gewandtheit und gibt der deutschen Sprache den schwebenden Klang. Er kehrt zum Reim zurück, den die Hallenser und Klopstock verpönt hatten. Wieland rettete die deutsche Dichtung für den Warthausener Hof, wo man glaubte, die frivole Kleinkunst sei allein die Domäne der Franzosen. Noch konnte er die Atmosphäre des Pietismus und der Kleinstadt nicht ganz abstreifen, weil er sich trotz seiner Einfühlungsgabe und Ironie nicht in die Voraussetzungen dieser Welt einleben konnte, deren künstlerische Ausdrucksform er mit Meisterschaft beherrschen lernte. Wielands *Komische Erzählungen* – es wurde viel weniger davon ausgeführt als geplant war – sind Ausdruck dekadenter Rokokokunst mit ihrer Spannung zwischen Naturalismus und formaler Kleinkunst, derbem Sinnengenuß und eleganter Verschleierung. Lukian lehrt nun nicht mehr wie im Zeitalter der Reformation ironischen Spott, sondern dekadent-frivolen Zynismus. Dennoch werden über solchen Gelegenheitsarbeiten, die Wieland auch als Schüler des Epistelschreibers und Satirikers Horaz zeigen, seine großen Pläne wenig vernachlässigt. Das *Bibi*-Erlebnis erforderte Geld und drängte nach poetischer Gestaltung. Unter diesem Doppelzeichen steht Wielands Arbeit an dem Roman *Die Abenteuer des Don Sylvio von Rosalva* (1764). Er hilft sich über die Bedrängnis hinweg mit diesem „satirischen Roman, der unter dem Schein der Frivolität philosophisch genug ist". Er wendet sich vom Feenmärchen, vom Wunderbaren ab und erschließt die Welt des Agathon. Er sucht die Einheit zwischen dem Wunderbaren und dem allegorischen Spiel der Seelenkräfte und Tugenden herzustellen. Auch da taucht das Erziehungsproblem – die Heilung von der Schwärmerei – auf. Wieland baut sich eine Phantasiewelt, er errichtet sein Gebäude, um am Ende zwei glückliche Paare darin wohnen zu lassen. Das ist ebenso lustspielmäßig erdacht wie die Dienergestalt. Darin und im Anschluß an *Don Quixote*, *Tom Jones* und *Gil Blas* stellt sich Wielands Roman in die allgemeine europäische Literaturüberlieferung.

Musarion (1768) zeigt in der Geschlossenheit einer „philosophischen Idylle" die harmonische, praktisch erlebte und ersehnte Philosophie der Grazien, zu der die Hetäre den Helden *Phanias* erzieht und ihn auf ihre Weise von seiner Schwärmerei heilt, indem sie ihn lehrt, das mittlere Maß zwischen „Enthusiasmus und Kaltsinnigkeit" zu halten. Phanias, im Banne des Stoikers *Kleanth* und des Pythagoräers *Theophron*, entsagt Musarions Liebe. Nun tritt diese handelnd auf, indem sie zeigt, wie die starren Grundsätze des Stoikers am Wein und die des Pythagoräers an einer leichtfertigen Koketten zusammenbrechen. Aber Phanias, der den gleichen Gefahren ausgeliefert ist, lernt schließlich von Musarion die wahre genießende Lebenskunst. So fand Wieland als Dichter der Grazien den Mittelweg zwischen Rationalismus und Sensualismus in einer neuen Kunstgattung, welche sich nach seiner eigenen Auffassung als Mischung von Elementen des Lehrgedichts, der Erzählung und der Komödie gab. Er erhob die Liebe über die Schönheit. Die Versprosa der Dichtung *Die Grazien* stellte die Verbindung einerseits zur letzten Gruppe der Anakreontik (Jacobi), andererseits zu den Singspielen her. *Der verklagte Amor*, den Wieland schon 1771 begann und 1774 abschloß, zeigt, daß er bald nicht mehr mit Leib und Seele bei der Sache war, und daß ihn das Motiv „vom Leben als Spiel und Traum" in seinenB ann geschlagen hatte.

Das traumhaft Schwebende mit seiner Auflösung der klaren Konturen wird in Wielands neuerlicher Wendung zur Kunst Ariosts, zum Formenspiel mit den italienischen Ottaverime, zum Versepos sichtbar. Die Konzeption des *Idris* (1767) ist sich wieder der Extravaganz einer Mischgattung bewußt. Das Werk blieb Fragment. Wieland spricht von der frivolen Außenseite, die er nach Hamilton gestalten wolle, und die sich über „Metaphysik, Moral, Entwicklung der geheimen Federn des menschlichen Herzens, Kritik, Satire, Charaktere, Gemälde, Leidenschaften, Reflexionen, Sentiments" lege. Dazu kommt ein Spiel mit einem ganzen mythologischen Apparat, eine rokokohafte Vorahnung der klassischen Walpurgisnacht. Zum Unterschied von Ariost ist das Wunderbare aber nur mehr ein Mechanismus, der durch den schönen Schein in die Gefilde der Kunst versetzt ist. Die klaren Linien des Renaissanceklassizismus lösen sich in die schwingende Leichtigkeit der Rokokowelt. In ihr lebt die Einzelheit für sich, ohne einen bestimmten Platz in einer in sich geschlossenen Dichtung zu beanspruchen. In einem Zeitalter, das das geschlossene System der Welt aufgelöst hatte, konnte man auch der Einzelheit in einem Fragment froh werden. Sengle hat diesen *Rokokofragmentarismus* als Vorstufe der Romantik erkannt und Wieland nicht nur darin enger an die Romantik angeschlossen, als man es bisher wahrhaben wollte.

Wieder war es eine spätantike Form, das Kleinepos, das dem *Neuen Amadis* (in Biberach geplant und in Erfurt 1771 vollendet) die Gestalt gab, wieder eine Mischgattung, die wenig mit dem komischen Epos nach Pope zu tun hat; denn hier wird nichts ernst genommen. Der Leser soll verwirrt werden durch die Fülle des leichten Geschehens, das mit einem „phantastischen Tanz" verglichen wurde, dessen Ballettmeister die Figuren fein säuberlich am Schnürchen dirigiert, wenn sie auch noch unter dem Gesetz stehen, das ihnen der *Geist Capriccio* diktiert hat. Immer mehr wird die Handlung zur Nebensache, ja fast zu einem nötigen Übel, das unter dem Vibrieren des Verses, der Farbtöne, der „sternisierenden" Laune eines Dirigenten steht. Von Sterne lernte Wieland, den Leser anzusprechen, sein Spiel mit ihm zu treiben, laut über seine Arbeit nachzudenken und Einblick in die Schicksale der handelnden Personen zu gewähren. So überwindet Wieland das klassizistisch-mosaikmäßige Zusammensetzspiel und verflüchtigt die absterbende poetische Technik. Es dürfte sich zeigen, daß Wielands Bilder, Phrasen und Wortwahl trotz seiner Virtuosität noch in diese Zusammenhänge zu stellen und als letzte Übersteigerung oder Auflösung einer alten poetischen Überlieferung anzusehen sind.

Zwischen Stoikern und Epikuräern steuert Wielands Philosophie den Kynikern zu. Das bewies sein *Rasender Sokrates oder die Dialogen des Diogenes von Synope* (1770). Diogenes wird ihm zum Ideal und Symbol seines Willens zur Freiheit, zum Verzicht auf alle möglichen Rücksichten des Daseins. Der eigentliche Weise ist der Sonderling. Nicht nur das *Narrenschiff* Sebastian Brants, sondern auch das *Lob der Torheit* des Erasmus erlebt durch Wieland eine Art Auferstehung. Etwas davon bekommt auch der Weltbürger Diogenes mit. Er steht außerhalb der sozialen Ordnung, um den Großen dieser Erde wie Alexander seine Meinung sagen zu können. So verkörpert er – vielleicht klingt franziskanisches Denken nach – das Ideal fröhlicher Armut.

In der Geschichte bewährt sich Wieland als Genie der Einfühlung. Das ließ ihn nicht zu sinnvollen Konzeptionen im Geiste Herders kommen, wohl aber erleuchtende Streiflichter auf einzelne Gestalten und Ereignisse werfen. Im Überblick über die Epochen blieb ihm die Geschichte ein Jahrmarkt der Torheit. In seinen *Beiträgen zur geheimen Geschichte der Menschheit* (1770) setzte er sich mit Rousseau und der Geschichtsphilosophie auseinander. Nicht daß Wieland die Gesellschaft retten wollte – denn er hatte von ihr keine hohe Meinung – aber er nahm sie so, wie sie war, als notwendiges Übel, überzeugt, daß daran nicht viel zu ändern sei. Rousseau war für Wieland ein Schwärmer und der Naturmensch ein wahrer Popanz. Zwei satirische Märchen umrahmen vier Aufsätze, deren letzter *Über die vorgebliche Abnahme des menschlichen Geschlechts* erst 1777 eingefügt wurde. Er ist ein Epilog zur Geniebewegung und zeigt Wielands Festigung in der Formenwelt des Klassizismus. Er versinnbildet die Perioden der Menschheitsgeschichte mit Kreisen bzw. Spiralen und setzt dem Wissen sichere Grenzen. Es gehe nicht an, die Entwicklung, welche das Naturvolk zur Kultur geführt hat, einfach auszulöschen. Der Naturhaftigkeit folgt eine Zeit der Kunstpflege. Mit solchen Gedanken berührt Wieland die geistige Welt Schillers. Doch weniger durch solche Äußerungen, die zu früh ausgesprochen wurden, stand Wieland in seiner Erfurter Zeit auf der Höhe seines literarischen Ruhmes als durch seine Dichtungen, den *Diogenes* und den *Goldenen Spiegel*. Dennoch war er weder mit diesen Leistungen noch mit seiner Stellung in Erfurt zufrieden.

4. ERFURT UND WEIMAR. SINGSPIELE

Als Vertreter der Aufklärung und des Fortschritts wurde Wieland 1769 nach Erfurt berufen. Emmerich Joseph, Kurfürst und Erzbischof von Mainz, wollte mit einer solchen Berühmtheit eine Universitätsreform im neuen Geiste heraufführen. Man kann mit Recht daran zweifeln, ob Wieland dazu der geeignete Mann war. Auch ein Katholik und ein festerer Charakter als er wäre der Widerstände kaum Herr geworden. Wenn er sich in Erfurt bald einsam fühlte und eine Veränderung seiner Lage wünschte, so gediehen doch seine literarischen Arbeiten. Es kam dazu, daß von 1768 an seine Werke nicht mehr bei Gessner in Zürich oder in Ulm bei Albert Friedrich Bartholomäi (1764), sondern im Weidmannschen Verlag zu Leipzig erschienen. Mit neuen Lesern gewann er auch Anschluß an Gleim, Weiße und die mitteldeutsche Rokokodichtung. Man sah in seinen Werken eine Verwirklichung des von Hagedorn geschaffenen Kunstideals und begrüßte ihn als Bundesgenossen in einer allerdings bald gefährdeten Stellung. Es klingt wie eine Umkehrung der Verhältnisse, daß der ehemalige bürgerliche Kanzleidirektor einer Freien Reichsstadt das aristokratische Ideal einer höfisch bestimmten Literatur gegenüber dem demokratischen Tyrannenhasser und Naturburschen, dem Grafen Friedrich Leopold von Stolberg, vertrat. Die Konjunktur der Sterne am literarischen Himmel verhieß einem Mann des Ausgleichs wie Wieland keine dauerhafte Stellung.

Wielands Reise nach Leipzig im Frühsommer 1770 knüpfte neue persönliche Freundschaftsbande und ließ ihn Ausschau halten nach einem journalistischen Unternehmen, auf das er sein Dasein stellen konnte. Doch faßte er keine bindenden Entschlüsse und ließ sich als Weltweiser, Dichter und Berühmtheit von seinen Lesern, besonders den Damen, huldigen. Seine Frühlingsfahrt an den Rhein und nach Darmstadt (1771) glich einem Triumphzug. Bei seinem Wiedersehen mit Sophie la Roche in Ehrenbreitstein teilte sich die Ergriffenheit der Beteiligten F. H. Jacobi mit: er schluchzte. Anlaß zu einer ähnlichen Tränenseligkeit, über die Leuchsenring seine segnende Hand hielt, gab Wielands Besuch in Darmstadt. Dort nahm ihm die Landgräfin Caroline das Versprechen ab, „nichts Anstößiges mehr zu schreiben". Rein äußerlich sieht dies aus wie ein Rückfall in schwärmende Empfindsamkeit. Man mißtraute ihm dennoch, und so erfüllten sich seine Wünsche nach einem Leben an einem Fürstenhofe nicht.

Die Zugeständnisse, die er für einen solchen Lohn zu machen bereit war, vereinigt der *Goldene Spiegel* (1772) mit seinem politischen Erziehungsprogramm in der Form eines „vollkommen unverbindlichen Salongesprächs über religiöse und politische Fragen". Man kann ihn als Meisterwerk eines Mannes bezeichnen, der sich nicht festlegen will. Eine besondere Aufgabe in der Beratung des Fürsten wird den Priestern zugewiesen. Das Dasein der Mönche aber wird in seiner Nutzlosigkeit bloßgestellt. Das entsprach dem Geist des Josefinismus. Eine Polemik gegen die Freigeisterei aber zeigte die Bereitschaft des Dichters, den Bogen nicht zu überspannen. Seine Fähigkeit, mit den Tatsachen zu rechnen und die Menschen richtig einzuschätzen, wird in seiner politischen Überlegenheit gegenüber den Phantasien eines Klopstock sichtbar. Dennoch findet Wieland als „Mann von Witze und von Einbildungskraft, welche diese der Philosophie abgeborgten Erkenntnisse mit Reiz und Anmut ausschmücket" keinen Zugang zu Iselin, der ihn so genannt hatte, und anderen Reformpädagogen der Zeit. Formale und inhaltliche Unterschiede verschleiern die Verwandtschaft des Goldenen Spiegels mit Hallers gleichzeitigen Staatsromanen. Wielands merkwürdige Mischung von Satire und Utopie entscheidet sich nie zwischen Gottesgnadentum und Gesellschaftsvertrag, Absolutismus und Republik, Legitimität, Adel und Bürgertum. Auch dieses Werk spricht für die geistige Verwandtschaft zwischen Wieland und Erasmus als Trägern eines ausgeprägten Sinns für Nuance, der Abneigung gegen Entscheidungen, des Abwägens der Vor- und Nachteile, des Schwankens zwischen Gespräch und einfachem Vortrag, Utopie und Satire, der Betrachtung der menschlichen Torheit, welche für Wieland schon auf die Abderiten vorausdeutet.

Seine Unabhängigkeit glaubte Wieland am Weimarer Hof nach längeren Verhandlungen zu finden. Dort übernahm er für drei Jahre die Aufgabe, den Erbprinzen Karl August zu erziehen, mehr als Nebenberuf neben seiner Schriftstellerei, der festere Formen annehmenden journalistischen Planung und noch immer in der Hoffnung seiner Mitarbeit an dem Ziel, aus Wien ein deutsches Kulturzentrum zu machen. Beruhigend und ausgleichend, wie man es von ihm erwartet hatte, hat Wieland zu Weimar in der Zeit des Übergangs der Regierung von der Herzogin Anna Amalia an Karl August nicht gewirkt. Einen systematischen Unterricht nach einem vorgelegten vielversprechenden Plan hat er nicht erteilt. Die Bühne, auf der er seine *Alceste* inszenierte (1773), und der *Teutsche Merkur*, den er von 1773 an herausgab, interessierten ihn mehr als seine eigentliche Aufgabe, zu deren Erfüllung die Herzogin eine starke Persönlichkeit erwartet hatte. Er enttäuschte, weil er dem Eigenwillen seines Zöglings zu sehr nachgab, sich mehr als Poet denn als philosophischer Erzieher zeigte, so daß die Herzogin mit Recht befürchten mußte, er entfremde ihr den Sohn und mache ihn zum Schwärmer. Wielands Einfluß wurde durch die Ehe des Herzogs und dadurch eingeschränkt, daß Knebel die Erziehung des Prinzen Konstantin anvertraut wurde. Über dieses Versagen kam Wieland, dem man ein ansehnliches Ruhegehalt aussetzte, schneller hinweg als über seinen niedergehenden Stern. Er freute sich, nun ganz den Musen leben zu können, Hausvater zu sein und die Gnade seines Fürsten zu genießen.

Als Anhang zum Goldenen Spiegel gab Wieland die *Geschichte des weisen Danischmend und der drei Kalender* (1775) heraus. Sie ist eine langsam gereifte Ergänzung, ja mitunter ein Widerruf der im Goldenen Spiegel geäußerten Ansichten, ein retouchiertes Selbstporträt. Der beim Sultan Schach Geba in Ungnade gefallene Danischmend flieht in ein einsames Tal. Dort trifft er mit dem enttäuschten Kyniker Kalender zusammen, der in seiner Weltverachtung vorgeführt wird. Der Gefahr, ihm zu gleichen, begegnet Danischmend und findet in der Abgeschiedenheit seines Familienlebens das wahre Glück. Doch bleibt dieses von Fortuna bedroht. Wieland glaubt nicht mehr an die endliche Beglückung der Menschheit, sondern an das Bescheiden.

Schimmerte hier die Wirklichkeit durch, so verlor sie sich völlig in Wielands *lyrischen Dramen*, die sich in der Gefolgschaft Glucks unmittelbarer an Favart und die Leipziger Gattung von Christian Felix Weiße anschlossen. Um eine Vereinigung von Euripides und Metastasio bemühte sich Wieland in Erfurt bei der Planung eines *Pygmalion*. Im Sommer 1772 inszenierte er ein Ballett und zum Geburtstag der Herzogin das Singspiel *Aurora*. Dann kam *Alceste*, zu der Anton Schweitzer die Musik komponierte. Man sollte bei diesen Werken – ganz besonders beim Singspiel *Die Wahl des Herkules* zum 17. Geburtstag des Herzogs (1773), dem alten Thema, das auch Sebastian Brant dramatisiert hatte – auch an die humanistischen, allegorisch-mythologischen Festspiele am Hof Maximilians I. zurückdenken. Die Umdichtung der Tragödie des Euripides in den Stil des Rokoko suchte Wieland in *Briefen über die Alceste* (1773) zu rechtfertigen, neben anderem die Umwandlung des ungezogenen Herkules in einen tugendhaften Höfling. Wenn er dann eine stoffgeschichtliche Untersuchung über ältere Alcestedramen einfügt, so rechtfertigt er seinen über die Rokokokunst hinausgehenden Klassizismus, der auch durch die aufgedeckten Beziehungen zu Goethes Iphigenie zu einem Vorspiel der deutschen Klassik wird. Vorerst aber mußte er seine Kunst gegen die Farce Goethes verteidigen in dem kurzen Singspiel *Das Urteil des Midas* (1775). Langsam entsagte Wieland der Bühne. *Rosemunde* (1777) machte einerseits Zugeständnisse an den englischen Balladengeschmack, andererseits näherte sie sich der Oper. Sein letztes Lustspiel mit Gesang *Pandora* (1779) hätte seine Wendung zur komischen Operette bedeuten können, wenn seine kurze Rolle am Weimarer Theater nicht ausgespielt gewesen wäre.

Es war Wielands Schicksal, im läuternden Feuer der Kritik forschende Selbstprüfung und Besinnung auf neue künstlerische Möglichkeiten zu erleben. Sein sanguinisches Temperament und seine weltmännische Sicherheit aber dürfen nicht darüber hinwegsehen lassen, daß er unter den Anpöbelungen der jungen Genies schwer gelitten hat, weil sie seinem Genie der Anpassung nicht gerecht wurden. Da sprach ihm Gerstenberg den Sinn für Shakespeare ab und hielt seiner Nachahmungssucht die griechische Selbstsicherheit vor. Das war es, was ihm auch Herder anzukreiden hatte, der ab und zu seinem Bann verfiel, wenn er ihn mit Shaftesbury auf gleiche Stufe stellte. Das Kesseltreiben gegen Wieland aber ging los, als er im empfehlenden Vorwort zum Roman *Das Fräulein von Sternheim* (1771) von Sophie la Roche von deren „Größe und barmherziger Natur", aber auch davon sprach, daß die ästhetische Kritik manchen Fehler finden könne. Gerade diese Fehler, die durchbrechende Sprache der Natur und die Unmittelbarkeit des Vortrags waren es, die die Jacobis an dem Roman so entzückten und deren Rüge ihm als kleinliche Mißgunst ausgelegt wurde. Ihm konnte die schwärmende Empfindsamkeit aufs neue verdächtigt und sein Streben nach dem harmonischen Ausgleich zwischen Gefühlsüberschwang und Verstandeskühle verleidet werden. Dazu redete man ihm noch mangelndes Nationalgefühl nach.

Aber weder Wielands Berufung auf seine Berücksichtigung der deutschen Eigenart noch sein Aufsatz *Der Geist Shakespeares* (1773) fanden bei jenen, die sich an Goethes Rede begeistert hatten, einen Widerhall. Die Zeit, mit Lessings Mitteln Shakespeare zu retten, war vorbei. Wieland versuchte mit klügerer Einsicht als seine Vorgänger eine Überschau *Über den gegenwärtigen Zustand des deutschen Parnasses* (1773). Natürlich besitze die deutsche Dichtung wie jede andere ihren besonderen „Erdgeschmack". Es genüge aber „gewissen, von vermeintlicher Vaterlandsliebe brausenden Köpfen nicht die Abhängigkeit der Literatur von Raum, Zeit und Nationen; denn die Verschiedenheiten dieser haben sich abgeschliffen". Durch maßvolle Rücksicht auf die nationalen Besonderheiten werde „eine den Vollkommenheiten nachteilige Einförmigkeit" keineswegs gefördert. Wieland bekennt sich zum Klassizismus der Griechen, dem sich schon die römische Dichtkunst unterworfen habe, ohne ihre Eigenart aufzugeben. Bei aller Anerkennung der Begabung einzelner Bardendichter gilt es doch, die Dichtung ebenso vor dem Einbruch der Barbarei zu bewahren wie vor dem der „Üppigkeit und ausschweifenden Lüste". Aufgabe der Kunst sei es, die Harmonie und den Zusammenhang des Ganzen zu wahren. Der Anschluß, den Wieland jetzt bei Nicolai suchte, zeigt uns die redliche Bemühung beider um die Rettung des Klassizismus. Wieland entfremdete sich dadurch der jungen Generation. Herder, Goethe, Lenz, Wagner griffen ihn an. Klopstocks Abneigung verstärkte sich beim Göttinger Hain und in der Ächtung des *Idris*.

Wenn irgendwo Wielands menschliche Größe sichtbar wird, so in seinem Verhalten auf diese Anrempelung und in der überlegenen Ruhe, mit der er sich der Weisheit des Alters bediente und die jungen Genies als von einer vorübergehenden Narrheit heimgesuchte

Leutchen ansah. So konnte er sich schon ein Jahr nach Goethes An-
kunft in Weimar dem Zauber dieses „liebenswürdigsten, größten und
besten Menschensohnes" hingeben, der in Wieland einen Vorschein
jener Klarheit fand, um die er sich nun zu bemühen begann. Doch erkannte Wieland, daß Goethes „Spirallinie immer weiter und die seine
immer enger" wurde, und beschied sich. Vielleicht wurde er durch
Goethe zu den kleinen Monographien über *Brant*, dem er sich als Betrachter menschlicher Torheit verwandt fühlen mochte, *Geiler*, *Hutten*,
Pirckheimer, *Hans Sachs*, *Fischart*, *Paracelsus* und *Agrippa von Nettesheim*
angeregt. Bedeutungsvoller war es, daß er sich in der Gestalt des *Erasmus*
bespiegeln konnte, weil er sich ihm wahlverwandt fühlte. Er rettete den
Verfasser des *Lobs der Torheit* gegen Hutten, für den sich Herder so
begeistert hatte, erkannte seine tragische Stellung zwischen den beiden
Religionsparteien und fühlte sich ihm als Literat im humanistisch-
klassizistischen Sinne verbunden. Weniger hier als in den *Unterredungen*
mit einem Pfarrer (1775) stellte Wieland den Toleranzgedanken heraus,
nicht etwa, um seine frivole Dichtung zu retten. Was er in der höfischen
Welt verlor, hoffte er im Umkreis der Familie wieder zu erwerben. Er
vermittelte ihr nicht den Geist selbstzufriedener Spießbürgerlichkeit,
sondern die Atmosphäre jener Kultur, auf der die deutsche Klassik ruht.

5. HUMORISTISCHE ROMANE. ABDERITEN. OBERON

Sengle hat Wielands Stellung, als er den Oberon dichtete, *humori-*
stische Klassik genannt und damit wohl den Unterton seines Schaffens gut
bezeichnet, aber gleichzeitig wenig zur Festlegung der Begriffe Klassik
und Klassizismus beigetragen. Wir können uns auf die an Unger
orientierte Ableitung (oben Seite 1 f.) beziehen und auf die formale
Verwandtschaft Wielands mit Lessing verweisen. So liegt denn auch
die humoristische Klassik im Vorfeld der klassischen Höhe unserer
Dichtung. Daß Wieland als deutscher Cervantes und Ariost in einer
Person, als Verfasser der *Abderiten* und des *Oberon* die Zusammenhänge
mit der Renaissancedichtung des 16. Jahrhunderts wahrt, scheint uns
seine Zuordnung zum Klassizismus zu begründen, zumal er sich dem
klassischen Griechentum gegenüber, dessen dionysische Seite ihm nicht
verborgen blieb, zurückhält. Daß er sich hierin von Winckelmann
entfernte, tut seinem Klassizismus keinen Abbruch. Er hat sich in seiner
Abwehrstellung gegen den Naturalismus der Geniebewegung wieder
gern auf Winckelmann berufen, der von Herder (1777) und später von
Goethe ausdrücklich als Vorbote der Klassik angesehen wurde.
Als Lavater in den *Physiognomischen Fragmenten* wieder den Ausdruck
Nachahmung gebrauchte, meldete sich Wieland mit *Gedanken über die*

Ideale der Alten (1777) zum Wort. Er konnte sich mit der besonderen Naturbegnadung der Griechen und der von den Höhen abgesunkenen modernen Kunst nicht befreunden und brachte seine aristokratischen Bedenken gegen die Erhöhung eines Volkes vor. Er dämpfte seine Begeisterung von einst und unterschied zwischen den einzelnen Großen und dem Volk. Er suchte sein Recht als Dichter und verstandesmäßiger Kritiker zu wahren gegen das aus dem Gefühl urteilende *Anempfinden*. Der kleine Aufsatz, der geschrieben wurde, als der Atem des Sturms und Drangs kürzer wurde und man eine Stagnation im Bereich der Literatur befürchten mußte, ist optimistisch beschwingt, wenn er den neueren Zeiten die Möglichkeit zuspricht, „vielleicht noch schönere Werke als die alten" hervorzubringen, sobald die „großen Bewegursachen und Antriebe" dazu vorhanden sind. Als Theoretiker überwindet Wieland hier den Klassizismus, indem er die Schau von „Urbildern" zur Grundlage der Kunst macht und damit das künstlerische Vorbild ohne die revolutionäre Geste des Sturms und Drangs ablehnt. Das wird denn auch in Wielands Schaffen sichtbar. Er hat als erster die heilsame, reinigende Wirkung einer revolutionären Jugendbewegung, die ihm selbst so zugesetzt hatte, erkannt und, was davon brauchbar schien, seinem künstlerischen Schaffen zugeführt.

Mit der *Geschichte der Abderiten* begann Wieland im Herbst 1773. Nach verschiedenen Unterbrechungen und nachdem lange Partien im Teutschen Merkur veröffentlicht worden waren, erschien sie 1781 in der endgültigen Fassung. Mit größerer spielender Freiheit als im Agathon werden die Erlebnisse gestaltet, und mit Treffsicherheit werden die Ideen der Gegenwart ins klassische Griechenland verwoben, d. h. sie vereinigen sich auf der gemeinsamen Ebene der Zeitlosigkeit. Das gilt von den Kosmopoliten als geistiger Elite des zweiten genauso wie vom Prozeß um den Schatten des Esels im vierten Buch. Aus dem Privatleben bewegt sich die Handlung in die Öffentlichkeit, bis schließlich alle Mitspieler reif werden zur frohen Fahrt mit dem Narrenschiff. Damit krönt Wieland seine Gesellschafts- und Zeitkritik, weil er heiter über den Erscheinungen steht. Der Philosoph und Erzieher ist zum überlegenen ruhigen Betrachter geworden, der sich der erlebten Einzelheiten bedient, darin aber nicht das Besondere angriffslustig verspottet, sondern das Allgemeine, nicht an Ort und Zeit Gebundene als Narrheit herausstellt. Lassen sich Biberacher, Mannheimer und Erfurter Modelle auch erkennen, die individuelle Beziehung zwischen Vorwurf und Ausführung, welche die Zeitgenossen besser erkannten, war nicht Selbstzweck: sie wurde ins Allgemeine versetzt. Dazu gab die begünstigte Form des Romans willkommenen Anlaß. Das Griechentum läßt die wirklichkeitsfernen Gestalten in scharfen Konturen, aber ohne Schatten erscheinen. Was kümmerte sich der Dichter um die Bestimmung des Menschen, solange er aus der Erfahrung wußte, was für ein Narrentheater die Welt ist!

Die beglückende Bescheidung und Rückschau auf sein Leben wird nun auch in der Versdichtung Wielands sichtbar. Selbst für die Schwärmerei seiner Helden und Heldinnen in den neuen *Verserzählungen* (ab 1775) hat er ein freundlich-mitleidiges Lächeln. Ansätze zu tragischer und – wie es wahrscheinlich gemacht wurde – dramatischer Gestaltung zeigt *Geron der Adlige* (1776). Doch wendet sich Wieland von Ernst und Feierlichkeit des Artusrittertums wieder Stoffen zu, die seinem sanguinischen Temperament besser entsprachen. Das Kleinepos *Gandalin oder Liebe um Liebe* (1776) stellt die Bewährung der Tugend vor. Im Helden siegt die Treue über die Leidenschaft so lange, bis sich beide vereinigen können, indem sich die verführende Schöne Jelängerjelieber als die geliebte Sonnemon offenbart. So wird es ihm leicht gemacht, sich im Sinne von Shaftesbury als tugendhaft zu fühlen und seine schöne Seele zu bewähren.

Nach diesen Versuchen realistischer psychologischer Gestaltung fand Wieland wieder in die Welt des Wunderbaren zurück in den Verserzählungen *Sommermärchen* (1777), *Hann und Gulpenhee, Schach Lolo, Vogelsang* (1778), *Pervonte* (1779, 1796); sie sind Ritte in das romantische Land und den Orient. Die Absicht, Kunstmärchen zu dichten, schimmert durch. Da Wieland der Form die Treue hielt, verlegte er sich den Zugang zu Herders Volkspoesie. Die Geschichte von *Hann und Gulpenhee* stellt zwar nicht in rokokohafter Frivolität, aber mit galanter Leichtigkeit die eheliche Treue in Frage. Die gleichzeitig entstandene, ebenfalls im Orient spielende Erzählung *Schach Lolo* überwindet die falsche Empfindsamkeit, aber ohne Preisgabe des Sittlichen und Gemütvollen. Das Motiv des mißbrauchten Wunsches behandelt *Vogelsang*, während *Pervonte* seine ihm von den Feen verliehene Gabe wohl anzuwenden weiß, vor allem, da er sich rechtzeitig bescheidet und, wie es die abrundende Vollendung des Werks (1796) berichtet, wieder in seine Hütte zurückkehrt. Hier mündete Wieland in die Gedankengänge der allegorischen Handlung des Ordensdramas, dessen späte Abkömmlinge Raimund und Grillparzer alles, was die festen Grenzen des zufriedenen Daseins stört, auszuschalten bemüht sind.

Es zeigt den Weg zur Klassik, daß Goethe dem Volksdichter Hans Sachs den ewiggrünen Eichenkranz und dem Dichter des *Oberon* (1780) den Lorbeer, der den europäischen Renaissancedichter ziert, auf das Haupt setzte. Der *Oberon* ist Wielands populärste Dichtung, ein nach dem klassischen Vergil ausgerichtetes romantisches Epos, eine Beschwörung des Mittelalters im Geiste des Renaissanceklassizismus wie Tassos *Befreites Jerusalem*, aber unter Verzicht auf Allegorie, Heroismus und Pathos zugunsten der Märchenstimmung und natürlicher Menschlichkeit. Das war Wielands Beitrag zum Zeitalter der Humanität. Diese war – vielleicht modifiziert in dem Sinne des *Nil humani alienum a me puto* – „der lebendige Odem und Geist, den er seinen Werken einzuatmen vermochte". Das bedingt die Einheit des in der

Oberonhandlung sichtbar werdenden Leitgedankens der *Prüfung*, ob die Treue eines liebenden Paares standhält, mit der Hüon-Rezia-Handlung als Beispiel sich bewährender Treue. Also nicht mehr wie im Artus- oder Gralsroman und bei Tasso weltliches und geistiges Rittertum oder Heldentum des Glaubens, sondern menschliche Bewährung in der Gefahr. Doch steht diese Bewährung nicht unter dem starren, unverletzbaren Gesetz des Stoizismus, der Bezwingung der Leidenschaften, sondern unter dem milderen, verstehenden Gesetz der Liebe und deren läuternder Macht. Mit dem *Stoizismus* überwindet Wieland auch den *Fortunabegriff*, der sich über den Vanitasgedanken – noch die Anakreontik hält daran fest – hinweggesetzt hatte. So hat auch er sich um den Zugang zum reinen Griechentum bemüht und sich den Begriff des freien antiken Schicksals für dieses Werk erobert. Er gewinnt den Ausgleich zwischen seinen Jugendversuchen im seraphisch-pietistischen Epos, dessen Gestalten mit dem Anspruch, geglaubt zu werden, auftraten, und den komischen Rokokoepen, deren parodierte mythische Figuren sich dem Spott darboten.

Nicht der Glaube, sondern der Gedanke der reinen (sittlich-ästhetischen) *Humanität* erfüllt die symbolische Verwertung des Wunderbaren. Wie im Lustspiel begleitet das Dienerpaar (Scherasmin, Fatme) das Heldenpaar (Hüon, Rezia). Sie sind nicht mehr mit den typischen Zügen hergebrachter Darstellung ausgestattet. Sie fügen sich der märchenhaften Zauberwelt ein. Wie die *Zauberflöte*, so lebt auch der *Oberon* aus dem lebendigen Erbe des historisch-politischen Heldenromans. Aber Wielands romantisches Epos vermochte dieses Erbe nicht wirkenskräftig weiterzugeben. Die Romantik verachtete seine leichtfertige Behandlung der Ottaverime, deren klassisch-ariostische Form sie pflegte. Sie zog einen Trennungsstrich zwischen ihrer Bemühung um neue künstlerische Ausdrucksformen und seiner anpassenden, einfühlenden, schillernden Poesie der Grazien. Diese lebte in Illusionen und verlor mit der Preisgabe der phantastischen Elemente den beseelenden Lebensatem.

Es ist darauf hingewiesen worden, daß Wieland die Einheit zwischen der französischen Quelle, dem Roman *Huon de Bordeaux*, und dem Ehezwist zwischen Oberon und Titania nach Shakespeares *Sommernachtstraum* nicht herstellen konnte, weil Oberon den Liebenden seinen Beistand „auf ewig" versagt, wenn sie die verbotene süße Frucht genießen, ehe der „fromme Papst Sylvester auf ihrer Herzen Bund des Himmels Weihung legt". Das setzt aber voraus, daß es um die Prüfung und Bewährung einer starren Tugend gehe. Hüon kann mit seinem reinen Herzen, das dem Ruf von Pflicht und Ehre folgt, mit seinem Glauben an sich selbst nicht von der Strafgewalt Oberons betroffen werden; denn die Folgen der Übertretung des Gebotes sind nur die Voraussetzung einer neuen Prüfung. Hüon hat allzuleicht mit seinen Zaubergeschenken den Unmögliches begehrenden Auftrag Karls des Großen erfüllt. Rezia-Amanda hat kaum eine Probe bestanden. Erst als das Paar, der Zaubergaben beraubt, ganz auf sich selbst gestellt und der Hoffnung auf überirdische Hilfe ledig ist, bewährt es seine Tugend und gibt dem Herzensbund damit die innere „Weihung". Daß es nicht auf das wörtliche Ausführen des Gebotes ankommt, sondern auf seine sinngemäße Erfüllung, sagt Oberon bei der Übergabe von des Kalifen Zähnen und Bart: „Wiewohl dich Karl dazu ausdrücklich nicht verpflichtet." Ja, Wieland gibt auch noch ein besonderes Beispeil dafür, daß die buchstäbliche Erfüllung eines Befehls oder Gelübdes wertloser ist als ein Handeln, das den Gesetzen der Persönlichkeit gehorcht. Aus Laune hat Angela, die Tochter Balazins von Phrygien, des Herrn von Jericho (3. Ges.), ihrem Alexis einen keuschen und reinen Dienst von drei Jahren zur Bedingung ihrer Ehe gesetzt. Das ist erfüllt. Sowie sie aber von Hüon aus der Gewalt des Riesen Angulaffer befreit ist, schlägt ihr Herz für ihren Retter.

> Ein Glück für dich, unschuld'ge Angela,
> Daß keiner deiner Blick' in Hüons Busen Zunder
> Zum Fangen fand.

Jetzt, da die Gefahr vorbei ist, kann Alexis „die Schöne in Empfang nehmen". – Nicht „das bißchen Christentum", das Hüon seiner Holden mitteilt, sondern das „freiwillige Enthalten" sühnt die Schuld. „Auf Herzen wie die euern zürnt Oberon nicht ewig", tröstet der Greis Alfonso. Als Hüon sich ihm durch Handschlag verpflichtet (8. Ges.), heißt es: „Es war der schönste Sieg, den Hüon je gewann." Das ist die Moral der Humanität, welche in das schwebende, anmutige Geschehen gelegt wird. Von aller Erdenschwere frei, fern von der großen Tragik, die den Menschen zermalmt, erfüllt sich im Reich der Grazien das Gesetz der sittlichen Ordnung.

Zur gleichen Zeit, als Wieland erkennen mußte, daß die Höhe des Oberon mit einem epischen Versuch in neuem Stil *Clelia und Sinibald* (1783) nicht zu überschreiten war, schrieb er seine *Briefe an einen Dichter* (1782, 1784). Er registrierte die Fortschritte der deutschen Literatur, verzichtete aber darauf, ihr neue Wege zu weisen; denn die Wiedereinsetzung des Formprinzips und der Hinweis auf die Beherrschung technischer Voraussetzungen konnten ebensogut als Schlußwort zur Geniebewegung wie als Rückkehr zu den gemäßigten Grundsätzen des Klassizismus angesehen werden. Daß er in den *Dialogen aus Elysium* (1780) die Lehrbarkeit der Kunst bestritt, gehört zu den alten Beständen der Poetik und ist keineswegs eine Vorwegnahme der Klassik. Er resigniert, zieht sich in sein „Schneckenhaus" zurück und tut so, als ob die klug beobachteten Vorgänge in der Literatur seinen Lebenskreis nicht berührten. Auseinandersetzungen oder Rechtfertigungen eines Programms sind nie Wielands starke Seite gewesen.

6. LITERAT UND ÜBERSETZER

Die vier letzten Lebensjahrzehnte Wielands, in denen er sein Dasein auf Übersetzungen und journalistische Arbeiten stellte, scheinen im Zeichen eines Verzichts auf die Dichtung zu stehen. Vielleicht tat er gut daran, trotz der ansehnlichen Gemeinde, die ihm seine Werke in Österreich gesichert hatten, eine Berufung nach Wien abzulehnen. Der Exjesuit Reinhold, welcher seine Tochter Sophie 1785 geheiratet hatte, mag ihn darin bestärkt haben. Alles, was seine Behaglichkeit störte, mied er. Seine alten und neuen Lieblinge, in denen er Züge seines Wesens wie in einem Spiegel zu finden glaubte, wurden übersetzt. Aus geistiger

Wahlverwandtschaft, im Streben nach der behaglichen Zurückgezogenheit seines *Tusculanums*, wendete er sich zunächst Horaz zu.

Nach den *Episteln* (1782) kamen die *Satiren* (1787). Wieland glaubte, sie aus dem Geiste des Originals in freien Blankversen neu dichten zu können; denn er war davon überzeugt, daß die Seele des Horaz in ihm wohne. Er wollte ihn so zu Wort kommen lassen, als spräche er zu den Deutschen des ausgehenden Jahrhunderts. In Lukian bewährte sich die Anziehungskraft spätantiker Verhältnisse auf Wieland, dem Voltaire wie ein auflebender Lukian erschien. Die reichen Anmerkungen, mit denen Wieland diese Übersetzung (1788/89) versah, zeigen sein redliches Bemühen um die spätantike Philosophie. Mit Übersetzungen aus dem *Cabinet de fées* (Paris 1785/89) im *Dschinnistan* (1786/89) nahm Wieland die Stimmung des Oberon ohne besonderen Erfolg auf; denn die starke Betonung idyllischer Zurückgezogenheit und Einfachheit störte die Illusion und zerriß die Schleier, welche über die Zauberwelt gebreitet sind.

Nach dem Vorbild des *Mercure de France*, aber den deutschen Verhältnissen angepaßt, hatte Wieland den *Teutschen Merkur* eingerichtet (1773–1810). Die mehr als 2500 Abnehmer des ersten Jahrgangs – sie sanken 1798 auf 800 – zeigen, daß Wieland sein Publikum in breiten Kreisen hatte und die Masse, nicht die Elite erfaßte. Dennoch wird auf die Form der moralischen Wochenschriften verzichtet, wird weniger Wert auf moralische Besserung und sittliche Reifung gelegt als auf die Schaffung einer nationalen Kultur für das breitere Bürgertum. Ein festes Programm oder parteimäßige Bindungen wären Hindernisse gewesen, wo man Stimmungen nachgab und sich verpflichtete, der Wahrheit zu dienen. Der Leser sollte zum europäischen Weltbürger im Sinne der Aufklärung erzogen werden. Das französisch-deutsche Kulturgespräch konnte auf der Grundlage des antiken Erbes geführt werden. Da es an einem festen Mitarbeiterstab fehlte, traten einzelne Autoren wie Reinhold, der Kants Lehren einer breiteren Öffentlichkeit zugänglich machte, oder Tendenzen wie die Polemik gegen Adelung und seine Normierung der deutschen Sprache nach dem Obersächsischen jeweils besonders hervor. Die Gastrollen, welche Goethe und Schiller als Mitarbeiter gaben, förderten nicht. – Man ließ es meist bei der Korrektur von Einzelurteilen bewenden und erhob selten Einspruch gegen die Daseinsberechtigung literarischer Werte. Ab und zu brachte ein neuer Mitarbeiter (Heinse) belebende Urteile. Manchmal fühlte sich Wieland veranlaßt, in Fußnoten Stellung zu nehmen, wenn er anderer Meinung war oder Anstoß bei den Lesern befürchten mußte. Als ausgleichender Vermittler bedient er sich verflachender Umprägung und erheiternder Belehrung. Hält er sich auch vor der Öffentlichkeit zurück, so gewährt er uns doch wie kaum ein anderer seiner Zeitgenossen Einblick in seine wechselnden Stimmungen und seine Bereitschaft zur Versöhnung. Gefördert wurde weder die literarische Entwicklung noch die Auseinandersetzung über ästhetische Fragen, wenn man von Mercks

Mitarbeit (1776–80) absieht. Daß Reinhold den Wunderglauben verurteilte, entzog der Dichtung seines Schwiegervaters den Boden. Manche
Leser des Merkur wendeten sich den *Horen* zu. Vorübergehend bestrit-
ten Übersetzungen den Inhalt, bis dann das *Attische Museum* (1796–1802)
und *Neue attische Museum* (1805–09) sich der Aufgabe widmeten, Übersetzungen aus dem attischen Griechisch zu bringen. Als der Merkur 1810
sein Erscheinen einstellte, fühlte sich Wieland von einer Last befreit.

Eine Reise nach Dresden (1794) konnte Wielands Urteile über Werke der bildenden Kunst nicht beschwingen. Die Feier, welche Göschen in Leipzig damals zu seinen
Ehren veranstaltete, tat ihm wohl. Ein Sommeraufenthalt am Zürcher See (1796)
enttäuschte ihn über die Freunde von einst. Zu den vielen Wesenszügen, welche
Wieland zum Bruder des Erasmus machen, gehören nun auch seine Klagen über
leichte Erkrankungen, nervöse Unruhe und Scheu, sich selbst zu offenbaren, Eigenes
in den Erlebnissen erdichteter Gestalten darzustellen, Klagen über Zurücksetzungen,
Reise- und Umzugspläne, die nie verwirklicht wurden, besonders aber die ruhig
überlegene Beurteilung politischer Ereignisse und Entwicklungen, das Rechnen
mit den Wirklichkeiten. Das alles wird in Wielands *Randglossen zur französischen
Politik* sichtbar. Da stimmt er seinen Optimismus herab, findet harte Worte über die
Fanatiker der Vollkommenheit, bemüht sich, über Legitimisten und Revolutions-
männer gerecht zu urteilen. Man darf vor dem *Geheimnis des Kosmopolitenordens* (1788)
kein System erwarten, von dessen Durchführung das Heil kommen wird. Berührt
Wieland auch da utopische Gedanken und verweist er treffsicher auf kommende
Entwicklungen, so ist es ihm doch nicht um diese, sondern um die Aufgaben zu tun,
die der geistig-sittliche Mensch in den Zeiten bedrohter Ordnungen und des Umsturzes zu erfüllen hat. Er tröstet sich – hier hält er am Optimismus der Aufklärung
fest – mit dem Gedanken, daß das Gute nicht verlorengehen könne. So hofft er denn
auch, die gesellschaftlichen Voraussetzungen seiner Kunst für die kleinen Musenhöfe,
wie er sie in Warthausen und Weimar erlebt hatte, vor der Bedrohung bewahrt zu
sehen. Kurze Zeit ehe Herder seine Geschichtsphilosophie formt, sieht Wieland noch
in der Geschichte eine Beispielsammlung von Taten und Begebenheiten, in denen
die Menschheit ihre Narrheit offenbart. Das ließ Sebastian Brant wieder zu Wort
kommen. Bald nachdem er in einer *Kosmopolitischen Adresse an die französische Nationalversammlung* (1789) ein „Brevier für Volksverächter" zusammengestellt und die Gefahren der reinen Demokratie gezeigt hatte, stellte er seine Appelle ein und hüllte
im Sinne Lukians seine Meinung in die *Götter-Gespräche* (1790–93). Da brauchte die
einzelne Erscheinung nicht zu wichtig genommen zu werden, wenn sie an Ewig-
keitswerten gemessen wurde. Von den drei Staatsformen schätzte Wieland die kon-
stitutionelle Monarchie am höchsten, die Vorteile der absoluten Monarchie setzte
er der Demokratie entgegen. Der Bürger einer reichsfreien Stadt glaubte, sein Vaterland durch eine Verfassungsreform retten zu können. So hat er die meisten Fragen,
für welche die politischen Romantiker neue Lösungen fanden, auf seine Weise beantwortet. Nach vorübergehender Annäherung an Schiller (1787) und Goethe
glaubte er sich vom einsamen Herder besser verstanden. Doch versagte seine Einfühlung dem Bedeutenden gegenüber, wenn dieses seinem formalen Ideal wider-
sprach, z. B. angesichts der Leistungen Jean Pauls, in dem er zwar etwas wie Shake-
peare zu sehen glaubte, der Sprache der deutschen Philosophen (Kant, Fichte), oder
des Tons der französischen Modephilosophie (Helvetius).

Konnte Wieland solcher Umgebung entrinnen durch eine neue Flucht
in überirdische Gebiete, wenn er nachgrübelte, ob es *Geister* gäbe (1781),

oder die Rätsel der Seele unlösbar fand? Wieder war es ein Anliegen der Aufklärung, das er aufgriff. Aber er focht nicht wie Lessing, sondern verlegte seine Erfahrungen in die Welt der schönen Täuschungen. Ein *Gespräch in Elysium* zwischen Peregrinus Proteus und Lukian (1788) über das Schwärmen ist die Vorstufe des Romans *Peregrinus Proteus* (1791). Wieland geht es kaum um ein Abbild der Spätantike oder um ein Verlagern der Wunderheilungen Lavaters in eine andere Welt als vielmehr um die Probleme des Glaubens und der Vernunft. Wie ein zweiter Agathon soll Peregrinus von seiner Schwärmerei befreit werden. Er durchschreitet Lebensstufen und Glaubenslehren und wird, da er ihr Wesen kennengelernt hat, gewahr, daß alles Täuschung ist und der Wille zur Macht oder der Mißbrauch der zu Gebote stehenden Mittel hinter den Erscheinungen steht. Selbst in der Liebe muß er die Erfahrung machen, nicht ernst genommen zu werden. Was bleibt ihm, als das Leben mit den Kynikern zu verachten? Als er bei seinem Versuch, das griechische Nationalheiligtum zu verbrennen, für wahnsinnig gehalten wird, bricht seine letzte Illusion zusammen.

Wie ernst es Wieland mit der Bespiegelung seiner geistigen Not in der Spätantike war, konnte die wiederholte Gestaltung des *Agathodämon* (1796) zeigen. Er wirbt um Verständnis für den neupythagoreischen philosophischen Wanderlehrer Apollonius von Tyana und reinigt ihn von dem Verdacht, „ein Lump" gewesen zu sein. Hegesias lernt in der Bergeinsamkeit den wundersamen Magier kennen und berichtet in Briefen über dessen wohltätiges Wirken. Wie Wieland fühlt Agathodämon seine geistige Stellung gefährdet. Beide handeln in der besten Absicht und tragen ihre Meinungen im Namen der Vernunft vor. Um den Dämonenglauben und die vermenschlichten Göttervorstellungen erfolgreich bekämpfen zu können, läßt sich Agathodämon von den Orphikern in der Kunst zu täuschen unterweisen. Er hofft, dadurch die bildende Aufgabe der Religion zu erfüllen, den Menschen aus der Verrohung zur Humanität zu führen. Mit der Erweckung eines Toten krönt er die Reihe seiner Wunder. In Lessings Gedankengängen bewegen sich die abschließenden (6. und 7.) Bücher des Romans, in denen Agathodämon die Verbindung mit der Sekte der Christianer aufnimmt. Diese folgen einer schlichten, von menschlichen Grundsätzen geleiteten Sittenlehre. Agathodämon anerkennt die Entwicklung des Christentums, das seine erste Aufgabe in einer zerfallenden Kulturwelt erfüllt habe und seiner Sendung treu bleibe. Solange es im Zeichen der Menschlichkeit vorgehe, bleibe es von Krisen verschont. Wie ein anderer Sokrates ist Jesus in der Erkenntnis seines Menschentums den Weg zur Wahrheit, zu sich selber gegangen, aber eine Kirche hat er nicht gestiftet. Als Lehrer der Humanität steht Agathodämon auf dem Boden des Christentums, ohne Christ zu sein.

Wieland fand in der Spätantike, im Nebeneinander verschiedener
Systeme und Lebensauffassungen, die er harmonisch zusammenschloß,
seine Wunschbilder erfüllt. Sein Faust, als welcher *Agathodämon* erkannt wurde, ist frei von der Dämonie des Übermenschentums. Das
Griechentum, welches Wieland mit der Seele suchte, lag im Umkreis
von Menschen, die sich nicht so ganz ernst nehmen. Dennoch hat Wieland noch einmal, zur Zeit, da er sein geistiges Dasein gegen die Romantik verteidigen mußte, das Recht der Grazienphilosophie geschützt in
dem breit angelegten spätantiken Bildungsroman *Aristipp und seine
Zeitgenossen* (1801). Trotz seiner Beziehungen zu Barthélémys *Voyage du
jeune Anacharsis*, trotz dem eingeschobenen Briefwechsel über Platons
Politeia und trotz der Absicht, die Atmosphäre des 4. Jahrhunderts
v. Chr. wiederzugeben, ist der Roman keine Realenzyklopädie der An-
tike, kein gewaltsamer Versuch, Wissen zu vermitteln. Das politisch
Aktuelle wird kaum berührt. Aber die Menschen der Gesellschaft, der
Held, ein Lebenskünstler, in dessen Dasein sich ein Wunschtraum Wie-
lands erfüllt, und die Hetäre Lais führen mit ihresgleichen unterhaltsame
Gespräche, in denen die Ergriffenheit des verstehenden und fühlenden
Betrachters der großen Kunstwerke nachzittert; denn sie suchen die
Schönheit in einer gebändigten Freiheit, zu deren Genuß nur wenige
Menschen berufen sind. So führt Wieland seinen Helden Aristipp auch
nicht zu einer Entscheidung zwischen der Philosophie Platons, hinter
der sich Kant und Fichte verbergen, und der Lehre des Hippias, sondern
läßt ihn die goldene Mitte zwischen beiden halten und dem Ideal des
Sokrates nachfolgen. Diesen letzten Traum antiker Lebenskunst hat
Wieland nicht zu Ende geträumt. Seine Gestalten brechen ihr Gespräch ab.

In Oßmannstädt glaubte Wieland 1797 sein Tusculanum zu finden. Er gefiel sich
dort in der Rolle des Gutsherrn. Aber er fühlte sein dichterisches Ansehen bedroht.
Die Romantiker hatten es auf seine Erledigung abgesehen, da sie ihn im 2. Band des
Athenäum (1799) als Kompilator großen Stils hinstellten, der sein Material entweder
aus abgetanen literarischen Größen bezog oder von den bedeutenden Dichtern, die
man jetzt anders verstand. Er wollte sich zum Kampf stellen, als seine Frau starb
(1801). Zur gleichen Zeit versagten die Einnahmen aus dem *Merkur*, dessen Leitung
Bötticher in die Hand nahm. Oßmannstädt mußte mit einer Hypothek belastet werden. Seinen Schwiegersohn, den Verleger Gessner, vermochte Wieland nicht vom
Bankerott zu retten. Sein Sohn Ludwig, der es mit den Romantikern hielt, wurde
von der Berner Regierung des Landes verwiesen (1802). Das alles lähmte Wielands Le-
benslust. In dieser Stimmung konnte er sich in die Welt seines letzten Gastes in Oßmannstädt, das er 1803 sehr günstig verkaufte, einleben: Heinrich von Kleists. Es
war weniger das Dämonisch-Geheimnisvolle, das die beiden zusammenführte, als
Wielands Einfühlungsvermögen in das neuentdeckte Genie, dessen Erhabenheit
über einen Lenz oder Schlegel und noch mehr der Gedanke an eine Waffenbrüder-
schaft im Kampf gegen die Athenäumclique. Es tat Wieland wohl, sich auszusprechen, dem Fremden seine Lebensgeschichte zu erzählen, um ihn zu veranlassen, sie
zu schreiben. Aber wo es der Kraft bedurft hätte, den bedrohten Dichter zu retten

und ihm einen festen Halt zu geben, versagte Wieland, weil er auch in sich selbst nie den erhofften Halt gefunden hat. Nach seiner Rückkehr aus der Oßmannstädter Einsamkeit und nach dem Tod Herders nahm Wieland wieder die Verbindung mit Goethe auf. Er war mit seinem Hauskäppchen und seinen Filzstiefeln gern gelitten im Kreis der Herzogin Anna Amalia zu Weimar und Tiefurt. Erst recht fühlte er sich nach der Auflösung des Reiches als Vertreter einer absterbenden Zeit. Daß ihn Madame de Staël und Napoleon (1808) als Wahrer des französischen Geschmacks ansahen, konnte ihn ehren.

Er hatte sich inzwischen seine Lesergemeinde mit neuen Erzählungen geschaffen, Cotta als Verleger gewonnen (1805) und eine breite Tätigkeit als Übersetzer entfaltet. Goethes *Unterhaltungen deutscher Ausgewanderten* folgend und französische Anregungen aufnehmend, schrieb Wieland den Novellenzyklus *Das Hexameron von Rosenhayn* (1805). Er suchte die neue Kunstform von der Bindung an Marmontels moralische Erzählungen zu befreien, „worin lauter in Personen verwandelte Tugenden und Laster, lauter Menschen aus der Unschuldswelt, lauter Ideale von Güte, Edelmut, Selbstverleugnung und grenzenloser Wohltätigkeit aufgeführt werden". Er wollte den Unterschied zwischen Leben und Dichtung aufheben, entsagte auch theoretisch der Feenwelt, kam aber trotz der sichtbaren Wendung zum täglichen Leben – der Letzte der Gesellschaft erzählt seine eigene Geschichte – von den älteren Vorbildern nicht los. Selbsterkenntnis und Aufgeben von Illusionen sind die Hauptthemen. Ein Paar wird von seiner Selbstliebe geheilt, als die beiden durch Vermittlung eines guten Geistes einander erblicken (*Narcissus und Narcissa*). Ein leichtfertiger Verführer wird von Bauernmädchen so geprügelt, daß er seine Dämonie verliert (*Daphnidion*). Feenhände statten einen jungen Mann mit einer Braut und dem nötigen Geld aus (*Entzauberung*). In der *Novelle ohne Titel* verrät die Heldin, die als Knabe aufgezogen wird ihr Geheimnis einem Geliebten, dessen Herz einer anderen gehört, so daß sie entsagt und ins Kloster geht. Das Problem der Wahlverwandtschaften erweist sich trotz der französischen Gesetze, welche eine Scheidung zulassen, als unlösbar (*Freundschaft und Liebe auf der Probe*). Schließlich erzählt der Held als Anekdote seine eigene Geschichte (Die Liebe ohne Leidenschaft).

Auch lustspielhafte Erzählungen, die er früher in Verse gegossen hätte, werden nun in Prosa abgewandelt. *Menander und Glycerion* (1804) erleben eine freie, den Gesetzen nicht unterworfene Liebe und machen die Erfahrung der Vergänglichkeit. Als Gegenstück dazu beweisen *Krates und Hipparchia* (1805) mit der wechselseitigen Liebe zwischen einem häßlichen armen Kyniker und einem reichen schönen Mädchen, daß die Ehe auf bleibenden Werten ruhen müsse. Das lehrt Bescheidung, Maßhalten, stilles, zufriedenes Glück innerhalb fester Grenzen und läßt sich als Besinnung auf alte Erkenntnisse, die das Maß des Menschen bestimmen, zurückführen oder als Vorwegnahme biedermeierlicher Haltung ansehen.

Das neue Einleben Wielands in die Spätantike scheint einer Rückkehr in die Zeiten des Agathon gleichzukommen. Nun aber machte er sich das neue Wissen um die Antike, die Arbeiten der Philologen Heyne und F. A. Wolf zunutze. Wahre Vollkommenheit, nach der Wieland vergeblich gesucht hat, kann es für ihn auch in der Antike nicht geben. War er im *Historischen Damenkalender auf 1790* mit *Ehrenrettungen antiker Frauen*, auch der Xanthippe, aufgetreten, so konnte er im Merkur aus eigenen Erfahrungen über Voß als Homerübersetzer (Briefe über die Vossische Übersetzung des Homer, 1795) urteilen und ihm vorhalten, daß seine Neubearbeitung der Odysseeübersetzung „eine beinahe deisidämonische Ehrfurcht vor Homer" zeige. Demgegenüber bemühte sich Wieland, die Mitte zwischen der treuen Wiedergabe der Vorlage und dem rein historischen Verfahren von Schütz zu halten, wenn er in seinen Übersetzungszeitschriften den Stil der Originale durchschimmern lassen wollte. Die Bemühungen um ein deutsches Lustspiel hoffte er durch Übersetzungen des Aristophanes fördern zu können, aber es mußte mißlingen, den ungezogenen Liebling der Grazien seiner höfisch-aristokratischen Welt anzupassen. Vom Plan einer Übersetzung griechischer Tragödien wurde nur die des *Ion* (1803) und der *Helena* (1805) ausgeführt. Prosa und Dialoge der sokratischen Schriften *Xenophons* übten eine größere Anziehungskraft aus (1801/02).

Mit dem Herzen übertrug Wieland *Ciceros Briefe* (1808). Er verspürte, daß sie einst den humanistischen Verkehrston angeschlagen und ihrer Zeit das Ideal der *humanitas* gebracht hatten. In solcher geistigen Freundschaft verbrachte er die einsamen, von Krankheit heimgesuchten letzten Lebensjahre. Er blieb der Aufklärung treu, wenn er die Religion frei von Magie und Möncherei haben wollte und in ihr die reinste und höchste Humanität fand. Als er am 20. 1. 1813 starb, hat ihm keiner so verstehende und verklärende Worte ins Jenseits nachgerufen wie Goethe.

LITERATUR

Gesamtausgaben: Berliner Akademieausgabe Berlin 1909 ff. (nicht abgeschlossen). J. G. Gruber, 53 Bde. Leipzig 1824–28. 36 Bde. Leipzig 1853–58. H. Düntzer, 40 Teile, Berlin 1867–79.

Biographien: J. G. Gruber, 2 Bde. Leipzig 1815–16. F. Sengle, Stuttgart 1949.

Untersuchungen: L. Hirzel, W.s Beziehungen zu den Romantikern, Bern 1904. E. Stadler, W.s Shakespeare, Straßburg 1910. K. Hoppe, Der junge W., Leipzig 1930. E. Groß, W.s Geschichte des Agathon. Enstehungsgeschichte, Berlin 1930. A. Fuchs, Geistiger Gehalt und Quellenfrage in W.s Abderiten, Paris 1934. V. Michel, C. M. W. La formation et l'évolution de son esprit jusqu'en 1772, Paris 1938. F. Martini, W. und das 18. Jahrhundert in: Festschr. f. P. Kluckhohn und H. Schneider, Tübingen 1948.

VIERTES KAPITEL

KRÄFTE DES BEHARRENS
UND DES FORTSCHRITTS

Bis über das Ende der sechziger Jahre zeigt das literarische Schaffen einen Zustand des Übergangs. Die alten Formen Anakreontik, klassizistische Tragödie, sächsisches Rühr- und Sittenstück, empfindsamer Roman, verlieren ihre Lebenskraft und ziehen unreife Talente an. Literarische Cliquen und Parteien suchen Einfluß zu gewinnen. Über Gottscheds gefallene Größe ist man sich einig. Das literarische Gezänk sucht andere Ziele. Den reimlosen Formen gesellt sich der *Blankvers*, dem die Zukunft gehört. Aber der Reim war nicht zu verdrängen. Selbst neuere Formen wie das komische Heldengedicht und die Gellertsche Fabel werden bald ausgeleiert und wechseln wie das idyllische Lehrgedicht zur Prosa. Die Abkehr von Frankreich und Wendung nach England empfiehlt Pope, Milton, Young, Richardson, Sterne, die bürgerliche Tragödie und den empfindsam-humoristischen Familienroman als neue Vorbilder. Mit Leidenschaft wird aus dem Englischen übersetzt. Die Erbschaft der von den Buchmessen abtretenden geistlichen Erbauungsliteratur und Moralsatire verteilt sich nicht gleichmäßig auf die literarischen Gattungen. Der Roman hält an dieser Bindung noch fest, er ist auch der Nutznießer des zurücktretenden komischen Epos und nimmt parodistische Elemente auf. Am Ende der sechziger Jahre mehren sich die ästhetisch-kritischen Abhandlungen. Sieht man von der sich schüchtern anmeldenden neuen Gesinnung, den neuen Stoffen und Motiven ab, die zuerst von kongenialen Geistern aufgenommen werden und deren künstlerisches Schaffen beschwingen, so kann man die gleichen Erscheinungen beobachten: das neue Material wird als Vorbild verwertet, und mit den einzelnen Teilchen wird ein mosaikmäßiges Zusammensetzspiel getrieben. Anakreontiker, klassizistische Dramatiker mischen genau so wie das Heer der Barden und bürgerlichen Tragödienschreiber die neuen Motive wie Karten. Ihre eigene Leistung ist nur die Reihenfolge, in der sie sie ausspielen. Die regeren Köpfe, denen die Poesie mehr als holder Zeitvertreib ist, ringen wie Klopstock, Lessing und Wieland um die Problematik neuer Formen oder werfen sich in der Erkenntnis ihrer geringen poetischen Begabung auf die Lösung theoretischer Fragen.

Den breiten Gang des geistigen Lebens halten die neuen *kritischen Zeitschriften* in Berlin und Leipzig fest. Sie lösen die moralischen Wochenschriften ab. Nicolai und Mendelssohn begannen mit der *Bibliothek der*

schönen Wissenschaften und freyen Künste 1757, deren Redaktion vom 5. bis
12. Band (1759–65) Christian Felix Weiße führte; denn inzwischen hatten jene mit Lessing die *Literaturbriefe* in Berlin begründet (24 Teile
1759–65). Im gleichen Jahr, da diese beiden Unternehmungen eingestellt
wurden, setzte Weiße seine Zeitschrift unter dem Titel *Neue Bibliothek
der schönen Wissenschaften und freyen Künste*, 82 Bde. (1765–1806) fort und
begann Nicolais *Allgemeine deutsche Bibliothek* zu erscheinen, welche in
Berlin herauskam und es mit den Anhängen insgesamt auf 139 Bände
(1765–98) brachte. Seine *Neue allgemeine deutsche Bibliothek*, welche eine
Zeitlang nebenher erschien, umfaßt 117 Bände (1793–1806). Hier und
in den theoretischen Werken von Winckelmann, Lessing, Mendelssohn,
Sulzer, Blankenburg, Garve, Klotz und Riedel wurde ein weitgespanntes
Gespräch geführt, an dem sich schließlich auch Gerstenberg, Herder,
Merck, der junge Goethe und die Genies beteiligten. Diese ernsthafte
Bemühung kann keineswegs nur als Auseinandersetzung des Alten mit
dem Neuen, der sogenannten Popularaufklärung mit der Geniebewegung
angesehen werden, noch dürfen die Vorgänge vom Standpunkt Lessings, Herders, der Klassik oder der Xenien aus beurteilt oder die Einzelheiten, über die man sich entzweit und beschimpft, zu wichtig genommen werden. Dem Recht der Zeitgenossen, sich durchzusetzen,
steht die Pflicht des Historikers gegenüber, den geistigen Beitrag des
einzelnen auch in seiner zeitlichen Beschränktheit festzuhalten. Der
Stoff, an dem sich die Erneuerer der deutschen Dichtung begeistern und
der ihnen zum Vorbild wird, ist mit ästhetischer Pedanterie, aber auch
mit sachlicher Ruhe und Aufgeschlossenheit für das Wertvolle und Ver-
wendbare nach vielen Richtungen hin durchdacht worden. Neben Lessings gewichtigem Anteil daran hat das Interesse an psychologischen
Fragen fördernd gewirkt. Im Zurücktreten La Bruyères und Rabeners
zugunsten Henry Home's (Lord Kames 1696–1782) zeigt sich, wie die
alten Charaktere und moralsatirischen Typen nun ersetzt werden durch
die psychologisch erfaßten Gestalten Shakespeares. Die Charakter-
analysen von Othello, Macbeth und Lear bei Lessing, Riedel, Blankenburg und in den gleichzeitigen Berliner, Leipziger und Hallenser Rezensionen stellen sowohl Wielands Übersetzungen wie auch die
Bedeutung Homes in ein neues Licht. Seine *Essays on the Principles of
Morality and natural Religion* (1751) und die späteren *Elements of Criticism*
(1762) wurden bald ins Deutsche übersetzt. Von ihnen konnte man die
ästhetisch-psychologische Analyse lernen. Home unterschied zwischen
innerer, unmittelbar empfundener und bedingter, durch Verstand und
Reflexion zu erkennender Schönheit; denn der Gegenstand gefalle entweder durch sich selbst oder durch den Zweck, den er erfülle. Wenn
Home Schönheit und Häßlichkeit nicht in die Gegenstände, sondern
als Ergebnis von wandelbaren Werturteilen in die menschlichen Vor-

stellungen und den moralischen Sinn, der auch das Gewissen umfaßt, legte, so erschütterte er damit die Starrheit der moralischen Gesetzgebung.

1. IDYLLE UND NACHKLÄNGE ALTER KUNSTÜBUNGEN

Wie wenig man von einem Bruch in der literarischen Entwicklung um 1750 sprechen kann, zeigt sich im Nebeneinander der Formen und Dichtweisen. Mit der langsamen Befreiung von der welschen Melodie, dem Absterben des *vers commun* und des Alexandriners entfalten sich Hexameter, Odenmaße und Blankvers. Römer und Romanen werden von Griechen und Engländern abgelöst. Noch immer lernen die Dichter an literarischen Vorbildern sehen und formen oder legen ihre Empfindungen in sie hinein. Seit Opitz hat sich wenig geändert, denn das Leben macht kaum einen zum Dichter. Der Kanonikus Gleim sang als Grenadier, und der Offizier Kleist dichtete die bewunderte Idylle *Der Frühling*. Das Reich der schönen Täuschungen, in das die Dichtung führt, ist nicht von dieser Welt. In der *Idylle* löst sich die Schäferwelt auf, vollzieht sich der Übergang vom Schäfer zum Hirten.

Nach der Weise von Brockes schilderte Johann Bernhard von Fischer (1685-1772) als *Der In Beruhigung vnd Friede wohnende Montan* sein Leben „mit untermischten physikalischen und moralischen Betrachtungen" (1745). Idyllische Stimmungen durchziehen seine *Empfindungen des Frühlings* (1750), *Hirtenlieder und Gedichte* (1753), *Daphnis an Silen* (1754).

Fischer war Lübecker, der in Riga aufwuchs. Er studierte Medizin in Halle (1704), Jena und Holland (1708), praktizierte in Riga als Arzt (1710) und leitete das gesamte Medizinalwesen in Rußland (1734–42). Seinen Lebensabend verbrachte er auf seinem Gute Hinter-Bergen bei Riga.

Ewald Christian von Kleist (1715-59) wurde durch die briefliche und persönliche Begegnung mit Gleim (1743) der Dichtung zugeführt, doch nicht der Anakreontik gewonnen. Später verkehrte er mit Ramler, Sulzer und J. C. Hirzel. In Zürich fand er in Geßner eine verwandte Seele (1752). Seine Schwermut ist mehr durch sein Schicksal als durch Zeitstimmungen bestimmt.

Kleist ist auf Zeblin bei Bublitz in Pommern geboren. Er studierte in Königsberg 1731 Jura, Mathematik und Philosophie. Nach einjährigem Aufenthalt auf einem Familiengute diente er 1736–40 in der dänischen Armee. Von Friedrich II. zum Militärdienst berufen, tat er in einem Potsdamer Regiment Dienst. In der Schweiz handelte er als Werbeoffizier gegen ein Verbot der Regierung und mußte, sobald sein Wirken bekannt wurde, das Land verlassen. Als sein Regiment zu Beginn des Siebenjährigen Krieges in Leipzig lag, schloß er sich an Gellert, Weiße und besonders an Lessing an. Nach der Schlacht bei Kunersdorf starb er an seinen Wunden in Frankfurt an der Oder.

Unter Lessings Einfluß fand er die Einheit zwischen seinem Dichten und Leben. Seine vaterländisch-kriegerische Gesinnung entzündete sich an Lessings *Philotas*. Zwei Werke zeigen feste Punkte in seiner Entwicklung: *Der Frühling* (1749) und das kleine Heldenepos *Cissides und Paches* (1759). Sein Ausgangspunkt liegt bei Thomsons *Jahreszeiten*. Von der Naturdichtung geht er zur Verherrlichung des Vaterlandes über, das schon seine *Ode an die preußische Armee* (1757) preist. Bodmer gab dem *Frühling* den Namen. Die Bremer Beiträger verkündeten den Ruhm des Werkes, das von 1749–54 fünfmal aufgelegt wurde. Man spürte das neue Naturgefühl und einen Wendepunkt in der beschreibenden Dichtung. Kleist ist sentimentalischer Dichter. Die stoische Haltung verbindet sich in seinen patriotischen Werken nicht mehr mit den religiösen, sondern mit den vaterländischen Bezirken. Man sollte bei Kleist ebensowenig wie bei Gleim vom nationalen Gehalt ihrer Dichtung sprechen. Im moralisch gefestigten Heldentum verliert sich die Sehnsucht nach stiller Zufriedenheit und glückhafter Versenkung in die Natur, deren Erscheinungen in einer ästhetisch erfaßten Form harmonische Anmut ausstrahlen. Deshalb bestimmte nicht der Reim, sondern der Rhythmus seinen Vers. Unter Lessings Auspizien löste sich Kleist vom Hexameter mit Auftakt und erprobte die Möglichkeiten des Blankverses und des *vers commun*. Er wird trotz seiner Schwermut vom Optimismus der Aufklärung berührt. Genügsames Bescheiden und die Erkenntnis der Einheit von Weisheit, Tugend und Glückseligkeit stehen im Banne der Moral von Leibniz. Der Vanitasgedanke führt ihn nicht mehr zu ernster religiöser Betrachtung, sondern läßt ihn neue Kräfte aus Natur und Moral gewinnen.

Salomon Geßner (1730–88) ist in der zeitgenössischen Literatur wohlbelesen. Er fand die seinem Wesen entsprechende Kunstform in der Idylle und glaubte Theokrit als Vorbild nachzuahmen. „Es ist eine der angenehmsten Verfassungen, in die uns die Einbildungskraft und ein stilles Gemüt setzen können, wenn wir uns mittelst derselben aus unseren Sitten weg in ein goldenes Welt-Alter setzen." Geßner findet die stille Ruhe und das sanfte ungestörte Glück in der unverdorbenen Natur. Er hält den Hirten im goldenen Zeitalter der Patriarchen für reicher als einen König. Mit der Entfernung von der Natur verfiel die Menschheit sklavischen Verhältnissen. Das Rauhe im Leben des Landmannes wird störend empfunden, so wie der Witz die Entfaltung von Verstand und Empfindung für das wahre Schöne hindert. Geßner setzt die Welt Theokrits mit der Natur gleich. Hier wird der Rationalismus überwunden.

Geßner stammt aus einer Zürcher Gelehrten- und Politikerfamilie. Sein bildnerisches Talent offenbarte sich in der Neigung, aus Wachs Figuren zu formen, und seine literarische Begabung entzündete sich an Robinson und Brockes. Die Lehrzeit in der väterlichen Buchhandlung und der Verkehr mit jenem Kreis junger Leute, die später zu Bodmer und Wieland in Beziehung traten, endeten damit, daß ihn der Vater 1749 nach Berlin in die Spenersche Buchhandlung schickte. Das behagte ihm so wenig, daß er den Beruf aufgab und seine Neigungen weiterpflegte. Die

Eltern hielten dies für Arbeitsscheu und entzogen ihm den Zuschuß. Nun begann er zu malen und legte die Erzeugnisse seiner Kunst dem Maler Hempel vor, der seine Begabung erkannte. Im Verkehr mit Sulzer und noch mehr mit Ramler empfing er wertvolle Anregungen zum Dichten. Über Hamburg kehrte Geßner 1750 nach Zürich zurück. Seine ersten literarischen Versuche in Bodmers Zeitschrift *Krito*, seine Dichtung *Daphnis* (1754) in Anlehnung an Longus' *Daphnis und Chloe* nach dem französischen Text von Amyot sowie seine Arbeiten in der literarischen Gefolgschaft Bodmers treten an Bedeutung zurück hinter seinen *Idyllen* (1756). Als er 1761 Juditha Heidegger heiratete, war seine dichterische Laufbahn abgeschlossen und sein Ruhm begründet, den auch seine *Neuen Idyllen* (1772) nicht auffrischen konnten. Er bestritt vom Ertrag seiner Bilder und der väterlichen Buchhandlung, die seine Frau von 1775 an leitete, seinen Lebensunterhalt. Von 1765 an bekleidete er politische Stellungen. Zuletzt war er Oberaufseher der städtischen Fronwaldungen (Sihlherr). Geßner war sich der Grenzen seines Talentes wohl bewußt. Er war einer der wenigen vom Glück gleichmäßig begünstigten Dichter, wahrhaft bescheiden, und hat ohne Neider und Feinde gelebt.

Die *Idyllen* erzählen von anakreontischem Lieben ohne Schalkheit, inselhaftem Hirtenglück, Eintracht und Friede im Paradies des goldenen Zeitalters, da den Menschen die Lebensbahn von den Göttern gewiesen wurde, sie zu Erfindern der Seefahrt, des Gartens, der den Platz seliger Erinnerung festhält, des Kusses, des Saitenspiels und Gesangs wurden. Hirtenarbeit, die sich von selbst tut und nachdenkliche Plauderstunden oder flüsterndes Liebesgespräch gewährt, Greise, die in Zypressen verwandelt werden, der Kindheit Entwachsende, die den Erfahrenen die Frage vorlegen: sagt, ist es Liebe, was hier so brennt?, heiterer Himmel, von Wolken durchzogen, die dem Wink des Dichters gehorchen, wenn sie kühlen oder den Staub dämpfen sollen, Winterlandschaften, die vom Fenster der warmen Stube aus freundlich in klarem Sonnenlicht silbern erglänzen: diese Welt machte Geßner bei jenen Kreisen, denen der Naturbegriff der Genies noch nichts zu sagen hatte, zur europäischen Berühmtheit. Aber auch sie konnten fühlen, daß Geßner in der Welt literarischer Reminiszenzen und empfindsamer Ergriffenheit seine geistige Heimat hatte.

Wenn Goethe in den *Frankfurter Gelehrten Anzeigen* (1772) ihn Landschaftsmaler und Landschaftsdichter nannte, so betonte er als erster, daß Geßner Augenmensch war, der die reizenden Gegenden durchwandelte, Einzelheiten von dem, was er sah, zusammensetzte, verschönerte und daraus seine Landschaften formte. Er nannte es später das „Charakterlose bei großer Anmut und Herzlichkeit", nachdem der Stürmer und Dränger schon das „abstrakte und ekle Gefühl physikalischer und moralischer Schönheit" darin gewittert hatte. Goethe fühlte also die näheren Zusammenhänge, die Geßner mit Thomson und E. von Kleist, und die weiteren, die ihn mit Haller und Brockes verbinden, stärker als die empfindsame Vorwegnahme ossianischer Stimmungsbilder. Die Verbindung zur Gesellschaftsdichtung des Rokoko löste sich. Auch als bildender Künstler überwand Geßner die Kunst des Rokoko und wurde

Klassizist. Er war der Wegbereiter der naturhaften englischen Garten-
kunst. Schon daß er sich an Theokrit und nicht an Vergil halten will,
zeigt, daß er den Weg zum Griechentum sucht. Aber den echten Theokrit
und dessen Bedeutung hat er nicht erkannt; denn das Anstößige, von
dem er behauptete, daß es Vergil mit Recht weggelassen habe, ist
es, was noch zu Geßners Lebzeiten beim Maler Müller und Voß Schule
machte. Geßners Hirten bleiben höherer Bildungsordnung verpflichtet.
Sie wandeln auf dem festen Boden der Patriarchaden Bodmers in einer
naturhaft biblischen Landschaft, deren Bewohnern die sittliche Ordnung
feste Gesetze vorschreibt. Wenn sich auch poetische Regeln, literarische
Vorbilder, Konvention und moralische Absicht zwischen die wahre
Natur und das Werk Geßners stellen, so hat man doch das Gefühl, daß
die kleine, scharf beobachtete Einzelheit ein Ausgangspunkt seines
Schaffens gewesen ist. Wie stark ist die Prosa vom Rhythmus des Hexameters durchpulst! Auch dies weist in die Zukunft.

Friedrich Grillo (1737–1802), der seiner Übersetzung von *Bion* und *Moschos*
(1767) eine von *Theokrit* (1771) folgen ließ, kam dem realistischen Sinn der neuen
Generation für das bäuerliche Leben entgegen.

Dem Zürcher Patrizier Johann Ludwig Meyer von Knonau (1705–85)
schrieb Bodmer die Vorrede zu seinem *Halben Hundert Fabeln* (1744). Sie sollten die
Forderung der Zürcher Kunstrichter erfüllen. Die Züge der Tiere sind aus der Beobachtung der lebendigen Natur gewonnen, nicht aus den menschlichen Eigenschaften. So stehen diese Fabeln abseits der Entwicklung und werden auch von
Lessing nicht beachtet. Lafontaine, Gellert und Lessing haben den festen Rahmen
für diese Lieblingsgattung der Aufklärung geschaffen.

Magnus Gottfried Lichtwer (1719–83) stammt aus Wurzen. Er studierte
Jura in Leipzig. Nach längerem Aufenthalt in Dresden (1741/42) promovierte er in
Wittenberg zum Dr. jur. und Magister der Philosophie. Von seiner dortigen akade-
mischen Lehrtätigkeit (1747/49) wechselte er nach Halberstadt auf eine Präbende am
Stift. Daneben bekleidete er das Amt eines Regierungsrates (1752).

Vier Bücher *Äsopischer Fabeln* (1748) machten ihn den Zeitgenossen liebenswert.
Die spätere Überarbeitung zeigt eine Wendung vom Stil Gellerts zur Einfachheit
Lessings und Gleims. Das Lehrgedicht in Alexandrinern *Das Recht der Vernunft* (1758)
schildert Ursprung und Schicksal des Rechtes der Vernunft, sodann den Menschen,
wie er in der Gesellschaft seines Geschlechts (im Stand der Natur) leben soll und
welche Pflichten des Verstandes und Willens er gegenüber seinem Leib, den zeitlichen Gütern, Gott und den Mitmenschen zu erfüllen hat.

Gottlieb Konrad Pfeffel (1736–1809) aus Kolmar studierte in Halle Jura
(1751/53). Nach seiner Erblindung (1758) gründete er in seiner Vaterstadt eine
Militärschule für Angehörige des evangelischen Glaubensbekenntnisses. Er schloß
sich den Gründern der *Helvetischen Gesellschaft* an und wirkte wie ein Gellert des
alemannischen Raumes. Seine *Theatralischen Belustigungen* nach französischen Mustern
(1765/74) wandeln in alten Bahnen. Die *Fabeln* (1783) halten an der französischen
Kunstübung fest. Aber auch sie stehen wie seine beliebte *Tobackspfeife* (Musenalmanach 1783) zwischen Gellert und Johann Peter Hebel.

Auf den Spuren der Anakreontik entwickelt sich das sangbare Lied.
Den einen Weg beschritt Johann Georg Jacobi, der Lyriker, der ältere

Bruder Friedrich Heinrichs und wie dieser mit Goethe befreundet. Trotz seines Formtalents – er glättete die Verse genauer als Goethe – schwärmt und tändelt er zur Freude von Klotz und Konsorten, die sich nicht genugtun können im Lob seiner Meisterschaft. War er im Kreis von Gleim der Nehmende, so konnte er noch zu Beginn des 19. Jahrhunderts am Oberrhein der Gebende sein. Er hätte Frieden gehalten, wenn ihn nicht die Genieleute, die Romantik und Rotteck angegriffen hätten.

Johann Georg Jacobi (1740–1814) aus Düsseldorf studierte in Göttingen Theologie und schöne Wissenschaften (1758–61), dazwischen in Helmstedt Jura. Ein eifriges Sprachenstudium im Elternhaus (1762–65) schuf die Voraussetzung zu seinen Übersetzungen aus den romanischen Sprachen. Als Professor der Philosophie in Halle (1766) war er der Verbindungsmann zwischen Klotz und Gleim. Sie feierten den gewandten Übersetzer, anakreontischen Liedersänger und deutschen Gresset. Von der Präbende in Halberstadt, die ihm Gleim 1768 verschaffte, löste er sich bald. Heinse unterstützte ihn 1774 bei der Herausgabe der *Iris*. Von 1784 bis zu seinem Tode war er Professor der schönen Wissenschaften in Freiburg i. Br.

Im lyrischen Schaffen Jacobis, das mit *Poetischen Versuchen* (1764) einsetzt, bereitet sich langsam der Übergang von anakreontischen Formen und der Übertragung von *Romanzen Gongoras* (1766) zu einer poetisch-prosaischen Darstellung vor. In der *Winterreise* (1769) und *Sommerreise* (1770) wechselt die gleitende rhythmische Prosa in den geglätteten, am romanischen Vorbild geschulten Vers. Von dieser leichtbeschwingten Gesellschaftspoesie gab es keinen Übergang zum Volkslied oder der schottischen Ballade. Die Lieder Jacobis kommen aus der gleichen Formgesinnung wie die Regnarts und Schallenbergs (Bd. 5 S. 34f). Sie schließen eine Entwicklungsphase der sangbaren deutschen Lyrik ab. Nicht der wohlgefügten, glatten romanischen Formgebung einer Gesellschaftsdichtung, nicht dem Schmeichelnden und der graziösen Anmut Dienenden gehörte die Zukunft, sondern einer Gestaltung des Lebens und der Naturkräfte, die in ihrem Wirken sichtbar werden. Damit fielen die Schranken, welche das *profanum vulgus* von der hohen Literatur ferngehalten hatten. Der Bänkelgesang meldete sich zum Wort.

Wie Jacobi geht auch Daniel Schiebeler in Hagedorns Gefolgschaft. Doch schlägt er eigene, melancholische Töne an.

Daniel Schiebeler (1741–71) aus wohlhabender Hamburger Kaufmannsfamilie zeigte früh ein besonderes Interesse für Dichtung, Bühne und Musik. Er studierte Jura in Göttingen (1763) und Leipzig (1765–67). Operettentexte und Romanzen (1767) machten ihn bekannt. Zurückhaltung, Hypochondrie und ein leicht entflammtes Herz werden ihm nachgesagt. Unmittelbar nachdem er in Göttingen promoviert hatte, wurde er Kanonikus beim Hamburger Domkapitel (1768) und erfreute sich in literarischen Kreisen großen Ansehens.

Schiebelers Lehrgedicht *Poetik des Herzens* fußt auf Vida und Horaz und moralisiert. Als Dramatiker hielt er sich an Cronegk. Anregungen Weißes trug das Singspiel Schiebelers *Lisuart und Dariolette* (1766).

Die *Singgedichte* stammen aus der Schule Metastasios. Das Lustspiel *Die Schule der Jünglinge* (1767) hält sich an die Überlieferung der sächsischen Komödie. Seine *Romanzen*, die Hiller in Musik setzte, bereiteten den Boden für die Aufnahme der Volksdichtung. Mit der parodistisch-bänkelsängerischen Schilderung bekannter Szenen aus der antiken Mythologie, meist aus Ovids Verwandlungen, hatte Schiebeler Erfolg. Er zog daraus eine hausbackene Moral und durchsetzte seine Darstellung mit literarischen Anspielungen und persönlichen Bemerkungen. Er arbeitete mit Anachronismen. Die Kritik war des Lobes voll und forderte ihn auf, die ganze Aeneis zu parodieren.

Karl Wilhelm Ramler (1725–98) aus Kolberg wurde im Waisenhaus zu Halle (1738) erzogen. Er besuchte dann dort die Universität und schloß sich 1747 in Berlin an Gleim an, der ihm eine Hauslehrerstelle vermittelte. Als Professor der Logik und schönen Wissenschaften kam Ramler 1748 an das Kadettenkorps zu Berlin. Seine ersten Versuche, Oden und Horazübersetzungen, stehen den Bremer Beiträgern nahe.

Unter Friedrich Wilhelm II. wurde ihm eine ehrenvolle Pension ausgesetzt. Als Mitglied der Akademie der Wissenschaften und Leiter des Berliner Nationaltheaters (neben Engel) genoß er hohes Ansehen. Er war Gründer und eifriges Mitglied des literarischen Montagclubs (1784) und entfaltete ein liebenswürdiges gesellschaftliches Talent. Bescheidene Zurückhaltung und Angst, seine Umwelt durch scharfe Kritik zu verletzen, sind seine bestimmenden Charakterzüge.

Daß Ramler nochmals Batteux übersetzte (1758) und ihn dabei modernen Bedürfnissen anglich, verweist ebenso auf seine konservative Haltung wie seine Übersetzungen römischer Autoren (Horaz 1769, Martial 1787, Catull 1793). Seine Dichtungen im Geist der Antike mit ihrer Fülle mythologischen Prunks und gelehrter Anspielungen, sein Sprachgefühl und die Beherrschung der metrischen Regeln, die er auch als Herausgeber von Werken anderer gebeten und ungebeten anwendete, machten ihn berühmt. Lessing legte ihm das Manuskript der *Minna von Barnhelm* vor. Geßners *Idyllen* fügten sich unter seiner formenden Hand leicht dem Hexameter (1787). Durch seine Schule entwickelte sich die Andacht zum Wortlaut. *Lieder der Deutschen*, die er 1766 herausgab, bringen in Auswahl, was damals geachtet war: Beiträger und Anakreontiker. Belebte er auch Kantate und Melodrama, so war seine Domäne doch die gelehrte Gelegenheitsdichtung. Deshalb fühlte er sich als deutscher Horaz. Er wußte nicht, daß die deutsche Sappho, der er den Weg zur Berühmtheit ebnen half, aus empfindsamem Herzen zur Dichtung geführt wurde.

Zeitgenossen und Berliner Gesellschaft mochten in den Gedichten der Karschin Klänge vernehmen, die verwandt waren mit der Gelegenheitsdichtung von Simon Dach. Beide arbeiteten auf Bestellung und fühlten mit, wenn sie ihre Verse zu Papier brachten. Herder hätte kaum ein Gedicht der Karschin unter seine Volkslieder aufgenommen, und niemandem fiel es ein, sie den Stürmern und Drängern zu gesellen. Dennoch fand Goethe in ihren Gedichten ein von der Empfindung volles Herz. Nicht ihre Werke haben ihr einen Platz in der Literaturgeschichte gesichert, aber es verdient festgehalten zu werden, daß der an keine Zeit gebundene dichterische Trieb sie ihr Wesen offenbaren ließ.

Anna Luise Durbach, die Karschin (1722–91) aus einem kleinen Dorf bei Tierschtiegel war in erster Ehe (1738) mit dem Tuchweber Hirsekorn, von dem sie 1745 geschieden wurde, in zweiter (1749) mit dem Schneider Karsch verheiratet. Hart war ihre Jugend. Kenntnisse im Schreiben und Lesen erwarb sie sich selbst. Die Bibel und was ihr an Gedrucktem in die Hände kam, las sie in ziellosem Bildungstrieb. In der Not ihrer zweiten Ehe mit einem rohen Trunkenbold begann sie Verse zu machen. Nachdem ihr Mann zu den Soldaten gesteckt worden war (1760) und einzelne ihrer Gedichte gedruckt worden waren, wurde sie bekannt. Ereignisse des Krieges hielt sie in ihren Versen fest. Ein Freiherr von Kottwitz wurde zu ihrem Wohltäter und schuf die Voraussetzung für ihr Leben in Berlin (1761). Ramler und Sulzer bestaunten sie als *Naturdichterin*. Dieser berichtet an Bodmer von der wunderbaren Erscheinung: „Eine Dichterin, die bloß die Natur gebildet hat, und die, nur von den Musen gelehrt, große Dinge verspricht". Der hilfreiche Gleim nannte sie deutsche Sappho. Sie schrieb im dankbaren Gefühl ihrer Geborgenheit. Es ist schwer zu sagen, ob der Überschwang ihrer Worte eine leidenschaftlich auflodernde Liebe verhüllt, ob der Hagestolz sich aus Angst vor einer Ehe oder aus Unkenntnis echter Gefühlsregung zurückzog, ob das eifersüchtige Nichtchen Gleminde die Ehe vereitelte. Durch ein Menschenalter war Gleim der Vertraute der Karschin. Ihm schrieb sie ihre echten, ehrlichen, offenen Briefe, die ohne den Wortschatz der Empfindsamen auskommen. Von der Prosa wechselt sie in Verse hinüber. Die Quelle ihrer besten Gelegenheitsdichtung sprudelt unaufhörlich. Sie lebt von Geschenken und läßt sich dankbar verwöhnen, ohne hochmütig zu werden. Eifrig liest sie Bücher, die ihrer Empfindung etwas zu sagen haben. Den Xenophon zieht sie dem Spectator vor. Selbst gibt sie den Schlüssel zu ihrem Verstehen: „Meine Dichtkunst, meine Beurteilung, meine Freundschaft und meine Liebe, alles ist Empfindung". Kann sie nicht selbst die Not lindern, so empfiehlt sie ihren Gönnern, sich der Armen anzunehmen. Vom Friedensschluß an träumt sie von einem „sabinischen Landgütchen". Das erfüllt sich, als sie an einem Lebensabend das Haus beziehen kann, das Friedrich Wilhelm II. für sie hatte bauen lassen (1789). Friedrich der Große empfing sie am 11. 8. 1763. Er wunderte sich, daß sie „durch die Natur" zur Poetin ward, keine Regeln wußte, das Metrum nach dem Gehör beobachtete und ihm keinen Namen geben konnte. Über ihren Bildungsdrang, der sie die Alten in Übersetzungen lesen ließ, mag sich der König gefreut haben. Gleim und Sulzer gaben 1764 ihre Gedichte heraus. Wer wie die *Literaturbriefe* (1764) ihr bei aller Anerkennung sprachliche Neubildungen ankreidete, der maß sie an fremden Gesetzen und nahm ihr die Unbefangenheit der anspruchslos strömenden Verse. Goethe, dem sie nach einer Aufführung des Götz schrieb, antwortete wenige Wochen, ehe er nach Weimar ging: „Mir ist alles lieb und wert, was treu und stark aus dem Herzen kommt, mags übrigens aussehen, wie ein Igel oder wie ein Mohr". Im Frühling 1778 suchte er Mutter und Tochter in Berlin auf. Jene freute sich über seine Ungezwungenheit und daß er ein guter Mensch sei, der einmal bereuet, was in seinen Werken etwa anstößig gewesen ist. Diese spricht von einer „unaussprechlichen Szene", einem „seraphgleichen Stummsein" und bedauert, wie das Reden zur „bloßen Cour" wurde. Die „Fülle ihres immer fröhlichen Herzens" trübte der Haß ihrer Tochter Karoline. Diese (1750–1802) war in erster Ehe mit dem Stiefbruder ihrer Mutter Wilhelm Hempel (1770), in zweiter mit Karl Gottlieb Freiherrn von Klencke (1782) verheiratet, der sie jedoch bald verließ. Da sie glaubte, Ruhm und Bedeutung ihrer Mutter brächten sie um die verdiente Anerkennung ihrer Dichtungen, wurde das Alter der deutschen Sappho ver bittert. Sie konnte den Tod als Erlöser begrüßen.

2. STILLSTAND DES DRAMATISCHEN SCHAFFENS

Dürftig ist die Ernte dramatischen Schaffens. Neben der klassizistischen Alexandrinertragödie empfiehlt sich das bürgerliche Trauerspiel nach dem Muster der *Sara Sampson* zur Nachahmung. Im Melodrama und Singspiel löst sich die Starrheit der Ordnungen. Mit der Ankündigung der *Bibliothek der schönen Wissenschaften* veröffentlichte Nicolai (1756) ein Preisausschreiben: dem Verfasser des besten Trauerspiels über eine beliebige Geschichte wurden 50 Taler verheißen. Darüber, wie er sich ein solches Werk vorstellte, gab Nicolai in einer *Abhandlung vom Trauerspiele* im 1. Band der *Bibliothek* (1757) Aufschluß. Die Regeln stammen aus Aristoteles und Corneille. Sie zielten auf eine „einzige, ernsthafte, wichtige und ganze Handlung" und auf die Erregung „heftiger Leidenschaften in uns". Das waren Mitleid, Schrecken und Bewunderung. Auf die sittliche Besserung verzichtete er, und dem Gefühl wies er einen Platz in der bürgerlichen Tragödie an. Aber ein neues Verhältnis zwischen Charakter und tragischem Geschick stellte er nicht her. Lessing und Kleist zuliebe wurde die Ablieferungsfrist verschoben. Aber sie wurden auch zum neuen Termin nicht fertig. Weiße sprang ab, weil er die mächtigen Rivalen fürchtete. Die Preisrichter wurden sich schließlich einig, dem bürgerlichen Trauerspiel die Alexandrinertragödie vorzuziehen. Cronegk verdankt diesem Urteil, das er nicht mehr erfahren hat, seinen Ehrennamen „deutscher Corneille". Da er für den Fall seiner Krönung auf den Preis verzichtet hatte, konnte der neu in Aussicht gestellte Preis auf 100 Taler erhöht werden. Er wurde der Alexandrinertragödie *Barbarussa und Zephire* zuteil, deren Verfasser Carl Theodor Breithaupt beim ersten Preisausschreiben das bürgerliche Trauerspiel in Alexandrinern *Der Renegat* eingereicht hatte. So kommt das deutsche Drama durch zwei Jahrzehnte nur mühsam über Gottsched, nicht aber über die Leipziger Dramen Lessings hinaus.

Johann Friedrich Reichsfreiherr von Cronegk (1731–58) ist in Ansbach geboren. Französische Vorbilder werden in seinen ersten, frühreifen Lustspielversuchen lebendig. Das Studium in Halle (1749) bot ihm weniger Anregung als die persönlichen Beziehungen zu Gellert in Leipzig (1750–52). Seine Komödie *Der Mißtrauische* hält sich an die sächsische Überlieferung. Später schwärmte Cronegk in Braunschweig in sentimentaler Freundschaft. Ehe er sein Amt als Hof- und Justizrat in Ansbach antrat, unternahm er eine Bildungsreise nach Italien und Frankreich (1753). Young und Klopstock lehrten ihn, schwermütige Stimmungen festzuhalten. Das Vorspiel *Die verfolgte Komödie* hält mit seinen verblaßten Allegorien an der Lehrhaftigkeit fest. Die beiden Alexandrinertragödien *Codrus* (1757) und *Olinth und Sophronia* (aus dem Nachlaß) sind echter französischer Klassizismus mit stoischem Heldentum und Martyrium. Die Vaterlandsliebe im Codrus war ein kalter Affekt ohne Beziehung zur Gegenwart. Andere dramatische Entwürfe mit der Abwandlung des Konflikts zwischen Liebe und Pflicht stammen ebenso aus der Lektüre; sie wollten vorbildliches Verhalten zeigen.

Der jüngere Einsender, dem der Preis versagt blieb, Joachim Wilhelm von Brawe (1738–58) war der älteste Sohn des Vizekanzlers in Weißenfels. Nach dem Besuch der Schule in Pforta (1750–55) studierte er in Leipzig Jura. Dort verkehrte er mit Lessing, Weiße, Kleist, Gellert und Ewald. Er starb, ehe er sein Amt als Regierungsrat in Merseburg antreten konnte.

Brawes bürgerliches Intrigentrauerspiel *Der Freigeist* empfing Anregungen aus Gellerts Moralkolleg, Youngs *Revenge* und Lessings *Sara*. Doch bewegt sich sein *Brutus*, den Ramler und K. G. Lessing 1768 herausgaben, als Alexandrinertragödie, die nach den Grundsätzen von Bodmers Noachide gebaut ist, in den Bahnen des französischen Klassizismus. Der Cäsarmörder fällt durch die Hand seines Sohnes. Der Stoizismus macht sich breit, Voltaires *Mahomet* und Addisons *Cato* beschwingen das rhetorische Pathos. Nur der fünffüßige Jambus, mit dessen dramatischer Problematik sich Lessing zur Zeit, als Brawe sein Jünger war, auseinandersetzte, weist in die Zukunft.

Es kennzeichnet die schwache Begabung Breithaupts, der den Preisrichtern zweimal seine Arbeiten vorlegte, daß er von der Familientragödie (*Der Renegat*) zum klassizistischen Alexandrinermechanismus hinüberwechselte. Von der stereotypen Abwandlung der gleichen Motive (Geschwisterliebe, Vater- und Selbstmord) war kein weiter Weg zum Schicksalsdrama.

Johann Christian Brandes (1735–99) steht mit bürgerlichen Dramen, Zeit- und Sittenbildern zwischen Weiße und Iffland.

Er wuchs zu Stettin in ärmlichen Verhältnissen auf, wurde Kaufmannslehrling, durchwanderte Ostpreußen und Polen, war Diener in Hamburg und Lübeck, wo er die Verbindung mit dem Theater aufnahm und 1755 in die Schönemannsche Truppe aufgenommen wurde. Eine Winterspielzeit bei der Schuchschen Truppe in Breslau (1762/63) wurde für Brandes durch die Bekanntschaft mit Lessing bedeutsam. Eifriges Studium der dramatischen Theorie kam seinen Versuchen zugute, die von Weiße und Zachariä gefördert wurden. Zwei seiner Stücke wurden in Wien preisgekrönt. Zu Beginn der siebziger Jahre war er seiner Lustspiele und Dramen wegen als Bühnendichter hochgeachtet. Nach dem Tod seiner Frau, einer begabten Schauspielerin, und seiner Tochter (1788) lebte er zurückgezogen. Seine *Lebensgeschichte* (1799/1800) ist eine wertvolle Quelle.

Brandes' Trauerspiel *Miß Fanny* (1766, später *Der Schiffbruch*) mutet wie der dramatisierte Anfang der *Insel Felsenburg* (Bd. 5 S. 479f.) an. Der tyrannische Sohn steht gegen den eigenen Vater, liebt die eigene Schwester (Fanny) ohne Ahnung ihrer Herkunft, doch mißlingt sein Mordanschlag auf ihren Mann. Über den Leichen von Fanny, ihrem dämonischen Bruder William und einem aus Versehen erstochenen Diener fällt der Vorhang. In *Olivie* (1775) können sich am Ende Leontin und Olivie als Paar empfehlen, nachdem Olivies Stiefmutter Bardonia ihre Absicht, die beiden durch Intrige und Giftmord voneinander zu trennen, nicht erreicht hat. So sah die Gefolgschaft der *Sara Sampson* aus. Einen tragischen Konflikt, der an den des *Prinzen von Homburg* erinnert, gestalteten die

Medicäer (1776). *Hans von Zernow oder der Landjunker in Berlin* (1785) stellt deutsche Ehrlichkeit und Biederkeit französischer Flatterhaftigkeit und Anmaßung entgegen. Mit seinen Melodramen nahm Brandes eine Anregung von Rousseaus *Pygmalion* auf. *Ariadne auf Naxos* (1774), von Benda komponiert, machte ihn berühmt. Goethes *Proserpina* wurde davon angeregt (1776). Weniger erfolgreich war *Ino* (1777).

Die rückwärts gewandte Stellung Christian Felix Weißes (1726–1804) in der deutschen Literatur, die Statthalterschaft des jugendlichen Dramatikers Lessing hängen mit seiner Abneigung gegen Streit, seiner Schüchternheit und bildsamen Nachgiebigkeit zusammen. Weiße hielt sich an das empfindsame Kleinbürgertum und spielte den Mäzen mehr aus Eitelkeit als aus Überzeugung.

Weiße ist in Annaberg als Sohn des dortigen Rektors geboren. In Altenburg wuchs er auf. Während seiner Studienzeit in Leipzig von 1755 an wetteiferte er mit Lessing in dramatischen Übungen, fühlte sich aber im Verkehr mit den Beiträgern, Cronegk und Uz wohler. Die Verbindung mit der Schönemannschen Truppe, die von 1749 an in Leipzig spielte, brachte ihm dramatische und dramaturgische Aufträge. Im späteren Verkehr mit Lessing und Kleist (1756/57) wurde er nicht veranlaßt, sich neuen Vorbildern zuzuwenden. Anakreontik, sächsische Komödie und Klassizismus bieten ihm feste Maßstäbe. Nicolai gewann ihn zur Herausgabe der *Allgemeinen deutschen Bibliothek* (1759). Er ließ diese während seines Aufenthaltes mit dem Grafen Geyersberg in Paris von Karl Friedrich Müller betreuen. Als Gesellschafter des Grafen Schulenburg auf Burg Scheidungen bei Gotha (1760) hatte er Muße für seine Amazonenlieder und neuen Dramen. Das Amt eines Kreissteuereinnehmers bildete von 1761 an die Grundlage seines Daseins und einer glücklichen Ehe. Freundschaft und Geselligkeit, Reisen nach Berlin, die Erbschaft des Mentoramtes von Gellert und seine literarischen Arbeiten machten ihn berühmt. Als Berater junger Talente und als Gutsherr von Stötteritz (ab 1790) erfreute er sich allgemeiner Beliebtheit. Die letzten Grüße der um ihn Trauernden galten dem edlen Bürger, dem Dichter, dem Kinderfreund und dem vollendeten Gerechten.

Über die jugendliche Anakreontik (1747/48), die sich an Hagedorn und Lessing schulte, kamen seine metrischen *Horazübersetzungen* (1763) nicht hinaus. Gleim regte die hochgeschätzten *Amazonenlieder* (1760) an. Sie erschienen von 1762 an mit der Übersetzung der Kriegslieder des *Tyrtaios*. Unwirklichkeit und Vaterlandslosigkeit wurden den Amazonenliedern mit Recht nachgesagt, deren Heldin nur als Liebhaberin mitfühlend Anteil am Kampf hat. Ihr Geliebter wirkt wie eine Allegorie des Vaterlandes. Die *Lieder für Kinder* traten 1766 ihren Weg aus der Kinderstube Weißes in die Leipziger Bürgerhäuser an. Ihr Witz und ihre Unschuld machten Schule. Doch wurde die Gesamtausgabe der Gedichte Weißes (1777) mit gemischten Gefühlen aufgenommen. Die poetische Ader, welche seine Lustspiele speiste, versiegte nach 1769. Von seinen Ausgangspunkten, Gellerts weinerlicher Komödie und Lessings *Jungem Gelehrten*, hat sich Weiße wenig entfernt. In der Anwendung neuer bildungsfähiger

Elemente zeigte er sich vorsichtig und sparsam. Vom Alexandriner ging er zur Prosa über. Der Sinn für Situationskomik ersetzte den fehlenden Aufbau der Handlung nicht. Den Schlußstrich unter den Literaturstreit sollten die *Poeten nach der Mode* ziehen (1751, aufgeführt 1756). Da bekommen die Anhänger Gottscheds *Reimreich* und der seraphische *Dunkel* ihren Teil ab. Klopstock wird namentlich ausgenommen. Als Bewerber um Henriette wird Dunkel vom Vater, Reimreich von der Mutter begünstigt. Aber des Töchterleins Herz gehört *Valer*, der eben von der Reise heimkommt. *Amalia* (1764) wird mit der Aufnahme von Motiven aus Lessings Sara nicht über die weinerliche Komödie Gellertscher Bühnenkunst hinausgehoben. Auch Marmontel konnte Weißes Kunstübung nicht beschwingen. In der Vorrede der Gesamtausgabe seiner *Lustspiele* (1783) kann er das Gefühl, daß sie geschichtlich zu verstehen sind, nicht unterdrücken. Er beläßt es dabei und versucht nur, die Sprechweise der Personen dem Leben anzupassen. Das hatten ihn seine Erfolge als Operettendichter gelehrt. Bei der Neugestaltung seiner Übersetzung von Coffeys The Devil to Pay (1766, Bd. 5 S. 500) arbeitete Weiße mit Johann Adam Hiller zusammen, dessen ansprechende Coupletkompositionen den Erfolg seiner Singspiele sicherten, ob sie Bearbeitungen nach Vorlagen von Favart, Collé, Sédaine oder selbsterfunden waren. Durch mehr oder weniger schmerzhaftes Eingreifen werden die gehässigen Herrinnen oder liebehungrigen Edelleute und Fürsten von ihren Fehlern befreit, und am Ende empfehlen sich zwei bis drei glückliche Paare, deren Partner gleichen Standes sind. Um 1770 beherrscht diese erfolgreiche Modegattung aus Rührstück, sächsischem Lustspiel und Schäferkomödie den Spielplan der Bühnen in Leipzig, Weimar, Gotha, Frankfurt/Main, Mannheim.

Nicht minder fruchtbar war Weiße als Tragödienschreiber. Seinen 7 Operetten stehen 10 Tragödien zur Seite. Er sucht einen Mittelweg zwischen französischen und englischen Vorbildern, sofern er deren erschütternde Tragik unter die heilsame Ordnung zwang, und wandelte auf der Schmalspur von Lessings *Philotas*. Bei solchem Kompromißverfahren triumphiert Seneca, bewegen die Leidenschaften des Ehrgeizes und der Liebe die Handlung, wird das „Bizarre und Unnatürliche" Shakespeares abgewehrt, der Vers schließlich als unnatürlich verpönt und das deutsche Drama in die Richtung von Christian Weise gelenkt. *Eduard III.* (1758) ist ein Rückfall in die Haupt- und Staatsaktionen. Weiße entzog das Werk den Preisrichtern und setzte *Richard III.* (1759) an dessen Stelle. Später (1767) drängte er die Handlung in einen kurzen Zeitabschnitt und ließ zuerst Richard III. ein Referat über seine Schandtaten halten und dann seine Absicht entwickeln: Beseitigung der noch übriggebliebenen Prinzen und Eheschließung mit deren Schwester Elisabeth. Dann entfaltet Richard seine Grausamkeit, weiß sich aber in seiner Mordlust nicht rechtzeitig gegen die Bedrohung zu rüsten und fällt schließlich fluchend und lästernd. Im *Krispus* (1764) nimmt Fausta Züge der Phaedra an. *Mustapha und Zeangir* (geschrieben 1761) stellt eine Beziehung zu Caspers Tragödie her. Ebenso bewegt sich *Rosemunde* (geschrieben 1761) in der Stoffwelt des 17. Jahrhunderts. Die am Schluß gezogene Moral bewies, welches Elend „die schnöde Wollust" stiften könne. In fünffüßigen Jamben präsentierte sich die

Befreiung von Theben (1764). Da wurde der Tod fürs Vaterland als dramatisches Motiv erprobt. Als erstes Blankversdrama ging *Atreus und Thyest* (1767) über die Bretter. Auch da bewährte sich Lessings Philotas als Vorbild. Großen Erfolg hatte *Romeo und Julia* im Gewande des bürgerlichen Trauerspiels. Sulzer empörte sich mit Recht, daß man Weiße deshalb als Sophokles feiere. Weiße glaubte allen Ernstes, Shakespeare übertroffen zu haben mit der Einschränkung des Personenapparates, der Vereinfachung der Szenen, der Rationalisierung und Verlagerung des Stoffes in die weinerliche Komödie. Warum muß denn auch die Hauptperson, das brave Töchterchen Julia, die ihr zugedachte Partie ausschlagen? Das bürgerliche Trauerspiel *Die Flucht* (1770) ist das Gegenstück. Schon bereitet Ferdinand mit der geliebten Sophie seine Flucht vor. Das sucht Carl, sein Bruder, dem sie von den Eltern als Gemahlin bestimmt ist, zu verhindern. Sie wirft sich zwischen die feindlichen Brüder und wird von Carls Degen durchbohrt. Ferdinand „beweist" seine Unschuld, indem er sich den Dolch ins Herz stößt. Im *Jean Calas* (1774) wird der Märtyrer seines Glaubens das Opfer einer Rechtspflege, die in den Händen von rachsüchtigen Richtern liegt. Mit der vorsichtig angewandten Technik des *Götz* kann sich Weiße dennoch nicht über das bürgerliche Trauerspiel erheben.

Weißes Schaffen war vom Erfolg seiner Stücke und der Kritik abhängig. Setzte ihm diese zu, so konnte ihn jener ermutigen. Als er von den Göttingern aber 1774 als Götzenbild angesehen wurde, verlor er die Freude am Schaffen. Der Gesamtausgabe der Trauerspiele (1776) fehlten nach seiner Meinung der kritische Freund und das unparteiische Publikum. Seit er in einem Federkrieg mit Bodmer (1768) sich von Klotz und Riedel verteidigen ließ, war Lessing mißtrauisch. Auch als Herausgeber seiner *Bibliothek* konnte Weiße sein literarisches Ansehen nicht mehr heben. Die Redaktion, welche später Dyk übernahm, steht, trotz gewissen Schwankungen im Ton, auf dem gleichen Standpunkt, woran auch tüchtige Mitarbeiter wie Garve und Blankenburg wenig ändern konnten. Von den Möglichkeiten, die Herder einem solchen Unternehmen vorschlug, damit es als Annalen der Literatur zu Ansehen komme, wurde kein Gebrauch gemacht; denn aus Angst, in das Fahrwasser einer bestimmten Partei zu kommen, wurden die vorwärtsweisenden Dichtungen totgeschwiegen. Wie sehr aber die neue Bibliothek Partei war, zeigt, daß Ramler als neuer Horaz gefeiert und seine Leistung darin gesehen wird, die deutsche Sprache „zu der ganzen Gedrungenheit, zu dem ganzen entzückenden Wohllaut der alten römischen Sprache erhoben" zu haben, und Klopstocks Sprachbehandlung nachgesagt wird, daß bei einem solchen Verfahren schließlich eine Verständigung der Deutschen untereinander unmöglich werde.

Nur als Jugendschriftsteller hatte Weiße dauernde Erfolge. Seine Mitarbeit an Basedows *Lesebuch* regte ihn zur Herausgabe eines *ABC- und Lesebuchs für kleine Kinder* an (1772); Kurzgeschichten, moralische Merkverse und kindliche Lieder liegen seinem Talent besser. Mit der Zeitschrift *Kinderfreund* (24 Bde. 1775–82), die fünfmal neu aufgelegt und mehrmals nachgedruckt wurde, verstand es Weiße, eine Zeitstimmung geschickt auszunützen. Er machte nach dem Vorbild der moralischen Wochenschriften eine Familie *Mentor* zum Redaktionsstab: Eltern, vier Kinder und mehrere Freunde des Hauses, Philoteknos (mit Zügen Gellerts), Spirit, der Rätselonkel, Chronickel und Papillon. Berichte über Reisen, Gegenstände, die nicht im Lehrplan der Schule waren, kleine Komödien bieten Abwechslung. So wurde Weißes Familie, die man im Kinderfreund zu erkennen glaubte, überall auch außerhalb Deutschlands bekannt. Der *Briefwechsel der Familie des Kinderfreundes* (12 Bde. 1784–92) führte das Familienleben bis zur Heimkehr des Sohnes und zur Verlobung der Tochter fort. Das bot Gelegenheit zum praktischen Moralunterricht.

3. NICOLAI

Christoph Friedrich Nicolai (1733–1811), Sohn des angesehenen Berliner Buchhändlers Christoph Gottlieb Nicolai, verlor 1738 seine Mutter, die Tochter des Wittenberger Buchhändlers Zimmermann. Vom Joachimsthalschen Gymnasium wechselte Friedrich Nicolai 1747 an das Waisenhaus in Halle. Dort wurde ihm der Pietismus reinster Prägung verhaßt. In der Berliner Realschule (1748) und den Lehrjahren zu Frankfurt a. d. Oder (1749–51) erwarb er sich ein gediegenes Wissen. Dann trat er als Gehilfe in die Buchhandlung, die nach dem Tode seines Vaters (1752) sein ältester Bruder leitete, und schloß sich Lessing, Mendelssohn und Berliner Literaten an. Während der Mitarbeit an der *Bibliothek der schönen Wissenschaften und freyen Künste* (1757) und den *Literaturbriefen* festigte sich sein Programm, in einer kritischen Zeitschrift das geistige Leben zu fördern. Er konnte damit seine literaturkritische Tätigkeit und seine Bemühungen um das deutsche Drama fortsetzen, legte aber von etwa 1770 an besonderen Wert auf die Stärkung der natürlichen Theologie und der vaterländischen Geschichte. Seine Reise (1781) gewährte ihm Einblicke in das geistige und wirtschaftliche Leben katholischer Länder und veranlaßte ihn, eine feste Stellung gegen Geheimniskrämerei und Jesuitismus zu beziehen. Er mochte sich berufen fühlen, gegen alles, was seine Ordnung störte, mit warnender Stimme aufzutreten. Viele seiner Pläne konnte er nicht ausführen.

Nicolais kritisches und literarisches Schaffen begleitet die entscheidende Entwicklung der deutschen Kultur durch mehr als ein halbes Jahrhundert mit den festen Maßstäben, die er sich durch Selbststudium erworben hatte. Wie er sich in seinen aufsehenerregenden *Briefen über den itzigen Zustand der schönen Wissenschaften in Deutschland* (1757) über die Parteien gestellt hatte, so glaubte er, in seiner großen kritischen Zeitschrift, die er mit kaum zu überbietender Gewissenhaftigkeit leitete, das geistige Leben in Deutschland im Sinne der Aufklärung „mit gesetzter Kaltblütigkeit" dirigieren zu können, ohne sich je seines schwachen Ausgangspunktes bewußt zu werden: „Mit Wohlwollen gegen andere tätig, nach vernünftiger Überlegung mit sich selbst zufrieden zu sein". Aus sozialem Empfinden entwickelte er seinen bewundernswerten Fleiß. Sein Wahrheitsstreben stand auf moralischer Grundlage.

Deshalb fühlte er sich zur Stellungnahme verpflichtet, wenn er die festen Ordnungen der ästhetisch-moralischen Grundsätze und der sozialen Gliederungen gefährdet sah. Mit den gleichen Mitteln und der gleichen Gesinnung trat er gegen Geniewesen, Klassik und Romantik auf.

In den Briefen hat Nicolai das entscheidende Schlußwort zum Literaturstreit zwischen Zürich und Leipzig gesprochen. Er hielt es mit keiner Partei und verzichtete auf ein neues System, denn er nahm das *Recht, unordentlich zu sein,* für sich in Anspruch. Er rechtfertigte die Oper und das englische Theaterstück gegen Gottsched und sah als erster in den Werken Bodmers die Spuren der Erbauungsliteratur, die dem Aufgeklärten nichts zu sagen hatte. Bald werde es, so meinte er, mehr epische Gedichte als Helden geben. Nicolai will das alte Ideal des gelehrten Dichters befreien von Partei- und Cliquengeist, von einem billigen Autoritätsglauben. Wenn die eine Partei über die andere klagt, daß sie den Geschmack verderbe, so bedeute das „nicht mehr, als wenn eine Coquette von der anderen Übles redet". Im Bund mit Lessing und Mendelssohn festigte Nicolai seine Stellung. Die Theoretiker von Boileau und Shaftesbury bis Sulzer sind seine Gewährsleute. Er sucht einen Mittelweg zwischen dem Naturalismus und der „imaginativen" Kunst, in der die Einbildungskraft ausschweift. Beides ist für ihn vernunftwidrige Übertreibung. Am moralischen Nutzen der Poesie hält er fest. Zu einer Klärung der Begriffe „Nachahmung" und „Genie" glaubt er durch Vermittlung zwischen den Auffassungen von Breitinger, Dubos und Young vorstoßen zu können. Gewissenhaftigkeit, Verantwortungsgefühl, Überparteilichkeit und Bemühung um psychologische Voraussetzungen vermögen die fehlende Einfühlungsgabe nicht zu ersetzen. Nicolai fühlt sich berufen, seine Weltanschauung und seinen Stil zu retten gegen Empfindsamkeit, Schwärmerei, Pietismus und Geniewesen, die er nicht auseinanderhalten konnte. Für ihn ist die Kritik Stimme der öffentlichen Meinung, sofern sie kein instinktives Geschmacksurteil wiedergibt, das sie zu begründen hat. Ihre Aufgaben sind Hebung des Geschmacks und Hineinleuchten in den Betrieb, Aufdeckung dünkelhafter Unzulänglichkeit und poetischer Kabale. Nicolai verlangt vom Kritiker, daß er „ein gesetztes, kaltblütiges Geschöpf" sei. Seine Veranlagung entspricht dem. Er will dem Leser Eindrücke des kritisierten Werkes vermitteln, frei von Vorurteilen und überparteilich sein, Leistung und Person trennen, legt aber Wert auf die Zusammenhänge zwischen subjektiven Bedingungen und objektiver Gegebenheit. Deshalb sucht er sich über die psychologischen Voraussetzungen klarzuwerden. Er bestimmt seinen Standpunkt dem verehrten Klopstock gegenüber auf religiös-theologischem, mythologischem und partiotisch-theoretischem Gebiet. Nach eingehender

Selbstprüfung gesteht er, daß ihn Klopstocks Empfindungen kalt lassen, aber er spricht dessen Dichtung keineswegs das Daseinsrecht ab. Er möchte Klopstock vor seinen Nachahmern retten. Bald fühlte Nicolai seine Eigenart bedroht von dem unverstandenen Fremden, das ihm allenthalben entgegentrat. So suchte er seinen Stil zu retten, indem er den der anderen gelten ließ. Er konnte bei der neuen Generation nicht mit der gleichen Toleranz rechnen.

Die Neugruppierung der literarischen Kräfte veranlaßte Nicolai, die 1767 beabsichtigte Abrechnung mit der Hallenser Clique und Klotz in einem geplanten Roman fallen zu lassen, um die Rechte der „natürlichen Religion" gegen die Orthodoxie zu verteidigen und in „einem lebendigen und wirkungsvollen Bilde der Zeit" das Programm der *Allgemeinen deutschen Bibliothek* gegen Intoleranz, Bevormundung, Pietismus und Gewissenszwang zu unterstützen. So entstand *Das Leben und die Meinungen des Herrn Mag. Sebaldus Nothanker* (3 Bde. 1773–76). Schon den Zeitgenossen ist Nicolais Geschäftskniff aufgefallen, seinen Roman, der den Sterneschen Titel in die deutsche Literatur einführte, an die Hauptpersonen von Thümmels *Wilhelmine* anzuknüpfen, ja ihn als Fortsetzung des beliebten Werkchens auszugeben und damit einen Brauch der moralischen Wochenschriften auf den Roman zu übertragen.

Nothanker ist Landpfarrer in Thüringen, ein guter Seelsorger, der seine eigenen Wege geht. Wegen Eigenmächtigkeit und einer Predigt, die dem orthodoxen Konsistorium mißfällt, wird er vom Generalsuperintendenten Stauzius einem Verhör unterzogen, in dem er bekennt, daß es Menschen nicht zieme, das Ausmaß der göttlichen Güte zu bestimmen. Diese Äußerung kostet ihn sein Amt und macht ihn landflüchtig. Seine Frau Wilhelmine und seine jüngste Tochter sterben. Sein Sohn läßt sich für fremde Kriegsdienste anwerben. Zwar scheint sich Nothankers Schicksal während seiner Korrektorentätigkeit in Leipziger Druckereien zu bessern, zumal er den Sohn seines Gegners von preußischen Werbern befreit, aber Stauzius löst sein Versprechen, ihm eine Anstellung zu verschaffen, nicht ein. So zieht Nothanker nach Berlin, wird auf dem Wege dahin zweimal von Räubern ausgeplündert, entwickelt seine Meinungen in einem Gespräch mit einem Pietisten, fristet sein Dasein mit Notenabschreiben und findet Gesinnungs- und Leidensgenossen. Inzwischen hat der Buchhändler Hieronymus für Nothankers Tochter Mariane im Hause der Frau von Hohenau eine Stelle gefunden, mit deren Neffen Säugling sich nun zarte Bande knüpfen. Um eine Verbindung der beiden zu verhindern, wird Mariane bei einer Gräfin als Gesellschaftsdame untergebracht. Dort hofft Säuglings Hofmeister Rambold seine Absichten auf Mariane zu erreichen. Da kreuzt ihr Wagen, in dem er sie entführt, den Weg von Hieronymus und Nothanker. Diese befinden sich auf einer Reise nach Holstein, wo Nothanker eine Bibliothekarstelle antreten soll. Nun befreien sie Mariane von den Nachstellungen Rambolds, verlieren aber ihre Spur, da sich die Gräfin weigert, Mariane wieder aufzunehmen, und Nothanker als Vikar in einer kleinen Stadt unterkommt. Dort erregt er mit seiner Aufforderung zur Duldung anderer Bekenntnisse Ärgernis und beschließt, nach Ostindien auszuwandern. Das Schiff, das ihn nach Amsterdam bringen soll, erleidet Schiffbruch. Nach kurzem Aufenthalt bei einem toleranten Prediger in Alkmar wird er Hofmeister in einer Rotterdamer Kaufmannsfamilie, muß auch da der Orthodoxie weichen und schließt

sich in Amsterdam einer duldsamen Religionsgemeinschaft an. Eines ihrer Mitglieder
entzieht ihn der Gefahr einer Verschleppung nach Ostindien. Die Übersetzung eines
freisinnigen religiösen Buches aus dem Englischen bringt ihm neuerdings Unheil.
Er flieht, erkrankt, lebt von Almosen, trifft durch glückliche Fügung mit seinen
Kindern zusammen und genießt einen angenehmen Lebensabend. In diesen glücklichen Ausgang mündet auch das Schicksal seiner beiden Kinder. Mariane war auch
im Hause ihres Paten vor neuen Verfolgungen nicht sicher und floh in ein west-
fälisches Bauernhaus. Dort rettet Säugling sie vor den Nachstellungen Rambolds,
in dem sich schließlich Nothankers verschollener Sohn offenbart.

Stoffe und Motive des Romans stammen aus weitem Umkreis. Richardson, Gellert,
Sterne, pikareske Erinnerungen, literarische und konfessionelle Satire werden dem
religiösen und kulturellen Programm dienstbar gemacht. Damit sollte die religiöse
Erbauungsliteratur ersetzt werden. Die Zeitgenossen erkannten Nicolai im Buchhändler Hieronymus, Johann Georg Jacobi in Säugling, Riedel in Rambold, Goeze
in Stauzius. Als Verdienst des Nothanker konnten die Darstellung deutscher Verhältnisse und die Wiedergabe kleiner, nach dem Leben gezeichneter Genrebilder
gebucht werden.

Als Nicolai seine literarische Stellung gesichert glaubte, erfuhr er
heftigen Widerspruch. In der Auseinandersetzung Mendelssohns und
Nicolais mit Hamann (1774) offenbarten sich zuerst die Gegensätze.
Da wurde Nicolai vorgeworfen, daß er sich das Amt des literarischen
Oberrichters anmaße und daß es ihm schlecht anstehe, gegen den
Dogmatismus der Orthodoxie anzukämpfen, da er den Dogmatismus der Aufklärung vertrete. Jung-Stilling wehrte sich gegen die
religiöse Kritik im *Nothanker* (1775). Der Organisator des Widerstandes gegen Nicolai war F r i e d r i c h H e i n r i c h J a c o b i. Er warb
um Gleim, Wieland und Goethe als Bundesgenossen. Den Ausschlag
aber gab doch Herders Absage an die *Allgemeine deutsche Bibliothek*
(1774); er konnte Sache und Persönlichkeit nicht voneinander trennen.
Die Stürmer und Dränger hatten in Nicolai einen beachtenswerten
Gegner, der sie auch bald herausforderte. Er führte einen offenen Kampf
mit Lavater, Goethe, Bürger und Voss. Es lag Nicolai wenig daran,
daß man ihn als einen „heiteren aber nicht profonden, einen witzigen,
aber nicht schöpferischen Geist" ansah. Er focht gegen den Geist des
Sturms und Drangs, den die *Physiognomischen Fragmente* atmen, zumal er
sich selbst mit dieser Wissenschaft eingehend beschäftigt hatte und
deren religiöse Bezogenheit ablehnte. Durch Schönheit gelange man
nicht zum Glauben. Während Lavater im Menschen das göttliche Ebenbild sucht, betrachtet ihn Nicolai in seiner gesellschaftlichen Bindung,
er verweist auf das Abgleiten Lavaters von seinem Hauptzweck, da er
seinen Lesern seine hohe Meinung von seinen Freunden beibringen
und sie zu seinem Glauben bekehren wolle. Er fühlte sich durch den
an Herder anklingenden Stil gereizt. Die „Staubwolke von seltsamen
Worten und Phrasen" trübt in Nicolai das Verständnis der *Blätter von
deutscher Art und Kunst*.

Die *Freuden des jungen Werthers* (1775) und *Eyn feyner kleyner Almanach Vol Schoenerr echterr liblicherr Volckslieder, lustigerr Reyen vnd Kleglicherr Mordgeschichten gesungen von Daniel Säuberlich* (1777/78) wahrten die Interessen der Aufklärung und veralteter Kunstgrundsätze. Nicolai stand unter dem starken Eindruck von Goethes Werther. Da er aber in den Charakteren von Lotte und Albert einen Bruch zu erkennen glaubte, nahm er in seiner Parodie für sich das gleiche Recht in Anspruch, welches sich Goethe Wielands *Alceste* gegenüber herausgenommen hatte; denn er war sich mit Mendelssohn darin einig, daß die Satire besser als vernunftmäßige Widerlegung gegen die Schwärmerei wirke. Es ist ihm weniger um die Kunstform des Romans als um den „närrischen" Individualismus Werthers zu tun, der sich, wie er Martin glossieren läßt, nicht in die bürgerliche Gesellschaft einpasse. Mit seinem Nothanker aber hatte Nicolai bewiesen, daß er wohl Eigenschaften und Begebenheiten aneinanderreihen, nicht aber Individualitäten und tragische Konflikte darstellen konnte. Ihm waren die jungen Genies luftige Kerlchen, die alle Regeln leugneten und sich doch dem Zwang von Goethe und Shakespeare beugten. Ähnlich schützte er ja auch seine aus der Erfahrung gewonnene Physiognomik vor Lavaters religiös-schwärmerischer neuer Wissenschaft. Nicolai hielt an den sozialen Grenzen der Dichtung, der gebildeten und naiven Kunstübung fest. Er wollte die literarischen Zustände, die Opitz geschaffen hatte, verewigen. Sein Eintreten für eine gesprochene hochdeutsche Einheitssprache gehört in diesen Zusammenhang. Die Mundart ließ er als Niederschlag sozialer und kulturgeschichtlicher Voraussetzungen gelten. Dennoch wirft er den Sängern und Dichtern von Handwerksburschenliedern Handwerksburschensinn vor. So richtet sich der *Kleyne Almanach* gegen Herder und Bürger. Nicolai konnte Dichtung weder als Äußerung eines schöpferischen Triebes noch als Erzeugnis des Volkes anerkennen. Der Pöbel brachte nach seiner Auffassung die Voraussetzung dazu nicht mit. Es war vergebliches Bemühen, zwischen den Elitegedanken Klopstocks und dem volkstümlichen Ideal Bürgers die rechte Mitte zu finden. Die Neuordnung der Welt nach den Grundsätzen Rousseaus erschien Nicolai als Wiederaufleben schäferlicher Affektiertheit. Wenn er das neuentdeckte Volkslied verächtlich machte, so tat er es in dem Glauben, den Standpunkt der Literaturbriefe zu vertreten. Als er einzusehen begann, daß dies ein vergebliches Bemühen sei, und sich geschichtlichen Studien zuwendete, meldete sich Voß mit seinen *Verhören* im Deutschen Museum (1779/81) zu Wort. Da werden die Anliegen der Geniebewegung, des Hains, des deutschen Homerübersetzers, der eine verständnislose Beurteilung seiner Odyssee zu befürchten hatte, weil Nicolai die Ilias Bodmers über die Stolbergs gestellt hatte, vorgetragen. Von da an vereinsamt Nicolai. Er gilt als Typus, fühlt sich zur

„Gesellschaft der kalten Hunde" gerechnet und sieht seine Aufgabe darin, als Vorkämpfer gegen Mystik, Kryptokatholizismus und Jesuitismus die Gesellschaftskultur zu retten, welche Friedrich der Große geschaffen hatte. So sahen ihn auch die Verfasser der Xenien und die Romantiker.

Sie konnten auch noch über die zwölfbändige *Beschreibung einer Reise durch Deutschland und die Schweiz im Jahre 1781* (1783–96) spotten. Wie ernst Nicolai seine Aufgabe nahm, zeigt seine gewissenhafte Tatsachenwiedergabe. Er berichtet über Landwirtschaft, Bevölkerungsbewegungen, Verwaltungseinrichtungen, Lehrpläne der Schulen und religiös-moralische Zustände. Als Herausgeber der *Allgemeinen deutschen Bibliothek* und Freimaurer gewann er durch seine Gewährsleute den besten Einblick in das geistige, wirtschaftliche und politische Leben seiner Zeit. Er bemühte sich auch in der Reisebeschreibung, Lehre und religiöse Auffassung der Neologisten zu verbreiten und im Sinne von Semler, Teller, Lüdke, Eberhard und anderen theologischen Mitarbeitern zu wirken. Scharf trennt Nicolai zwischen den aufgeklärten Katholiken und dem gefährlichen System der römischen Kirche, das ihm die Jesuiten zu verkörpern scheinen. Er glaubte, daß sie auch nach Aufhebung des Ordens ihr Unwesen trieben. Den moralischen Probabilismus erklärte er als „philosophische Sünde."

Wie der Nothanker in die theologischen, so griff die *Geschichte eines dicken Mannes, worin drei Heiraten und drei Körbe nebst viel Liebe* (1794) in die philosophischen Auseinandersetzungen ein. Anselm Redlich, der Sohn eines Tuchmachers, erhält in einer Privatschule, einem Philanthropin, und als Medizinstudent in Göttingen eine gute Ausbildung. Doch ergibt er sich der spekulativen Philosophie, verliert die Lust an seiner Praxis, bringt durch seine Reformen das väterliche Geschäft in Bankerott, leidet mit seiner geheimen Philosophie, einer eigentümlichen Mischung von Lavaters und Kants Gedanken, Schiffbruch und wird schließlich nach einer Fülle von Erlebnissen und Abenteuern ein tüchtiger Kaufmann.

Einen ähnlichen Weg, durch Irrtümer schließlich eine feste geistige und materielle Lebensgrundlage zu gewinnen, verfolgen *Leben und Meinungen Sempronius Gundiberts, eines deutschen Philosophen* (1798). Der Held hat erst im Alter von 30 Jahren Gelegenheit, in Tübingen, Marburg, Dillingen, Bamberg, Göttingen, Leipzig, Halle sich mit den verschiedenen philosophischen Systemen vertraut zu machen, bis er in Jena nach zweijährigem Studium bei Fichte promoviert. Als Hauslehrer vermag er den Zwiespalt des reinen Sittengesetzes und der reinen Vernunft mit der Hausordnung nicht zu lösen. Überall wird er in Disputationen verwickelt und sucht die Rätsel des Lebens durch die Anwendung kantischer Lehren zu lösen. Der philosophische Reichstag in Querlequitsch führt ihn ebensowenig ans Ziel wie die Neuregulierung der naiven und sentimentalischen Dichtung. In Mainz, wo er die reine Vernunft ausrufen will, muß er als französischer Soldat kämpfen. In der Gefangenschaft der Österreicher vollzieht sich seine Wendung zu gemeinnütziger Arbeit. Er wird Weber in seiner schwäbischen Heimat. Nicolai bekämpft die Allgemeingültigkeit des kantischen sittlichen Prinzips und wehrt sich gegen die „mißglückte" Anwendung des Kritizismus. Er glaubte, an den wirklichen Erfahrungen des täglichen Lebens festhalten und sich gegen die Vergewaltigung des Wirklichen durch die allgemeine Wahrheit wehren zu müssen.

Als Parodie gegen Schleiermachers *Vertraute Briefe über die Lucinde* veröffentlichte Nicolai *Vertraute Briefe von Adelheid B**an ihre Freundin Julie S*** (1799). Gegenstand der Erziehung durch Leben und Erfahrung ist Gustav, Adelheids Schwager, eine Werthernatur, durch Kant in seinem Selbstgefühl und überspannter Extravaganz gestärkt. Er verkehrt in einem romantischen Zirkel emanzipierter Frauenzimmer, wo Goethes Wilhelm Meister rückwärts gelesen wird. Durch eine maßvolle Erziehung führt Adelheid ihren Schützling einem praktischen Leben und einer passenden Frau zu. Gründe der Vernunft halten sie von einer Ehe mit dem um 9 Jahre jüngeren Schwager ab.

„Die gesunde Vernunft, und was sich darauf gründet und daraus fließt, gleicht einem Eichbaum, der in seiner eigentümlichen Kraft Jahrhunderte dauert". Diesem Grundsatz ist Nicolai immer treu geblieben. So prüft er alles, was sich dagegen stellt, und betrachtet es als vergängliche Mode. Er will der menschlichen Gesellschaft dienen, stellt das Religiös-Sittliche auf Erfahrung und leitet daraus seine Grundsätze ab. Mit Möser ordnet er die Neigungen dem Gesetz der Vernunft unter und vertritt eine konservative Gesinnung, wenn er vor unnatürlicher Verbildung und Luxus warnt. Nicolai hat das Erbe der moralischen Wochenschriften in unermüdlicher Reformarbeit weitergeführt. Er stellt diese auf eine breite Grundlage, ist aber keineswegs zu Zugeständnissen an Orthodoxie, Pietismus, Geniewesen und Romantik bereit. Daß er von den radikalen Vertretern dieser Richtungen abgelehnt und lächerlich gemacht wurde, riß zwischen der Mitte der Aufklärung und den Extremen eine Kluft auf und erschwerte den Vertretern einer gemäßigten Aufklärung den Zugang zu Idealismus, Klassik und Romantik.

4. DIE THEORIE DER SCHÖNEN KÜNSTE

Die Zeit der systematischen Lehrbücher, die Anleitungen zum Dichten oder zur Beurteilung von Dichtungen geben, ist nun vorüber. Die Diskussion über den *Geniebegriff* hatte Batteux eröffnet. Man ist sich uneinig, ob das Genie als Seelenvermögen, Summe von Eigenschaften oder als Kombinationsfähigkeit im Bereich der Vernunft anzusehen ist, wird unsicher, ob es den Gesetzen der Logik unterworfen ist und bewußt waltet. Damit ist dem Einströmen irrationaler Elemente das Tor geöffnet. Zuerst befreit sich der Geniebegriff von den Fesseln angelernten Wissens und wird als intuitiv wirkende Kraft, entrückter *Enthusiasmus* angesehen. Dann wird das Verhältnis des Genies zu den Regeln besprochen und ihm die Fähigkeit zuerkannt, daß es unbewußt an die Regel gebunden sei und sie nicht zu lernen brauche. So löst sich die Starrheit, sinken die alten feststehenden Werte. Der absolute Wert wurde den Richtmaßen abgesprochen, weil man sich der Wandelbarkeit des Geschmacks bewußt wurde. Dies alles wird mit Eifer in den kritischen Zeitschriften und theoretischen Abhandlungen besprochen. Sie bieten Beiträge zum allgemeinen ästhetischen Gespräch, zeigen, wie brüchig die alten Maßstäbe geworden sind, und können nur Richtlinien, Gedanken und Anregungen bieten.

Moses Mendelssohn (1729–86), Sohn des Schulmeisters Mendel in Dessau, folgte seinem Lehrer David Fränkel, als dieser 1745 als Oberrabbiner nach Berlin gerufen wurde, und eignete sich durch systematisches Selbststudium die Bildung der Aufklärung an. Als Hauslehrer (1750), Buchhalter und Korrespondent (1754) beim Seidenfabrikanten Isaak Bernhard war er der Sorgen um sein Dasein enthoben. Im Verkehr und regen Gedankenaustausch mit Lessing und in der Mitarbeit an Nicolais Bibliothek setzen seine literarischen Arbeiten 1755 ein. Von 1762 an lebte er in glücklicher Ehe mit der Hamburgerin Fromel Gugenheim. Obwohl mehrere seiner Arbeiten mit Preisen ausgezeichnet wurden, wurde seine Wahl in die Berliner Akademie (1771) von Friedrich dem Großen nicht bestätigt. Sein Hauptwerk *Phädon* (1767), drei Gespräche über die Unsterblichkeit, trug ihm den Ehrennamen eines deutschen Sokrates ein. Trotz seiner Neigung zu versöhnlichem Ausgleich wußte er die Rechte seiner Denk- und Lebensformen gegenüber Lavater zu wahren. Seine Toleranzidee forderte Unabhängigkeit von Kirche und Staat, Gleichberechtigung der Konfessionen und Straflosigkeit des einzelnen innerhalb der kirchlichen Gemeinschaft. Von 1770 an wendete er sich vom spekulativen Denken den Problemen des Judentums zu. Er wollte an *Maimonides*, der dem Judentum den Zugang zu Aristoteles erschlossen hatte, anknüpfen, die Juden aus ihrer Isoliertheit herausführen und ihnen die Philosophie der Aufklärung zugänglich machen. Er bemühte sich um eine Wiederbelebung des biblischen Stils.

In der Ästhetik nimmt Mendelssohn eine mittlere Stellung zwischen Winckelmann und Lessing ein. Er zog einen scharfen Trennungsstrich zwischen der Stutzerphilosophie und der Königin der Wissenschaften. Er wollte diese vor seichtem Geschwätz, unverarbeiteten Kenntnissen, oberflächlichem Gedankenspiel und geistreichen Einfällen retten. Sein künstlerischer Feinsinn und sein Einfühlungsvermögen befähigen ihn zum Ästheten. Er bleibt Eklektiker. Bei seiner Durchsicht der Bestände nimmt er wertvolle ältere Erkenntnisse auf und verbindet sie mit neuem Sinn. Seine *Briefe über die Empfindungen* (1755) halten sich an Shaftesburys *Moralists*. Sie ringen mit der leidigen Systematik und melden ihre Bedenken gegen die Kunstdogmen an, vor allem gegen die enge Bindung der Ästhetik an die Moral. Die *Idealschönheit* der Dichtung besteht in etwas ganz anderem als in der *sittlichen Vollkommenheit der Charaktere*. Die erhabenste Nachahmung und Erdichtung ist diejenige, „welche die mehresten Seelenkräfte am sinnlichsten und angenehmsten beschäftigt". Um die Versöhnung der Seelenkräfte bemüht sich die *Abhandlung über die Evidenz der metaphysischen Wissenschaften* (1763). Die Kunst stellt sich als Schwester der Moral in den Dienst der Kultur und Erziehung des Menschengeschlechts. Von der engen Verbindung zwischen Psychologie und Ästhetik geht die Schrift *Über die Hauptgrundsätze der schönen Künste und Wissenschaften* (1757) aus. Sie sieht in der *Darstellung idealischer Schönheit* den Zweck der Kunst. Mendelssohn dehnt die Ästhetik auf alle Gebiete der Kunst aus. Schon der Titel der Abhandlung *Betrachtungen über das Erhabene und Naive in den schönen Wissenschaften* (1758) zeigt seine Stellung zwischen der Barockpoetik Longins und der Auffassung Schillers an. Diese Untersuchungen nimmt

Mendelssohn in der *Rhapsodie oder Zusätze zu den Briefen über die Empfindungen* (1761) wieder auf mit Darlegungen über die Illusion, deren „spielende, bewußte Täuschung" er als erster erkannte, über das Erhabene im Sinne von Burke und das Lächerliche. Als Stilist und Kritiker, Wortführer einer klaren Ausdrucksweise, Übersetzer des Hamletmonologs im Versmaß des Originals, Verteidiger Shakespeares als eines „der tragischsten Genies" gegen Voltaire hat Mendelssohn seinen Platz in der deutschen Literaturgeschichte. Gewiß wird er von Lessing angeregt, aber auch seine geistige Spur ist bis in einzelne treffende Formulierungen des *Laokoon* hinein zu beobachten und wird besonders in den Materialien zu diesem Werk sichtbar. Herder und Kant fühlen sich von Mendelssohn angesprochen. Der moralische Idealismus Schillers erfüllt mit seinen Forderungen, was Mendelssohn geahnt hatte: eine ästhetische Erziehung, welche die sittliche Vollkommenheit weckt und die rohe zur schönen Natur verwandelt. Mendelssohn war ein Mann der Mitte und Feind des Radikalismus. Solchen ist beschieden, als Übergangsgestalten eine Sendung zu erfüllen, die wenig beachtet wird.

Johann Georg Sulzer (1720–79) stammt aus einer angesehenen Familie in Winterthur. Unter Bodmers Leitung, dem er sich zeitlebens verpflichtet fühlte, machte er seine Studien in Zürich, trat 1739 sein Amt als Prediger an, vertauschte es jedoch seiner Kränklichkeit wegen mit einer Hauslehrerstelle in Magdeburg (1743). Als Professor der Mathematik am Joachimsthalschen Gymnasium in Berlin (1747) erwarb er sich hohes Ansehen. Zum Mitglied der Preußischen Akademie wurde er 1750 ernannt. Von einer Reise in seine Heimat (1762) zurückgekehrt, gab er sein Lehramt auf. Von da an widmete er sich ganz der Herausgabe seines Hauptwerkes und den Reformplänen Friedrichs des Großen. Zum Direktor der philosophischen Akademieklasse wurde Sulzer 1775 ernannt.

Aus seiner Absicht, Lacombes *Dictionnaire des beaux arts* (1752) ins Deutsche zu übersetzen, entwickelte sich Sulzers Hauptwerk *Allgemeine Theorie der schönen Künste und Wissenschaften* (1771/74, 2. Aufl. 1777/78). So entstand ein Lehrbuch der ästhetischen Begriffe, an dem Jacobi, Eberhard, Manso u. a. mitarbeiteten. Es geht um eine enzyklopädische Übersicht der Künste, nicht um eine strenge Systematik. Dabei wird in geschichtlicher Rückschau Einblick in die Hauptbegriffe der Schönheit der Künste gewonnen. Deren Anwendung zur sittlichen Vervollkommnung des Menschen ist Grundsatz. Deshalb tritt das *delectare* der Horazischen Poetik zurück hinter den Zweck der schönen Künste, ein lebhaftes Gefühl für das Schöne und Gute und eine vernunftmäßig begründete Abneigung gegen das Häßliche und Böse zu wecken. Das Vorbild aller Künste liegt nicht in der Schönheit, sondern „in der Weisheit, mit welcher die Natur den Reiz der Schönheit als Lockspeise des Guten anwendet". Der Abstand dieser Lehren vom Programm der Geniebewegung, das sich zur gleichen Zeit bildete, wird in den

Frankfurter Gelehrten Anzeigen sichtbar. Erlebtes Schöpfertum sucht man bei Sulzer vergebens. Die Vorliebe für dreigliedrige Begriffsreihen, die Berufung auf die Lehrhaftigkeit und erzieherische Aufgabe der Kunst, die Unterordnung der Empfindung unter das Gesetz der Vernunft, die Rückwendung zu den Beispielen aus Bodmers Dichtungen: dies alles ließ darüber hinwegsehen, daß Sulzer im Sinne des verehrten Meisters der wirksamste Vorkämpfer gegen den französischen Geschmack gewesen ist und nunmehr die Bahn frei ist für die englische Theorie und Erfahrungspsychologie. Wenn im ästhetischen Gespräch die Empfindungen erörtert werden, so setzt dies den Einbruch von Lust- und Unlustgefühlen in die Beurteilung der Kunstwerke voraus.

Johann Nikolaus Meinhard (1727-67), Sohn eines bayreuthischen Justizrates, stammt aus Erlangen. Er studierte in Helmstedt (1746), war Hofmeister in Livland (1748-50), unternahm eine „gelehrte Wallfahrt" nach Holland (1751) und widmete sich in Göttingen Literaturstudien (1752-54). Begleiter eines livländischen Adligen auf einer Reise durch Deutschland, Frankreich, Spanien und Italien war er 1756. Nach einem vorübergehenden Aufenthalt bei seiner Mutter in Frankfurt a. Main (1759) wurde er in Helmstedt Magister (1760). Zachariä bestärkte seine Vorliebe für die italienische Literatur. Der Umgebung des Bremer Beiträger und des Weg Gellerts und Weißes in Leipzig entzog ihn seine zweite Reise (1763-65) mit dem Grafen Moltke nach Rom – dort lernte er Winckelmann kennen – und nach Frankreich und England. Nach seiner Rückkehr lebte er in Erfurt in enger Berührung mit Gleim und Jacobi, der von den Zeitgenossen aufgefordert wurde, seine literarische Erbschaft anzutreten.

Mit der Übersetzung der *Grundsätze der Critik* (1763/66) machte Meinhard Home in Deutschland bekannt. Lessings besondere Anerkennung ernteten Meinhards *Versuche über den Charakter und die Werke der besten italienischen Dichter* (1763/64). Da sah man ihn auf dem Weg der Mitte „zwischen dem schwerfälligen Gang des Engländers und dem leichtsinnigen Flattern des Franzosen". Das entspreche der deutschen Nationallaune. Es wies in die Zukunft, daß Meinhard sich nach seiner Übersetzung *Heliodors* (1767) mit einer Homerübersetzung zu beschäftigen begann. Persönliche Beziehungen hielten sein Andenken im Kreise von Klotz aufrecht.

Christian Adolf Klotz (1738-71), Sohn eines wohlhabenden Pastors in Bischofswerda, wechselte von der Strenge der Meißener Fürstenschule an das Gymnasium in Görlitz. Er studierte in Leipzig (1758) unter Christ, und in Jena (1761). Unmittelbar nach seinem Doktorat wurde er als außerordentlicher Professor nach Göttingen berufen (1763). Eine glänzende Laufbahn, welche ihm dort bevorstand, glaubte er durch Heyne gefährdet und zog es vor, von 1765 an der Universität Halle zu wirken.

Als Gründer einer literarischen Clique, die sich gegenüber Leipzig und Berlin durchsetzen wollte, hämischer Neider Lessings und Herders und akademischer Verführer Bürgers hat Klotz eine üble Nachrede in der Literaturgeschichte. Darüber sind seine frühreife Begabung, seine gewandten lateinischen Verse, seine Anregungen auf dem Gebiet vergleichender Literaturwissenschaft, Sagenkunde und Stoffgeschichte vergessen geblieben. Er mochte Großes vorhaben, als er über die Unfruchtbarkeit klassischer Studien schrieb und von den Gelehrten forderte, daß sie Aufschluß geben sollten über Staatsformen, Politik und Kultur der Antike, statt über Worte und Silben zu streiten. Was Lukian einst über die Philosophen gesagt habe, könne jetzt über die Philologen gesagt werden, nicht einmal ihr guter Wille sei lobenswert. Wendige Betriebsamkeit und Ehrgeiz ließen ihn literarische Händel suchen. Von lateinischen Streitschriften, in denen er sich mit dem holländischen Philologen Peter Burmann d. J. auseinandersetzte (1762), gegen Hardouin die Echtheit der horazischen Werke verteidigte und mit archäologischen Beweisgründen stärkte, wechselte er zum kritischen Journalismus in deutscher Sprache hinüber. Seinem ersten Unternehmen *Acta Litteraria* (1764ff.) merkt man die Schulung des Mitarbeiters der *Acta eruditorum* an. Dann gab er gleichzeitig die *Neuen hallischen gelehrten Zeitungen* (1766/71) und die *Deutsche Bibliothek der schönen Wissenschaften* (1767/71) heraus, bei der er von Riedel, Flögel, Schummel, Schirach, Meusel und Schmid in Gießen unterstützt wurde. Ein ausgedehnter Briefwechsel hielt ihn über persönliche Fragen und akademischen Klatsch auf dem laufenden. Gegen Lessing, dessen Leistungen er zuerst anerkannte, glaubte er die zunftmäßige Gelehrsamkeit verteidigen zu müssen. An Belesenheit steht er ihm kaum nach. Der Ton der *Dunkelmännerbriefe*, Menckes Gedankengänge und die burleske Art eines Taubmann treffen in den Werken von Klotz mit den modernen kritischen Bemühungen um neue ästhetische Grundsätze zusammen. Winckelmanns Ideen zieht er bei der Betrachtung von Münzen heran. Neuen Gedanken gegenüber bleibt er aufgeschlossen. So urteilt die *Bibliothek* zunächst anerkennend über Ramler, Gerstenberg, Mendelssohn und Herder. Nur verwahrt sie sich gegen die „magische Schreibart" Hamanns, sie werde nie ein Muster für die Nachwelt sein können. Die Problematik, deren Lösung der Zukunft vorbehalten blieb, ist im Fluß. Was über den deutschen Homer, über Klopstock, Shakespeare und die Physiognomik gesprochen wird, befreit sich von alten Vorurteilen. Ossian wird an der Antike gemessen und zu leicht befunden. Lessings Diktatur gefährde das zarte Alter unseres Theaters. Die Bühne sei besser durch Beispiele als durch Reden zu erneuern. Man dürfe die Antike nicht kanonisieren, sondern müsse die Regeln der Natur studieren und aus den Quellen der Empfindung schöpfen. Young habe eine Revolution unseres Geschmacks entfesselt und Lowth ein neues Bild Homers geschaffen.

Die Stellung der *Deutschen Bibliothek* zwischen Aufklärung und Geniezeit, zwischen Lessing und Herder wird mehr in ihrer ablehnenden Haltung als in dem Versuch, zwischen auseinandergehenden Meinungen zu vermitteln, sichtbar. Für schlechte

Beurteilungen seiner eigenen Werke und der seiner Schützlinge rächt sich Klotz mit hämischer Gereiztheit. Lessings Vergleich Shakespeares mit einer Camera obscura wird mit der Bemerkung abgetan: „Kein geschickter Maler braucht sie, sondern der Stümper und Liebhaber." Herder wird schließlich Unwissenheit in der alten Literatur nachgesagt, man tut ihm mit einer „gelehrten Widerlegung seiner Träume" zu viel Ehre an. So verlieren sich die einsichtsvollen Urteile und Erkenntnisse der ersten Bände immer mehr, sei es, daß Klotz und seine Mitarbeiter über der zunehmenden Freude an ihrem angemaßten Richteramt ihre Pflicht vergaßen, sei es, daß sie damit eine Partei ins Leben rufen wollten. Wenn sie in den letzten Bänden loben, so geschieht es mit Überschwang, aber sie hatten an Klopstock, J. G. Jacobi, Wieland, Denis und den anderen Österreichern keine Stütze. Nach dem Tode von Klotz, dessen Unternehmungen Schirach mit dem *Magazin der deutschen Kritik* (1771) fortsetzte, sind die Akten über diese Episode der Kritik geschlossen. Ein Hallenser Gastspiel der Truppe Döbbelins, den Klotz als zweiten Garrik feierte, kostete ihn die letzten Sympathien, weil er die Gelegenheit gekommen sah, den theaterfeindlichen Puritanismus der Theologen zu verspotten.

Satiren nach Rabeners Vorbild, literarische Streitschriften im Geiste Liscows oder der Dunkelmänner und Methoden, die sich im Kampf zwischen Leipzig und Zürich erschöpft hatten, konnten Friedrich Justus Riedels kurzlebige *Bibliothek der elenden Scribenten* (1768/69) nicht beleben. Narrenschneiden, ärztliche Praktiken und andere verstaubte Motive erwiesen sich als nicht mehr lebensfähig. Muster der Orthodoxie und Rückständigkeit wie Trescho und Ziegra stellen sich selbst bloß, indem sie Klotz angreifen. Unter dem „berühmten Schriftsteller", der bisher Feind der elenden Skribenten war und jetzt Lust haben soll, sich ganz ihrer Gemeinde anzuschließen, ist wohl Herder zu verstehen. Mit solchen Mitteln war die schwankende Stellung von Klotz nicht aufrechtzuerhalten.

Friedrich Justus Riedel (1742–85), Sohn eines Predigers aus Wisselbach bei Erfurt, besuchte das Gymnasium in Weimar, studierte in Jena und Halle Rechtswissenschaft und Philosophie. Der wesensverwandte Klotz hatte in ihm ein gefügiges Werkzeug. An den Vorbereitungen zur Wiederherstellung der Erfurter Universität nahm Riedel regen Anteil und lehrte dort 1768 Philosophie. Wielands Berufung geht auf seine Anregung zurück. Auch in Wien hat er im Interesse Wielands gewirkt. Großspuriges Auftreten und Schulden machten Riedels Stellung in Erfurt unhaltbar. Da öffnete sich ihm durch die Gunst des Fürsten Kaunitz und des Freiherrn von Sonnenfels in Wien eine Aufstiegsmöglichkeit (1772). Er wurde Lehrer an der Kunstakademie und übernahm Arbeiten, deren Ausführung Winckelmann zugedacht gewesen war. Nachdem er als Freigeist denunziert und seines Amtes enthoben worden war, nahm sich Gluck seiner an. Seine letzten Lebensjahre verbrachte er in Elend und Wahnsinn.

Besondere Beachtung verdient Riedels *Theorie der schönen Künste und Wissenschaften* (Jena 1767, Wien 1774). Die kritischen Auseinandersetzungen und ständigen Überprüfungen der Bestände lassen auch Riedel nicht zu einer Systematik kommen. Er gesellt der Philosophie des Geistes und des Herzens eine dritte des Geschmacks. Unter Geschmack versteht er das innere Gefühl der Seele, das sie „bloß durch das sinnliche Wohlgefallen das Schöne da finden" läßt, wo es sein mag. Damit wird die Vernunft ausgeschaltet und werden die Perioden des Geschmacks nach der Zahl der „Genies vom ersten Rang" bestimmt. Riedel, dessen Hauptgewährsmann Home ist, sagt sich von der französischen Theorie und Baumgartens rationaler Ästhetik los. Proportion, Maß, Harmonie zeigen sich in der Zusammenstimmung der Teile. Größe und Erhabenheit werden vor Übertreibung geschützt und die Mitte zwischen Einförmigkeit und Vielfalt empfohlen. Über Satire, Humor, Lachen, verachtendes Hohngelächter, Illusion und Nachahmung hat Riedel tiefer als viele seiner Zeitgenossen nachgedacht. Batteux und Dubos sind erledigte Größen. Darstellung und Voraussetzung der Charaktere liegen in der Wahrheit. Demnach müssen Alter, klimatische, nationale und soziale Grundlagen mit den Temperamenten und Eigenschaften übereinstimmen. Es gibt kein absolutes, normiertes ästhetisches Gesetz. Mit einer Interpretation der aristotelischen Poetik werden Baumgarten und Meier erledigt. So wie die Mythologie der Religionen für die Kunst gerettet wird, wird auch die Möglichkeit erwogen, „durch kluge Auswahl und Bearbeitung" aus den „Vorurteilen des Pöbels" unserer ganzen Poesie „ein originelles und eigentümliches Ansehen" zu geben. Die Starrheit der Leidenschaften, Tugenden und Laster wird gelöst und der Beobachtung angeglichen. Wer redet im Affekt so wie Voltaires *Semiramis?* Es gibt keine hochgespannten Dauerzustände. Riedel spricht von fluktuierenden Leidenschaften, wankenden Bewegungen. Er nennt einen Gegenstand interessant, „der unser Herz von der Seite der Sympathie, des moralischen Gefühls und der Neugierde anzugreifen und zu rühren fähig ist". Deshalb wird die Allegorie im wesentlichen auf die bildende Kunst beschränkt; denn diese erhält so die Möglichkeit, geistige Dinge darzustellen. Wenn Riedel über die Relativität des Geschmacks spricht, die drei alten Stilcharaktere mit vier neuen: schön (Grazie), erhaben (feierlich, stille Größe), lächerlich (launig, burlesk), pathetisch (feurig, forteilend) ersetzt und das Genie mit Original verbindet, so sehen wir, wie eng er sich mit Herders Gedanken berührt. Oder läßt sich der Vorwurf literarischen Diebstahls, den Haym gegen Riedel erhebt, aufrechterhalten?

Dem Bemühen Herders um das Gedächtnis Abbts entspricht Riedels *Denkmahl des Herrn Johann Nikolaus Meinhard* (1768). Wie nachdrücklich habe er der deutschen Dichtung den Weg gewiesen. Auf die Frage, warum es keinen deutschen Spenser, Ariost und Shakespeare gebe, antwortet Riedel: weil die Deutschen sich äußerlich an Vorbilder halten und darauf verzichten, aus sich selber etwas hervorzubringen. Man müsse die *Art zu schaffen* nachahmen, das Werk auf Vaterland und Denkungsart abstellen und den Stoff aus einheimischen Quellen schöpfen, „so würden wir mehrere solche Originalwerke erhalten, wie das Gedicht eines Skalden im Kleinen". Mit solchen Bemerkungen stellt sich Riedel zwischen Gerstenberg und Herder. Eine deutsche Homerübersetzung hält er nur dann für möglich, wenn der Übersetzer sich ganz in die homerische Welt einfühlen, ihre „Schönheiten kosten und ganz empfinden" kann. Seiner *Ästhetik* fügt Riedel einen Anhang von 10 Briefen bei: *An Weisse, Flögel, Moses, Wieland, Jacobi, Klotz, Kästner, Nicolai, Gleim* und *Thümmel.* Sind sie auch, als äußeres Zeichen seiner gelehrten Beziehungen gedacht, nicht zu datieren, und deshalb der Ursprung der neuen Gedankengänge nicht sicher abzuleiten, so müssen sie doch als wichtiger Kanal angesehen werden, durch den das *gemäßigte ästhetische Denken* der Vorgeniezeit nach *Österreich* geschleust wird. Die Mechanik eines Gedichtes kommt entweder aus den Werken der Meister (Aristoteles), aus der Definition (Baumgarten) oder aus der Empfindung (Home). Wer sich stark fühlt und „Genie genug ist, sich eine neue Laufbahn zu eröffnen, ist sein eigener Gesetzgeber und braucht keine Fessel". Da der Geschmack veränderlich ist, können „mehrere widersprechende Urteile von der Schönheit und Häßlichkeit zugleich wahr sein". Es gibt keinen allgemeinen Geschmack, wie es keine allgemeine Schönheiten gibt; so ruhe Scaligers Verdikt über Homer darauf, daß er nach römischer Denkart urteile. Riedel ist auf dem Wege zur Erkenntnis von Dichterindividualitäten. Sie seien aus ihrer Zeit zu erklären. Die Beziehungen der Satire zu Erato (Sokrates), Thalia (Aristophanes), Kalliope (Homer), Euterpe (Lucilius) bedingen ihre verschiedenen Gattungen. Unter Berufung auf *Falstaff* erfolgt die Apologie des *Hanswurst.* Er stellt sich wie Diogenes närrisch, um die Torheit anderer desto lebhafter zu malen. Die Perioden, in welche Gottsched die deutsche Literatur eingeteilt hat, werden gerettet. Immer noch besteht die Autorität von Opitz. „Weise, der das Genie unter das Joch der Methode zwang, tat mehr Schaden als zwanzig Lohensteine". Auf den Mittelweg zwischen Caspers Klippen und Weises Sumpf habe Wernicke die deutsche Literatur gewiesen. Klopstock als Genie, mit welchem „wir allen Ausländern Trotz bieten können", neben Wielands „blühender Phantasie und unerschöpflichem Witz": das hieß friedliches Beisammensein des *Messias* und der *Oden* mit dem *Idris.* Wußte Riedel, als er so urteilte, um die Haltung der Göttinger, so fügte er mit Bedacht die Bemerkung an: „Kritische Kriege sind die Instrumente, Genie aufzuwecken". Aber das Überhandnehmen der Kritik sei gefährlich, nur im Traum gebe es den ernsthaften Mentor und scherzenden Sokrates. – Dem neuen Orpheus, der dem französischen Geschmack in der Musik ein Ziel gesetzt hat, seinem Gönner Gluck, widmet Riedel eine besondere Abhandlung mit einem Gespräch in den elysischen Feldern (1775).

Von Klotz und Riedel strahlten wenig Anregungen aus; denn was von ihren Gedanken in die Zukunft wies, hatte in der Herderschen Formulierung größere Überzeugungs- und Wirkenskraft. Aber als Wegbereiter der neuen Gedanken, die „in der Luft lagen", haben sie dennoch ihren Platz in der Literaturgeschichte, und neben ihnen in der Gefolgschaft von Sulzer und Meinhard als Vermittler der englischen Moralphilosophie G a r v e und B l a n k e n b u r g.

Christian Garve (1742–98), Sohn eines Schönfärbers in Breslau, erhielt nach dem Tod seines Vaters (1748) eine sorgfältige Erziehung. Das Studium der Theologie vertauschte er mit dem der Philosophie und Mathematik in Halle. Dann stellte er sich als Magister in den Schutz Gellerts zu Leipzig (1746), dessen Nachfolger er 1769 als außerordentlicher Professor der Moral wurde. Er zog jedoch mit Rücksicht auf seine schwankende Gesundheit ein unabhängiges Schriftstellerleben in Breslau (1770) vor. Sein Denken kreist um Erfahrungs-Seelenlehre, Beobachtung und Analyse seelischer Vorgänge. Vorsichtig ringt er sich von der Aufklärung los. Doch bleibt Friedrich der Große sein Ideal, weil er die französische Grazie mit der Bildung Preußens und der Aufklärung zu vereinigen verstand.

Garve sieht seine Aufgabe im Bereich der Erziehung und Auswahl des Nützlichen. Das macht ihn zu einem Vermittler ersten Ranges. Er ist der Mann toleranten Ausgleichs und begründet damit sein Ansehen. Er vertritt die Philosophie des Lebens und verschließt sich den Zugang zur Philosophie der Spekulation Kants. Der Philosophie weist er die Aufgabe zu, „der Moral die Härte zu nehmen". Das war gegen den Stoizismus gerichtet. Seine Übersetzungen Burkes (1773) und Fergusons (1772) vermittelten dem jungen Schiller die englische Philosophie.

Christian Friedrich von Blankenburg (1744–96) aus Kolberg, ein Verwandter Ewald von Kleists, nahm nach seiner militärischen Ausbildung als Kornett von 1761 an am siebenjährigen Kriege teil und gab um 1777 als Hauptmann seine militärische Laufbahn auf. Weiße veranlaßte ihn, sich in Leipzig niederzulassen. Als Mitarbeiter an dessen Bibliothek und Adelungs Magazin, Herausgeber von Sulzers *Allgemeiner Theorie der schönen Künste* (1786/87), Verfasser von *Nachträgen* dazu (1796/98) und Übersetzer Samuel Johnsons (1781/83), sowie einer Auswahl aus den besten englischen Dichtern setzte er ästhetisch-kritische Überlieferungen fort.

Blankenburgs Hauptanliegen war die Gestaltung des deutschen Romans. Er hat diese Aufgabe weniger mit seinem Roman *Beyträge zur Geschichte teutschen Reichs und teutscher Sitte*, von dem nur ein Teil 1775 erschien, als mit seinem anonym erschienenen *Versuch über den Roman* (1774) erfüllt. Wenn man von satirischen Schriften absieht, so haben wir es hier mit der ersten Theorie dieser Kunstgattung zu tun. Das herangezogene Material ist spärlich; der Ursprung der Gattung in der Spätantike (Heliodor), und das erste Auftreten des Wortes im *roman de la rose* sind die einzigen historischen Beziehungen; denn dem Roman wird zwar eine ähnliche Aufgabe wie der Epopoe zugewiesen, aber diese zeige den „Bürger" als soziales, politisches Wesen – vielleicht mit einer Erinnerung an Christian Weise – deshalb behandle sie in der Öffentlichkeit vor sich gehende Begebenheiten aus dem Lebenskreis des Bürgers. Gegenstand des Romans seien *die im Inneren des Menschen wohnenden Empfindungen*. Blankenburg rechnet mit der Erbschaft der Empfindsamkeit und Moralsatire ab und bereitet den Boden für das Zeitalter der Humanität, wenn er das *Studium des Menschen* als Voraussetzung des Romans fordert. Daß er sich an Sulzer, Mendelssohn und Lessing anschließt, ja auch Herder zitiert, aber sich von der Hallenser Clique fernhält, ist vielleicht weniger bedeutungsvoll als seine Abhängigkeit von Home und die eingehenden Analysen von Charakteren Shakespearischer Dramengestalten (*Lear, Macbeth, Othello*). Ja, er behauptet, daß der Romandichter von Shakespeare mehr lernen könne als der Dramatiker, der an eine andere Bühnenform gebunden sei. Die Illusion sei dem Dramatiker eher dienstbar als dem Romandichter, aber dieser besitze die Möglichkeit, Entwicklungen darzustellen, das Werden von

Charakteren vorzuführen. Er könne selbst reden und das erleichtere es ihm, die richtige Verbindung zwischen Ursache und Wirkung herzustellen.

Wird nun dem *Erhabenen* die höchste Rangordnung unter den Empfindungen zugewiesen, so fühlt man sich in den Literaturstreit zwischen Leipzig und Zürich zurückversetzt und an die Bedeutung *Longins* erinnert, noch mehr aber, wenn es aus echter Tugend, großem Verstand, den Bewunderung erregenden und überwältigenden Leidenschaften abgeleitet wird. Aber diese Leidenschaften sind entwertet. Nichts gilt der Stoizismus, und wie lächerlich nimmt sich der polternde Held einer französischen Tragödie oder Senecas rasender Herkules neben König Lear aus! Der Erhaben-Tugendhafte darf kein Schwätzer sein. Leidenschaften, die auf Bewunderung abzielen, erregen Schrecken, nicht Furcht. So hatte Lessing die Tragödiendefinition des Aristoteles interpretiert. Das lenkte den Blick vom Äußeren der Begebenheit, den Taten und Handlungen, auf die Empfindungen, die Bewegungen des Inneren. Damit öffnet sich den „fühlbaren, sanfteren und schwächeren Charakteren", der Leidenschaft des Mitleids, der Weg in den Roman. Welche Möglichkeiten, das Erwachen sanfter Tugenden und rechtschaffener Gesinnung in einer werdenden Freundschaft, die Unterschiede der Liebe, in den Charakteren zwischen *Marc Anton* und *Tellheim* zu studieren! Man soll beim Studium der Natur der Leidenschaften nicht bei den Franzosen in die Schule gehen, sondern bei den Engländern als den Lehrmeistern des ernsten (*Shakespeare*) und gemütvollen Humors (*Sterne*), oder der Mischung beider (*Butler*); denn auch der Spott unterhält, wenn er nicht über das Laster lacht. Das war ein Gericht über die *Typen*. Ihm folgte das zweite über die Wiedergabe des *Lokalkolorits*. Voltaire habe Jahre in England verbracht, aber wenn er das Land darstelle, so schildere er seine besonderen Verhältnisse nicht. Dieser Übersicht über die Elemente des Romans folgen breite Betrachtungen über die Komposition mit manchen Wiederholungen. Der Endzweck aller Dichtung, „durch das Vergnügen zu unterrichten", und die Empfehlung des Studiums bewährter Muster haben ihre gesetzgebende Starrheit verloren. Hörten wir einzelne Sätze Blankenburgs mit dem Pathos der jungen Genies vorgetragen, wir würden ihnen nie eine Heimat in der Umgebung Weißes oder Sulzers anweisen. Da wird der echte Dichter, „der aus den Händen der Natur gekommen ist", von der Beobachtung der Regel befreit. Er ist der *Schöpfer* seiner Gestalten. „Sie leben in einer Welt, die er geordnet hat", als „aufmerksamer Beobachter der menschlichen Natur und tiefer Kenner des menschlichen Herzens".

Wer den Rat geben konnte: verfahret in der Verbindung der Anordnung eurer Werke so, wie die Natur in der Hervorbringung der ihrigen verfährt! der konnte auch seine Abneigung gegen den Briefroman vergessen – er dachte dabei an Gellert – und kurze Zeit später in der *Neuen Bibliothek* (18. Jahrg. 1775) die „verständnisvollste Beurteilung" der *Leiden des jungen Werthers* schreiben; da stellte sich ihm der Gleichklang des Werkes mit dem „Uneingeschränkten" her. Man ist geneigt, darin eine Vorstufe zum Originalgenie zu sehen. Mag es dann wieder pedantisch anmuten, wenn Blankenburg eine lückenlose Folge der äußeren Begebenheiten oder die Anordnung von Charakteren und Begebenheiten in einer Weise fordert, daß Ursache und Wirkung entstehen, so darf nicht vergessen werden, daß er sich mit den Resten alter Überlieferung und mit den Nachahmern Richardsons auseinandersetzt, daß er das deutsche Publikum noch nicht reif für die Lektüre des *Agathon* hält. Er grenzt den Roman von der Philosophie, der moralischen Wochenschrift und dem Unterricht durch Beispiele ab. Er bemüht sich um seine Befreiung von sprunghafter, hüpfender Darstellung, von Überraschung und Befriedigung der Neugierde. Die Personen sind das Ergebnis ihrer inneren Geschichte, sie sollen zu einem Zustand der Beruhigung geführt werden. Wenn auch der Inhalt des Romans in lehrhaften Unterricht und Empfindungen aufgeteilt wird, so soll der Dichter sich doch nicht veranlaßt sehen, seine Moral anzubringen. Desgleichen wird Zurückhaltung beim Erwecken von Empfindungen empfohlen. Allzu gute, allzu schlechte und romantische Charaktere widersprechen der Wahrheit, ebenso Abstraktionen und Allegorien; denn der Roman hat es mit Menschen zu tun und soll uns lehren, Menschen zu werden. Übertreibungen sind nur dann zugelassen, wenn sie lächerlich machen sollen (Cervantes, Wieland). Es ist „Hochverrat am Menschengeschlecht, wenn der Dichter Gegenstände in einer anderen Gestalt zeigt, als sie ihrem Wert nach haben sollen". Das gilt besonders für die Darstellung der Liebe, die weder die Hauptbeschäftigung junger Mädchen ist, noch, wie die Franzosen glauben, ein so wichtiges Geschäft im Leben, daß alles andere dahinter zurückstehen muß. Aus Homer ist die *Abtönung der Leidenschaften* zu lernen. Nicht Unternehmungen und Taten sind das Maßgebende, sondern die durch sie sichtbar werdenden Eigenschaften und ihre Auswirkungen auf den Charakter. So wird der Roman auf Menschenkenntnis und Handlung gestellt. Allen Ständen steht der Roman offen, wenn er den werdenden Menschen gestaltet. Sind vorhergegangene Ereignisse nachzuholen, so ist die Erzählung dem Brief vorzuziehen. Dieser störe die Illusion und Wahrscheinlichkeit. Aber dem *Genie* wird dennoch *keine Grenze* bei der Anwendung dieses Stilmittels vorgezeichnet. Vermag uns der Romandichter so in seinen Bann zu ziehen, „daß wir uns ganz über seinem Roman vergessen haben, so verdient er höchstes Lob".

Unberührt von diesen Bemühungen bleibt die Abwehr des englischen Geschmacks, der Versuch Friedrichs des Großen, in seiner Schrift *De la littérature allemande* (1780) die alten Ideale zu retten und dem französischen Klassizismus seine verlorene Stellung wiederzugewinnen. Das hieß Maßstäbe anwenden, die vor einem Menschenalter nicht gerade neu waren, aber damals wenigstens noch im Zusammenhang mit der literarischen Produktion und den festen Regeln standen. So hat der große König einer entschwundenen Epoche der deutschen Literatur den Nekrolog gehalten. Dem allgemeinen Aufstieg der deutschen Literatur gegenüber machte er zunächst seine Zweifel geltend. Wie sollte sie sich so schnell entwickelt haben, zumal das Beispiel der glücklichen Griechen und Römer, die erst nach den großen Kriegen eine Blüte erlebten, lehrt, daß diese Voraussetzungen in Deutschland nicht vorhanden sind; denn es gibt keine Einheitsdichtersprache, keine prägnanten und kurzen sprachlichen Ausdrucksmittel.

Die Überschau über die dichterischen Leistungen ist danach: Gellert, Canitz, Geßner, der einzige Geschichtsschreiber Mascov, der einzige Redner Quandt, das einzige gute Lustspiel Ayrenhoffs *Postzug*. Der Unterschied zwischen der deutschen und italienisch-französischen Entwicklung ist offenbar. Um diesen Zustand zu beheben, müsse man sich den nächstliegenden Aufgaben (Sprachzucht, Studium der Antike) zuwenden. Niedere und höhere Bildung liegen in den Händen schlechter Lehrer, die unrichtige Methoden anwenden, sowie eigene Urteilsbildung verhindern, und bei Universitätsprofessoren, die keine Lehrpläne ausgebildet haben. Deshalb ist nach dem Beispiel der Alten vorzugehen, um den Schaden an der Sprache zu beheben, die weitschweifig, schwerfällig und wenig klangvoll sei. Man bemühe sich, da die großen Dichter und Redner nicht von selbst kommen, um eine kurze, abgeschlossene Ausdrucksweise, gute Übersetzungen antiker Werke, die Vermeidung eines dunklen Stils, sprachlichen Wohlklang, grammatische Korrektheit, Verzicht auf niedrige Vergleiche. – Um lebendiges Wissen und selbständiges Urteil zu verbreiten, werden pädagogische Reformen und feste Universitätslehrpläne vorgeschlagen. Dann werde uns die Zukunft vor Werken wie Goethes *Götz* verschonen. Immerhin ist Deutschland, das keineswegs arm an Genies ist, aber wie kein anderes Land die Leiden des Krieges erfahren hat, auf dem Wege, die Pedanterie zu überwinden; denn man gibt es auf, lateinisch zu schreiben. Zwar werde an den Höfen nicht deutsch gesprochen, aber die besseren Tage werden kommen, wenn er sie selbst auch nicht sehen werde: „*Je vous annonce, ils vont paraître.*"

Das war eine Neuauflage von Opitz, eine Ausrichtung nach der französischen Entwicklung, wie es die Sprachakademien vereinzelt gewünscht hatten. Keine breite Kenntnis der deutschen Dichtung beschwerte dieses königliche Geschmacksdiktat mit seinen erzieherischen Absichten, zu denen gleich die Möglichkeiten bereit waren. Es fehlte nicht an Gegenschriften und entrüsteten Briefen. Sie sprachen es zum Teil aus, daß der König mit Voltaires Augen im Götz *ce mélange bizarre de bassesse et de grandeur, de bouffonnerie et de tragique* sah. Sein Ohr verlangte nach der Weise welscher Kunstübung. Goethe rüstete sich zur Abwehr, er beabsichtigte einen Dialog zwischen einem Angreifer und einem Verteidiger der Schrift. Die Schutzschrift Mösers aber hat am klarsten erkannt, daß das Ideal, nach dem Friedrich II. die deutsche Literatur ausrichten wollte, zwar solche Anschauungen rechtfertige, aber unpassend sei. Zu einem anregenden Gespräch über die aufgeworfenen Fragen ist es nicht gekommen. Es wäre unmöglich gewesen, den König aus den festgefahrenen Gleisen seines Geschmacks und seiner Ansichten zu heben. Das versuchte seine Schwester, die Herzoginwitwe von Braunschweig, indem sie Jerusalem beauftragte, eine kleinere Schrift zu verfassen, die sie ins Französische übersetzen und drucken ließ. Da wird es zwar als Vermessenheit bezeichnet, wenn sich die deutsche Literatur jetzt schon der französischen ebenbürtig an die Seite stellen wolle, doch werden dem König auch Leistungen deutscher Schriftsteller in Erinnerung gebracht und die Namen von *Winckelmann, Lessing, Leisewitz, Engel* und *Wieland* genannt.

5. VATERLANDSLIEBE UND PATRIOTISMUS

Nicht durch seine Schrift über die deutsche Literatur, sondern durch seine Taten hat Friedrich der Große fruchtverheißende Anregungen gegeben. Im Zeichen des Siebenjährigen Krieges wird das Gespräch über die Staatsformen neu aufgenommen und öffnen sich den Gefühlskräften neue Möglichkeiten der Entfaltung, wenn über das Wesen des *Nationalstolzes* und der *Vaterlandsliebe* nachgedacht wird, wenn in der Besinnung auf den Staat als geschichtliche Erscheinung der Begriff des Volkstums erörtert wird.

Johann Georg Zimmermanns poetische Erstlinge, die aus der Bodmer-Wielandschen Atmosphäre kamen, seine Lösung aus der geistigen Welt Hallers, sein Liebäugeln mit Rousseau, in dessen Welt ihn Julie Bondeli einführte, sein Eintritt in die Helvetische Gesellschaft der Patrioten, seine Vorliebe für Lavater zeigen die unklare Entwicklungslinie des Schriftstellers, der sich auf verschiedenen Gebieten betätigte.

Zimmermann (1728–95), der Sohn eines Ratsherrn zu Brugg im Aargau, kam nach einer kurzen Ausbildung an der Akademie in Bern als Student der Medizin nach Göttingen zu Haller (1747), von dem er besonders gefördert wurde. Nach Abschluß der Studien unternahm er eine Bildungsreise nach Holland und Paris (1751). Mit Hallers Empfehlung wurde er 1752 Arzt in Bern. Als Stadtphysikus in Brugg wirkte er von 1754 an. Im Frühling 1768 wurde er Leibarzt des Königs von England in Göttingen. Mochte er sich in dieser gehobenen Stellung dort auch anfangs glücklich fühlen: der Tod seiner Frau und seines Gönners, des Freiherrn Gerlach von Münchhausen (1770), sein parvenuhaftes Auftreten und Geltungsbedürfnis, in dem sich der spätere Verfolgungswahn ankündigte, bedingen seine Stellung außerhalb der Gesellschaft. Einen letzten Höhepunkt erlebte er, als er an das Krankenlager des Preußenkönigs berufen wurde. Aber die literarische Frucht seiner Tätigkeit: *Über Friedrich den Großen und meine Unterredungen mit ihm kurz vor seinem Tode* (1788) – eine merkwürdige Mischung von Krankheitsbericht und verehrungsvoller Ruhmrede, die mehr auf den Preisenden zurückfiel, als sie den Gepriesenen betraf – kostete ihn die letzten Sympathien der Berliner Aufklärer. Literarische Auseinandersetzungen mit Lichtenberg, Kästner, Obereit, Kotzebue, Bahrdt verbitterten seine letzten, vom Wahnsinn umdüsterten Lebensjahre.

Sein *Leben des Herrn von Haller* (1757) bot ihm Gelegenheit, sich der Welt als Lieblingsschüler des Meisters vorzustellen. Mit *Betrachtungen über die Einsamkeit* (1756) schlug Zimmermann jenes Thema an, als dessen Kenner er sich bewährte. Er versteht unter Einsamkeit die Besinnung auf beständige Werte. Im übrigen spricht er kaum tiefer als mancher Aufklärungsphilosoph im Rokokogewand. In der Wiederaufnahme des Werks (1773) trat das ursprüngliche Streben nach Geselligkeit hervor – die Langeweile führe den schwachen Menschen zur Gesellschaft, den star,

ken zur Einsamkeit. Nach den Angriffen Obereits legte Zimmermann
zwei Bände *Über die Einsamkeit* (1784) vor, im wesentlichen eine Paraphrase, die durch eine Fülle von Beispielen den Äußerungen größere Be-
weiskraft verleihen will. Auf eine Diskussion ließ er sich nicht ein, er
machte den Gegner lächerlich. Was Zimmermann aber vorbrachte, waren im wesentlichen alte Gedanken. Daß Landleben besser als Stadtleben
sei und daß sich in beschaulicher Ruhe gut arbeiten lasse, hatten schon
die Humanisten aus der Antike gelernt. Man hätte den Preis des idealen
Mönchtums als Zugeständnis an seinen Widersacher ansehen können,
wenn er von diesem nicht das Bild eines „falschen Apostels der Einsamkeit" entworfen und Züge aus dem Privatleben des Gegners mit
verzerrendem Spott der Öffentlichkeit preisgegeben hätte. Was brauchte
sich Zimmermann, der als Verfasser des Werkes kurze Zeit weltbe-
rühmt war und von der Zarin geadelt wurde, um einen kleinen Gegner
zu kümmern? Weiteren Kreisen wurde Zimmermann durch seine Abhandlung *Über den Nationalstolz* (1758) bekannt. Der Brugger, welcher
den Bernern als „Augsburger" galt, trennte hier in eigener Sache als
Weltbürger den falschen vom echten Nationalstolz. Nur dieser verpflichtet den Einzelnen gegenüber der Gemeinschaft. Die Republik,
für die Zimmermann eintrat, lebt aus dem Geiste Rousseaus. Die 2. Auflage (1760) richtet die Staatsformen nach den Temperamenten aus:
Demokratie für Ungestüme, Oligarchie für Stillvergnügte, Monarchie
für Anpassungsfähige. Das stärkte den Toleranzgedanken und machte
das Büchlein beliebt. Die 3. Fassung (1768) stattete er mit noch mehr
Beispielen aus, denen man die Überlegenheit des königlichen Leibarztes
anmerkt. Jetzt sah er in der Monarchie die feste Staatsform und bekämpfte den religiösen Fanatismus. Das machte ihn seinen Zeitgenossen zum *Philosophen der Welt*. Solchen Ruf stärkte das oft aufgelegte
Werk *Von der Erfahrung in der Arzneikunst* (1763/64). Er eroberte damit den
Fragen medizinischer Fachwissenschaft, über die man bisher in lateinischer
Sprache verhandelt hatte, den Salon und erschloß sie dem Gespräch der
Gebildeten. Er grenzte den Begriff Erfahrung von der praktischen Übung
ab und setzte ihn gleich mit Erkenntnis. Er legt Wert auf die Beobachtung und sieht als richtiger Aufklärer im Genie des Arztes die intuitive
Fähigkeit, aus Beobachtungen verpflichtende Schlüsse zu ziehen. So
nimmt er die Heilkunde in den Bereich der Aufklärungsphilosophie
auf, indem er für sich den Weg zur Praxis, für seine Wissenschaft den
zur Hygiene und Psychologie wies. Schließlich, schon im Wahn befangen,
machte Zimmermann seine persönlichen Gegner im Lager der Aufklärung (Knigge) für die Pariser Schreckensherrschaft verantwortlich.
In Artikeln, die er in der *Wiener Zeitschrift* (1792) veröffentlichte,
wurde er zum Reaktionär und Denunzianten, den niemand mehr
ernst nahm.

Entscheidend für Thomas Abbts Entwicklung war das Bewußtwerden des Unterschiedes zwischen der sich auflösenden und zum Untergang reifen Verwaltung seiner reichsfreien Heimatstadt und dem preußischen Staat, dessen Bewährung er in einer kritischen Phase des Krieges aus unmittelbarer Nähe erlebte. Aus dieser begeisterten Stimmung entstanden seine Frankfurter Antrittsrede *De rege philosopho* und die vielbewunderte Schrift *Vom Tode fürs Vaterland* (1761). Abbt hatte die „große und neue Denkungsart" der Untertanen des Staates an sich selbst erlebt. Er rettete die bedrohte stoische Haltung in den Patriotismus, dessen geistige Grundlagen er aus der antiken Geschichtsschreibung gewonnen hatte. So konnte er die Vaterlandsliebe über die Furcht vor dem Tode siegen lassen und überschwänglich-schwärmerisch ihre Verbindung mit der Ehrbegierde wünschen. Die moralischen Wochenschriften und die Aufklärungsphilosophie hatten ihm wenig zu sagen. Seine geschärfte Beobachtungsgabe, seine Zusammenfügung des religiösen Patriotismus mit christlicher Werkfreudigkeit, seine im Verkehr mit Möser aufsteigenden geschichtlichen und psychologischen Interessen rückten den *Menschen* ins Blickfeld seiner Gedanken. Abbt bemühte sich, Sitten-, Seelen- und Temperamentenlehre mit der Charakterkunde zur Einheit zusammenzuschließen. Sein geniales Anpassungsvermögen, sein unermüdliches Vortasten in wissenschaftliches Neuland und zu neuen Erklärungen ließen ihn die Überwindung der Aufklärung anbahnen und zum Vorläufer Herders werden. Dieser hat Abbts Andenken in dem fragmentarischen *Torso von einem Denkmal* (1769) festgehalten.

Thomas Abbt (1738–66), Sohn des Zunftmeisters der Perückenmacher in Ulm, nahm als Theologiestudent in Halle (1756) die Überlieferung seiner mütterlichen Ahnen auf. Zwischen seiner Lehrtätigkeit an der Universität Frankfurt a. d. Oder (1760) und als Professor der Mathematik in Rinteln (1761) hielt er sich längere Zeit in Berlin im Kreise von Mendelssohn und Nicolai auf. Eine Reise nach Oberdeutschland, der Schweiz und Frankreich (1763) schärfte seinen Blick für politische und soziale Verhältnisse und begünstigte seine Wendung zur Rechtswissenschaft. Den Möglichkeiten, Philosophie in Halle oder Mathematik in Marburg zu lehren, zog er ein Wirken als Konsistorialrat und Leiter des Schulwesens in Bückeburg unter dem Grafen Wilhelm I. von Schaumburg-Lippe vor.

In seinem Werk *Vom Verdienst* (1765) glaubte Abbt, seine Sendung als Erzieher und Lehrer des Volkes zu erfüllen. Er beschränkte sich auf eine Darstellung jener Eigenschaften und Rechte, die Voraussetzung von Verdienst und Anerkennung sind. Noch hat das denkende Genie den Vorrang vor dem wollenden und fühlenden. Abbt verbindet mit Genie die Fähigkeit, Ideen in Taten umzusetzen. Neben der aktiven, männlichen, befehlenden und der passiven, weiblichen, gehorchenden Seelenstärke, in denen er das Wirken rationaler Kräfte erkennt, kommen in seiner Einteilung der Menschen auch die Gemütskräfte zu ihrem

Recht: Herzensgüte und Hilfsbereitschaft. Aber das gute Herz muß durch Erziehung jener höheren Bestimmung zugeführt werden, die Abbt „Wohlwollen" nennt und als „edelste aller Gesinnungen" ansieht. Nach diesen Voraussetzungen werden große, hohe und allgemeine Verdienste unterschieden und ihnen noch die schönen beigesellt, welche sich auf ästhetische Voraussetzungen gründen. In der anschließenden Systematik steht das Soldatentum an erster, der *miles christianus* als Heiliger, Bekenner und Diener seiner Überzeugung an zweiter Stelle. Daran reihen sich die Beamten, Schriftsteller, Künstler und Prediger. Spricht Abbt vom Volk, so verläßt er die alten Aufteilungen nach Temperamenten oder Charaktertypen und gliedert nach ständischen, sozialen und anderen Ordnungen, die er mehr ahnend nach dem Menschlichen hin ausrichtet. In dieser Schrift versucht Abbt, die versinkenden Überlieferungen erbaulicher, volkstümlicher, moralisch-lehrhafter Prägung mit der gelehrt-theoretischen wissenschaftlichen Abhandlung, die sich noch immer nicht ganz von der lateinischen Formgebung befreit hatte, zu vereinigen. Er ist des trockenen Tones satt und durchsetzt seine ableitenden Ausführungen bewußt mit Ausrufen, mit lebendiger Rede. So nimmt der Prediger das Wort des systematischen Schreibers auf und durchbricht die Darstellung der Aufklärung. Die Berliner Freunde haben sich an mancher kühnen Wortschöpfung und dem bunten Gewebe der Sprache Abbts gestoßen.

Die ersten schriftstellerischen Versuche J u s t u s   M ö s e r s wollen moralisch bessern. Sein Drama *Arminius* (1749) stellte die „wahre Menschenliebe" ins Licht und warf die Frage der Vereinbarkeit von Politik und Moral auf. Nichts deutet darauf hin, daß er sich anschickte, das streitbare, humanistisch-moralisierende Literatentum zu überwinden. Seine geplante Ausgabe aller deutschen Poeten, welche bis zum Ende des 15. Jahrhunderts geschrieben haben, mochte sich an Gottscheds und Bodmers Anregungen gehalten haben. Aber daß er als *Harlekin* dichtete (1760) und eine *Verteidigung des Grotesk-Komischen* (1761) schrieb, zeigt, daß er seinen eigenen Weg einschlug. Dazu konnte er sich als Kenner der Weltliteratur und Shakespeares berufen fühlen. Seinen geschichtlichen Neigungen kam der Naturbegriff Rousseaus entgegen, doch war er nicht bereit, in der „natürlichen Religion einen Ersatz für die geoffenbarte" zu sehen; denn er wollte aus seinen Erkenntnissen der Vergangenheit der Gegenwart neue Kräfte zuführen. Die einzelnen geschichtlichen Perioden wurden ihm als Erscheinungsformen eines Organismus bewußt, in dem Sitten, Religion, Recht, Staat, Gesellschaft und Wirtschaft eine Einheit bilden. Er begreift das Menschentum aus seinen natürlichen und geschichtlichen Voraussetzungen, trennt das Individuelle vom Typischen und leitet die bunte Vielheit des Wirklichen aus der organischen Einheit und Urkraft des Volks-

tums ab. Mochte er sich auch auf die Moral berufen: an seinem Ge-
schichtsbild formten irrationale Kräfte. Ein Winteraufenthalt in England (1763/64) führte ihm Anregungen von Locke und Shaftesbury zu
und begünstigte die Planung seines Hauptwerkes *Osnabrückische Geschichte* (1768 ff.) aus der Erkenntnis, „daß der geringste Mann das allgemeine Wohl zu seiner Privatangelegenheit macht". Sein verständnisvolles Beobachten der Rechtsgewohnheiten ließ ihn im Mittelalter eine
durch Ehre zusammengehaltene menschliche und politische Gesellschaft erkennen, die den Menschen noch in der Achtung vor Besitz
und Rangordnung nach seinen Eigenschaften bewertete. Der friedliche
Kleinstaat ist sein Ideal, eine Geschichte des Volkes und seiner Regierungsform seine Forderung.

Justus Möser (1720–94) war der Sohn des Kanzleidirektors und Konsistorial-
präsidenten in Osnabrück. Das heroische Abschiedscarmen des Abiturienten (1740)
wehrte sich gegen das Bücherwissen. Möser studierte in Jena und Göttingen Rechtswissenschaft und Geschichte und opferte seine dichterische Neigung seinem Advo-
katenberuf in Osnabrück (1742). Dort stieg er vom Sekretär der Ritterschaft zum
Advocatus patriae (1747), Kriminaljustitiar (1762), Regierungsreferendar (1768) und
Justizrat (1783) empor.

Bewußt befreite Möser seine Ausdrucksweise von den Gewohn-
heiten des verstaubten Kanzleistils und der französischen Mode. Sein
Stil verdankt der *rhetorischen Volkstümlichkeit* die überzeugende Kraft.
Deshalb konnte seine Vorrede zur Osnabrückischen Geschichte dem
Programm der Geniebewegung eine feste Grundlage bieten. Sie wurde
in dem Bändchen *Von deutscher Art und Kunst* (1773) abgedruckt.
Journalistische Arbeiten, die Möser von 1766 an in den *Wöchentlichen
Osnabrückischen Intelligenzblättern* veröffentlichte, gab seine Tochter,
Frau von Voigts, unter dem Titel *Patriotische Phantasien* (1774) heraus.
Hier ging es um den Menschen in seiner Tätigkeit und Umwelt. Daran
konnten sich Herder, Goethe und sein Herzog begeistern. Sie fühlten
sich vom Geiste dieses Grundbuches der deutschen Volkskunde und
von seinem Stil berührt. Er erinnert uns, sobald er launig wird, an den
Wandsbecker Boten, mit dem Möser sich auch in der Herstellung der
alten naturgegebenen Ordnungen einig fühlen konnte. Schärfer als
Herder hat Möser den *Organismusgedanken* bestimmt. Die Wandlungen der
Freiheit waren ihm als Kennzeichen der einzelnen Epochen maßgebend:
1. der „güldenen", in der nur einer den Ackerhof beherrschte, 2. der
Periode, in welcher Geistliche, Vasallen und Reichsvögte das Schicksal
der Gemeinden entschieden, 3. der Zeit, in der die *gemeine Ehre* völlig
verschwand, und der Geldwert das Entscheidende war, 4. der neuesten,
in der die Landeshoheit entwickelt wurde. Die „gemeine Ehre" als
wertbeständiges Maß erinnert an den „gemeinen Nutzen", den Erasmus dem *Princeps christianus* als Ziel seines Handelns setzte. Wie die-

sem, so kommt es auch Möser auf die Erhaltung der Grundlagen des allgemeinen Wohles an. Der Besitz verpflichtet den Einzelnen dem Staat gegenüber. Alte naturgegebene und naturgewachsene Ordnungen bilden die Voraussetzung für eine gesunde Weiterentwicklung. Die alte Derbheit war die Genossin der wahren Fröhlichkeit. Was können die neuen Menschenrechte und Reformen von Einzelnen dem Staate nützen, der doch die Frucht einer vieljährigen, unablässigen Arbeit ist?

Alte Überlieferungen, humanistisches Gedankengut und der Wille zum Ausgleich zwischen Luthertum und Calvinismus verbinden sich in den beiden Hauptwerken Johann Michael von L o e n s, dem lehrhaften Roman *Der Graf von Rivera oder der ehrliche Mann am Hofe* (1740) und der Abhandlung *Die einzige wahre Religion* (1750/52). Jenem wurde nach Goethes Zeugnis Beifall und Ansehen zuteil, weil er „von den Höfen, wo sonst nur Klugheit zu Hause ist, Sittlichkeit verlangte". Diese verwickelte ihn in einen langen Streit mit der Orthodoxie.

Johann Michael von Loen (1694–1776) aus angesehener, ehemals niederländischer Familie hatte in Marburg und Halle Jura und schöne Wissenschaften studiert, beim Reichskammergericht in Wetzlar praktiziert, auf Reisen in Deutschland, den Niederlanden und Frankreich Einsichten in die politischen, religiösen und moralischen Zustände gewonnen, und lebte von 1724 an als Privatgelehrter in seiner Vaterstadt Frankfurt a. Main. Er war mit Katharina Sibylla Lindheimer, der Schwester von Goethes Großmutter, verheiratet. Er glaubte seine Ideen, welche er in zahlreichen Schriften niedergelegt hatte, als Regierungspräsident der Grafschaften Lingen und Teklenburg (1752) in die Praxis umsetzen zu können, wurde aber während des Siebenjährigen Krieges als Geisel von den Franzosen in Haft gehalten.

Loen forderte im Namen der Toleranz ohne unmittelbaren Anschluß an den Pietismus ein Ende der müßigen Zänkereien und des ewigen Sektenstreites. Er suchte im Sinne des Reformationsgedankens nach dem wahren Christentum, das bei keiner Glaubenspartei war. Das erinnert an geistige Haltungen, die auch in Württemberg noch lebendig und wirksam waren und sich gegen den Absolutismus des Herzogs Karl Eugen zu behaupten suchten. Solche bibelgläubige Vertreter des Rechtes konnten vorübergehend Anschluß an bestehende Religionsgemeinschaften finden. Bedeutungsvoller aber war es, daß sie ihren Zeitgenossen als Kämpfer um ihr Recht *neue Grundlagen des Staatsrechtes* zu gewinnen und das Rechtsbewußtsein der Völker zu ergründen suchten. Das war auch den Jüngern Rousseaus nach dem Herzen gesprochen.

Auch Johann Jakob M o s e r geriet mit der Forderung nach Rückkehr zu den Quellen des Christentums in Konflikte mit der Orthodoxie.

Johann Jakob Moser (1701–85) aus Stuttgart wurde 1720 außerordentlicher Professor in Tübingen. Er glaubte, seinen Plan einer Reformierung der Reichsjustiz in Wien durchführen zu können, folgte aber einem Rufe als Regierungsrat nach Stuttgart (1726), konnte sich jedoch dort gegen die Hofclique mit seinem *Grundriß der heutigen Staatsverfassung in Teutschland* (1731) nicht durchsetzen. Ebenso wenig gelang es ihm 1736 als Reformator der Universität Frankfurt a. d. Oder erfolgreich zu wirken. So zog er sich nach Ebersdorf im Vogtland zurück und verbrachte dort als tätiges Mitglied einer Gemeinde evangelischer Christen seine glücklichste Zeit (1739–47). Dort entstand sein Hauptwerk *Teutsches Staatsrecht* (mit allen Nachträgen über 70 Bände) auf der Grundlage der rechtsgeschichtlichen Quellen. Dann wirkte er in Hessen-Homburg an einer Reform des Staatswesens (1747–49) und als Leiter der von ihm geschaffenen Staatsakademie in Hanau (1749–51), in der eine neue Methode der Beamtenausbildung durchgeführt wurde. Als Landschaftskonsulent trat Moser 1751 wieder in den Dienst seiner Heimat, fiel jedoch, weil er die landständischen Rechte gegen die Truppenaushebungen Karl Eugens verteidigte, in Ungnade und wurde auf dem Hohentwiel gefangengehalten (1759–64). Die Bestätigung der Verfassungsrechte, welche Karl Eugen 1770 den Ständen zusicherte, rechtfertigte Mosers Verhalten.

Moser ist einer der fruchtbarsten deutschen Schriftsteller. Er suchte alte Überlieferungen und Haltungen zu retten. Es geht weniger um den literarischen Wert seiner etwa 1000 Kirchenlieder, die er als Gefangener zu seinem Troste dichtete, denn darum, daß er sein Schicksal mit Gelassenheit und Gottvertrauen trug. Er nahm eine der größten Revisionen der Bestände vor und versuchte, sie für die Zukunft fruchtbar zu machen, ohne den Zustrom neuen Gedankengutes aufzunehmen. Besinnung auf die Vergangenheit und maßvolle Reformen, die Rücksicht nehmen auf die bestehenden Ordnungen und bewährten Gesetze: das war Mosers Parole. Sein Staatsrecht ist der letzte, großangelegte Versuch einer einheitlichen Regelung der Rechtsverhältnisse im deutschen Reich. Diese sollen auf die festen Grundlagen des Herkommens, der Staatenverträge und diplomatischen Praxis gestellt werden.

Auch sein Sohn Friedrich Karl (Freiherr von) Moser (1723–98) stand in dem Rufe eines Staatsreformators. Er hat viele Anregungen seines Vaters weitergetragen. Er studierte in Jena Jura (1740), stand in Frankfurt a. Main den Pietisten nahe und trat in den Gesichtskreis des Knaben Goethe, war dann in hessen-homburgischen und kaiserlichen Diensten, wurde 1767 Reichshofrat und führte als Kanzler in Darmstadt (1772–80) ein autoritäres Regiment; es gelang ihm nicht, seine Ideen mit den ihm zu Gebote stehenden Mitteln zu verwirklichen. Nach seinem Sturz führte er einen langen Prozeß, bis er sich mit seinem Gegner versöhnte.

Friedrich Karl Moser fand als Feind der Aufklärung Anschluß an Hamann. Er schrieb das biblische Heldengedicht in Prosa *Daniel in der Löwengrube* (1763), in dem er als Daniel seine Ansichten gegen das absolute Regiment vorbrachte, ferner Tierfabeln, Satiren über das Schicksal der politischen Freiheit, die politischen Vorurteile und den revolutionären Zeitgeist. Seine Schrift *Vom deutschen Nationalgeist* (1765) suchte aus der lebendigen Reichsgesinnung des Stadtbürgertums die kaiserliche Macht zu stärken. Dem gleichen Ziele wollen seine *Patriotischen Briefe* (1767) dienen. Sie richten sich gegen die Fürsten und Friedrich den Großen, dessen Gleichgültigkeit der Religion gegenüber als ebenso große Gefahr angesehen wird wie die Tyrannei der kleinen Fürsten.

Eine Hauptfrage der Zeit suchte Moser in seiner Schrift *Der Herr und der Diener* (1759) zu lösen. Aber es war nach Goethes Wort schwer, einen Ausgleich zwischen den Herren, die den unbedingten Gehorsam forderten, und den Dienern zu finden, die nicht dazu bereit waren, ihrer Überzeugung Zugeständnisse zu machen. Moser unterscheidet zwischen solchen, die ihre Vorteile gewissenlos ausnützen, und jenen, die sich durch die gewissenhafte Beobachtung der Vorschriften verhaßt machen. In der Theorie hat Moser dieses Problem leichter zu lösen verstanden als in der Praxis. Was er warnend im Sinne der Erbauungsliteratur oder Moralsatire in alten Stoffen und Formen vorbrachte, wird im Drama des Sturms und Drangs zur bitteren, harten und unversöhnlichen Anklage, zum leidenschaftlichen Aufschrei einer gequälten Generation. Sie hatte den ergebnislosen Kampf der Politiker erlebt und setzte ihn nun im Bündnis mit dem Bürgertum gegen die soziale Ungerechtigkeit fort.

Isaak Iselin (1728–82) ging, nacndem er in seiner Heimatstadt Basel mit dem Studium der Philosophie und Rechtswissenschaft begonnen hatte, nach Göttingen (1747). Nachdem er sich zweimal vergeblich um ein Lehramt an der Basler Universität beworben und in Paris bedeutsame Anregungen empfangen hatte, wirkte er als Politiker in seiner Heimatstadt. In den Großen Rat wurde er 1754 gewählt. Das Amt eines Ratsschreibers und Rechenrates übernahm er 1756.

Iselins Wirken wächst aus der Erkenntnis, daß die alten Ordnungen einer Auffrischung mit neuem Ideengut bedürfen. Mochte er auch vom Standpunkt seines christlichen Humanismus die revolutionären Grundzüge der Lehren Rousseaus ablehnen, so stand er doch unter dem Eindruck seiner sozialen Theorien. Iselin lehrte in den *Philosophischen und patriotischen Träumen eines Menschenfreundes* (1755) Ehrfurcht vor den Gesetzen und forderte, daß in ihnen „edle Einfalt und natürliche Erhabenheit" herrschen. Mit dem naturhaften Urzustand der Menschheit begründete er, daß nicht die Staatsreligion, sondern die Liebe für Gedeihen und Wachstum des Staates maßgebend sind. Aber schon bald kam er über die utopischen Wünsche hinaus. Die Kenntnis der englischen Moralphilosophen unterstützte seine Wendung gegen die Aufklärung, die starke Betonung der Moral und eine höhere Bewertung der Philosophie und Ethik des Aristoteles. Von Cicero als dem Vater naturrechtlichen Denkens fühlte sich Iselin besonders angesprochen. Eine umfassende geschichtliche Bildung unterstützt seinen von 1750 an feste Gestalt gewinnenden Plan einer *Geschichte der Menschheit* (1764). Fünf Auflagen zeigen die Beliebtheit dieses Werkes. Politische und Staatengeschichte treten schon anfangs zurück hinter der Absicht, die Wandlungen der Sitten, des *bon sens*, darzustellen. Deshalb stellt das erste Buch die psychologischen Bedingtheiten des Menschen dar, dann wird die Kindheit des Menschengeschlechtes als Zustand des Unbewußten geschildert, berührt von der Welt der Idyllen Geßners (2. Bd.); die Wildheit einer ungebändigten Jugend löst diesen schönen Zustand ab (3. Bd.), dann erst ist besonders bei den orientalischen Völkern nach der Bibel als Quelle das Werden der Sittlichkeit zu beobachten (4. Bd.). Größe und Mängel werden im geistigen und sittlichen Leben der Griechen und Römer aufgedeckt (5. Bd.). Die schnelle Überleitung auf die Gegenwart (6. Bd.) hat kaum einen Blick für das Mittelalter.

Mit der Forderung, den Wahrheitsgehalt der einzelnen Schriftsteller zu prüfen, dem Verzicht auf quellenmäßige Kleinarbeit, dem Hinweis auf die Beobachtung von Entwicklungen und Zusammenhängen, der scharfen Unterscheidung zwischen großen und wahrhaft tugendhaften Charakteren und dem optimistischen Glauben, daß die Geschichte den Weg in eine bessere Zukunft zeige, hat Iselin Anregungen an die neue Generation weitergegeben. Bei aller Anerkennung der Leistungen Friedrichs des Großen sah er in ihm keinen Idealmonarch. Iselins Schinznacher Rede *Über die Liebe des Vaterlandes* (1764) unterscheidet den echten, aus reinster Menschenliebe entspringenden, durch Gerechtigkeit und Wohlfahrt geleiteten von dem triebhaft beschränkten Patriotismus, ohne diesem die Möglichkeit abzusprechen, wertvolle Leistungen zu vollbringen. Iselin sieht die echte Religion durch Schwärmerei und Unglauben gefährdet und rettet das alte oberrheinische Erbe des christlichen Humanismus in die neue Zeit hinüber. Von seiner Geschichtsphilosophie führen viele Wege zu Herder.

Auf ganz andere Weise, durch ein umfassendes deutsches Wörterbuch hat Johann Christoph Adelung am nationalen Bewußtsein der deutschen Literatur mitgewirkt.

Johann Christoph Adelung (1732 - 1806) ist in Spantekow bei Anklam als Sohn des dortigen Pfarrers geboren. Er wurde gleichzeitig mit Wieland zu Klosterbergen bei Magdeburg ausgebildet und studierte 1752-58 Theologie in Halle. Dann unterrichtete er am evangelischen Gymnasium in Erfurt, wurde 1760 zum Mitglied der Mainzischen Akademie und 1762 zum Rat ernannt. Von 1765 an lebte er als Privatgelehrter in Leipzig, bis er 1787 zum Leiter der kurfürstlichen Bibliothek in Dresden ernannt wurde.

In Leipzig entfaltete Adelung eine fruchtbare literarische Tätigkeit als Übersetzer, Redakteur, Herausgeber, Kritiker, Mitarbeiter an Wörterbüchern und biographischen Nachschlagewerken. Die 1. Ausgabe seines *Wörterbuches* erschien 1774–86 bei Breitkopf, dem er von Gottsched empfohlen war. Eine Neubearbeitung kam 1793–1801 und ein Auszug 1793–1802 heraus. Das war die bewundernswerte Leistung eines Mannes, der die damals bekannten mittelhochdeutschen Texte verwertete, sich vor allem auf Gellert, Gleim, Kleist, Ramler und Weiße berief und die gebildete obersächsische Umgangssprache seiner Zeit festhielt. Die Klassiker haben Adelungs Wörterbücher immer zu Rate gezogen. Seine *grammatikalischen Lehrbücher* wurden allgemein verwertet. Sein Standpunkt weist ihn noch der Aufklärung zu. Auf eine Anregung von Herder entstand sein *Versuch einer Geschichte der Kultur* (Leipzig 1782).

6. ROMAN UND ERZÄHLUNG

Die maßvollen Anregungen, welche Blankenburg dem deutschen Roman gab, stehen im Zeichen der Loslösung der deutschen Dichtung vom französischen und der Hinwendung zum englischen Vorbild. Diese allgemeine Richtung und das Suchen nach Einflüssen stellte die Entwicklung des deutschen Romans vor Goethes Werther in die unmittelbare Gefolgschaft der englischen Romane. Dennoch ist das Empfinden, das sich im Leiden bewährt, wie es der *Familienroman* und die *bürgerliche Tragödie* gleichzeitig beispielhaft vorführen, nicht ausschließlich englischer Herkunft. Marivaux und der französische sentimentale Roman hielten die gleichen bürgerlichen Stimmungen fest und konnten ebenso zur Nachahmung aufrufen. Es ist in diesem Bereich ähnlich unmöglich, jedes Motiv mit seinem Herkunftsstempel zu versehen, wie es in den theoretischen Erörterungen unmöglich ist, einen Ursprungsnachweis der einzelnen Anregungen zu führen. Da und dort kommt die begünstigte und erfolgreiche Einzelheit zu Ansehen. Von entscheidender Bedeutung ist die beginnende Auflösung der gegensätzlichen Charaktere, die Gewinnung neuer Mittelpunkte, um welche sich das Geschehen anordnen läßt. Um die Persönlichkeit *Pamelas*, ihre Liebe und die Überwindung der Intrige gestaltete Richardson seinen ersten erfolgreichen Roman (1740). Er nützte die Möglichkeiten des Briefes aus und setzte die Leser mitten in die Handlungen. *Clarissa* (1748) wurde vor die Entscheidung zwischen Lovelace und Solmes, und *Grandison* (1753) vor die Entscheidung zwischen Harriet und Clementine gestellt. So boten sich Möglichkeiten, neben den in sich geschlossenen tugendhaften Charakter des Helden oder der Heldin einen gleichgearteten und einen ungleich gearteten Partner zu stellen. Das erste ergab ein wechselvolles Spiel, konnte aber die Harmonie nicht stören. Das zweite ergab einen Widerspruch, der nicht zu lösen war, auch wenn die alten Typen des Spielers, Trinkers und Liebesnarren ausgeschaltet blieben; denn auf einen solchen Nenner läßt sich der Schwärmer und Egoist Lovelace nicht bringen. Er hat als schwacher, nicht als schlechter Charakter zu gelten. So hat Richardson Persönlichkeiten im Rahmen der Familie dem Roman gewonnen. Im Gegensatz dazu hielten Fielding und Smollett die Überlieferung des Abenteuerromans aufrecht. *Tom Jones* (1749) ist ein bürgerlicher Don Quichote. Humor und Satire siegen über die Lehrhaftigkeit. Smollett, der bei

Lesage in die Schule gegangen war, schuf Seemannstypen vom Schlage des *Miles gloriosus* oder *Picaro* zu einer Zeit, da dieser Typus in Deutschland nur wenig Anziehungskraft besaß.

Einzig als *Kammermädchenlektüre* konnte sich eine Nachkommin der Landstörzerin Courage bewähren. Das war *Die weit und breit gereiste Tirolerin Trutschele*, deren Handel und Wandel, Hausieren, Singen, Tanzen und Buhlen der unternehmende Frankfurter Verleger Deer in drei Romanen in den vierziger Jahren beschrieb. Nach Sensation und Kritik an sozialen Verhältnissen verlangten die deutschen Leser, die Gellerts Moralunterricht besucht hatten, nicht mehr, aber sie konnten sich an dem Familienidyll des *Pfarrers von Wakefield* (1766) freuen. Die letzte englische Anregung wurde dem deutschen Roman von Sterne zugeführt in einer eigentümlichen künstlerischen Mischform, welche vielen etwas bieten konnte; denn Abenteuerroman, moralische Wochenschriften, Reisebericht, philosophische Abhandlungen und Stimmungsgemälde vereinigten sich in *Leben und Meinungen des Tristram Shandy* (1760/67) und *Yoricks Empfindsamer Reise* (1768). Da ging es weder um Entwicklungen noch um die Führung einer Handlung bis zum Höhepunkt, sondern die Kunst lag im Ausmalen des Kleinsten, im Abschweifen, im persönlichen Vortrag der eigenen Meinung. Das Prinzip des Aufbaus war allein die Verzögerung. Der Autor stellte sich mit einem Zauberstab vor seinen Kasten mit all den menschlichen Sonderbarkeiten, Zufällen oder Tücken der Erscheinungen und ließ sie seinem Wink gehorchen.

Es ist, als ob eine Schar von Übersetzern darauf gewartet hätte, der deutschen Leserwelt diese verschiedenartigen Erscheinungen und Elemente des englischen Romans zu erschließen. *Clarissa* wurde zwischen 1748 und 1796 fünfmal verdeutscht. Unter den zahlreichen Übersetzern treten zwei deutlich hervor. Johann Mattheson (1681–1764), der Kapellmeister in seiner Vaterstadt Hamburg war, beeilte sich, Richardson seinen Zeitgenossen zu erschließen. Er übertrug *Pamela* (1742 u. 1750), *Clarissa* (1748/51) und *Grandison* (1754/59). Johann Joachim Christoph Bode (1730–93), ein Soldatensohn aus Braunschweig, der sich bis 1756 als Oboist durchs Leben brachte, widmete sich in Hamburg eifrigem Sprachstudium und begründete mit dem Geld seiner Frau eine Druckerei und Verlagsbuchhandlung, in der die *Hamburgische Dramaturgie* und der *Wandsbecker Bote* erschienen. Der Mißerfolg, den er mit seinen Unternehmungen hatte, veranlaßte ihn, als Sekretär der Witwe des Grafen Bernstorff 1778 nach Weimar zu folgen. An Dramen begann sich die zunehmende Gewandtheit des Übersetzers zu entfalten (1754). Von 1768 an übertrug er Sterne, Smollett, Goldsmith und Fielding, treu der Vorlage als einfühlender Vermittler des Empfindungsgehalts und der geistigen Atmosphäre. So ist Bode, Lessings Rat folgend, ein wirksamer Herold des englischen Geschmacks gewesen.

Im Spiegel der englischen Verhältnisse und nicht im Spiegel des Wielandschen Griechentums wurde das Fühlen, Empfinden und Denken der Gegenwart der deutschen Dichtung gewonnen; denn das Ziel der europäischen Dichtung des Zeitalters richtete sich weniger nach der nationalen

Besonderheit, als nach der gemeinsamen Natur der Völker. So zeigt die
Entwicklung des Romans den Weg zu einem Menschentum, das seine
Kraft aus der Natur gewonnen hat und über sich selbst Klarheit sucht.

Johann Karl August Musäus (1735–87) war der Sohn eines Amtskommissärs
und Landrichters zu Jena. Er verbrachte seine Jugendjahre in Eisenach und Allstedt
und kam 1754 als Student der Theologie nach Jena. Doch fand er 1763 seinen Beruf
als Pagenhofmeister und 1769 als Professor am Gymnasium in Weimar. Dort erfreute er sich allgemeiner Beliebtheit. Als Mitarbeiter an der *Allgemeinen deutschen
Bibliothek* setzte er sich von 1766 an mit der Romantheorie auseinander.

Mit dem dreibändigen, anonym erschienenen Roman *Grandison der
Zweite oder Geschichte des Herrn von N.* (1760/62) wurde Musäus zum
Schöpfer des deutschen komisch-satirischen Romans nach dem Muster
des *Don Quichote*. Die zweibändige Überarbeitung *Der deutsche Grandison*
(1781/82) straffte den Stoff. Hauptsache blieb die Parodie auf Richardson
und dessen deutsche Nachahmer im Leben und in der Literatur, vornehmlich im Briefroman. Der Held, ein Landjunker, besitzt mit der Anlage eines Genies die Neigung zum Wunderbaren und zu außerordentlichen Visionen, so daß er sich als zweiter Grandison fühlen kann. Das
verspottete romantische Hochgefühl der Gestalten Richardsons tritt in
der zweiten Fassung hinter der Karikatur des Geniewesens und der
Physiognomik zurück, die Musäus inzwischen auf den Spuren Sternes in
dem Roman *Physiognomische Reisen, voran ein physiognomisches Tagebuch*
(1778/79) verspottet hatte. Seine *Volksmärchen der Deutschen* (1782/87)
verarbeiten Stoffe volkstümlicher mündlicher Überlieferung und französischer Herkunft (Mme. d'Aulnoy und Perrault). Die Naivität des
Märchens löst er ironisch auf, indem er sich über das Erzählte lustig
macht und das Überirdische nicht gelten läßt. Er verspottet es, erklärt
es verstandesmäßig oder setzt es zu Gegenwart und Wirklichkeit in Beziehung. Erweckte Tote schlafen, Wunden werden durch Salben geheilt.
Wie nützlich wären dem Menschen von heute solche Wunderdinge, mit
denen sie stets ihren Hunger stillen, sich unsichtbar machen oder nie in
Geldverlegenheiten sein könnten! Jede Gelegenheit, Pfaffentum, Intoleranz, Aberglauben und Engherzigkeit zu verspotten, wird wahrgenommen. Das Mittelalter als Zeit der Kreuzzüge und der Hierarchie wendet
uns nur seine dunklen Seiten zu. Josef II. wird als Feind der Mönche
gefeiert. Dazu wird eine Überschau über die zeitgenössische erzählende
Literatur unternommen: Empfindsamkeit, Erziehungsfragen, Reise-
abenteuer und Hexerei treten zurück hinter den Helden der Volkssage
Dietrich von Bern, Hildebrand, Rennewart und dem gehörnten Siegfried.
Wenn Musäus gleichzeitig die Bemühungen um die Reinheit der deutschen Sprache eines Gottsched, Adelung und Campe verspottet, so zeigt
sich, wie brüchig die Erbschaft der Sprachgesellschaften geworden war
und wie sich gleichzeitig das Märchen von fremden Vorbildern befreit.

Moritz August von Thümmel (1738–1817) aus Schönfeld bei Leipzig, studierte 1756 unter Gellert, war mit Garve, Weiße, Rabener und E. v. Kleist befreundet, trat 1761 in sachsen-koburgische Dienste, unternahm mit seinem älteren Bruder eine Reise nach Frankreich und Italien (1772–77) und lebte, nachdem er sich 1779 verheiratet hatte, in Koburg. Er gab 1783 seine Ämter auf, widmete sich der Verwaltung seiner Güter und war viel auf Reisen.

Schnell berühmt wurde Thümmel durch das kleine Werk *Wilhelmine oder der vermählte Pedant* (1764). Es vollzieht die Wendung zur Prosa im Bereich des komischen Heldengedichtes. Wilhelmine, die Tochter eines Verwalters, erfreut sich als Kammermädchen bei Hofe der Gunst des Hofmarschalls. Dort bringt der gutherzige, unbeholfene Landprediger Sebaldus seine Werbung vor und feiert dann in seiner Pfarre Hochzeit. Die realistischen Elemente stammen aus England, aber die Seelenhaltung kam aus der Umwelt Klopstocks und Kleists. Thümmels reifstes Werk *Reise in die mittäglichen Provinzen von Frankreich* (10 Teile 1791–1805) verwebt Aufzeichnungen und Erinnerungen mit der Absicht, den reisenden Helden von seiner Hypochondrie zu heilen. Er ist am Vorabend der Revolution mit offenen Augen durch das Land gereist, hat Einblicke in den Aberglauben gewonnen, aber auch aufgeklärte Männer kennengelernt. Er sieht, wie sich die Lebensformen der Adligen von der Natur entfernt haben, Despoten das Land aussaugen und ein wohlorganisierter Polizeiapparat Meinungen und Kritik knebelt. So wird dem aufgeklärten, blasierten Reisenden seine Verbildung zum Bewußtsein gebracht. Er lernt, auf die Stimme seines Gefühls zu horchen, und reift dem Verstehen des preußischen Staates entgegen. Diesen Weg schreibt ihm das Motto vor: „Eile in die Arme der Natur zurück!" Aus dem Aberglauben wächst die Verderbnis der Sitten, und daraus erfolgt der Umsturz des Staates. Ihn zu verhindern, bedarf es einer *Erziehung nach neuen Grundsätzen*, die der Natur wieder zu ihrem Recht verhelfen. So hat Thümmel die Absicht seines Romans in einem Brief an Weiße entwickelt. Die Tagebuchform gestattet die Anschwellung des losen Romangefüges mit Zutaten, die oft weitab vom Gegenstand liegen. Der Stil ist gepflegt und gewandt, er paßt sich den wechselnden Stimmungen und Gegenständen an, er hält die Mitte zwischen verstiegener Schwärmerei und nüchterner Stoffhuberei. Thümmel weiß die Anmut und Leichtigkeit Wielands mit der humorvollen Weltsicht Sternes zu verbinden.

Johann Timotheus Hermes (1738–1821), Sohn eines Predigers in Petznick bei Stargard, studierte in Königsberg Theologie und wurde nach längeren Aufenthalten in Danzig und Berlin Lehrer an der Ritterakademie in Brandenburg und Hofprediger in Anhalt. Von 1772 an lebte er als Prediger und Propst in Breslau.

Der Übergang von der moralisch-lehrhaften Abhandlung zum Roman wurde Hermes von seinem Lehrer Arnold in Königsberg gewiesen, als ihm dieser die Umsetzung einer moralischen Kollegstunde in Handlung zur Aufgabe stellte. Von Richardsons Romanen wurde er angeregt, „die ganze Moral des Weibes in der Form selbstgemachter Erfahrungen niederzuschreiben". Diese Vorstudie verwertet er in der *Geschichte der Miß Fanny Wilkes* (1766). Sie war „so gut als aus dem Englischen übersetzt"; denn der Roman liest sich wie eine Paraphrase des *Grandison*. Aber trotz Richardson, Fielding und den vielen Briefen ist *Sophiens Reise von Memel nach Sachsen* (1770/73) mit Recht als Original angesehen worden, weil hier deutsche Verhältnisse dargestellt werden. Die zeitgenössische Beurteilung konnte den Roman als ersten deutschen „lesbaren psychologischen Roman" begrüßen, hatte aber doch den aufdringlichen Moralunterricht auszusetzen. Die breite Schilderung des geistigen, gesellschaftlichen, religiösen und sittlichen Lebens blieb die Hauptsache. Die seelischen Vorgänge und Wandlungen werden nur in den äußeren Handlungen sichtbar. Die Menschen bleiben Typen. So hat Hermes nur einen Versuch gewagt, den Roman aus dem Bann der Moralsatire und des Erbauungsschrifttums zu lösen. In seinen späteren Werken, Predigten, frommen Gedichten und erläuterten Lesefrüchten hält er die lehrhaften Grundsätze aufrecht und verteidigt seine unzeitgemäße Stellung gegen Empfindsamkeit und Geniewesen.

In keinem anderen Werk der Zeit finden sich die Elemente der auseinanderfließenden geistigen Strömungen so friedlich beisammen wie in der *Geschichte des Fräulein von Sternheim* von S o p h i e   G u t e r m a n n .

Sophie Gutermann (1731–1807) stammt aus einer Augsburger Patrizierfamilie. Ihr Vater war Arzt. Seinem Starrsinn gehorchend, entsagte sie ihrer Verlobung mit dem italienischen Arzt Bianconi (1749). Dann schloß ihr der Vetter Wieland eine neue geistige Welt auf. Aber auch diese Verbindung löste sich. So war Georg Michael la Roche, der natürliche Sohn des Grafen Friedrich Stadion, dem Vater ein willkommener Schwiegersohn. Mit ihm verbrachte sie die ersten acht Jahre ihrer Ehe (1754–62) in Mainz an einem fürstlichen Hof, der sich nach dem Vorbild Ludwigs XIV. gebildet hatte. Dort und in Warthausen, dem Alterssitz Stadions (1762–68), lebte sie als einzige Protestantin unter aufgeklärten Katholiken. In Ehrenbreitstein, wo la Roche als Staatsrat des Erzbischofs von Trier wirkte (1770–80), konnte Sophie als anerkannte Romanschriftstellerin wieder einen Salon führen. Die beiden Jacobi verkehrten dort. Leuchsenring, Wieland, Goethe und Merck kamen als Gäste. Die Verfasserin des *Fräulein von Sternheim* sprach nach dem Herzen der Empfindsamen. Dennoch wurde sie sich des Abstandes bewußt, der den Werther von ihrer Welt trennte. Als la Roche 1780 seines Amtes enthoben wurde, konnte sie sich als *Erzieherin von Teutschlands Töchtern* ansehen. Ihr Briefwechsel, ihre Zeitschrift *Pomona* (1783), die von Katharina II. unterstützt wurde, und eine umfangreiche literarische Produktion nahmen sie ganz in Anspruch. Auch sie ging den Weg der Empfindsamen zu den Nachtseiten der Naturwissenschaften, den ihr Jung-Stilling zeigte. Die Beschreibungen ihrer *Reisen nach der Schweiz, Holland, Frankreich und England* hielten ihre Triumphe fest. Nach dem Tode ihres Mannes (1786) lebte sie im Kreise ihrer Enkel, der Kinder ihrer Tochter Maximiliane Brentano.

Die Geschichte des Fräulein von Sternheim (1771), die mit einem Vorwort Wielands erschien, hat als erster Seelenroman einer Frau großes Aufsehen erregt. Die Verfasserin schrieb sich ihren Unmut von der Seele; denn sie wollte wenigstens im Geiste Erzieherin sein, da es ihr versagt blieb, die eigenen Töchter heranzubilden. Für solche „Mädchenerziehung in empfindsamen Tönen" war der Brief das geeignete Darstellungsmittel. Sophie la Roche verstand es, Menschen zu beurteilen, Erlebnisse und Angelesenes mit deren Schicksalen zu verweben. Damit war zu zeigen, daß die Menschen, auch wenn sie vom Glück völlig verlassen seien, „in einem mit nützlicher Erkenntnis angebauten Geiste in tugendhaften Grundsätzen des Herzens und in wohlwollender Nächstenliebe die größten Hilfsquellen finden". Wieland nahm seine betreuende Aufgabe ernst. Gellert und Richardson standen Pate. Ahnungslosigkeit, Verführung, edle Hilfsbereitschaft, ein dunkler Ehrenmann, der sterbend seine Schandtaten bekennt, und eine glückliche Lösung – das waren alte Requisiten. Ein in der Natur ruhendes Leben des füreinander bestimmten Paares (Sophie von Sternheim und Lord Seymour) erfüllte schließlich die Aufgabe der Volksbeglückung im Sinne der Aufklärung.

Sophiens Haltung, die sie ihr Schicksal überwinden ließ, war das Ergebnis einer wohlerwogenen Erziehung. Die starren Charaktertypen gewannen nun Züge aus dem Leben. Das äußere Geschehen war die Voraussetzung seelischer Vorgänge und Entwicklungen. Die läuternde Kraft wahrer Liebe wurde sichtbar. Den Frauen wurden soziale Aufgaben vorgeführt, und den schwärmenden Jünglingen wurde gezeigt, daß der Entsagende, wenn ihm sein Wunsch auch schließlich nicht erfüllt wird, als Erzieher ein dankenswertes Feld vor sich hat. Der Jubel der jungen Genies und ihre Abkehr von Wieland zeigen, daß die la Roche Atmosphäre zu vermitteln verstand. Aber ihre Menschen fügten sich einer festen sittlichen Ordnung, sie waren weit davon entfernt, ihre Handlungen unter das Gesetz ihrer Persönlichkeit zu stellen. Sophie la Roche konnte die Leiden des jungen Werthers nicht begreifen.

Sie schrieb ihre *Frauenzimmerbriefe* für die *Iris* Jacobis (1775 f.) und gab sie gesammelt in drei Bänden als *Rosaliens Briefe* (1779/81) heraus. Es konnte der enttäuschten Geniegeneration als Rückfall in die Zeit der moralischen Wochenschriften erscheinen, wenn ein junges Mädchen über seine Erfahrungen berichtete und eine sittliche Ordnung nach dem aufstellte, was sie mit ihrem Oheim auf Reisen, als Verlobte und junge Frau erlebt hatte. Das war ein Lehrbuch für Mütter und solche, die es werden wollen. Der Oheim trägt Züge von la Roche, der Verlobte Züge Wielands, wie er Sophie einst erschienen war. Aber sie lösten sich auf, ehe sie zum festen Bild werden konnten. Nur die Grundsätze einer modernen, körperlichen und geistigen Erziehung zur mütterlichen Frau haben eine tiefere Wirkung ausgeübt. Aber den romantischen Frauen hatte auch das nichts mehr zu sagen. So fanden die Werke der la Roche schließlich wieder zurück zu Gellert. Garve wurde ihr Philosoph und Marmontel das Vorbild für die *Moralischen Erzählungen* (1786) und *Nachlese* (1788), Reisebeschreibungen, selbstbiographische Werke und Romane, in denen zuletzt ihr eigenes Lebensproblem – Resignation und Liebe – abgewandelt wurde. Der dreibändige Roman *Erscheinungen am See Oneida* (1797/98) schildert das Leben eines französischen Emigrantenpaares auf einer nordamerikanischen Insel und wie es ihm gelingt, dort um Indianer und deutsche Ausgewanderte das Band edler Menschlichkeit zu schlingen. Das war eine Neuauflage der *Insel Felsenburg* (Bd. 5 S. 479f.) mit Zügen aus dem Werk von *Bernardin de Saint-Pierre* (1737 bis 1814).

Helferich Peter Sturz nennt seine literarischen Arbeiten „Kleinigkeiten, hingeworfen in Erholungsstunden". Sie werden im Ton eines gesellschaftlichen Gesprächs vorgetragen, wechseln von der andeutenden Darstellung zum Dialog und passen sich den Verhältnissen und Personen an.

Helferich Peter Sturz (1736–79) aus einer angesehenen Familie in Darmstadt, studierte in Jena (1753), Göttingen (1755) und Gießen (1756) Jura. Zu Beginn seiner diplomatischen Laufbahn gewann er Einblick in das Feldleben des Siebenjährigen Krieges. In Glückstadt wurde er 1760 Privatsekretär des Kanzlers Adolf Gottlob von Eyben, ehe er im Departement für auswärtige Angelegenheiten in Kopenhagen die Gunst Bernstorffs gewann (1764), in den Kreis der Deutschen am dänischen Hofe trat und seine ersten literarischen Arbeiten (1767) veröffentlichte. Im Gefolge König Christians VII. reiste er als Legationsrat nach England und Frankreich (1768). Im Zuge der dänischen Palastrevolution (1772) wurde er seiner Ämter enthoben und verhaftet. Er trat 1773 in oldenburgische Dienste und starb in Bremen. In Kopenhagen gab Sturz die Zeitschrift *Menechmen* heraus. Doch hatte er mehr Erfolg mit seinen Reisebriefen, in denen er Eindrücke von Necker veröffentlichte. Diese Briefe sowie andere Essays, Personencharakteristiken und Erinnerungen sind vor allem im *Deutschen Museum* (1777–79) erschienen und noch von Sturz selbst in einer ersten Sammlung (1779) herausgegeben worden. Die zweite Sammlung besorgte Boie (1782).

Seinem künstlerischen Wollen entspricht die Form des *Essays*. Sie läßt scharfe Beobachtung, gesellschaftlich-weltmännische Sicherheit, Freude an der unerwarteten Wendung, anregendes Andeuten, Abtasten des Themas und spielerische Leichtigkeit in der Beherrschung der Register sichtbar werden und zeigt uns, daß hier der deutschen Sprache Ausdrucksmöglichkeiten der französischen und englischen bewußt abgerungen werden. Sein Grundsatz: *il faut être plein de son sujet pour bien écrire* gestattet ihm, von verschiedenen Fronten wie zufällig und planlos seinem Gegenstand an den Leib zu rücken, vom Einwand zur allgemeinen Betrachtung hinüberzuwechseln, anzudeuten, scharfe Linien zu ziehen, herauszuholen, was ihm beliebt, nicht abzuleiten, logisch zu entwickeln, erschöpfend darzustellen oder moralisch zu belehren. Sturz will unterhalten und anregen. Er überwindet Parodie, ironisches Lob und Spott im Geiste Liscows, berührt sich mit Gerstenberg, schult sich an Klopstocks Wortwahl, belastet wie dieser das Verbum mit Sinn und gibt dem Satz rhythmische

Bewegtheit. Dem kräftigen Einsatz entspricht der betonte Abschluß des zusammengeballten Satzes. Sturz ist, wie er sagt, Grobschmied und Goldschmied zugleich. Er beherrscht Antithese, Metapher und Aphorismus. Er hat seine Bilder geschaut, hat wohlberechtigte Verteidigungsreden verfaßt und, ohne ihren Eindruck abzuwarten, in nüchternem Tatsachenbericht das Verhalten der Richter festgehalten, so in dem vielbeachteten Bekenntnis einer Kindsmörderin mit der Anklage gegen die Gesellschaftsordnung, die Kaltherzigkeit der Menschen und die barbarische Härte der Gesetze. Die Furcht vor der drohenden Schande ist größer als die Furcht vor dem Gesetz. Die Kindsmörderin bringt es nicht über sich, sich „einer endlosen Verachtung zu opfern". Dazu ist sie „nicht verächtlich genug" (*Abhandlung über Todesstrafen* 1776). Nachklänge dieser Rede sind im Wortlaut von Schillers Gedicht *Die Kindsmörderin* (1782) beobachtet worden.

Vor das neue Nationaltheater legte Sturz wie vor ein Findelhaus sein fünfaktiges Trauerspiel *Julie* (1767) mit einem *Brief über das deutsche Theater* nieder. Er gibt sich als patriotischer Deutscher und wendet sich gegen Nachahmung, Übersetzung und französischen Klassizismus. Er sucht einen Mittelweg zwischen der englischen Kühnheit und der französischen Regelangst, empfiehlt nordische und mittelalterliche Geschichte als Stoffquellen und führt den Mangel an Lustspielen auf die politischen Zustände zurück. Sein späteres *Medeafragment* verläßt die Senecatradition und bildet die Vorstufe zu Klingers Medeadramen. Was Sturz im *Deutschen Museum* (1776) über den Vaterlandsstolz schreibt, hält die Mitte zwischen Abbt und der Göttinger Vaterlandsschwärmerei. Er berichtet als Hypochondrist über seine Erfahrungen mit den Vertretern der Heilkunde und äußert sich über die Physiognomik. In seinem *Fragment über die Schönheit* (1776) spricht er als ausübender bildender Künstler. Wohl ist der Begriff der Schönheit bei den einzelnen Völkern verschieden, aber er findet seinen Maßstab nicht in der Theorie, sondern in Griechenland. Was Klopstock im Messias darstellte, bleibt dem bildenden Künstler unerreichbar; denn trotz allen Bemühungen wird er nicht über Phidias hinauskommen, weil er nicht aus der Phantasie allein schaffen kann. Maßgebend bleibt für ihn, was ihm die Umwelt bietet. Bei aller Zurückhaltung vor den letzten Folgerungen des Naturevangeliums verteidigt Sturz Rousseau gegen seine Feinde. Doch wahrt er mit seiner Forderung nach Bescheidung, Zurückhaltung und Betätigung innerhalb fester Grenzen den Abstand von allem Radikalismus. Als Meisterstück priesen die Göttinger die *Erinnerungen an Bernstorff* (1777). Liebe und Verehrung lassen Sturz auf seine schönsten Lebensjahre zurückblicken und das Bild seines vorgesetzten Gönners entwerfen. Da spürt man die ungezwungene Meisterschaft seiner natürlichen Ausdrucksweise. Ähnlich führt Sturz Cramers Erhebung Klopstocks aus ätherischen Gefilden auf das menschliche Maß zurück, wenn er den geselligen Klopstock in seiner Menschlichkeit und im liebenswürdigen Umgang zeichnet. Seine literarische Porträtkunst bewährte sich in Darstellungen von *Pitt* (1778), *Samuel Foote* (1779) und *Herder* (1777). Diesen schilderte er nach Eindrücken einer Predigt in Pyrmont: „So haben die Schüler der Apostel gepredigt". Einen Zugang zum Sturm und Drang hat Sturz nicht gesucht. Seine Meisterschaft in der kleinen humoristischen Erzählung ist erst spät beachtet worden. *Die Reise nach dem Deister* (1778) bringt die Unterhaltung eines gutmütigen Pedanten mit seiner klugen Frau, die sich scheinbar zwingen läßt, den angekündigten Hausputz aufzugeben und eine Spazierfahrt zu unternehmen, die sie längst geplant hatte. Die vier anschließenden, moralisch-betrachtenden Briefe zeigen die alten Bestände der Ehestand- und Moralsatire vor ihrem endgültigen Aufgehen im erbaulichen Traktat.

7. GERSTENBERG

Als Anbahner einer neuen Bewegung von einem Platz aus, der zwischen Lessing und Herder, zwischen Klassizismus und Geniebewegung lag, als Herold Kants und Gegner der Romantik ist Gerstenberg ein Mitläufer der Goethezeit, ein Dichter und Kritiker, von dessen Leistungen man sich mehr versprach, als er später erfüllen konnte. Mit Lessing verbindet ihn die Abkehr von seiner Jugenddichtung, die Erprobung neuer Formen, mit Herder der Wille, einen überlebten literarischen Zustand zu beseitigen, die Ahnung der Schöpferkraft des Genies, die Fähigkeit, Atmosphäre zu vermitteln. Dennoch läßt er sich nicht hinreißen, alte Ordnungen und Gesetze zu zerbrechen, über Aufklärung und Klassizismus zu triumphieren, der Wendung der deutschen Dichtung zuzujubeln. In seiner hypochondrischen Nervosität empfand er sich selbst als Sonderling. Deshalb widersetzt er sich auch der Einordnung in eine geistige Bewegung oder Stilform der Zeit. Ein Mann, von dem solche Anregungen ausgingen, mußte enttäuschen, wenn er es nicht wagte, seine neuen, erdachten und erfühlten theoretischen Erkenntnisse in die Tat umzusetzen. Dem Systemzwang der Aufklärung haben sich auch andere widersetzt, aber keiner hat darunter gelitten wie Gerstenberg; denn er empfand die Fragwürdigkeit des Aufklärungsoptimismus, weil er als Beobachter seiner selbst um die Bosheit des menschlichen Herzens zu wissen glaubte und sich scheute, die Folgerungen zu ziehen, die man aus seiner Haltung mit Recht erwarten konnte. Selbstironie, die ihn veranlaßt hätte, sich weniger ernst zu nehmen, fehlte ihm. Er hütete sich, sein empfindsames Herz zu verletzen. Die Art, wie er sich liebkosend darum bemüht, ist pietistische Erbschaft. Zwischen seiner überspannten Innerlichkeit und seinem Wirkensdrang ist keine Harmonie herzustellen. So konnte er seiner Stellung und Aufgabe, eine neue Entwicklung anzubahnen, nicht froh werden. Er widersetzte sich einer mechanischen Handhabung der Sprache. Er rang um eine Kunst der Zukunft. Weil ihn seine eigene Scheu davor zurückhielt, seine immer wieder überprüften Erkenntnisse auszusprechen, ist er ein *Hypochondrist der Seele* genannt worden. Er konnte als Mensch nicht verwirklichen, was er als Denker und Kritiker forderte. Der religiösen Inbrunst eines Hamann stand er fassungslos gegenüber. Um das Ethos Lessings rang er vergeblich. Er scheiterte an der Leistung der Klassik. Sein Sendungsbewußtsein konnte sich nur in dem beschränkten Gebiet, in dem er ganz er selbst war, in der Kritik, erfolgreich äußern.

Heinrich Wilhelm von Gerstenberg (1737-1823) stammt aus einem altenburgischen Rittergeschlecht. Sein Vater stand als dänischer Offizier in Tondern. Schon während seiner Gymnasialzeit in Altona (1751 ff.) trat Gerstenberg als Gelegenheitsdichter auf. Er stand näher bei Gottsched als bei Klopstock, als er dem verstorbenen Hagedorn die Weihe von Opitz zuteil werden ließ (1755). Nur die neue christliche Mythologie des Messias hatte ihm etwas zu sagen, aber Hallers Pathos blieb eindrucksvoller. Während seines juristischen Studiums in Jena (1757/59) wurde er Mitglied der deutschen Gesellschaft. Dem Anhänger Klopstocks und Gegner Wielands boten sich bessere Entwicklungsmöglichkeiten als dem Verfasser der Alexandrinertragödie *Turnus* (zum Preisausschreiben 1758), in der Weiße zuviel Liebe entdeckte, und der erfolgreichen anakreontischen *Tändeleyen* (1759). Die Mitarbeit an Weißes Bibliothek war eine gute kritische Vorschule. Nachdem er sich in Holstein ein Jahr mit dem Studium des Englischen und der nordischen Geschichte beschäftigt hatte, trat er in die dänische Armee ein (1760). Als Skalde und Barde dichtete er nach Gleims Vorbild *Dänische Grenadierlieder* (1761) und schickte kritische Beiträge an die moralische Wochenschrift *Der Hypochondrist*. Jungvermählt wurde er 1765 auf eine hohe militärische Verwaltungsstelle nach Kopenhagen versetzt und trat dem Kreis um Klopstock nahe. Es ist die Zeit seines reichsten Schaffens. In rascher Folge erschienen drei Sammlungen *Briefe über Merkwürdigkeiten der Literatur* (1766/67), die schleswigischen Literaturbriefe, bei deren Abfassung er von etwa vier Mitarbeitern unterstützt wurde. Gerstenbergs Beiträge sind, da er sich bewußt verschiedener Stilarten bedient, schwer festzustellen. Dann rezensierte er für die *Hamburgische Neue Zeitung* (1767/71). Nachdem er seinen Abschied genommen hatte (1771), war auch seine literarische Laufbahn abgeschlossen. Er verfolgte die Wege der deutschen Dichtung, las und plante viel; denn als dänischer Resident in Lübeck (1775–84) und Leiter der Lottodirektion in Altona (1789–1812) hatte er Zeit,seinen Neigungen nachzugehen. Unter dem Eindruck, längst vergessen zu sein und sich selbst verloren zu haben, wählte er als Verfasser von Artikeln ein Pseudonym. Doch gewann er seine gleichmäßige geistige Haltung durch die Lektüre Kants wieder. Mit der Herausgabe seiner *Vermischten Schriften* (1815–16), um die sich seine letzten Freunde bemühten, vermochte er nur wenig Eindruck zu machen.

Gerstenberg ist weder Schöpfer von neuen ästhetischen Gesetzen noch Ausleger von alten, noch ein einfühlender begeisterter Verkünder eines neuen Programms. Dennoch konnte ihn die Aufklärung ebensogut wie die Geniebewegung als den ihren betrachten, wenn sie sich an einzelne und aus dem Zusammenhang genommene Äußerungen hielten. Manches Problem, das Gerstenberg sah, bereitete ihm Unruhe. Hätte er sich entschiedener und begeisterter ausgesprochen, dann wäre er Herr darüber geworden und hätte seine Zwischenstellung nicht so schmerzvoll empfunden. Er wehrte sich mit Erfolg gegen die unfähigen Kritiker. Seine Sendung war es, vorzubereiten, den Boden zur Aufnahme einer neuen Kunst zu schaffen. Die Diskussion über den *Geschmack* gibt es für ihn nicht mehr. Er kann sein gelehrtes Wissen mit seinem künstlerischen Schöpfertum nicht in Einklang bringen. Zum Unterschied von den Genies gibt es bei ihm von da zur Kritik keinen Übergang. Wohl trennt er im Gegensatz zur Aufklärung, welche den Unterschied zwischen Dichter und Kunstkritiker nicht wahrhaben will, schöpferisches Vermögen und Kritik. Aber er läßt sie gleichberechtigt nebeneinander stehen, wenn er sich über den Regelkodex und darüber lustig macht, daß man ein Werk mit dem Maß seines Vorbildes messe. Dem Jünger Shaftesburys ist ästhetische Bildung Herzensangelegenheit. Schließlich

sucht er zwischen dem Alten und Neuen zu vermitteln. Er überwindet
den Klassizismus mit Hilfe Shakespeares, wenn er dem *Witz* des französischen Dramas die *wahre Sprache der Natur* gegenüberstellt und wenn
er mithilft, die ästhetische Diktatur der französischen Kunstrichter zu
brechen. Darin nimmt er viele Gedanken der Geniebewegung als erster
auf. Er setzt an die Stelle der Nachahmung *Genie* und *Original,* kann
sich aber von der Aufklärung nie ganz losringen und bemüht sich um
die Einheit des Poetischen und Philosophischen. Vorsichtig tastet er
vorwärts. Er schreibt dem Genie schöpferische, dem Talent ausführende
Kräfte zu. Das *Feuer des Dichtergeistes* begeisterte die Jungen und leuchtete ihnen voraus bei ihrem Kampf gegen die Regelmäßigkeit. Doch
setzt Gerstenberg noch nichts an die Stelle des Aufklärungsklassizismus,
weil er vor den letzten Folgerungen zurückschreckt und sich nicht um
eine klare, zwingende Beweisführung bemüht. Ihm fehlte der Blick
für das Genie, dessen Zeitgenosse er war, und der Mut, das Unfehl-
barkeitsdogma des Genies zu verkünden; denn er war nur soweit
dem Genie verpflichtet, als dieses gegen Nachahmung und Regelmäßigkeit Front machte. Seine Begeisterung für Shakespeare kam
seinen Wünschen entgegen, kritischer Reformator der deutschen Dichtung zu sein.

Zunächst stand er dem Briten wie Wieland gegenüber. Darum griff er diesen später
so scharf an, weil er damit seine eigene überwundene Stellung verurteilte. Dennoch
gab er seine Bedenken noch nicht auf und glaubte, daß Beaumont und Fletcher bessere
Vorbilder als Shakespeare abgeben könnten, bis er es in den schleswigischen Literaturbriefen (14. –18.) aussprach, daß Shakespeare das Poetische verkörpere. In seiner
Entrüstung über Wieland rettete er, von der Begeisterung hingerissen, Shakespeare
und erhob ihn zum Weltdichter, dessen Tragödien „nicht aus dem Gesichtspunkte
der Tragödie, sondern als Abbildungen der sittlichen Natur zu beurteilen sind". Ja
er bemüht sich, ihn geschichtlich zu fassen. So ist dem deutschen Publikum die
Shakespearesche Atmosphäre der Menschendarstellung vermittelt worden. Gerstenberg
überwindet die Aufklärung, wo er ganz bei der Sache ist. Er erhebt das Lächerliche
über die niedrige Komik, wird sich der Welt des Lustspiels bewußt, sieht im verzärtelten Geschmack den Todfeind des komischen Genius, empfiehlt die englischen
statt der französischen Vorbilder, von denen allerdings Molière zu Ehren kommt.
Aber die deutsche Komödie, welche auf den Charakter gestellt werden sollte, blieb
aus. Gerstenberg erlebte Klopstock als den Beginn einer neuen Epoche. Er war nicht
imstande, die wissenschaftliche Ästhetik von den Fesseln der Aufklärung zu lösen,
und nicht fähig zu einer Systematik der Dichtungsgattungen. Aber er trennte das
sangbare Lied von der vorgetragenen Lyrik, er forderte die Abkehr von den antiken
Strophen und die Wendung zum deutschen Lied und befreite es aus der Fessel des
Witzes und der Tändelei. Er überwand die Anakreontik in der Theorie. Daß er
selbst den Weg zu Goethes Lied nicht ging, daran hinderte ihn seine Verehrung für
Klopstock.

Die Rezensionen, die Gerstenberg für die *Hamburgische Neue Zeitung*
(1767–71) schrieb, zeigen Fortschritte und neue Erkenntnisse. Er ahnt,
daß man dichterische Kunstwerke miterleben müsse. Bei der Beurteilung

von Herders *Fragmenten* und *Kritischen Wäldern* stellt er sich mehr auf die Seite Lessings, doch hat der Verfasser des *Ugolino* auch gegen diesen einzuwenden, daß körperlicher Schmerz tragisch sein kann. Gerstenberg bereitet mit seiner Verehrung für Klopstock die Haltung des Göttinger Hains vor. Nur wenige sind sich über lebensfähige literarische Gattungen so klar geworden wie er. Er sagt von J. G. Jacobi: „Er wiederholt sich bis zum Ekel, ist längst erschöpft, ohne es zu merken." Gerstenberg bedauert, daß ein Dichter von solcher Begabung wie Wieland sein Talent nicht richtig anwende, sich nicht über die Nachahmung erhebe, weil er es nicht wage, originell zu sein, und einen buntscheckigen Stil schreibe. Gerstenberg sieht in der französischen Komödie ein „so geschnörkeltes, geschraubtes, sentimentvolles Etwas, daß sie nicht nur die Natur und Molière, sondern alle Zuschauer zugleich mit ihnen von der Bühne gejagt hat". Er unterscheidet zwischen der „bloßen Spitze am Geschmack der Franzosen", dem herbeigeschraubten und glänzenden gegenüber dem ungekünstelten Ausdruck der Empfindung, der die Seele der Personen so enthüllt wie Klopstock in *Hermanns Schlacht*. Kaum ein Zeitgenosse ist in die Rhythmik der Sprache Klopstocks so eingedrungen wie Gerstenberg. Er erkennt den Widerstreit der Grundsätze, die Grammatik und Logik aufstellen, zu jenen, die der „große Haufen" anwendet. Dieser nimmt die Analogie begierig an und empfindet die Schwierigkeit der Sprachregeln. Gerstenberg verteidigt Winckelmann und Lessing gegen Ernesti, der zwischen dem Gelehrten und Künstler eine Scheidewand aufrichten möchte und von einer Vernachlässigung antiker Stoffe und Motive spricht. Ein gründlicher Antiquar schien ihm ohne gewisse Künstlereinsicht nicht möglich zu sein. Aber er verwahrt sich gegen die kaum der Schule entlaufenen Literaten, die, nachdem sie ein bißchen gelesen haben, gerade zu denken anfangen und glauben, damit schon das Zeug zu Lehrern und Kunstrichtern der Nation zu haben.

Gerstenberg stand unter dem Eindruck der Sprachgewalt Lessings. Aber er, der dem Übersetzer vorschrieb, die Farbe des Stils zu wahren, konnte nicht zwischen der barocken Fülle Gongoras und der Gefühlssprache Youngs unterscheiden. Zwar wollte er das große Original vor der Übersetzung sicher wissen, aber gute Übersetzungen, die sich in die nationale Sonderart der Vorlage einfühlen, waren ihm dennoch willkommen. Gegen Mendelssohn ließ er eine Trennung von moralischer und dichterischer Schönheit nicht zu. Er berief sich auf das Recht der Findigkeit gegenüber der Vernunft und beschränkte deren Herrschaft, indem er die Rechte des Lebens im Namen der Sinnlichkeit geltend machte, ohne die Kräfte des empfindsamen Herzens, des Gefühls, in Anspruch zu nehmen. Er war auf dem Wege zur Erkenntnis tätiger Schöpferkraft.

Als Lyriker konnte sich Gerstenberg nicht von seinen anakreontischen Vorbildern Gresset und Chaulieu befreien. In seinem Schaffen laufen die Tendenzen Hagedorn-Gleims neben denen Haller-Klopstocks. Er ist nicht mehr reiner Gesellschaftsdichter und noch nicht Schöpfer eines neuen Stils. Gestaltet er eigenes Erleben, so paßt er es dem vertrauten Inventar alter Bestände an. Aber er wird sich des *unechten Gefühls* der alten Dichtweise bewußt. Seine prosaischen *Gedichte* (1759) stehen in ihrem Streben zu naturhafter Schlichtheit und Einfachheit zwischen Geßner und der Lyrik des Göttinger Hains. Seine Absage an das Rokoko und Wendung zu Klopstock läßt ihn den umgekehrten Weg gehen wie Wieland. In Gerstenbergs *Dänischen Grenadierliedern* sind mit Recht expressionistische Züge festgestellt worden. Er findet den Ausgleich zwischen dem heroischen Pathos, der Melancholie Youngs und der Nebelwelt Ossians. Das war ein Ersatz für den Olymp. Dem neuen Lebensgefühl verlieh Gerstenberg in dem *Gedicht eines Skalden* (1766) sichtbaren Ausdruck. Es lebt aus der sentimentalischen Stimmung und der Sehnsucht nach einer entschwundenen Zeit. Der Skalde Thorlaug entsteigt seiner Gruft auf Sandholm und glaubt, in Walhall zu sein, erkennt aber den Hügel, in dem die Urne seines Freundes Halvard ruht, und den Schauplatz, an dem sie sich beide einst Treue geschworen haben. Alte Erinnerungen werden lebendig, und schließlich berichtet er, wie er sich, dem Beispiel seines Freundes folgend, in das Schwert gestürzt habe. Der Auferstandene sieht nun, welche Veränderungen in der ihm einst so vertrauten Gegend vor sich gegangen sind, und stimmt nach der Völuspá einen Klagegesang über den Untergang der Götter an.

Gerstenbergs Plan eines Musikdramas *Der Waldbruder* (1771) erwuchs aus seiner Fähigkeit, lyrische Stimmungen zu malen. Aber im Gefühl, sich zu weit vorgewagt zu haben, beschäftigt er sich wieder mit einem antiken Stoff, *Ariadne auf Naxos*. Als er den Stoff zu seinem tragischen Melodrama *Minona oder die Angelsachsen* (1785) sammelte, war die Zeit, die Ossianische Geisterwelt zu beschwören, vorüber. Die Briten rufen die deutschen Stämme zu Hilfe gegen die Pikten. Der Angelnfürst Edelstan liebt Minona, die Schwester des Königs Tremor. Ossians Geister versinnbilden eine veredelte Menschlichkeit. Wenn hier Geschichte, Urzeit und freimaurerische Gegenwart, Tugenden und Eigenschaften in Menschengestalt auftreten und der krönende Abschluß der Handlung in einer Verherrlichung des Christentums ausklingt, so kann man mit mehr Recht von einem Ausklingen barocker Allegorik als von einem Einmünden in die Klassik sprechen.

Auch das Drama, in dem Gerstenberg als Vorläufer des Sturms und Drangs vorgestellt wird, der *Ugolino* (1768), ist eine Übergangserscheinung. Daß er sich von Lessing beraten ließ und daß Schiller die „höchsten Fragen" darin behandelt findet, zeigt dies. Als Abbildner menschlichen Leidens und naturalistischer Darsteller des Hungers konnte sich Gerstenberg Shakespeare verpflichtet fühlen. Den Stoff bot Dante mit dem Hungertod des Grafen Gherardesca und seiner Söhne im Turm zu Pisa. Das Geschehen wird in eine stürmische Nacht verlegt. So ergaben sich die drei Einheiten aus der Natur des Stoffes. Shakespeare war der Lehrmeister in der Darstellung seelischen Geschehens. Aber die Gestalten sprechen nach dem Vorbild der Bibel und Ossians. Man konnte von einem musikalischen Aufbau sprechen. Gleich eingangs klingt ohne Exposition das Hungermotiv auf. Es beherrscht die Handlung, vermittelt Atmosphäre, bestimmt Gedanken, Handlungen und Reden des Vaters und seiner drei Söhne, entfaltet die Leidenschaften, steigert Überlegun-

gen und Erinnerungen zum Wahnsinn und wird in seiner ganzen
Wucht am Ende offenbar, als alle Hoffnungen auf eine Rettung zusammenbrechen und der Schlüssel des Turms in den Arno geworfen wird.
Frei von aller pathetischen Rhetorik war der Verzweiflungsmonolog
Ugolinos an der Leiche seiner Gattin. Das war die Stimme der Natur,
ähnlich wie einst im Drama der englischen Komödianten, aber damals
wurde sie bald übertönt vom allegorischen Spiel der Seelenkräfte, der
Tugenden und Laster. Jetzt erklang sie aus der Seelennot der Menschen,
die ihren Haß, ihre Entschlossenheit, ihre trotzige Liebe, ihre Verzweiflung und ihre Todesangst hinausseufzten, jammerten und schrien,
die nicht auf Bewunderung Anspruch erheben oder ein Beispiel geben
sollten, sondern litten und erschütterten. Das fand Weiße „zu doll". Nur
der neuen Generation öffneten sich die Nachtseiten der menschlichen Natur, die Wahrheit des Lebens. Das vertrug sich nicht mit den Gesetzen
des Aristoteles; denn Gerstenberg setzte in die Tat um, was er in seinen
Literaturbriefen verkündet hatte: Shakespeares Werke sind „Abbildungen der sittlichen Natur", Ziel seiner Dichtung ist „Der Mensch!
Die Welt! Alles!".

LITERATUR

E. v. Kleist: Werke, hrsg. v. A. Sauer, 3 Bde. 1883.

Geßner: H. Wölfflin, S. G. Frauenfeld 1889. P. Leemann-van Elck, S. G. Zürich
1930. Gedenkbuch. Zürich 1930. D. Roskamp, S. G. im Lichte der Kunsttheorie
seiner Zeit. Diss. Marburg 1935. R. Strasser, Stilprobleme in G.s Kunst und Dichtung.
Diss. Heidelberg 1936.

Lichtwer: P. Otto (E. Erasmus), L. und seine Fabeln. Von Büchern und Menschen, Festschrift für F. v. Zobeltitz. Weimar 1927. S. 165–187.

Pfeffel: K. Worzel, P.s theatralische Belustigungen. Diss. Heidelberg 1911. J. N.
Bopp, P. als Prosaschriftsteller. Straßburg 1917.

J. G. Jacobi: G. Ransohoff, Über J. G. J.s Jugendwerke. Diss. Berlin 1892. O.
Manthey-Zorn, J.s Iris. Diss. Leipzig 1905.

Schiebeler: G. Schmidtmann, D. Sch. Diss. Göttingen 1909.

Ramler: C. Schüddekopf, R. bis zu seiner Verbindung mit Lessing. Diss. Leipzig
1886. H. Freydank, Goethe und R. Kolberg 1928.

Karsch: E. Hausmann, Die Karschin, Friedrichs d. Gr. Volksdichterin. Frankfurt/
Main 1933.

Cronegk: W. Gensel, J. F. v. C. Diss. Leipzig 1894.

Brawe: A. Sauer, J. W. v. B. Straßburg 1878.

Brandes: J. Klopfleisch, J. Ch. B. Diss. Heidelberg 1906.

Weiße: J. Minor, Ch. F. W., Innsbruck 1881. W. Hüttemann, W. und seine Zeit
in ihrem Verhältnis zu Shakespeare. Diss. Bonn 1912.

Nicolai: K. Aner, Der Aufklärer F. N. Gießen 1912. M. Sommerfeld, F. N. und
der Sturm und Drang. Halle 1921. G. Ost, F. N.s Allgemeine deutsche Bibliothek.
Diss. Berlin 1928.

Mendelssohn: F. Goldstein, M. M. und die deutsche Ästhetik. Leipzig 1904.
F. Bamberger, Die geistige Gestalt M. M.s. Frankfurt/Main 1929.

Sulzer: A. Tumarkin. Der Ästhetiker J. G. S. Frauenfeld 1933.

Riedel: K. F. Wize, J. F. R. und seine Ästhetik. Diss. Leipzig 1907.

Garve: W. Milch, Schles. Lebensbilder 2 (1926).

Friedrich d. Gr.: De la littérature allemande. DLD 16 (1902). B. Suphan, Friedr. d. Gr. Schrift über die deutsche Literatur. Berlin 1888.

Zimmermann: R. Ischer, Z.s Leben und Werke. Berlin 1893. W. Milch, Die Einsamkeit. Z. u. Obereit. Frauenfeld 1937.

Abbt: A. Bender, Th. A., Bonn 1922.

Möser: Gesamtausg. 1945 ff. – F. Meinecke, Über M.s Geschichtsauffassung. Berlin 1932.

Moser: J. Herzog, M. Vater und Sohn. Calw 1905. M. Fröhlich, J. J. M. in seinem Verhältnis zum Rationalismus und Pietismus. Wien 1925. H. H. Kaufmann, F. C. v. M. als Politiker und Publizist. Darmstadt 1931.

Iselin: U. Imhof, J. Sein Leben und die Entwicklung seines Denkens bis 1764, 2 Teile. Basel 1947.

Adelung: K. E. Sickel. Diss. Leipzig 1933.

Roman: W. Dibelius, Englische Romankunst, 2 Bde. Berlin 1910. M. L. Wolff, Geschichte der Romantheorie von den Anfängen bis zur Mitte des 18. Jh.s. Diss. München 1915. R. Rosenbaum, Die Tirolerin in der deutschen Literatur des 18. Jh.s, Zs. f. Kulturgeschichte, 5 (1898), 43–61.

Bode: J. Wihan, J. Ch. B. als Vermittler englischer Geisteswerke in Deutschland. Prag 1906.

Musäus: A. Ohlmer, M. als satirischer Romanschriftsteller. Diss. München 1912. E. Jahn, Die Volksmärchen der Deutschen von J. K. A. M. Leipzig 1914.

Thümmel: R. Kyrieleis, Th.s Roman Reise in die mittäglichen Provinzen von Frankreich. Diss. Marburg 1908.

Hermes: G. Hoffmann, J. T. H. Breslau 1911. K. Muskalla, Die Romane von J. T. H. Breslau 1912.

La Roche: W. Milch, S. la R., Die Großmutter der Brentanos. Frankfurt/Main 1935.

Sturz: L. Langenfeld, Die Prosa von H. P. S. Diss. Köln 1935. M. Koch, H. P. S. München 1879.

Gerstenberg: A. M. Wagner, G. und der Sturm und Drang, 2 Bde. Heidelberg 1920/24. H. Dollinger, Die dramat. Handlg. in G.'s Ugolino. 1930.

STURM UND DRANG

Die Geniebewegung hat mit allen erfolgreichen Revolutionen gemeinsam, daß sie manche offene Tür einrannte und eine neue Generation anarchische Grundsätze vertrat; mit wenigen aber vereint sie das glückliche Schicksal einer gesunden Entfaltung keimkräftiger Ideen. Die alte Kunstrichtung verteidigte Vorbilder, die zu Schablonen geworden waren. Man war der Regeln, der Typen, der Rhetorik und aller Stützen des erstarrten Klassizismus satt und mißtrauisch gegen Wiederbelebungsversuche, wie sie Lessing und Wieland boten. Im Namen der Natur trennte man die Werke des *Witzes* von denen des *Genies,* man erfühlte alles und erklügelte nichts. Mit dem Zauberwort *Einfühlung* gab Herder jeder besonderen Richtung in der Kunst ihr Daseinsrecht. Sichtbares Zeichen der geistigen Krise ist, daß die aufgeklärte Menschheit an sich selbst irre wird, weil ihr die Fragwürdigkeit ihrer Kulturhöhe zu Bewußtsein kommt. Das lieferte die schwachen Empfindsamen dem Weltschmerz und der Selbstvernichtung aus oder legte ihnen die sentimentalische Sehnsucht nach naturhafter Einfachheit ans Herz und führte den Starken zur Natur zurück, indem es ihm das unbewußte Handeln des Triebwesens zeigte. Damit traten an die Stelle des gegensätzlichen Lobes von Stadt und Land die neuen Konfliktstoffe, wie sie vor allem das Drama abwandelte im Gegensatz des Naturmenschen zur Kultur, des Triebes zur Vernunft, der Freiheit zum Zwang, der natürlichen Entfaltung seelischer Kräfte zur Moral einer verderbten Gesellschaft. Im Bewußtsein, eine höhere Sittlichkeit zu begründen, führte die neue Generation ihre Forderungen in der Dichtung durch. Das Endliche wurde am Unendlichen gemessen und zu leicht befunden. Das Gefühl für Individualität gab dem Leben neuen Sinn. Auch die Moral wurde etwas Persönliches, nach der besonderen Lage Bestimmtes, nicht etwas allgemein Gültiges, durch Normen Begrenztes. Der Sinn für die Dämonie des Lebens erwachte. In diesem Unendlichkeitsdrang, der sich an den Kanten der Endlichkeit wundrieb, lagen die Gefahren der neuen Bewegung. Schlug der Kulturpessimismus in einen Naturpessimismus um, so brachen die kühn geschwellten Hoffnungen zusammen. Schon diese Andeutungen können zeigen, daß die Sturm-und-

Drang-Stimmung sich nicht verewigen ließ. So schnell die Begeisterung auflodert und „ewige" Bindungen geschlossen werden, so schnell
verliert sich der gute Wille zu erfüllendem Beharren. Wer dem Sturm
und Drang verfallen war, konnte ihn überwinden und sich über ihn
erheben oder von ihm überwunden werden und zugrunde gehen. Man
sollte sich bemühen, die allgemeinen äußeren Merkmale einer Jugendbewegung und die Besonderheiten der einmaligen geschichtlichen Erscheinung auseinanderzuhalten.

ERSTES KAPITEL

THEORETISCHE UND GESCHICHTLICHE GRUNDLAGEN

Es ist zu einfach, die Geniebewegung als Dreifrontenkampf gegen Aufklärung, Empfindsamkeit und Gesellschaftsformen des Rokoko hinzustellen und ihr Wesen allein aus einem Gegensatz zu Zeitströmungen abzuleiten. Das weist den verschiedenen Richtungen starre Haltungen zu und stellt die vermittelnden Gestalten ins Zwielicht. Gerade am Eingreifen Hamanns und Herders in das ästhetische Gespräch der Zeit ist zu ersehen, daß die gewonnene Anregung weitergedacht und nicht alles ins Gegenteil verkehrt wird. Fühlt sich Herder doch mit Lessing auf weite Strecken einig, und indem er andere Erklärungen der gleichen Erscheinungen sucht, durchstößt er für unser Empfinden die papierenen Hindernisse, vor denen Lessing haltgemacht hatte. Dennoch bieten die Theoretiker – es sind keine Dichter, die dieses Kapitel zusammenfaßt – ein einheitliches Bild, sofern sie die *Poetik* enger an die *Theologie* anschließen, Dichtung und Religion mit den gleichen Maßen messen. Der Enthusiasmus, mit dem man sich dem von der Aufklärung niedergehaltenen Gefühl hingibt, beschwingt die Entdeckerfreude. Der Schöpferdrang, der in das Bewußtsein dieser Entdecker eingeht und als etwas Neues empfunden wird, ist die geheimnisvolle Kraft des gestaltenden, formgebenden Menschen. So gewinnt das Wort *forma* seinen Sinn als *idea* wieder zurück. Damit ergeben sich Zusammenhänge zwischen dem Idealismus des 15. und dem des 18. Jahrhunderts, und wird die Bedeutung der *neuplatonischen Überlieferung* sichtbar. Es wird sich wiederholt Gelegenheit finden, auf den Gleichklang der Kunsttheorie im Zeitalter der Frührenaissance und der deutschen Vorklassik hinzuweisen. Es sind die gleichen Gestalten eines *Prometheus, Herakles, Moses,* die dort in der bildenden Kunst und hier in der Dichtung zu Trägern neuer Erkenntnisse und Entdeckungen werden. Wendet man sich der neuplatonischen Überlieferung im Abendland zu, so erkennt man als Grundzug eine geistige Wahlverwandtschaft. Sie ist es, die den Zugang zu Shakespeare, zur Natur, zu Homer erschließt. Die Harmonie von Glaubens- und Kunstfrömmigkeit steht am Anfang und Ende einer geistesgeschichtlichen Einheit. Sie ist einer beschränkten Anzahl Auserwählter beschert, die auf ihre Wiedergeburt hoffen oder sie erleben. Sehnsucht und glückhafte Erfüllung lösen einander in diesen weiten Bezirken neuplatonisch-mystischer Überlieferung ab, die sich nie ganz verliert, mag sie in die höchsten Höhen einsamer Denker hinauf-

11*

steigen, mag sie in die Tiefe volksläufiger Geheimwissenschaft oder verbotener Kunst hinabsteigen. Da erweist sie noch immer ihre Lebenskraft. Aber mit den Bemühungen der Philologen des 18. Jahrhunderts um den echten Platon verändert sich die Einstellung zum antiken Erbe, was bei der Romantik und Schleiermacher zu zeigen sein wird.

1. HAMANN

Johann Georg Hamann (1730–88) wuchs in Königsberg als Sohn eines aus der Lausitz stammenden Wundarztes in pietistischer Atmosphäre auf. Sein Studium (1746) schwenkte von der Theologie zur Rechtswissenschaft und den schönen Wissenschaften ab. Das Ideal des universal gebildeten Literaten mag ihm schon früh vorgeschwebt haben. Als Mitarbeiter an der Zeitschrift *Daphne* (1750) bewegte er sich in der geistigen Umwelt der Bremer Beiträger. Nach kurzer Hauslehrertätigkeit in Livland und Kurland kam er als Angestellter eines Rigaer Kaufmanns nach London (1757). Dort wurde er sich seiner Unfähigkeit zu einem praktischen Beruf bewußt. Er erlebte seine Erweckung, befreite sich von den Heimsuchungen seiner Sinnlichkeit, las die Bibel und entdeckte in ihr die „Einheit des göttlichen Willens". Grübelnd und wahllos lesend lebte er bis zum Tode seines Vaters (1766) in Königsberg. Er galt als Sonderling und mußte sich als Stotterer und eigenwilliger Kritiker seiner Zeit schwer durchsetzen. Durch Vermittlung Kants wurde er an der Akzise in Königsberg angestellt und brachte es 1777 zum Packhofmeister. Seine schriftstellerische Tätigkeit und ein ausgedehnter Briefwechsel machten ihn bekannt. Als *Magus des Nordens* trat er dem Kreise der Fürstin Gallitzin nahe. Krank und pflegebedürftig wurde er in Münster liebevoll aufgenommen (1787).

In seinem selbstbiographischen Bekenntnis *Gedanken über meinen Lebenslauf* (1758) gewann Hamann Klarheit über sich selbst. In seinen frühen Werken stehen seine literarisch-ästhetischen Interessen im Vordergrund: *Sokratische Denkwürdigkeiten* (1759), *Kreuzzüge des Philologen* (1762) mit der *Aesthetica in nuce*. Dann sind es Probleme der Sprache, zu deren Behandlung ihn Herders Schrift *Vom Ursprung der Sprache* angeregt hat: *Rosencreuz* (1772), *Prolegomena* (1774). In den *Hierophantischen Briefen* (1775) legte Haman sein religiöses Vermächtnis nieder, und in seinen letzten Werken suchte er seinen Standpunkt gegenüber Kant zu wahren: *Metakritik* (1784), *Golgatha und Scheblimini* (1784).

Hamanns Ausgangspunkt ist die pietistische Frömmigkeit. Er rettete und belebte die Erbschaft der *Naturphilosophie* und die neuplatonische Überlieferung ohne deren mathematische Grundlegung. Diese wurde als Herrschaftsgebiet der Ratio verdächtigt. Das konnte Hamann von Bengel lernen. Aber die Einheit mystisch einfühlenden Glaubens und unabhängiger philosophischer Erkenntnis herzustellen, war sein Werk. Es wird als neue Offenbarung lebendig und leuchtet in eine Dämmerung. Von Schuldbewußtsein und Reue heimgesucht, von Sehnsucht nach religiöser Verinnerlichung erfüllt, dehnt er seine Bemühungen auf das

Universalwissen aus und erfährt, wie eitel dieses Wissen ist. Er erlebte seine geistige Wiedergeburt und erfüllte bewußt seine Sendung, indem er von den Voraussetzungen seiner Mystik aus die Erscheinungen des materiellen und geistigen Lebens zu deuten begann. Sein Gegensatz zum Rationalismus und der Verzicht auf dessen Methode zugunsten gefühlsmäßiger Ahnungen lassen ihn zum „Pan aller Widersprüche" werden, wie ihn Jacobi nannte. Denkart und Stil bedingen einander. Hamann strebt aus dem ahnungsvollen Dunkel der Mystik in die Klarheit des objektiven Seins, aus der Enge in die Weite, gerät aber dabei in ein Labyrinth, so daß er an sich zweifelt und nur von der Hoffnung wieder aufgerichtet wird, daß anderen die Entwirrung dessen gelingt, was er ungeordnet und gedankenflüchtig geäußert hat. Aber gerade dadurch strahlt seine anregende Kraft in eine aufnahmebereite Zeit. In dieser brachte er verschüttete Quellen zum Sprudeln. Nicht in der Begrenzung des Endlichen einer verstandesbedingten Erkenntnis, sondern in der Unendlichkeit der *Empfindungen*, der geistigen Schau, muß die Wahrheit gesucht und das Wirkliche ergriffen werden. Das ist der archimedische Punkt, von dem aus Hamann die *Aufklärung* aus den Angeln hebt; denn daraus ergab sich eine Neuordnung des menschlichen Lebens und seiner formenden Kräfte. Das hieß: die Mystik aus der Religion in die Welt, aus der Theologie in die Wirklichkeit hinausführen. Hamann verwies mit Nachdruck auf den Unterschied zwischen Gesetzbuch und Urkunde. Alle Äußerungen in Dichtung und Kunst sind wunderbar und als Offenbarung Gottes anzusehen. Goethe führte das Denken Hamanns auf die herrliche, aber schwer zu befolgende Maxime zurück: „Alles, was der Mensch zu leisten unternimmt, es werde nun durch Tat oder Wort oder sonst hervorgebracht, muß aus sämtlichen vereinigten Kräften entspringen; alles vereinzelte ist verwerflich." Ein System dieses mehr erahnten als erdachten Universalismus hat Hamann weder bieten wollen noch können. Es hätte seinem Wesen völlig widerstrebt, weil er zum naturhaften Kinderglauben wieder zurückfand, die Natur aus der Bibel sprechen hörte, weil er keine gelehrte Partei auf ein Programm verpflichtete und mit dem Toleranzgedanken Ernst machte. Hamann trägt seine Gedanken in Bildern und Gleichnissen vor. Er orakelt, weil er in seinem unklaren Wollen, das sich keiner der herrschenden Geistesrichtungen anschließen kann, nach Entscheidungen und Klarheit suchte. Zwischen den Angelpunkten Mensch und Gott kreist dieses Denken, dessen polare Ausgangspunkte die sokratische Forderung nach Menschenerkenntnis und die Gotteserkenntnis sind. In ihrer Beziehung zu Mensch und Gott ist die Natur Gleichnis des wahrhaft Wirklichen. Als Geistwesen ist der Mensch er selbst, als Körperwesen Symbol, „Zeigefinger des verborgenen Menschen in uns". In analogem Verhältnis stehen Gott und Natur zueinander. So paßt Hamann die Vorstellung von Makro- und Mikrokosmos seinem Denken an. In solchen Zusammenhängen ist Offenbarung nicht der theologisch diskutierte Begriff, sondern Äußerung des Geistes in sichtbaren Erscheinungen, wie das Weben in der Natur eine Rede des Geistes ist.

Aufs neue mußte die Aufklärung ihre Stellung durch solches Schwärmen gefährdet sehen, glaubte sie doch, Wissenschaft und Poesie für ewige Zeiten auf die Vernunft gegründet zu haben. Sie wehrte sich dagegen, das Dichten aus der Ergriffenheit des Herzens und das Denken aus der fühlenden *Ahndung* abzuleiten, gegen den Glauben an den sich offenbarenden Gott und den Verzicht auf logisch entwickeltes Lernwissen. Hinter Hamanns wirrer, der zufälligen Lektüre entstammenden Aneinanderreihung verbirgt sich die Ehrfurcht vor allem, was aus der Schöpferkraft kommt, dem *poeta vates*, dem von Gott Berührten. Regel und Ordnung verlieren hier ihre Bedeutung für die Dichtkunst; denn Gott selbst äußert sich im Dichter in menschlicher Sprache. Diese ist daher selbst Gefühl, d. h. geistige Kraft, nicht das Ergebnis einer nach bestimmten Regeln vernünftig ordnenden geistigen Tätigkeit, die sich der Sprache als Ausdrucksmittel bedient. Der Mensch als Meisterstück der Schöpfung ist aber die höchste Gestalt göttlicher Offenbarung und damit des Sichtbarwerdens des Absoluten selbst. Nicht in seiner analogen Beziehung zur Natur oder als aus Teilen zusammengesetzter Geist ist der Mensch zu erfassen, wie es die moderne Sophistik der Aufklärung lehrt, sondern als Ganzes. Solcher Sophistik wird der Kampf angesagt als einer zerstückelnden Gelehrsamkeit, die ihre Mittel, Mathematik und Logik, schändlich mißbraucht hat, sich der Sprache bedient unter Verkennung ihres Wesens. Dem nackten Begriff, dem bloß denkbaren Merkmal entspricht das *Wort* und der *Buchstabe*. Echte Erkenntnis aber geht dem Geist der Sache in ihrer Gesamtheit nach, sucht eine Einheit herzustellen, den Gegenstand unmittelbar zu erfassen und zu durchdringen, ist nicht Wissen, sondern *sokratische Unwissenheit*, keine Skepsis.

Unmittelbare Auskunft über diesen schillernden Zentralbegriff seiner Lehre hat Hamann nicht gegeben. Er hat ihn aus dem Gegensatz gewonnen, nennt ihn Glaube in Analogie zur Religion, Empfindung im Zusammenhang mit Finden als einem Aufsteigen aus der Tiefe des Unbewußten, und entwertet damit die *Vernunft*. Diese erhält ihr Gegenspiel im *Genie*. Der neue Inhalt, den Hamann diesem Wort gibt, liegt in der Gleichsetzung mit *Natur* und deren unbewußter, schöpferischer, lebenschaffender Leistung. Hier ahnt er den geheimnisvollen Gleichschritt naturhaften und geistigen Lebens: „Widerspruchsvoll in der Einheit, und einheitlich im Widerspruch". Damit fällt die *Regel*, die von außen an Natur und Kunst herangetragen wird; denn Natur und Kunst sind selbst *Gesetz*. Die daraus abgeleitete Regel ist für den Dichter eine „Krücke des Geistes". Als Natur ist das *Genie* die höchste und bedeutungsvollste Offenbarung Gottes im Menschen – denn aus ihm spricht der Geist Gottes –, zugleich aber auch Inbegriff alles Menschlichen. Deshalb ist es unter Berufung auf Senecas *homo sum* ... für alles Menschliche empfänglich. Werk und Offenbarungsbereich des Genies ist das geistige Leben: Religion ist verborgenes Leben in Gott, kein nach einem Moral-

kodex geregeltes Handeln, sondern Sein, Philosophie, Kunst, Poesie, Geschichtsschreibung, sofern diese als Sehertum wirken und Visionen erklären. Der Verzicht
auf Beobachtung und Erfahrung öffnet den Zugang zur Mythologie. Beim Genie der
echten Poesie ist „alle verborgene Kunst Natur". Die Metaphysik der schönen Künste
erwächst aus den „eleusynischen Geheimnissen". Wie die Äußerungen des Genies
aus einem einheitlichen Urgrund entspringen, so kommen auch die Urphänomene der
Schönheit, Wahrheit, Größe und Güte aus einer Wurzel. Das wird allein in der Rückkehr zu den ältesten Zeugnissen menschlichen Lebens sichtbar, da die Einheit des
Geistes noch nicht durch die Vernunft gestört war, das Menschliche unmittelbar
naturhaft aus der Offenbarung des Göttlichen hervortrat als Bild und Gleichnis, nicht
in abstrakten Worten und Schlüssen. Erfassen, Verstehen, Erkennen, Vorstellen,
Sprechen: das ist Urpoesie. „Poesie ist die Muttersprache des menschlichen Geschlech-
tes; wie der Gartenbau älter als der Acker: Malerei – als Schrift: Gesang – als Dekla-
mation: Gleichnisse – als Schlüsse: Tausch – als Handel. Ein tiefer Schlaf war die
Ruhe unserer Urahnen, und ihre Bewegung ein taumelnder Tanz." Logos, menschliche Sprache, ist die allumfassende Erscheinungsform des Geistes. So hat Hamann
einen neuen Zugang zur Bibel erschlossen, zur ältesten Urkunde des Menschengeschlechts, Einheit von Geschichtsschreibung, Philosophie, Kunst, Moral, Offenbarung des rein Menschlichen und Göttlichen zugleich. So widerhallt beim Magus des
Nordens die Parole: *Zurück zur Natur.*

Als theologischer und mystischer Denker steht Hamann in den
Überlieferungen der Reformation, doch führt ihn seine Logoslehre
nahe an Augustin und Meister Eckhart heran. Seine Stellung zur Aufklärung kann in Parallele zu der Luthers gegenüber der Scholastik gesetzt werden; denn ähnlich wie dieser sieht Hamann im Sündenfall eine
Irreleitung der menschlichen Vernunft, die deshalb nicht zur Wahrheit
gelangen kann. Nun aber kommt für Hamann im Sinne der Präfiguration
die mittelalterlich-allegorische Auslegung der Bibel wieder zu Ehren:
alle göttlichen Wahrheiten sind in der Geschichte der Juden niedergelegt und kehren in anderen Erscheinungsformen im Laufe der Geschichte immer wieder. So hat Gott durch seine Fähigkeit, die Zeiten zu
überschauen, Geltung und Wahrheit seiner Weissagungen auf festen
Grund gestellt. Damit wird anders als im Pietismus eine neue Einheit
zwischen Natur, Geschichte und Heiliger Schrift hergestellt. Durch
jede von ihnen spricht Gott zum Menschen, dem Mittelpunkt der
Schöpfung. Seine vom Sündenfall her verlorene Ebenbildlichkeit
Gottes erhält der Mensch durch die Erlösung, das Werk Christi, wieder. Er kann deren Auswirkung zum zweitenmal verlieren, wenn er den
Glauben aufgibt, statt nach den Weisungen des Evangeliums zu leben,
seine Vernunft dem Willen zu unterstellen und mit ihrer Hilfe die geoffenbarten Wahrheiten zu erkennen. Gegen den Verlust des Paradieses
hat die Menschheit etwas Größeres, die Seligkeit des Glaubens, ein-
getauscht. Hamanns optimistisches Denken kreist um diese Seligkeit,
nicht um die Errungenschaften der Vernunft.

Hamann ging abseits von Pietismus, Rationalismus und kirchlicher
Rechtgläubigkeit seinen Weg, wenngleich er diesen geistigen Bewe-

gungen manches verdankt. Die „wunderbare Großheit und Innigkeit",
die Goethe an ihm preist, zeigt, daß er ein Feind aller Konvention war,
mit empfänglichem Spürsinn für Echtheit und Naturwahrheit ausgestattet, gleichen Sinnes mit dem Ahner der Urpoesie Gianbaittsta
Vico. Hamann legte einen Grundstein des Idealismus und der klassischen Dichtung. Seine Anregungen lassen eine reiche geistige und
künstlerische Ernte ahnen. Es ist, als ob die deutsche Entwicklung mit
einer geistigen Elite in wenigen Jahrzehnten einholen wollte, was die
übrigen abendländischen Literaturen, vor allem die englische am Ende
des 16. Jahrhunderts, geleistet hatten. Wer den geistigen Aufstieg des 18.
Jahrhunderts in Deutschland, den Weg von der Aufklärung zum Idealismus, von Gottsched zu Goethe, mit der Reformation verbindet
und mit Recht den geringen Anteil des altgläubigen Volksteils daran
betont, sollte sich auch des Ursprungs beider Bewegungen im Bereich
der Philologie erinnern. Sie hat als Wissenschaft und Methode den
Weg zu den Quellen erschlossen und die immer wieder bedrohte Einheit von Religion und Poesie, von Glaube und Geisterfülltheit herzustellen versucht. Der Philologe als Sucher nach dem Ursinn der Worte
und dem geistigen Gehalt ist ein Bruder des Propheten. Mißkennt er
seine Aufgabe, so wird er zum Knecht des Buchstaben und stellt seine
Frömmigkeit auf das Wort ab. Dennoch ist der Verächter solcher
gebundenen Gläubigkeit kein Verächter des Buchstaben.

Das kann die textkritische Leistung von Johann Albrecht Bengel (1687–1752)
belegen, dem das geistige Erbe Jakob Böhmes über Oetinger vermittelt wurde.
Bengel, in dessen Leben und Schicksal mehr als eine Parallele zu Hamann beobachtet
wurde, wahrt die Einheit jener geistigen Bewegung, deren literarische Überlieferung
wir verfolgt haben (Bd. 5 S. 134ff.). Sein Wirken zeigt die Heimat des Irrationalismus
in der Religion, in deren Dienst die Philologie gestellt ist. Hamann, der mit der unbewußten Aufnahme von Gedankengängen der Renaissancepoetik den gemeinsamen
Ursprung religiöser und künstlerischer Geistbeseeltheit in Erinnerung brachte und das
Prinzip der Nachahmung verspottete, schuf die Voraussetzung zur Auflösung dieser
Einheit. Die neue Generation blieb nicht bei den „durchlöcherten Brunnen der Griechen" stehen, sie stellte bald im Namen der Ästhetik deren alleinige Ansprüche auf
das Genie, den Schöpfergeist. Wenn Hamann sagte, daß der Geburtstag eines Genies „von einem Märtyrerfest unschuldiger Kinder begleitet wird", so wußte er, daß
die Großen nicht mehr zu Zugeständnissen bereit waren.

2. HERDERS ENTWICKLUNG
IN SEINER BALTISCHEN HEIMAT

Herder ist vielleicht der größte Vermittler im geistigen Leben des
deutschen Volkes gewesen. Von seinen Werken und Gedanken gehen
Anregungen aus, die noch in unseren Tagen lebendig sind. Man kann
ihn als letzten Erben des Wiedergeburtsgedankens, Vater der Genie-

bewegung, Ahnherrn der Romantik, Träger des Irrationalismus, Entdecker und Neugestalter des Volkstumsbegriffs bezeichnen, ohne damit Wesen und Bedeutung dieses seltsamen Mannes zu bestimmen. Was an fruchtverheißenden Gedanken der Vergangenheit von ihm erfaßt werden konnte, dachte er lebendig gestaltend um und gab ihm neuen Sinn. Sein sammelndes und ausstreuendes Wirken ist weder an Pläne noch an einzelne Wissenschaften und Künste gekettet. Es läßt sich nicht in ein System fassen, ist nie geschlossen und fertig, nimmt seine anregenden Kräfte aus nebelhafter Urzeit der Völker und führt sie in eine unendliche Zukunft. Es ist in ständiger Bewegung, und so erhält das Gebäude, das Herder errichten will, nie einen festen Grundriß. Die Frage bleibt offen, ob das Ersonnene immer seine beste Gestalt erhielt. Es wäre zu anderer Zeit anders geformt worden, wie es in anderem Zusammenhang eine andere Sinnfärbung bekam; denn Herders Gedanken kreisen stets um die gleichen Fragen. Sie leuchten nicht mehr in den Mittelpunkt einer Allwissenschaft, aber sie machen noch keinen Unterschied zwischen Natur- und Geisteswissenschaft. Diese Stellung zwischen der aufgelösten alten Ordnung, dem Vermächtnis der Renaissance, und der Gestaltung des Idealismus bindet alte Gedanken an das Neue. Der bedeutsame Schritt in die Zukunft steht auch hier unter der Parole: Zurück! Herders Anregungen können daher ebenso gut wie mit Rousseau mit der Forderung *Ad fontes!* in Zusammenhang gebracht werden. Genauso wie sich die Parallelen zum Zeitalter der Wiedergeburt aufdrängen – aus der Fülle sei nur das andere Lesen der Texte, die gleichartige Abwehr gegen Scholastik und Aufklärung herausgegriffen –, reizt der Vergleich zwischen Herder und Lessing, der hingeworfenen Anregung und der logisch entwickelten Gedankenreihe. Seit Haym ist die Herderforschung der Gefahr einseitiger Blickrichtung häufig erlegen.

Herder beschäftigte sich mit einer ungeahnten Fülle ästhetischer Probleme, sah eine Masse von Aufgaben vor sich, die die Anwendung verschiedener Methoden bedingen, vornehmlich einer wissenschaftlich-psychologischen und einer geschichtlichen. Das unerhört Neue aber ist, daß er uns seine persönlichen Eindrücke von Kunstwerken nacherleben läßt, daß er aus innerer Ergriffenheit theoretisiert und seinem künstlerischen Gewissen kein Zugeständnis zumutet, weil er seinen Blick auf die Lebenszentren richtet und den ästhetischen Organismus begreift, wie er den inneren Dichterberuf begriffen hatte. Er erklärt die Dichtung aus dem Erlebnis, trennt sie von der Moral, wird zum Herold künstlerischen Schöpfertums, schränkt aber später die Bereiche des Genies ein und bemüht sich um einen Ausgleich der rationalen und irrationalen Kräfte, um sich vom wilden Gebaren der Kraftgenies zu entfernen. Damit aber nimmt der alte Herder einen Standpunkt ein, der seine

ersten Ansätze verneint. Neu war, daß Herder das absolute Schönheitsideal zugunsten des relativen abschwächte, daß er Plastik und Malerei
in ihrer Wesenheit zu erfassen suchte, daß er die Niederländer als
Maler des Raums, des Lichtes, der Farben neben die Italiener stellte.
Herders Begriff der Urpoesie wurde aus der Lyrik gewonnen. Deshalb
erscheint ihm das Nacheinander der Dichtung nicht so bedeutungsvoll.
Der Genuß der Dichtung gewährt ihm innere Anschauung. Er fordert
die Rückkehr zu den Sinnen. Deshalb beharrt er auf dem sinnlichen,
d. i. malerischen und musikalischen Charakter der Dichtung. Dennoch
konnte sich Herders gefühlsmäßige Auffassung nicht überall gegen
die moralische Lehrhaftigkeit und philosophische Spekulation behaupten. Zwar führt seine Kritik über Lessing hinaus, aber er nimmt seine
Ansätze später wieder zurück und verfällt in den Bereich eines rationalistischen Klassizismus. Er vermag es nicht, den Reichtum seiner Erkenntnisse durchzuformen. Er kann das geistige Erbe der Aufklärung – Rationalismus und Moral – nie ganz überwinden.

Es ist schwer zu verstehen, daß Herder, der die Bahn für die neue Dichtung frei-
legte, schwieg, als in seiner unmittelbaren Nähe der *Wilhelm Meister, Wallenstein,
Maria Stuart* und die *Balladen* erschienen, daß er sich im Umkreis der Dichtung eines
Gleim, Geßner und Kleist wohler fühlte und Personen von Sachen nicht zu trennen
wußte. So selbstverständlich man auch heute noch der leidenschaftlichen Parteinahme
Herders für Homer, Ossian oder Shakespeare zustimmt, so verständnislos steht man
anderen seiner Urteile gegenüber. Vieles ist in innerer Erregung geformt worden,
und selten breitet sich das Gleichmaß ruhiger Überlegung über ein Werk, dem diese
Feuerseele Gestalt gab. Ebenso läßt die Geschichte von Herders Freundschaften
das Gleichmaß wohlwollender Duldung, die ruhige Wärme vermissen. Überschwäng-
liches Lieben und tödliches Hassen, schnelle Geneigtheit zur Versöhnung und Mißtrauen, selbstlose Hilfsbereitschaft und Ehrgeiz, Launenhaftigkeit und Entschlußlosigkeit, Furcht vor Selbstverantwortung und verletzendes Herausfordern können
die Gegensätze bezeichnen, die je nach Stimmung in seinem Herzen die Oberhand
gewannen. Deshalb glaubte er so vieles bereuen und an seinem Lebensende darüber
klagen zu müssen, daß er alles verkehrt angefangen habe. Man mag in seiner Kränklichkeit, in seinem Augenleiden und darin, daß das Leben seine weiche, empfängliche Natur allzu hart angefaßt habe, die Voraussetzungen zu dieser unglücklichen
Veranlagung sehen: sie beschert dem einfühlenden Nachempfinder das Entdeckerglück,
in die Bereiche eines wandelbaren Geistes eingedrungen zu sein. Die Wandelbarkeit
bedeutete für Herder einen Verzicht auf den ruhigen Genuß, dem sich die Generation
Gleims noch hingeben konnte. Darauf hat Herder vergeblich gewartet und weder als
Literaturkritiker, Ästhetiker und Philosoph noch als Theologe, Seelsorger und Erzieher sein Denken, Ahnen und Wünschen erfüllt gesehen. Das ist weder ein Moses- noch
ein Johannesschicksal; denn seine Wünsche hätten sich auch in der Zukunft nicht erfüllt, und der Mann, nach dem er rief, hat nie auf dieser Erde gewandelt. Dennoch ist
unsere Literatur von Herder in neue Bahnen gelenkt worden. Keiner der nach ihm
Geborenen blieb unberührt von seinem Denken. Er selbst aber hat außer von Hamann, Winckelmann, Lessing und Goethe nur wenige fruchtbare Anregungen von
Zeitgenossen bekommen. Wohl steht er am Ausgangspunkt von Entwicklungen, deren
Abschluß wir in den Katastrophen der letzten Jahrzehnte zu erkennen glaubten. Ihm
aber deshalb als Schöpfer des Nationalismus und Urheber seiner Entartung ein gerüt-

teltes Maß von Schuld zuzuweisen, vermag nur derjenige, der seine warnenden Worte über den „Wahn" in den Humanitätsbriefen nicht gelesen hat. – Wir haben uns zu bemühen, Herders Wesen und Gedanken in ihrer geschichtlichen Bedeutung und in ihrer Zeit darzustellen.

Johann Gottfried Herder ist am 25. 8. 1744 zu Mohrungen in Ostpreußen geboren. Sein Großvater war aus Schlesien eingewandert. Sein Vater, Gottfried Herder, ein ernster Mann, hatte das Weben und Tuchmachen aufgegeben und war Elementarlehrer, Glöckner und Kantor. Seine Mutter Anna Elisabeth geb. Pelz war die Tochter eines Schmiedes. Pflichtgefühl, pietistisch gefärbte Frömmigkeit und eine solide Grundlage konnte das Elternhaus vermitteln. Die Pedanterie einer Methode, die nur Lehrstoff zu bieten hatte, tat dem Knaben an der Stadtschule kaum so weh, wie er es später wahrhaben wollte. Sie hemmte weder seinen Lesehunger noch sein Schwelgen in den Bildern der Landschaft und phantasievollen Träumen. Der geistliche Beruf schien ihm vorbestimmt. Die Dienste, die er als Abschreiber dem Diaconus Sebastian Friedrich Trescho zu leisten hatte, haben diesem die üble Nachrede eingetragen, er habe die jugendliche Kraft seines Famulus mißbraucht. Sie waren dennoch eine gute Einführung in das literarische Handwerk, Ansporn zu eigenem Schaffen und eigener Urteilsbildung. Aber sie haben keinen befreienden Tyrannenhaß geweckt, sondern das Gefühl hilfloser Bedrücktheit genährt. Herder konnte es als Rettung empfinden, daß ihn ein russischer Wundarzt, der aus dem Siebenjährigen Krieg heimkehrte, im Sommer 1762 mit nach Königsberg nahm, ihm den Weg zur Universität erschloß, Heilung von seiner Tränenfistel versprach und für später eine ärztliche Laufbahn in Rußland eröffnete. Die Ohnmacht beim ersten Besuch des *Theatrum anatomicum* machte den Plan zunichte. So begann Herder mit dem Wintersemester 1762/63 das Studium der Theologie. Er konnte sich als Inspizient des Fridericianum und Lehrer an der angeschlossenen Schule seinen Lebensunterhalt erwerben und seine Lehrbegabung entfalten. Sein Studium glich einem Ausschwärmen in viele Gebiete und einem vergeblichen Bemühen um eine Systematik. Kants Vorlesungen begeisterten ihn. Sie bilden mit ihren Elementen aus Leibniz, Wolff und der englischen Erfahrungsphilosophie (Bacon, Locke, Hume) die rationalistische Grundlage, über die sich Herders Denken nicht erhob. Es konnte sich erst in der Welt entfalten, die ihm Hamann erschloß. Der Magus wurde sein Sokrates und lehrte ihn, wie er die Bibel und Homer lesen, wie er beobachten und seine Erfahrungen nutzbar machen müsse.

Am Ende des Jahres 1764 kam Herder als Kollaborator an der Domschule in Riga an. Damit beginnt die glücklichste und reichste Zeit seines Lebens trotz seinen Klagen, daß für den Literaten in einer Kaufmannsstadt kein Platz sei. Am 27. 6. 1765 zur Einführung des neuen Rektors hielt Herder seine öffentliche Antrittsrede über die *Herrschaft der Grazien in der Schule.* Der Schullehrer darf kein Handwerker sein. Wer die Wissenschaft in die Seelen der Jugend einpflanzen will, muß auf den Zwang der Vorschrift und Unterweisung verzichten und es verstehen, die Anziehungskraft der Wissenschaft und der Tugend zu wecken. Das erfordert einen liebenswürdigen Lehrer, der „mit heiterer Stirne zwischen Freunden wandelt, die ihre ganze Seele ihm geben", einen Mitarbeiter seiner Schüler, der durch Vortrag und Methode die tote Masse belebt, einen Mann mit reinem Herzen und edlem Anstand. Noch in den Weimarer Schulreden sind Herders Rigaer Erfahrungen lebendig. Von Frühling 1767 an wirkte er als *Pastor adjunctus* an den beiden vorstädtischen Kirchen in Riga. Auch als „Redner Gottes" erfüllte Herder eine Sendung; denn er sah in der Predigt den wichtigsten Bestandteil der Seelsorge. Er verzichtet auf schematische Gliederung des Stoffes und billige Wirkungen. Sein letztes Ziel ist, menschliche Seelen glücklich zu machen. – Nicht Gelehrsamkeit will er verbreiten, sondern „Philosophie der Menschheit". Er will den gesunden Menschenverstand wecken. Im gleichen Sinn hat für Herder auch der Schriftsteller auf das Volk zu wirken. Mit der „Prosa des guten Verstandes" sucht er seine *Demopädie* zu verbreiten. Das verblaßte Ideal des Volksschriftstellers wird neu belebt. Es hat sich von Grimmelshausen, von Abraham a Sancta Clara her über Gellert gewandelt und von der satirischen Grundlegung entfernt. Herder rief die moralischen Wochenschriften zur Unterstützung der Predigt auf und glaubte, die alte Einheit von Predigt und Moralsatire wahren zu können. Unter dieser Absicht steht seine Mitarbeit an den *Gelehrten Beiträgen zu den Rigischen gelehrten Anzeigen* (1765).

Wenn er da Fragen der *Physiognomik* behandelte, Kantaten dichtete, fromme und ästhetische Betrachtungen anstellte, ging er auf Stelzen. Aus den Plänen, von denen nur wenig ausgeführt wurde, läßt sich vermuten, daß er bemüht war, das geistige Leben Rigas dem Berlins anzugleichen. Die gleichen Ziele verfolgte er als Freimaurer. Als deutscher Bürger der baltischen Stadt, russischer Untertan und Sohn eines aufgeklärten Jahrhunderts feierte er Feste und Gedenktage, wie die Thronbesteigung Katharinas II., mit Gelegenheitsgedichten und Abhandlungen. In seiner Festschrift zur Eröffnung des neuen Gerichtshauses (1765) findet Herder andere Antworten auf die beiden Fragen *Haben wir noch jetzt das Publikum und Vaterland der Alten?* als der Klassizismus, dem die Antike Vorbild und Gesetz war. Regierung und Volk, die beide Wesen und Einstellung des Publikums bestimmen, sind anders geworden. In unserer Zeit fehlen die Voraussetzungen zur Entwicklung von Rednern. Wir haben keine politische Religion wie die Antike, aber wir haben, wie es Abbt gezeigt hat, ein Vaterland, für das man sterben kann. Unsere Freiheit ist anders als die griechische, wir opfern uns nicht blind auf. Mit ähnlichen Gedanken ist Herder in seiner Schulrede, mit der er aus Königsberg nach Riga kam (1764), eingeführt und das Thema *Sprache* angeschlagen: *Über den Fleiß in mehreren gelehrten Sprachen.* Klima und Sitten haben die goldene Zeit der Sprache geschaffen. Sie wandelt sich wie die Pflanze „nach dem Boden, der sie nährte, und der Himmelsluft, die sie tränkte". Das war die bildungsfähige *lingua adamica* der Sprachgesellschaften, der Herder nun die Starrheit der römischen Sprache als der „einzigen Monarchin" entgegenhielt. Er fällt das Urteil über die lateinische Tradition (Bd. 5 S. 2 f.), wenn er sich darüber klarwurde, daß in seiner Zeit nicht mehr „die Muttersprache in Schlacken lag".

Gedichte nach bewährten Vorbildern, Auszüge aus kritischen und ästhetischen Schriften und Pläne, die um eine Geschichte der ganzen Poesie kreisen, füllten Herders Studienhefte in Königsberg und Riga. Er ahnte die Ursprünge der Sprachkunst in Ode und Lied, dem „erstgeborenen Kind der Empfindung", befragte die kritischen Werke der Zeitgenossen und schrieb fragmentarische Zusätze zu den Literaturbriefen. Das war der Werdegang seines ersten kritischen Hauptwerkes: *Über die neuere deutsche Litteratur. Sammlung von Fragmenten. Beilage zu den Briefen, die neueste Litteratur betreffend.* Zwei von den drei Sammlungen (1766/67) wurden schon 1768 völlig umgestaltet wiederveröffentlicht. Man hat dieses Werk mit einer Blütenfülle verglichen und damit den Reichtum der Anregungen gekennzeichnet. Sie widersetzen sich jeder Ordnung. Herder schließt seine Betrachtungen und Eingebungen an den Text der Literaturbriefe an. Sie übermitteln die Themen, zu denen er seine Variationen schreibt. „Ich zerstücke und nähe zusammen, um vielleicht das bewegliche Ganze eines Pantins zu verfertigen." Der wachsende, zuströmende Inhalt verändert den Plan. Die Materie ist „viel zu überfließend" und wird „weit über die Grenzen von Fragmenten fortbrausen". Dieses Wort Herders kennzeichnet sein ganzes Schaffen, sein beleuchtendes Andeuten, seine Scheu vor dem abrundenden Schluß, sein beständiges Weben und Verflechten der Anregungen mit dem eigenen Denken, sein unbegründetes Abbrechen, Einsetzen und Wiederaufnehmen, seine Hingabe an die Gunst des Augenblicks, die es ihm versagte, einmal Geäußertes in eine klare Form umzugießen, seine Rückkehr zu seinen Lieblingsideen.

Herder sucht die Literaturbriefe, deren Standpunkt im wesentlichen der seine ist, mit Hamanns Ideen aufzufrischen, d. h. von der Kritik zur fruchtbringenden Anregung hinüberzuwechseln, sich über die Rezensieranstalten Nicolais und Weißes zu erheben. Er hat von Hamann gelernt, daß die Kritik „den Geist beurteilen" soll, daß die Ideen im Sinne des Schriftstellers aufgesucht werden müssen. So versucht er eine Überschau über die ganze zeitgenössische Literatur und beginnt mit dem künstlerischen Ausdrucksmittel, der *Sprache*. Er stellt die deutsche Literatur in den Rahmen der anderen, der morgenländischen und antiken. Nur wenig ist von den Franzosen und Engländern und gar nicht von Ästhetik, Philosophie und Geschichte die Rede. Es blieb nur bei der Absicht, „die Memoirs in eine Geschichte der Literatur zu verwandeln".

Die *erste Sammlung* (1766) zeigt Blackwell und Hamann als Paten des Romans von den *Lebensaltern der Sprache*: dem poetisch-schönen (Jüngling), dem prosaisch-beweglichen (Mann) und philosophisch-vollkommenen (Greis). Sie sind die Stufen einer Entwicklung, auf die sich die allzu starre Ausrichtung auf die Antike ungünstig auswirkte. Die Schweizer haben den Kern der deutschen Sprache erhalten, deren Reichtum durch Grammatik und Vernünfteln geschwächt wurde. Fragwürdig ist der Nutzen der Übersetzungen. Der Überblick über die akustischen Elemente der deutschen Sprache erinnert an das Lob der *teutschen Hauptsprache*. Hauchlaut und freie Wortstellung bedingen den *Eigensinn* der deutschen Sprache. Grammatik und Philosophie haben sie in harte Fesseln geschlagen. „Für das poetische Genie ist die Sprache der Vernunft ein Fluch". Da die Sprache im Jugendalter *Gesang* war, ist es vergebliche Mühe, den Hexameter, ihr natürliches Versmaß, nachzuahmen. Herder glaubt im Gleichklang des hebräischen Numerus mit Klopstocks Versmaß „die natürlichste und ursprünglichste Poesie" zu entdecken. Er wehrt sich gegen das „gefesselte Silbenmaß", weil es die Gemälde der Einbildungskraft nicht ertrage. Er gesteht den Franzosen bessere Ausdrucksmöglichkeiten des Lächerlichen zu und erklärt dies mit ihren gesellschaftlichen Verhältnissen. Wenn er aber am Schluß sagt, daß die deutsche Sprache von der griechischen „Einfalt und Würde des Ausdrucks", vom Lateinischen die „Nettigkeit des mittleren Stils", vom Englischen „die kurze Fülle", vom Französischen „die muntere Lebhaftigkeit", vom Italienischen das „sanfte Malerische" lernen könne, so will er sie nicht mehr in eine Schule der Nachahmung schicken. Sie soll lernen, nicht mit welchem Zierat sie ihr Gewand aufputzen soll, sondern, da sich „kein Genie seiner Muttersprache schämen soll", sich *aus ihrem Geist zu erneuern*; denn dieser schafft sich in den Stilen der Sprachen, der Völker und ihrer Dichter seine besondere Form.

Dieses Thema nimmt die *zweite Sammlung* auf, wenn sie die deutsche Dichtung an ihren Vorbildern mißt: Klopstocks Patriarchaden an der orientalischen Dichtung, die

Johann David Michaelis (1717–1791) im Schatten von Lowths Schrift *De sacra poes Hebraeorum* neu erschlossen hatte, Gleim, Willamow, Geßner, Kleist, die Karschin an Anakreon, Pindar, Tyrtaeus, Theokrit und Sappho. Herder stellt sich hier als wegweisender Kunstrichter, Diener, Vertrauter und Arzt des Lesers vor; denn die Genies können in Deutschland nicht durch Tadel, Klagen, Vorschriften und Zergliedern geweckt werden, sondern durch Beobachtung und Spekulation. Er glaubt, in der aufmunternden Betrachtung den richtigen Weg gefunden zu haben.

Die *dritte Sammlung* (1768) will die deutsche Literatur *vom römischen Joch* befreien, nachdem in wenigen Andeutungen der Ursprung der modernen Literatur in Griechenland, Rom, im nordischen Barbarenland und im Orient gefunden und eine Entstehungsgeschichte des modernen *Geschmacks* angeregt wurde. Die eigenständige deutsche Entwicklung wurde durch Mönche und fränkische Priesterhorden gestört, die mit dem schlechtesten römischen Geist die schlechteste römische Sprache nach Deutschland brachten. Mit so erschöpften Kunstmitteln dichten heißt den Gedanken einzwängen und ihm die Gestaltung in der Muttersprache vorenthalten. Das war gegen die letzten Neulateiner vom Schlag eines Klotz gerichtet. Im Vergleich der deutschen mit den römischen Dichtern wird Ramler als Meister der *Ode* angesehen. Die höchste Bewertung wird dem *Lehrgedicht* zuteil; denn der eigentliche Bereich der Dichtung sind Gedanken und Empfindungen. Solche Schlüsse konnten aus Haller und Klopstock gezogen werden. Nicht da konnte Hamann seine Anregung wiederfinden, sondern in der Forderung nach einer Erneuerung der alten *Mythologie* als einer *poetischen Heuristik*. An ihr sollen wir lernen, um selbst Erfinder zu werden. Daß Ramler als Muster solchen Vorgehens angesehen wurde und diese poetische Heuristik sich in der Allegorie der Fabel vorstellte, erklärt Herders spätere Zurückhaltung gegenüber der klassischen Dichtung.

Von den Abschnitten, die das Verhältnis der deutschen zur französischen und englischen Literatur behandeln sollten, blieben die ausgeführten Teile über Lust- und Trauerspiel liegen; denn ein neuer literarischer Plan drängte sich vor, drei großen Toten ein Denkmal zu setzen: dem Ästhetiker Alexander Gottlieb Baumgarten, dem Theologen und Thukydidesübersetzer Johann David Heilmann und Thomas Abbt. Herder wollte der Biograph ihrer Seelen sein und ihre Stellung in der Geschichte der Wissenschaften bestimmen. Er steigt nicht in den Grund der Seele hinab, „in dessen unabsehbarer Tiefe unbekannte Kräfte wie ungeborene Könige schlummern". Da er in der Richtung des geringsten Widerstandes zu arbeiten pflegte, wechselte er, sich seiner geistigen Wahlverwandtschaft und seines Ziels bewußt werdend, von der Darstellung Baumgartens zu der Abbts. So entstand der *Torso von einem Denkmal; Über Thomas Abbts Schriften* (1768). Es war zur eigenen Rechtfertigung gesagt, wenn von den „hingeworfenen Schätzen" die Rede war, und wenn es hieß: „Das schöpferische Vergnügen, unter seiner Feder Gedanken werden, Bilder entstehen zu sehen, paaret sich selten mit der sparsamen Genauigkeit, Bilder zu ordnen, Gedanken zu feilen."

Die neue Auflage der inzwischen vergriffenen *Fragmente* war ein neues Werk, das auf den Anschluß an die Literaturbriefe verzichten konnte und vier wohlgeordnete Sammlungen enthalten sollte. Daran hielt sich nur die *erste Sammlung* (1768). Sie zeigt, wie ernst Herder unter Führung Hamanns über das Wesen der Sprache nachgedacht hat. Sie stellt sich als „Handvoll Blumen, spielend im Vorbeigehen gesammelt", bestenfalls als Anregung zu einer neuen Grammatik vor, einer Stillehre, die über Gesetz und Regel hinweggehen kann, wenn sie nur die Eigenart bewahrt und die Entscheidung über klassische Schriftsteller der Nachwelt überläßt. Damit rechtfertigt Herder seinen Stil, seine Wortfügungen und -schöpfungen. In der Auseinandersetzung mit Süßmilch bereitet sich die Abhandlung über den *Ursprung der Sprache* vor. Dann werden die Lebensalter der Sprache mit größerer Umsicht und freierem, gegen die Aufklärer gerichtetem Urteil beschrieben. Die zweite Sammlung hat Herder in ihrer neuen Gestalt nicht mehr veröffentlicht. Sie beschränkt sich auf die Griechen. Wenn er deren Entwicklung und Leistung in geschichtliche Zusammenhänge stellt, so berichtigt er den systematischen Klassizismus Winckelmanns. Dieser schreibe als Grieche, auch wenn er über ägyptischen Stil berichte. Man dürfe auch – das sagt Herder gegen Clodius – die Griechen nicht nach der gegenwärtigen Moral beurteilen. Den Vergleichen der griechischen Dichter mit den gegenwärtigen deutschen fügt er eine Gegenüberstellung von Homer und Bodmer, von Aesop und Lessing an. So sehr er unter dem Eindruck der Fabeln Lessings steht: sie sind dennoch keine Palingenese, und zudem ist die Fabel „ein Miniaturstück der großen Dichtkunst, wo man die meisten Dichterregeln in ihrer ursprünglichen Einfalt und gewissermaßen in Originalgestalt findet". So kommt Herder später von der Fabel zur Volkspoesie.

Wie viele Ansätze zu erfolgreichem Weiterdenken hatte Herder nun gewonnen! Sie sicherten ihm Lavaters und Gleims Freundschaft sowie die Nachfolge Abbts in den Literaturbriefen und ließen ihn die Verbindung mit Nicolai aufnehmen. Aber die Kritik der Hallenser, die ihn als Trabanten Hamanns ansahen, verleidete ihm die Weiterarbeit an den Fragmenten und dem Torso und ließen den Plan der *Kritischen Wälder* reifen. Doch veranlaßte sie ihn, seine Schriften wie bisher namenlos herauszugeben, ja seine Verfasserschaft in aller Öffentlichkeit zu leugnen. Diese zurückhaltende Scheu steht in merkwürdigem Gegensatz zu seiner Angriffslust. Eifer und Überschwang bestimmen seine Zuneigung und seinen Haß. Er sucht die Wahrheit dort, wohin ihn sein Empfinden treibt.

Herders fühlendes Verstehen nützte die Erkenntnisse Lessings für das Erfassen eines Werkes aus seinen naturhaften und geschichtlichen Bedingungen. Aus dem Werden offenbarte sich ihm Gott. Wo Lessing ableitet, fühlt er sich ein, wo Lessing Mittel und Zwecke sucht, erkennt er Ursache und Wirkung, wo Lessing ordnet, sieht er lebendige werdende Vielfalt. Wenn Herder aber den Zusammenhang zwischen Sprache und Logik wiederherstellte, den Hamann aufgehoben hatte, so näherte er sich wieder Lessing. Aber er suchte alles auf einmal zu fassen, Gesamteindrücke zu vermitteln, wo Lessing Teil zu Teil fügte und daraus ein Gesamtbild zusammenstellte. Das festgefügte Bildungserbe des Jahrhunderts, die humanistische Haltung und die Achtung des Jüngeren vor dem Älteren bilden eine breite Basis gegenseitigen Verstehens, die oft dadurch vergrößert wird, daß sie von entgegengesetzten Richtungen zu den gleichen Ergebnissen kommen. Herders Ausgangspunkt war der Kunstschöpfer, der Erzeuger, während die Ästhetik bis dahin von den Eindrücken der Kunst und ihren Wirkungen (*prodesse* und *delectare*) ausgegangen war. Herder befreite die Kunst von ihrer Bindung an den Zweck und erhob das Unbewußte zur ϑεία μανία. Auf diesem Wege des Nachfühlens, nicht dem des Nachdenkens und Ableitens, konnte der echte Shakespeare gefunden werden als Natur, Wirklichkeit, Organismus, als Ganzes, als dichterische Gewalt.

Vieles aus den geplanten und halbfertigen Werken ist in die drei *Kritischen Wäldchen* hinübergenommen worden. Sie erschienen 1769. Das vierte, das zur gleichen Zeit ausgearbeitet und später zur *Plastik* umgestaltet wurde, ist erst 1846 veröffentlicht worden. Die erste Anregung ging von Winckelmanns Kunstgeschichte aus. Doch drängte sich mit den Gedanken über den Laokoon auch die Absicht vor, als Waffengefährte Lessings mit der Hallenser Clique abzurechnen, nachdem sich Herder darüber klargeworden war, daß die Geschichtschreibung entartet, wenn sie ein „Lehrgebäude" errichtet. Beabsichtigt war eine Revue über das ästhetische Schrifttum mit kritischen Bemerkungen, ähnlich dem Laokoon, „ohne Plan und Ordnung", wie es zuströmende Gedanken und polemischer Zweck erforderten. Das stand als geistiges Arbeitsfeld dem Herrn *Pastor adjunctus* schlecht an. So rechtfertigte Herder seine Anonymität.

Im Festhalten an der gelehrten Dichtung, der analytischen Methode und den Gedanken von Leibniz bleibt das *erste Wäldchen* alten Überlieferungen verpflichtet. Doch sobald sich Herder von diesen zu befreien sucht, wächst seine Zurückhaltung gegenüber Lessing, dessen Ergebnisse in Abwehr gegen die rationalistische Methode begründet werden. Herder hat den Ehrgeiz, ein *Winckelmann der Poesie* zu werden, bemüht sich, das Besondere im Wesen der Menschen zu erfassen, den Begriff des Originals zu klären. Er setzt an die Stelle des Nachahmers den Nacheiferer, beginnt seine Geschichtsphilosophie zu formen und erfüllt als Anwalt des sinnlichen und jugendlich-feurigen Gefühls eine Sendung. Dem *Laokoon* ist das erste Wäldchen gewidmet. Da siegt die Erklärung des Geschichtlichen und Besonderen über das gesetzgebende kanonische Muster, und erhebt sich die Erkenntnis des Schöpferischen über den Klassizismus. Lessings Scheidung der Künste nach ihrer Wirkung in Zeit und Raum erweitert Herder durch die Einführung der Kraft, der Energie, die auf die Seele wirkt. So werden unter seinen Händen Lessings Regeln zu Gesetzen erweitert, die scharfen Grenzlinien aufgelöst, Leidenschaft und Empfindung über die einseitige Forderung nach Handlung gestellt, die Einbeziehung der Musik und die Festlegung ihres Bereichs gewünscht. Einzelbetrachtung setzt Hingabe an den Gesamteindruck einer Dichtung voraus – *das Ganze der Empfindung*. Nur wer das Original „mit ganzer Seele erfühlen und es aus dem Geist seiner eigenen Sprache nachempfinden" kann, sollte übersetzen. Ein ähnliches Einfühlungsvermögen bewährt Herder als Ästhetiker, Genießender, Nachschaffender und Darsteller. Darum kann er gegenüber Lessing mit Recht die Besonderheit und Vielfalt vertreten, die Muster in ihrem Wirkungskreis beschränken und fragen, ob die aus Homer erschlossenen Züge einer poetischen Gattung vielleicht doch nur Eigentümlichkeiten Homers seien. So sehen wir in Herders

Kritik ein Hinausschreiten der Geniebewegung über den Klassizismus. Aber sein ästhetisches Empfinden hatte es schwer, sich gegen Lessings logische Ableitung durchzusetzen. Am Ende wird es sich aus dem Sturm und Drang in ein klassizistisches Schönheitsideal flüchten, „das über alle Zeiten und Völker reichet" (*Adrastea* 1802). Der Grundriß von Herders Ästhetik wird gelegentlich der Auseinandersetzung mit Riedels *Theorie der schönen Künste* im *vierten Wäldchen* mit den Mitteln des Empirismus gezogen. Wer wie Herder die Ästhetik als „eine Theorie des Gefühls der Sinne, eine Logik der Einbildungskraft und Dichtung, eine Erforscherin des Witzes und Scharfsinnes, des sinnlichen Urteils und des Gedächtnisses, eine Zergliederin des Schönen, wo es sich findet, in Kunst und Wissenschaft, in Körpern und Seelen" ansieht, braucht eine Physiognomik der Sinne. Darin steht der Tastsinn, der am unmittelbarsten und innigsten auf die Seele wirkt, obenan. Er ist Herders Lieblingssinn neben dem Gehörssinn. Bei aller Verschiedenheit des Geschmacks gibt es ein Ideal der Schönheit, das nicht durch metaphysisch-psychologische und andere Methoden gewonnen wird, sondern durch Ableiten aus den Voraussetzungen seiner Erscheinungsformen. Daß das Schöne durch die Sinne (Gefühl, Gesicht, Gehör) der Seele zugeführt wird, kann Herder in der Gleichheit der Entwicklungen von Künsten und Gefühlen erkennen. Doch fällt es ihm schwer, die Bezirke von Fühlen und Denken abzugrenzen, sich über die humanistische Gelehrtendichtung zu erheben und die Poesie den schönen Künsten gleichberechtigt an die Seite zu stellen; denn sie wird erst durch die Einbildungskraft den Sinnen zugeführt. Schließlich versucht Herder, allgemeine ästhetische Begriffe an ihrem Ursprung zu erfassen. Er will das Kunstwerk vor einer von Regel und Moral bestimmten Beurteilung gewahrt wissen und fordert vom Kritiker die Fähigkeit, nachzuempfinden, sich in die geschichtlichen Gegebenheiten hineinzudenken. Er neige sich in Ehrfurcht vor dem Werk des Genies, das „mit der starken Stimme des Beispiels entscheidet". Es sei auch darin ein Vorbild, daß es sich von der Autorität freimacht. Nur wer über das beurteilte Werk hinausdenken kann, ist ein Kritiker, der seine Wertmaßstäbe aus dem persönlichen Kunsterlebnis gewinnt. Der Schluß des *vierten Wäldchens* erschöpft sich genauso im Zorneseifer über Riedel wie das zweite und dritte *Über einige Klotzische Schriften*, besonders dessen *Epistolae Homericae*. Herders Forderung, „Homer in der Tracht seines Zeitalters zu sehen", wehrt sich gegen einen neuen, auf Homer gegründeten Klassizismus. Er bricht eine Lanze für Vergil und verspottet die Notenmacherei, in der sich die erstarrte Philologie erschöpft. Der wahre Philologe läßt das Kunstwerk unmittelbar auf sich wirken, er empfindet nach, ohne sich in reines Ästhetisieren zu verlieren. Im *dritten Wäldchen* wird die Fragwürdigkeit der Münzkunde des Gegners breit erörtert und das kritische Gebaren des ganzen Hallenser Kreises bloßgestellt. Dabei werden Streiflichter auf die Kunst Pindars und die Geschichtsschreibung geworfen. Die Auseinandersetzung mit Klotz über die geschnittenen Steine überließ Herder Lessing.

In den Kritischen Wäldern befreit sich Herders wuchtige, temperamentvolle Polemik von der krausen Verflochtenheit des dunkeln Stils. Er hat von Lessing gelernt, wenn er ironisch-satirische Töne anschlägt und parodistisch wird. Die frühreife, mürrische Empfindsamkeit tritt hinter die englischen Vorbilder Swift, Fielding, Sterne zurück. Aber Herder läßt sich doch in seiner nervösen Überempfindlichkeit zu unbedachten Worten hinreißen und legt alle Zurückhaltung ab. Wir gewinnen Einblick in seine Arbeitstechnik. Sein Stil lebt aus bewußter gegensätzlicher Formung zum logisch entwickelten starren Stil der Aufklärung, zum periodenreichen „klassischen" Stil, der wie ein „Schlinggewächs" jedes gesunde Wachstum erstickt. Die gesprochene, neugeformte, intuitiv gestaltete, auf das Ohr wirkende Alltagssprache eignete sich besser dazu, mit dem Leser ins Gespräch zu kommen, als die Schriftsprache. Empfindsame und kraftgenialische Elemente formen die Kritischen Wälder, deren Ahnungen sich in wenigen Jahren erfüllen konnten, weil sie dem neuen Wollen einen deutlich vernehmbaren Ausdruck verliehen.

Beruf und Überdruß an der Kritik führten Herder zur Planung eines theologischen Werkes über die Archäologie der Hebräer. Die Materialien dazu wurden in der *Ältesten Urkunde des Menschengeschlechts* (1774/76) verwertet. Herder ging den morgenländischen Quellen der Religion nach und wollte die Spur der mosaischen Urkunde verfolgen. Das führte ihn wieder zu Hamann zurück. Ausgangspunkt war die ästhetische Wertung der Bibel, deren göttlicher Inhalt damit nicht angetastet wurde. In ihrer Formung erkannte Herder morgenländisches Gestalten. Er hatte von Michaelis, Semler, Ernesti und Spalding gelernt, festzustellen, was eine Bibelstelle „nach dem Sinn der heiligen Schriftsteller, nach ihrer Art des Ausdrucks, nach ihrer Zeit und der Verbindung, in der sie geschrieben, wirklich bedeutete, und also auch uns bedeuten muß". Deshalb könne eine wissenschaftliche Erklärung auf die kirchliche, historische und philosophische Erklärung nicht verzichten. Das bedeutet eine Übertragung der aus der Dichtung gewonnenen Einsichten auf die Heilige Schrift. An dem philologischen *Seher* wird noch einmal der Zusammenhang von *poeta vates* und *homo litteratus* in der Einheit von mystischer und dogmatischer Auslegung sichtbar. Wenn Herder aber in anderen Zusammenhängen von *hebräischer Mythologie* gesprochen hatte, so ist dies weniger als Säkularisationsvorgang anzusehen denn als Bemühung um eine geistige Einheit, in der die Welt und nicht mehr die Kirche das entscheidende Wort zu sprechen hat. Wie die einst festen Bezirke sich wenige Jahre später in der Humanitätsreligion auflösen, zeigt Goethe, wenn er „im heiligen Homer betet". Doch darf diese Haltung nicht mit der des Erasmus verwechselt werden, wenn dieser *Sancte Socrates ora pro nobis* betet. Das geschah im Zeichen der Überlegenheit des Christentums und im Glauben an die *anima naturaliter christiana*. Die Sonne Homers aber leuchtete am Ende des 18. Jahrhunderts über einem *neuen Paganismus*. Wenn Herder mit seinen reformierenden Gedanken über den Religionsunterricht eine solche Entwicklung angebahnt und gelernt hatte, aus der Geschichte der Religionen menschliche Meinungen und Verhaltensweisen abzulesen, sie als „Phänomene der Natur" anzusehen und sich in den Geist mythologischer Dichtungen zu versenken, so ist er mit Recht ein *Winckelmann der hebräischen Poesie* genannt worden. Ein solcher mußte den Zwiespalt zwischen seinem Amt und seinen Werken fühlen. Dazu kam, daß Herder der Schule unter einem mißtrauischen Vorgesetzten überdrüssig wurde, die Anonymität seiner Schriften und die neuen Angriffe von Klotz ihm manchen selbstverschuldeten Ärger bereiteten. Mit der Zusicherung, als Pastor von St. Jakob und Rektor der kaiserlichen Ritterschule zu gegebener Zeit zurückkehren zu können, verließ Herder Riga Anfang Juni 1769.

3. HERDERS ENTWICKLUNG BIS ZU SEINER BERUFUNG NACH WEIMAR (1776)

Das beabsichtigte erste Reiseziel seiner Seefahrt, Kopenhagen mit der deutschen Kolonie, opferte Herder der Freundschaft zu seinem Reisebegleiter Gustav Berens und dem Wunsch, neuen Bindungen zu entgehen. Mitte Juli kam er nach Nantes und lebte sich dort in die neue Umwelt ein. Er dachte an eine durchgearbeitete Ausgabe seiner Werke und wollte in Zukunft „nichts schreiben als was der Summe dessen, was der menschliche Geist zu allen Zeiten gedacht, neue Gedanken hinzusetzet". Er ist sich klargeworden, daß „sich viele Ideen und Vorurteile seiner Autorschaft ganz geändert" haben. Darüber gibt sein *Journal der Reise* Aufschluß. Seiner Neigung, zu betrachten und zu grübeln, kann er hier ganz folgen, wo er sich, auf seine Wissensbestände zurückblickend, Rechenschaft über sein Wesen und Denken gibt und seine Ideen vom Gedachten und Gesehenen in die Breite ausschwärmen läßt. Was er ohne formende Sorgfalt wiedergibt, ist Abschluß und Anfang, Beichte, Monolog und Gespräch. Er schwelgt im Gefühl der Freiheit, gibt sich seinen Träumen in allen Wissenschaften hin und dichtet, was er erlebt hat. Man kann in einzelnen Fällen den Übergang vom sinnlichen Eindruck einer Erscheinung in die ausweitende Betrachtung feststellen. Immer wieder werden Beziehungen zwischen *Natur* und *Mensch* gesponnen. Vordrängende Gedanken über Sprache, Dichtung, Literatur und Religion werfen Streiflichter auf eine „Universalgeschichte der Bildung der Welt". Manche Weisheit, die er sich bis dahin nur aus Büchern erworben hatte, findet er jetzt bestätigt. Je mehr er sich von der Stätte seines Wirkens entfernt, wo er sich in der Liebhaberei wohler gefühlt hatte als im Beruf, um so klarer geht ihm die Bedeutung seiner erzieherischen Sendung auf, um so größer wird sein Abscheu vor dem Literatentum, in das er sich mit solchem Eifer gestürzt hatte. Fernweh, das tragische Schicksal der ewigen Unruhe des genialen Anregers, ist von da an ständiger Begleiter seines Lebens. Es kann sich zu hypochondrischer Unzufriedenheit steigern. Immer drängt es Herder aus einer ersehnten oder mühsam errungenen Lage in eine andere, so daß er bereut, einen Aufenthaltsort verlassen zu haben, und sich entweder dahin zurücksehnt oder eine neue Veränderung wünscht. Er glaubte niemals, eine seinem Wesen entsprechende Stellung gefunden zu haben, und war immer davon überzeugt, sich in einer aufgegebenen Stellung anders betragen zu können, wenn ihn sein Schicksal wieder dahin zurückgeführt hätte. Er hat das Glück stiller Zufriedenheit eines Gellert nicht mehr und das edle Bescheiden einer fest in sich ruhenden Persönlichkeit noch nicht errungen. Aus dieser Zwischenlage sind die meisten Wesenszüge Herders, auch seine sogenannten schlechten Charaktereigenschaften wie Neid und Mißgunst, zu erklären. Er und Pestalozzi widerlegen durch ihr Leben und Wirken die Forderung, daß der große Erzieher das Ideal der Beständigkeit verkörpern müsse. Nicht diese strahlt von ihnen aus, sondern die Sehnsucht danach scheint den Zöglingen wie eine Erfüllung.

Wie ernst beschäftigt sich das Reisetagebuch mit der Ritterschule in Riga! Herder verlangt einen dreistufigen Unterricht, dem Kindes-, Knaben- und Jünglingsalter entsprechend, auf Sinn und Gefühl, Einbildungskraft, Verstand und Vernunft abgestellt, von Natur zur Geschichte, und von dieser zur Abstraktion aufsteigend. Ein „Katechismus der christlichen Menschheit für unsere Zeit" wird entworfen: von Religion und Sittenlehre ausgehend, zu Gesellschaft und Staat, Kunst und Wissenschaft vorstoßend. Ein „Jahrbuch der Schriften für die Menschheit" soll die moralischen Wochenschriften ersetzen. So konnte sich Herder im Einklang mit den großen Gesetzgebern des Altertums und mit Luther und Zwingli als Reformator fühlen, ja sogar an eine vollkommene Umgestaltung der Verfassung Rigas denken. Er fühlte sich in der Vorahnung eines politischen Werkes über die Kultur Rußlands zum Handeln und zu einer *politischen Sendung* berufen. Er wollte sich „so stark als möglich vom Geist der Schriftstellerei abwenden". Aber es drängte ihn, seine Gedanken und Eindrücke über das geistige Frankreich festzuhalten. Er schildert es als dem Rationalismus und Geist der Monarchie verfallen. Aber trotz allen kritischen Bedenken, die ihm seine deutsche Wesensart zum Bewußtsein bringen, gibt er sich dem Zauber des französischen Stils und Formenreichtums hin. In Rousseau, für den er sich einst schwärmerisch begeistert hatte, sieht er jetzt mehr einen Bundesgenossen gegen die Aufklärung, doch bleibt er von der Welt Diderots und Montesquieus nach wie vor eindrucksvoll berührt. Das machte ihm einen Aufenthalt in Paris begehrenswert. Anfang November traf er dort ein. Der Garten von Versailles, der Louvre und das Theater werden mit der Hast eines unergründlichen geistigen Fassungsvermögens aufgesucht und machen ihn wieder zum Kritiker. Wie wenig kann ihm eine Aufführung von Voltaires *Zaïre* gegenüber der Lektüre Shakespeares geben!
    Die Aufforderung, Begleiter des Erbprinzen Peter Friedrich Wilhelm von Eutin zu werden und damit sein Reiseleben noch durch drei Jahre fortzusetzen, hat Herder nicht ohne Bedenken angenommen. Weihnachten verbrachte er in Brüssel. Anschließend hielt er sich in Antwerpen, Den Haag, Amsterdam und Leyden auf. Es fehlte die Zeit zu einer fruchtbaren und anregenden Verbindung mit den holländischen Philologen. Einen Ersatz dafür konnte die schwärmende Bekanntschaft mit dem künftigen Oberhirten der Darmstädter Empfindsamen, Franz Michael Leuchsenring, nicht bieten. Bedeutungsvoller war der anregende Verkehr mit Lessing in Hamburg Ende Februar 1770. In der Verehrung für Hamann gewinnt Claudius Herders Freundschaft. Die freundliche Aufnahme in Eutin ließ Besseres für die Zukunft

hoffen als die Grundsätze, nach denen der Hofmeister von Cappelmann den Erbprinzen erzog und die Reise vorbereitete. Sie führte über Hamburg, Hannover und
Kassel, wo Raspe besucht wurde, nach Darmstadt. Dort fand Herder einen Gesinnungsgenossen in Merck und seine Braut in Caroline Flachsland. In Karlsruhe
stand er unter dem Eindruck des Markgrafen Karl Friedrich. Er pries ihn als „den
besten Fürsten, der vielleicht in Deutschland lebe". Dennoch zeigten ihm die sechs
Wochen, in denen er „von Hof zu Hof geschleppt" wurde, daß es für ihn am besten
sei, sich aus einem Wirkungskreis zu lösen, in dem er seine Erziehungsgrundsätze
nicht verwirklichen konnte, und die ihm angebotene Nachfolge Abbts in Bückeburg anzutreten. Von Straßburg aus hat Herder im Oktober 1770 diese Entscheidung
getroffen. Doch verzögerte er den Amtsantritt in Bückeburg, weil er hoffte, durch
eine Operation von seiner Augenfistel befreit zu werden. Die schmerzhafte Behandlung – Herder schreibt von 20 Schnitten und 200 Sondierungen – hatte keinen Erfolg, verschob seine Abreise bis zum April 1771 und führte die glückhaft-bedeu-
tungsvolle Begegnung mit Goethe herbei. Ihm erschloß Herder den Reichtum seiner
Ideen und gewährte ihm Einblick in die Arbeit an der *Preisschrift über den Ursprung
der Sprache*, die zum Einlieferungstermin (1. 1. 1771) fertiggestellt wurde.

Hier wurde die Ernte langen Nachdenkens in die Scheuer gebracht,
die Widerlegung der Theorie Süßmilchs vom göttlichen Ursprung der
Sprache aus den Fragmenten fortgeführt und ein neuer Weg der Lösung
des Problems beschritten. Weder der orthodoxe Standpunkt noch der
materialistisch-natürlich erklärende, noch der naturalistische Rousseaus
konnten Herder befriedigen. Herder zeigte den Ursprung der Sprache
in der geistigen, nicht in der körperlich-tierischen Natur des Menschen.
Das bedeutete die Überwindung der Aufklärung, wenn diese sich mit
ihrer Auffassung von der zweckhaft geschaffenen Sprache auf naturhafte Erfahrung oder die Vernunft stützte. Es müsse zwischen den Ver-
ständigungsmöglichkeiten, die das Tier durch seinen Instinkt besitze,
und der menschlichen Sprache unterschieden werden. Diese ist das
Ergebnis menschlicher *Besonnenheit*, d. h. der Summe jener Eigenschaften,
mit denen der Mensch das Sinnlich-Erfaßte „zum Anerkenntnis"
bringt, ihm in seiner Seele eine feste Bezeichnung gibt. Das nennt
Herder *Wort der Seele* und Erfindung der Sprache. Die Ursprache ruht
auf dem „Einverständnis der Seele mit sich selbst", sie ist also auch
beim einzelnen Menschen abseits der Gemeinschaft und ohne den Laut
möglich. Durch ihn wird die innere Sprache zur äußeren, hörbaren. Er
spendet ihr das Leben, und sie befähigt den Menschen, die Natur als seinesgleichen zu erklären; denn *Sprache*, *Poesie* und *Mythologie* bilden eine
Einheit. Das Gefühl wächst aus der Einheit der Sinne, deren mittlerem,
dem Gehör, als „Sprachsinn" besondere Bedeutung zukommt. Im Verlauf der Entwicklung verliert die Sprache ihre metaphorische Kraft,
aus einem Sinnbezirk in den anderen hinüberzuwechseln, sie beugt
sich den Gesetzen der Grammatik. Die Entstehung der Sprache – so
führt der zweite Teil aus – ist mit ihrem Wesen aufs innigste verknüpft.
Gedanke und Wort stehen genauso in wechselnder Beziehung wie der

Einzelne zur Gesellschaft, sei es, daß er sich der Denkart einer Gemeinschaft anschließt, sei es, daß sich diese als Nation von ihresgleichen absondert. So mündet die Preisschrift in die Geschichtsphilosophie.

Von Herders Schrift über den Ursprung der Sprache führt eine feste Linie über Wilhelm von Humboldt und die romantischen Philologen zur Gegenwart. Ein Blick von deren Arbeitsmaterial an Wörterbüchern und vergleichenden Grammatiken zurück in Herders dürftige Werkstatt zeigt uns die Sicherheit, mit der er das Wesen der Sprache erkannte. Wohl haben sich einzelne Züge seines Bildes verändert, aber die Betrachtungsweise und der Versuch, Denken und Fühlen mit Äußerungen und Handlungen zusammenzuschauen und aus der „Seele" die menschliche Eigenart zu erklären, erwiesen sich der jungen Generation, deren sichtbarster Vertreter Goethe nun bei Herder zu lernen begann, als eine erhellende Offenbarung dessen, was ihr unaussprechbar gewesen war. Sie sah nicht, was sie den verachteten Poetikern und Theoretikern, den gelockerten Gesetzen des Klassizismus verdankte. Sie spottete in der Fülle der Gesichte über alle Regel, urteilte mit einseitiger Strenge über anakreontische und empfindsame Vorbilder und verkündete, des ewigen Geredes über Nachahmung, Natur, Genie und Original müde, einen Aufstand der Mutigen gegen das Werk des nüchternen Verstandes im Namen der *Naturpoesie*, Shakespeares, Ossians, des Volksliedes und des Gefühls. Sie fühlte sich eins mit der schöpferischen Natur, wenn sie dichtend oder sprechend dem Geschauten, Gefühlten, Erahnten oder Gedachten eine Gestalt gab. Sie feierte den langvorbereiteten Sieg der britischen über die französische Muse. Die Stimmung dieser bedeutungsvollen Monate hält das kleine Heftchen *Von deutscher Art und Kunst* (1773) fest.

Der strenge Maßstab, den Herder an die Werke der anderen anlegte, ließ ihn seine eigenen Gedichte als *Spielwerk* ansehen. Er nennt das, was in ihm dichtet, „eine Mischung von Philosophie und Empfindung". Seine junge Liebe und die Straßburger Krankenstube haben ihn weniger zum Dichten angeregt als zum nachempfindenden Verstehen. Aber in seinen Briefen an Caroline, die er an seiner Lektüre teilnehmen läßt, wechselt er doch von der Mitteilung der Originale über deren Übersetzungen zu eigenen Gedichten hinüber. Daß er mit diesem Verfahren noch in die Schule der Gelehrtendichtung ging, steht scheinbar in Widerspruch mit dem gleichzeitigen Beginn der *Volksliedersammlung;* denn er wollte sich und den anderen damit zeigen, wie sie dichten sollten. Deshalb wird auch sein Urteil gegenüber Klopstock, Geßner und Kleist strenger, deshalb sagt ihm sein Stilempfinden, daß Wielands Shakespeare nicht der wahre Shakespeare sei, in dessen Beurteilung er sich mit Gerstenberg und Lessing einig fühlte. Von jenem konnte Herder wissen, daß Shakespeare nicht mit dem klassischen Maß der Griechen gemessen werden dürfe, von diesem, daß er den Hauptzweck der Tragödie erfülle. Doch scheint Herders späterer *Shakespeare-Aufsatz* auch von Gedanken Homes angeregt zu sein. Über alle seine Vorgänger kommt Herder hinaus, wenn er als erster versucht, Shakespeares Dramen aus ihren geschichtlichen Entstehungsbedingungen zu erklären. Dennoch kann er dem Bühnenwerk des großen Briten nicht gerecht werden, weil er sich vom Bau des klassizistischen französischen Dramas nicht befreien kann und sein eigenes Wesen ihm über die Lyrik den Weg zu Shakespeare eröffnet hatte.

So bildet der Auszug aus einem *Briefwechsel über Ossian und die Lieder alter Völker* (1771), in denen sich die sentimentalische Stimmung der Zeit wiederfand, eine Ergänzung des Shakespeare-Aufsatzes. Schon in Nicolais Bibliothek (1768) hatte Herder dem Ossianübersetzer Denis vorgeworfen, daß er das Original in den Homerischen Stil umgedichtet habe, ihm empfohlen, sich der skaldischen Dichtweise zu bedienen, und später dies selbst versucht. An Ossians Gedichten als „Liedern eines ungebildeten, sinnlichen Volkes" entwickelt Herder seine Ansichten über diese mit der althebräischen Dichtung eng verwandte poetische Gattung, in der die innere Empfindung von „Form, Klang, Ton, Melodie" nicht zu trennen ist. Er sucht also die Dichtung bei ihren im Volk noch lebendigen, sprudelnden Quellen auf, wirft von da aus verächtliche Blicke auf die verkünstelte Dichtung der Gegenwart, die *Letternpoesie*, und regt zur Sammlung des alten Gutes an. Das führt keineswegs zu einer völligen Verurteilung zeitgenössischer Dichtung; denn diese wird nach Art ihrer Genies in drei Gruppen geordnet: die schnell und wirksam Empfindenden (Klopstock, Gleim, Jacobi), die lange Nachsinnenden, welche dem mühsam Errungenen die glückliche Gestalt geben (Milton, Haller, Kleist, Lessing), und die Vereinigung beider (Ramler, Wieland, Gerstenberg).

Im Aufstieg der vom klassizistischen Kanon Scaligers verachteten Pöbelpoesie wird die langsame Ablösung aristokratisch-höfischer durch bürgerlich-demokratische Ordnungen sichtbar und öffnen sich weite Beziehungen zu soziologischen und kulturellen Erscheinungen. Doch lassen die allgemeinen Werturteile über die ältere Dichtung, den Meistersang und Hans Sachs sowie die Vorliebe für Volkssänger, Minnesinger, Skalden, Barden und wandernde Minstrels (Percy) weder feste Punkte in einer Entwicklung noch klare Vorstellungen erkennen. Daß diese von der Erbschaft des *poeta vates* belastet sind, glauben wir mit Bestimmtheit annehmen zu können. Für die Zeitgenossen stand der Bardengrenadier Gleim mit Bürger in der gleichen Linie, die für uns durch Herders Entdeckung des schöpferischen Dichtergeistes unterbrochen scheint. Herder führte den Begriff der singenden Natur als innerer Triebkraft ein. Er stellte den *Naturdichter* auf die oberste Stufe einer Leiter, in deren Mitte der *Kunstpoet* und an deren Ende der *wissen-schaftliche Reimer* stand. Das war erst möglich, als in der Zusammen-schau von Rousseau und den englischen Theoretikern Natur, Original und Genie miteinander verflochten wurden, der sinnliche, fühlende Mensch über den denkenden, der Naturmensch über den von der bürgerlichen Konvention eingeengten, die Leidenschaft über den Stoizismus triumphierte. So hatten sich zwischen Boileau und Herder die Auffassungen über die Entstehung der Dichtung von Grund auf geändert. Nicht mehr der gesunde Menschenverstand stellte die ursäch-lichen Zusammenhänge und die logische Reihenfolge der Ereignisse in den großen Dichtungen her, sondern diese ergaben sich aus organisch-naturhaftem Zusammenhang. Die nützlichen Typen der Temperamente und ihrer Mischung mußten sich vor dem Ansturm der einmaligen ge-schichtlichen Individuen zurückziehen. Aus ihnen wurde das neue Menschenbild gewonnen. Man versteht nur zu gut, daß bei der Fülle der Gesichte überschätzt und unterschätzt, nicht gesucht und aus-gewählt, sondern gefunden wurde, weil in das mit glühenden Augen und heißem Atem verschlungene Werk hineingelegt wurde, was eine neuen Eindrücken offene Seele sich wünschte. So hat Herder gelesen, gefühlt und gearbeitet, und so müssen wir den trockenen Bericht be-leben, daß Raspe am 4. 8. 1771 Percys Reliques an Herder verlieh, der noch im gleichen Monat den Ossianaufsatz fertigstellte.

Die Vorstellungen von Volk und Genie treffen in der *Volksdichtung* zusammen. Bürger greift den Begriff im Deutschen Museum (1776) auf, und Goethe legt seine Meinung über Volksdichtung Crugantino in den Mund (*Claudine von Villa Bella*). Gattung, Stil und Dichtweise lassen sich nicht darin trennen. Als Lieder für das Volk – gerade jetzt wurde die wahre Poesie im Gegensatz zur wollüstigen, verderbten Gesellschaftspoesie wieder in ihre Rechte als Lehrerin der Menschheit eingesetzt – begann die neue poetische Gattung an die Stelle der *Erbauungsliteratur* zu treten. Dies und nicht Lieder des Volkes war der erste Sinn des Wortes Volkslied. Man horchte auf den Naturlaut in der Sprache des Volkes und bildete ihn nach, wie man im Be-kenntnis des Tagebuchs und Briefes die Vorgänge in der eigenen Seele nachbildete. Die weite Spannung zwischen diesen beiden Ausdrucksweisen und Möglichkeiten individueller Stilgebung war nicht in das brüchige Schema der alten Stilcharaktere zu bannen. Der praktische Zweck, auf das Volk zu wirken und von diesem verstan-den zu werden, unterstützte die naturalistischen Grundsätze der neuen Kunst. In der neuen Ausdrucksweise aber bricht sich die Ausdrucksweise des Volkes: was davon aufgenommen und verarbeitet wird, zeigt sich in allen möglichen Formen zwischen manierierter Zusammenstellung von Redensarten und einem nach naturhaften Grund-sätzen gestalteten Stil, der schnelle Übergänge, kühne Würfe und den wehenden Hauch der Poesie verlangt. Deshalb findet sich unter der Parole *Volkslied* ein krauses Vielerlei wie Minnesang, Parodie, Weißes und Hillers Operettenschlager, Bänkel-gesang, Homer und Ossian zusammen. Lyrik und Lied zeigen im *Göttinger Hain* die meiste Werbekraft für Herders Programm. Doch wird trotz Bürger und Claudius zwar Ersatz für die Erbauungsliteratur geschaffen und damit der Sinn des Wortes Volkslied, wie man ihn in dieser Zeit verstand, erfüllt, nicht aber der Wert des Volks-gutes erkannt. Das blieb der Heidelberger Romantik vorbehalten.

Neue Berufsaussichten, eine theologische Professur in Gießen, die Rückkehr nach Riga, schlug Herder nach längeren Verhandlungen aus. Der Aufenthalt in Darmstadt war von Mißtrauen getrübt. Ob den Herzenströdler Leuchsenring mit Recht der Vorwurf trifft, Herders Eheversprechen verhindert zu haben, oder ob diesen die unsichere Zukunft und seine Schulden davon abhielten, sich zu erklären, ist schwer zu sagen. – Über dem neuen Dienstverhältnis in Bückeburg, wo Herder Ende April 1771 eintraf, waltete kein glücklicher Stern. Des Fürsten Ordnungsliebe, sein streng logisches Ableiten und seine militärische Zucht konnten sich mit der jugendlichen Begeisterung, Ungeduld und Weichheit seines Konsistorialrates schwer befreunden. Herder vermißte „Seelen, die er auch nur Viertelstunden anzuschauen wünschte", und fühlte sich einsam. Seine Predigtweise und Erfüllung erzieherischer Pflichten setzten sich gegen die Orthodoxie schwer durch. Der Briefwechsel mit Merck und Goethe wurde gefestigt. Trotz der stofflichen Beziehung zum Julius Cäsar war das Gemeinschaftswerk von Herder und Johann Christoph Friedrich Bach, Brutus (1774), kein wiedererstandener Shakespeare, sondern blieb der italienischen Oper verpflichtet. Zu Bachs Kompositionen hat Herder auch einige Kantaten und den Operntext Philoktet (1776) verfaßt. Das Einvernehmen mit Nicolai wurde dadurch gestört, daß dieser Herder die Mitarbeit an den Frankfurter Gelehrten Anzeigen (1772) übelnahm.

In den beiden ersten Bückeburger Jahren vollzieht Herder eine Wendung, die ihn zu Hamann und pietistischer Gläubigkeit zurückführt. Er fühlt sich auch durch die neue Freundschaft, die er während seines Aufenthaltes in Göttingen (1772) mit dem Philologen Heyne und dessen Frau knüpfte, in seinem Vorhaben, ein anderer Mensch zu werden, bestärkt. Wenig klar war er sich darüber, daß ihm die Jahre seiner theologischen Sturm- und Drangkrise noch bevorstanden. Mit Begeisterung baut er in seinem Herzen Lavater neben Hamann und Claudius einen Altar. Er läßt ihn an seinen Zweifeln und Bedenken teilnehmen und sieht in ihm ein religiöses Vorbild. Innere Ruhe und Festigkeit pietistischer Prägung aber gewann Herder in der Umgebung seiner Herrin, der Gräfin Maria Eleonore von Schaumburg-Lippe. Durch sie wird ihm sein Beruf in Bückeburg wertvoller, wird sein Verhältnis zum Grafen vertrauter. Als er endlich im Frühling 1773 seine Frau aus Darmstadt heimführte, schien eine glückliche, ausgeglichene Zeit für ihn anzubrechen. Er feierte eine „Wiedergeburt seines Fleißes".

Die langsame Wendung Herders von Ästhetik und Literaturkritik zur Theologie ist in den drei Werken zu erkennen, die 1774 erschienen. Wieder will er seine Verfasserschaft verschleiern. Das hatte bei der Schrift Auch eine Philosophie der Geschichte seinen besonderen Grund in der Kritik der Zeit und in den Bückeburger Verhältnissen. Diese Schrift ist eine revolutionäre Absage an den Zeitgeist, dem Herder bis dahin zu sehr gehuldigt zu haben glaubt. Im Kampf gegen die Philosophie und Geschichtsauffassung seines Jahrhunderts entwickelt Herder das Programm seiner Geschichtsphilosophie.

Die Aufklärung sah in der Geschichte drei wirksame Grundsätze: Verwirklichung einer Ordnung und eines Sinnes, der in die Geschichte gelegt ist, sowie die unbedingte Sicherheit des Wissens darum. Sie sah eine planmäßige Entwicklung, weil sie das Geschehen aus dem Überweltlichen in die faßbare Welt der Erscheinungen versetzte. Aber, so fragt das Herz mit Rousseau, was ist der Gewinn, den uns die neue, im Zeichen der Vernunft stehende Zeit beschert? Deshalb gibt es aus ähnlichen geistigen Voraussetzungen wie das 15. Jahrhundert die Parole aus: Zurück zu den Quellen, zu Natur, Tugend und Güte, zu paradiesischer Einfachheit! Dahin müssen die mißgeleiteten Menschen zurückgeführt werden, damit sie durch die Pflege ihrer entwicklungsfähigen Naturanlage zur Vollkommenheit kommen können. So erhielt die Geschichte für Rousseau aus der Natur den allein geltenden Sinn, auf die Einheit des Menschenbildes hinzuweisen. Jedoch wird die Verwirklichung dieses Sinnes vom Wissen um das Gültige – einer Angelegenheit des Herzens – abhängig gemacht. Dennoch blieb die Geschichte fragwürdig, weil weder das Christentum noch die Aufklärung noch Rousseau geschichtliche Vorgänge inhaltlich zu deuten vermochten. Das Christentum suchte in ihr die Verwirklichung des Heilsplanes, die Aufklärung Einheit und Ordnung, Rousseau die Auswirkung des Gegensatzes zwischen Naturtreue und -fremdheit. Die Frage nach der verantwortlichen Leitung der Geschichte, ob durch Gott oder das Individuum, drängte nach Entscheidung. Ihre Beantwortung kehrte zu christlichen Grundsätzen zurück, indem sie auf das sich offenbarende Wirken Gottes in seiner Schöpfung hinwies. Hamann, der in gleichnishaften Reden die Geschichte der Menschwerdung Gottes gleichsetzte, erschloß Herder die Problematik. Er mißt der Vorsehung einen weiten Geltungsbereich zu und dämmt damit die aufklärerische Überschätzung des Menschen ein. Dennoch ist dieser nicht ausschließlicher Gegenstand, sondern Träger der Geschichte. Die Menschheit ist das Werkzeug der Vorsehung. Das Negative, der Gegensatz erhält seine Bedeutung als eigentlich forttreibende Kraft. Die „sich selbst gehörende Menschheit" kann sich der Vorherbestimmung nicht fügen. Der Wert der Geschichte wird in sie selbst gelegt, sie ist Weg und Ziel zugleich, die Gesetze ihrer Bewegung liegen in ihr selbst. Herder bekämpft die Aufklärung im Namen des Glaubens. Er sieht in der Geschichte eine Vielfalt von Kräften wirken: die menschliche, gesellschaftliche oder zeitliche Besonderheit lebt aus einer besonderen, eigenartigen und nie wiederkehrenden Mitte. Auf die Frühzeit fällt manches Licht. Aber sie wird weder als Idealzustand noch als dunkle Zeit angesehen.

Herders gläubige Ergebung unter einen höheren Willen – wir spüren den Gleichklang mit Lavaters Denken – plant eine *Geschichte aus dem Gefühl der Offenbarung* als Seitenstück zu Montesquieu. Doch vorerst überschaut er, um seinen Standpunkt zu festigen, die Weltgeschichte vom Elternpaar der Menschheit an mit beständiger Bezugnahme auf die *Lebensalter:* des Kindes (Hirten- und Wanderleben), des Knaben

(Ackerbau und bleibender Landbesitz: Ägypter, oder Betriebsamkeit und Handel: Phönizier), des Jünglings (griechische Grazie), des Mannes (Römer). Die neue „nordsüdliche Welt" ruht auf den patriarchalischen Verhältnissen der Germanen und dem Christentum, dem „menschenliebendsten Deismus". Beide formen die mittleren Zeiten, denen Herder gerecht werden will, wenn er ihnen als Zeiten des Herzens gegen die des Kopfes ein Daseinsrecht gibt, das ihnen die Romantik schließlich mit neuem Enthusiasmus bestätigte. So tritt denn, je näher Herder der leidigen Gegenwart kommt, seine Polemik stärker hervor. Was brachten die Entdeckungen des 15. und 16. Jahrhunderts anderes als – mit einem Seitenblick auf Friedrich den Großen – eine neue Kriegstechnik, einen fragwürdigen Militarismus, lebensfremde kraftlose Wissenschaften (Philosophie, Rechtswissenschaft, Staatskunde), die sich in mechanischen Konstruktionen erschöpfen, und enzyklopädische Wörterbücher? Erst in den „Zusätzen" verliert sich der Angriff im Hinweis auf eine kommende Gesundung und die Möglichkeit, ins Weite zu wirken. Ja, der Schluß nimmt sich wie ein Echo des Aufklärungsoptimismus aus in dem Gedanken einer zweck- und sinnvollen Ordnung in einer wenn auch noch fernen Zeit, wenn die „idealischen Brunnquellen für den Durst einer Wüste" ihr Wasser spenden. Darunter versteht er die Bücher der Offenbarung.

Grundlage und Voraussetzung zur geplanten *Geschichte aus dem Gefühl der Offenbarung* ist die Darstellung des Kindheitsalters der Menschheit in der kurz vorher bei Herders altem Verleger und Freund Hartknoch erschienenen *Ältesten Urkunde des Menschengeschlechts*. Der Plan des Werkes löste sich aus der *Archäologie der Hebräer*. Menschliche Urgeschichte und Urpoesie werden als Bildungsmittel ausgewertet. Auch dieser Versuch, das Denken der Zeit unter eine neue, belebte theologische Wissenschaft zu stellen, steht unter der Parole: Zurück zu den Quellen! Nur liegen diese nicht wie im Zeitalter der Reformation beim Christentum, sondern im Menschentum, wie es das alte Testament vorführt.

Diesmal gebärdet sich Herders Entdeckerbewußtsein recht laut in den Überschriften der drei Teile: „Eine nach Jahrhunderten enthüllte Heilige Schrift", „Ein Schlüssel zu den heiligen Schriften der Ägypter", „Trümmer der älteren Geschichte des niederen Asiens". So gehörte es sich für dieses Manifest des religiösen Sturms und Drangs. Merck hatte recht, wenn er den Verfasser mit einem Menschen verglich, „der sich im Schlafrock zu Pferd setzt, durch die Gassen reitet und noch obendrein verlangt, daß es jedermann gutheißen und auch seine ihm beliebigen Ursachen davon riechen soll". Was Herder hier mit den *Hieroglyphen des Schöpfungsberichtes* vornimmt – der Auslegung des Siebentagewerkes in den sieben Künsten und Wissenschaften –, ist nichts anderes als allegorische Deutung. Um dem Meisterstück göttlicher Erziehung beizukommen, werden frühere Erkenntnisse fallengelassen und wird die gesamte Stoffülle zweckhaft zurechtgestutzt. Der Schöpfungsbericht wird zum Denkmal erhoben und damit aus dem poetischen und mythologischen Zusammenhang gelöst. Die positive Religion gilt als Vorstufe der natürlichen. Nur mit „väterlichem Beistand des Schöpfers" lernten die

Menschen die Schöpfung verstehen. Was Herder nun mit dem bewährten Mut zu irren kühn als Tatsache hinstellt, bleibt eine unbeweisbare Annahme. Aber die vereinfachenden Formen, die er prägt, wirken wie Samen einer neuen Wissenschaft. Er spekuliert sich seine *Sapientia veterum* zusammen, stellt noch einmal das Erbe der Pansophie dem Rationalismus entgegen und führt die Schöpfungslehren, das Geheimwissen der Pythagoräer, Chaldäer und Gnostiker sowie der Avesta auf den biblischen Ausgangspunkt zurück.

Das ganze Gedankengerüst ruht auf der Voraussetzung, daß die Hieroglyphe im Lied von der Schöpfung Grundlage der geistigen Welt Ägyptens ist und wie diese von Gott selbst geschaffen wurde. Der zweite Band (4. Teil) der ältesten Urkunde (1776) fuhr mit der Erklärung der Genesis fort. Wenn sich auch die Einheit auflöst, so ist doch dieser Teil des heiligen Buches (2.–6. Kapitel) „Kern und Keim der verborgensten Geschichte des Menschengeschlechtes". Das gilt ganz besonders vom Sündenfall. Wie sehr Herder sich verkannte, zeigt, daß er mit diesem Werk glaubte eine neue Reformation durchführen zu können. Als ob Männer vom Schlage Andreaes, Arndts, Arnolds oder Herders dazu berufen wären!

In der Bemühung um religiöse Neuorientierung sah er ein Werk über den *Prediger* vor sich, wieder eine revolutionäre Kampfansage im Namen gottbegeisterten Prophetentums. Diesmal wird dem einst verehrten Spalding und seinem vermittelnden Werk *Von der Nutzbarkeit des Predigtamtes* (1772) das Ideal des wahren Predigers vorgehalten und dieser vom „unbrauchbaren Höllenprediger des Staats, leidigen Tröster der Unterdrückten oder philosophischen Schönredner einer untauglichen Idealmenschheit" abgehoben. Um die Würde des Priesterstandes zu zeigen, wird bei einem Gang durch die Geschichte vorgeführt, wie weit sich der geistliche Lehrer von seinem Ausgangspunkt, dem *Patriarchentum*, der Hieroglyphe Melchisedech, entfernt hat. Was Möser über den germanischen Priesterstand vorgebracht hatte, erweitert die Grundlegung. Sie wird gefestigt im *Prophetentum*. Aus dieser dreifachen Wurzel (1. Teil) muß die Theologie ihre Kraft den anderen Wissenschaften spenden. In einem lehrreichen Vergleich von des Erasmus Buch über den Prediger mit dem Herders könnte gezeigt werden, wie sich das Zeitalter der Reformation an Christus, die Sturm-und-Drang-Religion am Alten Testament neu gestaltet, auf welch breiter Grundlage Erasmus seine Ideen entwickelt und sich den Kirchenvätern verpflichtet fühlt, während Herders geschichtliche Schau bei den Lehrern der Kirche (2. Teil, 1. Abschnitt) erst mit der Reformation beginnt. Herders kraftgeladenes Prinzip drängt sich an die Stelle der rationalistischen Systeme, etwa der Dreigliedrigkeit, mit der Sulzer zu arbeiten pflegte. Herder fordert eine Erklärung der symbolischen Bücher (2. Abschnitt) aus ihren Entstehungsbedingungen, leitet Glaubenslehre und Moral aus dem Wort Gottes ab und klagt darüber, daß Predigerpflicht und Kirchenordnung im argen liegen. Ebenso läuft der dritte Abschnitt auf ein ablehnendes Kennzeichnen der gegenwärtigen Predigt hinaus.

Herders Sturm und Drang prägt sich vielleicht am deutlichsten aus in den *Gefundenen Blättern aus den neuesten deutschen Litteranannalen von 1773.* Das waren Rhapsodien über die Jahreserzeugnisse des deutschen Buchhandels, darunter den Messias, in dem bei aller Anerkennung doch „mehr ein Christus der Hallischen Schule als der große Christus der Religion" Gestalt gewann. Kann sich die Formel vom Messias als Epos des Pietismus auf dieses Wort Herders berufen? Der Vorwurf, daß Klopstock nicht wie Homer oder Ossian gedichtet habe, wäre mit Herders eigenen Gründen zu widerlegen gewesen. Doch der Mann, der von seinem jagenden Gespensterroß nur für Augenblicke in die Bücher des Meßkatalogs hineinsehen konnte, hatte keine festen Stellungen, die er gegen die einsetzende Kritik verteidigen konnte.

Diese kam zuerst von dem Göttinger Historiker August Ludwig Schlözer, der sich gegen Herders Rezensionen seiner *Vorstellung einer Universalhistorie* und zweibändigen *Allgemeinen nordischen Geschichte* (1772) in den Frankfurter Gelehrten Anzeigen zur Wehr setzte. Da hatte Herder geglaubt, die Rechte der Geschichtsphilosophie gegen das System einer Universalgeschichte verteidigen zu müssen. Schlözer aber nahm sich den „witzigen Belletristen" und seinen „literarischen Pagenstreich" in einem Buch vor (1773). Daß Hamann und Claudius darauf antworteten und Herder schwieg, berührte peinlich. Entscheidender war der Bruch mit der Berliner theologischen Aufklärung, mit Nicolai und Teller. Herder hatte es sich selbst zuzuschreiben, wenn seine prahlerischen Herausforderungen und versöhnenden Gesten gegenüber Spalding nicht ernst genommen wurden. Als er zum neuen Jahr 1775 den Wahlspruch wählte: „Sünde büßen, verstummen und fest werden in der Wahrheit", war er auf dem besten Wege, seine gefährlichste Krise zu überwinden.

Die Beschäftigung mit Anquetils Zend-Avesta im Verfolge der Studien zur Fortsetzung der ältesten Urkunde und Predigten über das Leben Jesu besonders nach dem Johannesevangelium liegen den *Erläuterungen zum Neuen Testament aus einer neueröffneten morgenländischen Quelle* (1775) zugrunde. Der Verzicht auf Polemik erforderte eine Umgestaltung des Manuskripts. Chaldäische Weisheit, wie sie die Juden in der babylonischen Gefangenschaft kennenlernten, wird in der christlichen Lehre lebendig. Auf diese Hypothese wird die Glaubenslehre des Neuen Testamentes gestellt. Der Stoff ordnet sich um eine Darstellung des Lebens und der Lehre Jesu, wie sie metaphysisch vorbereitet wurden und in die Zukunft wirkten. Zwischen Aufklärung und pietistischer Enge stellt Herder seine Lehre auf den *ethischen Mystizismus* Spinozas und begründet damit den Glauben an die Bibel als göttliche Offenbarung. Wie er sich in die Welt der Naturpoesie eingefühlt hatte, so fühlte er sich nun gläubig in das Christentum ein; denn er las das Neue Testament „mit neuem Gefühl für die Größe des Inhalts", er belebte mit seiner begeisterten Erklärung den Glauben. Auch mit der kleinen Schrift *Briefe zweener Brüder Jesu in unserem Kanon* (1775) bewegt sich Herder im Kreise des Urchristentums, wenn er die Briefe des Jacobus und Judas erläutert. Schließlich stellte er die Apokalypse in den Zusammenhang mit der ältesten Urkunde in der Schrift: MAPAN AΘA, *das Buch von der Zukunft des Herrn, des Neuen Testamentes Siegel* (1779). Zum Unterschied von den Erklärern, ja selbst von Bengel, erklärt Herder die Offenbarung aus ihr selbst und fühlte sich als ihr Rhapsode. Hier schöpft er aus dem Urquell seiner religiösen und poetischen Überzeugungen.

Diese werden auch sichtbar in Gelegenheitsarbeiten, die Herder zuPreisausschreiben verfaßte: Der Abhandlung *Über die Ursachen des gesunkenen Geschmacks*, der die Berliner Akademie am 1. 6. 1775 den Preis zuerkannte, und der ungekrönten *Vom Erkennen und Empfinden der menschlichen Seele. Bemerkungen und Träume* (1778). In der ersten bemüht er sich um eine Klarstellung des Verhältnisses zwischen Geschmack und Genie, Verstand und Genie, Geschmack und Moral, ehe er im geschichtlichen Hauptteil auf die vier Zeiten blühenden Geschmacks (die griechische, römische, mediceische und französische unter Ludwig XIV.) zu sprechen kommt und den Verfall des Geschmacks als Naturphänomen ansieht. Dennoch eröffnet er Möglichkeiten neuer Geschmacksbildung aus der Kraft des Genies. Daraus folgert er, daß der Geschmack durch Erziehung gefördert werden kann, aber nicht durch Zustutzen nach festgelegten Normen. Doch warnt Herder schon vor der Verachtung jedweder Regel durch das Genie. Die beste Schule des Geschmacks sei das Leben. Zum „dauernden Organum der Menschheit" wird er, wenn er sich „mit Philosophie und Tugend paart".

In der anderen Abhandlung spiegelt sich die Philosophie von Leibniz in Herders Einheitsdenken, das die Grenzen zwischen den Wissenschaften genausowenig wie die zwischen Erkennen und Empfinden kennt. Gleichzeitig rückt er aber auch an die Gedankenwelt von Hemsterhuis heran, den er später übersetzte. Die Maßstäbe, mit denen wir die äußere Natur messen, liegen in uns. Aus der Einheit von Natur und Geist in der sinnlichen Empfindung steigt der Gedanke empor. Das führt zur Ablehnung der einstigen Behauptung, daß die Sprache aus der Besonnenheit geboren sei; denn der gaffende Mensch wird durch die Sprache zu dem, der „inwendig in seiner Seele nennet". Dem Empfinden und Erkennen gesellt sich das Wollen als Besitz und Genuß des Erkannten. Der Schluß der gedruckten Abhandlung wirft alle Rücksichten auf die Akademie über Bord, indem er die Einheitstheorie an Beispielen erörtert und die gegenteilige Hypothese verwirft. Von der schönen Harmonie der Griechen hat uns nur die Trennung von Erkenntnis und Empfindung entfernt. So zeigt auch Herders Geniedefinition (*jeder Mensch von edlen lebendigen Kräften*), daß er sich vom Sturm und Drang zu lösen begann. Die Mitarbeit an Lavaters *Physiognomischen Fragmenten* und deren Lob (1776) hat trotz des Unmutes über die „ewige Apologie oder unbestimmte Ausschüttung" nicht als Rückfall zu gelten. – Von Lessings „beneidenswerter Entdeckung" geht der Aufsatz *Wie die Alten den Tod gebildet* aus. Der Genius des Lebens, nicht der Tod senkt die Fackel. Doch geht Herder in seiner Neigung, ein Prinzip den Erscheinungen zugrunde zu legen, zu weit, indem er die Brüder Tod und Schlaf in Bildwerken zu erkennen glaubt, die bisher als Kastor und Pollux, Amor und Psyche gegolten hatten. Die erweiterte Bearbeitung in den *Zerstreuten Blättern* (1786) unterschied zwischen Gottheit und Allegorie sowie den einzelnen Todesvorstellungen.

Das alte Anliegen der Naturpoesie und eines Parallelwerkes zu Percys Sammlung hat Herder immer wieder stoßweise gefördert. Als Beispiele

zum Ossianaufsatz wollte er schon 1773 deutsche und übersetzte englische *Volkslieder* herausgeben. Der begonnene Druck aber wurde wegen
der unbefriedigenden Ausführung in Weißenfels eingestellt. Der Zeitpunkt schien einer Veröffentlichung nicht günstig. Sie hätte neue Gegner
auf den Plan gerufen. So ist es denn auch als Zugeständnis aufzufassen,
daß die Ausgabe von 1778 den frischen Ton der Worte des Herausgebers
herabstimmt. Wert und Bedeutung der Sammlung liegen weniger in den
Texten und ihren Übersetzungen als in den einleitenden *Abhandlungen*
zu den vier Büchern. Von diesen fällt das zweite aus dem Rahmen:
Monologe, Szenen und Lieder aus Shakespeares Werken, eingeleitet
von einer Paraphrase über das Thema: *Wäre Shakespeare unübersetzlich?*
Herder drückt sich um die Antwort herum, stellt die mitgeteilten Proben
als Fragmente aus dem Nachlaß eines verstorbenen Freundes hin und
meint etwas selbstgefällig, ,,daß auch die schwersten Stellen des schwersten Dichters unserer allaussprechenden Sprache vielleicht nicht ganz
unaussprechlich sind''.

Die Vorreden zu den drei anderen Büchern wurden in dem Aufsatz
Von Ähnlichkeit der mittleren englischen und deutschen Dichtkunst (Deutsches
Museum 1777) vereinigt. Wieder einmal erweist sich hier die anregende
Kraft eines verschwommenen Programms größer als die Klarheit abge-
grenzter Begriffe. Poetischer und nationaler Wert klingen in Sprache,
Inhalt und Ton der Volkslieder zusammen. Es gilt, die ursprüngliche
Eigenart unserer Sprache und Dichtkunst zurückzugewinnen. Wie
segensreich kann in unserem Jahrhundert die Erneuerung des Volks-
gesangs sich in den ästhetischen und moralischen Bezirken ausbreiten,
und was für ein einzigartiges Erziehungsmittel bietet sie! Und erst die
geschichtliche Universalwissenschaft vom Menschen! Was bringen ihr
Sage, Märchen und Mythos für Stoffe! Aus dem gleichen Stoff – das
beweisen die Beispiele – sind englische und deutsche Ballade. Als Entdecker und Lobredner des Volksliedes wird Herder zum Herold eines
neuen Patriotismus, ohne dabei den Blick auf das Menschentum und die
Geschichtsphilosophie zu verlieren, wozu die Lieder der wilden und halb-
wilden Völker Anlaß geben. Aus ihren Liedern lernen wir Menschen und
Völker kennen. Wie könnten die Geistlichen an einer ,,treuen Naturgeschichte der Völker'' mitwirken, wenn sie den Volksbrauch beobachteten und die mündliche Überlieferung sammelten! Homer und
Ossian, ein Liebeslied der Sappho und eines von einem jungen Lapp-
länder aufeinander beziehen: das hieß im Geist von Vico die gemeinsame Natur der Nationen suchen.

Die Unzufriedenheit mit den ,,Bückeburger Bleigebirgen'' ließ Herder schon
früh Ausschau nach neuen Stellungen halten. Aber vorerst boten sich außer kühnen
Hoffnungen auf eine Generalsuperintendentur in Halberstadt, die mehr in Gleims
Phantasie einer Verwirklichung nahe waren, nur diese Möglichkeiten: eine Professur

in Gießen, ein Hofpredigeramt in Eutin, was eine Rückkehr in unerfreuliche Verhältnisse bedeutet hätte, eine theologische Lehrstelle am Gymnasium in Mitau und eine
Professur an der theologischen Fakultät in Göttingen. Die treue Anhänglichkeit,
mit der man sich bemühte, ihn zu halten, machte ihm Bückeburg wert, doch befrie-
digte ihn die Ernennung zum Superintendenten (1775) wenig. Ein Aufenthalt in
Darmstadt führte ihn mit Merck, von Moser, Zimmermann und Goethe zusammen.
Nach der Rückkehr wurde seine innere und äußere Ruhe gestört durch eine Auseinandersetzung mit dem Grafen wegen der Zulassung eines unwürdigen Kandidaten
zu einer Pfarradjunctur, durch neue Hoffnungen auf eine Professur und das Univer-
sitätspredigeramt in Göttingen und durch verschiedene Intrigen. Herder empörte
sich darüber, daß man ihm in Göttingen ein Examen zumutete. So konnte er den
Antrag der Generalsuperintendentur in Weimar (1776) als glückliche Wendung ansehen. Der Erfolg seiner Empfehlung von Claudius nach Darmstadt und die en-
thusiastische Verehrung, mit der sich Lenz ihm eben nahte, bestärkten Herders Hoffnungen, im neuen Wirkenskreis als geistiges Haupt unter gleichgesinnten, lenkbaren
Jüngern wirken zu können. Weil man sich in den letzten fünf Jahren nur aus Werken
und Briefen, nicht aber persönlichem Umgang bekannt geblieben war, mit dem
zweifelhaften Wert eines kurzen enthusiastischen Beisammenseins kaum rechnete,
konnten Goethe und Herder einander das Recht der Wandlung und Entwicklung,
also anders zu sein als die Bilder, die der eine vom anderen in sich trug, erst nach
manchen Erfahrungen zugestehen. Eine der letzten Aufgaben, die Herder in seinem
Bückeburger Amt noch zu erfüllen hatte, war die Beisetzung seiner verehrten Gön-
nerin am 7. 9. 1776.

4. RELIGIÖSES EMPFINDEN

In schwebender Verbindung mit dem religiösen Sturm und Drang,
der sich in Herders wechselnden Beziehungen zum Magus des Nordens
zeigte, stehen die Vertreter des Irrationalismus. Sie setzen alte Überlieferungen fort und geben dem Pietismus eine neue Wendung. Ihr
Denken erhebt sie über diese Welt. Es liegt fern von der Aufklärung
und wandelt im Nebel, wenn es dem Rätsel des eigenen Wesens nach-
grübelt. Sie lauschen der Stimme des eigenen Herzens, forschen in ihrer
Seele und zeigen ein sonderbares Gehaben, das von anderen leicht als
Scharlatanerie, Überspanntheit, ja als Schwindel ausgelegt wird; denn
die Aufklärer, unfähig, sich in diese Welt hineinzudenken, vermochten
nicht zu unterscheiden zwischen ehrlichem Ringen um Erkenntnis und
der Maske jener, die ihren Vorteil aus der Dummheit der Menschen
zogen. Am Oberrhein konnte im Umkreis von Jakob Sarasin (1724 bis
1802), Lavater, Pfeffel, Johann Schweighäuser (1742–1830) und dessen
Gattin Catharine Salome geb. Häring, genannt Psyche (1755–1802), gezeigt werden, wie sich Mystik, Alchemie und religöse Geheimlehre mit
dem Pietismus verbanden und den Boden zur Aufnahme Cagliostros
(1780) und der Ideen Mesmers vorbereiteten. Von dort lassen sich zu
Sophie la Roche, Knebel, Therese Forster und Caroline Humboldt Verbindungen ziehen bis an die Schwelle der romantischen Frauenbewegung.
Die saubere Analyse der Selbstzeugnisse und eine verfeinerte psycho-

logische Betrachtung haben neue Zugänge zu Obereit, Lavater, Jung-Stilling, Kaufmann, ja selbst zu Goethe erschlossen. Wer sich ernstlich mit diesen Fragen beschäftigt, dem bleibt es nicht erspart, sich in die Texte einzulesen, um das Seelenleben ihrer Verfasser zu erschließen. In Erziehungslehre und naturphilosophischem Grübeln war das neuplatonische Erbe lebendig. Jene vermochte der Aufklärung weniger erfolgreich zu widerstehen als dieses. Das können die Altersgenossen Basedow und Obereit zeigen.

Johann Bernhard Basedow (1724–90), Sohn eines Hamburger Perückenmachers, wuchs unter unerfreulichen Verhältnissen heran. In Leipzig begann er 1746 mit dem Studium der Theologie. Er wurde 1749 Hauslehrer und verwertete seine Erfahrungen in einer lateinischen Arbeit, mit der er 1752 in Kiel die Magisterwürde erwarb. Auf Klopstocks Empfehlung wurde er 1753 Professor der Philosophie und Beredsamkeit in Soröe. Seine Konflikte mit der Orthodoxie veranlaßten die dänische Regierung, ihn 1761 an das Gymnasium nach Altona zu versetzen. Neue Streitigkeiten, die schließlich das Verbot seiner Schriften veranlaßten, führten ihn von Philosophie und Theologie zur philanthropischen Pädagogik, als deren Paten Comenius, Locke und Rousseau anzusehen sind. Seine *Vorstellung an Menschenfreunde und vermögende Männer über Schulen, Studien und ihren Einfluß in die öffentliche Wohlfahrt* (1768) trug ihm eine Berufung nach Dessau ein. Nachdem er sein vierbändiges *Elementarwerk* beendet hatte, gründete er mit der Unterstützung des Fürsten Leopold Friedrich Franz die Schule der Menschenfreundlichkeit, das *Philanthropinum* (1774). Daß die Anstalt nicht blühte, lag teils daran, daß Basedow die organisatorischen Fähigkeiten fehlten, teils an den kargen Geldmitteln. So erlahmte sein Eifer.

Das Revolutionäre an Basedow behagte den jungen Genies, doch fühlten sie sich von seiner Herrschsucht und seinem Autoritätsdünkel abgestoßen. Basedow hielt sich für einen Berufenen im Bereich der Erziehung. Seine Menschenliebe und seine Leidenschaft, mit der er die Mängel des Schulwesens bekämpfte und sein Ziel, die Menschen glücklich zu machen, verfolgte, konnten sich nicht auf Menschenkenntnis und ruhige Ausgeglichenheit stützen. Seine Schüler und Mitarbeiter Christian Heinrich Wolke, Christian Gotthilf Salzmann und Joachim Heinrich Campe verbreiteten die neue Methode und deren Grundsätze. Basedow verhalf der Erziehung neben dem Unterricht zu ihrem Recht, er wollte die Menschen zu einem gemeinnützigen, patriotischen und glücklichen Leben führen. Das sei die Aufgabe des Staates und nicht der Kirche. Lehrerbildung und gute Unterrichtsbücher werden gefordert. Spielend müsse man lernen. Wenn Basedow aber alles unter die Grundsätze der Nützlichkeit beugte, so verpflichtete er sich der Aufklärung.

Jakob Hermann Obereit (1725–98), der Sohn eines Buchhalters und Rentamtsverwalters, verbrachte seine Jugendjahre in Lindau. Im Elternhaus erschloß sich ihm die alte paracelsisch-theosophische Spekulation in der mystischen Prägung Poirets und der Mme. Guyon. Seiner Neigung zur Theologie widersetzte sich der Vater, weil er Konflikte mit der Kirche voraussah, und tat ihn zu einem Wundarzt in Arbon in die Lehre (1740–43). Ein kurzes Medizinstudium in Halle (1746) wurde abgebrochen, da Obereit als *Practicus* und *Operator* nach Lindau berufen wurde (1748). Vorliebe für die Dichtung des Mittelalters ließ ihn Anschluß an Bodmer suchen, der seinen reimlosen dichterischen Versuchen gegenüber zurückhaltend war, aber seine Hilfe im Aufstöbern mittelalterlicher Handschriften gern in Anspruch nahm. In Hohenems entdeckte Obereit für Bodmer 1755 die Handschrift C des *Nibelungenliedes*. Im übrigen bahnte sich der Autodidakt einen schweren Weg als „Gleichgewichtsphilosoph". In treuer Ausübung seines Berufes und in der Hingabe an chymische Versuche, in denen wohl die Aufnahme alter geheimwissenschaftlicher Übung zu sehen ist, lebte Obereit bis 1776 in Lindau. Die Münchener Akademie ernannte ihn 1760 zum Mitglied. Sein Versuch zur Begründung psychologischer Forschung wurde jedoch abgelehnt. Er machte ihn ebenso verdächtig wie seine Unfähigkeit, mit verständlichen Worten das auszudrücken, was er wollte, und seine Neigung zu mystischer Spekulation. Immerhin fand er die Freundschaft Wielands, der ihn als Pfalzgraf der freien Reichsstadt Biberach zum Magister der Weltweisheit promovierte, und Lavaters. Im Briefwechsel mit diesem klärte sich der Mittelpunkt seines Denkens, die *christliche Philosophie*. Hier findet der Pietismus schweizerischer Prägung Anschluß an die theosophische Überlieferung des 17. Jahrhunderts. Das dürfte aus dem Wortschatz zu erschließen sein, der sich als buntes Gewirr aus der Terminologie von Comenius, Böhme, Swedenborg u. a. zeigt. Obereit belehrte Lavater über das Wesen echter Mystik, die mit Sektierertum nichts zu tun hat. Die Vertreter der Aufklärung nannten in ihrer Unfähigkeit, zu unterscheiden, beides Schwärmerei. Aber Obereit ahnte, daß echte Mystik und rationale Philosophie nahe beieinander liegen. Das konnte ihn die Zahlenspekulation der Neuplatoniker lehren. Dem wahren Weisen, der sich in seiner Bescheidenheit bewußt ist, daß dem Denken der Zugang in das Transrationale verschlossen bleibt, fehlte die Möglichkeit, die Aufklärungsphilosophie zu verstehen, die sich im rationalen Denken erschöpfte. Mit der Mystik versuchte Obereit auch die Monadenlehre von Leibniz seinem Jahrhundert zu retten. Er rang mit unzulänglichen Mitteln um die alte Einheit von Welterkenntnis und Gottschau. Dabei hätte auch ein Stärkerer als Obereit versagt, der seine ersten literarischen Versuche noch dazu in lateinischer Sprache wagte: *Universalis confortativa medendi methodus* (1767).

Obereits Beitrag zur Klärung des Begriffs *Einsamkeit* und seine Bedenken, die er gegen die Popularphilosophie vorzubringen hatte, wurden nicht verstanden. Wer ahnte etwas davon, daß Obereit die Religion als geistige Bindung des Menschen an das Überirdische, nicht etwa als ein Glaubensbekenntnis vor der Aufklärung retten wollte. Mit seiner eben angetrauten Frau, der Tochter des Lindauer Posamentierers Riedinger, ließ sich Obereit 1776 in Winterthur nieder. Sein Versuch, als Schriftsteller und durch Vorträge über die *Philosophie des Lebens* seinen Unterhalt zu finden, scheiterte. Nach kurzer Ehe starb seine Frau an der Schwindsucht. Er arbeitete in Apotheken und war Hauslehrer. Seine Schrift gegen Zimmermann *Die Einsamkeit der Weltüberwinder* veröffentlichte Kleuker, der den Text in die Sprache der Aufklärung umschrieb. Über Obereits autodidaktische Sonderbarkeiten ist man bis auf Friso Melzer und Werner Milch schnell zur Tagesordnung übergegangen. Gewiß: er hält den Vergleich mit dem geistesverwandten Magus des Nordens Hamann nicht aus. Er schreibt gekünstelt wie ein traditionsverpflichteter Kanzlist, läßt Unterredner auftreten oder reiht Paragraph an Paragraph, ohne These und Erläuterung zu trennen. Er entwickelt seine Lehre aus den gegenteiligen Meinungen und wird zum Apologeten. Gleichgültig blieb es ihm, ob die Mitwelt über ihn spottete. Sein Bedürfnis, sich mitzuteilen, führte ihn 1781 zu seinem jüngeren Bruder nach Dresden, dann (1782) nach Hannover und der Oberlausitz, nach Leipzig (1784), Weimar und Jena. Dort wollte er wieder Student werden. Doch berief ihn der Herzog von Meiningen als Kabinettsphilosophen. Da fühlte er sich seiner Sendung entrückt, so daß er 1791 wieder nach Jena zog und bei Reinhold und Fichte studierte. Fichtes Gattin rühmte seine geprüfte Rechtschaffenheit.

Obereit suchte die Philosophie von Leibniz von der Idee der Monade her zu erneuern, sie als Metaphysik aufzufassen und das geistige Erbe des 17. Jahrhunderts zu retten. Er wollte einen mittleren Weg gehen zwischen der vernünftigen Popularphilosophie und dem wundergläubigen Bibli- zismus Lavaters. Dogmengläubigkeit ist Fanatismus, Streben nach Er- kenntnis der übernatürlich scheinenden Gesetze ist Enthusiasmus. In solchen Zusammenhängen gebraucht Obereit das Wort *entwerden* im alten Sinn. Er findet vom passiv gewordenen Schöpfer der Deisten zum lebendigen, überall wirkenden Gott zurück. Wenn Obereit weiter das Forschen nach natürlichen Gesetzen verlangt, so sucht er die Verbindung zwischen den verborgenen, geheimnisvollen Erscheinungen von der Art mystischer Ekstase zur *Erfahrungsseelenkunde*. Das war wieder für die Aufklärung Schwärmerei, über deren Voraussetzungen und Her- kunft sie nicht nachzudenken pflegte.

Aber der Schwärmer Obereit hatte das Recht, das *System der reinen Philosophie oder Glückseligkeitslehre* des aufgeklärten Theologen Gotthilf Samuel Steinbart (1778/80) in einem zweibändigen Werk *Die Natur und die Heiden über Steinbart* (1782) Satz für Satz ad absurdum zu führen. Dem Aufklärer Zimmermann stellte Obereit seinen Einsamkeitsbegriff entgegen. Was kümmerte ihn der im Trubel beruflicher, höfischer, bürgerlicher Verpflichtung enervierte Mensch, der sich in die Stille zurückzieht, um sich dort ungestört sammeln zu können, da es ihm um die Einsamkeit des Denkers ging, „den das Treiben der Welt schal dünkt und der um echte Aufgaben weiß, die ihn vom Markt der Eitelkeit trennen"? So fand er über die Mystik zur Philosophie. Sein Verkehr mit der kleinen Gemeinde der Anhänger Böhmes verdächtigte ihn als Schwärmer gerade zur Zeit, als er den Weg zu Kant suchte. Er bewies in der angestrengten, nur ihm selbst und seiner inneren Ausbildung zugute kommenden Arbeit seiner letzten Lebensjahre, daß es aus der geistigen Höhe des 17. Jahrhunderts einen unmittelbaren Zugang zu Kant geben konnte. Dennoch gab Obereit seine schwankend gewordene Stellung nicht auf, ja der ewig Suchende hätte beinahe die Brücke zu Schellings Naturphilosophie geschlagen, er, der noch in der Überlie- ferung von Jakob Böhme stand, zum Erneuerer der Naturphilosophie aus eigenem Geist. Als er an Kant irre wurde, wurde er wieder zum Magus.

Das Wachstum der neuen Ideen auf pietistischem Nährboden ist in seiner Bedeutung erst spät erkannt worden, weil man geneigt war, dem *Herrenmenschentum* eine Hauptrolle bei der Gestaltung der *Geniezeit* zuzu- weisen, ohne auf die Voraussetzungen und Wesenszüge der *dämonischer Persönlichkeit* zu achten. Die pietistische Bekehrung als Form geistiger Wiedergeburt gibt den Menschen, die ihrer eigenen Natur nicht trauen, in ihrer Unsicherheit gegenüber dem Leben einen Halt, sie weckt das Bewußtsein, Werkzeug der Vorsehung, Zeuge der Wahrheit zu sein. Damit wird Ersatz für das zerstörte persönliche Sicherheitsgefühl ge- schaffen, und das Verhältnis des Menschen zu Christus geregelt. Die Be- freiung von Reue und Schmerz über die Sünde ist Gnade. Demnach sind Gefühl und Wille die ausschlaggebenden Kräfte. Innere Erfahrungen festigen den Glauben. So finden die Pietisten ohne Religionsgemeinschaft

und Bekenntnisform, mißtrauisch gegen alles verstandesmäßig Erfaß-
bare, die religiöse Gewißheit in der eigenen Persönlichkeit. Es ist nur
folgerichtig, daß von hier aus schließlich das Vorgehen Gottes an
der eigenen Selbstsicherheit geprüft wird. Das bedeutet das Ende aller
kosmischen Spekulation und das Absinken von der Höhe der Mystik zu
einer *Mystik der Selbsterfahrung,* die sich in der menschlichen Bemühung,
sich selbst zu verstehen, in Selbstbeobachtung und Selbstzergliederung
erschöpft. Das begründet Casimir von Creuz in seinem *Versuch über
die Seele* (1754) mit den Worten: „Wir können keine andere Gewißheit
haben, als diejenige, welche uns unsere Empfindungen geben."‟ Es war
dem Pietismus vorbehalten, der Geniebewegung die stärksten Kräfte
zuzuführen und das Sendungsbewußtsein gemeinsamer Jünger zu stärken. Damit wurde eine breite Grundlegung der Literatur für das Volk
geschaffen und die Erbauungsliteratur neu belebt. Das ist nur eine Seite
im Wirken von Johann Heinrich Jung, gen. Stilling (1740–1817).
Literatur, Frömmigkeitsbewegung, Heilkunde und Volkswirtschaft bestimmen den weiten Umkreis seines Wirkens.

Seinen Beinamen leitete Jung von den Stillen im Lande ab. Er ist zu Grund bei
Hilchenbach in Nassau-Siegen geboren. Der Tod seiner Mutter (1742) und die strenge
pietistische väterliche Erziehung begannen sein Schicksal und seinen Charakter zu
formen. Die Phantasie des altklugen und frühreifen Knaben lebte sich in einer
wahllosen Lektüre weltlicher und geistlicher Schriften aus. Sein erster Versuch, als
Dorfschulmeister zu wirken (1755), schlug fehl. Arbeit in der Landwirtschaft, Schnei-
derhandwerk, Schule und Unterricht führten ihn seiner Bestimmung zu, für die Ehre
Gottes und das Wohl der Menschen zu leben und zu sterben. Demütigungen, die
ihm als Hauslehrer bei einem Kaufmann zuteil wurden, ließen ihn seine Leiden unter
dem Bild eines dreiköpfigen Höllenhundes als äußerste Armut, Abgeschlossenheit,
mißtrauische Verachtung seiner Person erkennen. Davon befreit ihn seine *Wiedergeburt,* die er am 12. 4. 1762 erlebt. Von da an glaubt er, seinen Willen aufgegeben,
sich ganz dem Willen Gottes unterworfen zu haben, und deutet sein Leben in einem
neuen Sinn. In seinem Bedürfnis, über die eigene Person nachzudenken, setzt er alles,
was ihm begegnet, in Beziehung zum ganzen Lebensdasein und wartet immer auf
den Wink von oben. Was immer von seinen Taten sein Leben bestimmt, ist nicht
Folge eigenen Wirkens, sondern Unterstellung unter Gottes Willen. Dieser bestimmt
auch sein Studium der Medizin in Straßburg (1770), die Begegnung mit Menschen
völlig anderer Art wie Herder und Goethe, die Aufnahme einer neuen Naturauffassung, die im Zeichen von Ossian, Shakespeare, Fielding und Sterne stand, die Berufung aus der Einsamkeit in die Welt. Als Doktor der Heilkunde gründet er in
Elberfeld seinen Hausstand (1772). Mit dem Bewußtwerden des Wertes der eigenen
Persönlichkeit gewinnt er Klarheit über den Sinn seines Lebens und überläßt dessen
Gestaltung der göttlichen Vorsehung. Diesen Gedanken und diese Auffassung ent-
wickelt er als Schriftsteller; denn durch F. H. Jacobi, der eine Satire Stillings gegen
Nicolai (1775), und Goethe, der den ersten Teil seiner Lebensgeschichte, *Heinrich
Stillings Jugend* (1778), zum Druck beförderte, ist er in die literarische Welt eingeführt
worden. Die Fortsetzungen, *Jünglingsjahre* und *Wanderschaft* (2. und 3. Teil 1778),
Häusliches Leben (4. Teil 1789), *Lehrjahre, Rückblick* (5. und 6. Teil 1804) und *Stillings
Alter* (7. Teil 1817) lassen die göttliche Abkunft Stillings und den Gleichschritt seines
Wandels mit den Absichten Gottes immer deutlicher hervortreten.

Die demütige Hingabe formt seinen eigenartigen Geniebegriff. Als Werkzeug des gestaltenden Gottes und Prophet ist er ausführendes Organ des göttlichen Willens und zum Richteramt berufen. Im Besitz der Wahrheit strahlt er Überzeugungskraft aus. Als echter Prophet der Nächstenliebe und Selbstverleugnung tritt er seine Nachfolge Christi an. Dennoch verfolgt ihn auch im Alter noch das Mißtrauen gegen sich selbst. Die weise Lenkung des Schicksals stärkt sein inneres Machtbewußtsein und seine Eitelkeit und fördert sein Nachdenken über die Wirkung, die er auf andere ausübt. Nicht nur in seiner Zeit hat Stilling mit der Offenbarung seines Seelenlebens eine große Gemeinde gesammelt. Noch Nietzsche stand unter dem Eindruck der wundersamen Lebensgeschichte. Die zahlreichen, von 1779 an erschienenen Romane Stillings sind nach einem von ihm selbst angegebenen Rezept angefertigt, das Leben einer erdichteten Persönlichkeit mit Zügen aus eigenen Erfahrungen und Erlebnissen auszustatten. Wie alles, dem Gesetz einer höheren Ordnung folgend, an Stilling herantritt, so sind auch seine drei Ehen, die erste mit Christine Heider (1771), die zweite mit Selma zu St. George (1782), und die dritte mit Elise Coing (1790), unmittelbar von Gott gewollt.

Stillings überlegene Behandlung volkswirtschaftlicher Fragen brachte ihn als Lehrer der Land- und Forstwirtschaft, Technologie und Vieharzneikunde an die Schule nach Kaiserslautern (1778–84). Von Heidelberg, wohin die Schule 1784 verlegt wurde, ging er als Professor der Cameralwissenschaft nach Marburg (1787). Seine Auseinandersetzung mit dem *heutzutage allgemein herrschenden Revolutionsgeist* (1793), seine Staroperationen, seine Erbauungsbücher und Romane zeigen, daß er mehr Praktiker als Forscher war. Er sah in der Philosophie von Leibniz und Wolff den Anfang des Übels. Unglaube, Enthusiasterei und Pietismus sind die immer wieder mit selbstbiographischer Verbrämung abgewandelten Hauptgegenstände seiner Werke. Sein in viele Sprachen übersetztes Werk *Heimweh* (1794–96) nimmt im Zeichen der Geheimbünde rosenkreuzerischen Ursprungs den Kampf gegen Geniewesen und Aufklärung auf. Er versucht als ein Nachfahre Johann Valentin Andreaes die Brücke vom Urchristentum zum Christentum der Humanität zu schlagen. Das Musterreich *Solyma* ist eine Wiederkehr der *Respublica christianopolitana* (Bd. 5 S. 147f.). In Wochenschriften (*Der graue Mann* 1795–1816), Taschenbüchern und Kalendern (*Taschenbuch für Freunde des Christentums* 1805–16) setzte er abseits von der Romantik seinen Kampf fort. Er forderte eine gemeinsame christliche Front gegen den Unglauben; deshalb nahm er auch mit Katholiken die Verbindung auf. Über Ahndungen, Visionen und Geistererscheinungen setzte er sich mit den Leichtgläubigen, die alles für wahr hinnehmen, und den Leugnern auseinander in einer *Theorie der Geisterkunde* (1808/09). Er war nach seinen eigenen Erfahrungen davon überzeugt, daß sich die Seele mit ihresgleichen in Verbindung setzen könne, aber er glaubte einen Trennungsstrich zwischen dieser Art von Hellsehen und krankhaften Äußerungen der Phantasie ziehen zu können. Als der Landgraf von Hessen den *Grauen Mann* verbot (1803), zog Stilling nach Heidelberg und von dort 1806 an den Hof des Markgrafen Karl Friedrich von Baden nach Karlsruhe. In seinen letzten Lebensjahren nahm er eine enge Verbindung mit Herrnhut auf. Noch auf Zar Alexander wirkte seine ausgeglichene Persönlichkeit, die auch ihren Eindruck auf die Romantiker nicht verfehlte. Varnhagen nannte ihn einen der wenigen *echten Christen*. Damit glaubte er, ihm zeitlose Bedeutung zusprechen zu können. Der Erfolg seiner Schriften zeigte, daß sie dem Denken der Zeit entsprachen. Sonst wären Goethe und Jacobi, die unter dem Zauber der Persönlichkeit dieses seltsamen Mannes standen, nicht seine literarischen Taufpaten gewesen. In die neuplatonische Überlieferung gestellt, verlegt Stilling die Stufenleiter in sich selbst, nicht in das Reich der Idee. Die Bemühungen Gottes um sein Schicksal sind als persönliche Magie oder *magischer Idealismus* bezeichnet und dieser als Vorstufe zum *ethischen Idealismus* angesehen worden.

Auf dem Boden der Eidgenossenschaft vollzieht sich die Auseinandersetzung zwischen Geniebewegung und Aufklärung nicht in schroffen Formen. Das englische Vorbild war dabei vielleicht weniger maßgebend als die erzieherisch-patriotische Grundhaltung, in der die Bedeutung des alten B o d m e r sichtbar wird; denn von ihm übernahm die neue Generation die fortschrittsgläubige Begeisterung für Fragen der Erziehung, und in seinem Geiste konnte die Einheit der religiösen und erzieherischen Bezirke gewahrt werden, so daß sowohl Pestalozzis soziale, gemeinschaftsbildende Gedanken, wie auch Lavaters religiöser Genieindividualismus sich in solche Zusammenhänge stellen. Lavaters Schwärmen wurzelt in der Empfindsamkeit, sie vermittelt ihm die Wahrheit, beschränkt aber die Affekte als Äußerungen des Machttriebs. Seine Bemühung um künstliche Erzeugung von ekstatischen Zuständen, in denen Gott *auf dem Grunde der Seele* gefühlt wird, können aus der hohen Einschätzung des Gefühls und seiner Wirkenskraft erklärt werden. Das ist mystisches Erleben, das, vom Denken der Aufklärung berührt, auf die religiös-kirchlichen Formen keinen besonderen Wert legt.

Johann Caspar Lavater (1741–1801), Sohn eines Arztes aus alter Zürcher Familie, wuchs in rationalistisch-puritanischer Umwelt auf, fühlte sich zum Seelsorger berufen und erhielt in seiner Begeisterungsfähigkeit durch die politisch-vaterländischen Ideale Bodmers und die verinnerlichte Frömmigkeit entscheidende Anregungen. Nach Beendigung seiner theologischen Studien (1762) trat er in das Ministerium ein und führte einen erfolgreichen Kampf für das Recht gegen Korruption und Machtmißbrauch des Landvogts Felix Grebel. Das Jahr freiwilliger Verbannung (1763), das er als Schüler Spaldings im Städtchen Barth in Schwedisch-Pommern verbrachte, konnte ihm weder innere Ruhe noch jenen Gottesbegriff vermitteln, um den er rang. Da ihm nach seiner Rückkehr ein Amt versagt wurde, suchte er durch die Moralische Wochenschrift *Der Erinnerer*, durch *Gereimte Psalmen* (1768), *Geistliche Lieder* (1771 ff.) und Erbauungsbücher zu wirken. Den Anregungen der Helvetischen Gesellschaft folgten die *Schweizer Lieder* (1767) als vaterländisches Volksliederbuch, in dem „durch Darstellung der besten Taten der Väter und durch moralische Schilderung des patriotischen Schweizers in allen möglichen Lebensstellungen die Jugend zu großmütiger und tugendhafter Gesinnung erweckt werden sollte". Lavaters praktische Laufbahn setzt mit seiner Ernennung zum Diakon am Waisenhaus (1769) ein. In gleicher Eigenschaft kam er 1778 an die St.-Peters-Kirche. Seine lebens- und zeitnahen Predigten sicherten ihm eine große, andächtige Gemeinde. Von der Aufklärung und Orthodoxie hat sich Lavater mühsam befreit. Erst das *Tagebuch von einem Beobachter seiner selbst* (1771/73) zeigt ihn auf sein Ziel zustrebend, auf eine alle geistigen Bezirke überwölbende, christliche Frömmigkeit. In seiner Kindergläubigkeit hoffte er auf eine Wiederholung der Wunder Christi und eine Begegnung mit dem Apostel Johannes. Auf den Grundton des Gefühls stimmt er seine Frömmigkeit in den *Aussichten in die Ewigkeit* (1768/78) ab. Sie sind die Vorstufe zu den *Physiognomischen Fragmenten* (4 Bde. 1775/78). Mit den beiden Werken gewann er die Stürmer und Dränger, denen gegenüber er bald seine Besonderheit zu wahren suchte. Er glaubte, das Unschaubare, Jenseitige in sichtbare Erscheinungsform fassen zu können. Er entwickelte eine besondere Christologie, und wenn er seine Lehre ganz auf Christus abstellte, so kehrte er zur Einheit von Glauben und Wissen zurück. Herder, Goethe, Stilling, Lenz sahen ihn als neuen Magus an. Seine Badereise nach Ems (1774) kann als Höhepunkt seines Einflusses gelten. Später, als Enthusiasmus und Begeisterung verraucht waren, fühlte man sich enttäuscht. Lavater folgte seinem patriotischen, christlichen und menschlichen Empfinden, wenn er als freier Schweizer sein *Wort an die große Nation* (1798) richtete und mannhaft den vierzehn deportierten ehemaligen Ratsmitgliedern im Mai 1799 nach Basel folgte. Als er unmittelbar nach der Eroberung von Zürich einem französischen Soldaten geistlichen Trost spendete, brachte ihm dieser, der ihn wohl als Gegner seiner Regierung erkannt hatte, eine verhängnisvolle Wunde bei. Immer wieder raffte Lavater sich zu vorbildlichem Handeln auf, ehe er nach langem Siechtum an dieser Wunde starb.

Der erste Band der *Physiognomischen Fragmente* ist dem Markgrafen Karl Friedrich von Baden gewidmet, der zweite der Herzogin Louise von Weimar, der dritte dem Landgrafen Friedrich Ludwig Wilhelm Christian von Hessen-Homburg, der vierte dem Fürsten und der Fürstin von Dessau. Diese Fragmente zur Beförderung der Menschenkenntnis und Menschenliebe sind gemäß dem Motto „Gott schuf den Menschen sich zum Bilde" das Erbauungsbuch eines Berufenen, der für die Wahrheit kämpft, sowie Betrachtungen und Wahrnehmungen mitteilen will. Sie halten sich bewußt von jeder Systematik und der bisherigen Grundlegung durch Aristoteles fern. Durch Wiedergabe persönlicher Augenblickseindrücke soll das Geheimnis des Zauberspiegels, mit dem das menschliche Antlitz gleichgesetzt wird, gelüftet, die „Fertigkeit, durch das Äußerliche eines Menschen sein Inneres zu erkennen" geweckt und gefördert werden. Kann man doch von Salomon bis Gellert und Sulzer Zeugnisse beibringen, daß die Beobachtungen der Menschen in diesem Sinne verwertet wurden. Das Äußerliche und Innerliche der Menschennatur stehen in ständiger Wechselbeziehung zueinander. Damit wird die Daseinsberechtigung der Wissenschaft und die Harmonie moralischer und körperlicher Schönheit begründet. Mit seiner Anlage zum Apostel handle Judas wie ein Satan; das drücke Holbeins Bild aus. Lavater sieht in die Fülle des wahllos zusammengetragenen Materials an Kupferstichen,

Gemäldeausschnitten, Zeichnungen und Silhouetten hinein, was er denkt, was er sich für Vorstellungen von den einzelnen Charakteren gebildet hat. Um den Wert der Physiognomik zu erweisen, wird sie als „empirische Menschenkenntnis und Quelle der Empfindungen" vorgeführt. „Weitaus die besten Physiognomisten" scheinen für Lavater „einfältige, nicht dumme, aber redliche, wohlgebaute und nicht ganz unerfahrene Landleute" zu sein. Lavater will das „heilige Gefühl der Menschenwürde allgemeiner machen". Er gibt zwar zu, oft enttäuscht worden zu sein, windet sich, wenn er die Mißgestalt des Sokrates rechtfertigen soll, und entschuldigt manches Fehlurteil mit der Unvollkommenheit der Porträtmalerei, aber er läßt sich dadurch nicht beirren. Im Abschnitt *Vom Charakter der Tiere* werden Fürsten und Helden unmittelbar an Ochsen, Hirsche und Hasen angeschlossen. Feldherrn und Admirale stehen zwischen Vogelköpfen und Kamelen. Was Lavater über die Hände sagt, bleibt unbelastet von der chirographischen Überlieferung. Doch beruft er sich später auf „gewisse Schriften der Wiedertäufer", unter denen auch chiromantische nicht fehlen. Wissenschaftlich auseinandergesetzt hat er sich jedenfalls mit dieser Art von Literatur nicht. Anregungen konnte er der Graphologie weitergeben. In seiner eigenen Handschrift erkannte er „ein Gemisch von Kindheit und gewaltsamer Anstrengung", oder das „sanguinisch-unständige", wenn er sudelte. Sprache, Gang und Handschrift der meisten Menschen stehen in innigster Wechselbeziehung. Im letzten Band wendet sich Lavater gegen Lichtenberg und paraphrasiert das Genie als Eingebung eines höheren Wesens, Selbstgefühl eines Wesens höherer Art, „fühlbar, wo es ist, und unaussprechlich wie Liebe". Vieles wird verständlicher ausgedrückt als von Hamann, aber dabei ging sehr viel von dessen tiefem Sinn verloren. Am Ende erlahmt die zusammenhaltende Kraft, wenn sich Lavater bemüht, Lesefrüchte auszuschütten, und von den Temperamenten handelt. Ein eingefügter Brief an den Grafen Thun zeigt Lavaters Geschick, für die Verbreitung des Werkes im ganzen deutschen Sprachgebiet zu sorgen. In der Ode am Ausgang des Werkes ist er sich bewußt, daß die Begeisterung des Lesers nach der Lektüre der vier Bände wieder entfacht werden muß. Es ist noch kaum versucht worden, den Spuren der Physiognomik Lavaters in den Personenbeschreibungen der Dichtung nachzugehen.

In alten Bahnen bewegen sich Lavaters Versuche im biblischen Drama (*Abraham und Isaak* 1776) und *Messiaden* (1780, 1783, 1786), poetische Paraphrasen der Apokalypse, der Evangelien und Apostelgeschichte. Das alles und seine gehaltvollen Predigten dienen der religiösen Erbauung. Wie sehr er sich zum Retter des Christentums berufen fühlte, wird in den vier Bänden seines *Pontius Pilatus* (1782–85) sichtbar, dem

Versuch, einen Extrakt der Bibel als des Buches zu bieten. Hier zeigte sich, wie ganz anders als Hamann er das Christentum ansah. Er glaubte, die Rätsel des Göttlichen lösen und sogar auf die biblische Symbolik verzichten zu können, wie er auch die Toleranz als Errungenschaft der Aufklärung preisgab. Er meinte, in diesem Werk sein Wesen geoffenbart zu haben. Sein Verlangen nach dem Christuserlebnis konnte er als Kind seines Jahrhunderts nicht mehr auf den Bahnen der Mystik suchen. Das trennt ihn vom 17. Jahrhundert und von der Romantik. Seine Wundersucht hat mit Mystik wenig zu tun. Dennoch nähert sich die Philosophie seiner letzten Jahre, in denen er sich an Jacobi anschließt, mystischem Denken. Was er unter Magie verstand, ist nur ein Abglanz ihrer hohen Bedeutung. Dem Gebet weist er magische Kraft zu. Sein Denken und seine Spekulation haben der Romantik Stoffe zugeführt. So hat auch er, ohne den Umweg über die Klassik zu wählen, den Irrationalismus gewahrt.

Leben und Werke Lavaters zeigen die enge Bindung der Geniebewegung an Protestantismus und Pietismus. Neuplatonisch-christliche Überlieferungen bestimmen den Grundton der neuen Naturauffassung. Beide bringen das Irrationale zum Bewußtsein und werden vom mystischen Denken berührt, aber dieses geht nicht mehr in ihnen auf. Die christliche Erlösungsfreudigkeit hatte sich zu eng mit Optimismus und Weltbejahung verbunden. Die Gottnähe, um die Lavater rang, konnte nur in einer Stärkung des Erlösungsgedankens Erfüllung finden. Deshalb verlor die Sünde ihren gegensätzlichen Sinn, und ordnete sich das Weltbild harmonisch um die christliche Mitte. Sie konnte das menschliche Ideal in sich aufnehmen – das war das Ziel Lavaters –, konnte aber auch in diesem aufgehen und dem Humanitätsideal eine religiöse Weihe geben im Naturidealismus Goethes und Herders oder im Vernunftidealismus Kants und Schillers. Doch wendet sich der praktische Sinn der Eidgenossen den besonderen Aufgaben einer bedrängten Gegenwart zu.

Johann Heinrich Pestalozzi war davon überzeugt, die Erziehung auf den Voraussetzungen der Menschennatur neu begründen und die Menschenwürde durch planmäßige Arbeit zur Entfaltung bringen zu können.

Johann Heinrich Pestalozzi (1746–1827) wuchs nach dem frühen Tod seines Vaters unter ärmlichen Verhältnissen in Zürich auf. Seine weiche Natur schwankte zwischen den patriotischen Idealen Bodmers und dem *unpraktischen Traumbuch* Rousseaus, wie er den *Emile* später nannte. Das Rechtsstudium gab er zugunsten der praktischen Landwirtschaft bald auf. Von der Helvetischen Gesellschaft unterstützt, hoffte er, seinen Plan der Erziehung verwahrloster Kinder in dem Gute Neuhof auf dem Birrfeld (1774) verwirklichen zu können. Der Mißerfolg dieser Unternehmung (1780) machte ihn zum Schriftsteller. Im helvetischen Einheitsstaat wurde Pestalozzi für kurze Zeit einer neuen großen Aufgabe, der Leitung des Waisenhauses in Stans

(1798), zugeführt. Dort und in Burgdorf (1799–1804) schuf er eine neue Methode des Elementarunterrichts. Hier gewann er seine Mitarbeiter, die ihm auch in Yverdon von 1805 an treu blieben. Doch war er nach dem Tode seiner Frau (1815) nicht mehr imstande, die auseinanderstrebenden Kräfte zusammenzuhalten.

In der *Abendstunde eines Einsiedlers* (1870) legte er in einer von seiner Sendung erfüllten Sprache sein Programm fest. Er wollte die menschliche Bildung auf Natur und Gott stellen, die Aufgaben der Familie bestimmen. Er führte dies an einem praktischen Beispiel ohne literarische Ansprüche vor in dem volkstümlichen Erziehungsroman *Lienhard und Gertrud* (1781–87). Die hohen Forderungen verstiegen sich nicht in Utopien, sondern rechneten mit der Wirklichkeit. Die Menschen sind nicht personifizierte Abstrakta oder Ideen, sondern mit Zügen aus dem Leben gezeichnet: Lienhard, dem Trunk ergeben, menschlich schwach und lebenswahr, Gertrud in mütterlicher Größe und Schlichtheit, Arner, ein verständnisvoller Vertreter der Regierung. Die *Feuersaat* dieses Buches, wie Fichte sagte, durchleuchtete das 19. Jahrhundert. Mit keinem anderen Buch hat Pestalozzi eine solche Wirkung erzielt. Eine kurzlebige Zeitschrift, ein Volksbuch, freimütige Gedanken über das Problem der unehelichen Kinder zeigen ihn im Umkreis der Sturm-und-Drang-Bewegung und tragen ihm das Bürgerdiplom der französischen Nationalversammlung (1792) ein. Aber er war sich der furchtbaren Folgen der neuen *Gleichmachungskunst* bewußt, sah die geschichtlichen und moralischen Voraussetzungen und erhob die Forderung nach dem sittlichen Recht. Die Stanser und Burgdorfer Erfahrungen verwertete Pestalozzi in den mütterlichen Lehrbriefen *Wie Gertrud ihre Kinder lehrt* (1801). Sie entwickeln und begründen seine Ideen von einem langsamen Aufstieg der aus der Anschauung kommenden Erkenntnis in der Entfaltung der Erziehungsmittel (Zahl, Form und Sprache). Vielleicht noch mehr als durch seine Schriften hat Pestalozzi durch das persönliche Beispiel und durch die Methode gewirkt, die über die vielen Besucher und Praktikanten in allen europäischen Ländern Schule machte. Er war unfähig, ein System zu schaffen oder planvoll auszubauen, deshalb bewährten sich seine Anregungen, seine sittliche Haltung und sein Glaube sowie die Überzeugungskraft seiner Ideen. Sein geistiges Vermächtnis, das er als Präsident der *Helvetischen Gesellschaft* (1826) verkündete, war eine Rechtfertigung seines Wirkens im Sinne der alten Einfachheit und Biederkeit. Er faßte die Anliegen der auf moralische Besserung abzielenden Literatur seiner Heimat zusammen und gab sie über Gotthelf an Gottfried Keller weiter.

Weder als Erzieher noch als Dichter noch als Literat, also nicht seiner Werke, sondern seines Lebens wegen gehört Christoph Kaufmann (1753–95) in die deutsche Literaturgeschichte. Es ist das Verdienst Werner Milchs, daß Kaufmann nicht mehr als lächerliche Figur, Hanswurst, zweiter Cagliostro, werbender Genieapostel, sondern nach seinen zum

Mißverstehen herausfordernden Leistungen beurteilt wird. Der Schützling Iselins und Lavaters enttäuschte seine Zeitgenossen, weil er die
Hoffnungen, die sie in ihn setzten, nicht erfüllte. So zogen sich jene, die
ihn verehrt und vergöttert hatten, von ihm zurück, spotteten und ver-
leumdeten. Die Menschen können es einem Artgenossen am wenigsten
verzeihen, wenn er nicht das wird, wozu sie ihn in ihrer Einbildung gemacht haben, weil ihre Menschenkenntnis versagte. Der Fall Kaufmann
zeigt, wie ein geistig bewegtes Zeitalter mit zorniger Parteinahme urteilte.

Der Sohn des Winterthurer Rates und späteren Statthalters (Vizebürgermeisters)
mag durch den schrulligen Übersetzer Butlers, Swifts und Lukians, Johann Heinrich Waser (1713–77), in seinen extravaganten Neigungen bestärkt worden sein.
Im Schweizer Pietismus liegen seine geistigen und sozialen Voraussetzungen. Als
Apothekerlehrling und Schüler Hallers zu Bern (1767) begann er, sich auf seinen gewählten ärztlichen Beruf vorzubereiten. Sein Studiengang in Lausanne und Basel
sowie sein Lizentiat in Straßburg lassen sich aktenmäßig ebensowenig feststellen
wie Aufenthalte in Südfrankreich und eine Reise nach Italien. Als Apotheker zu
Straßburg (1774/75) begeisterte er sich für die neuen Erziehungsideale und führte in
einem Kreis Gleichgesinnter das große Wort. Das Programm dieser philanthropischen
Gemeinschaft, von einem Vorwort Iselins eingeleitet, geht dahin, den Menschen
seiner wahren Bestimmung zuzuführen. Deshalb werden naturgemäße Erziehung,
rhythmischer Wechsel zwischen Kopf- und Handarbeit, praktisch verwerteter Ge-
schichts- und Kunstunterricht, beispielgebende Moral gefordert. Von Schlosser,
Iselin und Lavater ermutigt, fühlte sich Kaufmann zum Reformator des Unterrichts,
des Theaters und der religiösen Erbauungsliteratur berufen. Der leicht lenkbare En-
thusiast verlor sich aber in empfindsamer Schwärmerei, gab seine Absicht auf, kehrte
1775 in seine Heimat zurück und verschrieb sich Lavater, während seine Freunde ins
Lager Basedows gingen. Lavaters *Physiognomische Fragmente* berichten von Kaufmanns
kindlicher Einfalt und Heldengröße, sie brachten dreimal (3. Bd. Tafel 41–43) sein
Bild. Mit empfehlenden Briefen bereitete Lavater die Werbereise des Genieapostels
vor. Dieser hatte sich kurz vorher mit Lisette Ziegler verlobt. Er verließ seine Heimat
im Juli 1776. Sein Reiseziel war Dessau. Mit dem empfindsam erregbaren Sendboten
Lavaters verstanden sich die Gleichgestimmten gut. Es mußte Eindruck machen, daß
er den Forderungen des Sturms und Drangs nachlebte. Das faszinierte den Maler
Müller in Mannheim, der Kaufmann im zweiten Faustfragment als *Gottes Spürhund*
und kongeniale Gestalt Fausts (Arzt, Philanthrop, Künder neuer Lebensideale) verherrlichte. Ähnlich erkannte kurze Zeit darauf Klinger in Gotha Kaufmanns große
und starke Seele und ließ sich davon überzeugen, daß *Sturm und Drang* den Sinn seines
Dramas *Wirrwarr* besser wiedergebe. Mit dieser Umbenennung schuf Kaufmann die
Bezeichnung für das Wollen einer revolutionären Übergangszeit. Wenn solche Anhänger und Freunde, zu denen sich Goethe, Caroline Herder, Lenz, Hamann und
mit Abstand sogar Herder, Wieland, Claudius und Voß gesellten, sich später von ihm
abwandten, so verneinten sie ihren eigenen Sturm und Drang. Da der Fürst von Dessau
Kaufmanns Vorschläge zur Reorganisation des Philanthropinum billigte, konnte sich
dieser seines Einflusses rühmen, durch den die Anstalt allerdings zu einer Fürstenschule
wurde. Dennoch sahen die Vertreter der Aufklärung darin einen Angriff auf ihre
Domäne, die Erziehung, eine Ausbreitung der literarischen Revolution auf ein wichtiges Gebiet des geistigen Lebens.

Die Reise führte den Gottesspürhund nach einigen Fahrten in Deutschland im Frühling 1777 nach Riga und Petersburg. Auf der Rückkehr

festigte er seine Freundschaft mit dem schlesischen Freiherrn von Haugwitz, der versprach, für sein Dasein zu sorgen, so daß er den Plan, nach Amerika zu reisen, aufgab. Von allen, die über Kaufmanns Besuch berichten, hat Hamann das treffendste Urteil damit abgegeben, daß Kaufmann im Leben eine ähnliche Rolle spielte wie er selbst in der Autorenwelt. Es waren seine Schweizer Landsleute, Männer der Aufklärung, Sulzer und Zimmermann, welche mit Lavater auch dessen Sendboten trafen. Prüfte man Kaufmann mit Argumenten der Ratio, so mußte er als lächerlicher Maulheld angesehen werden. Die enttäuschten Gesinnungsgenossen – dem Maler Müller folgten die anderen – begannen noch lauter und boshafter zu lachen. Über seine Hilfsbereitschaft gegenüber dem kranken Lenz sah man hinweg.

Nun begann Kaufmann, der bald nach seiner Rückkehr geheiratet hatte, sich als Landwirt eine neue Daseinsgrundlage zu schaffen. Manchen seiner Landsleute mochte sein Hochmut abstoßen. Vom Unglück heimgesucht (Zerwürfnis mit den Schwiegereltern, Ausbleiben der Zuwendungen von Haugwitz, Tod eines Knaben) beschloß er schon 1779, die Schweiz zu verlassen. Hatten ihn Müller und Goethe als Gottesspürhund lächerlich gemacht, so verspotteten ihn nun Lavater, Sarasin und endlich Klinger mit der Satire *Plimplamplasko, der hohe Geist heut Genie.* Zum höchsten erscheint dieser berufen, als er auszieht, die Prinzessin Genia heimzuführen. Aber die Fee, die ihm beistand, eröffnete ihm, daß sie nur ein warnendes Beispiel habe vorführen wollen, denn er sei gar kein hoher Geist. An seiner Stelle wird der *puro senso* wieder zu Ehren gelangen. Klinger befreite sich mit diesem Werkchen von seinem eigenen Sturm und Drang.

Von der Tragik, daß auch eine größere Begabung als Kaufmann an der Absicht scheitern mußte, eine Synthese herzustellen zwischen dem deutschen Sturm und Drang, der das Leben reformieren wollte, und dem schweizerischen, religiös ausgerichteten, konnte kein Zeitgenosse etwas ahnen. Man sah nur das Lächerliche und nicht den Widerspruch, daß ein erleuchteter ganzer Kerl weder den Glauben noch die Lebensform erneuern konnte. Der Humanitätsgedanke, der schließlich das von Übertreibungen gereinigte Erbe der religiösen und weltlichen Bewegung übernahm, eröffnete sich Kaufmann nicht. Um seinem Wesen treu zu bleiben, mußte er, dem die Träger der neuen Ideen den Zutritt in ihr Reich verwehrten, den Weg zur pietistischen Frömmigkeit zurückgehen (1781). Er frischte an der Universität Breslau seine medizinischen Kenntnisse auf, eröffnete 1782 eine ärztliche Praxis in Neusalz und ging 1786 nach Gnadenfeld. In ernster Auffassung seines Berufes und Pflichterfüllung hat Kaufmann im Leben denselben Weg eingeschlagen, den *Wilhelm Meister* ging. Aber er ging ihn als Christ in der Nachfolge des Heilands.

LITERATUR

Allgemeines: H. A. Korff, Die Dichtung von Sturm und Drang im Zusammenhang der Geistesgeschichte. Leipzig 1928. F. J. Schneider, Die deutsche Dichtg. d. Geniezeit. Stuttgart 1952. A. Langen, Der Wortschatz d. deutschen Pietismus, Tübingen 1954.

Hamann: Schriften hrsg. v. F. Roth, 7 Teile. Berlin, Leipzig 1821–25. Sämtl. W. Hist.-krit. Ausg. v. J. Nadler. Wien 1949 ff. Briefwechsel hrsg. v. W. Ziesemer u. A. Henckel 1. Bd. Wiesbaden 1955. – J. Nadler, J. G. H. 1730–88. Salzburg 1949. R. Unger, H. und die Aufklärung. 2 Bde. Jena 1911. W. Hilpert, H. als Kritiker der deutschen Literatur. Diss. Königsberg 1933. P. Ernst, H. und Bengel. Königsberg 1935. E. Mannack, Mystik und Luthertum bei J. G. H. Diss. Berlin F. U. 1953.

Herder: Werke hrsg. v. B. Suphan, 33 Bde. Berlin 1877–1913. Ges. W. hrsg. v. F. Schultz, 5 Bde. Potsdam 1939–43.

Biographien: R. Haym, 2 Bde. Berlin 1880/85. E. Kühnemann, 2. Aufl., München 1912. W. Rasch, Halle 1938. B. v. Wiese, Leipzig 1939. – K. May, Lessings und H.s kunsttheoretische Gedanken in ihrem Zusammenhang. Berlin 1923. B. Markwardt, H.s Kritische Wälder. Berlin 1925. G. Weber, H. und das Drama. Weimar 1922. W. Kohlschmidt, H.-Studien. Berlin 1929. H. Weber, H.s Sprachphilosophie. Berlin 1939. A. Werner, H. als Theologe. Berlin 1871. R. Stadelmann, Der historische Sinn bei H. Halle 1928. Th. Litt, Die Befreiung des geschichtlichen Bewußtseins bei J. G. H. Leipzig 1942. F. Berger, Menschenbild und Menschenbildung, die philosophisch-pädagogische Anthropologie J. G. H.s. Stuttgart 1933. E. Kircher, Volkslied und Volkspoesie in der Sturm- und Drangzeit, Zeitschr. f. dt. Wortforschung 4 (1903) S. 1–57. H. Lohre, Von Percy zum Wunderhorn, Berlin 1902. F. Meinecke, Die Entstehung d. Historismus. München-Berlin 1936 2. Bd. 9. Kap. S. 383 ff.

Obereit: F. Melzer, O.-Studien, Zeitschr. f. dt. Philologie 55 (1930) S. 209–230. W. Milch, Die Einsamkeit, Zimmermann und O. Frauenfeld 1937.

Jung-Stilling: G. Stecher, J.-St. als Schriftsteller, Berlin 1913. H. R. G. Guenther, J.-St., Ein Beitrag zur Psychologie des Pietismus. 2. Aufl. München 1948.

Lavater: E. Baumann, Straßburg, Basel und Zürich in ihren geistigen und kulturellen Beziehungen im ausgehenden 18. Jahrhundert. Frankfurt/Main 1938. Chr. Janentzky, L.s Sturm und Drang im Zusammenhang seines religiösen Bewußtseins. Halle 1916. Ders., J. C. L. Frauenfeld 1928.

Pestalozzi: Sämtl. W. hrsg. v. L. W. Seyffahrt, 12 Bde. Leipzig 1899/1902. Sämtl. W. hrsg. v. A. Buchenau, E. Spranger, H. Stettbacher. Leipzig/Zürich 1927 ff.

Biographien: F. Delekat, 2. Aufl. Leipzig 1928. P. Natorp, 6. Aufl. Leipzig 1931. W. Guyer, Frauenfeld 1932. St. Hirzel. Berlin 1946. – P. Haller, P.s Dichtung. Zürich 1921. E. Spranger, P.s Denkformen. Stuttgart 1947. W. Weber, P.s Stellung zur Aufklärung. Diss. Leipzig 1934.

Kaufmann: W. Milch, Chr. K. Frauenfeld 1932.

ZWEITES KAPITEL

GÖTTINGER HAIN UND VOLKSTÜMLICHER JOURNALISMUS

Religiöse Begeisterung, bardisch-patriotischer Schwung und wiedergeborene Naturdichtung, Volkslied und Homer – Anregungen Klopstocks und Herders also – sind es, die bei den Jüngern des Göttinger Hains nach künstlerischem Ausdruck und Verbreitung suchen, oft vergeblich, verworren und unklar, aber von ehrlichem Wollen getragen. Tiefere Spuren haben einzelne Gedichte im *Musenalmanach* und die Homerübersetzungen von V o s s hinterlassen. Mit der Universität steht der Hain in loser Verbindung, aber in engster mit der Landschaft; denn sie weckte das neue Lebensgefühl, das gegen Aufklärung und Rokoko sein Daseinsrecht forderte. Diese Landschaft wird mit den Bardenaugen Klopstocks gesehen, mit dem fühlenden Herzen des neuerwachten Ossian erkannt und als unverlierbarer nationaler Besitz oder Symbol der Nation bewertet. In solchem Zeichen konnte sich in der Seelengemeinschaft begeisterungsfähiger Jünglinge die romantisch-schwärmende Wendung zur eigenen Vergangenheit vollziehen. Das Bewußtsein, eine vaterländische Sendung zu erfüllen, ist das einigende Band, das die Bundesbrüder umschloß. Das deutet in die Zukunft; denn es verbindet den Hain mit anderen nationalen Jugendbewegungen, wie der Burschenschaft, birgt aber die Gefahr, daß sich die aus der Tiefe des Gemütes kommende Begeisterung, deren Dichterherold H ö l t y war, in das Pathos der Phrase verliert. Dieses brauchte Attrappen, Schlagworte und Staffage, weil es mit der wahren, unergründlichen Natur nichts mehr gemein haben konnte, die sich in der Landschaft an Blumen, Bäumen, Vögeln, im Strahl der Sonne, im schwankenden Dämmerlicht oder im Mondschein geoffenbart hatte. Es kommt weniger darauf an, daß eine neue Topologie an die Stelle der alten tritt, als darauf, daß ein neues Lebensgefühl die Worte, Bilder und künstlerischen Ausdrucksformen beschwingt.

Am 12. 9. 1772 beschworen V o ß, Hölty, die beiden Miller, Hahn und Wehrs unter heiligen Eichen in der Nähe des Dorfes Weende den Bund der Freundschaft. Man schwor sich ewige Treue und beschloß, Leben und Dichten Gott, dem Vaterland, der Tugend, Freiheit, Unschuld und wahren Empfindung zu weihen. Im Zeichen Klopstocks erhob sich der *Hain* als Symbol deutscher Dichtung gegenüber dem Parnaß, dem Hügel der Griechen. Als *Barden* wählten die Mitglieder klingende Namen wie *Minnehold, Gottschalk, Haining.* Bei regelmäßigen Zusammenkünften am Sonnabendnachmittag lasen die Dichter ihre Werke vor. Was nach Form, Inhalt und Vortrag von allen gutgeheißen wurde, wurde in das Bundesbuch aufgenommen. Gegen Jahresende schlossen sich die beiden Grafen S t o l b e r g mit ihrem Hofmeister Clauswitz dem Bund an, ein sichtbares Zeichen, daß ständische Vorurteile den neuen Idealen geopfert wurden. In der enthusiastischen Verehrung Klopstocks war man sich einig. Mit gleichem Eifer wurde gedichtet, die griechische Formenwelt erschlossen und die Dichtung der Vorzeit gepriesen. Klopstocks Geburtstag wurde am 2. 7. 1773 festlich begangen, und das *Pereat* über Wielands *Idris* ausgesprochen. Man dachte daran, aus dem Bund Klopstocks *Gelehrtenrepublik* zu entwickeln. Sein Aufenthalt in Göttingen vom 18.–20. 9. 1774 sollte dies fördern. Schon wurden Fragen der Organisation besprochen. Der Bund strebte als Träger der Freiheit in die Weite und warb unter der Geniebewegung Bundesgenossen. Die meisten Mitglieder des Hains entschwanden nach Beendigung ihrer Studien. Als Klopstock im Frühling 1775, von Karlsruhe zurückkehrend, wieder durch Göttingen kam, waren nur noch wenige Mitglieder anwesend. Es ist das äußere Zeichen für das idealische Strohfeuer der Begeisterung, daß die beiden Stolberg in Wielands *Teutschem Merkur* 1776 Gedichte veröffentlichten.

1. DER MUSENALMANACH UND SEINE HERAUSGEBER

Um der lyrischen Kleinform und der Blütenlese Beachtung zu sichern, erschien in Paris von 1765 an der *Almanach des Muses*. Sein Beispiel machte in Deutschland Schule. Zwei Unternehmungen gleicher Art traten 1770 hervor. Vielleicht wollte Heinrich Christian Schmid die versinkende Leipziger Tradition neu beleben, wenn er, von Klotz gefördert, die anakreontischen Kräfte sammelte und für seinen *Leipziger Musenalmanach* den Göttinger zwölf Jahre hindurch plünderte. Von 1776 an erschienen zwei gleichartige Leipziger Almanache, von denen der eine weiter von Schmid, der andere 1776–78 von Friedrich Traugott Hase und 1779–81 von August Cornelius Stockmann herausgegeben wurde. Von da an sind sie bedeutungslos geworden. In die Zukunft wies der *Göttinger Musenalmanach*, den der unternehmende Verleger Dieterich unter der Leitung von Boie herausgab. Schon ehe der Hain in diesem Almanach das Wort führte, hatte sich, im Gegensatz zu Ramler, der das Formideal vertrat, und der Anakreontik des 1. Jahrganges 1770, die entscheidende Wendung unter dem Einfluß von Gerstenberg und Klopstock (1771/72) vollzogen, von der die *Frankfurter Gelehrten Anzeigen* angetan waren. Sie spürten, daß hier die neue Generation zu Wort kam. Der Jahrgang 1774 bedeutet den Höhepunkt mit Beiträgen von Bürger, Claudius, Goethe, Götz, Herder, Hölty, Klopstock, Maler Müller, den beiden Grafen Stolberg und Voß. Dieser führte 1775 die Redaktion. Ihm folgte Gœckingk 1775–78. Nun setzte sich der engherzige moralische Standpunkt durch. Zugunsten Klopstocks wurde Goethe ausgeschaltet, Claudius gab den Ton an. Die Leitung übernahmen Bürger 1779–94, und Carl Reinhart 1795–1804. Dazwischen zeigte sich eine romantische Wendung, als Sophie Mereau (1803) die Redaktion leitete. Von 1776 bis 1800 gab Voß seinen Almanach weiter heraus, davon die Jahrgänge 1780–88 gemeinsam mit Gœckingk. Das besondere Verdienst,

die besten Kräfte erkannt und ihnen die Möglichkeit, sich auszusprechen, geschaffen zu haben, gebührt Heinrich Christian Boie.

Heinrich Christian Boie (1744–1806), Sohn eines Predigers zu Meldorf, studierte 1764–67 in Jena Theologie und Jura, kam als Hofmeister junger Engländer
1769 nach Göttingen, bereitete dort mit Gotter die Herausgabe des Musenalmanachs
vor und war als *Werdomar* führendes Mitglied des Hains. In Hannover wurde er 1776
Stabssekretär des Feldmarschalls von Spörken. Er kam 1781 als Landvogt nach
Meldorf und wurde 1790 zum dänischen Etatsrat ernannt.

Boie tritt weniger als Dichter hervor denn als Mitarbeiter Lichtenbergs, Begründer des Musenalmanachs und noch mehr als Herausgeber
des *Deutschen Museums* 1776–88 und seiner Fortsetzung des *Neuen Deutschen Museums* 1789–91. Dabei teilte er sich anfangs mit Christian Wilhelm Dohm in die Schriftleitung, wurde aber, nachdem sich dessen Abneigung gegen die von Boie begünstigten „Schwärmer“, vornehmlich
Voß, nicht dämpfen ließ, von ihm später nur noch beraten. Die beiden
Herausgeber beschränkten sich auf Meisterstücke von Übersetzungen
antiker Autoren, berichteten über das geistige und wirtschaftliche Leben
in allen Teilen des deutschen Sprachgebiets, nahmen sich vor, „die
Deutschen mit sich selbst bekannter und auf ihre eignen National-
angelegenheiten aufmerksam zu machen“. Hier lag eine Zeitschrift vor,
deren toleranter Herausgeber auf kein bestimmtes literarisches Programm
verpflichtet und redlich bemüht war, den verschiedenen literarischen
Richtungen gerecht zu sein. Seine Beziehungen reichen von Bodmer zu
Schiller, von Klopstock zu Heinse, von Nicolai zu Lenz, aber nicht mehr
zur Romantik. Ebenso bunt ist der Inhalt des Deutschen Museums. Es
ist ein Mittelding zwischen moralischer Wochenschrift, Tageszeitung,
literarisch-kritischer Zeitschrift und Almanach. Es ist Programmzeit-
schrift der Geniebewegung, läßt aber auch die Angegriffenen zu Wort
kommen, ist Vorahner eines neuen Vaterlandsgefühls, Präger des Weltbürgertums, erschließt altdeutsche Dichtungen, schlägt Brücken nach
Österreich und bietet das bunte Gewimmel auf dem deutschen Parnaß
dar von der Halberstädter Anakreontik und den Bremer Beiträgen bis zu
Klopstock, den Genies und der neuen Ballade. Es hat seinen festen Platz
zwischen dem ästhetischen Programmjournalismus Gottscheds und
Schillers Horen und Musenalmanach. Boies Toleranz und Verbindlich-
keit fehlten manch anderem Hainjünger.

Johann Heinrich Voß (1751–1826) ist in Sommersdorf bei Waren in Mecklen-
burg-Schwerin geboren. Sein Vater kam bald nachher nach Penzlin, wo er ein kleines Wirtshaus gekauft hatte. Empfänglichkeit für Gehörseindrücke, Lerneifer, frische
Lebhaftigkeit, tollkühner Wagemut und wahlloser Lesehunger werden dem Knaben
nachgesagt. Griechisch brachte er sich selbst bei, ehe er das Gymnasium in Neubran-
denburg (1766–69) besuchte. Die anschließende Hofmeisterzeit in Ankershagen (1769–
72) war reich an Demütigungen. Sie stärkte seine demokratische Gesinnung, zu der

die Erinnerungen des einst leibeigenen Großvaters den Grundstein gelegt hatten.
Unter allen deutschen Dichtern verehrte er Ramler besonders. Gedichte, die er dem
Almanach anbot, veranlaßten Boie, ihn nach Göttingen zu holen (1772). Von der
Theologie, die er mit nützlicher Auswahl studierte, ging er zu den alten Sprachen
über. Seine Ausbildung erhielt in Homer einen festen Mittelpunkt. Das brachte ihn
bald in Widerspruch zu seinem Lehrer Heyne, der sich auch damit wenig befreunden
konnte, daß Voß das Problem des Übersetzens schärfer als die Aufklärer durch-
dachte. Als gewählter Ältester des Hains wurde Voß von Klopstock im Frühling
1774 in Hamburg aufgenommen. Entscheidender für die Zukunft war der anschließende Besuch im Elternhaus Boies zu Flensburg und die stille Verlobung mit dessen
Schwester Marie Christine Ernestine (1756–1834). Der Musenalmanach, den er
dann im Selbstverlag herausgab, und Übersetzungen aus modernen und alten Sprachen
sollten ihn ernähren, als er sich Ende April 1775 zu Wandsbek in der Nähe von
Claudius niederließ. Der Verzicht Stolbergs auf das Honorar seiner Iliasübersetzung
zugunsten von Voß und ein griechischer Kurs in Hamburg schufen die Grundlagen
des neuen Hausstandes (1777), der im Herbst 1778 nach Ottendorf verlegt wurde.
Vom Rektorat des dortigen Gymnasiums wurde Voß, von Stolberg empfohlen, nach
Eutin berufen (1782). Als er mit seiner Umgebung nicht mehr auskam, gab er sein
Rektorat 1802 auf, hielt sich dann längere Zeit in Jena auf, wo ihn Goethe nicht halten
konnte, und wirkte von 1805 an bis an sein Lebensende in Heidelberg. Er erstarrte in
seinen Ansichten über Übersetzungstechnik, Dichtung und Religion. In der Schärfe,
mit der er Stolberg an die Ehre rückte, lebte der Geist reformatorischer Streitschriften
auf. Humanistische Angriffslust spricht aus den Verhören, die er mit seinen vermeintlichen Gegnern vornimmt, und aus dem Richteramt, das er sich anmaßt. Mit der
romantischen Generation lebte er im Streit. In Brentanos Märchen *Murmeltier* wird
er als pedantischer Müller verspottet. Görres stellte ihn als Don Quijote der Aufklärung hin, weil er mit Creuzers *Mythologie* nicht zu Rande kam. Das reizvolle Thema:
Voß und die Romantik ist bisher noch nicht behandelt worden, aber die pedantischen
Züge, die die Romantiker an ihm sahen, treten in der Beurteilung so stark hervor,
daß seine großen Leistungen, die Wiedergewinnung Homers, die Blickrichtung auf
das Kleine, Unbedeutende, die Kunst, Genrebilder auszumalen, darüber zu leicht
vergessen wird.

Im Schaffen und Denken von Voß spiegelt sich die Entwicklung der
deutschen Dichtung eines halben Jahrhunderts. Er konnte sich in einzelne Werke der Weltliteratur einfühlen, öffnete einen breiten Zugang
zu einem dem bürgerlichen Geist der Zeit entsprechenden Griechentum, rang der deutschen Sprache nicht ohne Gewalt neue Ausdrucksmöglichkeiten ab und kam der Erkenntnis des Schöpferischen nahe.
Aber er blieb im Technischen stecken und erschöpfte sich in der Begeisterung für gelehrten Fleiß und sittliche Ordnung. Seine Gelehrsamkeit
trennte ihn von Claudius. Zwar konnten beide der Kartoffel ein Gedicht
widmen, Claudius das humorvolle *Kartoffellied*, der ernsthafte Voß die
acht Strophen lange *Kartoffelernte*, aber nie hätte Voß das *Abendlied* dichten können. Dennoch sind seine Gefühle ehrlich und echt. Sein Tyrannenhaß ist wahrer als die Tiraden der anderen Göttinger. Dem Reim wird
die Gelegenheitsdichtung zugewiesen. In der Ausbildung der antiken
Formen sah er seine Aufgabe. Niederdeutscher literarischer Überlieferung
(Bd. 5 S. 306 ff.) folgen seine Mundartidyllen im Geist Theokrits. Später

löste er die hochdeutsche Idylle aus der Anakreontik und ossianischer Sentimentalität.

Das Gespräch über den deutschen Homer und die Möglichkeit einer Übersetzung wurde seit der englischen Übersetzung von Pope (1715 ff.) immer lebhafter geführt. Im Literaturstreit bildeten sich neue Grundsätze: Herder zweifelte an der Möglichkeit, da er sich weder für eine Wiedergabe in Hexametern noch für eine in Prosa entscheiden konnte. Bürger brachte Anregungen von Klotz mit und erprobte verschiedene jambische Versmaße, bis Klopstock ein Machtwort für den Hexameter sprach. Das überzeugte Friedrich Leopold von Stolberg und begeisterte ihn zu seiner Wiedergabe der *Ilias* (1778/79). War sein Homerbild auch ossianisch geprägt: der heroisch-ritterliche Geist und die adlige Gesinnung der Helden erschlossen sich ihm ganz anders als Bodmer, dessen *Ilias* (1778) die barocke Gebärde mit patriarchalischer Seelenhaltung verband. Keiner ist so wohlvorbereitet an seine Arbeit gegangen wie Voß, für den die deutsche Sprache „durch das verwünschte Latein und Französisch . . . die alte Nerve" verloren hat. Er entfernte sich von Klopstocks „gefährlichem unverständlichen Schwung" und löste sich von dessen metrischer Autorität. Die vermeintliche Rückkehr zur altdeutschen Ausdrucksweise in der Wiedergabe des Griechischen verniedlicht das homerische Zeitalter, zu dem für Voß der Zugang über die ländliche Idylle führt. So begann er unter der Obhut von Klopstock in Wandsbek mit der Verdeutschung der Odyssee.

Die erste Probe erschien im *Deutschen Museum* (Mai 1777). Hier ist bereits der Grundsatz, die Übersetzung dem Original anzugleichen, so durchgeführt, daß die Verse einander genau entsprechen. Die späteren, immer wieder durchgefeilten Ausgaben bemühen sich um eine Angleichung der Silben und Zäsuren, eine Nachbildung und Nachtönung des homerischen *Klanggemäldes*. Über den Klang und Ton, nicht über das Auge wie Goethe, nicht über Ethos und Inhalt der Dichtung ist Voß der deutsche Nachdichter Homers geworden. Seine Leistung ist Sprachgestaltung, Stilnachahmung, Dichtung im alten vorherderschen Sinne, auf das engste verwandt mit Wissenschaft und darum einem bewundernswerten Fleiß verpflichtet. Die glückliche Stimmung des Bräutigams beschwingte, wie Michael Bernays meint, die Wiedergabe des 6. Gesanges mit der Schilderung der Nausikaaepisode. Voß sagt selbst, „daß er halb im heiligen Ehestand lebe und halb in der heiligen Odyssee". Erst nachdem er sich entschlossen hatte, auf den Druck des Kommentars zu verzichten, fanden sich die Subskribenten, die ein Erscheinen der *Odüßee* Ende 1781 im Selbstverlag ermöglichten. Die Geschichte der deutschen Übersetzungskunst tritt nun in eine neue Epoche.

Die Maßgebenden stimmten den Forderungen zu: Einfühlung in das Original und Treue in seiner Wiedergabe. Das wird rein äußerlich darin sichtbar, daß sich die

griechischen Götter- und Eigennamen durchsetzen. Der „orthographische Pips",
wie Lichtenberg sagte, η und υ mit ä und ü wiederzugeben, unterblieb in den
kommenden Ausgaben. Gedämpft ist Bürgers „bardische Urkraft". Die Zeitgenossen
und das 19. Jahrhundert empfanden, daß sich hier klassische griechische Kunstform
mit deutscher Aussage aufs glücklichste vermählt habe. Die Kommenden, vor
allen die romantischen Übersetzer, von denen A. W. Schlegel dieser Leistung
zujubelte, sahen darin die Rechte des Originals gewahrt, die schöpferischen
Kräfte der übersetzenden Sprache maßvoll gedämpft. Sie lasen Homer wie einen
deutschen Dichter der Vorzeit, sie sprachen und dichteten in Wendungen der
neuen Sprache.

Zur gleichen Zeit, da Voß von seinem Schwärmen abrückte und den Weg zu
Homer fand, entdeckte er auch Theokrit neu und verflocht ihn in die niederdeutsche
mundartliche Überlieferung, der er den Hexameter bescherte. Zwischen dem hochdeutschen *Frühlingsmorgen* (1774) und der ersten Fassung des *Siebzigsten Geburtstags*
(1780) sind die wichtigsten Mundartidyllen entstanden. Nachher hat sich Voß dem
Ausbau der hochdeutschen Idyllen und der *Luise* (1782–95) gewidmet.

In der Entwicklung des Idyllikers Voß ist zu beobachten, wie das
Idyllische aus der Umrahmung des lyrischen Kerns in die Mitte vor-
stößt, wie der lehrhaft ausgewertete Gegensatz zwischen Natur und
Kultur nicht mehr von idealisierten Voraussetzungen aus erkannt wird
wie bei Geßner, sondern aus dem unmittelbaren, beobachteten einfachen
Leben. Dem Dasein der Schulmeister und Pfarrer, ihrem patriarchalischen Haushalt und ihrer gefestigten Welt werden nun poetische Seiten
abgerungen. Die Welt Rousseaus und Ossians wird verlassen. Der
väterliche Haushalt und die wackere Schwiegertochter Ernestine sind
im *Siebzigsten Geburtstag* getreulich nachgebildet, das holsteinische Dorf
Malente ist das Grünau der *Luise*. Dieses „ländliche Gedicht" versieht
Voß mit lehrhafter Erfahrungsweisheit und stattet es mit seinem rationalistischen Gottesbegriff aus. Er glaubte hier seine Berufung zum „Land-
dichter", von der er schon 1775 geträumt hatte, zu erfüllen; denn er
wollte einer sein, „den Herz und Pflicht antreiben, die Sitten des Volkes zu
bessern, die Freude des unschuldigen Gesanges auszubreiten, jede Einrichtung des Staates durch seine Lieder zu unterstützen und besonders
dem verachteten Landmann feinere Begriffe und ein regeres Gefühl
seiner Würde beizubringen". Solche Forderungen hat Voß nicht erfüllt, er ist zum Ankläger der mecklenburgischen Landedelleute und
ihrer Vögte geworden, zum Anwalt der Freiheit gegen Unduldsamkeit,
Spielsucht, Aberglaube und Modetorheit. Er ist ein merkwürdiges Zwi-
schenglied zwischen Moralsatiriker alten Stils und Heimatdichter. Seine
Personen sind oft nur Träger von Eigenschaften, Ideen und vorbildlichen Haltungen. Das verlangten die Zeitgenossen noch immer, sonst
hätte Gleim sich nicht zur *Luise* bekannt und Goethes *Dorothea* preisgegeben. Mit der Homerübersetzung verbindet die Idyllen die völlige
Beseitigung des französischen Geschmacks. Die Schäfer sind endgültig
abgetreten.

Zweimal (1802 und 1831) hat Voß seine *Zeitmessung der deutschen Sprache* veröffentlicht. Schon dieser Titel zeigt an, daß er die Grundsätze der ihm so vertrauten klassischen Sprachen auf das Deutsche übertragen will. Zu Zugeständnissen an die „der-
beren Versarten aus germanischen Eichenwäldern", die im antiken Versfuß nicht
unterzubringen waren, zeigte sich Voß noch eher bereit als zu solchen an das tänzelnde
Sonett. Seine zahlreichen Übersetzungen bestärkten ihn in der Auffassung und Absicht, die deutsche Sprache von ihren Rohheiten – der festen Betonung und Wortstellung – zu befreien. Das begründete seine Autorität bei den Romantikern (A. W.
Schlegel). Deshalb wird er zum unaufhaltsamen Vorkämpfer des Spondeus im Hexameter und der „bewußten Wortverdrehung". Damit bezeichnet Andreas Heusler
eine Bildung wie *mit Fuchspelze verbrämt* als $- — - \smile \smile -$ oder Versschlüsse
wie *Zeus' Rat* als $- —$. Das Dogma, die deutsche Sprache könne Spondeus und Tro-
chäus sowie alle anderen antiken Versfüße wiedergeben, wirkte sich auf die Les-
barkeit der späteren Übersetzungen von Voß genau so unerfreulich aus wie seine
Forderung, die Zäsur an die gleiche Stelle wie in der Vorlage zu setzen und deren
freie Wortstellung nachzuahmen.

2. DIE NEUE BALLADE

Weder die Gefolgschaft Klopstocks noch die Bemühung um den
deutschen Homer noch das Verlegen der Idylle aus der arkadischen Unwirklichkeit in die norddeutsche Landschaft boten den Göttingern solche
Gelegenheit, sich sturm-und-drang-mäßig auszutoben, wie die Ballade.
In ihr Wurzelsystem hat Wolfgang Kayser Klärung gebracht. Historisches Volkslied, Zeitungslied mit Beiträgen zur kriminellen Chronik und
Vortragsweise des Bänkelsangs weisen die Gattung der Volksdichtung
zu und begründen das freundschaftliche Zusammengehen von Gleim
und Herder. Dem Volk, den Jungen und Alten, den Junggesellen und
Jungfräulein zart werden als abschreckende Beispiele Mordgeschichten
erzählt, deren Ablauf in rohen Bildern festgehalten wird. Im Bunde von
aufklärerischer Lehrhaftigkeit mit spanischen und französischen Vorbildern (Moncrif) entstanden drei *Romanzen* von Gleim (1756). Percys
Sammlung konnte neue Wege weisen. Mögen solche Darstellungen auch
auf Vertreter der Aufklärung, wie auf uns heute, gewollt naiv gewirkt
haben: Ironie lag nicht in der Absicht jener, die diese neue Gattung ins
Leben riefen, sondern die bewußte Wendung zum Naiven und Volkstümlichen, wie man es im Geiste der *Grenadierlieder* verstand. So konnte
Herder den Balladen- und Volkssänger Gleim noch 1777 feiern. Gleichzeitig stellten die von C. C. L. Hirschfeld (1742–92) herausgegebenen
Romanzen der Deutschen (1774 u. 1778) das parodistisch-komische Element
in den Vordergrund. Antike Götter, die Wunderwelt des Abenteuers und
aller Überschwang fügten sich der Travestie (Schiebeler). So berührte
sich die Stoffwelt der Ballade mit der des Romans und der Komödie,
ehe sie Hölty, Bürger und Stolberg in eine neue Bahn lenkten.

Schon vorher hatte Raspe als erster der Sammlung Percys den Weg bereitet (1763/64) und sich selbst um eine deutsche Ballade nach diesem Vorbild ohne Erfolg bemüht (1765).

Ludwig Christoph Heinrich Hölty (1748–76), Sohn eines Predigers aus Mariensee bei Hannover, besuchte 1765 das Gymnasium in Celle und begann 1769 in Göttingen Theologie zu studieren. Er erwarb sich seinen Lebensunterhalt durch Unterricht und Übersetzungen aus dem Englischen (Shaftesbury 1776), Spanischen und Italienischen und blieb bis 1775 in Göttingen. Er war Mitgründer und stärkstes lyrisches Talent des Dichterbundes. Seine Hoffnung, zu Wandsbek sein Dasein auf festere Grundlagen stellen zu können, erfüllte sich nicht. Er starb in Hannover an der Schwindsucht.

Als Lyriker steht Hölty an einem Wendepunkt zwischen alter barocker und neuer erlebter Kunstgebung. Das läßt ihn noch nach 50 Jahren den österreichischen Lyrikern um Lenau zum verehrten Vorbild werden. Petrarkismus und Anakreontik öffnen ihm den Weg zum Minnesang. Von den reimlosen Vorbildern Horaz und Klopstock, den er beschwingter als die anderen Göttinger nachahmt, wendet er sich dem Mittelalter zu, ohne sich bardisch auszulassen. Vom Gelegenheitsgedicht kommt er zur erlebten Darstellung (*Erntelied*), zum eindringlichen Vortrag von Lebensweisheit (*Üb immer Treu und Redlichkeit*). Mag er sich darin mit Claudius berühren, so öffnet er sich volkstümlicher Gestaltung in den zwei Balladen *Adelstan und Röschen* und *Die Nonne*, 1772/73 entstanden und in den Musenalmanachen auf 1774/75 erschienen. In diesen Gedichten wird die Geisterwelt erschlossen, nehmen die Seelen der Toten Rache und bleiben verurteilt zu ständiger Wiederkehr. Die Toten haben nicht mehr die Aufgabe, den Vanitasgedanken eindrucksvoll zu versinnbildlichen wie im 17. Jahrhundert, sind noch nicht umwoben von lächerlichem Gespensterspuk, sondern ihr Wollen wird, losgelöst von allem Körperlichen, eindrucksvoll und schreckenerregend. Mag die ganze Apparatur auch schon sehr bald zur Travestie herausgefordert haben: es geht um den durchaus ernstgemeinten Versuch, die schrecklichen Wirkungen einer verheerenden Leidenschaft über den leiblichen Tod der Beteiligten hinaus sichtbar werden zu lassen, um das Erschließen einer neuen Welt für die Dichtung, um den Versuch, an die Stelle der abgestorbenen Allegorie und des geregelten Waltens ihrer Figuren dämonische, unheimliche Kräfte zu setzen. Mit der neuen Haltung steigen neue dichterische Ausdrucksmittel empor, die Auge und Ohr des Hörers in das geheimnisvolle Zwischenreich der Geister hineinführen und es in seiner Bewegtheit offenbaren. So entsteht die ernste Ballade unter ähnlichen Voraussetzungen wie Goethes Straßburger Lyrik. Höltys Freude am „Gespenster-Mäßigen", seine Fähigkeit, sich starken Eindrücken wie der Lektüre Percys hinzugeben und an empfangenen Vorstellungen weiterzubauen, wird in den „rührenden und schauderhaften Balladen" sichtbar. Sie begründen eine neue literarische Gattung und festigen sie, indem sie Bürger zum Wettstreit herausfordern.

Zwischen dem übertriebenen Lob, eine neue Kunst erahnt zu haben, und Schillers vernichtendem Urteil in der Allgemeinen Literaturzeitung (1791), zwischen Verherrlichung und übler Nachrede, zwischen verstehendem Mitleid, das seiner Haltlosigkeit gerecht zu werden sucht, und moralischer Entrüstung über sein Eheleben ist es schwer, ein Bild Bürgers zu entwerfen, das dem Menschen und seinen Leistungen gerecht wird. Er wußte, daß er zu wenig Herr seiner Neigungen war, und war nicht imstande, sich von ihnen zu befreien. Er machte sein träges und weiches Temperament, seine Nachgiebigkeit für sein Schicksal verantwortlich. Er glaubte zu wissen, daß manche seiner Tugenden aus Eigenliebe, Eitelkeit und Ruhmsucht kamen. Schiller sprach ihm das Recht ab, sich Volksdichter zu nennen, es fehle ihm der milde, sich immer gleichende, immer helle männliche Geist, es fehle ihm die Kunst, zu idealisieren. Mag Schiller in den Werken Bürgers Gefahren wittern, die sein eigenes Schaffen bedrohten, oder den Weg erkennen, den er hätte gehen können, wenn ihn Ideal und Ethos nicht seiner Sendung zugeführt hätten? War das ergebnislose Ringen Bürgers um festen Halt und moralische Maßstäbe das verhängnisvolle Erbe eines geistig wenig regsamen Vaters und einer sinnlichen, boshaften Mutter? Solche Fragen sind kaum mit festen Aussagen zu beantworten.

Als Sohn eines Predigers ist Gottfried August Bürger am 31. 12. 1747 zu Molmerswende bei Halberstadt geboren. In Aschersleben besuchte er die Stadtschule, ehe er 1760 ins Pädagogium zu Halle eintrat. Von der Theologie (1764) schwenkte er an der dortigen Universität zur Philologie über. Klotz ist sein Meister geworden. Er folgte dessen Spuren und Anregungen auch noch 1768, als er in Göttingen mit der Juristerei begann. Aus übler Gesellschaft, Weibergeschichten und Schulden befreiten ihn der Göttinger Hain und das hilfreiche Eingreifen von Gleim. Als Amtmann von Alten Gleichen begann er 1772 seine Laufbahn. Schon bald nachdem er in Niedeck sein Amt ausübte (1774) und sich mit Dorette Leonhart verlobt hatte, verliebte sich in deren jüngere Schwester Auguste (*Molly*). Das Landgut Appenrode, das er 1780 pachtete, brachte ihn in noch größere Schulden. Er gab 1782 dieses mißglückte Unternehmen auf und verzichtete auf sein Amt. Im gleichen Jahr (1784) starb seine Frau. Nun konnte er mit Molly in legitimer Ehe leben. Doch starb Molly schon 1786. Inzwischen hatte er an der Universität Göttingen einen Lehrauftrag für deutsche Geschichte, Altertümer, Literatur, Sprache, Dichtkunst und Philosophie erhalten. Fast gleichzeitig mit seiner Ernennung zum außerordentlichen Professor erschien die 2. Ausgabe seiner Gedichte. Sie faszinierten das Schwabenmädchen Elise Hahn, mit der sich Bürger 1790 verheiratete. Die unglückliche Ehe mit dem von ihm als „verschwenderisch, üppig, heuchlerisch, verbuhlt und ehebrecherisch" bezeichneten Weib wurde bald darauf geschieden. Dies und Schillers Kritik nahmen ihm den Lebensmut. Er starb am 8. 6. 1794.

Herders *Briefwechsel über Ossian und die Lieder alter Völker* (1773) öffnete Bürger die Augen. Er bestimmt die Gestaltung der *Lenore*, festigt seinen Glauben an die Bedeutung der volkstümlichen Dichtung und klingt im *Herzenserguß über Volkspoesie* (1776) verstärkt weiter. Diese hat „das ganze unermeßliche Gebiet der Phantasie und Empfindung" unter sich. Begreiflich, daß ihm alle Theorie zuwider ist. Denn wozu bedarf volkstümliche Dichtung, die „innerhalb des allgemein anschaulichen und empfindbaren poetischen Horizonts" bleibt, der Regel? Wenn etwas gefalle, bleibende Eindrücke hinterlasse und wirksam sei, so sei es überflüssig, nach dem Grund unseres Gefallens zu fragen. Dennoch zeigt eine spätere Abhandlung aus dem Nachlaß: *Rechenschaft über die Veränderungen in der Nachtfeier der Venus* (1793) Bürger als Wegbahner einer „künftigen deutschen poetischen Grammatik". Zugrunde liegen seine Erfahrungen bei der immer wieder vorgenommenen Gestaltung der Übersetzung von Catulls *Pervigilium Veneris*. Sein „silbenstechender Fleiß" und die Absicht, einen Kanon vorzulegen, der „mehrere Jahrhunderte" Geltung haben sollte, erinnern an Voß, mit dem ihn auch seine Übersetzungsversuche am 6. Gesang der Ilias verbinden.

Wie sehr Bürger mit dem Problem des deutschen Homer ringt, zeigen seine *Gedanken über die Beschaffenheit einer deutschen Übersetzung des Homer* (1771). Er möchte ihn durch die Jamben „gleichsam zum Altdeutschen" machen. Er glaubt, daß die „gedrungene, markige, nervenstraffe Deutschheit" es allein vermag, „den Geist Homers mächtig zu packen und ihn wie Sturmwind aus Jonien nach Deutschland zu reißen". Der neue Volksbegriff, in dem sich die Forderungen der Französischen Revolution ankündigen, brachte Bürger auch zu Shakespeare. Er konnte in dem großen Briten nur einen erhabenen Bänkelsänger sehen. Die derbnaturalistischen Hexenszenen machten ihn zum Macbethübersetzer (1777–83). Aber das Dämonische dieser Elementarwesen fügte sich schlecht in die Welt solchen Sturms und Drangs. Sie wurden, wie Gundolf sagt, zu widerlichen Vetteln.

Der Ruhm, die ernste Ballade geschaffen zu haben, ist von Bürger mit Recht auf Hölty übertragen worden. Dieser, der mit der neuen Stoffwelt auch die besondere Einstellung dazu gewann, Gleim und Percy schufen die Voraussetzungen und stellten die Elemente bereit, aus denen Bürger den eindrucksvollen und ausstrahlenden Balladenstil in der Richtung auf volkstümlich-breite Auswirkung weiterbildete. Er verstand es besser, die bewegten Handlungen zu vergegenwärtigen und seinen Hörern zu Herzen zu reden. Herders Forderung bestärkte ihn in seiner Absicht, die Ballade *Lenore* volkstümlich zu gestalten. Die Lektüre begeisterte ihn „wieder zu drei neuen Strophen zur Lenore". So wird ihm die Ballade zum Typus aller Volksdichtung und damit der einzig wahren Dichtkunst überhaupt. Vermag doch nur die „lebendige Mundsprache" das Natürliche anschaulich wiederzugeben. Anruf, Dialog, Wiederholung, lautmalende Interjektion, Auflösung streng gebauter syntaktischer Gefüge sind die Stilmittel, die dem dargestellten Hervorbrechen wildester Leidenschaft, der Absage an rationalistisch-logische Ableitung, der Befreiung von jeglichem Zwang entsprechen. Bürger hat mit seinen zahlreichen Gedichten dieser Art (*Der wilde Jäger, Das Lied vom braven Mann, Die Kuh, Des Pfarrers Tochter von Taubenhain* usw.) Möglichkeiten zum Ausbau der *Geisterballade* geschaffen. Die ritterliche Zeit ohne feste Beziehungen zu Ereignissen und Orten wurde mit Geistern Ermordeter, Liebender und Racheschnaubender bevölkert. Übertretung fester Gebote und Sitten, Verführung durch den Bösen, Kindesmord, Wahnsinn weichen schwächeren sentimentalen Motiven wie bestätigter Todesahnung, Standesungleichheit der Liebenden, Ehebund gegen elterlichen Willen oder Aufgeben des Widerstandes, Ruhesuchen in klösterlicher Einsamkeit, womit die rührenden Seiten der Gattung in Anlehnung an Motive des bürgerlichen Schauspiels und empfindsamen Romans zur Geltung kamen. Andere konnten bei der Lektüre von Schauerballaden ihr Gerechtigkeitsgefühl triumphieren lassen und gleichzeitig das Gruseln lernen.

In der Darstellung leidenschaftlicher Menschen stellte sich sehr bald zwangsläufig die Karikatur ein. In Sprickmanns Ballade *Ida* (1777) schenkt die Heldin dem Ritter Humfried ihre Liebe, um ihn von seiner Liebessehnsucht zu befreien. Als sie, treulos verlassen, in einer Felsenhütte am Harz ihr Kind geboren hat, bricht ihr Wahnsinn aus. Sie zerschmettert es an der Felswand, ehe Humfried, von Reue geplagt, sie findet. Überwältigt von dem schaurigen Anblick stößt er sich seinen Dolch ins Herz. Ida „zerstößt an der Felswand das Gehirn". Liutperga, Humfrieds Frau, findet die drei Leichen und stirbt.

> Vollendet war die Jammerszene
> Vertrocknet die letzte Todesträne
> Kein Leben in der Hütte mehr,
> Nur Geister zogen einsam her.

Anton Matthias Aloysius Sprickmann (1749–1833) war der Sohn eines Arztes in Münster. Er empfing an der dortigen Jesuitenschule (1760–66) und an der Universität Göttingen (1766–68) seine Ausbildung, ehe er sich als Advokat in Münster niederließ. Dort wurde er der Vertraute des Reformministers Franz Friedrich Fürstenberg und unterstützte dessen Absichten, das Theater zu fördern, mit einem rührenden Spiel *Die natürliche Tochter* (1773). Dem Anwalt des Herzens und wahrer Tugend sind die Sturm- und Drangmotive der Verführung, der feindlichen Brüder und des Wahnsinns willkommen. Er mischte Lustspielmotive mit der revolutionären Forderung, die Standesunterschiede fallen zu lassen, in seiner Operette *Der Wilddieb* (1774). Doch eröffnete er die Spielzeit 1774/75 mit dem allegorischen Festspiel *Der Tempel der Dankbarkeit*, in dem Unwissenheit und Aberglaube von der Schauspielkunst entlarvt werden und dem Kurfürsten im Tempel der Dankbarkeit gehuldigt wird. Zu Sprickmanns *Eulalia* hat Bürger 1780 einen Prolog verfaßt.

Unter den Göttingern ist Bürger das männlichste lyrische Talent. Trotz leidenschaftlicher Kraftentfaltung, forcierter Energie und dem Streben nach aufrüttelnder Wirkung fehlt ihm, wie schon A. W. Schlegel bemerkte, die ruhige sichere Kraft der Darstellung. Die „fruchtbare Leichtigkeit" des Schaffens war ihm nicht gegeben. Mühe und ängstlicher Fleiß sind seine Gefährten. Man muß ihn aufsuchen, wo er müde und schwer in melancholischer Stimmung Anklagen gegen sich selbst erhebt, mit der auflodernden Leidenschaft ringt und sich um ihre Rechtfertigung quält, wo er erkennt, daß ihm der Aufstieg zum Höchsten versagt ist. Da wo sich sein natürliches Erzählertalent entfaltet, mit einer Übersetzung, von der er sich wenig Ruhm erwartete, hinterließ er die tiefste Spur seines Wirkens.

Rudolf Erich Raspe (1737–1794), der in Göttingen studierte und als Antiquarius in Kassel wirkte, hatte es vorgezogen, ehe wegen seiner Unterschlagungen am dortigen Münzkabinett eine Verhaftungsordre gegen ihn erlassen wurde, nach London zu fliehen (1775). Dort lebte er kümmerlich von seinen literarischen Arbeiten. So verwertete er Erinnerungen an seine Göttinger Studienzeit in dem kleinen Reiseabenteuerbüchlein *Baron Munchausen's Narrative of his Marvellous Travels and Campaigns in Russia*, das Weihnachten 1785 in Oxford erschien. Held dieser Abenteuer ist *Hieronymus Karl Friedrich Freiherr von Münchhausen* (1720–1797), der im Dienste des Herzogs Anton Ulrich von Braunschweig-Wolfenbüttel an einigen Schlachten im russisch-türkischen Feldzug (1736–39) teilnahm und von 1750 an auf seiner Besitzung Bodenwerder lebte. Von dort soll er öfter nach Göttingen gekommen sein und seine Abenteuer einer feuchtfröhlichen Tischrunde zum besten gegeben haben. Darauf berufen sich *16 M-h-s-nsche Geschichten und eine Ergänzung dazu*, die das *Vademecum für lustige Leute* (1781, 1783) ohne Namensnennung veröffentlicht hatte. Den Erfolg der englischen Ausgabe bestätigen deren zahlreiche Erweiterungen – vornehmlich um die Seeabenteuer –, die in schneller Folge in London erschienen. Die 2. Ausgabe lag Bürger vor für seine Veröffentlichung, die ohne Angabe des Verfassers, Übersetzers und Verlegers erschien: *Wunderbare Reisen zu Wasser und zu Lande, Feldzüge und lustige Abenteuer des Freyherrn von Münchhausen, wie er dieselben bey der Flasche im Cirkel seiner Freunde selbst zu erzählen pflegt. Aus dem Englischen nach der neuesten Ausgabe übersetzt, hie und da erweitert und mit noch mehr Kupfern geziert London 1786.*

Dieser Text Bürgers wurde zweimal nachgedruckt, ehe die 2. vermehrte Ausgabe (1788) erschien, deren Erweiterungen aus der 5. englischen stammen. Erst vier Jahre nach Bürgers und ein Jahr nach Münchhausens Tode nannte Ludwig Christoph Althof (1798) den Namen des Übersetzers. Bürger hat den Adeligen der Rokokozeit und Aufklärung zur Märchengestalt gemacht, die sich kühn über alle Gesetze und Erfahrungen der Naturwissenschaft hinwegsetzt. Bei der Wiedergabe der in naiver Freude am Fabulieren vorgebrachten Aufschneidereien des Barons hält er Klang und Tonfall lebendiger Rede fest. Damit spricht er das Junge im Menschen an, zeigt seinen Helden unbeschwert von allem gelehrten Wissen und aller Reflexion und erhebt ihn dadurch ins Zeitlose. Das war mit den uralten bewährten Motiven des Lügenmärchens, der Erzählungstechnik des aneinanderreihenden Volksbuches möglich, und so ist Münchhausen zum späten Genossen *Eulenspiegels* und *Fausts* geworden, der Jäger, der sich unwahrscheinlicher Abenteuer rühmt, der Reisende, der phantasievoll über fremde Länder berichtet, der Krieger, der das Unglaublichste erlebt zu haben vorgibt, der spätgeborene Nachfahre von Nimrod, Odysseus und dem Miles Gloriosus.

Die ästhetischen Schriften Bürgers, der Niederschlag seiner akademischen Lehrtätigkeit, sind erst nach seinem Tode von K. v. Reinhard gesammelt und herausgegeben worden (1832), sie ergänzen die beiden *Lehrbücher der Ästhetik* (1825) und *des deutschen Stils* (1826). Untersuchungen dieser Werke ergaben, daß sich Bürger am ästhetischen Gespräch der Zeit nicht mit selbständigen Gedanken beteiligte, sondern nur mit Geschick die Gedanken anderer in einem bereits geprägten Wortlaut aneinanderreiht. Sein dichterisches Schaffen, das er unter die moralische Lupe nimmt, steht nur in oberflächlichem Zusammenhang mit seinem ästhetischen Theoretisieren. Er bleibt Adelungs poetischer Auffassung verpflichtet. Trotz seiner begeisterten Worte über Kant, Herder, Burke, Mendelssohn findet er keinen Eingang in deren geistige Welt, bleibt er dem Einfachen und Anschaulichen verhaftet.

Als Söhne des Reichsgrafen Christian Günther zu Stolberg-Stolberg († 1765), damals Oberhofmeister der Königinwitwe von Dänemark, sind Christian (1748–1821) in Hamburg und Friedrich Leopold Reichsgraf zu Stolberg (1750–1819) in Bramstedt (Holstein) geboren. Dort und in Rondstedt verbrachten sie eine glückliche Jugend. Von ihrem Hofmeister Karl Christian Clauswitz betreut, begannen sie 1770 ihre juristischen Studien in Halle und setzten sie im Herbst 1772 in Göttingen fort. Klopstockbegeisterung, griechische Studien und Naturschwärmerei führten sie dem Dichterbund zu.

Im Wertherkostüm trafen sie zu Frankfurt im Mai 1775 mit Kurt von Haugwitz und Goethe zu gemeinsamer Schweizer Reise zusammen. Einzelheiten des schwärmerischen Verhaltens werden in Friedrich Leopolds *Tagebüchern* und Goethes *Dichtung und Wahrheit* erzählt. Es war nicht nur die warnende Mentorstimme Klopstocks, die Friedrich Leopold davor bewahrte, nach Weimar zu gehen, und ihn veranlaßte, dänischer Kammerjunker zu werden (1776). Die Lebenswege der Brüder trennten sich 1777, als Christian Amtmann in Tremsbüttel wurde. Er heiratete Luise von Gramm, geb. Gräfin von Reventlow. Nachdem er 1800 dänischer Kammerherr und 1806 beständiger Rat beim Schleswigschen Landgericht geworden war, zog er sich später auf sein Gut Windebye bei Eckernförde zurück. Als Mitarbeiter an Musenalmanachen, Dichter von Balladen und Schauspielen und Übersetzer steht er im Schatten seines Bruders.

Friedrich Leopold wurde 1777 fürstbischöflich-lübischer bevollmächtigter Minister in Kopenhagen, 1781 Oberschenk in Eutin. Er war in erster Ehe mit Agnes von Witzleben († 1788) verheiratet. In diplomatischer Sendung ging er 1785 nach Petersburg. Er wirkte nach seiner Rückkehr als Landdrost in Neuenburg im Herzogtum Oldenburg. Im Frühling 1789 kam er als dänischer Gesandter nach Berlin. Dort heiratete er Gräfin Sophie von Redern und kehrte als Regierungspräsident in Eutin wieder in lübische Dienste zurück (1791). Sein Wunsch, das Eutiner Amt erst nach einer zweijährigen Reise nach der Schweiz, Italien und Sizilien anzutreten, wurde ihm erfüllt. Diese Reise hält die Mitte zwischen einer Bildungsreise und schwärmerischer Hingabe an die Natur und steht in eigentümlichem Gegensatz und Gleichklang zu Goethes italienischer Reise. Nach der Rückkehr vollzog sich in Eutin (1793–1800) in langsamen Übergängen seine religiöse Wandlung. Es ist bedenklich, weibliche Einflüsse wie den der emigrierten Marquise Pauline von Montagu dahinter zu vermuten. Eine Erkrankung in Petersburg (1797) und die Beschäftigung mit Todesgedanken waren der letzte Anlaß zur Niederlegung seiner Ämter (1798). Sein Übertritt zur katholischen Religion in Münster 1800 ist das Ergebnis einer ernsten Auseinandersetzung mit den Problemen der Religion. Er rechtfertigte seine Konversion mit der Überzeugung vom „beinahe vollendeten Einsturz der protestantischen Kirche". Er bediente sich in seinen Briefen und Werken einer Fülle apologetischer Argumente. Nicht in der Auseinandersetzung mit Voß liegt die Bedeutung von Stolbergs Konversion, sondern in der Überzeugung, daß der innere Friede und die christliche Wahrheit, die wahren Bindungen des Menschen an das Überirdische, weder im Pietismus noch in der gottesfernen Philosophie der Aufklärung noch in den anderen christlichen Konfessionen zu finden seien. Wie ernst er seine Aufgabe nahm, zeigt seine Wendung zum christlich-theologischen Schrifttum. Nach kurzem Aufenthalt in Münster (1800) ließ sich Stolberg auf dem nahegelegenen Gut Lütjenbeck nieder. Jetzt fühlte er sich zum christlichen Erzieher berufen. Trotz seiner Absicht, die Bildung auf das klassische Altertum zu begründen, eiferte er in kirchenväterlich-puritanischem Sinne gegen die Schaubühne und gegen sein egoistisches Jahrhundert. Solche Gedanken bestimmen seine scharfe Ablehnung von Schillers *Göttern Griechenlands* schon 1788 – er spricht ihm das „Talent zum glänzenden Falschen" zu – sowie seine spätere Beurteilung der Schriften von Jean Paul, in denen es „von reinem und unreinem Leben wimmelt", oder der „Eitelkeit" Goethes. Um so eindrucksvoller erscheint ihm die Läuterung Friedrich Schlegels. So fühlte sich Stolberg zum Warner vor der ungläubigen Philosophie, der Mutter des Materialismus, berufen. Von 1804 an plante er die *Geschichte der Religion Christi*. Sie ist in 15 Bänden 1806–18 erschienen und schließt mit dem Todesjahr Augustins (430) ab. Das alte Testament wird als Vorbereitung und in ständiger Beziehung zum Christentum behandelt. Wesen des Christentums ist „Wahrheit, Reinheit, Liebe." Der polizeilichen Überwachung entzog sich Stolberg durch die Übersiedlung nach Tatenhausen bei Bielefeld (1811). Von 1816 an lebte er in Sondermühlen bei Osnabrück.

Stolberg zeigt den Zusammenhang der Geniebewegung mit der Romantik nicht nur durch persönliche Beziehungen zu Adam Müller, sondern auch im Versuch, die Klopstockverehrung mit der wiedererwachenden Kaiseridee zu verbinden, ein neues christliches Rittertum auf den Adel zu gründen, in schroffer Ablehnung der Französischen Revolution. Dennoch wurzelt seine literarische Bedeutung ganz in der Gedankenwelt des Göttinger Hains, seiner Freiheitsbegeisterung, seinen Übersetzungen aus dem Griechischen und seinen Balladen, deren Schauplatz das ritterliche Mittelalter ist. Wie in der ritterlichen Welt seiner Iliasübersetzung so konnte sich Stolbergs geschichtlich einfühlendes Denken auch in seinen *Balladen* widerspiegeln. Er glaubte, die sittliche und patriotische Höhe des Mittelalters, an dessen Idealbild Rousseausche Gedanken einen tüchtigen Anteil haben, wiederherstellen zu können. Spuren der von ihm geschaffenen Ritterballade lassen sich bei Schiller und den schwäbischen Dichtern verfolgen. Tiefer und bedeutungsvoller ist sein einzig dastehender Versuch einer Wiedergewinnung von *Aischylos*. In dessen urtümlicher Welt fand die Geniebewegung ihr eigenes titanisches Streben wieder.

Stolberg erkannte seinen Tyrannenhaß im Wollen des *Prometheus*, wie er sich überhaupt im dämonischen Dunkel dieser dramatischen Welt wohler fühlte. Sein Bild der Antike formt sich im Geiste Pindars, Klopstocks und Shakespeares, läßt sich bardisch umnebeln und kehrt, auf Lessings Katharsiserklärung verzichtend, wieder zum Schrecken der klassizistischen Tragödie zurück; denn nur der Schrecken mit seinen Erschütterungen, nicht die Furcht paßte als treibende Kraft der zu Herzen gehenden Szenen zum neuen Bilde des Dichters. So begegnete das Werk des Aischylos als Schöpfung einer titanischen Urkraft seinem Übersetzer Stolberg. Kaum einem Jünger der Geniezeit öffnete sich das Heroische der Antike so wie ihm. Es erschließt ihm den Zugang zu Homer, darum beginnt er bei der Übersetzung der *Ilias* mit dem Kampf der Götter. Da stehen Titanen auf und bewegen sich in einer ossianisch-klopstockschen Nebelwelt, wie man getadelt hat, und doch entsprechen die Homerischen Gestalten aus Stolbergs Übersetzung den fast gleichzeitigen, hingeworfenen grandiosen Bildern von Füssli. Auch in solcher Gestalt, nicht nur in der appollinischen Winckelmanns, erlebte das Griechentum nun seine Wiedergeburt. Hier konnte sich die neuentdeckte geistige Wahlverwandtschaft zwischen dem wiedergewonnenen eigenen germanischen und dem fremden griechischen Altertum erweisen. Stolbergs Iliasübersetzung spricht heute noch in ihren Bildern anziehender zu uns und scheint dem Geiste Homers besser zu folgen als die Vossens. Dennoch ist uns dessen Hexameter vertrauter als der Stolbergs, den Klopstocks Vorbild in den Bann geschlagen hat. Stolbergs theoretische Stütze, Pseudolongins Schrift *Vom Erhabenen* lehrte ihn, das Erhabene naturhaft-elementar und in der Größe des Geistes zu erkennen. Das lenkte ihn zuer auf *Prometheus* und die *Sieben gegen Theben*. Zum Erhabenen tritt aber für Stolberg noch die formsprengende Leidenschaft des Dithyrambischen: Beides glaubt er in den Tragödien des *Aischylos* gefunden zu haben.

Mochte Stolberg als Übersetzer auch Herders Forderungen nicht erfüllen und weder schöpferisches Genie noch die verlangte philologische Vorbildung dazu mitbringen, so hat er sich doch seiner Begeisterung als poetischer Grundkraft hingegeben. Die seelischen Vorgänge beim dichterischen Schaffensprozeß, eng verschwistert mit pietistischen Einsichten, das Wogen der Gesichte sind Voraussetzung und Ziel seiner von aller Theorie fernen Gedanken. Er glaubt, die dichterische Leistung allein in den glühenden Begeisterungsschwung legen und von feilender Formung absehen zu können. So hat Stolberg im Winter 1782/83 *Prometheus*, *Die Sieben gegen Theben*, die *Perser* und die *Eumeniden* in einem Zug übersetzt. Zu ihnen hatte er über das Dämonische und Elementare Zugang. Als er sie 1802 nach Tilgung sinnstörender und stilistischer Fehler veröffentlichte, gewann Schiller neue Aufschlüsse über das Wesen des Chors für die *Braut von Messina*. Doch entsprachen sie nicht mehr

A. W. Schlegels strengen Forderungen romantischer Übersetzungskunst. Dieser sah über die geschichtlichen Voraussetzungen, die innere Verwandtschaft zwischen Aischylos und dem Sturm und Drang und über die Bemühung um die Wiedergabe irrationaler Kraft hinweg und konnte sich weder mit dem Blankvers noch mit den freien Rhythmen des Chors als ungenügendem Ersatz für Trimeter und strophischen Bau abfinden. Es war ihm nicht aufgegangen, daß Aischylos erst entdeckt werden mußte, ehe seine Formelemente erfaßt und ihr Gleichklang mit den religiösen Urkräften erkannt werden konnten.

3. GÖTTINGENS WEITERE KREISE

Von den übrigen Brüdern des Bundes traten nur wenige bedeutsam hervor. Karl Friedrich Cramer (1752–1807), der Sohn des Bremer Beiträgers, krönte die Klopstockverehrung seiner Zeit mit der langatmigen, aber von der Forschung noch ganz auszuwertenden Lebensgeschichte des Meisters: *Klopstock, Er und über ihn,* 7 Bde. Hamburg 1780–93. Johann Friedrich Hahn (1753–79) aus Zweibrücken, Mitbegründer des Bundes, wurde als „unglücklicher Hypochondrist" bezeichnet. Er stellte die Verbindung zum Maler Müller her. Johann Martin Miller (1750–1814) aus Ulm war der fruchtbarste Liedersänger des Bundes. Er wirkte von 1775 an mit einer kurzen Unterbrechung (1780–83) als Lehrer am Gymnasium, Frühprediger und später Konsistorialrat in Ulm. Als Verfasser von Liedern im Volkston (*Was frag ich viel nach Geld und Gut*) und empfindsamen Romanen genoß er hohes Ansehen. Sein *Siegwart, eine Klostergeschichte* (1776) und die *Geschichte Karls von Burgheim und Emiliens von Rosenau in Briefen* (1778/79) kamen dem Geschmack entgegen, der zwischen Selbsterlebtem und empfindsamer Mode nicht zu unterscheiden vermochte.

Johann Anton Leisewitz stand als einziger Tragödiendichter kurze Zeit dem Hain nahe.

Leisewitz (1752–1806) aus Celle hörte während des Jurastudiums in Göttingen (1770–74) Vorlesungen von Bürger. Er ließ sich 1774 als Anwalt in Hannover nieder und betreute dort den todkranken Hölty. 1778 wurde er Landschafts-Sekretär in Braunschweig, trat in engere Beziehung zu Lessing, übersetzte und sammelte Stoff für eine Geschichte des Dreißigjährigen Krieges. Von 1781 ab lebte er in glücklicher Ehe mit Sophie Seyler, der Tochter des Hamburger Theaterunternehmers. Aufschlußreich sind seine gewissenhaft geführten Tagebücher (1779–87). Er urteilt gemessen und zurückhaltend über die Menschen, denen er begegnet. Nur Wieland gegenüber tritt die Göttinger Abneigung hervor. Als Beobachter seiner selbst stellt er wechselnde Stimmungen und Krankheitssymptome mit selbstquälerischer Bewußtheit fest. Aus hypochondrischer Zurückgezogenheit wurde er durch verschiedene Ämter, zuletzt als Präsident des Obersanitätskollegiums (1805) und Organisator des Armenwesens, größeren Aufgaben zugeführt.

Zwischen *Emilia Galotti* und dem Sturm und Drang steht sein viel-beachtetes Trauerspiel *Julius von Tarent* (1776). Er hatte das Stück zum Hamburger Preisausschreiben Schröders eingereicht, doch wurde Klingers Werk mit dem gleichen Thema des Bruderzwistes dem seinen vorgezogen. Trotzdem ließ Schröder es drucken und aufführen. Der Nachruhm des *Julius von Tarent* war größer als der der *Zwillinge*, er wurde das Lieblingsstück des jungen Schiller. Dieses einzige abgeschlossene dramatische Werk von Leisewitz zeichnet sich durch große Reife und Überlegenheit der dramatischen Führung aus. Die Farbenverteilung im Wechsel wildbewegter und lyrischer Szenen ist packend, die Rousseaustimmung der Göttinger spürbar. Der Held, dessen Leidenschaft durch Empfindsamkeit gedämpft ist, hat keine hohe Meinung vom Amt des Fürsten, das ihm als Thronfolger winkt. Er will es seiner Liebe opfern, und opfert dieser schließlich sein Leben. Er fällt durch die Hand des draufgängerischen Bruders, der sich in seinem Ehrgefühl beleidigt glaubt, nach der Tat aber reuevoll den Tod von der Hand des rächenden Vaters entgegennimmt.

Leopold Friedrich Günther v. Goeckingk (1748–1828) ist in Gröningen geboren. Sein Vater war Kriegs- und Domänenrat in Halberstadt. Dort besuchte Leopold die Domschule, 1762 das Pädagogium in Halle und 1765 als Jurist die dortige Universität. In Halberstadt, wo er 1768 als Referendar an die Kammer kam, trat er dem Kreis um Gleim nahe. Zwei Jahre später wurde er Kanzleidirektor in Ellrich in der Grafschaft Hohenstein. Im Jahre seiner Verheiratung mit Sophie Vopel (1775) übernahm er die Leitung des *Göttinger Musenalmanachs* als Nachfolger Boies, gab ihn bis 1778 allein heraus und vereinigte sich dann mit Voß, der bis dahin den *Vossischen Almanach* geleitet hatte. Beide zusammen führten diesen Almanach bis 1788.

Goeckingks spätere Laufbahn führte ihn vom Kriegs- und Domänenrat in Magdeburg (1786/88) zum Land- und Steuerrat der Grafschaft Wernigerode (1788/93). Er wurde 1789 geadelt, 1793 Geheimer Oberfinanzrat in Berlin, 1798 Mitglied der preußischen Gesetzeskommission, 1803/04 Leiter der Verwaltungsreformen in Fulda, trat 1807 in den Ruhestand, lebte von 1814–26 in Berlin und starb am 18. 2. 1828 in Deutsch-Wartenberg.

Er wächst in die feste Überlieferung der moralischen Wochenschriften und Gellerts hinein. Selbständiger wird er, wo er, Rabener folgend, seinem Hang zu Satire nachgibt. Weniger bedeutungsvoll sind seine klassizistischen Versuche im Drama. Hagedorn und Ewald von Kleist sind seine Vorbilder für das Epigramm. In den *Liedern zweier Liebenden* (1777) gestaltet er seine Liebe zu Sophie Vopel. Die Partner *Amarant* und *Nantchen* wechseln ihre Lieder. Diese zeigen, ähnlich den Beiträgen der Moralischen Wochenschriften, die einzelnen Stationen des Liebesfrühlings und -sommers. Das bedingt den lehrhaften Ton. Aber alle

Konvention und literarische Bindung überdeckt nicht den echten verzweifelten Schmerz über die Unerfülltheit der Liebe.

4. JOURNALISMUS

Die unpolitische Färbung des Geniewesens zeigt sich darin, daß der Musenalmanach, literarische katholische Zeitschriften und die Bühne seine Träger waren. Mochten die Tyrannengedichte und Balladen noch so blutrünstig sein, der Bürgerstolz sich gegen Übergriffe des Adels in Drama und Roman auflehnen: die Angriffe nannten den Feind unter den Regenten nie, sondern richteten sich gegen die allgemeinen Verhältnisse. Man kann darin ein letztes Lebenszeichen der Zeitklage sehen; denn noch blühte das Individuelle versteckt hinter dem Allgemeinen. So ist denn an drei Vertretern des Journalismus, die sich um eine Meinungsbildung bemühten, ähnlich wie in der Entwicklung des Dramas zu beobachten, daß der revolutionäre Geist sich bald verflüchtigt und das volkstümliche Schrifttum schließlich zu Formen des 16. Jahrhunderts zurückkehrt. Zu Johann Peter Hebel führt der Weg, der bei Schubart begann. Ihn nennt Bürger „einen wahren poetischen Vesuv ohnegleichen bis in sein Alter hinein".

Christian Friedrich Daniel Schubart (1739-91), Sohn eines geistlichen Präzeptors und Musikdirektors, ist in Obersontheim geboren und verbrachte seine Jugend in Aalen. Das Theologiestudium in Erlangen (1758) wurde nach einer Karzerstrafe ohne Examen auf väterliches Geheiß abgebrochen. So schlug er sich als Pfarrhelfer in Aalen (1760) und von 1763 an als Schulmeister und Hilfsprediger in Geislingen durch, bis er 1769 als Organist und Musiklehrer nach Ludwigsburg kam. Dort erregten sein freies Leben und der Umstand, daß er seine Frau auf längere Zeit verließ (Ende 1769 bis Anfang 1772), Anstoß, so daß er im Mai 1773 seines Amtes enthoben und des Landes verwiesen wurde. Als wandernder Musikus verdiente er sich im Bereich von Mannheim und Schwetzingen seinen Lebensunterhalt, bis sich ihm die Aussicht eröffnete, in München wirken zu können. Die daran geknüpfte Bedingung, katholisch zu werden, glaubte er leicht erfüllen zu können. Doch wurde nichts aus dem Plan. Da stellte er sein Dasein in Augsburg auf den Journalismus. Von den Jesuiten angefeindet, verlegte er seinen Wohnsitz 1775 nach Ulm, wo er seine glücklichste Zeit erlebte, bis er Anfang 1777 auf Geheiß des Herzogs Karl Eugen auf württembergischen Boden gelockt, dort verhaftet und auf Hohenasperg verschleppt wurde. Über zehn Jahre hat er dort unter strengster, erst allmählich gelockerter Bewachung verbracht, bis er, in Freiheit gesetzt, als Musiker und Operndirektor, Gelegenheitsdichter und Journalist in Stuttgart seine Tage beschloß.

Schubart ist mit der Schwungkraft seiner Seele der Typus des Stürmers und Drängers, in Leben und Dichtung das derbe Widerspiel der Anakreontik, ein begnadeter Musikus, ein Dichter, in dessen Stall nach seinen eigenen Worten „Postgaul und Flügelroß" standen. Ergriffen trägt er Klopstocks *Messias* vor einfachen Leuten vor und wird dessen Apostel in Süddeutschland. Er beherrscht die Register volksliedmäßiger Lyrik vom warmherzigen Mitschwingen zur entrüsteten Grobheit und kraftvollen Lebensfülle. In manchen lyrischen Gedichten Schubarts sind pietistische Anklänge nicht zu überhören. Er feiert die Wiedergeburt des französischen Volkes in der Revolution, bekämpft aber Greuel und Massenpsychose, hängt mit rührender Verehrung an Friedrich dem Großen (*Ein Hymnus* 1786), hält scharfes Gericht über Wandel und Treiben der Fürsten (*Die Gruft der Fürsten* 1780) und klagt noch 1787 im *Kaplied* über das Schicksal der nach Holland verkauften schwäbischen Landeskinder.

Der Erfolg von Schubarts Journalismus liegt darin, daß es ihm gelingt, aus dem Erleben und Empfinden des einfachen Menschen zu schreiben. Die *Deutsche Chronik* ist 1774–77 in Augsburg und Ulm erschienen, sie ist als *Vaterländische Chronik* 1787 und als *Vaterlandschronik* 1788 wieder aufgenommen und nach Schubarts Tod von seinem Sohn Ludwig zusammen mit Hölderlins Freund Stäudlin bis 1793 weitergeführt worden. Auch sie wirkte auf den revolutionären Hang der Zeitgenossen und trat für Toleranz und Humanität, für die Werte der Französischen Revolution und das Naturevangelium Rousseaus ein. Durch Schubart hat sich die schwäbische Literaturentwicklung in den Gesamtablauf der deutschen Literatur eingegliedert, sein Pathos hat nachhaltig auf den jungen Schiller gewirkt.

Von sanfterer Gemütsart, ein Genie des Herzens, wie Lavater ihn genannt hat, war Matthias Claudius.

Als vierter Sohn des Pfarrers zu Reinfeld in Holstein wurde er am 17. 8. 1740 geboren. Bibel und Kirchenlied waren die Grundlagen seiner Bildung. In der Schule zu Plön wurde er gemeinsam mit seinem Bruder 1755 auf das Studium der Theologie in Jena (1759) vorbereitet. Dort vermochten ihn weder Orthodoxie noch Aufklärung zu fesseln, und so wählte er mit väterlicher Einwilligung das Studium der Rechte. Als Mitglied der „Teutschen Gesellschaft" hielt er sich an das Vorbild des anakreontischen Gerstenberg. Bald entsagte er jedoch dem Getändel, nachdem sein Bruder Josias plötzlich gestorben war und er ihm die Leichenrede *Ob und wie weit Gott den Tod des Menschen bestimme* (1760) gehalten hatte. Nun wendete er sich allgemeinen moralischen Themen zu. Bald nachdem er 1762 ins Elternhaus zurückgekehrt war, verleidete ihm eine Besprechung seiner *Tändeleien und Erzählungen* für längere Zeit das Dichten, bis er als Sekretär des Grafen Holstein 1764/65 der deutschen Gemeinde in Kopenhagen zugeführt wurde. In dieser Vorhalle der Geniebewegung wurde Claudius sich seiner Sendung bewußt, zwischen dem Alten und Neuen zu vermitteln. Er verzichtete endgültig darauf, sich einer Moderichtung anzuschließen. In Hamburg begann 1768 seine literarische Laufbahn mit Arbeiten in der Redaktionsstube der *Hamburgischen Neuen Zeitung.* Dort wurde er der stille Beobachter, der seine Glossen zur Zeit schreibt, wie es ihm das Herz eingibt, ohne Rücksicht auf hochmögende Persönlichkeiten wie den theaterfeindlichen Hauptpastor Melchior Goeze. Claudius begeisterte sich für Lessing und Philipp Emanuel Bach, er befreundete sich mit dem Sterne-Übersetzer Bode und verkehrte im Hause Reimarus. Diesem geselligen Leben verdankt sein geselliges Schreiben viel; denn wenn er schreibt, ist es, wie wenn er im Kreis seiner Freunde plauderte. In solchem Stil berichtete er über die Aufführungen von Weißes *Romeo und Julie* und Lessings *Minna* (1769), ehe er seinen schlichten, aus dem Herzen kommenden und zu Herzen gehenden lyrischen Stil fand. So traf er in Herder die gleichgestimmte Seele; der schnell gewonnene Freund nannte ihn Genie.

Zu Beginn des Jahres 1771 stand Claudius auf seinem Platz als *Wandsbecker Bote*. Die neue Zeitung sollte nach dem Wunsch des Gutsherrn Freiherrn von Schimmelmann Aufklärung und Gesittung verbreiten. Bode führte den Verlag des anonym erscheinenden Blättchens. Claudius eröffnete mit einem poetischen Programm: Neuigkeiten aus Politik, Gelehrsamkeit und Literatur, Tatsachen mit unterhaltsamen und erbaulichen Bemerkungen. Namhafte Mitarbeiter, Klopstock, Lessing, Gerstenberg, Herder, Cramer und Eschenburg, stellten sich ein. Der „naive und launigte Ton", den Claudius anschlug, hatte Erfolg. So entstand die erste und später kaum wieder erreichte deutsche Volkszeitung. In ihrer Gefolgschaft stehen Schubart mit der *Deutschen Chronik*, Josef Richter mit seinem *Eipeldauer*, der wie Claudius an seinen Vetter schreibt, Johann Peter Hebel, die Legion der *Landboten*, *Volkskalender* und *Hinkenden Boten*. Volkstümlich-naives Denken und Empfinden, echte Einfalt und fröhliche Schläue, Ursprünglichkeit und Humor, bildhaftes Schreiben, das nie verletzt und den Betroffenen über den eigenen Fehler lachen läßt, schaffen nun einen neuen journalistischen Typus, einen wirksamen Konkurrenten der moralischen Wochenschriften und der volkstümlichen Predigt. Vom volkstümlichen Prediger unterscheidet sich Claudius nur dadurch, daß er nicht Zwiesprache mit einer Gemeinde hält oder auf sie niederdonnert, sondern sich mit seinem zweiten Ich, dem Vetter Andres, unterhält über Musik, Nachahmung und Genie, literarische Moden, Erlebnisse aus der Studentenzeit, und was er an Dichtungen für besonders wertvoll hält. Er nörgelt nicht und zerbricht sich nicht den Kopf über die Regel. Was er fühlt, kleidet er in einfache Bilder. Man begann nun Klopstocks Oden zu lesen wie er. „'s ist mir gewesen als wenn 'n Adler nach 'm Himmel fliegen will und nun so hoch aufsteigt, daß man nur noch Bewegung sieht, nicht aber, ob der Adler sie macht oder ob's nur 'n Spiel der Luft sei."

Wenn Claudius auch zuerst in seiner Armut und Not keine Möglichkeit sah, mit der Zimmermeisterstochter Behn, seiner Rebecca, einen Hausstand zu gründen, so heiratete er doch 1772, nachdem er sich vergeblich um eine Verbesserung seiner Lage bemüht hatte. Als aufgeklärter Christ und konservativer Revolutionär ging Claudius unbeirrt seine Straße, stieß da und dort an, fand da und dort Beifall. Wohl stand er nahe bei Klopstock, was die vaterländische Gesinnung betrifft, aber die radikalen Dummheiten der Göttinger machte er nicht mit. Ihnen gegenüber fühlte sich der Dichter des Liedes *Stimmt an mit hellem hohen Klang* als Weltbürger. Seine zustimmende Beurteilung von Manifesten und Werken der Geniebewegung gewann das Bürgertum für die neue Kunstrichtung. Schlicht und ergriffen hielt er seinem Vater 1773 eine poetische Grabrede. Von 1774 an lieferte er dem *Musenalmanach* seine Beiträge. Sein Freundeskreis wuchs, viele Gäste kehrten in Wandsbek ein, Klopstock, die beiden

Grafen Stolberg und ihre Schwester, Boie und Voß. Mit anderen sprach er in seinen treuherzigen Briefen. Wo er wider seinen Willen und seine Natur in literarische Händel verwickelt wurde, stand er zu seiner Überzeugung, zu der aus dem Herzen kommenden Dichtung und lehnte die absterbende Rokokodekadenz ab. Es gab keine Brücke, welche den Freund Hamanns, Herders und der Göttinger mit Wieland verbunden hätte. Mit der Andacht zum Kleinen, der Freude am Unscheinbaren pflegte er seine Zeitung weiter. Kurz ehe ihr Lebenslicht Ende Januar 1776 erlosch, lud er zur Subskription auf ein eigenes Unternehmen ein. So erschien 1775: *Asmus, omnia sua secum portans oder sämtliche Werke des Wandsbecker Botens*. Nun hatte man die verstreuten Beiträge wohlgeordnet beisammen. Nicht umsonst stellte Claudius das Werk unter das Symbol von *Freund Hein*, der ihm vertraut war. Der „Stil des gemeinen Mannes" ließ die Aufklärer ihre Nase rümpfen, wenn sich auch Nicolai des „Originals" freute, aber doch seine Warnung vor der Hingabe an die Empfindung und die Vernachlässigung der Vernunft aussprechen zu müssen glaubte. Die Jungen aber stimmten begeistert zu.

Im Frühling 1776 trat Claudius sein Amt als Oberlandeskommissär in Darmstadt an. Seine Aufgabe – im Sinne des aufgeklärten Absolutismus und des ersten Staatsministers und Präsidenten Friedrich Karl von Moser – war Regelung der Finanzen in Stadt- und Dorfverwaltung, der Vormundschaftsangelegenheiten, der Wirtschaft und Erziehung. Der Landeskommissär sollte als Sendbote der Menschenliebe wirken. Solch amtliches Wirken wurde für Claudius schwer. Es fehlten ihm die Freunde. Für Merck, der ihn freundlichst unterstützte, blieb er „ein Mensch aus einer anderen Welt". In der *Hessen-Darmstädtischen Privilegierten Landzeitung* begann Claudius schließlich wie im *Wandsbecker Boten* zu wirken als der *Invalide Görgel*. Aber bald wurde ihm die Arbeit ganz verleidet, als er Einblick in die Geschäftsgebarung eines unredlichen Vorgesetzten gewonnen hatte. Er bat, dazu aufgefordert, um seine Entlassung. Im Frühling 1777 war er wieder in Wandsbek. Jetzt wurde mit dem jungverheirateten Ehepaar Voß das einträchtig-idyllische Landleben fortgesetzt. Übersetzungen und die Fortführungen des *Asmus* schufen ihm einen kärglichen Lebensunterhalt. Der Plan, mit Gerstenberg, Voß und Klopstock ein utopisches Leben in Tahiti zu führen, ist ein letzter Nachklang humanistischer Sehnsucht nach Einsamkeit mit gelehrten Gesinnungsgenossen. Das weist uns darauf hin, daß die Volkstümlichkeit von Claudius, wie sie sich in den 8 Teilen seines *Asmus* (1775–1812) zeigt, auch in alten Überlieferungen wurzelt. Man kann von seiner Rückkehr in die geistige Geborgenheit des 17. Jahrhunderts sprechen, wie es seine Vorliebe für *Fénelon* und *Angelus Silesius*, seine Übersetzung des französischen Mystikers *St. Martin* zeigen. Durch die Französische Revolution und die Proklamierung der Menschenrechte sieht er die für ihn allgemein gültige Weltordnung gefährdet. Er weiß, daß Despotie zur Anarchie führt, daß allgemeine Sprüche keine positiven Gesetze sind, Könige und Regenten den Menschen zum Guten und nicht zum Bösen gegeben sind, Philosophieren kein Regieren ist, er sieht schließlich das Christentum in Gefahr und stellt die apostolische Einfachheit als Vorbild hin; denn die Wahrheit allein bleibt und wanket nicht, während die menschlichen Werke Gestalt und Farbe verlieren. Gegen Ende seines Lebens nimmt Claudius immer mehr die Haltung des Mahners und Warners an. Er bleibt von Kant unberührt, stellt sich gegen die Xenien, rückt von Voß ab, zeigt Verständnis für die Konversion des Grafen Stolberg und hält der Humanität Herders das Reich Gottes entgegen. Seine „herzliche Sachlichkeit" bleibt vom deutschen Idealismus unberührt. Heimatlosigkeit und Flüchtlingsschicksal bedrücken seine letzten Lebensjahre. Aus Lübeck zog er zu seinem Schwiegersohn Perthes nach Hamburg. Dort ist er nach schwerem Leiden am 21. 1. 1815 gestorben. Für ihn ist bezeichnend, daß er die Empfindsamkeit überwand, weil sein Denken und sein Wort aus den unergründlichen Tiefen zeitloser echter Volksdichtung kommen.

Durch zwei bedeutsame Leistungen hat Johann Peter Hebel sich seinen Platz in der deutschen Literaturgeschichte errungen. Die *Alemannischen Gedichte* und das *Schatzkästlein des rheinischen Hausfreundes* stellen ihn in die feste Überlieferung alemannischen Schrifttums.

Johann Peter Hebel ist am 10. 5. 1760 zu Basel geboren. Dort, wo er auch zwei Jahre das Gymnasium besuchte, und im Wiesentäler Dorf Hausen ist seine Heimat. Als er mit dreizehn Jahren verwaiste, sorgten Verwandte und Gönner für seine Ausbildung am Gymnasium illustre in Karlsruhe (1774–78) und an der Universität Erlangen (1778–80). Seine Wünsche nach einer Pfarre in der Heimat sollten sich nicht erfüllen. Wohl begann er 1780–83 als Pfarrhelfer in Hertingen bei Müllheim, aber mit seiner Ernennung zum Präzeptoratsvikar in Lörrach (1783) wurde er dem Lehrberuf gewonnen. Seit 1791 übte er ihn als Subdiakonus am Gymnasium in Karlsruhe mit der Verpflichtung zum Predigen aus. Die Stationen seiner dortigen Laufbahn seien kurz festgehalten: zum Hofdiakonus wurde er 1792, zum Professor extraordinarius 1798, zum Kirchenrat 1806, zum Direktor des nun umbenannten Lyzeums 1808, zum Prälaten der evangelischen Landeskirche und Mitglied der ersten Kammer des Landes 1819 ernannt. Auch nachdem er von 1824 an nicht mehr unterrichtete, hatte er als Direktor Prüfungen der höheren Lehranstalten zu leiten. Während seiner letzten Dienstreise erkrankte er in Schwetzingen und starb dort am 22. 9. 1826.

Die *Alemannischen Gedichte* (1802) machen ihn nach Voß und neben anderen zum Mitbegründer mundartlicher Dichtung. Das *Schatzkästlein des rheinischen Hausfreundes* (1811) erneuert die Kunst, kleine, heitere und nachdenkliche Geschichten mit dem Hinweis auf die praktische Anwendung der daraus zu ziehenden Lehre verklärend aus der lebendigen mündlichen Wiedergabe in das Gewand der Schriftsprache zu bannen. Was die *Alemannischen Gedichte* so anziehend macht, spricht Goethe 1805 aus: er sah in ihnen nicht „das sogenannte Leblose durch idealische Figuren" nach Art der Antike belebt, sondern rühmte ihnen nach, daß der Verfasser die Naturgegenstände zu Landleuten verwandle und das Universum auf die naivste und anmutigste Weise verbauere. Die äußere Anregung mochte von Gräter und seiner Zeitschrift *Bragur*, von der Freude am Altdeutschen kommen, die innere kam von der Sehnsucht nach der engeren Heimat. So sind die *Alemannischen Gedichte* zur Dichtung des Wiesentals geworden, sie stellen den Heimatfluß in der Gestalt eines bäuerlichen Mädchens und seiner Entwicklung dar, zeigen den Menschen bei der Arbeit, beim fröhlichen Umtrunk, im Kreise der Familie, beim Einbringen der Ernte, beim Verkauf in der Stadt, im Wechsel der Jahres- und Tageszeiten. Neben der Heimat, ihren Sagen, ihrer Sprache und Sehweise sind es Bibel, Antike und deutsche Dichtung, die in Hebels alemannische Gedichte einströmen. Es wäre somit falsch, sie auf die bloße idyllische Naturlyrik festzulegen. Die Weite von Gefühl und Gegenständen und die Beherrschung der poetischen Mittel – wie etwa des in den alemannischen Dialekt eingedeutschten Hexameters im *Stadthalter von Schopfheim* – weisen über das landschaftlich Gebundene weit hinaus.

Hebels Freude an vertraulicher Geselligkeit und sein Talent zum harmlosen Scherz halten auch seine Briefe fest. Sie sind frei von Pathos und tragen sich in ihrer anspruchslosen Heiterkeit wie von selber vor. Ihr Schreiber äußert sich als Erzähler oder humorvoller Weltweiser über Erlebtes und Erfahrenes mit einsichtiger Klugheit, überlegen, aber bescheiden. Er bleibt mehr Kalendermann als Prediger; denn den Anschluß an diese der Seelsorge und Erbauung dienende Tätigkeit hat der Geschichtenerzähler Hebel nicht gewonnen. Sein literarisches Schema erwächst nicht mehr aus der Predigt als Mittelpunkt wie bei Geiler, Murner oder Johannes Pauli, sondern aus der mündlichen Unterhaltung, dem Gespräch, uraltem Gut, wie es die Schwanksammlungen des 16. Jahrhunderts aufspeicherten, oder aus Berichten über jüngste Begebenheiten. Nachdem Hebel als Mitglied der Redaktionskommission seit 1802 am *Landkalender* mitgearbeitet hatte, gab er ihn von 1807–14 unter dem Titel *Der rheinländische Hausfreund* heraus, die Jahrgänge 1808–15 und 1819 sind von ihm redigiert. Rund dreißig Beiträge hat er jährlich dazu geliefert. Eine Auswahl der besten hat Hebel für Cotta schon 1811 unter dem Titel *Schatzkästlein des rheinischen Hausfreunds* herausgegeben. Der alemannische Kalendermann ist der *Hinkende Bote*, der trotz seines Stelzfußes weit im Lande herumkommt, am Feierabend die Dorfbewohner um sich versammelt, ihnen Ereignisse aus der großen und kleinen Welt berichtet, unterhaltende Geschichten erzählt, über die Bestellung von Feld und Garten belehrt oder über lustige Rätselspiele zu berichten weiß. Er ist der Mittelpunkt dörflicher Geselligkeit. Der Name erscheint gegen Ende des 18. Jahrhunderts häufig in Titeln von Zeitschriften und Kalendern. Hebel nennt sich als Herausgeber *Hausfreund* und weist sich damit eine belehrende und beratende Aufgabe zu. Er führt wie *Asmus* sein Gespräch mit dem Leser, öffnet ihm die Weite der Welt, indem er seine Geschichten an allen möglichen Schauplätzen spielen läßt, ihnen aber dadurch, daß er sie an bestimmte Orte verlegt, ihre Wahrhaftigkeit beglaubigt. Mögen sie aus noch so alten Quellen stammen oder durch den Filter von Nicolais *Vademecum für lustige Leute* gegangen sein, so bekommt doch alles eine besondere heimatliche und vertraute Note. Der Feind aller Strenge und Härte bei der Anwendung von Erziehungsmethoden breitet den milden Glanz heiteren Ausgleichs über seine Gestalten und ihre Welt. Sie sind zeitlos und beständig, dem Fortschritt mit Maß zugetan und allem Überschreiten fester Ordnungen abhold.

Vom bäuerlichen Gesichtskreis aus ist die feste Ordnung der Welt gesehen; wo immer sie gestört wird, schlägt es zum Übel aus. Überlegende Sorgfalt hat die Ereignisse gestaltet und ihre sprachliche Formung bestimmt. Diese alemannische Schriftsprache hat ihre ehrwürdige Geschichte, die sich bis Notker zurückverfolgen läßt, sie bewegt sich noch in einer freieren syntaktischen Ordnung.

5. LICHTENBERG UND GEORG FORSTER

Georg Christoph Lichtenberg ist am 1.7.1742 geboren. Sein Vater Johann Konrad Lichtenberg, der 1745 als Stadtprediger nach Darmstadt berufen und dort 1750 Superintendent wurde, war Pfarrer in Oberrambach. Georg Christoph, das letzte von 17 Kindern, von denen wenige ein höheres Alter erreichten, war 9 Jahre alt, als sein Vater starb. Dieser mag die mathematisch-naturwissenschaftlichen Neigungen des regsamen Kindes geweckt haben.

Lichtenbergs körperliche Mißgestalt erzog ihn zum scharfen Beobachter der Umwelt, seine Aufgeschlossenheit gewann ihm Freunde und Gönner. Bei seiner Entlassung aus dem Darmstädter Pädagogium 1761 trug Lichtenberg ein deutsches Gedicht über den wahren Wert der Wissenschaft und der Dichtkunst vor. Mit einem landgräflichen Stipendium begann er im Sommersemester 1763 das Studium der Mathematik und Physik in Göttingen. Nach seinen eigenen Worten legte er seinen Studienplan zu weit an. Seinen Lehrer Kästner unterstützte er früh bei astronomischen Beobachtungen. Nach Abschluß seiner Studien, vom Frühjahr 1767 an, war Lichtenberg Hofmeister einiger junger Engländer. Mit zweien von ihnen reiste er, nachdem deren Ausbildung in Göttingen beendet war, im Frühling 1770 nach London. Er gewann dort die Gunst König Georgs III., der ihn einlud, seine Sternwarte in Richmond zu besichtigen. Er kehrte mit anderen Schützlingen nach Göttingen zurück und eröffnete im anschließenden Wintersemester als außerordentlicher Professor der Philosophie seine akademische Lehrtätigkeit mit mathematischen und physikalischen Vorlesungen. Damit verzichtete er endgültig auf die außerordentliche Professur, die ihm von 1767 an in Gießen freigehalten worden war. Trotz seiner Freundschaft mit Boie hielt er sich vom Hain und vom Musenalmanach fern. Vom Frühling

1772 an führte er den Auftrag des Königs aus, die geographische Lage von Hannover, Osnabrück und Stade zu berechnen. Anschließend hielt er sich mehrere Monate in Göttingen auf und reiste dann zu einem fast eineinhalbjährigen Aufenthalt nach London, von wo er mit vier neuen Zöglingen im Dezember 1775 wieder in Göttingen eintraf. Von da an hat er die Stadt kaum mehr verlassen; denn die italienische Reise, die er 1784 plante, wurde nicht ausgeführt. 1777 nahm er die dreizehnjährige Maria Dorothea Stechard zu sich und ließ sie an seinen Arbeiten teilnehmen. Der Tod dieser Geliebten im Jahr 1782 brachte ihn der Verzweiflung nahe. Nach einer schweren Krankheit heiratete er 1789 Margarete Kellner, die ihm von 1784 an seinen Haushalt geführt und 1786 seinen ersten Sohn geboren hatte. Lichtenberg wohnte im Hause des Verlegers Dieterich und zahlte seine Miete von 1778 an mit den Beiträgen, die er im *Göttinger Taschenkalender* veröffentlichte. Zum königlich großbritannischen Hofrat wurde er 1788 ernannt. Am 24. 3. 1799 ist er gestorben.

Seine größeren literarischen Pläne hat Lichtenberg nicht vollendet. Seine wissenschaftlichen Arbeiten stellen kein System dar. Hierin ist er ein Gegenpol Albrecht von Hallers. Zur Beobachtung gesellte sich in Lichtenbergs Forschen ahnende Erkenntnis, die sich doch nie in das Reich der Phantasie versteigt. Das bestimmt seine Stellung zwischen der nüchtern mechanisierenden Auffassung der Aufklärung und dem Irrationalismus. Seine physiognomischen Studien verleiten ihn nicht zu kühnen Spekulationen im Geiste von Lavater. Er vermochte sich vom Pietismus zu lösen; aber auch er konnte die alte Einheit von Gelehrtem und Dichter, von Wissenschaft und Literatentum nicht mehr aufrechterhalten. Es bezeichnet die weite Spannung seines Denkens, daß er einerseits Probleme sah, die sich erst unser Zeitalter zu lösen anschickt, aber andererseits seine literarischen Ideale bei Gottsched, den Bremer Beiträgern, Gellert, Gleim und Wieland lagen, daß er sich mehr an Liscow als an Lessing hielt, daß Swift, Fielding und Sterne seine Vorbilder waren, daß sich seine wahllose Lesewut, mit der er sich über kritische Zeitschriften, Reisebeschreibungen und französische Werke stürzte, an der Lektüre der Engländer, Winckelmanns, Hagedorns und Lessings läuterte. Er unterstützte Klotz, beteiligte sich an literarischen Händeln, schrieb in der Form ironischen Lobs die Rettung eines Göttinger Buchhändlers, verteidigte das Theater gegen Melchior Goeze und ein puritanisches Gutachten der Göttinger Theologen. Außer kleinen Aufsätzen und Darstellungen liegen seine *Tagebücher* vor. Leitzmann hat sie musterhaft herausgegeben. Ihr fragmentarisch-aphoristischer Charakter verführte dazu, sie in Zusammenhang mit der französischen Aphoristik und Moralsatire zu bringen. Wohl sind deren Vertreter Lichtenberg bekannt, aber er ist kaum ihr Nachahmer gewesen. Es entspricht seinem Wesen, nicht an Systemen zu bauen, hingegen die Einzelheiten seiner Erkenntnisse, sofern sie gewisse Gebiete in helles Licht stellen, scharf formuliert wiederzugeben. Er ist klarer und scharfer Denker, Sucher der Wahrheit, Kritiker des Erhabenen und Freund des kaum Beachteten. Er verläßt sich weder einseitig auf die Erkenntnisse seines Verstandes noch auf die Bilder seiner Phantasie.

Um 1765 begann Lichtenberg Tagebuch zu führen, d. h. was ihm einfiel, schriftlich festzulegen, seine Glossen zu all dem zu machen, was ihn bewegte. Er selbst bezeichnet sein Verfahren in diesen Merkbüchern als „geistige Buchhaltung". Wenn er die ersten Niederschriften seiner Gedanken *Sudelbuch* nennt, so ist das mehr auf die Reihenfolge zu beziehen, in der die einzelnen Teile einander folgen, nicht aber auf deren klare Formulierung, die das Ergebnis scharfen Denkens ist. So spiegelt die zeitliche Ordnung des Tagebuches Lichtenbergs langsame Lösung vom Pietismus und Kirchenglauben. Als Beobachter seiner selbst gleicht er Lavater und Karl Philipp Moritz. In Todes- und Selbstmordgedanken versenkt er sich gerne. Er wird sich aber bewußt, daß ihm diese Hingabe gefährlich werden kann. Er verschiebt die pietistische Grundlage seiner Selbstbeobachtung in den Bereich der Psychologie, also von der Religion, dem Glauben und Gefühl in den Bereich der Wissenschaft und des Verstandes. Seine wissenschaftliche Wahrheitsliebe geht auf religiöse Voraussetzungen zurück, seine Hypochondrie steigert die Fähigkeit, sich selbst zu beobachten. Daraus entsteht das Achten auf das Kleine. Wie kaum ein anderer seiner Zeitgenossen, Moritz eingeschlossen, hat Lichtenberg die Sonderart der englischen Kultur empfunden, hat er Sterne, Garrick und Hogarth zu deuten verstanden. In dessen Kupferstichen entdeckt er später das Menschliche, er versteht die Anspielungen und löst die Bilder in Handlungen auf. Von der Empfindsamkeit wird er während seines zweiten Aufenthaltes in England am stärksten berührt.

Die Merkbücher kreisen um Lichtenbergs Leben und Denken. Sie waren von ihm nicht für die Veröffentlichung bestimmt. Er legte sich alle Wissensgebiete zurecht und rang um die Erkenntnis der Wirklichkeit. Das zeigt seine geistige Verwandtschaft mit Möser, in dem er „einen der vollkommensten Männer" verehrt. Mag ihn das Haften an der Einzelheit oder die mangelnde Fähigkeit, Geschichtliches zu erfassen, von Möser entfernen, in der Lebensbejahung und im Sinne für das Konkrete vereinigt er sich wieder mit ihm. Lichtenberg sah sich als Gezeichneten und Außenseiter der menschlichen Gesellschaft; deshalb war er dankbar für die Achtung, die ihm zuteil wurde, und fühlte sich in der sorgenden Liebe der Stechardin glücklich. Auch er geht den Weg seines Jahrhunderts zur Natur, aber ohne Pathos und Schwelgerei. Als Gegenspieler Lavaters, der in Winckelmanns Schönheitsideal die Tugend und in Hogarths Karikaturen das Laster sieht, erkennt Lichtenberg den „niederländischen Geschmack" in jenen Volkstypen, die Hogarth und Chodowiecki darstellen. Er sucht nicht das „allgemein Menschliche in antiker Verklärung", sondern das „konkret Menschliche in seiner irdischen Bedingtheit". Ähnlich rechtfertigt er auch seinen niederen Stil gegen Schwulst und Übertreibung, den „Wonneton des Sehers", womit er Lavater, und die „Prachtprosa", womit er Zimmermann trifft. Darin wiederholt sich der Kampf des Rationalismus gegen die zweite schlesische Schule. Lichtenberg spricht von „Luftspringerei und ätherischer Schiffahrt", aber es geht ihm dabei um mehr als um Fragen der Ästhetik. Er stellt eine „das Ganze betreffende Wertfrage", er tritt für die „Wirklichkeit des Niedrigen" ein. Witz ist für ihn ein „Spiel der Phantasie", die geistige Fähigkeit, Ideen neu und überraschend zu verbinden.

Weder die im Pietismus verwurzelte Selbstbeobachtung noch das aus der Empfindsamkeit erwachsene Studium anderer Menschen weisen ihm den Weg zur Dichtung oder zum Roman. Er hält sich vielmehr an die Erfahrungspsychologie, die an der Grenzlinie zwischen Natur- und Geisteswissenschaften steht. Seine Wendung von der Astronomie und Mathematik zur empirischen Naturwissenschaft (Experimentalphysik, physikalische Chemie und Erdgeschichte) um das Jahr 1777 zeigt, wie er sich unbewußt um die Überwindung der Aufklärung bemüht, wie er sich der Unvereinbarkeit religiösen Strebens mit seiner Forschung bewußt wird. Seine wissenschaftliche Entwicklung wird durch die Fülle der von ihm erkannten Probleme und die Kritik der bestehenden Meinungen und Systeme bestimmt. Seinem Jahrhundert entsprechend schlägt er Brücken zwischen Mathematik und Philosophie, indem er diese unter die Regel des Messens und Vergleichens zu stellen versucht. Zum Unterschied von Kant bleibt Lichtenberg dem „Diktat des Herzens" gehorsam. Der Alternde wird sich der Grenzen des menschlichen Wissens wieder bewußt. Er konnte in den Werken Jean Pauls eine Verwirklichung dessen sehen, was ihm zu leisten im Bereich der Dichtung versagt geblieben war.

Ein Freund Lichtenbergs, mit dem zusammen er das *Göttingische Magazin* herausgab (1780–85) war der junge Weltreisende Georg Forster.

Georg Forster wurde in Nassenhuben bei Danzig 1754 geboren, als sein Vater, Johann Reinhold Forster, dort Pfarrer war. Als Begleiter und Helfer dieses unsteten Plänemachers bewährte sich Georg schon bei einer Studienreise an die untere Wolga (1765). Dann versuchte der Vater sein Glück in England, woher sein Ahnherr unter Karl I. nach Preußen ausgewandert war. Als Lehrling bei einem Tuchhändler und als Übersetzer mußte der Jüngling zum Unterhalt der Familie beisteuern. Berühmt wurden Vater und Sohn als Teilnehmer an der zweiten Expedition des Kapitäns James Cook, der ersten Erdumsegelung in östlicher Richtung und anschließender Südpolarfahrt (1772–75), die der Vater als Naturforscher und Schiffsphilosoph, der Sohn als dessen Helfer mitmachten. Die Reise führte vom Kap der guten Hoffnung nach den Gesellschaftsinseln zu längerem Aufenthalt auf O-Taheiti (Tahiti), von da südpolarwärts zu den Freundschaftsinseln und den Neuen Hebriden, nach Kap Horn und neuerdings nach Süden, bis man vom Kap der guten Hoffnung über die Kanarischen Inseln wieder zurückkehrte.

Die Eindrücke dieser Reise hält Georg Forsters Reisebeschreibung (1777) fest. Er verfaßte sie in englischer Sprache nach den Tagebüchern des Vaters, dem wegen seiner Streitigkeiten mit Cook die Veröffentlichung verboten worden war. An der fachlichen Gestaltung der deutschen, Friedrich dem Großen gewidmeten Übersetzung (1778/79) hatte Rudolf Erich Raspe bedeutenden Anteil. Forster verstand es, die unmittelbaren Eindrücke festzuhalten. Landschafts- und Menschenschilderungen sind von deutschen Reisebeschreibungen kaum je überboten worden. Alexander v. Humboldt, ja noch Friedrich Ratzel haben die fremden Länder mit Georg Forsters Augen gesehen. Mag bei der Darstellung von O-Taheiti auch eine Stimmung im Geist Rousseaus oder Ossians mittönen: den Eindruck des Fremden in Landschaft und Erlebnis hat niemand vor Georg Forster so in deutscher Sprache festgehalten.

Das Aufsehen, das der junge, interessante, weltmännische Reisende bei seinem Besuch in Paris (1777), Holland und Deutschland (1778) machte, und die Verhandlungen, die er klug zu führen verstand, brachten ihm eine Professur der Naturwissenschaften am Collegium Carolinum in Kassel (1779–84) und dem Vater schließlich eine gleiche Anstellung an der Universität Halle (1780) ein. Angeregt von dem Anatomen Thomas Sömmerring und von Friedrich Heinrich Jacobi, mit dem er sich in Düsseldorf angefreundet hatte, wurde Georg Forster für kurze Zeit den pietistisch-freimaurerischen Schwärmerei gewonnen, entsagte ihr aber bald. Er übernahm eine Professur der Naturwissenschaften in Wilna (1784) und holte sich ein Jahr später die Tochter des Göttinger Philologen Heyne, Therese, als seine Frau dorthin. Pläne zu neuen großen Expeditionen scheiterten, und Forster kehrte nach Göttingen zurück. Von da aus wurde er 1788 Bibliothekar in Mainz als Nachfolger Johannes v. Müllers.

Während einer Reise mit Alexander v. Humboldt an den Niederrhein, nach England und Paris (1790/91) entstanden die *Reisebriefe* an Therese, wahre Meisterstücke der Prosa. Diese und das Tagebuch liegen den *Ansichten vom Niederrhein, von Brabant, Flandern, Holland, England und Frankreich* (2 Bde. 1791, 3. Bd. hrsg. v. Huber 1794) zugrunde. Aus dem Englischen übersetzte er die *Sakontala* des Kalidasa und verpflanzte damit dieses indische Werk zum erstenmal auf deutschen Boden.

Die Revolution in Mainz schlug Forster völlig in ihren Bann Er trat im Herbst 1792 dem Jakobinerklub bei und setzte sich in einer großen Rede für den Anschluß von Mainz an Frankreich ein, wo er sein Humanitätsideal besser verwirklicht zu sehen glaubte als in den lebensunfähigen deutschen Staatsgebilden. Als Präsident des Mainzer Konvents forderte er in der provisorischen Nationalversammlung in Paris am 30. 3. 1793 den Anschluß des „rheinisch-deutschen Volkes" an die französische Republik. Damit war die Rückkehr nach Deutschland unmöglich geworden. Seine Ehe war längst gescheitert. Er starb einsam in Paris am 10. 1. 1794.

LITERATUR

Göttinger Hain: Art. i. Reallexikon Bd. 1. (Kindermann). H. Grantzow, Geschichte des Göttinger und des Vossischen Musenalmanachs. Berlin 1909. A. Sauer, DNL 49, 50. Amelie Wicke, Die Dichter des G. H.s in ihrem Verhältnis zur engl. Lit. und Ästhetik. Diss. Göttingen 1929.

Voß: Werke hrsg. v. A. Voß. Leipzig 1835. 2. Aufl. 5 Bde. Leipzig 1850. 2 Bde. bei Hempel, Berlin 1867. – W. Herbst, J. H. V. 3 Bde. Leipzig 1872/76. K. Kuhlmann, V. als Kritiker und Gelehrter in seinen Beziehungen zu Lessing. Straßburg 1914. V.s Odüssee v. 1781 hrsg. v. M. Bernays. Stuttgart 1881. L. Benning, V. u. seine Idyllen. Diss. Marburg 1926.

Boie: K. Weinhold, Halle 1868. E. Consentius, Zeitschr. f. deutsche Philol. 48 (1919), 49 (1923). W. Hofstaetter, Das deutsche Museum und das Neue deutsche Museum. Leipzig 1908.

Stolberg: Johannes Janßen, F. L. Graf zu St. 2 Bde. Freiburg i. Br. 1877. 4. Aufl. 1910. A. Beck, St.s Aischylosübersetzung. Diss. Palaestra 1937. C. Huth, Zur Dichtung St.s. Diss. Greifswald 1933.

Ballade: Wolfgang Kayser, Gesch. d. dten. Ballade. Berlin 1936. Val. Beyer, Begründung der ernsten B. durch G. A. Bürger (Quellen u. Forschgen. Heft 97) Straßburg 1905. P. L. Kämpchen, Die numinose B. Mnemosyne 4. 1930.

Hölty: Werke: Kritische Ausg. v. W. Michael, 2 Bde. Weimar 1914/18. Sonst Halm 1869. – W. Michael, Überlieferung und Reihenfolge der Gedichte H.s. Halle 1909. E. Albert, Das Naturgefühl H.s. Diss. Bonn 1910. C. Bormann, Beitr. z. Wortschatz H.s. Diss. Greifswald 1916.

Bürger: Von vielen Ausgaben seien hier genannt: W. v. Wurzbach, 4 Bde. Leipzig 1902. E. Grisebach, 2 Bde. Berlin 1872. – Gedichte: Gold. Klassikerbibliothek hrsg. v. E. Consentius. Berlin 1909. 2. Aufl. 2 Bde. 1914. – Briefe: 4 Bde. hrsg. v. A. Strodtmann. Berlin 1874. Biographie: W. v. Wurzbach. Leipzig 1900. – Chr. Janentzky, B.'s Ästhetik. Berlin 1909. Paul Zaunert, B.s Verskunst. Marburg 1911. A. Barth, Der Stil v. G. A. B.s Lyrik. Diss. Marburg 1911.

Raspe: R. Hallo, R. E. R., Stuttgart 1934. (Göttinger Forschungen 5.)

Hahn: Gedichte u. Briefe ges. v. H. Redlich, Beitr z. dt. Philol. 1880. – A. Becker, Neues über den Hainbündler H. Pfälz. Museum 32, 39, 45.

Miller: Werke hrsg. v. A. Sauer (Auswahl). 1893 DNL 50 I. – F. J. Schneider, Das Religiöse in M.s Siegwart und seine Quellen. Zeitschr. f. dte. Philol. 64 (1939) S. 20–40. H. Kraeger, J. M. M. Bremen 1893.

Leisewitz: Werke hrsg. v. Schweiger. Braunschweig 1838 (m. Biogr.). Jul. v. Tarent hrsg. v. A. Sauer DNL 1883. – G. Kutschera v. Aichbergen, L. Wien 1876. W. Kühlhorn, L. Halle 1912. E. Zeydel, Zeitschr. f. dte. Philol. 65. P. Spycher, Entstehg. und Textgesch. d. J. v. T. Diss. Bern 1950.

Goeckingk: Werke hrsg. in Auswahl: Kürschner Nat.-Lit. Bd. 73 m. Einl. v. J. Minor. – H. Pröhle, Der Dichter G. v. G. In: Zeitschr. f. preuß. Gesch. u. Landeskunde. 1877.

Schubart: K. Gaiser, Chr. D. Fr. Sch. in: Schwäb. Lebensbilder 1 (1940) S. 492–509. E. Schairer, Chr. D. F. Sch. als politischer Journalist. Tübingen 1914. W. Müller, Die literar. Kritik in Sch.s Deutscher Chronik 1774–77. Diss. München 1910. S. Nestriepke, Sch. als Dichter. Pößneck 1910.

Claudius: Werke v. 1775 an oft hrsg., zuletzt: P. Suhrkamp, 3 Bde. Berlin 1941. U. Roedl, Stuttgart 1954. W. Stammler, M. Cl., der Wandsbecker Bote. Ein Beitr. z. dten. Lit. und Geistesgesch. Halle 1915. W. Hülsen, Cl.s Lyrik. Diss. Würzburg 1913. U. Roedl, M. Cl. Sein Weg und seine Welt. 2. Aufl. Berlin 1950. Isabella Rüttenauer, Die Botschaft. Versuche über M. Cl. München 1947.

Hebel: Werke hrsg. v. A. Altwegg, 3 Bde. Zürich 1949. – Ders., J. P. H. Zürich-Berlin 1935. A. v. Grolman, Werk und Wirklichkeit. Berlin 1937. H. Bürgisser, J. P. H. als Erzähler. Horgen 1929. A. Heusler, Kl. Schriften. Berlin 1943. S. 597ff.

Lichtenberg: Werke hrsg. v. W. Grenzmann. Frankfurt 1949. Aphorismen hrsg. v. A. Leitzmann, 1902/08. DLD 123ff. – W. Grenzmann, L. Salzburg-Leipzig 1939. H. Schöffler, L. Linz 1943. P. Requadt, L. Zum Problem d. dten. Aphoristik. Hameln

1948. W. Milch, L. In: Mod. Lang. Rev. 1942. P. Hahn, L. u. die exakten Wissenschaften. Göttingen 1927. K. Besser, Die Problematik der aphor. Form bei L., Schlegel, Novalis und Nietzsche. Berlin 1935.

Forster: Werke hrsg. v. Th. Forster. 9 Bde. Leipzig 1843. Ausgew. kl. Schriften hrsg. v. A. Leitzmann 1894. DLD 46/47. G. F. Ausgew. Schr. v. R. Leonhard, Berlin 1929. Tagebücher v. P. Zincke in DLD 149. – P. Zincke, F.s Bildnis i. Wandel der Zeiten. In: Prager Deutsche Studien 38 (1925).

DRITTES KAPITEL

DER AUFBRUCH DER GENIES

Die Entwicklung der deutschen Literatur zur Höhe der Klassik hat ihren Anfang in der Genielehre und ihren Hintergrund in einem reichen literarischen Schaffen, das auf die Aufnahmebereitschaft eines großen, literarisch interessierten Publikums stieß. Mit der Aufwärtsentwicklung Hand in Hand geht eine zunehmende Verbesserung des Geschmacks. Dennoch erreichte die Sturm- und Drangbewegung selbst keine eigentliche Höhe, sondern begann sich zu spalten. Der eine Weg führte zur Klassik empor, der andere verlor sich in den Niederungen ewiger Wiederholung der revolutionären Motive. Die Bewegtheit der Krisenzeit löste geistige Unruhe und Besorgtheit um die Zukunft aus, die sich in kummervollen Ahnungen äußerte. Das Interesse war zum Teil auf die praktischen Disziplinen gerichtet, auf Philosophie, Geschichte und Naturwissenschaft. Das Moralisieren und übertriebene Theoretisieren mußte dem Gefühl Platz machen, daß es Zeit sei, die Fundamente für die Zukunft zu bauen. Dennoch hatten die Klassiker einen schweren Stand. Ihre Werke trafen zwar auf Zeitstimmungen und setzten sich durch, aber das hinderte nicht, daß sie von vielen Seiten angefeindet wurden. Dabei spielte der Gegensatz der Persönlichkeiten, des Stils, des Geschmacks die Hauptrolle, dagegen wenig die sozialen Fragen. Das lag zum Teil an der überraschenden Einheitlichkeit der Herkunft der Dichter. Sie waren überwiegend aus Pastorenhäusern oder aus dem Kleinbürgertum und genossen mit wenig Ausnahmen eine einheitliche Bildung. Fast alle besuchten die Universität. Daher stehen auch in ihren Werken die Fragen der Bildung und Erziehung im Vordergrund, wozu unmittelbar die Vereinheitlichung des Unterrichts gehört. Die Aufstellung neuer Ideale, die Wendung zum klassischen Griechentum hatte die Aufnahme klassischer Sprachen in den Lehrplan der staatlichen Schulen zur Folge. Die Bedeutung der klassischen Philologie wurde erkannt und brachte eine neue Einstellung zur Antike. Diese wurde zur Norm und trug die Gefahr der Erstarrung in sich, die später das Antlitz des 19. Jahrhunderts zu kalter Pracht gefrieren ließ. Das war das Erbe der Aufklärung, das den Überschwang zur Nüchternheit dämpfte und das frei und keck zur Höhe strebende Ornament zurückband. Die Höhe und Größe wird nur von wenigen erreicht. Es ist wie das plötzliche Eintreten eines glücklichen Augenblicks. Er wird durch die Romantik übersteigert und praktisch ad absurdum geführt.

Aber es bleibt von dem gewonnenen Gipfel das Hinausblicken und Hinauswirken über die Zeit. Darin liegt die Größe und Bedeutung der unsterblichen Werke unserer klassischen Dichtung.

1. JOHANN WOLFGANG GOETHE
FORTLEBEN UND BEWERTUNG IN DER NACHWELT

Die Volkstümlichkeit, die der Götz- und Wertherdichter 1773/74 genossen hatte, lebte nach dem Erscheinen der Xenien, von Hermann und Dorothea, Faust I und Dichtung und Wahrheit wieder etwas auf. Seine Selbsterziehung hatte ihn von 1776 an seinem Publikum entfremdet. Er wurde sich ganz bewußt, wie wenig Widerhall die hohe Dichtung bei den Zeitgenossen fand, als die Empörung gegen die Xenien einsetzte, und erkannte später, wie unfruchtbar der nie endende Streit darüber war, ob Schiller oder er der Größere sei. Enger als die erste Generation der Romantiker, unter denen Tieck und Schelling Goethe die Treue hielten, scharte sich die andächtige, weihrauchspendende Gemeinde der jüngeren Romantik um ihn. Aber alles, was in den Berliner Salons, im Hause Varnhagens oder Bettinas in der Atmosphäre eines ihm geweihten Mythos verkehrte, brachte Goethe nicht jene rührende Verehrung entgegen, mit der ihn Eckermann sorgend umgab, oder konnte sich nicht so in seinen Bann geschlagen fühlen wie Immermann. Früh waren sich Liberalismus, Nationalismus und Protestantismus gegen ihn einig. Was Kotzebue und Garlieb Merkel im „Freimütigen" zu Anfang des 19. Jahrhunderts vorgebracht hatten, klang lauter und unversöhnlicher bei Wolfgang Menzel, der sich berufen fühlte, zur Wahrung vaterländischer Belange, ähnlich wie Ernst Wilhelm Hengstenberg zur Wahrung kirchlicher, als Warner vor den gefährlichen Ansichten und Werken Goethes aufzutreten. Den Patrizierssohn, Fürstenknecht und kalten humorlosen Egoisten nahm Börne aufs Korn. Den Mangel an echter Gesinnung wollten auch J. W. Pustkuchens falsche Fortsetzungen von Wilhelm Meister herausstellen.

So kommt es zu jener zwischen 1820 und 1870 festzustellenden „indirekten Wirkung" Goethes. Falk richtete sein verständnisvolles Buch (1832) an die Adresse der Goethegegner, Vilmar sprach von seinen Werken, die ihren „Lauf durch die Welt noch lange nicht vollendet" haben, Schleiermacher wird zum „Verkünder des Christentums im Geiste der Goethezeit", und Richard Rothe erlebt wie Goethe in Rom eine geistige Wandlung, indem er sich zur „Individualität als Sittengebot" bekennt. Mit den Frühromantikern erkennt Heine die befreiende, eine neue Epoche der Dichtung eröffnende Leistung an, doch entflamme sie als reine Kunst nicht zu Taten. So meldet sich das politische Zeitalter an, in dem die Frage, welcher von beiden Dichterfürsten der größere sei, bei Gervinus endgültig zu Schillers Gunsten entschieden scheint.

Was Karl Grün in seinem mit flammender Begeisterung geschriebenen Buch *Über Goethe vom menschlichen Standpunkt* (1846) vortrug, ist von Engels als Frucht des „pomphaft weinerlichen Sozialismus" ange-

sehen und diesem „das Kolossale" an Goethe entgegengehalten worden, ohne daß damit die zwiespältige Goethe-Auffassung des Sozialismus aufgehoben wurde; denn weder Engels noch Marx haben Goethe
neuen Boden unter der Arbeiterschaft gewonnen. Wohl aber hat Ferdinand Lassalle im Vermächtnis der Klassiker „das notwendige Band
der Nation" erkannt. Erst später wurde man sich ihrer soziologischen
Bedeutung bewußt und wurde die deutsche klassische Literatur „als
beginnender Emanzipationskampf des deutschen Bürgertums" (Franz
Mehring) angesehen.

In den Bereichen der Naturwissenschaften vertraten Alexander von
Humboldt, Carl Gustaf Carus und Johannes Müller als die Letzten noch
den Universalismus der Goethezeit, der aus allen Fachgebieten ein einheitliches Weltbild erschloß, lebendige Natur- und Seelenkräfte annahm
und den ganzen Menschen betrachtete, als man sich erkenntnisstolz
längst in neuen naturwissenschaftlichen Bahnen bewegte.

In beständiger Verehrung hielten die großen österreichischen Dichter
des 19. Jahrhunderts, Grillparzer und Stifter, Goethe ihre Treue, während
Hebbel und Keller auf getrennten Wegen abseits von der Politik ihren
Weg zu ihm fanden. In einem neuen Sinn hat Gutzkow Goethe schon
1836 in seiner Schrift *Über Goethe im Wendepunkt zweier Jahrhunderte* erkannt. Erst mit dem Zurückfluten der politischen Erregung wurde für
Gustav Freytag und Julian Schmitt der Weg zu einer leidenschafts-
loseren Betrachtung der Vergangenheit frei. Fontane fühlte sich dem Erzähler und Raabe dem Altersweisen verpflichtet. Der Junghegelianer
Karl Rosenkranz hat mit seiner Forderung nach einer geschichtlich ausgerichteten Betrachtung (1847) eine neue Würdigung Goethes angebahnt,
doch kam der Forderung von Freytags Jubiläumsaufsatz (1849) nach
einer Darstellung von Goethes Leben der Engländer G. L. Lewes (1855)
nach. Eine Übersetzung von Julius Frese erschien im gleichen Jahr und
erlebte 1903 die 18. Auflage. Dieses weitverbreitete Buch bestimmte das
Urteil des deutschen Bürgertums über Goethe. In F. Th. Vischers Faust-
parodie (1862) und dem verbessernden Entwurf des Faust wird diktato-
risch zusammengefaßt, was das 19. Jahrhundert mit der Forderung zur
Männlichkeit und Sittlichkeit gegen die Goethegefahr vorzubringen
hatte. Noch waren ihr stille Verehrer wie Jakob Burckhardt verfallen.
Goedekes sachlich-brave Behandlung (1874) mußte hinter den epoche-
machenden *Vorlesungen* über Goethe von Herman Grimm (1874/75, Buchausgabe 1876) zurücktreten. Es war der erste große Wurf, die Schöpfung
der deutschen Goethebiographie großen Stils, was auch immer philolo-
gisch-historischer Hochmut später dagegen einzuwenden hatte.

Im Neuen Reich 1877 erhob Scherer die Forderung nach Goethe-
philologie in der Einsicht, daß exakte Kleinarbeit der großen Biographie
vorangehen müsse. Düntzers *Leben Goethes* (1880) brachte zwar zuver-

lässige Daten und große Vollständigkeit des Materials, aber in trockener Darstellung ohne jeden Einblick in das Geistes- und Seelenleben Goethes. In der Allgemeinen Deutschen Biographie nahm M. Bernays den Standpunkt ein, daß eine wahre Goethebiographie erst nach einer vollständigen Ausgabe der Werke möglich sei. Diese Lücke füllte die *Sophienausgabe*, deren erster Band 1887 erschien. Über den Vorarbeiten starb Loeper; Schöll und Haym schreckten vor der Größe der Aufgabe zurück, Erich Schmidt übernahm sie. Sein glücklicher Fund des Urfaust und das Auftauchen des Urmeister (1911) trugen zu neuen Erkenntnissen bei. Die Gründung des Goethe-Schiller-Archivs in Weimar (1883), der Goethe-Gesellschaft (1885), die enzyklopädischen Zusammenfassungen und die unermüdliche Tätigkeit von Herausgebern, Sammlern, Gelehrten und Liebhabern (Woldemar Freiherr v. Biedermann und sein Sohn Flodoard [Goethes Gespräche], G. v. Loeper, Salomon Hirzel, Kuno Fischer, Eduard v. d. Hellen, H. Gerhard Graef, Max Morris, Hans Wahl) zeigen das steigende Interesse, das die geistige Wiedergewinnung Goethes begleitet.

Zu dieser Entwicklung hat mittelbar und unmittelbar als bedeutendster Vertreter der zweiten Generation Herman Grimm den Anstoß gegeben. Er war der Schwiegersohn Bettinas und konnte sich als Statthalter Emersons in Deutschland fühlen; er lebte aus Goethes Geist. Das gleiche gilt für Victor Hehn, den seine Lern- und Lehrjahre in Dorpat für Goethe gewonnen hatten. Seine *Gedanken über Goethe* (1887) erkennen die „ursprüngliche ungebrochene Gestalt" und prägen den Begriff „der goetheschen Naturphantasie". Den Weg ins Volk ebneten den Werken Goethes der Inselverlag, der Verleger Langewiesche-Brandt mit den Büchern der Rose *Alles um Liebe* und *Vom tätigen Leben*, Friedrich Lienhard mit der Zeitschrift *Wege nach Weimar*, Wilhelm Bodes Bücher über das gesellschaftliche und geistige Leben in Weimar, das er gleichsam von allen Sensationen gesäubert hat. Zum unentbehrlichen Element deutscher Bildung aber ist Goethe erst durch Nietzsche und die Kulturkritik eines Paul de Lagarde und Julius Langbehn geworden. Goethes naturanschauendes Denken hat Rudolf Steiner in die Anthroposophie einseitig hinübergeleitet. Unter den zahlreichen Goethebiographien dieser Zeit von H. Düntzer (1880), Karl Heinemann (1889), R. M. Meyer (1894), Eugen Wolff (1895), Georg Witkowski (1899), Eduard Engel (1909), Ludwig Geiger (1909) ist die beliebteste die von Albert Bielschowski (2 Bde. 1895–1905).

Dann folgte fast gleichzeitig der Verzicht auf die Einzelheit in der Gesamtschau der Persönlichkeit in den drei Goethebüchern von H. St. Chamberlain (1912), der in 6 Längsschnitten dazu kam, den Menschen Goethe, dem Erleben und Erfahrung alles war, über den Künstler und Dichter zu stellen, Georg Simmel (1913), dem Lebens- und Kulturphilosophen, dem Goethe den Weg zur Synthese der sich scheinbar ausschließenden Lebenshälften wies, und in der Gefolgschaft Stefan Georges Friedrich Gundolf (1916) mit der Darstellung des schöpferischen Menschen Goethe. Andere Vertreter des Georgekreises wie Max Kommerell (*Geist und Buchstabe der Dichtung* 1940) und Paul Hankamer (*Spiel der Mächte* 1947) haben in ähnlicher intuitiv-wissenschaftlicher Schau weitergewirkt. Solche Entfernung vom Positivismus und der Tatsachenforschung war weit vom Weg Wilhelm Diltheys abgekommen, dessen Goethe-Aufsatz (1877) erst in dem eindrucksvollen Buch *Das Erlebnis und die Dichtung* (1905) psychologische Grundlagen einer neuen, in die Tiefe gehenden Betrachtungsweise geschaffen hatte. Die Eigenart der deutschen Klassik wird nun in der „Umwälzung der Lebens- und Weltansicht" erkannt. Daneben hat sich das der Sprache Goethes gewidmete philologische Lebenswerk Konrad Burdachs nicht entfalten können. Die Andacht zum Wort wird in Ausgaben und zahlreichen Abhandlungen sichtbar, die von der Einzelheit, der sprachlichen Wendung, dem Gedanken in ungeahnte Weiten vorstoßen und oft den wirklich sachlichen Zusammenhang verlieren. So reifte die Zusammenschau der gesamten Epoche im Geiste Goethes von H. A. Korff (*Geist der Goethezeit* 1923/53). Die Hauptstärke der zum Jubiläum 1932 erschienenen Bücher lag in der Klärung von Einzelfragen, was die wichtigsten Bücher belegen können: E. Franz, *Goethe als religiöser Denker* 1932, Franz Koch, *Goethes Stellung zu Tod und Unsterblichkeit* 1932, Schriften der Goethegesellsch., Bd. 45. Eine Gegenwart, die zur einheitlichen Erklärung der ganzen Natur- und Menschenwelt hindrängt, ist Goethes Morphe-Begriff auch in den Darstellungen seines Lebens verpflichtet, wie die mit der besinnenden Goethefeier von 1949 zusammenhängenden Bücher von Günther Müller (Kleine Goethebiographie 1948), Karl Viëtor (1949), Heinrich Meyer (1951) und Emil Staiger (1952) zeigen können.

2. KINDHEIT UND ERSTE JUGEND

Goethes Vater Johann Caspar (1710–82) stammte aus einer thüringischen Familie, die aus dem Handwerkerstand zum akademischen Stadtbürgertum aufstrebte. Er besuchte das Gymnasium in Coburg und die Universität Leipzig, promovierte zum Doctor juris, ging 1740 auf ein Jahr nach Italien und ließ sich dann in Frankfurt nieder. Die Bewerbung um ein Amt scheiterte, aber der Titel eines Kaiserlichen Rates stellte ihn den ersten Bürgern der Stadt gleich, wenn er ihn auch von ihren ehrwürdigen Verwaltungsämtern ausschloß. 1748 führte er die Tochter des Stadtschultheißen Textor, Katharina Elisabeth (1731–1808) in sein Haus Am Großen Hirschgraben heim. Sie stammte von seiten ihres Vaters aus einer süddeutschen Juristenfamilie, von der Seite der Mutter aus gebildeter, altbürgerlicher hessischer Sippe.

Am 28. August 1749 wurde Johann Wolfgang Goethe geboren.
Es war die Mitte des Jahrhunderts der Aufklärung; aber das alte Gemeinwesen, in dem der Knabe mit seiner 15 Monate jüngeren Schwester
Cornelia (1750–77) aufwuchs – vier andere Geschwister starben früh –,
zeigte noch viele lebendige Züge mittelalterlichen Herkommens. Der
übersehbare Bereich der Freien Stadt, ihr republikanisches Selbstbewußtsein, ihre überlieferten Ordnungen und Bräuche konnten dem Kinde
Sinn für Althergebrachtes und den geistigen Wert auch einfacher Verhältnisse erwecken. Goethes später poetischer Lebensbericht *Dichtung
und Wahrheit* spiegelt – im Glanz der Erinnerung –, wie das erwachende Bewußtsein sich den ganzen von der Stadtmauer umfaßten
menschlichen Lebenskreis aneignete: die Geschlossenheit der Klöster,
die Offenheit der Märkte, die Weltweite der Messe, die Enge der Judenstadt und jenseits der Mauern die Ebene des Mains. Der Großvater
repräsentierte würdig eine Tradition, deren sichtbare und letzte Verwirklichung die Kaiserkrönung Josephs II. (1764) war. In dem elterlichen
Hause und auf den Gassen kam der Knabe mit vielerlei Menschen zusammen; mit dem Bedienten, der zugleich Schneider war, mit rohen
Schulkameraden, mit Handwerkern und Künstlern.

Den Mittelpunkt des Daseins bildete die Familie. Eine „Mutter, fast
noch ein Kind, welche erst mit und in ihren beiden Ältesten zum Bewußtsein heranwuchs", ein „zwar liebevoller und wohlgesinnter, aber
ernster Vater", dazu die innig verbundene Schwester. Der Vater, von
der Nachwelt oft so verkannt wie schon von Bettina Brentano, brachte
Ordnung in die Spontaneität, Forderung und Linie in die Erziehung der
Kinder. Die Exerzitienhefte des kleinen Wolfgang zeigen, mit welchem
Ernst spielend gelernt wurde. Die Sprache der deutschen Bibel, die alten
und neuen Sprachen bildeten nicht nur seinen Geist, sondern vermittelten den Umkreis der bürgerlichen Kultur. Aber das Auge des schönen
und gesunden, lebhaft beobachtenden Knaben nahm auch schon die
Risse in dem Gebäude der Gesellschaft wahr. Die politischen Wetterzeichen gingen von der Gestalt Friedrichs des Großen aus. Die ersten
Erschütterungen in der persönlichen Sphäre wiesen, wenn man dem Gedächtnis des alten Goethe folgen darf, schon früh den Weg zur Poesie,
die ohnehin im Gelegenheitsgedicht geübt wurde.

Die frühesten Dichtungen sind zum größten Teil durch Goethe in Leipzig verbrannt
worden. Ein Bruchstück in Alexandrinern, den ersten dramatischen, der Freude am
Puppentheater entwachsenen Versuchen zugehörig, ist auf uns gekommen, ebenso die
erste Fassung eines Lustspiels *Amine*. Aus dem Jahre 1765 stammen die *Poetischen
Gedanken über die Höllenfahrt Christi*, ein gewandt gereimtes Gedicht, dessen formales
Vorbild die geistlichen Oden von J. A. Cramer waren. Eine große, der vielfältigen

Beschäftigung mit der Bibel entsprungene Prosaerzählung *Joseph* ist verloren. Die Erfindung des 1811 niedergeschriebenen Knabenmärchens ist gewiß ein Werk des kindlichen Dichters.

Der Vater bestimmte Leipzig zur Universität für den künftigen Juristen, der lieber in das aufstrebende Göttingen gegangen wäre, um sich dem Studium der Alten zu widmen. Immer noch war jene Stadt Mittelpunkt aufgeklärter Eleganz, vom Geist Augusts des Starken geprägt und durch Gottsched und Gellert berühmt. Zum erstenmal begegnete Goethe der literarischen Welt, von der das berühmte 7. Buch in Dichtung und Wahrheit Kunde gibt. Zwischen der Bemühung um die Kunst und innig erfahrenen menschlichen Begegnungen entsteht die nicht nur für den ganz jungen Dichter der Leipziger Zeit charakteristische Grundspannung. Er gewinnt den ersten bedeutenden Freund in Ernst Wolfgang Behrisch (1738–1809), dessen Eleganz und Scharfsinn auf den elf Jahre Jüngeren wirkten. Ihm wurden bei seinem Abschied die Oden *An meinen Freund* gewidmet (1767), aus deren kritisch-überlauten Worten doch etwas von der Bewegtheit und Empfindlichkeit des Jünglings spricht:

> Sei gefühllos!
> Ein leicht bewegtes Herze
> Ist ein elend Gut
> Auf der wankenden Erde.

In den von Behrischs Hand abgeschriebenen, erst 1896 veröffentlichten, an *Annette* gerichteten Liedern scheint auf den ersten Blick von der gefährdenden Bewegtheit des Herzens nicht viel sichtbar. Aber genauso wie bei den 1769 erschienenen *Neuen Liedern*, in Melodie gesetzt von Bernhard Breitkopf (1749–1820), wird dem rückblickenden Beobachter doch schon hinter aller virtuos gebrauchten Konvention das ursprüngliche Genie fühlbar. Die rokokohaft leichtfertigen Verse streben auf eine altkluge Sentenz; die Situationen, die sie schildern, sind nicht neu. Aber vor allem in den *Neuen Liedern* zeichnet sich schon der Schritt vom Stil zur Stimmung ab, vom allgemeinen Vorbild zur persönlichen Erfahrung, der seit Straßburg Goethes Lyrik bestimmen wird. Ein so begabter junger Mensch vermochte im Literaturbetrieb nicht viel zu lernen. „Genötigt, alles in mir selbst zu suchen ... mußte ich in meinen Busen greifen" – auch dieses Leipziger Wort deutet schon auf die Entwicklung, welche im Gedicht vor allem das Individuelle zu Wort kommen lassen will. Um so mehr lernte Goethe durch einen Mann, der nicht zur Universität und nicht zur jugendlichen Generation gehörte. Sein Zeichenlehrer A. F. Oeser (1717–99) war ein mittelmäßig begabter Maler, aber offenbar ein echter Pädagoge. Der Freund Winckelmanns eröffnete die Einsicht in die Ordnungskraft des Schönen und läßt zum ersten Male den Gedanken an die Einheit der Welt anklingen. Daß hier im Unterschied zu den schnell angeeigneten Bildungsgütern ein wirklicher Erlebnisbereich liegt, zeigt die Erschütterung, die die Nachricht von Winckelmanns Ermordung auslöste. Nicht weniger fand sich Goethe von seiner Liebe zu Anna Katharina Schönkopf (Kätchen) bedrängt. Die Kapricen des munteren und boshaften Kätchen ließen zum ersten Male erfahren, daß die Bande der Liebe nicht nur Glück, sondern auch Not verursachen. Die Lebensstadien des Jünglings werden jünglingshaft erlebt, aber von einem distanzierten Bewußtsein verarbeitet. Nur so ist das unjugendliche Jugendstück *Die Mitschuldigen* zu verstehen, dessen meisterhafte Dramaturgie die Begrenztheit menschlicher Verhältnisse zur Anschauung bringt, welche über die Stella bis zu den Wahlverwandtschaften ein Hauptthema bleiben.

Die vier Hauptpersonen der Mitschuldigen sind jeder auf seine Weise unvollkommen und schuldig. Der Vater verdächtigt die Tochter, die Tochter den Vater, der treue Liebende glaubt die Geliebte kaufen zu können, der Schwiegersohn stiehlt. Die komödiantische Technik des jungen Goethe drückt eine tiefe Resignation aus, die nicht zuletzt der Spannung zwischen Sinnlichem und Sittlichem entsprang. So ist das Stück viel mehr als nur eine Farce. Es läßt uns ahnen, weshalb der überforderte junge Mensch Leipzig ohne ein anderes äußeres Ergebnis als das des Zusammenbruchs verließ.

Die eigene Leidenschaft klingt in dem Spiel *Die Laune des Verliebten* nach. Damit wird ein Grundzug deutlich, den der „Kränkling, der noch mehr an der Seele als am Körper zu leiden schien", von Leipzig nach Frankfurt mit zurücknahm: das eigene Leiden vermag zu Poesie zu werden. Das Scheitern in Leipzig, von Goethe in Erschütterung und in kindlicher Distanz erlebt, zeigt ihm, daß die alten Bahnen nicht mehr weiterführen. Die schwere Krankheit, mit der er an seinem Geburtstag im Jahre 1768 nach Hause zurückkehrte, ist ein Ausdruck solcher Erfahrung.

In Frankfurt, während der liebevollen Pflege durch Mutter und Schwester, zeigte sich die gewöhnliche Antwort einer großen Natur auf diese Erschütterungen in der metaphysischen Unruhe, welche Goethe bewegte. Schon in Leipzig hatte E. Th. Langer (1743–1820) diese Unruhe in der Richtung auf eine Nachfolge Jesu genährt. Susanne Katharina v. Klettenberg (1723–1774), die Freundin von Goethes Mutter, ließ dem Kranken nicht nur das Denken der Herrnhuter, sondern auch mystisch-pantheistisch-neuplatonische Spekulationen lebendig werden, die mit symbolischen Naturversuchen verbunden waren. Wies doch die Krankheitserfahrung, daß das Heil des Körpers nahe mit dem Heil der Seele verbunden sei, auf die Zusammenhänge zwischen Gefühlskräften und Seelenmächten hin, die in mystischen und alchemistischen Traditionen vom Altertum auf die Neuzeit gekommen waren. Aber der Weg zur Religiosität sollte ein Weg zur Kunst werden, der sich in Straßburg

endgültig auftat. Im April 1770 war Goethe nach allerlei Rückfällen
soweit gekräftigt, daß er die Reise zur dortigen Universität antreten
konnte mit dem Ziele, zum Abschluß der noch nicht eigentlich begonnenen Studien zu gelangen.

3. STRASSBURG

Goethes Vater wünschte die baldige Promotion. Der Wunsch des
Studenten galt der Aneignung jener Fülle von Welt, die sich zu Füßen
des vom Münster Blickenden ausbreitete. Dennoch widmete er sich
seinem Studium so, daß er schon im Sommer 1770 das von der Teilnahme an den Vorlesungen befreiende Kandidatenexamen ablegen
konnte. Die praktische Anlage seiner Studien dankte er Josef Daniel
Salzmann (1722–1812), einem tüchtigen Genossen des lebendigen
Mittagstisches, zu dem der im Götz verewigte Theologe Lerse und die
Mediziner Weyland und J. H. Jung, genannt Stilling, gehörten. So
blieb es nicht aus, daß sich Goethes Interessen neben der Jurisprudenz
auch der Medizin und der Chemie zuwandten. Das Thema seiner Disser-
tation *Daß der Gesetzgeber nicht allein berechtigt, sondern verpflichtet sei, einen
gewissen Kultus festzusetzen,* behandelte eine theologische, von aufge-
klärtem Denken mitbestimmte Problematik. Die Fakultät wollte die
Arbeit nicht drucken lassen; daraufhin bewarb sich Goethe um das
der Doktorwürde gleichwertige Lizentiat und erlangte diesen Grad im
August 1773. Aber viel bedeutender als das Erreichen der äußeren
Zwecke wurde die Begegnung mit Herder und die Liebe zu Friederike
Brion. Im September 1770 war der um fünf Jahre ältere Herder nach
Straßburg gekommen. Goethe, zugleich angezogen und abgestoßen,
fand sich einem souveränen Geiste gegenüber, der ihm vollkommen
neue Bereiche erschloß. An die Stelle des späten Rokoko trat die reiche
Welt der Wirklichkeit und der Geschichte. Die Fülle der elsässischen
Landschaft, die lebendige Überlieferung ursprünglicher volkstümlicher
Lieder, der gewaltige menschliche Kosmos Shakespeares riefen ein neues
Lebensgefühl von unbeschreiblicher Kraft hervor, für das der Name
Sturm und Drang zu gering ist. In den Dichtungen Ossians fand Goethe
die Einfachheit und Gestimmtheit, die fern von jedem Spiel durch die
Natur elementare menschliche Verhältnisse auszudrücken schien. Her-
ders geschichtlicher Natursinn gab den Schlüssel der Erkenntnis ab.
Echte Dichtung war Natur, weil sie „aus vollem Herzen und wahrer
Empfindung" entsprang. Wenn Hamann nach Goethes Zusammenfassung forderte, „alles, was der Mensch zu leisten unternimmt, es werde
nun durch Tat oder Wort oder sonst was vollbracht, muß aus sämtlichen
vereinigten Kräften entspringen; alles Vereinzelte ist verwerflich", so

zog nun Herder mit seinen Freunden die Folgerung daraus in der Bemühung, Menschen und Dinge in allen ihren Zusammenhängen zu sehen und zu erforschen. Was ursprünglich war, enthielt Wirklichkeit und Wahrheit, wie sie in allen geschichtlichen Epochen sich vergegenwärtigte. So war Homer ganz Natur, die Bibel Dichtung; Sage, Märchen und Volkslied wurden denkwürdige Zeugnisse. Das Münster zu Straßburg erschien als Ausdruck natürlichen, verehrungswürdigen Genies, Shakespeare als die Krönung dessen, was Menschengeist überhaupt vermag.

Nach seiner Rückkehr nach Frankfurt im August 1771 hat Goethe in seiner *Rede zum Shakespeare-Tag* und in der Schrift *Von deutscher Baukunst* diesen Erfahrungen ein Denkmal gesetzt.

Aber noch viel unmittelbarer und für die Geschichte der deutschen Literatur bedeutsamer sind die Gedichte, in denen aus dem Quell der Liebe zu Friederike Brion (1752–1813) ein neuer Strom der Poesie entspringt. Der Elsässer Weyland hatte Goethe nach Sesenheim zum Besuch des dortigen Pfarrhauses mitgenommen. Goethe hat den Eindruck des ersten Abends als das lebendig gewordene patriarchalische Idyll des Pfarrers von Wakefield von Oliver Goldsmith geschildert. Die innige und leidenschaftliche Liebe zu Friederike drückte sich in der Lyrik aus. *Es schlug mein Herz geschwind zu Pferde* und das *Mailied* etwa zeigen, wie nun die einfache Natur des Volksliedes zum Ausdrucksmittel persönlicher Erfahrung wird. Das Menschliche ist aufgehoben in der Natur, die persönliche Situation gewinnt ein so reiches Leben und so viel bewegende Innerlichkeit, daß die Einfachheit dieser poetischen Gebilde leicht übersehen wird. In Straßburg gewinnt Goethe die Fähigkeit, Geistiges und Sinnliches aneinander zur Sprache kommen zu lassen. Was dabei, wie im *Heidenröslein*, an historischen Elementen enthalten ist, geht ganz im Neuen auf.

Aber dieses Geschenk wurde, nicht zum letzten Male, um einen teuren Preis erkauft. Schon Kätchen hatte Goethe ohne Abschied verlassen; als er auf die gleiche Weise von Friederike schied, folgte er einer Notwendigkeit, die ihm das Verharren in der Welt des Idylls verbieten mußte. Die Schuld, die daraus erwuchs, war unvermeidlich und hat den Dichter noch im hohen Alter beschäftigt.

4. FRANKFURT

Anders als aus Leipzig kehrte Goethe diesmal nach Frankfurt zurück. Die „Lust am Hervorbringen war grenzenlos". Die Tätigkeit als Advokat, tatkräftig unterstützt durch den Vater, der nun Freude an seinem Sohn hatte, ließ ihm genug Muße zur Verwirklichung einer großen Zahl poetischer und kritischer Arbeiten. Die Lebenskraft drängte ihn auf die Straßen des schönen Landes am Main, wo er während seiner Wanderungen leidenschaftlich in hymnisch-dithyrambischen Worten sein Kraftgefühl in die Welt sang. *Wanderers Sturmlied* gibt davon Zeugnis, das Individuum war zum großen Gegenstande der Poesie geworden, aber es entdeckte sich zugleich als problematischen Gegenstand. Das ihm einwohnende „Streben, alle Begrenzungen zu durchbrechen", führt es zur notwendigen Hybris, deren Figuren *Prometheus, Ganymed* und *Mahomet* werden. Sie sind zu denken auf dem Hintergrunde des Weltbildes, das sich mit der Vorstellung der einheitlichen Gottnatur zu entfalten beginnt. Gewiß stellte es sich noch nicht so dar, wie es der späte Schöpfungsmythos in „Dichtung und Wahrheit" wahrhaben will. Aber die Polarität, die zwischen dem Bewußtsein der Vereinzelung des kraftvollen Subjekts und der Sehnsucht nach erlösender Rückkehr in die Einheit bestehen muß, zeichnet sich ab. In dieser Spannung steht der Mensch; in der Vereinzelung allein ist er Person, im All allein ist er begründet. Die Mittlerin zwischen der Erfahrung des Ganzen und der Sehnsucht nach Individualität ist die höchste Schönheit, wie sie nicht nur Erwin von Steinbach vergegenwärtigte.

Die geistesgeschichtlichen Wurzeln solcher Anschauungen sind bei Plotin, Shaftesbury und Spinoza zu suchen, auch pietistische Empfindsamkeit hat sie genährt. Sie haben viele Grundvorstellungen Goetheschen Denkens zeitlebens gespeist, so wie die Erscheinung des *Prometheus*, die zum erstenmal in dem Frankfurter dramatischen Bruchstück gleichen Namens auftritt, noch den reifen Goethe beschäftigt. Es war falsch, Goethe auf die Erscheinung desjenigen festzulegen, der den Göttern das Feuer vom Himmel raubte, um irdisch tätig zu werden. Die Gestalt des *Ganymed* gehört nicht weniger dazu, der im Göttlichen aufging. Mit dieser religiös bestimmten Lyrik und den dramatischen Entwürfen, zu denen sie gehörte, war der Dichtung ein weiterer Bereich gewonnen. Dazu kam derjenige der Geschichte, die in der *Geschichte Gottfriedens von Berlichingen mit der eisernen Hand* ihre großartige Vergegenwärtigung fand. Die erste Niederschrift entstand 1771 innerhalb von sechs Wochen, eine zweite Bearbeitung wurde 1773 veranstaltet, deren Veröffentlichung den Verfasser mit einem Schlage berühmt machte.

Die redliche und gerechtigkeitsliebende Gestalt des Ritters Götz von Berlichingen war Goethe durch dessen Autobiographie (Nürnberg 1731) nahegekommen. Justus Mösers *Abhandlung über das Faustrecht* hatte ihm das Rittertum in ein historisches Licht gerückt. Die Persönlichkeit, die um ihres Rechts willen das Gesetz beiseite stößt, entsprach dem Lebensgefühl der jungen Genies. Die dramatische Form, die ohne die Liebe zu Shakespeare undenkbar wäre, stellte in ebenso einfachen als lebhaften Einzelbildern lebendige Menschen in eine vaterländische

Szenerie. Dem „edlen Räuber" Götz wird sein liebenswertes Vertrauen zum Unglück. Auch wenn seine unheimliche Gegenfigur, die dämonische Adelheid – „Gott, machtest du sie schön und konntest du sie nicht gut machen?" –, am Ende ebenso untergeht wie der ungetreue Weislingen, so erscheint das Schicksal des Götz doch allein als tragisch. Goethe wirft die Frage wieder auf, die sich schon in den *Mitschuldigen* stellte, die in den Gestalten des *Prometheus*, des *Wanderers* enthalten ist, wie „das Eigentümliche unseres Ichs, die prätendierte Freiheit unseres Wollens, mit dem notwendigen Gang des Ganzen" zusammenstimmt. Für diese an Shakespeare gewonnene Frage bietet das geschichtliche Drama die rechte Bühne. Gerade sein Streben nach Wirklichkeit, das sich schon in der dem 16. Jahrhundert angenäherten Sprache und dem Schatz lebendiger sprichwörtlicher Wendungen kundtut, bezeichnet das Eigentümliche des im Götz verkörperten freien Individuums. Die eigentlichen Verknüpfungspunkte des Verhängnisses bleiben ausgespart; wie in aller großen Goetheschen Dichtung ist der „geheime Punkt, den noch kein Philosoph gesehen und bestimmt hat", verhüllt. In dem unauflöslichen Verhältnis des Einzelnen zur Weltnatur trifft sich dies Drama mit der Lyrik. Kam dort der Fühlende im Verhältnis zur Welt zur Sprache, so hier der Handelnde. Für beide geht die Welt nicht auf. Am erschütterndsten aber wird diese Erkenntnis ergriffen, wenn Goethe in *Werthers Leiden* den Liebenden darstellt.

Im Mai 1772 begab sich Goethe an das Reichskammergericht in Wetzlar. Sein Aufenthalt wurde nicht durch die Tätigkeit an dieser überalterten Stätte der Rechtsprechung, sondern durch die Begegnung mit dem kurfürstlich hannoverschen Gesandtschaftssekretär J o h a n n K e s t n e r (1741–1800) denkwürdig. Dessen Braut C h a r l o t t e B u f f (1753–1828), Tochter eines Deutschordensamtmanns, ist die Lotte Werthers, soweit eine solche schon von Goethe beklagte Gleichsetzung überhaupt möglich und sinnvoll ist. Der junge Dichter hatte eine leidenschaftliche Neigung zu der Braut des Freundes gefaßt, ohne daß die auf Vertrauen gegründete freundschaftliche Verbindung gefährdet worden wäre. Aber er verließ Wetzlar im September 1772 ohne Abschied, wie er schon in Leipzig und Sesenheim ohne Abschied geschieden war.

Die Niederschrift der *Leiden des jungen Werthers* begann im Januar 1774. Der Briefroman wurde zu einer ersten und endlichen Formulierung des großen Themas der Leidenschaft als der greifbarsten Begrenzung des Individuums durch die Macht der Natur und des Schicksals. Das Thema, in den *Wahlverwandtschaften* wiederkehrend, wird noch vom greisen Goethe beschworen, wenn er der *Trilogie der Leidenschaft* die Verse an Werther voraufstellt.

Die vielberufene Lebensfülle des jungen Genies erhält die richtige Perspektive erst durch den Hintergrund des *taedium vitae*; der fast

Siebzigjährige fragte sich später bei der Lektüre des Werther, wie es ein Mensch so lange in der Welt habe aushalten können, die ihm in früher Jugend schon so absurd vorgekommen war. Das Absurde wird wahrgenommen im Überdruß an der ewigen Wiederholung des Daseins, an der vernichtenden Erfahrung, daß die Begegnung auch mit dem Ewigen nicht von Dauer sei, an der Einsicht in die Gespaltenheit des Menschen, dessen getriebene Natur mit der notwendigen sittlichen Ordnung kollidieren muß. Die Not Werthers entspringt der Tatsache, daß die Liebe als das eigentlich gute Wollen sich guten Gewissens mit dem Begehren nicht mehr zu identifizieren vermag. Der Leser wird fortschreitend Zeuge, wie ein liebenswürdiger junger Mensch angesichts solcher Erkenntnisse zum Skeptiker wird, dem es schließlich einerlei ist, ob er Erbsen zählt oder Linsen, ja dem endlich das Leben einerlei werden muß. Dabei werden die verschiedenen Ansichten eines einzelnen Daseins durch die Form der an Situation und Person gebundenen Brieferzählung kunstvoll facettiert. Die Einheit entsteht durch das Vorschreiten der Verstrickung, die sich in Werthers subjektiven Äußerungen abspiegelt. Als die Konsequenz aus der ausweglosen Liebe zu der an Albert gebundenen Lotte im Freitod Werthers hervortritt, wird der Bericht objektiv. Die letzten Ereignisse schildert ein Herausgeber, der nicht mehr mit der Gestalt des unglücklichen Helden identisch ist. Goethes heilsame Fähigkeit, subjektives Erleiden in der Dichtung objektive Gestalt werden zu lassen, könnte nicht besser bezeichnet werden.

Werthers Leiden sind kein sentimental-empfindsamer Liebesroman, sondern elementare Äußerungen. Daran ändern auch ihre idyllischen Züge nichts. Der Roman ist aufs engste verwandt mit den Wahlverwandtschaften; hier wie dort zeigt sich, daß die leidenschaftliche Natur so viel Recht hat wie die Ordnung der Welt. Hier wie dort zeigt sich der poetische Ausweg, die Quelle des unauflösbaren Zwiespalts, die Individualität selber aufzulösen. Auch die Bearbeitung des Jahres 1786, die die erschütternde Wirkung des Buches mildern und durch das Herausstellen einer Nebenhandlung neutralisieren wollte, hat daran nichts geändert.

Zwei in Frankfurt entstandene Dramen zeigen, wie tief der Dichter von diesem Problem erschüttert war, und wie wenig er den Abschied von Friederike eigentlich verwunden hatte. Der durch die Leidenschaft an seine Grenzen geführte Mensch tritt wieder in der dramatischen Verkörperung des *Clavigo* (1774) und der *Stella* (1775) auf. Die Frage des Clavigo „War ich Marien mehr schuldig als mir selbst? Und ist's eine Pflicht, mich unglücklich zu machen, weil mich ein Mädchen liebt?" war eine Goethe höchst betreffende Frage. Das individuelle Recht stößt hier mit den Bedingungen des sozialen Daseins zusammen, indem sich Clavigo, der Archivar des Königs, ein von Ehrgeiz getriebener, der Leidenschaft anheimgegebener Literat, der Bindung durch die Ehe entziehen will. Er bricht das dem Bruder seiner Verlobten Marie gegebene Versprechen der Rückkehr – es gibt kein „Unwiederbringlich". Die Gestalt des treulosen Weislingen ist hier zur Hauptgestalt geworden. Gewissen und Wirklichkeit engen den scheinbar autonomen schöpferischen Menschen ein, dessen Erbärmlichkeit nicht moralisch verstanden werden darf. Auch dieser haltlose Literat deutet auf die große Frage: „Sind unsere Leidenschaften, mit denen wir in ewigem Streite leben, nicht schrecklicher und unbezwinglicher als jene Wellen, die den Unglücklichen fern von seinem Vaterlande verschlagen?" So gesehen ist Clavigo nicht nur ein Schwächling; der waltende Zufall führt ihn zum tragischen Ende.

Eine andere Möglichkeit der Lösung wird in der *Stella* versucht. Das in seinem ursprünglichen Schluß harmonisierende Drama ist viel verkannt worden. Es entstand, als die Liebe zu Anna Elisabeth (Lili) Schönemann (1758–1817) im Frühjahr 1775 begann. Das ebenso junge wie schöne Mädchen hat den mit ihm verlobten Dichter mit goldenem Bande gehalten. Sie muß alles andere als nur ein verwöhntes und hübsch anzusehendes reiches Ding gewesen sein. Von keiner Frau hat Goethe mit so viel Respekt gesprochen, den ihre Schicksale als Gattin des Bankiers v. Türckheim während der Revolution auch wahrlich verdienen. Die heitere, von spätem Rokoko maskierte Weise, mit der die auf Lili bezüglichen Gedichte sprechen, sollte den Ernst der Beziehung nicht überstrahlen. Allein die Verse

> Empfinde hier, wie mit allmächt'gem Triebe
> Ein Herz das andere zieht,
> Und daß vergebens Liebe
> Vor Liebe flieht

zeigen das Elementare dieser Bindung und schlagen zugleich das Thema der Stella an. „O wenn ich jetzt nicht Dramas schriebe, ich ging' zugrund", schrieb Goethe während der Niederschrift an die vertraute Brieffreundin Auguste zu Stolberg (1753–1835). Wieder ging es um eine „Welt voll Verwirrung und Qual". Der Offizier, *Fernando*, der seine erste Frau verlassen hat, um *Stella* zu nehmen, begegnet nach seiner Flucht beiden wieder. Er sieht nur noch den Ausweg Werthers vor sich – da eröffnet die abgeklärte *Cäcilie* den Ausweg in die Ehe zu dritt. Diese Lösung mußte aus inneren Gründen künstlerisch mißlingen, entwarf sie doch die dramatische Utopie der Gewissensberuhigung in der Auflösung unauflösbarer Verhältnisse. Aber die Natur der menschlichen Beziehungen, der Hauch von Innigkeit und Unvollkommenheit, überhaupt die beschreibende innere Anthropologie sind in diesem Drama höchst gelungen. Die Unauflöslichkeit der eingegangenen Bindung war im Verhältnis zu Lili zu schmerzlicher Erfahrung geworden. „Unglücklicherweise macht der Abstand von ihr das Band nur immer fester, das mich an sie zaubert." Aber der Fernando der Stella kennt eigentlich keine Bindung. Er sucht sich zu genügen, und indem er diesem Zwang folgt, verletzt er andere. Damit zeichnet sich das Faustthema ab. Der utopische Schluß sollte wohl die Einsicht ausdrücken, daß nur die Liebe die Wunden heilen kann, welche sie geschlagen hat; daß die Unmöglichkeit des vollkommenen Besitzes in gemeinsamer Bescheidung ertragen werden müßte. Die 1816 zuerst gedruckte Fassung der Stella als Trauerspiel konnte nicht befriedigender ausfallen.

Es ist nicht überliefert, wie sich der kritische Sinn des Kriegsrats Johann Heinrich Merck (1741–91) zu diesem Stück gestellt hat. Dieser intellektuell hochbedeutende Freund Goethes, dessen Haus in Darmstadt geistiger Mittelpunkt war und der Beziehungen zu Herder, Wieland, Lavater und Nicolai pflegte, hatte schon bei der Umarbeitung des Götz eine entscheidende Rolle gespielt. Er hatte die Leitung der *Frankfurter Gelehrten Anzeigen* übernommen, in denen Goethe, Herder und Goethes Schwager Schlosser (1739–99) sich ein keckes, kritisches Organ geschaffen hatten. Es bot nicht die einzige Gelegenheit kecker Äußerungen. Die schon dem Knaben vertraute Tradition der Volksbücher und Fastnachtsspiele ließ mehr als ein „Dokument der göttlichen Frechheit unserer Jugendjahre" entstehen. Goethes kleine satirische Dramen bedienten sich eines bei Hans Sachs geschulten pseudonaiven Knittelverses, der zum Instrument einer auf das Wesentliche gerichteten knappen Redeweise wurde. Der Weg dahin ging über die Karikatur, zu der auch die im Herbst 1773 entstandene Satire *Götter, Helden und Wieland* zu rechnen ist. Die darin enthaltenen, von Wieland heiter hingenommenen Angriffe stecken voller persönlicher Bezüglichkeiten, genauso wie das fast unverständlich gewordene *Jahrmarktsfest zu Plundersweilern* (1773). Ihnen fehlt die Tiefe, die sich hinter der Derbheit in *Pater Brey* und *Hans Wursts Hochzeit* (1773/74), vor allem aber im *Satyros* verbirgt. Im *Pater Brey* ist die Schule von Puppenspiel und Ballade, die sich der anschaulichen elementaren Geste bedienen, leicht erkennbar. Im *Satyros* wirkt die Technik der Volksbücher mit, die aus der Sage eine Historia werden lassen und den bedeutenden Stoff ins Naive und Gemeine reduzieren, ohne allzuviel Rücksicht auf Begründung und Kunst zu nehmen. *Satyros oder der vergötterte Waldteufel* ist ein Scherz, der ernst gemeint ist und dessen Bedeutung nicht mit der Bestimmung der Person, auf den er zielt – vielleicht Herder –, erschöpft ist. Er karikiert in fünf „Akten" das Prometheusthema von der bindungslosen Individualität. Der hochstapelnde Volksheilige zeigt deutliche Züge des Faust, wenn er den Reichtum seiner Erkenntnis und die Fülle des Gefühls in orphischen Sprüchen lächerlich macht. Nur das Wirkliche kann karikiert werden. Der schlichte variable Vers, der Sinn für den abgeschlossenen Ausdruck,

die Opferung äußeren Zusammenhangs im Vertrauen auf den inneren
und der Verzicht auf jegliche psychologische Begründung ermöglichen
den Stil des großen Dramas, das als sogenannter Urfaust zuerst in Frankfurt konzipiert wurde.

Der Faust, „Das Ganze, das immer ein Fragment bleiben wird", hat
Goethe durch das ganze Leben begleitet. Die Szene in Auerbachs Keller
verweist auf Leipzig, die Exekution der Margaretha Brand (1772) ließ
vor den Augen des jungen Advokaten in Frankfurt die Welt mittelalterlicher Gerichtsbarkeit gegenüber einem armen Mädchen erstehen,
die alte Sage vom Doktor Faustus selber bot sich in dem *Volksbuch* von
1725 als ein Urstoff dar. Ihr Kern war das gigantische Motiv des Seelen-
verkaufs, um Glück und Erkenntnis zu erlangen, eine äußerste Figura-
tion menschlicher Freiheitsmöglichkeit. Sie hatte bereits im Puppenspiel
eine naive, Goethe vermutlich in Straßburg beeindruckende Vergegenwärtigung gefunden, die den historischen Faust, einen hochstaplerischen
Zeitgenossen der Reformation, Schwindler, Alchemisten und Astrologen
in den Bereich von Dämonie und Magie hineinstellte. Der Stoff der
Gretchentragödie fehlte in der Sage. Indem Goethe ihn mit der Überlieferung vereinigte, gewann er einen Schauplatz für die beiden Grund-
erfahrungen der Begrenzung, auf die der unendliche Trieb nach Erkenntnis den Menschen immer wieder führt, und der Schuld, in die ihn
vor allem die Liebe immer wieder stürzt. Beide Motive waren ebenso
Goethes eigenste als ursprünglich menschliche Motive.

Der sogenannte *Urfaust*, der uns in einer Abschrift des Weimarer
Hoffräuleins Luise von Göchhausen überliefert ist, lag vor, als Goethe
Frankfurt verließ. Die genaue Entstehungsfolge der Szenen, mit der der
erste Teil der großen Dichtung im wesentlichen festliegt, ist nicht sicher
zu bestimmen. Sie wird ein philologisches Rätsel bleiben, dessen Lösung
der Dichter selber bereits dem Historiker Luden vorenthielt. In der
losen Szenenfolge fehlen die später zusammenfassenden und begrün-
denden Partien: Zueignung, Vorspiel und Prolog, der große Monolog
und der Teufelspakt, Hexenküche, Valentinhistorie und Walpurgisnacht. Dennoch ist im Kern alles vorhanden, einundzwanzig Szenen von
der Intensität, Tiefe und Innigkeit der Ballade.

Die tiefste Wurzel des großartigen Eingangsmonologs ist in jenem
Vers enthalten, den sich der junge Goethe aus dem Koran notierte: „O
mein Herr mache mir Raum in meiner Brust ... löse mir auch das Band
von meiner Zunge." Der tiefe Drang nach Erkenntnis erfährt deren Un-
genügen. Was der Geist nicht zu leisten vermag, wird von mystischer
Erfahrung erhofft. Der Weg zur Magie entspringt dem Drange, die
semina rerum, das Wesen zu erfassen. Das Ergebnis der Wissenschaft
fördert das Gegenteil, es schafft eine Distanz, die das innige Aufgehen
im Ganzen der Natur ausschließt. So wendet sich Faust der unmittel-

bareren magischen Anschauung des Alls in den heiligen Zeichen zu, die
trockenes Sinnen übersteigen. Es ist nicht sehr hilfreich, den geistesgeschichtlichen Quellen nachzuspüren, denen die herrlichen Verse von
den Himmelskräften, die harmonisch all das All durchklingen, entsprun-
gen sind. Die naturphilosophisch-alchemistischen Beschäftigungen von
Plotin bis Swedenborg deuten auf das grundsätzliche Streben des Men-
schengeistes als eines Teils der Geisterwelt zur höchsten Versicherung,
zur Anschauung des Weltgeistes. In einem späteren Schema hat Goethe
dieses Verlangen nach Totalität in die Worte „Ideelles Streben nach Ein-
wirken und Einfühlen in die ganze Natur" zusammengefaßt. Aber im All
könnte das Individuelle nicht bestehen, zum Begriff des Unendlichen gehört das Unfaßliche. So tritt denn im Urfaust großartig das Transitorische mystischer Erfahrung hervor; auf die *Diastole* muß die *Systole* folgen. Faust beschwört den Geist der Erde, dem er sich näher glaubt. Aber
auch von ihm findet er sich erschreckend ausgeschlossen. Der Geist des
ewig Schaffenden in seiner schon im Werther erfahrenen unablässigen
Bewegung und Tätigkeit übersteigt den Menschen, dem reines, ewiges
Hervorbringen verschlossen ist wie reines Erkennen. Seine Zwienatur
enthält beides, und es kam Goethe darauf an, „diese Widersprüche statt
sie zu vereinigen disparater zu machen". Der Rang des ganzen Gedichts
ist von vornherein dadurch bezeichnet, daß sich in Faust diese menschlichen Urmöglichkeiten und Urgrenzen darstellen; es kann danach nur
noch ein Spiel mit dem größten Einsatz werden.

Die Folgerungen des jungen Goethe werden in dem Gespräch mit dem
Famulus Wagner gezogen. Faust bekennt sich zu einer antirationalen
Gefühlsintensität, die sich dennoch notwendig mit tiefer Skepsis verbindet. Wagner dagegen, keineswegs ein platter Bursche, ist vom Optimismus des Erkennens beherrscht. Was Faust davon trennt, ist später
erschütternd in die Worte gefaßt

> Das was uns trennt, das ist die Wirklichkeit,
> Was uns verbindet, das sind Worte.

Dieses Paralipomenon gibt den tieferen Ansatz für den Monolog der
endgültigen Fassung, der sich vom Wort dem Sinn, der Kraft und
schließlich der Tat zuwendet. Das Problem, wo denn der Mensch ein
Bleibendes besitzen und erkennen könne, ist schon im Urfaust so wichtig, daß ihm wieder auf einer anderen Stufe eine dritte Szene gewidmet
wird. Mephisto in der Maske des Professors macht sich nun die Erkennt-
nishoffnung zu eigen. Indem er die von Faust eingangs ausgesprochenen
Wahrheiten wiederholt, enthüllen sie sich in ihrer ganzen Relativität.
Indem der dumpfe Student Fausts Hoffnungen teilt, zeigt sich ihre Begrenzung erst recht. Der Höhepunkt der ironischen Umkehrung ist mit

dem Stammbuchvers aus der Vulgata bezeichnet, mit dem Mephisto dem Studenten die Gottähnlichkeit, das Wissen von Gut und Böse verspricht. Damit wird von vornherein das Erkenntnisproblem in einen Zusammenhang mit dem Schuldproblem gestellt. Weil die medizinische Wissenschaft nichts Dauerhaftes lehren kann, gibt Mephisto dem Studenten den Rat, den bloßen Augenblick zu ergreifen. Die Überlassung an den Augenblick wird in der endgültigen Fassung eine der Bedingungen des Teufelspakts gewähren. Der Augenblick richtet sich auf Besitz, aber vollkommener Besitz ist unmöglich; gerade die Anheimgabe an den Augenblick läßt die Zeit vergessen, mit ihr die Bedingungen der historischen Zeit, der Sitte und Gesellschaft. Sie läßt auch die Zukunft vergessen und übersieht, daß der Augenblick einmal als Erinnerung eine Form des Gewissens sein wird, ein Teil der Ewigkeit.

Das liegt der Gretchentragödie zugrunde, die erst 1808 diesen Namen erhält, aber im Urfaust schon als Folge von dramatischen Bildern voller Kraft, Reinheit und Süße vorhanden ist. Das schlichte Mädchen ist kein reflektierender Mensch. Der gnadenlose, über sie selbst hinausweisende Verlauf ihres Schicksals, der Weg von der Ahnung zur Verwirklichung in die Zerstörung, kommt in den drei „Volksliedern" zu Worte, die sie singt. Sechzehn Verse des kurzen puppenspielartigen Stiles braucht Goethe („Faust und die übrigen holzschnittartigen Spässe" wird er später sagen), um das Entstehen der Leidenschaft darzustellen. Ihr gegenüber ist Mephistos zynische Bemerkung „Sie ist die Erste nicht" gleichgültig. Das tausendfach Wiederholte hat als persönliche Erfahrung unvergleichlichen Wert. Wenn Margarete das Lied vom *König in Thule* singt, so ist der unbewußte Widerspruch zwischen Inhalt und Erfahrung, zwischen dem blühenden Mädchen und der Todessituation des alternden Königs reizvoll. Sie weiß noch nichts von der unerschöpflichen Symbolik des Bechers, daraus Lebensglut getrunken ward. Der Becher ist kostbarer als alles, heilig, er trinkt selber aus dem unendlichen Meer, wenn der König nicht mehr trinken kann. Mit des Menschen Leben endet die Liebe, mit der Liebe das Leben. So nimmt Gretchen mit dieser Ballade ahnungslos voraus, was ihr am Spinnrad ahnungsvoll bewußt wird. In den ganz einfachen Versen

> Meine Ruh ist hin
> Mein Herz ist schwer,
> Ich finde sie nimmer
> Und nimmer mehr

ist sie kein in sich ruhendes, süßes, sondern ein gequältes Wesen geworden. Liebe ist nicht mehr nur Glück, sondern in der Lust dem Tode verwandt. Noch einmal spricht sich im Religionsgespräch der alte, von der Begegnung des Augenblicks schon erschütterte Ordnungsglaube aus, im Gegenbild zu Fausts Meinungen. Dann folgt nur noch Unheil, doppelter Mord und mit dem Wahn schlimmere Zerstörung als die des Todes. Gretchens letztes Lied „Meine Mutter die Hur", das der Maler Runge viel später im Märchen vom Machandelboom notiert hat, rückt alles in eine unheimliche, urtümliche Tiefenwelt. Die sinnlosen Verse wirken durch magischen Klang, zeigen sinnlose Zerstörung, Aufhebung jeder Ordnung und weisen in einen vor der Ordnung liegenden Bereich, über den kein Zauber mehr Macht hat. Da gilt Tagzeit und Nachtzeit nicht mehr, und Fausts Rettungsversuch muß vergebens sein. Mephistos Schlußwort „sie ist gerichtet" führt ins Sinnlose, gerade weil er es ausspricht. Die Szenen enden mit schrecklichem Mißklang. Fausts ganze Ohnmacht wird offenbar als die des Menschen, der den Folgen seines Lebens nicht entgehen kann.

Der balladeske Stil des Urfaust tut sich dadurch dar, daß die einzelnen Szenen viel mehr innere als äußere Momente darstellen. Der Urfaust ist ein in hohem Maße geistiges Drama, dessen äußeres Geschehen vom Autor noch weitgehend ausgespart wird. Es geht darum, wie schon vordem, in der Unmöglichkeit dauerhaft-vollkommenen Besitzes von Liebe und Erkenntnis die Grenzen des vergänglichen Menschen zu zeigen, der aus der Bedingtheit hinausstrebt. Die erlebte Liebesglut ist nicht „Unendlich, ewig, ewig", sowenig wie eine bleibende Anschauung der Himmelskräfte und des Geists der Erde möglich ist. Kein Ende zu wollen, ist der menschlichste Selbstbetrug, aus dem Gebot der Selbstbestätigung und Selbsterhaltung erwachsen. Deshalb ist auch Mephisto, dessen Gestalt Züge des Kriegsrats Merck haben mag, kein bloßer Nihilist, wie Gretchen nicht nur naiv ist. Mephistos Zynismus wurzelt in der Relativität irdischer Verhältnisse, Gretchens anfängliche Sicherheit in dem festen Glauben, den Goethe bei Susanna von Klettenberg kennengelernt hatte. Die Himmelsglut löst sich auf, so wie der

> Dies irae, dies illa
> Solvet Saeclum in favilla.

Das Fragmentarische des Urfaust entspricht der Lebensstation des Dichters. Noch ist der entsagungsvolle Gipfel fern; der Faust am Ende des Fragments, das alle bisherigen Themen der Dichtung des jungen Goethe großartig zusammenfaßt, ist vernichtet und verschwindet ins Ungewisse. Ja, bei genauem Hinsehen sind die einzelnen Gestalten noch gar nicht festgelegt. Faust ist Denker, Zauberer, Liebhaber zugleich; Mephisto ist Sendling des Erdgeists, luziferische Kreatur und Realist des Augenblicks, wie Merck „mephistophelisch querblickend ... mit schonungsloser Verständigkeit". Was an ihm und an den Nebenfiguren karikiert ist, zeichnet eine echte Realität ab, die Goethe mit genialer Dramaturgie herstellt. Es ist nicht richtig, den Urfaust auf den Gegensatz Universität – Gretchenstube hin zu vereinfachen. Er stellt eine kleine, geschlossene Welt dar: offene Landschaft und gotischen Andachtsraum, Brunnenplatz und Kerker, Stationen übersehbaren Daseins. Erst später wird er zum Welttheater.

Seit dem Götz und Werthers Leiden war Goethe ein berühmter Mann geworden. Dem eleganten jungen Anwalt führte der Vater voller Stolz mit Hilfe eines Schreibers die Geschäfte. Besuch aus aller Welt wechselte mit der glänzenden Geselligkeit des Frankfurter Großbürgertums. Dennoch ist nichts unzutreffender als das Märchen vom „Götterbuben". Würde es nicht schon durch die Produktion der Frankfurter Jahre Lügen gestraft, so zeigten die Briefe, die vor allem gegenüber Auguste zu Stolberg („Gustchen") und Johanna Fahlmer („Tantchen", 1744–1821) in vollkommener Unmittelbarkeit reden, um welch hohen Preis die Selbstherrschaft erkauft wird. Hinter Goethes überwältigendem Äußeren, von dem etwa Boie berichtet, barg sich gespanntestes Dasein. Das an Poesie so reiche Jahr 1775 enthält für ihn die „zerstreutesten, verworrensten, ganzesten, vollsten, leersten, kräftigsten und läppischsten" Augenblicke, die er in seinem Leben gehabt. „Was die menschliche Natur nur von Widersprüchen sammeln kann", hat ihm „die Fee Hold oder Unhold" zum Geschenk gebracht. Das Herz voll hefetrüben Weins ist einmal „des Lebens recht froh, es ist ein starkes Treiben"; dann wieder muß es ausrufen „rette mich von mir selbst!" „ich tanze auf dem Drahte (Fatum congenitum genannt) mein Leben so weg..." Der Frankfurter Goethe ist noch weit von dem Augenblick entfernt, da er das Genie als diejenige Kraft verstehen kann, welche durch Handeln und Tun Gesetz und Regel gibt. Die in den dichterischen Hervorbringungen aufbewahrten Widersprüche sind im Leben selber nicht so leicht zu bannen und lassen in ihrem dämonischen Wesen oft keine andere Erkenntnis als die: „es ist ein schrecklicher Zustand die Sinnlosigkeit". Eine Briefstelle wie „Unseliges Schicksal, das mir keinen Mittelzustand erlauben will. Entweder auf einem Punkt, fassend, festklammernd, oder Schweifen gegen alle vier Winde!" – eine solche Stelle zeigt die Verknüpfung persönlicher Erfahrung mit dem Werk selber an. Seit dem Werther bewährt sich die heilsame Kraft, die es Goethe ermöglicht, aus der Verworrenheit des Daseins sich hinter ein Bild zu retten. Diese Fähigkeit ist die tiefste Begründung seiner Poesie.

Vieles davon ist in der Lyrik zu Wort gekommen und war durch die Liebesnot der Bindung an Lili verursacht. Liebe und Natur geben den Gegenstand der schönsten Verse ab. Das Schönemannsche Haus war ganz anderer Art als die Sesenheimer Idylle. In seinen glänzenden Verhältnissen war Goethes Verlobte der Mittelpunkt. Aber von vornherein war so viel Glück wie Zweifel gegenwärtig, wieviel mehr durch die Bindung nach der Verlobung. *Herz mein Herz was soll das geben?* fragt das

Gemüt, das sich nicht binden kann und sich dennoch durch ein dä-
monisches Zauberfädchen gekettet fühlt. Es gibt wenig Zeugnisse, die
so viel über das Wesen der Leidenschaft zu sagen wissen, wie die an Lili
gerichteten Gedichte. Ihr spielerisches Äußere verhüllt nur die „beinahe
unerträgliche Qual", „die Anmut jenes Unglücks":

> Ihr verblühet, süße Rosen,
> Meine Liebe trug euch nicht;
> Blühet, ach, dem Hoffnungslosen,
> Dem der Gram die Seele bricht!

Der widersprüchliche Zustand fordert Entscheidung und paralysiert sie.
Auch das wird aus den Gedichten deutlich, wenn man hinter ihre Maske,
die Goethe noch oft brauchen sollte, schaut. Wieder suchte er die Zu-
flucht in die Flucht. Die beiden Grafen Stolberg, die nach Frankfurt
gekommen waren, um den Verfasser des Werther kennenzulernen,
gaben ihm den Anlaß. Ohne Abschied zu nehmen entschloß er sich,
an ihrer Schweizer Reise teilzunehmen (15. 5. 1775). Sie führte über
schicksalvolle Stationen. In Karlsruhe, am Hof des Markgrafen Karl
Friedrich von Baden (1728–1811) trafen die jungen Leute in Werther-
tracht mit dem Herzog Karl August von Weimar und dessen Braut zusammen. Es war nicht das erste Zusammentreffen. Eine frühere, von
Goethes späterem engen Freund, dem Weimarer Hofmann Karl Ludwig
von Knebel (1744–1834) herbeigeführte Begegnung hatte schon am
Ende des voraufgegangenen Jahres in Frankfurt stattgefunden und die
Aussicht auf eine folgenreiche Zukunft eröffnet. In Straßburg wurde auf
der Hinreise Wiedersehen mit Lenz und Salzmann gefeiert, auf der Rück-
reise als einer dritten *Wallfahrt nach Erwins Grabe* im Juli 1775 (erschienen 1776) der Münsterturm noch einmal bestiegen. Schweren Herzens
berührt Goethe Emmendingen, wo seine geliebte Schwester in der Ehe
mit Schlosser in der Enge kleinstädtischer Verhältnisse lebt. Sie hat
Goethe wohl von allen Menschen am nächsten gestanden, und die Last,
die sie selber trug, mag sie veranlaßt haben, ihm die Lösung von Lili zu
empfehlen, ja zu befehlen. So zog er doppelt belastet in der Schweiz ein.
Er besucht Lavater, mit dem ihn nicht nur religiöse Bemühung, sondern
vor allem die Teilnahme an den *Physiognomischen Fragmenten zur Beförderung der Menschenkenntnis und Menschenliebe* verbunden hatte. Sie hatten Goethes Beobachtungsgabe erstmals nachdrücklich auf den Zusammenhang zwischen äußerer Erscheinung und innerer Gesetzlichkeit
hingewiesen, eine Wirkung, die auch noch anhielt, als er sich später von
Lavaters Christlichkeit löste. Der nachhaltigste Eindruck wurde von der
großen Natur gewährt, die des Dichters Seele spiegelt – „daß es der Erde
so sauwohl und so weh zugleich ist". In dem herrlichen, auf dem Zürcher See in das Tagebuch notierten Gedicht, das später die Überschrift

Auf dem See erhielt, ist der Zustand der Schwebe zwischen Sehnsucht und Gegenwart wunderbar enthalten. Zum erstenmal ist Goethes Anschauungskraft als Mittel vollkommener Vergegenwärtigung gebraucht. Das Vertrauen in die Natur läßt die „ewig verderbliche Liebe" vergessen. Noch einmal im gleichen Jahre, in der Zeit der endgültigen Lösung von Lili wird im *Herbstgefühl* die gleiche Gewalt sinnlicher Naturanschauung verwirklicht, die aus dem persönlichen Moment durch die Weite von Raum und Zeit in das geistige Dasein vorschreitet.

Die Reise führte nach der Trennung von den Grafen Stolberg zusammen mit dem Frankfurter Landsmann Passavant bis zum Gotthard. Aber der Schritt nach Italien wird noch nicht getan, die Sehnsucht nach Lili zieht Goethe zurück; im Herbst 1775 wird die Verlobung gelöst. Die damit verbundenen Qualen klingen in der *Ballade vom untreuen Knaben* nach, die in dem im gleichen Sommer entstandenen Singspiel *Claudine von Villa Bella* enthalten ist. Es ist ursprünglicher und derber als das zuvor entstandene *Erwin und Elmire*. Beide dienten einer geselligen Unterhaltung, an der Goethe in Frankfurt keine Freude mehr zu finden vermochte. – Krankheiten und Reisen bezeichnen oft und nicht zufällig Lebensabschnitte. In den sechs Jahren zwischen der Rückkehr aus Leipzig und der Reise in die Schweiz war Goethe zum größten deutschen Dichter geworden. Die Fülle der Spannungen, die in das bisherige Werk heilsam eingegangen waren, nahm er mit, als er am 3. 11. 1775 einem Rufe des Herzogs Karl August nach Weimar folgte. Der Kammerjunker von Kalb, der Goethe abholen sollte, verspätete sich; hätte er Goethe noch ein wenig länger warten lassen, so wäre dieser nicht an den Fürstenhof, sondern nach Italien gereist.

VIERTES KAPITEL

DIE REVOLUTION IM DRAMA

Das Drama wurde in weit höherem Maße Ausdruck des revolutionären Geistes als die Erzählung und der Roman. Insofern steht es der Lyrik näher, aber die Menschenauffassung ist in der dramatischen Form deutlicher zu erkennen. Es geht um die irrationale Einheit der Person und des Lebens. Aus der Episode, die in der neuen Dichtung eine besondere Rolle spielt, sucht man die Unendlichkeit des Naturzusammenhangs sichtbar zu machen. Das Handlungsdrama der Aufklärung wird abgelöst vom Entwicklungs- und Seelendrama. Shakespeare wird das große Vorbild für Stil, Form und Menschendarstellung.

Voltaires Bericht über seinen Aufenthalt in England eröffnete Shakespeare den Weg in die Literatur des Festlandes. Der Franzose prägt das Wort vom „außerordentlichen Genie mit den barbarischen Fehlern". Daß der von ihm bekannt gemachte „exotische" Dichter zum Vorbild für revolutionäre Dramatiker wurde, war nicht in seinem Sinn. Als seine Gegner den Ausspruch, Shakespeare sei ein betrunkener Wilder, aufs Korn nahmen, kam sich Voltaire längst wie der Zauberlehrling vor.

In seinem Geist, dem eines „geschmäcklerischen Klassizismus", übertrug Wieland die Werke Shakespeares, indem er ihnen einen anderen Stil gab. Dem fielen manche Worte, Gespräche und Sentenzen zum Opfer. Sein Stilgefühl wehrte sich genau so wie das Gottscheds gegen die barocken Metaphern, nur daß er nicht von romantischem Schwulst spricht. Er wehrte sich gegen die Wortspiele, den Irrationalismus, die nicht salonfähige Ausdrucksweise, aber er bewundert „*Größe und Umfang*" von Shakespeares Geist und nennt seine Werke „*immerwährende Ausstrahlungen des mächtigsten, reichsten, erhabensten Genius, der jemals einen Dichter begeistert hatte*".

Voltaires *Warnungsbrief an die Französische Akademie betreffend Shakespeare* (1775) wurde ein Jahr später von Albrecht Wittenberg ins Deutsche übersetzt und entfesselte einen Sturm der Entrüstung. Eschenburg setzte sich zur Wehr. Seine Gesamtübertragung (1775–82), die die Wielandsche fortsetzte und verbesserte, stand jedoch in ihrer Wohltemperiertheit hinter dem tieferen Wissen um Shakespeare, das sich die junge Dramatikergeneration inzwischen angeeignet hatte, und hinter den Forderungen an Stil und Gehalt, die in Goethes *Götz* und *Werther* Wirklichkeit geworden waren, zurück. Der *Götz* mußte dem Shakespeareschen Geiste die deutsche Bühne erobern, ehe Fr. L. Schröder mit der deutschen Uraufführung des *Hamlet* (1776) dem deutschen Publikum Shakespeare selbst, freilich in einer sehr gemäßigten Form, anzubieten wagte.

Auch in Frankreich hatte sich inzwischen eine Stimme für Shakespeare erhoben, die in Deutschland großen Widerhall weckte. Louis Sebastien Mercier nimmt mit seiner revolutionären Schrift *Du théâtre ou nouvel essai sur l'art dramatique* (1773) in der

Geschichte des Dramas eine ähnliche Stellung ein wie Rousseau in der der Weltanschauung. Von seinen großen Landsleuten läßt er gerade noch Diderot als Vertreter der Bürgerlichkeit gelten. Er möchte das Drama für alle Gesellschaftsschichten retten und dem Proletarier die Bühne erobern. Zwar blieb er in seinem Vaterland der unverstandene Herold Shakespeares, kämpfte aber erfolgreich gegen die drei Einheiten und die klassizistische Schulpoetik von Aristoteles bis Boileau an. Ohne Regel offenbare sich das Schöne: das war den jungen Genies aus dem Herzen gesprochen. So konnte Klinger sagen, er habe sich nach Frankreich verirrt.

Shakespeares Werke erfüllten die Forderung des Sturms und Drangs nach Individualismus, aber ihre Wirkung brach sich in den Prismen von Herders Begeisterung und Goethes Werther und wurde in vielen Möglichkeiten sichtbar. Goethe nimmt in seiner Shakespeare-Rede (S. 245) Stellung zum französischen Drama, glaubt wie Gerstenberg und Herder, daß Shakespeare die Geschichte verlebendige, aber auch, daß er Anklagestücke geschrieben habe. Leisewitz fühlte sich von der neuen Freiheit und dem neuen Enthusiasmus angezogen. Auf Wagner konnte nur die Natürlichkeit wirken, die er in seiner Weise auswertete. Lenz sah die Verneinung der Ordnung und seinen Naturalismus in Shakespeare bestätigt. Freiheit wird ihm Zügellosigkeit; es entsprach seiner schrullenhaften Phantastik, daß er das Lustspiel *Verlorene Liebesmüh* übersetzte und die Verbindung zwischen der Märchenwelt Shakespeares und dem naturalistischen sozialen Drama suchte. Klinger sah seinen Willen zur Leidenschaft in Shakespeare bestätigt. Er verschrieb sich ihr, weil sie das logische Denken aufhob und die Fesseln sprengte. Er blickt nur aufs Äußerliche und wirkt deshalb wie ein Karikaturenzeichner. der sich dem Pathos der Freiheit und des Umsturzes verschrieben hat. Der Maler Müller reihte in seinen mittelalterlichen oder Legendendramen Idylle an Idylle, er erlebt den Menschen in seiner landschaftlichen, nicht in seiner geschichtlichen oder gesellschaftlichen Umgebung, deshalb sind ihm Shakespeares Menschen weniger vertraut als seine Naturwesen und Dämonen. Heinses Freiheitssinn, Genußevangelium und Begeisterung für Üppigkeit in Farbe und Form läßt ihn in Shakespeare einen Rubens der Dichtung finden. Auch der sinnliche Heide in ihm konnte sich zu Shakespeare hingezogen fühlen.

War Shakespeare den Stürmern und Drängern Vorbild für den Stil und die leidenschaftliche Kraft, die sie alle beseelte, Inbegriff des Genies schlechthin, seine Gestalten Urbilder aktiven Menschentums, so mußte ihnen doch die Fülle an neuen Stoffen und Motiven aus ihrer eigenen Zeit erwachsen. Es ergibt sich das Paradoxon, daß ihnen im Bezirk des geistigen Gehalts der theaterfeindliche Rousseau der Wegweiser zu einer neuen Form des Dramas wurde.

Aus den weiten Bereichen neuer Wirklichkeiten, die die bürgerliche Dichtung seit den vierziger Jahren des Jahrhunderts erschlossen hatte, erwuchs dem Sturm und Drang ein neuer Sinn für Tragik. Er erkannte

den Menschen in seiner sozialen Bedingtheit, und aus dieser Erkenntnis
ergab sich notwendigerweise die Sympathie für die Unterdrückten,
Schwachen und Geringen, auf der anderen Seite Bewunderung für die
„Kerls", die es wagten, die Schranken der sozialen Ordnung zu durchbrechen und den Gesetzen zu trotzen. Titanen, aber auch Zerschellte
wurden so mit gleicher Berechtigung zu Helden des Dramas. Steigerung
des Selbstbewußtseins auf der einen, mitfühlende Empfindsamkeit auf
der andern Seite sind die Kraftströme, die von der Bühne ausgehen. So
konnte der Sturm und Drang mit seinen passiven Helden gelegentlich
in der Form des Legendendramas (Maler Müller) an das barocke Märtyrerdrama anknüpfen und zugleich Wesentliches aus dem Drama des Naturalismus vorwegnehmen.

Die Forderung einer moralischen Wirkung, mit der Schiller sich an
Diderot, den Begründer des bürgerlichen Natürlichkeitsstils auf der
Bühne, anschloß, machte aus dem Theater eine Art Laienkanzel und
ließ es als volkserzieherische Institution an die Stelle der moralischen
Wochenschriften und des Romans treten. Damit wurde das Drama zum
Sprachrohr der sozialen Forderungen der Zeit und begünstigte das
Tendenzstück, das Anklage erhob. Diderot hatte den Familienvater als
dramatische Figur entdeckt; die Familie als Teil der Gesellschaft und
als soziale Einrichtung rückte in den Mittelpunkt der dramatischen Diskussion. Die Familie wird in den Augen der Stürmer und Dränger zu
einem Bestandteil der Konvention und der erstarrten Gesetze, gegen
die sie im Namen des Individuums und des natürlichen Rechtes Partei
ergriffen.

So richtet sich die Kritik des Sturms und Drangs gegen den Mißbrauch der elter-
lichen Gewalt, verkehrte Erziehung, die Beschränkung der Freiheit bei Berufswahl
und Heirat. Man sieht Kinder durch Vorurteile und falsch angewendete elterliche
Gewalt zu verzweifelten Schritten getrieben, Wahnsinn und Selbstmord sind die
Folgen, die Reue der Eltern an der Leiche des Kindes kommt zu spät. Wie hier der
Generationskonflikt auftaucht, so kommt auch der Gegensatz zwischen Mann und Frau
zur Sprache. Der Sturm und Drang ergreift Partei für die freie Gefühlsentscheidung der
Frau, für unstandesgemäße Heirat und freie Liebe. Aber gerade diese Zeit ist frei von
jeder Frivolität, und der Treubruch führt zur scharfen, keine Gnade kennenden
Selbstanklage. An der Erziehung der Frau, ihrer schlechten Beeinflussung durch
unmoralische und sentimentale Bücher wird Kritik geübt, das Thema der berufs-
tätigen Frau klingt an. Vor allem aber ist das gefallene Mädchen eine Gestalt, deren
sich die Sturm-und-Drang-Dramatik besonders annimmt.

In den Kampf des Rechts gegen die Gesetze griffen die Stürmer und
Dränger ein, indem sie das Verständnis der Zeit bei der Beurteilung des
Kindsmordes aufriefen. Sie brachten die Forderung vor, die die Aufklärung im Namen der Moral und Rousseau im Namen der Natur erhoben
hatten. Im Zusammenhang mit der Diskussion über die Todesstrafe wurden viele Stimmen für eine mildere Handhabung der Gesetze laut. Goethes

Schwager Schlosser, Iselin und Pestalozzi (1783) haben sich mit dieser Frage beschäftigt, als der Oberappellationsrat beim Mannheimer Gericht Ferdinand von Lamezan einen Preis für die beste Beantwortung der Frage aussetzte: „*Welches sind die besten ausführbaren Mittel, dem Kindermord abzuhelfen, ohne die Unzucht zu begünstigen?*" (1780). Die rege Beteiligung zeigte die verschiedenen Ansichten: Man glaubte im Kampf gegen die strenge Justiz Mösers, der sich gegen die „Menschenliebe" wehrte, gegen Schlözer, der die Findelhäuser als Mordgruben bezeichnete, aber auch gegen das vom Sturm und Drang begünstigte, allzu bereitwillige Verstehen zu vernünftigen Grundsätzen der Beurteilung gelangen zu können und wendete sich gegen das *Deutsche Museum*, in dem das Thema des Kindsmordes von allen Seiten beleuchtet wurde, sowie gegen die „theatralischen Vorstellungen". Man hatte recht damit, die seelische Verfassung der Kindsmörderin unter neuen Gesichtspunkten zu beurteilen und das Schuldkonto des Verführers zu belasten. Verführung und Kindermord stellen Anfang und Ende eines Vorgangs dar. Entweder kommt der gerissene Verführer durch einen Schlaftrunk zum Ziel, das verlassene Mädchen haßt ihren Verführer, die Ähnlichkeit des Kindes mit dem Vater ist der letzte Anlaß zum Mord – oder das liebende Mädchen verrät auch auf der Folter den Namen des Geliebten nicht. Meist haben Standesrücksichten diesen veranlaßt, sein Versprechen nicht einzulösen. Dieses Motiv wird gern in eine mittelalterliche Umwelt versetzt; dort erhalten die Gestalten etwas Marionettenhaftes, Schauerballadenmäßiges. So sehr auch um das Verstehen der sozialen Fragen und die Wiedergabe der Wirklichkeit gerungen wurde: kein Werk dieser Art hat die Höhe der *Gretchentragödie* erreicht.

Der Frage des Rechts auf freie Liebeswahl und dem Motiv des Kindsmordes schloß sich das Problem der Stände an, dessen Gestaltung im bürgerlichen Roman und in den bürgerlichen Rührstücken Lillos und Diderots vorbereitet worden war. Gegen die gesellschaftliche Mißachtung des Bürgertums, die der Sturm und Drang als eine Folge der ökonomischen und politischen Gebundenheit ansah, erhob sich Protest und Anklage, ohne daß man zu positiven Vorschlägen gelangt wäre. Wie Richardsons Romane sahen die Dramen des Sturms und Drangs die Tugend auf der Seite des Bürgertums, das Laster auf der des Adels. Der adelige Verführer der Bürgerstochter veranlaßt den Ruin der bürgerlichen Familie. Das Bürgertum unterliegt, weil es nicht zum freien Menschentum erzogen ist. Der bürgerliche Hofmeister, dem seine Bildung zum Broterwerb dient, wird durch den adeligen Herrn ausgenützt und obendrein verachtet. Zum Problem des Adels gehört das des Offiziers. Die Notwendigkeit der Heiratserlaubnis für einen bestimmten Stand verletzt das Menschenrecht, Lebensform und Ehrenkodex des Offiziers sind ausgesprochen antibürgerlich angelegt. Lenz empfindet den Soldatenstand als

Fremdkörper im Staate. Die geforderte Überbrückung des Standesunterschiedes wird am klarsten im Motiv der ungleichen Heirat. Hier wird das Herz gegen die Konvention, die Leidenschaft gegen die Vernunft, die Natur gegen die Sitte ausgespielt. Bei Frau Gottsched galt noch für sinnvoll und erstrebenswert, innerhalb des eigenen Standes zu bleiben: ein Bürgerlicher, der eine Adelige heiratet, ist für sie ein Tor. Bei Rousseau zerbricht das Glück der Liebenden. Der Sturm und Drang will zwischen den Ständen vermitteln. Neben die Empörung von unten tritt die Vorurteilslosigkeit von oben. Ferdinand von Walther ist der Gegentyp zu den adeligen Verführern der Romane Richardsons, er hat den Adelsstolz überwunden, während der alte Miller in seinem Bürgerstolz verharrt und Luise die ihr heiligen Schranken des Standes nicht zu durchbrechen vermag.

Der Adel ist im kleinen das, was die Fürstenhöfe im großen sind. Der bürgerlich-revolutionären Gesinnung mußte das republikanische Ideal entsprechen. Römertugend, hier gleichbedeutend mit Bürgertugend, wendet sich gegen Tyrannei, selbst wenn diese die Gestalt des genialen Fiesco annimmt. Demokratischer Geist scheint in dem jungen Staatenbund Nordamerikas wiedergeboren, wohin eine Jugend, der Europa zu eng ist, sich flüchten kann. Jedoch bleiben diese politischen Gedanken im Bereich unbestimmter Schwärmerei ohne klar herausgearbeitete Ziele. Es entstehen weniger politische Dramen als Haupt- und Staatsaktionen. Schärfer formuliert ist immer das Negative, die Anklage, der Tyrannenhaß. Der ausschweifende Lebenswandel der Fürsten, ihr mangelndes Verantwortungsgefühl gegenüber den Untertanen, bereits seit Lessings Emilia Galotti Gegenstand der Kritik, wird von Schiller in einem allen Zeitgenossen bekannten Vorgang angeprangert. Die Dramatik des jungen Schiller, vor allem in *Kabale und Liebe*, ist eine Zusammenfassung aller Tendenzen des Sturm-und-Drang-Dramas.

1. KLINGER

Friedrich Maximilian Klinger (1752–1831) entstammte einer Soldatenfamilie und wuchs nach dem Tod seines Vaters (1760) unter ärmlichen Verhältnissen in Frankfurt a. M. auf. Ehe er 1774 zum Rechtsstudium nach Gießen ging, lernte er Goethe kennen, der sogleich Freundschaft zu dem gut aussehenden, ernsten und charaktervollen, durch vielseitige Begabung ausgezeichneten jungen Mann faßte.

Schöne Wissenschaften und literarische Pläne zogen Klinger bald in ihren Bann. Er kam in Verbindung zu Merck und Boie, erste dramatische Entwürfe entstanden. 1776 verließ er Gießen und suchte Goethe in Weimar auf, konnte sich aber dort nicht durchsetzen und schloß sich als Theaterdichter der Seylerschen Truppe an, mit der er nach Leipzig, Dresden, Mannheim und Köln ging. Goethes Schwager Schlosser vermittelte ihm, als er der Dichtkunst und seiner Umgebung überdrüssig wurde, 1779 den Eintritt in die österreichische Armee. 1780 wurde er Leutnant in einem russischen Marinebataillon und fand in Zarewitsch Paul einen Gönner. Er wurde dessen Vorleser und Reisebegleiter, machte zwei Türkenfeldzüge mit und leitete von 1785 ab das Kadettenkorps in Petersburg. Durch seine Ehe mit der Tochter des Generals Alexejew (1788) befestigte er seine Stellung am Hof Alexanders I., gelangte zu hohem Ansehen und zur Generalswürde. Als Kurator der Universität Dorpat (1803–17) war er einer der wichtigsten Vermittler deutscher Kultur nach Rußland. Der Tod seines Lieblingssohnes, Intrigen und Krankheiten verbitterten seinen Lebensabend.

Der junge Klinger, Sieger in dem Dramenpreisausschreiben Schröders (1776), war eine der hervorragendsten Erscheinungen der Geniezeit. Themen und Stil seiner Dramen waren neu und mitreißend. Hier suchte eine elementare Leidenschaft ihren Ausdruck. Alle Register vom melancholischen Träumen zum tobenden Ausbruch standen dem Verfasser zur Verfügung. Er bevorzugte mundartliche und veraltete Wendungen, Hyperbeln, Bilder, Ausrufe, abgebrochene Worte und stammelnde Wiederholungen, nicht aus Nachlässigkeit, sondern aus heiligem Ernst und mit künstlerischer Bewußtheit, die bis zu einer gewissen Gewaltsamkeit geht. Seine Vorbilder sind Shakespeare und der *Götz*. Während seine ersten Stücke noch mangelnde Bühnenkenntnis verraten, vollzieht sich in den *Zwillingen* die Anpassung an die Forderungen des Theaters. Sein Hauptaugenmerk ist wie bei seinen Vorbildern auf die Gestaltung der leidenschaftlichen oder elegischen, immer echt menschlichen Charaktere gerichtet.

Bei seinem Erstlingswerk, dem Ritterdrama *Otto* (1775), hat vor allem der *König Lear* Pate gestanden. Es handelt sich um einen erfundenen Stoff, der nicht an bestimmte Ereignisse gebunden, sondern nur allgemein mittelalterlich gehalten ist. Das Thema der ungleichen Brüder, die mit ihrem Vater verfeindet sind, wird in der Nebenhandlung wiederholt. Eine Fülle von Motiven bleibt ohne innere Verbindung. Krasse Übertreibungen in Sprache und Charakterisierung zeigen den Dichter noch nicht als Meister seiner Phantasiegebilde und der dramatischen Technik. In die Nachfolge von Lenz' *Hofmeister* stellt er sich mit einem sozialen Thema: *Das leidende Weib* (1775). Der Konflikt der verheirateten Frau, die ihrer Jugendliebe verfällt und nun dem Wüstling als vogelfreie Beute erscheint, endet mit dem Selbstmord der Schuldigen. Das triebhafte Ich geht an der konventionellen Ordnung zugrunde. Es wird Anklage erhoben gegen die Schöngeisterei Wielandscher Prägung, die die Sinne verführt und die Sitten verdirbt. Die Überlebenden des Stücks finden in einem rousseauischen Landleben voll körperlicher Arbeit die sittliche Gesundung.

Die *Zwillinge* sind Klingers erstes reifes Werk, das in hohem Grad dem Geschmack der Geniezeit Rechnung trug. Im Mittelpunkt steht der schöne, wilde Guelfo, der sich als Zweitgeborener benachteiligt glaubt, dessen Mißtrauen sich zum Wahn steigert, und der seinen Zwillingsbruder Ferdinando erschlägt, als dieser sich weigert, auf sein ungewisses Erstgeburtsrecht zu verzichten. Um sein Geschlecht vor größerer

Schande zu bewahren, ersticht der Vater den Brudermörder. Wird auch das grausige Geschehen bei Leisewitz' *Julius von Tarent* schärfer begründet, so ging doch von Klingers leidenschaftlichem, von innerer Unruhe getriebenem Helden eine gewaltige Wirkung aus, die Anton Reisers Beschreibung der Aufführung durch die Schrödersche Gesellschaft festgehalten hat.

Die neue Arria (1776) führt wieder in die leidenschaftliche Welt eines Italiens früherer Jahrhunderte. Die Liebe zweier groß angelegter Menschen und ein gesteigerter Individualismus, der Selbstentfaltung mit ethischem Wert verbindet, treiben zu einer selbstlosen politischen Tat: dem Versuch, einen unrechtmäßigen Machthaber zu stürzen. Das Mißlingen des Plans führt die Liebenden zum Selbstmord.

Schon vor dem Weimarer Aufenthalt hatte Klinger den Weg zur Überwindung des Sturms und Drangs gefunden. Vom großen Menschen, der aus sich heraus vom Gefühl bewegt ist (*Otto, Arria*), geht er zu *Simsone Grisaldo* (1776) über, dessen Sinn in der Hingabe an die Gemeinschaft liegt. Grisaldo unterstellt sich voller Selbstzucht einem höheren Dienst. Das Besondere des Werkes ist kaum aus dem Zug ins Märchenhaft-Phantastische zu erklären, bei dem Klinger zarte, liebevolle Empfindsamkeit hätte triumphieren lassen. Es bedeutet kaum eine Wendung zum Immoralismus, wenn dieser mit so vielen gewinnenden Eigenschaften ausgestattete Don Juan–Faust sich auf seine Rechte als Ausnahmemensch beruft. Klinger nimmt vielmehr die Anklage Rousseaus gegen die Verlogenheit, welche über Recht und Sitte herrscht, wieder auf. Das Gegenspiel betreiben lichtscheue, niedrige Geister, deren Erbärmlichkeit offenbar wird. Die äußere Verwandtschaft solcher Gestalten mit der Schwarz-Weiß-Kunst des Barockdramas darf nicht darüber hinwegtäuschen, daß hinter dieser der Stoizismus mit seinen starren Forderungen stand. Bei Klinger dagegen schreit das gequälte Herz seine Anklage hinaus; dabei spricht sich das neue, von Rousseau stammende, revolutionäre Gefühl zusammen mit der neuen Sentimentalität aus, die sich von Gellerts Rührseligkeit befreit hat. Man hat die Welt der Natur entdeckt und kann nun Unwahrheit und Konvention bekämpfen, weil sie von außen herangetragenen unnatürlichen Gesetzen unterstehen.

Gegen den *Simsone Grisaldo* bedeutete das in Weimar beendete Werk mit dem ersten Titel *Wirr-Warr* (1776), dem der Genieapostel Kaufmann später den auf die ganze Epoche übertragenen Titel *Sturm und Drang* gab, einen Rückfall in die Überhitzung kraftgenialischen Stils. Die Gestalten des Wirr-Warr offenbaren in ihrem inneren Zwiespalt das Gegeneinander (Sturm) und Zueinander (Drang) der wirkenden Kräfte. Aus der Überwindung der individuellen Rücksichtslosigkeit öffnet sich der Ausblick auf eine kommende Gemeinschaftskultur, in der die freie Entfaltung der Persönlichkeit nicht gehemmt wird.

Der Haß zweier schottischer Familien wird auf amerikanischem Boden durch einen Deus ex machina beendet. Jedoch bildet der amerikanische Freiheitskampf nur eine Stimmungskulisse; denn Karl Bushy ist kein Kämpfer für die Freiheitsidee sondern ein wilder Reisläufer. Die Plan- und Berufslosigkeit der drei europamüden Kumpane Wils, La Feu und Blasius verkörpern die damaligen Stimmungen Klingers: „Ich habe die tollsten Originalen zusammengetrieben. Und das tiefste Gefühl wechselt immer mit Lachen und Wiehern." Aber auch in diesem Stück klingt die Sehnsucht nach Abklärung der Leidenschaften und Überwindung des „verlorenen Drangs" an.

Mit Eintritt in die Seylersche Truppe ist die eigentliche Sturm-und-Drang-Periode Klingers und seine führende Stellung auf dem Gebiet des Dramas vorüber. Einzig das 1777 für die Truppe entstandene, erst 1780 veröffentlichte politische Trauerspiel *Stilpo und seine Kinder*, von dem Klinger selbst bekannte, daß es „nur für das Theater" sei, ist noch dieser Epoche zuzurechnen. Seine späteren Stücke haben die deutsche Bühne kaum mehr erreicht.

In einer Reihe von Lustspielen, die sich teilweise noch zum Titanentrotz der Genies bekennen, gewinnt Klinger langsam Abstand von den Idealen seiner Jugend. Da ist das Fragment *Der verbannte Göttersohn* (1777), *Die falschen Spieler* (1780), dessen beide ungleiche Brüder Franz und Karl nicht ohne Einfluß auf Schillers Räuber gewesen sind, ferner *Der Derwisch* (1780) und *Der Schwur gegen die Ehe* (1797), die beide die Welt- und Gesellschaftsordnung als ein Possenspiel zu betrachten vermögen. Seine späteren, in Rußland entstandenen Dramen zeigen die Probleme der Gegenwart nur noch im Gewand der Geschichte. Mit *Konradin* (1784) knüpft er nur rein äußerlich an die Ritterwelt seines Erstlings Otto an; der Akzent verlagert sich auf die den Dichter seit 1777 *(Stilpo)* steigend beschäftigenden politischen Fragen, die auch das Thema des Schauspiels *Der Günstling* (1785) sind, in dem ein Herrscher sich von den schlechten Einflüssen seines Ratgebers befreit. Die politischen Probleme bleiben auch mit Klingers Wendung zu antiken Stoffen im Vordergrund. Im *Damokles* (1790) hält er noch an den demokratischen Idealen seiner Jugend fest. Die beiden Dramen, in denen er das Schicksal Medeas behandelt – *Medea in Korinth* (1787) und *Medea auf dem Kaukasus* (1791)–, erinnern nur noch äußerlich in dem gewaltigen Frauencharakter, der zwischen Liebesglück und -leid gestellt ist, an die Gestalten des Sturms und Drangs. Die übernatürliche Zauberin, die in sich die Sehnsucht nach Einordnung in den Bereich des Menschlichen fühlt, scheitert und bleibt Barbarin. Die Frage, ob der Einzelne sich über die angeborenen Schranken seiner Macht und Kenntnis erheben kann, wird verneint und die sittliche Forderung erhoben, daß auch die große Persönlichkeit sich den Gesetzen unterordnen müsse, bei aller Verpflichtung zu sittlicher Tat. Hier hat Klinger den Weg zu einem ethischen Titanismus vollzogen, der mit dem Schillers große Ähnlichkeit hat.

Die Lösung des Zwiespalts zwischen dem Einzelnen und der Gesamtheit, zwischen Freiheit und Gesetz, Herz und Verstand, Natur und Kultur erstrebte der reife Klinger unter dem Einfluß rousseauischer Ideen in einer Reihe philosophischer Romane, die sich in ihrem Ideengehalt, wenn auch nicht in ihrer künstlerischen Höhe, in Richtung auf die Klassik bewegten. Von Rousseau fand er den Weg zu Kant, doch war auch Voltaire auf weite Strecken sein Lehrmeister, während die noch in die Theaterzeit zurückreichenden Anfänge seines Romanschaffens im Zeichen Crébillons und Wielands stehen. *Orpheus* (1778–80) und der gegen den Kraftapostel Christoph Kaufmann gerichtete, im Stil des 16. Jahrhunderts geschriebene Roman *Plimplamplasko* (1780) sowie die *Geschichte vom goldenen Hahn* sind satirisch, z. T. rokokohaft und zeigen Freude am französischen Feenmärchen und Neigung zur ästhetischen Manier.

Mit *Fausts Leben, Taten und Höllenfahrt* (1791) beginnt eine Reihe von 10 Romanen, in deren Charakter sich Elemente des Abenteuerromans mit denen des Bildungsromans treffen. Nach einem Brief an Goethe (26. 5. 1814) wollte Klinger in ihnen „den Kampf zwischen Freiheit und Notwendigkeit" darstellen, also sein erzieherisches Selbstbekenntnis geben. In diesen Bänden sind sein Wesen und sein widerspruchsvolles Weltbild am besten zu fassen. Er zeigt in seiner mehr philosophischen als dichterischen Anlage eine geistige Verwandtschaft mit Voltaire: beide kritisieren, aber Klinger ringt um Lösung von Problemen, die Voltaire nur anrührt. Beider philosophische Romane führen die Nachtseiten des Lebens vor. Absolutismus und Orthodoxie sind das Ziel ihrer Kritik, die bei Klinger vom Christentum fort zur Sympathie mit dem Islam führt. Doch überwindet Klinger seine Skepsis durch die Idee der moralischen Kraft und glaubt an den guten Kern in der Menschennatur, den ihm Rousseau mit dem Gedanken von der Verbildung des Menschen durch die Zivilisation wies. Die Romane zeigen in ihren wechselnden Lösungen immer wieder den Kampf um die Reinerhaltung dieses Glaubens. Klingers Bemühungen um einen Ausgleich des Dualismus führen ihn schließlich in die Nähe der Aufklärung.

Auch Klingers *Faust* wurzelt noch in der Welt des Sturms und Drangs. Wahrheitsdurst quält den Helden, den die Wissenschaften vergeistigt haben. Die Menschheit ist für den Buchdruck, den er ihr schenkt, nicht reif. Er sagt sich von ihr los und ergibt sich dem Teufel, der seine Fragen über die Bestimmung des Menschen, die Ursache des Übels und der Ungerechtigkeit unbeantwortet läßt, ihm aber Genuß und Einblick in den moralischen Wert des Menschen verspricht. Mit dieser Aussicht tritt Faust die Weltreise an. Er sieht Verbrechen und Ungerechtigkeit, den Zusammenbruch der Tugend vor der Versuchung, den Triumph des Bösen, fühlt sich berufen einzugreifen und vergrößert damit sowie durch die Befriedigung seiner Leidenschaften das Unheil. Sein Glaube an den moralischen Wert des Menschen bricht völlig zusammen, als er das Treiben am päpstlichen Hof Alexanders sieht. Er findet das Leben nicht mehr lebenswert und wünscht in die Hölle aufgenommen zu werden. Fausts Taten führen wie alle Taten, ob gut oder böse, zu Leiden und Schmerz und sollen zeigen, daß die menschliche Bosheit Quelle allen Übels ist.

Die auf den Prinzipien Kants aufbauende *Geschichte Giafars des Barmeciden* (1792–94) stellt gleichsam das Gegenbeispiel zu Fausts Schicksal, einen Anti-Faust, dar. Der letzte Vertreter des Hauses der Barmeciden soll in die Gewalt des Teufels Leviathan gebracht werden. Der Held entwickelt sich durch Bildung und Vorbereitung zum Träger des sittlichen Prinzips und bewährt sich, als er mit den irdischen Gewalten in Konflikt gerät. Sein Idealismus widersteht allen Versuchungen, das höchste Prinzip steht ihm bei.

Auch der Held des Bildungsromans *Raffael de Aquila* (1793) zeigt eine ähnliche stoische Haltung. Er ist der Sohn eines Mannes, der, von Philipp II. geblendet, seine Söhne zu Menschenliebe und Werktätigkeit erzieht. Raffael muß sich als Vorkämpfer dieser Ideen mit der Welt des Hofes auseinandersetzen und wendet seine politischen Bemühungen den unterdrückten Mauren zu. Sein Glaube an die Bestimmung des Menschen bleibt fest, wenn auch seinen Bestrebungen der Erfolg versagt ist.

Eine zweite Gruppe des Romanzyklus führt in den Orient. Der an Wielands Staatsroman anknüpfende Roman *Mahalls Reisen vor der Sündflut* (1795) schildert die Reise von Noahs Schwager Mahall in das Kulturreich Enoch, wo er den Absolutismus und die sich daraus ergebende Sittenverderbnis kennenlernt. Noch schlimmere Erfahrungen macht er bei den Iradern, dem Reich weltmännischer Bildung. Die in diesem Reich der „Denklinge" gepflegte Wissenschaft führt zu Selbstherrlichkeit und schließlich zur Zerstörung der Sittlichkeit. Manches ist unschwer als absichtliche Verzerrung Kantscher Ideen zu deuten. Wie bei Fausts Reisen, so ist bei Mahalls Reise das Ergebnis das gänzliche Zerfallensein mit Gott und der Welt. *Der Faust der Morgenländer* (1796) knüpft in den Personen an Mahalls Reise an. Die Frage des Weisen Ben Hafi: „Was ist heilsamer, dem Herzen oder dem Verstand zu folgen?" wird im Roman mit der Erkenntnis beantwortet: Das Herz schafft die Tat, der Verstand überlege und rate, Güte und Weisheit umschließen beide; dann geht der Sterbliche sicheren und festen Trittes einher, das Übrige ist das Schicksal." Auch der Held *Abdallah* widersteht der Ungunst der Verhältnisse und endet in rousseauischer Weltflucht. *Sahir* (1797), eine Umarbeitung der *Geschichte vom goldenen Hahn* und als „Erholungsstück" der Romanreihe angefügt, nimmt die rousseauischen Gedanken wieder auf und zeigt die sittliche Verderbnis, die durch die spanische Eroberung und die europäische Kultur über ein Naturreich hereinbricht.

Die dritte Gruppe bringt zwei Gegenwartsromane. *Die Geschichte eines Deutschen der neuesten Zeit* (1798) beweist Klingers und seines Helden Ernst von Falkenburg Treue zu Rousseaus Weltanschauung.

Dem in ländlicher Abgeschiedenheit und in der Idee der Tugend Erzogenen ist ein furchtbares Schicksal beschieden. Dennoch bleibt er der Tugend treu und gewinnt mit der Rückkehr zur Natur den Glauben an die Menschheit wieder. Diesen absoluten Standpunkt gibt Klinger in seinem letzten Roman *Der Weltmann und der Dichter* (1798) auf. Der Dichter vermeidet jede Berührung mit der Erfahrungswelt, der Weltmann weiß aus Erfahrung, daß ein absolut moralisches Verhalten innerhalb der Gesellschaft unmöglich ist. Klinger personifiziert hier die beiden gegensätzlichen Wesensarten, die er bisher in einem Helden zu vereinigen trachtete, in zwei getrennten Gestalten. Er erstrebt eine Anerkennung beider Lebensansichten. Seine Rechtfertigung des Weltmannes ist ein Kompromiß mit der bisher bekämpften Gesellschaft. Der Sturm und Drang ist hier zur Haltung der Aufklärung, zu Marivaux, Gellert und Richardson zurückgekehrt. Die Romanform zerfließt.

Der 9. Roman der Reihe, der Klingers Abrechnung mit der Französischen Revolution bringen sollte, ist als Bruchstück: *Das zu frühe Erwachen des Genius der Menschheit* in die *Betrachtungen über verschiedene Gegenstände der Welt und der Literatur* (1803/04) eingefügt worden, aphoristischen Anmerkungen über Wissenschaft, Kunst, Erziehung, Politik, in denen Klinger sich als einer der bedeutendsten Aphoristiker neben Lichtenberg und Novalis erweist. – Nach einem Brief Klingers an Goethe sollte ein

Abschlußband vor allem Klingers eigene innere Entwicklung schildern. Daß ein 1797 anonym erschienener Roman *Der Kettenträger* diesen 10. Band darstellt, ist möglich, aber nicht erwiesen.

Klinger glaubt an das Gute in der Menschennatur. Seine auf Rousseau fußende Kulturfeindschaft wandelt sich schließlich von den Ansätzen einer selbstherrlichen, die Rechte der Persönlichkeit allein verkündenden, humanitätsfeindlichen und brutalen Herrenmoral zur Auffassung von der Ethik als Kulturträgerin. Unter dem Einfluß der Persönlichkeit Alexanders I., in dem Klinger einen Menschen von seltener Größe und Güte verehrte, löste er sich vom demokratischen Gedanken der Gleichheit. Seine wachsende Abneigung gegen die Französische Revolution und Napoleon ließ ihn eine Einheit zwischen seiner monarchischen Gesinnung und dem liberalen Formgedanken herstellen. Die geistigen Kräfte, die er als Stürmer und Dränger begeistert aufgenommen hatte, unterzog er später einer kritischen Prüfung. Wie die Klassiker rang er um harmonischen Ausgleich und vertrat im Alter ein bescheidenes Menschentum. So zeigt er sich als Übergangserscheinung, die bedeutungsvoll auf die Romantik hinweist, wie denn auch seine *Aphorismen* gerade wegen ihrer Form das Lieblingsbuch der Romantikerin Bettine geworden sind.

2. LENZ

In scharfen Kontrast zu Klinger, der durch Selbstzucht und Charakterfestigkeit den Sturm und Drang überwand, stellt Goethe in *Dichtung und Wahrheit* den anderen Jugendgefährten Lenz, der „sich grenzenlos im Einzelnen verfloß und sich an einem unendlichen Faden ohne Absicht hinspann". Sein Porträt konnte aus der Sicht des reifen Goethe und dessen späteren Erfahrungen mit ihm nicht günstig ausfallen. Bei aller unzweifelhaften Genialität trat in seinem Charakter etwas Koboldartiges hervor; seine unbegreiflichen Streiche, der fragmentarische Zug seines umfangreichen Werkes und sein düsteres Ende lassen ihn als eine höchst einseitige Verkörperung des Zeitgeistes erscheinen; sie lockten die Forschung und die Dichtung, „seinen Lebensgang auf irgendeine Weise anschaulich zu machen" und immer wieder auf Goethes „Prämissen" als Ausgangspunkt der Darstellung zurückzugreifen.

Jakob Michael Reinhold Lenz (1751–92) wurde als Sohn eines Pfarrers in Seßwegen in Livland geboren. Er studierte von 1768 an in Königsberg Theologie und wurde dort zu einem Verehrer Kants. Seine träumerische Zerstreutheit mag ihm die Stelle als Hofmeister in einem Adelshaus nicht erleichtert haben. Erste dichterische Versuche, ein Gelegenheitsstück *Der verwundete Bräutigam* (1766) und ein Lehrgedicht *Die Landplagen* (1769) sind im Geist der Aufklärung geschrieben. Noch 1771, als er sein Studium abbrach, um zwei junge kurländische Herren von Kleist auf ihrer Reise nach Straßburg zu begleiten, fragte er auf der Durchreise in Berlin bei Ramler und Nicolai an, ob sie ihm einen Verleger für seine Übersetzung von Popes *Essay on Criticism* verschaffen könnten. Erst in Straßburg im Kreise Salzmanns und Goethes verwandelte er sich schnell in einen Stürmer und Dränger. Die Kenntnis von Shakespeare, Homer und Ossian, der neue Freundeskreis versetzten ihn in einen rauschhaften Zustand. In ständiger Verliebtheit maßte er sich als Stellvertreter abwesender oder ungetreuer Liebhaber die schmückende Rolle des ritterlichen Beschützers an, wurde damit aber weder bei der Geliebten des älteren Kleist noch bei Friederike Brion ernst genommen. Aus diesen seltsamen Ersatzerlebnissen entstanden die Sesenheimer Lieder, die so ganz im Goetheschen Ton gehalten waren, daß Lenzens Anteil an ihnen lange umstritten blieb, als sie nach einer Handschrift aus dem Besitz von Sophie Brion herausgegeben worden waren. In den gleichen Zusammenhang gehört ein Romanfragment, das trotz Goethes Aufmunterung nur als Torso unter dem Titel *Tagebuch 1777* erschien.

Es war nicht die kurze Zeit des Straßburger Zusammenseins mit Goethe, sondern die Veröffentlichung des *Götz* (1773), die bei Lenz den Durchbruch seines Schöpfertums bewirkte. Er begann mit einer verlorengegangenen Schrift *Über unsere Ehe* einen Briefwechsel mit Goethe, der sein Vertrauen freundlich erwiderte, Lenzens „Gaben wirklich sehr hoch schätzte" und immer nur darauf drang, daß er „aus dem formlosen Schweifen sich zusammenziehen ... möchte."

Die *Anmerkungen über das Theater* (1774), ein dramaturgisches Zeugnis des Sturms und Drangs gegen das Theater der klassizistischen Regeln, möchte Lenz in seiner Vorrede als selbständig hinstellen. Doch zeigen gewisse Widersprüche zwischen früheren, in Straßburg entstandenen Teilen und denen, die nach dem Erscheinen der Schrift *Von deutscher Art und Kunst* und des *Götz* entstanden sind, den großen Einfluß der Goetheschen Schriften auf den Verfasser. Das Werk ist eine Verdammung der drei Einheiten des Aristoteles nach der Auffassung des französischen Klassizismus und gipfelt in der Erhebung Shakespeares zum Vorbild in der Darstellung der „nackten Natur". Aus Shakespeare leitet er auch die Theorie des Unterschieds zwischen Tragödie und Komödie ab: jene brauche Charaktere, „Kerls", diese Handlung. Beispiel einer so verstandenen Komödie ist für Lenz *Love's Labour lost*, deren Übersetzung er unter dem Titel *Amor vincit omnia* den „Anmerkungen" beigab. Ähnliche Muster für das deutsche Theater wollte Lenz in seinen *Lustspielen nach dem Plautus* (1774) geben, die er bis in die Einzelheiten der gutbürgerlichen Namen (Herr Fischer u. ä.) in elsässisches Milieu übertrug. Goethe nahm schriftlich lebhaften Anteil an ihrer Gestaltung. Die fünf Komödien, die einen bewußten Gegensatz zur moralisierenden Aufklärungskomödie bilden sollten, haben einen geschlosseneren Aufbau als Lenz' eigene dramatische Werke, wurden aber trotz seiner und Goethes Zuversicht nicht aufgeführt.

Im Sinne seiner Unterscheidungstheorie nannte Lenz sein erstes selbständiges Werk *Der Hofmeister oder die Vorteile der Privaterziehung* (1774) eine Komödie, was es trotz komödienhafter Szenen und einem Schluß, der das Vorangegangene recht gewaltsam versöhnlich ausklingen lassen möchte, nicht ist.

Der Kandidat Läuffer, der das abhängige aber bequeme Leben eines Hofmeisters dem härteren Kampf einer selbständigen Existenz vorzieht, verführt seine Schülerin Gustchen, die aus Angst vor dem Vater und aus Scham vor dem Bräutigam entflieht, um in der Waldhütte einer blinden Alten ihr Kind zur Welt zu bringen. Auch Läuffer tut Buße und lernt bei dem Dorfschulmeister Wenzeslaus ein Leben voller Pflichten und Mühen kennen. Um gegen Versuchungen gefeit zu sein, entmannt er sich, bereut diesen Schritt aber und plant eine Heirat mit einem Bauernmädchen. Der Major findet indessen seine Tochter und ihr Kind wieder, der betrogene Bräutigam nimmt das Kind als sein eigenes an und beschließt das Stück mit den Worten: „Wenigstens, mein süßes Kind, werde ich dich nie durch einen Hofmeister erziehen lassen."

Lenz' Genialität wird in diesem Werk ebenso sichtbar wie seine Schwäche. Er überläßt sich der Abschilderung des bunten Wechsels des Lebens, sprunghaft wuchernde Episoden lösen jede Einheit auf, winzige Szenen suchen in kurzen Dialogen das Vorbeieilen einer Gestalt zu fassen, der Schauplatz wechselt zwischen Städten wie Königsberg, Insterburg, Leipzig und Dörfern, Wäldern und Landstraßen hin und her. Dennoch hat Schröder 1778 eine Aufführung in stark bearbeiteter Fassung gewagt. Wie dieses erste blieben auch Lenz' weitere Dramen tendenziöse Bilder zu Lehrsätzen und Reformplänen. Sein Interesse galt dem Sozialen, der Auseinandersetzung des Einzelnen mit der Gesellschaft, sein Individualismus ist von Rousseau bestimmt. Ein arbeitsreiches, gesundes ländliches Leben scheint ihm allein sinnvoll, daher sein Interesse für die unteren Stände und seine Ablehnung des Adels, zu der eigene Erfahrungen beigetragen haben mögen. Der sittliche Rigorismus, der in der grotesken Selbstentmannung Läuffers zum Ausdruck kommt, steht in scharfem Gegensatz zu Lenz' eigenem haltlosen Treiben. Sein Argwohn ließ ihn in Welt und Menschen seine Feinde, in sich selbst den stets Verkannten erblicken.

Die Komödie *Der neue Menoza oder Geschichte des cumbanischen Prinzen Tandi* (1774), die Lenz nach dem Roman des Dänen Erik Pontoppidan schrieb, gestaltet diese Stimmung im Geiste Rousseaus als Kampf gegen die Kultur.

Ein vermeintlich asiatischer Prinz zieht aus, um Menschen zu suchen, trifft aber nur auf solche, die durch Verbildung ihre Tugend verloren haben. Es stellt sich heraus, daß er selbst nicht Prinz eines unkultivierten Volksstammes, sondern ein Majorssohn ist, der durch Zufall in naturnahen, sittenreinen Zuständen aufwuchs. Die Frau, die er liebt, ist auch nicht, wie er selbstquälerisch glaubt, seine Schwester, sondern – hier muß das beliebte Motiv der Kindesunterschiebung herhalten – Tochter eines spanischen Grafen. Der Wirrwarr der Handlung, die ohne innere Einheit ist, stieß auch bei den Zeitgenossen auf Ablehnung. Teile einer Umarbeitung sind erhalten, doch verteidigte Lenz das Stück heftig vor allem gegen Wieland.

Als Goethe 1775 anläßlich seiner Schweizer Reise wieder nach Straßburg kam, nahm er Lenz, der seit der Trennung von den Kleists (1774)
von Privatstunden zu leben suchte, in das Haus seines Schwagers
Schlosser nach Emmendingen mit. In Cornelie Schlosser fand Lenz die
beruhigende und verständnisvolle Frau, von deren heilsamem Einfluß
der Halbroman *Moralische Bekehrung eines Poeten, von ihm selbst aufge-
schrieben* Zeugnis gibt. Doch faßte er gleichzeitig eine Leidenschaft zu
Henriette von Waldner, die er zuerst nur aus ihren Briefen an eine Freundin kannte. Sie verlobte sich mit einem Adligen. So erlebte Lenz an
sich selbst die Kluft des Standesunterschiedes, die zum thematischen
Mittelpunkt seines Dramas *Die Soldaten* (1776) wurde.

Marie Wesener, Tochter eines Galanteriewarenhändlers wie die Straßburger Geliebte des älteren Kleist, ist mit dem Tuchhändler Stolzius versprochen, erliegt aber
den Verführungskünsten des adeligen Offiziers Desportes, läßt sich, von diesem
verlassen, noch mit zwei anderen Offizieren ein, entläuft aus dem Haus einer vor-
nehmen Dame, die sich ihrer angenommen hat, und wird von Desportes an seinen
Jäger verkuppelt. Als Bettlerin wird sie von ihrem Vater wiedergefunden, Desportes
wird von Stolzius vergiftet. Der Obrist, der die Familie Wesener entschädigen will,
kommt zu dem Schluß, der König müsse „eine Pflanzschule von Soldatenweibern an-
legen", um die Bürgermädchen vor den zur Ehelosigkeit gezwungenen Soldaten zu
schützen.
  Gedanken zur Reform des Soldatenstandes, den Lenz aus seinem Zusammenleben
mit den Kleists kannte, hat er auch in einer Schrift niedergelegt, mit der er später Karl
August von Weimar für solche Pläne zu gewinnen suchte. Die *Soldaten* sind nicht so
lehrhaft wie der *Hofmeister*. Das allmähliche Absinken der Heldin ist mit einer modern
anmutenden, realistischen und objektiven Kunst folgerichtig aus Charakter und Milieu
gestaltet, das Leben und die Denkweise der Offiziere von einem Kenner dargestellt.
Wieder bewegt sich das Stück zwischen entfernt liegenden Orten hin und her. Die
Szenen, in denen Vater und Tochter auf verschiedenen Wegen zum gleichen Ziel
wandern, erinnern an ein modernes Stationenstück. Die Einheit der Handlung ist aber
gewahrt.

Mehr noch als der *Götz* wurde der *Werther* Lenz zum Schicksal. Die
Stimmung der Wertherzeit traf tief in sein krankhaft erregbares Gemüt.
Die *Briefe über die Moralität der Leiden des jungen Werther* schrieb Lenz, um
Goethe vor allem gegen Nicolais Angriffe zu verteidigen. Sie wurden
auf Wunsch Goethes nicht gedruckt. Die gegen Wieland gerichtete
aristophanische Komödie *Die Wolken* ließ Lenz vernichten. Von ihr
zeugt nur die *Verteidigung des Herrn W. gegen die Wolken von dem Verfasser der Wolken* (1776). Aber um den als Feind der neuen Richtung ver-
dächtigen Wieland zu entlarven, sorgte Lenz für den Druck von Goethes
Götter, Helden und Wieland und stellte ihn an erste Stelle in die Reihe der
Gegner in seinem *Pandämonium germanicum* (aus dem Nachlaß erst 1819
gedruckt). In dieser satirischen, dramatischen Skizze läßt er den deutschen Parnaß Revue passieren, stellt die „Nachahmer", „Philister",
„Journalisten" an den Pranger, verurteilt im Tempel des Ruhms die

Franzosen, Wieland und Weiße, stellt Shakespeare als Vorbild, Lessing, Klopstock und Herder als Begründer der deutschen Dichtung vor und läßt sie über Lenz das Urteil fällen: „Der brave Junge, leistet er nichts, so hat er doch groß geahndet", worauf Goethe sagt: „Ich will's leisten."– Einige weitere Entwürfe und kleinere Dramen gehören noch in Lenz' Straßburger Zeit.

Die beiden Alten (1775) behandeln das später in den Räubern verwendete Thema des Sohns, der seinen eigenen Vater ins Verlies sperrt, um in den Besitz von dessen Gütern zu gelangen. In der Komödie *Die Freunde machen den Philosophen* (1776) entwirft Lenz eines seiner merkwürdig übersteigerten Selbstporträts. Strephon, ein junger Deutscher in Algier, liebt eine sozial höher gestellte Frau, die er nie ehelich besitzen kann. Seine Freunde sehen in ihm den Gelehrten und Philosophen, der bereit ist, auf alles Glück zu verzichten, und zwingen ihn damit zu einem Edelmut, der durch den Gatten der geliebten Frau noch übertroffen wird: er überläßt ihm seine Frau am Hochzeitsabend! Die Lösung ist derjenigen der kurz vorher vollendeten Stella verwandt. Auch die „dramatische Phantasey" *Der Engländer* entsprang der gleichen hoffnungslosen Liebe zu Henriette von Waldner, nur daß der Konflikt hier nach dem Vorbild Werthers durch Selbstmord gelöst wird. Mehrere Fragmente wie *Der tugendhafte Taugenichts*, worin die Schubartsche Erzählung von den ungleichen Brüdern verarbeitet ist, ferner *Katharina von Siena* und *Cato* stammen gleichfalls aus dieser Zeit.

Einen der ersten Beiträge zur Novelle in der neueren deutschen Literatur lieferte Lenz mit seinem ersten Versuch auf erzählerischem Gebiet, der zu einem seiner geschlossensten Werke wurde.

Zerbin oder die neuere Philosophie (1776) wird von Lenz als „Erzählung in Marmontels Manier, aber nicht mit seinem Pinsel" bezeichnet.

Ekel vor den Wuchergeschäften seines Vaters treibt Zerbin nach Leipzig zu Gellert, auf dessen Empfehlung er Hofmeister des dänischen Grafen Altheim wird. Seine Naivität läßt ihn zum Spielzeug einer Koketten werden. Als er deren List durchschaut hat, verliebt er sich in seine Aufwärterin Marie und hält sie mit unausführbaren Eheversprechungen hin. Inzwischen hat sein Vater alles Geld verloren, das Mädchen bringt ein totes Kind zur Welt, wird des Kindsmordes angeklagt und weigert sich, den Vater anzugeben. Am 4. Tag nach ihrer Enthauptung wird Zerbins Leiche im Stadtgraben gefunden. Marie wird als „schöne Seele" gekennzeichnet. Das Urteil der Richter, an deren Verständnis Lenz appelliert, hält sich nur an den Wortlaut des Gesetzes ohne Untersuchung des Tatbestandes; das war die Anklage. Wer der sinnlichen Lust nachgibt, hat die Folgen zu tragen; das war die Moral. Weisheit und Gesellschaftskunst versagen im Leben; das war Gesellschaftssatire. Lenz traf die Moral der Materialisten, welche den Lebensgenuß forderte, die Offiziersgesellschaft und die neuere Philosophie, die keinen richtigen moralischen Halt zu geben vermag.

Ende März 1776 verließ Lenz Straßburg, um wie Klinger an der Seite Goethes in Weimar einen neuen Lebenskreis zu gewinnen. Aber noch weniger als Klinger konnte Lenz dort Wurzel fassen, obwohl er von Goethe und seinen Freunden wie ein Freund empfangen wurde. Die Welt des Hofes, der Goethe sich inzwischen angepaßt hatte, blieb Lenz fremd. Er lebte längere Zeit in Berka und auf dem Gut der Frau von Stein in Kochberg, wo ihn wieder die Gestaltung seines Erlebnisses mit Henriette beschäftigte. Ein kleines Drama *Henriette von Waldeck*, auch *Die Laube* genannt, ist der Traum von einer glücklichen Lösung des Konflikts.

In dem im Wertherstil abgefaßten Romanfragment *Der Waldbruder*, das erst nach Lenz' Tod in Schillers *Horen* (X, 1797) herauskam, geben mehrere Briefschreiber über das Schicksal des Helden, der den Namen Herz trägt, Aufschluß. In diesem Selbstporträt des in die Einsamkeit einer Waldhütte fliehenden Helden will Lenz sich als „zum Narren geboren" hinstellen. Er entdeckt die Welt Werthers und führt sie ad absurdum, indem er den Zusammenhang mit der Wirklichkeit aufhebt. Herz ist dem irdischen Dasein völlig entrückt, lebt in Illusionen und fühlt sich, da er mit einem Bild der für ihn unerreichbaren Geliebten in den Freiheitskampf nach Amerika zieht, von ihrer Liebe begleitet.

Ein Dramolett *Tantalus* zeigt noch deutlicher den tief empfundenen Abstand des Dichters von der Gesellschaft überhaupt und vom Weimarer Hofkreis im besonderen. Lachte schon die bürgerliche Gesellschaft über den *Waldbruder* und seine Verstiegenheiten, so dient hier *Tantalus* als echter Liebhaber den Göttern zum Spott. Diese Haltung gegenüber der Weimarer Atmosphäre und das Porträt Goethes als Rothe im *Waldbruder*, das ihn als zwar hilfreichen, aber verständnislosen Realisten zeichnet, deuten an, daß Lenz sich von Goethe entfernte. Schließlich vertrieb ihn die nie aufgeklärte „Eselei", die Goethe am 26. 11. 1776 in seinem Tagebuch erwähnt, von der Seite des Mannes, den er selbst als den größten seiner Zeit erkannt hatte.

Die Erzählung *Der Landprediger* (Deutsches Museum 1777), die Lenz nach dem Verlassen Weimars an seinem Zufluchtsort Emmendingen bei Schlosser schrieb, ist das letzte größere Werk, das er abgeschlossen hat. Es ist ein Loblied auf einen in praktischer Wirksamkeit aufgehenden Pfarrer, der nach enttäuschenden Erfahrungen auf dem Gebiet der Liebe die richtige Partnerin findet, mit ihr ein Haus der Menschenfreundlichkeit führt und darin die heimische Literatur besonders pflegt.

Schon im April 1777 trieb die Unrast Lenz nach Basel und Zürich, doch rief ihn die Nachricht vom Tod Corneliens nach Emmendingen zurück. Die Erschütterung über den Verlust seines „Schutzgeistes" beschleunigte seinen geistigen Zusammenbruch. Bei Pfarrer Oberlin in Waldersbach (Elsass) kam im Januar 1778 der Wahnsinn endgültig zum Ausbruch. Er fand bei Schlosser Obdach, bis ihn sein Bruder im Juni 1779 nach Riga holte. Trotz zeitweiliger Erholung gelangte er nie wieder in den Besitz seiner geistigen Kräfte, sondern dämmerte dem Tode entgegen. Abenteuerliche Pläne führten ihn über Petersburg 1781 nach Moskau, wo er körperlich und seelisch völlig herunterkam und in der Nacht vom 23. auf den 24. Mai tot auf der Straße gefunden wurde.

Aus der Zeit seines Zusammenbruchs im Winter 1777 stammen ergreifende Gedichte (*Die Demut, An den Geist*), in denen er im Bewußtsein seines Zustandes um Rettung fleht. Lenz' Lyrik zeigt eine merkwürdige Mischung aus Altem und Neuem. Er ist dem Barock verpflichtet, es finden sich Anklänge an Simon Dach (*Das Vertrauen auf Gott*,

Hochzeitsgedicht). Er benutzt noch den Alexandriner, wenn auch in einer lockeren Form unter Mißachtung der Zäsur. Daneben stehen Vierheber und Klopstocksche freie Rhythmen. Der *Monolog auf Shakespeares Geist* ahmt unter dem Einfluß Herders die altschottische Ballade nach. Der Volksliedton ist mehr äußerlich als dem Stoff nach erfaßt. Goethes Vorbild wirkte stark auf ihn, doch kann Lenz sich in seinen Liebesgedichten an Friederike Brion nicht ganz von der Anakreontik lösen, Friederike heißt hier Phyllis. Goethes *Prometheus* ahmte er bis in den Wortlaut hinein nach, manche Gedichte sind an Goethe als Vorbild und Freund gerichtet, er ruft ihn und den anfänglich bekämpften Wieland in der Weimarer Zeit an, aus einem „Waregischen Wilden" einen ihrer werten Mann zu machen (*Epistel eines Einsiedlers* an Wieland).

In verlorenem Hinstarren auf seinen Gram, in Trauer und Todesgedanken klagt er über Verzichtenmüssen und Verstoßensein und fühlt sich Jacobis *Allwill* verwandt (*Eduard Allwills einziges geistliches Lied*). *Lottes Klagen um Werthers Tod* bezeugen seine Versunkenheit in die Wertherstimmung, und das Bewußtsein seines verfehlten Lebens kommt schon in der Abschiedsode an den Salzmannkreis (1776) zum Ausdruck:

> „Wem unter Jünglingen und Schönen
> Ich ohne meine Schuld mißfiel,
> Der denk': er spielt die letzten Szenen
> Von einem frühen Trauerspiel."

Die Neigung zum Parodistischen und Burlesken, die Goethe bei Lenz erkannte, zeigt sich in den *Epigrammen* auf Klopstocks Gelehrtenrepublik, in einem Gedicht gegen Leopold Wagner und in der nach Vergil gestalteten Ekloge *Menalk und Mopsus*. Eine freundlichere Stimmung breitet sich über das Gedicht auf die Geburt einer Tochter Cornelie Schlossers im Mai 1777.

Lenz' Lyrik zeigt die gleiche impressionistische Technik wie seine Dramen: er will den Augenblick verewigen, stark individuelles Leben gestalten, und setzt Stück um Stück aneinander. Entscheidende Züge weisen bei ihm zur Romantik hin. Sein Drang ins Grenzenlose stößt sich an moralisch-religiösen Normen, er ist zerstörend und wirklichkeitsfeindlich. Lenz kann aber die pietistische und aufklärerische geistige Erbschaft aus dem Elternhaus nicht überwinden und sieht deshalb in dem Unendlichkeitsstreben Schwärmerei und innere Unordnung. Es widerstrebt ihm, die Persönlichkeit, das Recht des Individuums auf seine besondere Art, durch allgemein verpflichtende Gesetze einzuschränken. Diesen Zwiespalt seiner Seele trägt er überallhin und flüchtet sich aus ekstatischer Hingabe an den Weltgott in einsiedlerhafte Zurückgezogenheit.

Das frühe Gedicht *Gemälde eines Erschlagenen* und einzelne Szenen seiner Dramen bezeugen seine Überlegenheit über andere Stürmer und Dränger in der naturalistischen Erfassung von Situationen und Menschen. Wenn er in seinem Aufsatz *Über die Natur unseres Geistes* sagt, „der Gedanke, ein Produkt der Natur zu sein, hat etwas Erschreckendes; und doch ist er wahr! Aber mein trauerndes, angsthaftes Gefühl dabei ist ebenso wahr", so konnten solche Gedankengänge G e o r g B ü c h n e r veranlassen, ihn in seiner Novelle *Lenz* zu einem Vorläufer des Naturalismus und Materialismus zu machen. Naturalismus, Impressionismus und Expressionismus haben sich gleichermaßen auf ihn berufen. Zeitgebundenes und in die Zukunft Weisendes vereinten sich in ihm. Keiner – Goethe ausgenommen – hat die Forderungen der kommenden Zeit so wie er gefühlt.

3. WAGNER UND MALER MÜLLER

H e i n r i c h L e o p o l d W a g n e r (1747–79) aus Straßburg, Sohn eines Bürgers und Handelsmannes, verkehrte im Goethekreis und kam 1773 als Erzieher in das Haus des Präsidenten von Günderode nach Saarbrücken. Seine Versuche, mit dem *Merkur* und dem *Musenalmanach* Verbindung aufzunehmen, mißglückten. Nachdem er sich in Gießen, Frankfurt und Darmstadt den jungen Genies angeschlossen hatte, promovierte er 1776 in Straßburg und eröffnete kurz darauf in Frankfurt eine Anwaltspraxis.

Wagner wird als betriebsamer Mitläufer der Geniebewegung angesehen, in dessen Werken sich das revolutionäre Denken spiegelt. In Festtags- und Huldigungsgedichten, mythologischen Travestien, Bänkelgesängen und Dichtungen anakreontischer Art schulte sich sein Talent. Weniger um Goethe zu rechtfertigen als um durch ihn zu Ansehen zu gelangen, griff er in die Auseinandersetzung um den *Werther* mit der dramatischen Farce *Prometheus, Deukalion und seine Recensenten* (1775) ein, als deren Verfasser manchem Zeitgenossen Goethe galt. Doch beseitigte dieser den Keim zu literarischen Händeln mit seiner Erklärung vom 9. April 1775, nachdem sich Wagner zu seiner Farce bekannt hatte. Die Verbindung mit der Seylerschen Truppe bahnte Wagner den Weg zur Bühne. Er schrieb für sie außer Prologen, Übersetzungen (Merciers bürgerliches Drama *Der Schubkarren des Essighändlers* 1775) und Bearbeitungen (*Macbeth* 1778) seine *Briefe, die Seylersche Schauspielergesellschaft betreffend* (1779). Sie sind ohne neue Gedanken, gleichsam eine Lessingsche Schrift im Stile von Lenz. Dazu schrieb er Merciers *Neuen Versuch über die Schauspielkunst* aus, den er (1776) übersetzt hatte, um dieses revolutionäre Manifest des neuen dramatischen Stils bekanntzumachen.

Die rührselige, tränenfeuchte Familienszene *Der wohltätige Unbekannte* und das bürgerliche Trauerspiel *Die Reue nach der Tat* (1775) zeigen lehrhaft erzieherische Absicht und Reste schlesischen Schwulstes; das Motiv von Romeo und Julie im Bürger- und Kutscherhaus geht in dramatischem Strohfeuer auf. Wagner kommt über flüchtig beobachtetes Leben und Ansätze zu individueller Charakteristik neben der hergebrachten Personifikation von Eigenschaften und Schwarz-Weiß-Malerei nicht hinaus. Sein Hauptwerk, das Trauerspiel *Die Kindermörderin* (1776), stellt sich mit Offiziersmilieu, Kindsmord, polternder hausväterlicher Biederkeit und sozialer Anklage in die Nachbarschaft von Lenz, Klinger, Müller und Gemmingen. Evchens Monologe, in denen sie ein Mann sein und in Amerika für die Freiheit streiten möchte, und ihre Aufforderung an Frau Martha, sie anzuzeigen und dafür die ausgesetzte Summe zu erhalten, nehmen Motive aus den Räubern vorweg. Aber wie weit ist dieses mit der alten Temperamentencharakteristik arbeitende Stück von Goethes Faust entfernt! Deshalb wiegt es nicht schwer, wenn Goethe Wagner des Plagiats beschuldigt. Handelt es sich doch um einen Stoff, dessen Motive in der dramatischen und erzählenden Dichtung der siebziger und achtziger Jahre immer wieder zu belegen sind. Wagner brauchte ihn wirklich nicht aus jenen Szenen des *Urfaust*, die Goethe ihm vorgelesen hatte, zum erstenmal kennengelernt zu haben. Er braute dieses dramatische Ragout aus Elementen zusammen, die auch in den Vorratskammern der Stürmer und Dränger zu finden sind. – In der Bearbeitung von Karl Lessing spielte die Döbbelinsche Truppe zu Berlin das Stück (1777). Wagner selbst gab dem Drama einen versöhnlichen Ausgang unter dem Titel *Evchen Humprecht oder Ihr Mütter merkt's Euch* (1779). Da wird der Kindsmord noch rechtzeitig verhindert, die Heldin von den Eltern in Gnade aufgenommen, und Gröningseck kann seine Braut heimführen.

Von Wagners sternisierendem Roman *Leben und Tod des Sebastian Sillig. Ein Roman für allerley Leser zur Warnung, nicht zur Nachfolge* ist nur der 1. Band erschienen (1776). Nachlässige Übersetzungen und Rezensionen sind Wagners letzte Werke gewesen. Nur die kleine Bosheit *Voltaire am Vorabend seiner Apotheose* (1778) zeigt, daß er sich immer wieder bemühte, den Aufklärungsklassizismus zu überwinden. Aber er glaubte dieses Ziel nur mit äußeren Mitteln erreichen zu können oder dadurch, daß er seinen Ehrgeiz, seine persönlichen Wünsche und seinen Haß gegen die Saarbrückener Regierung hinter den großen Anliegen der Zeit versteckte. Vom künstlerischen Schöpfertum und vom Geiste seiner Zeit blieb er unberührt. Was immer er schrieb, nützte er für seine persönlichen Absichten aus.

Friedrich gen. Maler Müller (1749–1825) war der Sohn eines früh verstorbenen Wirtes in Kreuznach. Nach dem Besuch des Gymnasiums

(1759–63) half er der Mutter in der Wirtschaft. Schulunterricht und religiöse Erziehung waren für seine Entwicklung weniger bedeutsam als eine wahllose Lektüre von Abenteuer- und Reisegeschichten. Sein Gestaltungstrieb äußerte sich zuerst in Zeichnungen und Radierungen von Szenen aus dem Leben des Volkes und der Tierwelt. Hierin glich er Füßli. In höfischer Umwelt zu Zweibrücken (1767) mag es ihm schwergefallen sein, seine naturhafte Begabung den Forderungen des Geschmacks anzupassen. Der Herzog war ihm gewogen. Die langsame Befreiung von Vorbildern (Salvator Rosa, Anakreontik, Geßner) stärkte sein Selbstbewußtsein und lenkte seinen künstlerischen Ausdruckswillen auf das Bekenntnis seines Innenlebens. Johann Friedrich Hahn erschloß ihm die Ziele der Göttinger und Klopstocks (1773). Er wurde zum Barden und weihte sich der Volksdichtung. Ursprünglicher und echter tönt seine Lyrik, wenn sie sich mit dem heimischen Erbe und volkstümlicher Kunstübung verbinden kann. Auch ihn weckt die Leidenschaft zu einem Mädchen, das einem andern versprochen ist, und erschüttert die Reue des Untreuen, der eine Geliebte mit einem Kind verlassen hat. Er hat an dieser Schuld schwer getragen, sie in seinem *Soldatenabschied* verewigt und später über eine Frauengestalt wie *Genoveva* mit zarter Innigkeit den Schleier schuldbewußter Wehmut gewoben. In Mannheim (1774–78) traten Dichtung und Musik, gefördert durch freundschaftlichen Verkehr mit Schubart und die Berührung mit dem Sturm und Drang, noch mehr in seinem Schaffen hervor. Doch brachte er es darin nicht zu jener Freiheit und Unabhängigkeit, die seine Radierungen und Bilder kennzeichnen. Dennoch steht er in der vordersten Front der jungen Genies und formt das neue Menschenbild mit in seinem Fausttorso (*Situation aus Fausts Leben* 1776, *Fausts Leben* 1778). Daneben versuchte er sich als Nachahmer Shakespeares an Stoffen aus Geschichte und Sage, die ihm aus seiner pfälzischen Heimat vertraut waren. Das Kulturprogramm des jugendlichen Kurfürsten Karl Theodor, dessen Absicht, Lessing nach Mannheim an das Theater zu holen, und die Zuversicht, das deutsche Drama vom französischen Klassizismus zu befreien, eröffneten dem Maler Müller Zukunftshoffnungen, die ihn zu zwei kleinen Programmschriften über die Errichtung eines deutschen Nationaltheaters und einer Theaterschule veranlaßten. Darin verlangte er die Nachahmung der simplen Natur. Auf einen älteren Plan ging Müllers Musikdrama *Der Riese Rodan* (1775) zurück. Es vereinigte Klopstocks Anregungen mit prometheischer Herausforderung der Götter. Eine gleichzeitige Radierung hält die sich trotzig aufbäumende Gestalt des Riesen fest. Sie ist aus dem gleichen Stilwillen gestaltet, der die musikalisch-ausdrucksvoll abgestufte Sprache bewegt.

Mit einem Reisestipendium des Kurfürsten und einiger Gönner, die vor allem Goethe zusammenbrachte, ging Müller 1778 nach Rom. Doch enttäuschten seine

Bilder und Zeichnungen. Seine Konversion (1781) kostete ihn manche Sympathien. So brachte ihm Italien nicht Vollendung und Reife, sondern Einsamkeit und Enttäuschung. Es war sein Schicksal, den Weg zur Klassik nur zu ahnen und für seine großen Dichtungspläne keinen Nährboden zu haben. An Heinse schloß sich Müller enger an. Als Antiquar und Fremdenführer erwarb er sich seinen Lebensunterhalt in Rom, wohin ihn die Liebe zur Kunst geführt hatte. Er war zunächst von den Werken Michelangelos, als den Vorbildern originaler Schöpferkraft, erfüllt. Dennoch verehrte er neben ihm Raffael als zweite „Säule der Natur, ewig, unveraltet an Kraft". Ein Urteil über sein reiches Schaffen ist auf Vermutungen angewiesen, da seine literarischen und künstlerischen Arbeiten und Entwürfe während seiner Verbannung aus Rom 1798/99 zum größten Teil vernichtet wurden. In Ölbildern gestaltete er geschichtliche Stoffe, bedacht, den Gegenstand zu vergeistigen, die Idee über die äußere Form zu stellen, auch hierin von der Kunsttheorie der Frührenaissance berührt. Er ging diesen Weg als Einsamer, mißverstanden von Goethe, in hartem Ringen um sein Dasein. Der Kronprinz und spätere König Ludwig von Bayern unterstützte ihn in seinen letzten Lebensjahren.

Klopstock und Geßner sind der Ausgangspunkt seiner Idyllendichtung. Sie läßt sich vom patriarchalischen Ansatz über die Behandlung antik-mythologischer Stoffe bis zur Darstellung heimatlicher Verhältnisse verfolgen. Die Veröffentlichungszeiten der *Idyllen* geben keinen Anhaltspunkt für ihre Entstehung. Die Befreiung von den literarischen Vorbildern geht Hand in Hand mit der Wandlung der Umwelt, in der Müllers Idyllen spielen. In seinen Patriarchenidyllen *Der Tod Abels* (1775) und *Adams erstes Erwachen* (1778) vermögen wir zu erkennen wie er den Stoff, den Geßner (1758) moralisierend bearbeitet hatte, anschwellen läßt, die idyllische Ruhe in Bewegung auflöst, Leidenschaften und Stimmungen darstellt, gröber zupackt und hymnische Elemente einfließen läßt. Wie es ihn zu dramatischer Darstellung drängt, zeigt das Fragment *Der erschlagene Abel*. Seinen gleichzeitigen naturalistischen Radierungen entsprechen die antiken Idyllenfragmente mit ihrer malerischen Bewegtheit und dem Willen, die Überlieferung Gleims und Geßners zu durchbrechen. Nun wird sichtbar, wie Müller in seiner Umwelt den Naturmenschen entdeckt. Der nächste Schritt über die Schäferwelt hinaus offenbart sich in der rousseauhaft erfaßten Antike der Idyllen *Bacchidon und Milon, Der Satir Mopsus, Der Faun Molon* (1775). Das Bildhafte löst sich im Dramatischen auf. Der letzte Rest literarischer Konvention ist das antike Gewand der bäuerlichen Gestalten, die Müller in seiner pfälzischen Heimat erlebt hatte. Dieser Rest verflüchtigt sich in den kleinen Genrebildern aus dem Volksleben, der unmittelbaren Vorstufe zu den deutschen Idyllen *Die Schafschur* (1775), *Das Nußkernen* (1. Druck 1811). Nun werden Begebenheiten aus dem Leben des pfälzischen Dorfes Lämmerbach von den Mitgliedern einer großen Familie, den Dorfhonoratioren und Nachbarn besprochen. Dramatisch wirksame Motive (Kindsmord), Kritik an den sozialen Zuständen (Leibeigenschaft, Soldatenwerbung) und viele Elemente der Geniedichtung werden zusammengewoben. Als Bekenntnis zu einem größeren Vaterland zeigte der *Christabend* (1. Druck 1914) die romantisch-patriotische Wendung der deutschen Dichtung an.

Müllers Unterhaltung mit Lessing (1777) festigte den dramatischen Plan einer psychologisch-moralischen Rettung *Fausts*. Volksschauspiel und Volksbuch vermittelten ihm den Stoff. Auch er fühlte den Gleichklang der Magiergestalt mit seinem Wollen.

Müller stellte dem lebensdurstigen Sinnenmenschen, der sich dem Genuß hingibt, aber dennoch sein reines Herz bewahrt, in Mephistopheles eine ebenbürtige Gestalt entgegen, die den Kampf gegen das göttliche Prinzip aufnimmt. Freiheitsstreben und Prometheustrotz, nicht Wissens- und Forscherdrang, sondern Trieb zu einer höheren Wirklichkeit bringen Faust in Gegensatz zu seiner mittelmäßigen bürgerlichen Umwelt, die er hinter sich zurücklassen will. Soziale Schranken und Bindungen sollen von dem keineswegs so selbstsicheren Faust zerbrochen werden, der von Leidenschaften und Empfindungen hin und her gerissen wird. Sein Lebensdrang siegt über das Gewissen, als er sich zum Pakt mit dem Bösen entschließt. Ihm steht das Höllengenie Mephistopheles nicht mehr als böses Prinzip, sondern als zweiter Abbadona, als tragische Gestalt, die gegen ihr besseres Wollen handeln muß, gegenüber. So wird die christlich-religiöse Grundlage des Stoffes umgedeutet.

Trifft sich Müller darin, soweit man es aus der unvollendeten Dichtung erschließen kann, mit Goethes *Faust*, so kann er doch dessen titanischen Höhenflug nicht mitmachen. Müller gestaltet das krause, reichhaltige Beiwerk mit lebensvollen, satten Farben, führt Händel der Studenten mit Bürgern und Juden vor, entwirft groteske Höllenbilder. Das Hohngelächter der Teufel und Studenten tönt schrill in die Verzweiflung des Helden hinein. Das bunte Farbenspiel der Episoden bleibt Abbild des Lebens, nur epische Untermalung ohne Beziehung zu den einzelnen, wirksamen Szenen aus dem Leben Fausts. Erzählung und Satire, Karikatur und Wehmut bilden eine seltsame Mischung. Die Sprache der Personen ist abgestuft vom derbsten Naturalismus und wilden Kraftausdrücken bis zur bewußt geformten Rede. Ähnlich wie Goethe hat auch Müller die Gestaltungsmöglichkeiten des alten Stoffes im Sinne des Titanismus erkannt, aber er vermochte dem Unendlichkeitsdrang Fausts nicht aus seiner eigenen Natur einen künstlerischen Wahrheitsgehalt zu geben, den Widerstreit des guten und bösen Prinzips vom Christentum her zu lösen und metaphysisch zu vertiefen.

Wohl schon 1775 plante Müller sein Drama *Genoveva*. Es ist nach mancherlei Wandlungen 1781 in Rom abgeschlossen worden. Die immer wieder behauptete Abhängigkeit von Goethes *Götz* geht nicht sehr weit. Das Werk empfängt seinen Lebensatem aus der Landschaft, aus Müllers Natur- und Liebeserlebnis; das eine wird in Umwelt und Stimmung, das andere in Genoveva und Golo festgehalten. Die Umwelt wird in die Vergangenheit der Legende verlegt, die nicht mit historischen, sondern mit heimatlichen Farben wiedergegeben wird. Die Menschen leben aus

Natur und Landschaft, welche die Stimmungen wie in einem Spiegel wiedergeben und das lockere dramatische Gefüge zusammenhalten. Die Handlung verwirklicht sich in den wechselnden Stimmungen der Seele Golos. Müller hält über sich selbst Gerichtstag, wenn er Golos Schuld und Verzweiflung von der milden Reinheit Genovevas abhebt. Golo bleibt von äußeren Einwirkungen abhängig und ist der wahrhaft reinen Liebe unwürdig. Er ist nicht stark genug, sich von Einflüssen Mathildes, des bösen Prinzips, zu befreien. Sowie er sich zu sittlich edlem Handeln durchgerungen hat, macht sie seine Entschlüsse zunichte, bis er zum rohen Verbrecher wird und seine Aufgabe gleichsam wider sein besseres Wollen erfüllt. Man hat dieses Werk mit Recht ein „Szenenspiel" und „romantisches Romandrama" genannt. Seine lyrisch-musikalische Grundstimmung löst es von der sozialen Anklage und den Dramen der Kraftgenies, so daß wir spätere Forderungen des romantischen Dramas erfüllt sehen. Aber dieser Ansatz zur Abkehr von den Zielen des Sturms und Drangs verläßt die Bahn der breiten Entwicklung. Müller geht, nur von wenigen, meist Romantikern, verstanden, seinen eigenen einsamen Weg.

Das lyrisch-musikalische Drama *Niobe* (1778) nimmt das Thema des Promethidentrotzes wieder auf. So beginnt Müllers Auseinandersetzung mit der Antike. Er erblickt im Verhalten der Heldin keine Hybris und gesteht ihr, einem weiblichen Prometheus, Recht und Möglichkeit zu, das Menschengeschlecht zu erhöhen. Es ist ihre Tragik, daß sie die bestehende Weltordnung nicht aufheben kann. Der feste Entschluß Niobes löst sich in ein Flehen um Barmherzigkeit der unerbittlichen Diana gegenüber auf, als sie zuletzt ihre jüngste Tochter Layde vor dem tödlichen Pfeile vergebens retten will, ehe sie am Ende doch in ihrem Trotz gegen die Götter triumphiert.

Auch in diesem Operntext treten die Elemente des Sturms und Drangs zugunsten einer gebändigten Rhythmik zurück. Wie sich Goethes *Iphigenie* als Gegenbild zu Müllers *Niobe* zeigt und von ihr entscheidende Anregungen empfangen hat, so ist man geneigt anzunehmen, daß Müller das Recht seiner Persönlichkeit und Kunstauffassung gegen Goethe durchsetzen wollte, wenn er in seiner *Iphigenie* keine sittlichen Forderungen erhob, sondern die Handlungen der Menschen unter das Gesetz ihres Charakters und der veränderten äußeren Lage stellte. Den Rahmen gab der Stoff: Landung des Orest und Pylades zum Raub des Dianabildes und zur Sühne des Götterfluches. Iphigenie und Delia nehmen sie als Landsleute auf. Es gelingt ihnen aber nicht, Orest vor der Gefangennahme zu retten. Iphigenie erfährt das Schicksal ihrer Eltern und will Orest opfern, doch läßt sie sich von ihrem Mitleid umstimmen. Der Versuch des Pylades, den gefangenen taurischen Königssohn gegen Orestes auszutauschen, scheitert. Von Arete aufgehetzt, verlangt das Volk den Tod der Fremdlinge. Thoas ist machtlos. Wie bei Euripides muß Diana die Lösung herbeiführen.

Sehnsucht nach Heimat, Eltern und Landsleuten und Mitleid mit den Fremdlingen stehen gegen die Pflicht der Priesterin, über die sie sich nicht hinwegsetzen kann. Das Drama wird vom Wechsel der Stimmungen und Leidenschaften, nicht von der Idee aus bewegt, es enthüllt die menschliche Dämonie. Die Priesterin beugt sich dem göttlichen Gesetz gegen ihr inneres Gefühl, aber die schwesterliche Liebe bäumt sich gegen jenes auf. So kann Iphigenie nicht selbstsicher handeln, sondern wird von wechselnden Empfindungen hin und her getrieben; die schöne Seele möchte der Stimme des Herzens folgen. Das Werk steht nicht nur, weil es der letzten Feilung entbehrte, an einer Wende in Müllers Entwicklung. Er wählte eine Heldin, die sich dem Schicksal fügt. Indem sie es erfüllt, handelt sie gut, aber „ihr starkes subjektives Wollen" steht noch im Gegensatz zur „göttlichen Bestimmung".

Der planvollere Aufbau, die gedämpfte Sprache, das Zurücktreten der Elemente des Sturms und Drangs bedeuten noch keineswegs eine Rückwendung zum französischen Klassizismus, aber es zeigen sich Ansätze zu einer neuen Entwicklung, in die sich Müller selbst versetzt sah, als er schrieb (1807): „Jetzt fühle ich alles rein, sehe alles hell, alles gelingt mir nun in meiner Kunst." Damit widerruft er seine Jugendideale und arbeitet an zwei großen Dichtungen, die er kurz vor seinem Tode abschloß, der musikalischen *Adonistrilogie* (1825) und dem metrischen *Faust* (1823). Jene berührt sich mit Herders Bückeburger Erfahrungen (vgl. S. 185). Eine Vorstufe bilden die *Venuskantaten* der achtziger Jahre, in denen sich Müller vom Sturm und Drang zu lösen beginnt und die Darstellung einer ewigen Idee vom Kunstwerk fordert. An Stelle des Lebens und seiner Abschilderung tritt die Tugend, die Darstellung der Herrschaft über den Willen. Die Liebe wird zur sittlichen Forderung, das irdische Leben ist eine Prüfung der Seele. Mit der Konversion geht Müllers romantische Wendung zusammen, seine Trennung von Musik und Dichtung, seine Zuwendung zu abstrakter Ideenkunst und die Erkenntnis der Unvereinbarkeit von Antike und Christentum. So wurde sein *Adonis* zur „christlichen Legende im heidnischen Gewand". In ähnlichem Geist erfährt der Fauststoff, wieder im Gegensatz zu Goethe, seine metrische Umformung.

Sie ist länger als die Prosafassung, der Spott gegen die Aufklärung wandelt sich in bittere Bemerkungen gegen das System Metternich. Die Teufelsgestalten verlieren ihren besonderen Charakter. Nicht Lebensgenuß ist Fausts Ziel, sondern der Ehrgeiz, aller Lebensprobleme durch Geisteskraft Herr zu werden. Fausts Berufung auf seine persönliche Freiheit stört die feste göttliche Ordnung; denn Müller bekennt sich jetzt zum ewigen Dualismus zwischen Gut und Böse. Faust muß sich seiner „Schuld" bewußt werden. Seine Rettung entspricht seiner sittlichen Läuterung und entspringt aus seiner Selbsterkenntnis. Nicht der Teufelsbund, sondern die Verachtung des Göttlichen, der Willensfreiheit, ist Fausts Schuld. Seine Wendung zum Bösen und sein Hinabsinken in ein Weltleben, das die 7 ersten Akte in breiter Fülle wiedergeben, löst sich am Ende in der Unwirklichkeit einer Traumwelt auf. Wie Müller mit seiner eigenen Rückkehr zum Glauben den Lebensgenuß als Lockung des Bösen ansehen mußte, so geht es auch seinem Helden. Die Engel stehen ihm bei, aber er erstarrt in trotziger Verzweiflung, mordet den treuen, hilfsbereiten Freund Wagner. Dieser opfert sich für Faust. Dem Märtyrer wird die Krone gereicht und nicht dem willenlosen Werkzeug des Bösen. Das Höllengericht über Fausts Seele gibt Müller Gelegenheit, über liberale und konservative Teufel zu spotten. Als sündiger Mensch und Büßer

gibt Faust ein Beispiel der irrenden Menschenseele. Ein Nachspiel löst diese rätsel-
hafte Wendung: der Leib Fausts ist der Hölle verfallen, nicht aber die von der Reue
geläuterte, besinnliche Seele. Das mündet im Denken Jakob Böhmes. Das Drama, die
völlige Umkehr des Jugendwerkes, faßt Müller im Epilog zusammen, der eine Warnung vor der Vereinigung mit dem Unreinen ist. Der Mensch wird vor die Wahl
zwischen Gut und Böse gestellt, Sünde gegen die Natur ist das größte Laster. Der
Schlüssel zum ewigen Leben ist die Buße.

Die romantischen Idole Dante und Jakob Böhme leuchten nun auch
für Müller. Seine religiöse Entwicklung vollzieht sich unter dem Druck
der Not und im Anschluß an die Romantik. Mit Tieck und Zacharias
Werner war er befreundet, mit diesem und Friedrich Schlegel kam er vom
Pantheismus zur Gläubigkeit, stillem Bescheiden, Weltflucht und naiver
Frömmigkeit. Die Abkehr von seinen Jugendidealen wird auch in einem
Vergleich des Stils der Alters- und Jugendwerke sichtbar. Ausgeklügelte
Dialektik ist an die Stelle des erdhaft gebundenen lebendigen Wortes getreten. So umspannt Müllers Dichtung in der Verschiedenheit der Stile
und des Wandels der Weltanschauung immer ein Erlebtes, mag dieses
auch im Alter von der Reflexion überwuchert werden. In der Idylle allein
findet er die seinem Wesen und seiner Begabung entsprechende Form.
Wo sie sich der dramatischen Form fügt, in der Episode, gestaltet er
rein persönlich.

LITERATUR

Sturm-und-Drang-Drama: R. Unger, Vom Sturm und Drang zur Romantik, eine
Problem- und Literaturschau. Dte. Vierteljahrsschr. 2., 4., 6. Jahrg. 1924/29. F. J.
Schneider, Die dte. Dichtg. d. Geniezeit. Stuttgart 1952. J. Sangiorgiu, Merciers
dramat. Ideen im St. u. Dr. Diss. Breslau 1921. Ulrike Garbe-Führmann, Beitr. z.
Ethik d. St. u. Dr.-Dichtg. Diss. Leipzig 1916. C. Stockmeyer, Soziale Probleme
im Drama d. St. u. Dr. Frankfurt a. M. 1922. H. Selver, Die Auffassg. d. Bürgers
im dt. bürgerl. Drama d. 18. Jahrh.s. Diss. Leipzig 1931. H. H. Saddeler, Die Mutter-
gestalt im Drama d. St. u. Dr. Diss. Münster 1938. Heide Hüchting, Die Literatur-
satire d. St. u. Dr.-Bewegung. Diss. München 1942. J. Zorn, Die Motive der St.
u. Dr.-Dramatik. Diss. Bonn 1909.
Klinger: Werke 12 Bde. mit Charakteristik u. Lebensskizze. Stuttgart - Tübingen
1842. M. Rieger, M. Kl. Leben und Werke. 3 Bde. 1860. E. Schmidt, Lenz u. Kl.
Berlin 1878. H. Zempel, Erlebnisgehalt u. ideelle Zeitverbundenheit in Kl.s Medeadramen. Halle 1929. O. A. Palitzsch, Erlebnisgehalt und Formproblem in Kl.s Jugenddramen. Dortmund 1924. K. Fischer, Seelisches Erleben in Kl.s Sturm und Drang.
Diss. Göttingen 1931. H. Steinberg, Studien zu Schicksal und Ethos bei Kl. Diss.
Göttingen 1941.
Lenz: Werke, hrsg. v. E. Lewy. 4 Bde. Berlin 1909. F. Blei, 5 Bde. München-Leipzig
1909–13. E. Schmidt, L. und Klinger. Berlin 1878. H. Kindermann, J. M. R. L. u.
d. dte. Romantik. Wien u. Leipzig 1925. W. Stammler, Der Hofmeister von L. Diss.
Halle 1908. J. M. R. L., Briefe von und an Lenz, hrsg. v. Freye u. Stammler. 2 Bde.
Leipzig 1918.
Wagner: Werke, hrsg. v. L. Hirschberg. 5 Bde. 1923. Voltaire am Vorabend seiner
Apotheose, hrsg. v. B. Seuffert in: DLD 2 (1881). E. Schmidt, H. L. W. Goethes
Jugendgenosse. 2. Aufl. Jena 1879.

Maler Müller: Idyllen, hrsg. v. O. Heuer, 2 Bde. 1914. Werke: hrsg. v. M. Oeser, 2 Bde. Neustadt 1918. v. H. Hettner, 2 Bde. Leipzig 1868. M. M., Fausts Leben, hrsg. v. B. Seuffert, DLD 3 (1881). Friedr. Denk, F. M. der Malerdichter und Dichtermaler. Speyer 1930. M. Oeser, M. M. 1928. F. M. Meyer, M. M.-Bibliographie, Leipzig 1912. K. Unverricht, Die Radierungen des M. M. Speyer 1930. F. A. Schmidt, M. M.s dramatisches Schaffen mit bes. Berücksichtigung seiner Faustdichtung. Diss. Göttingen 1936. K. Möllenbrock, Die Idyllen des M. M. Euphorion 40 (1939) S. 145 ff.

FÜNFTES KAPITEL

REVOLUTION IM ROMAN

Der Roman bot dem Sturm und Drang eine weit geringere Einbruchsstelle als das Drama. Über seine Kunstform wurde am wenigsten theoretisiert. Nur Blankenburg (S. 133) versuchte, einen Blick über das Romanschaffen zu werfen und Möglichkeiten aufzuspüren, die für die Zukunft wichtig sein konnten. Wenn er Wielands *Agathon* als Muster für den modernen Roman aufstellt, zeigt er trotz dem Hinweis auf die Charakterisierungskunst Shakespeares, mit der er den deutschen Roman beleben will, und trotz dem Zugeständnis an das Genie, sich über Regeln hinwegsetzen zu können, doch eine im Grund klassizistische Kunstauffassung.

Der Roman fordert vom Autor Lebenserfahrung und Menschenkenntnis und kann nur in langsamem Reifen entstehen. Das aber lag nicht in der Art der Stürmer und Dränger, deren „unbedingtes Bestreben, alle Begrenzungen zu durchbrechen", sich auf diesem Gebiete nur schwer Geltung verschaffen konnte. Nur Goethe fand die Möglichkeit, reif werden zu lassen, was in ihm gärte, und selbst beim *Werther* dauerte es zwei Jahre, ehe er den Abschluß fand, der das Werk in eine überpersönliche Sphäre und damit zum Kunstwerk emporhob. Und wie früh ist der *Meister* begonnen, wie spät abgeschlossen worden! Die Wurzeln dieser Entwicklung gehen in der deutschen Literatur auf Gellert zurück. Sein Roman *Das Leben der schwedischen Gräfin von G.* (Bd. 5 S. 518) gewann trotz seiner noch geringen Beziehung zum wirklichen Leben einen Einfluß durch den darin wirkenden Blick für die eigentümlichen Regungen des Seelenlebens und durch die beginnende Entwertung des Rationalismus, die sich in der nicht mehr nur der Vernunft untergeordneten Darstellung des menschlichen Herzens abzeichnete. In der gleichen Richtung wirkten Richardsons psychologische Familienromane, die in Übersetzungen auf deutschem Boden Aufnahme gefunden hatten. Doch löste erst Rousseaus Roman *Die Neue Héloïse* auch den deutschen Schriftstellern die Zunge.

Rousseaus Ruf Zurück zur Natur gründet sich auf die im Zeitalter der Aufklärung revolutionär wirkende Anschauung, daß die Kultur den Menschen auf die Bahn einer falschen und gefährlichen Entwicklung geleitet und ihm alle natürlichen Kräfte und Instinkte genommen habe. Der eigentliche Inhalt seiner Lehre und seine Vorstellung vom Naturmenschen wurden kaum erfaßt und durchgedacht. Daß sich die Geister der verschiedensten Richtungen in seiner Wendung zur Natur als der reinen Quelle alles Gewordenen fanden, lag an der Zeitstimmung und der ahnenden Erkenntnis, daß die Weltanschauung der Aufklärung auf geistigem, ethischem und politischem Gebiet zu versagen begann. Anklage, Bloßstellung und Kritik unhaltbar gewordener Zustände richteten sich noch weniger gegen die bestehenden Einrichtungen als gegen diejenigen, die sie mißbrauchten. Darum hatten auch schon Männer der Aufklärung wie v. Loen, Moser und v. Justi ihre Stimmen erhoben. Nun lehnten sich demokratische Gesinnung und Kraftmenschentum gegen Konvention und moralischen Zwang auf.

In der *Neuen Héloïse* nimmt das liebende Paar den Kampf gegen die Gesellschaftsmoral nicht auf. Am Vernunftgesetz scheitern das Recht des Herzens und die Leidenschaft der Liebe. Diesen resignierenden Ausgang forderte weniger das Leben als die literarische Überlieferung, die dagegen auf den gewaltigen Apparat des galanten Gesellschafts- und Abenteuerromans und das Hervortreten des Erzählers verzichten mußte; denn was Rousseaus Personen sprechen und schreiben, kommt aus ihrem Herzen und trägt die Rechte des Herzens vor. Der Held war nicht mehr dazu da, ein Beispiel der Tugend aufzustellen und alle von außen an ihn herangetragenen Bedrohungen zu meistern, sondern er konnte sich als Unglücklichen zeigen und Mitleid für sich beanspruchen. Als Naturwesen ist er in Landschaft und Natur verwoben. Während Goethe im Werther folgerichtig zum tragischen Ausgang strebt, kann Rousseau sich schließlich von den Forderungen der Aufklärung nicht lösen und läßt seinen Roman in Überwindung der Leidenschaft, Resignation und Lehrhaftigkeit ausklingen.

Empfindsamkeit und ossianische Schau hatten der Aufnahme dieser neuen, geistig-künstlerischen Formenwelt vorgearbeitet. Lessing und Gerstenberg hatten die Vorbilder, die die junge Generation sich erkor, auf den Schild erhoben und das Recht zu dieser Erhebung mit logischen Gründen bewiesen, unberührt von gefühlsmäßig-pietistischer Schwärmerei.

Die für kurze Zeit vereinigten schöpferischen Kräfte der Geniebewegung fanden sich unter diesem Einfluß und setzten sich mit ihm auseinander. *Das Fräulein von Sternheim* von Sophie von la Roche wurde von den jungen Genies jubelnd begrüßt; denn hier sahen sie seelische Kämpfe, moderne Erziehungsprobleme, die Selbständigkeit der Frau, ihren Mut und ihr Recht zum Gefühlsleben zur Diskussion gestellt. Die Verfasserin, die sich als gute Deutsche, Freundin Englands und ablehnend gegen Frankreich gab, kam mit all dem den Tendenzen der Geniezeit in hohem Maße entgegen.

Wieland lehnte zwar Rousseaus Staatstheorie und Naturmenschentum ab, fühlte sich aber von Julies *Vie champêtre* als einfach-ländlicher Idylle angezogen. Hamann wurde von dem großen Franzosen am wenigsten berührt. Herder nahm vieles auf, rang mit Rousseaus geschichtsphilosophischem Pessimismus und verarbeitete sein Gedankengut auf eigene Weise. Durch diesen Filter von Herders Anschauungen und durch seine Forderung des Ideals einer Naturdichtung gegenüber der von Rousseau verworfenen Kulturdichtung kam Goethe mit Rousseaus Einfluß zuerst in Berührung. Nächst seiner eigenen starken Schöpferkraft und seiner Ergriffenheit von der Antike bewahrte ihn dies davor, widerstandslos in den Sog der strömenden Kräfte zu geraten, wie es Klinger geschah, der sich sein Leben lang davon nicht ganz befreien konnte. Auf Lenz in seiner

Unruhe und inneren Zerrissenheit konnten zwar die 1782–88 posthum erschienenen *Confessions* Rousseaus nicht mehr wirken, aber er lebte in Berka ein rousseausches Leben und schrieb den *Waldbruder* äußerlich in der Form der *Nouvelle Héloïse* und mit Rousseauschem Gedankengut befrachtet.

Heinse und Schiller waren wie Goethe durch eigene Kraft und den Einfluß der Antike imstande, die neuen Ideen zu Eigenem umzuprägen. Heinse, der Rousseaus *Contrat social* 1763 kennenlernte, nennt sich zwar selbst einen „feinen Rousseauisten" und einen „armen thüringer Jean Jacques", dessen Leben manches mit dem unglücklichen St. Preux gemeinsam hatte; aber im *Ardinghello* befreit er sich völlig von diesem Einfluß, während Schiller seine Auseinandersetzung mit Rousseauschem Gedankengut endgültig in der Abhandlung *Über naive und sentimentalische Dichtung* abschloß.

Mit den *Confessions* machte Rousseau die Bahn frei für die Auffassung, die Aufgabe des Schriftstellers bestehe in nichts anderem als einer rückhaltlosen Beichte eigener Seelenabgründe. Davon blieben die Umarbeitungen von Jacobis Roman *Aus Eduard Allwills Papieren* und der *Anton Reiser* von Moritz nicht unberührt. Jacobi konnte kaum ganz erfassen, wie weit Goethes *Werther* von zeitlicher Bedingtheit und Rousseaus Einfluß entfernt war. Moritz hatte mehr Kraft der geistigen Überwindung und künstlerischen Gestaltung und weist mit seinem *Anton Reiser* weit mehr nach vorwärts zur Romantik als zurück zu Jean Jacques Rousseau.

Der Strom der *Empfindsamkeit*, den Goethes Werther entfesselt hatte, verlief in immer flacheren Wellen. Unklare, seelisch interessante Zustände wurden in psychologischem Eindringen und durch Selbstanalyse in Form von Bekenntnissen, Briefen, Aussprachen und Tagebüchern entwickelt. Sie waren nicht lehrhaft-mustergültig gemeint und gehörten daher nicht in den Bereich der Aufklärung. Die Grenzen fließen, und man kann auf allen Gebieten die Wechselbeziehungen zwischen den verschiedenen Richtungen beobachten.

In seiner sentimentalen Klostergeschichte *Siegwart* (1776) z. B. zeigt Miller, wie leicht die Welt *Werthers* in empfindsame Rührseligkeit gleiten konnte. Sein Held ist ein Weichling, der den Widerständen nicht entgegentritt, sondern wie seine Geliebte im Kloster endet. An ihrem Grab haucht er schließlich sein bitteres Leben aus. Trotz der neuentdeckten idyllischen Klosterwelt, die voll von „Mängeln und Unvollkommenheiten" ist, feiert hier noch einmal das Repertoire Richardsons Triumphe.

Neben dieser durch die Geniebewegung hindurchführenden Entwicklungslinie bleibt der rationalistische Roman bis zum Ende des Jahrhunderts weiter bestehen. Den realistisch-tendenziösen Zweig vertritt Nicolais *Nothanker*. Sein Zweck ist die Darstellung zeitgenössischer Verhältnisse und Personen und die Vermittlung von Wissen. Der Einfluß von Rousseaus *Émile* brachte die Pädagogen auf den Gedanken, ihre neuen Erziehungsansichten in Form von Romanen niederzulegen (*Pestalozzi*, S. 202). Unter den Händen des Erziehers *Campe* (S. 193) wurde der *Robinsonstoff* zu einem Mittel der Jugenderziehung im Geiste Rousseaus.

1. FR. H. JACOBI

Als Sproß einer Kaufmannsfamilie wurde Friedrich Heinrich Jacobi zu Düsseldorf am 25. Januar 1743 geboren. Während sein älterer Bruder (S. 111) als Anakreontiker und Professor der schönen Wissenschaften schon früh gefeiert wurde, galt der jüngere, der eine mystisch-religiöse Natur und ein Schwärmer war, für wenig begabt. Im Jahr 1759 kam er über Frankfurt nach Genf und trat dort mit der sensualistischen Philosophie in Berührung. Die kaufmännische Weiterbildung blieb liegen. Der 1761 erschienene *Émile* brachte ihm das bestimmende Erlebnis Rousseaus. 1762 kehrte er nach Düsseldorf zurück und übernahm 1764 nach dem Tod des Vaters das Handelshaus. Auf seinem Landsitz Pempelfort führte er eine glückliche und kinderreiche Ehe mit Betty von Clermont. 1772 wurde er Mitglied der Hofkammer. Einen Anstoß zu eigenem dichterischen Schaffen brachte ihm der Besuch Goethes (1774). Auf einer Sommerreise im Jahr 1780 war Jacobi in Wandsbek, dann in Wolfenbüttel bei Lessing, nahm in Lübeck, Halberstadt und Münster Beziehungen zu Gerstenberg, Gleim und der Fürstin Gallitzin auf und polemisierte gegen Mendelssohn. Er erkannte als erster den Kern der Französischen Revolution und wendete sich von ihr ab. So protestierte er gegen das Dogma seiner Zeit, daß die Vernunft die allerhöchste Menschenkraft sei. 1794 erlitt er durch den Krieg einen empfindlichen Geschäftsrückgang und mußte nach Eutin fliehen. 1804 wurde er zur Umgestaltung der bayerischen Akademie nach München berufen und hielt als Präsident am 27. Juli 1807 eine Eröffnungsrede „Über gelehrte Gesellschaften, ihren Geist und Zweck". Er starb am 10. März 1819.

In seinen Briefen *Über die Lehre des Spinoza* (1785) hat Jacobi das berühmte Gespräch, das er am 6. und 7. Juli 1780 mit Lessing geführt hatte, veröffentlicht. Als stark sensualistischer Gefühlsphilosoph stellte Jacobi sich gegen Spinoza bis zu der Zuspitzung des Satzes: Spinozismus ist Atheismus. Diese Auffassung und Herders Schrift über *Gott* riß den Abgrund auf, der Goethe und Herder von den Jugendfreunden Jacobi, Lavater und Claudius trennen sollte. Als Goethe bei dem Zusammentreffen in Pempelfort Jacobi in „das Chaos seines alles aufregenden Strebens" hineinblicken ließ, das dieser zu leiten und aufzuklären versuchte, konnten sie die spätere Entfremdung nicht ahnen.

Jacobi hat das Gedankengut der Mystik in weite Kreise getragen, indem er sich um ein System bemühte und die Gegensätze zwischen Rationalismus und Irrationalismus, zwischen Verstandes- und Gefühlserkenntnis klar herausstellte. Der Glauben als innerliches Wissen wird dem äußerlichen entgegengesetzt. Er schreibt die Abwege des geistigen Lebens der Überbetonung des Verstandes und der Bemühung um bloße Naturerkenntnis ohne Rücksicht auf das Problem des Menschen zu. Das läßt ihn zum Anwalt der Freiheit werden als Grundlage der Sittlichkeit, welche er der unfreien, durch Gesetze gebundenen Moral entgegenhält. Der Liebe wird die Bedeutung einer an Gott bindenden Kraft zugewiesen. Die Einheit und Gleichsetzung des Göttlichen und Menschlichen führt ihn in die Bahnen neuplatonischen Denkens. Dieses, nicht der Platonismus, wie er will, steht als Vernunftphilosophie dem Spinozismus als Verstandesphilosophie gegenüber. So muß der Mensch sich je nach seinem Gemüt zwischen Platonismus und Spinozismus entscheiden.

Bei der Begegnung mit Goethe in Düsseldorf gewinnt Jacobis *Allwill* im Zeichen *Werthers* seine Züge. Fragmente des Romans *Aus Eduard Allwills Papieren* sind zuerst 1775/76 erschienen, ehe der abgeschlossene Roman 1792 vorgelegt wurde. Der Zwillingsbruder Werthers wird zum Verkünder des rousseauschen Naturglaubens. Seine Religion und Moral stehen im Zeichen des Gefühls und des Herzens. Über Werther erhebt ihn ein starker Wille, der ihn die Liebe überwinden läßt. Deshalb ist Allwill mit Recht „der erste schöngeistige Ästhet der deutschen Romanliteratur" genannt worden. Er kann sein Glück nicht finden und wird zum ruhelosen Wanderer. Durch die immer deutlicher in Erscheinung tretenden moralischen Grundsätze wird der Roman zur Abkehr vom Geniewesen. So sollte der Held aus einer Idealgestalt, in der das Herz mit seiner natürlichen Sittlichkeit über die Aufklärung triumphiert, zu einer problematischen Figur werden, in deren Ruchlosigkeit auch das Ideal der Geniezeit bloßgestellt wurde.

An den *Allwill* knüpfte schon 1776 *Woldemar* an. Der Roman erschien zuerst 1779 und in späterer Umgestaltung 1794 und 1796. War Goethe das erst verehrte, später mit Zurückhaltung betrachtete Vorbild des Allwill, so ist Woldemar ein Selbstbildnis Jacobis aus einer Zeit, da er eine Krisis in seiner Ehe mit seinen Sturm-und-Drang-Ansichten zu überwinden suchte. Er wollte Klarheit über sich selbst und das Wesen der Freundschaft und Liebe gewinnen. Es geht ihm wie seinen Helden: er wird schließlich „auf einem langsamen, äußerst schmerzhaften Weg erst zu einer tieferen Seelenerkenntnis gebracht". Er erkennt die Liebe als uneigennützige Zuneigung, die durch Entsagung errungen wird. Die mühsam erkämpfte Harmonie blieb der Gefahr ständiger Störungen ausgesetzt. Jacobis moralische Denkerfahrungen blieben zeitgebunden. Sie verneinen die Rechte des Herzens, können sie aber durch nichts anderes ersetzen, und so hielten sie eine Problematik fest, mit deren Lösung sich die Romantik auseinandersetzt.

2. TH. G. V. HIPPEL

Ein Ostpreuße, der wie Kant sein Leben lang im Lande blieb, war Theodor Gottlieb von Hippel. In Gerdauen 1741 als Sohn eines Schulrektors geboren, kam er früh nach Königsberg, wo er Theologie und Jura studierte und die Beamtenlaufbahn ergriff, die ihn bis zum Amt des Stadtpräsidenten und Geheimen Kriegsrats führte. 1796 starb er als reicher und angesehener Mann. Von seiner literarischen Tätigkeit wußten nur seine engsten Freunde. Ehrgeiz und Widerspruchsgeist paarten sich bei ihm mit einem eigentümlichen Humor und einem Hyperidealismus, die beide zuweilen wie eine Vorwegnahme der charakteristischen Züge Jean Pauls anmuten. Sein Interesse an Menschen und menschlichen Verhältnissen regte ihn an, moralisch-psychologische Abhandlungen zu verfassen. Außerdem gehören Lustspiele, Freimaurer-reden und geistliche Lieder zu seiner Produktion. Die kritische Einstellung zu seiner Zeit ließ ihn vor allem gegen Freimaurertum und geheime Gesellschaften zu Felde ziehen.

Hippels Hauptwerk *Lebensläufe nach aufsteigender Linie* (1778/81) hält sich an Sterne. Sein Held Alexander stammt aus einem kurländischen Pfarr-haus, seine Schicksale (Kinderspiele, Tod der Jugendgeliebten, Stu-dium, Hofmeisterzeit mit baltischen Adligen in Königsberg und Göt-tingen, Auszeichnung im russischen Balkankrieg, Rückgewinnung des Familienadels, Heirat, früher Tod des Sohnes) werden in der Ich-Form gleichsam nebenbei erzählt. Das eigentliche Thema des Buches ist Tod und Vergänglichkeit. Darin wird der pietistische Ursprung von Hip-pels Denkungsweise erkennbar. Die traditionellen, erbaulichen Betrach-tungen werden durch Elemente aus den Nachtgedanken Youngs und Variationen über das Thema der „Kunst zu sterben" ersetzt.

Hippels geistige Verwandtschaft mit Herder und Hamann sowie seine ernsthafte Auseinandersetzung mit Rousseau erlauben dennoch nicht, ihn der Geniebewegung zuzurechnen. Erzieherische Lehrhaftigkeit und satirische Betrachtungen verstellen zu leicht den Blick auf seine dich-terische Erlebenskraft und neue Sicht. Seine die Wirklichkeit immer wieder durchbrechende Art zu erzählen nimmt die romantische Ironie vorweg. Dadurch kann sich Hippels Roman *Kreuz- und Querzüge des Ritters A. bis Z.* (1793/94) in die Gefolgschaft des *Don Quichote* stellen.

Die Eltern des Helden bemühen sich in der neu aufflammenden Begeisterung für die geistlichen Ritterorden, auf ihrem Gut ein neues Jerusalem aufzubauen, und lassen den Sohn an ihren Bestrebungen teilnehmen. Dieser gerät jedoch später in den Bann der Freimaurer, gelangt erst durch traurige Erfahrungen über die verstandesmäßige Eindämmung der Leidenschaften zu gemeinnütziger Tätigkeit und gewinnt damit die gleiche Einstellung zum Leben, die sein Autor gefunden hat.

3. KARL PHILIPP MORITZ: ANTON REISER

Karl Philipp Moritz, der als selbständiger Begleiter und Theore-tiker der deutschen Klassik zu wenig gewürdigt worden ist, stellte sein hartes Leben autobiographisch in seinem psychologischen Roman *Anton Reiser* dar.

Moritz wurde in Hameln am 15. 9. 1756 geboren. Der Unfriede der Eltern und eine verkehrte Erziehung verdüsterten seine Jugend und verstärkten seine mystisch-pietistischen Neigungen. Er durfte eine Zeitlang in Hannover die Lateinschule be-suchen, wurde aber trotz seiner Begabung und anfänglichen Lernlust herausgenom-men und in eine Hutmacherlehre nach Braunschweig gegeben. Dort lernte er wie später im Seminar und Gymnasium Verständnislosigkeit und wirkliches Elend kennen. Seine einzige Erbauung fand er in Predigten, aber seine Religiosität konnte ihn nicht vor einer bis zum Selbstmordversuch gehenden Verzweiflung bewahren. Eine unstillbare Lesewut vermittelte ihm als große literarische Erlebnisse Werther und Shakespeare und weckte seine Theaterleidenschaft, die sein Mitschüler Iffland noch bestärkte. Nach vergeblichen Versuchen, Schauspieler zu werden, und kurzem Theologiestudium lebte er einige Zeit in Dessau bei Basedow, unter dessen herrischem Wesen er litt. Über eine Lehrtätigkeit im Waisenhaus zu Potsdam kam er 1778 nach Berlin an das Gymnasium des Grauen Klosters, anfänglich als Lehrer, von 1780 an als Konrektor. Er beschäftigte sich eifrig als pädagogischer Schriftsteller und gab seine ersten größeren Schriften 1781–83 als *Sammlung von Aufsätzen über die deutsche Sprache* heraus. 1793 veröffentlichte er eine *Sprachlehre in Briefen*. Im Anschluß an seine Lehrtätigkeit entstand sein *Versuch einer deutschen Prosodie* (1786), der nicht nur als Leitstern für die Versbearbeitung der Goetheschen *Iphigenie* von hoher Bedeutung war.

Als erstes selbstbiographisches Werk ließ Moritz 1783 seine Reise nach England erscheinen. Er beginnt zu erkennen, daß die Natur in ihrer Ganzheit nicht zu fassen, das Kunstwerk als Ganzes etwas anderes als Natur ist. Das vergebliche Ringen nach „künstlerischer Tatkraft" führt Moritz immer wieder in geistige und gesundheitliche Krisen, die er erst in der Potsdamer und Berliner Zeit wenigstens teilweise überwinden konnte. Dort kam ihm seine eigentliche Aufgabe zum Bewußtsein, die ihn für die Begegnung mit Goethe reif werden ließ. Die geistige Auseinandersetzung mit Mendelssohn und dessen Theorie wirkte klärend auf seinen Geist. In einer allgemeinen Theorie der schönen Künste plante er, Sulzer zu überwinden. Im Zusammenhang mit seinen ästhetischen Erkenntnissen veröffentlichte er in der Volkszeitung eine Kritik an Schillers *Kabale und Liebe*.

Im Jahre 1784 machte Moritz auf einer Fußreise nach Süddeutschland in Leipzig Schillers Bekanntschaft und söhnte sich wenigstens äußerlich mit ihm aus. Bald nach seiner Rückkehr gab er plötzlich seine Stellung in Berlin auf und unternahm mit anfänglicher finanzieller Unterstützung des Verlegers Campe eine Reise nach Italien.

In Rom trat Moritz von 1786 an in enge Beziehungen zu Goethe. Dort entstand die theoretische Schrift *Über die bildende Nachahmung des Schönen* (1788). – Gegen die Nachwirkung seiner schweren Jugenderlebnisse, den mißverstandenen, überschätzten Kunsttrieb, das dichterische Empfinden, das er lange für eine Berufung hielt, mußte Moritz in klarer Selbsterkenntnis lange kämpfen, ehe ihm die Überwindung gelang.

Als Professor der Theorie der schönen Künste und des Altertums, Hofrat und Mitglied der Akademie der Wissenschaften (1789) ist Moritz knapp ein Jahr nach seiner Verheiratung mit Friederike Metzdorf auf einer Reise nach Dresden 1793 gestorben.

Die große Bedeutung der Schrift *Über die bildende Nachahmung des Schönen* in der Geschichte der Dichtung begann man erst am Ende des 19. Jahrhunderts zu würdigen; sie ist in vollem Maße bis heute nicht erkannt. Als Ästhetiker steht Moritz zwischen den Zeiten. Er verschmilzt den antiken Schönheitsbegriff mit dem des Schöpferischen und mit konstruktiv-mathematischen Voraussetzungen, bestimmt den Zweck der Kunst vom Schaffenden aus und fordert die *Nachahmung des Schönen* im Sinne eines *Nachstrebens* und *Wetteiferns* mit der Vorlage. Die Natur soll nicht getreu nachgebildet werden, sondern der Künstler muß das in ihm liegende Vorbild auf sinnlich wahrnehmbare Gegenstände übertragen, die seiner Individualität angemessen sind. Die dazu nötige künstlerische Tatkraft ist eine angeborene Gabe, die durch keine noch so hohe Ausbildung des Geschmacks erworben werden kann. Denkkraft und Vorstellungsvermögen können die eigentliche schöpferische Leistung nicht ersetzen. Diese Auffassung bedeutet eine Steigerung des Geniebegriffs, die zur Klassik überzuleiten vermag. Aber nicht nur das Wesen des Schaffenden, sondern auch die Aufgabe der Kunst bestimmt Moritz neu. Seine Ästhetik wendet sich gegen die noch bei Batteux und Burke herrschende Anschauung, daß der Hauptzweck der Kunst in Nutzen und Vergnügen bestünde. Das Vergnügen, das vom Schönen verursacht wird, ist etwas anderes als jenes, das vom Nützlichen erregt wird. Die Schönheit hat mit der Nützlichkeit nichts zu tun; denn der schöne Gegenstand ergötzt allein durch die ihm eigene Vollkommenheit und innere Zweckmäßigkeit. Das Schöne muß mit dem Vollendeten zusammenfallen. Die Kunst, die einen Zweck verfolgt, kann gar keine Kunst mehr sein. So schaltete Moritz zum erstenmal den Gesichtspunkt des Nutzens in der Kunst völlig aus und legte auf den moralischen Standpunkt keinen Wert. Hier berührt sich Moritz mit Goethe, nur leitet er diese Erkenntnis begrifflich ab, während Goethe auf intuitivem Wege zu ihr kommt. Indem Moritz die Beziehung zwischen Schön und Nützlich durch eine Beziehung zwischen Schön und Gut ersetzt, zeigt er sich ebenfalls als Vorläufer der klassischen Ästhetik, hält sich damit allerdings, seinen eigenlichen Überzeugungen zum Trotz, von moralischer Grundlegung nicht ganz frei. Immerhin wurde hier der Akzent auf die inneren Eigenschaften des Kunstwerks gelegt und die Möglichkeit eröffnet, die Schönheit der Erscheinung als Schönheit der Seele aufzufassen.

Mit dieser hohen Bestimmung der Kunst hat Moritz neue Entwicklungen angebahnt. Schon als Fragment hat das Werk große Bedeutung gewonnen. Der frühe Tod des Verfassers nahm ihm die Möglichkeit, es auszubauen. Moritz ist durch sein Werk mit den Anschauungen verbunden, die von Leibniz und Shaftesbury zu Mendelssohn führen, aber auch die mystische Naturphilosophie hat ihn nicht unberührt gelassen, während die Zweckfreiheit seiner Ästhetik auf Kants Begriff des Schönen als „interesseloses Wohlgefallen" hinweist.

Um die psychologische Erhellung der Sonderrechte des Genies bemüht sich der selbstbiographische Roman *Anton Reiser* (1785–90).

Hier gewinnt Moritz Klarheit über sich selbst im Kampf um den Ausgleich zwischen dem, was ihm seine phantasievollen Illusionen vorgaukeln, und der Wirklichkeit. Diese Wirklichkeit ist ihm verhaßt, er will sich vor ihr retten; denn sie bedrückt seinen Geist und hemmt alle Lebensfreude. So ist die Phantasiewelt, die er sich aufbaut, um sein geistiges Dasein zu retten, aus Abwehr und Selbstschutz geboren. Sie bedient sich literarischer Quellen und willkürlich zusammengetragenen Bildungsgutes und entfernt seinen Helden immer mehr von Wirklichkeit und Wahrhaftigkeit. Übersteigerter Geltungstrieb und Niedergeschlagenheit, Angst, nicht ernst genommen zu werden, und eingebildete Betrübnis sind die Folgen. Das Spiel mit dem Selbstmord wechselt mit Meditationen im Sinne der Aufklärungsphilosophie. Bei seinem unsicheren Suchen in den geistigen Vorratskammern des Jahrhunderts gerät er auf die *Nachtgedanken* Youngs. Erst die Entdeckung Shakespeares eröffnet ihm eine neue Welt, als deren Herr sich Reiser fühlt. Er findet seinen Gott. Gleichzeitig zeigt ihm *Werther*, in dessen Einsamkeit er sein eigenes Schicksal entdeckt, den Weg zur Teilnahme an der Gestaltung seines Zeitalters. An diese mühsame Eroberung der Wirklichkeit schließt sich nun aber keineswegs die Hingabe an den Genuß, sondern die Bedrückung durch die Traumwelt der Phantasie. Er glaubt, sich daraus in die Scheinwelt des Schauspielers retten und dort den Ausgleich zwischen Ideal und Wirklichkeit finden zu können.

Der Beruf des Schauspielers soll ihm die Möglichkeit geben, die „Szenen des Lebens in sich als außer sich darzustellen". Doch das unbegrenzte Ausleben in der Phantasie, das er nun genießt, bleibt ohne Ziel. Ebenso empfindet er die Eröffnung eines geregelten Studienganges in Erfurt als ein Versinken „in die niederträchtigste Abhängigkeit". Sein Kampf gegen jede bürgerliche Einengung führt ihn wieder dem Theater zu. Hier bricht die Geschichte ab. Sie hätte den Helden wohl zu der Erkenntnis geleitet, daß die ersehnte Welt des Ideals ohne innere Berufung und ohne den Willen zur Tat in Träumen nicht gewonnen werden kann.

Vieles in dem Roman stellt Moritz in die Nähe der empfindsamen Stürmer und Dränger. Zwar begegnet er dem Wertherideal mit Mißtrauen und erhofft sich erzieherische Wirkungen, aber der hohe Bewußtseinsgrad seiner psychologischen Darstellung drängt auf neue, den Zeitgenossen noch nicht begehbare literarische Wege hin.

4. WILHELM HEINSE

Was die Kritik den Seraphikern vorgeworfen hat, die Wiederaufnahme des Schwulstes, scheint sich bei dem sogenannten Apostel der Sinnenfreude und Verkünder des ästhetischen Immoralismus, Wilhelm Heinse, zu erfüllen; denn als Knabe schulte er sich an Hofmanns Vorbild und später bahnte er sich seinen Weg zu Rubens, weil ihm dieser das naturhafte Leben in seiner Farben- und Gestaltenfülle festzuhalten schien. Da er sich auch noch der Anakreontik in die Arme warf und Anschluß an Gleim fand, schien sich ein Widerspruch zwischen seiner Kunst und seiner Rousseauverehrung zu ergeben. Aber Heinse sang von Liebe und trank den Wein nicht nur in der Theorie, sondern spendete aus der Fülle des eigenen, kräftig zugreifenden und machtvoll ergriffenen Wesens. Er stellt die Verbindung zwischen sich und dem Gegenstand seiner Dichtung her, wenn er in einer psychologischen Studie über Tasso der Prinzessin die Erweckung des Dichters zuschreibt. Er legte damit in Tasso Gefühle und Anregungen, wie er sie selbst von der Mutter seines Zöglings von Massow empfangen hatte. Er entdeckte in den Bildern von Rubens die Einheit von Farbe und Leben und fand in ihnen das Abbild seiner Naturvorstellungen. Unruhe und Leidenschaft, nicht edle Einfalt und stille Größe sucht er in Italien. Dem Dämon seiner Unrast entsprechend, vermitteln seine Beschreibungen antiker Skulpturen impressionistische Eindrücke eines Farbenspiels, nicht vollendete Formen. Der aus der Natur gewonnene Eindruck wird in eine Fülle von geistigen Beziehungen gesteigert. Die nahe Verwandtschaft dieser Schau mit der des Impressionismus darf dennoch die Eigenheit von Heinses dem 18. Jahrhundert zugehörender Sinnenfreiheit nicht verdecken. Heinse sieht ein Gemälde nicht anders als ein Stück Natur. Farbe, Licht und Schatten in richtiger Verteilung, Kenntnis des menschlichen Körpers, „Harmonie eines hohen Geistes mit dem Dargestellten", darin liegt für Heinse die Vollendung der Malerei. Als Grundlage seiner Weltanschauung sind seine gefühlsmäßig bestimmten und einander bedingenden Auffassungen von Natur und Malerei erkannt worden.

Johann Jakob Wilhelm Heinse (1746–1803) ist als Sohn des Bürgermeisters in Langewiesen geboren. Er verließ das Gymnasium in Arnstadt (1762), wo „weiter nichts als Theologie gelehrt wurde", um sich in Schleusingen (1762–66) auf das juristische Studium an der Universität Jena vorzubereiten. So wollte es wohl sein Vater. Aber bald stand er unter dem Einfluß von Riedel. Ihm folgte er 1768 an die Universität Erfurt als jüngster Mitarbeiter seiner kritischen deutschen Zeitschriften. So förderten Riedel und Wieland seine Neigung für die leichtfertige Poesie, doch hat er von ihnen außer der Empfehlung an Gleim keine wirtschaftliche oder berufliche Förderung erfahren. Im Herbst 1771 folgte er als Sekretär zwei adeligen Sonderlingen auf Reisen. Die in ihrem Auftrag entstandenen literarischen Arbeiten und Übersetzungen (Petrons Satyricon) verleideten ihm die Aufklärung, erschlossen ihm aber die sinnenfreudige Lebenskunst und machten ihn zum begeisterten Apostel der Schönheit. Dann nahm sich Gleim seiner an, veranlaßte ihn zu Übersetzungen von Dorat und ließ ihn rokokohaft tändeln. Er empfahl ihn dem Kriegs- und Domänenrat von Massow in Halberstadt als Hauslehrer. Mit der Mutter seines Zöglings, deren Bild er in *Hildegard von Hohenthal* festhält, musizierte er und las italienische Dichter. Nach seinem eigenen Zeugnis erlebte sein Genie damals eine Wiedergeburt. Was er aber in wohlgefügten Stanzen als „schönstes Glück seines Lebens" pries, war nach Wielands Meinung „unglücklicher Priapismus" und deshalb für den *Teutschen Merkur* ungeeignet. Seine übersetzerische Fronarbeit brach mit den Überlieferungen, die Wort für Wort oder dem Sinne nach das Original wiedergeben; er versuchte, dem Gefühl folgend, die Bilder und Gedanken der Vorlage festzuhalten. Der Obhut Gleims entführte ihn die Mitarbeit an Johann Georg Jacobis *Iris* nach Pempelfort (1774). Lange stand er unter dem Eindruck von Goethes dortigem Besuch und unter dem *Werther*, wie sich auch Goethe an den Stanzen des eben veröffentlichten ersten größeren Werkes von Heinse *Laidion oder die eleusinischen Geheimnisse* begeisterte. Dieses erste Werk Heinses steht zwischen Wielands *Agathon* und Goethes *Werther*. Heinse ist der einzige Vertreter der Geniezeit, der das ahnungsvolle Wollen seiner Zeit in der italienischen Renaissance wiederfindet, dem das Naturevangelium Rousseaus den Weg zur Herrenmoral der Renaissancemenschen weist, der sich an den Bildern der Düsseldorfer Gemäldesammlung, an Italienern, van Dyck und Rubens begeistert, der das eigene Kunstempfinden und seine Ergriffenheit in Bildbeschreibungen anderer mitteilen kann.

Freunde ermöglichten ihm 1780 eine Reise nach Italien. Er reiste den Rhein entlang, über die Schweiz und die Provence zu längerem Aufenthalt nach Venedig und Florenz. Dort bestätigte sich ihm seine Auffassung, daß alle Kunst „menschlich und griechisch" sei. Annähernd zwei glückliche Jahre verbrachte er, von einem Abstecher nach

Neapel abgesehen, in Rom im Verkehr mit dem Maler Müller. Den Reichtum der gewonnenen Eindrücke, Gedanken, Einfälle und Beobachtungen halten seine geheimen Tagebücher und Notizhefte fest. Er hoffte, sie in einem groß angelegten, publizistischen Unternehmen verwerten zu können. Eine Reise nach Holland in Begleitung eines Grafen Nesselrode (1784) brachte neue Anregungen. Kurz vor dem Erscheinen seines Romans *Ardinghello und die glückseligen Inseln* (1787) wurde Heinse als Vorleser an den Hof des Kurfürsten von Mainz, Karl Josef Freiherrn von Erthal, berufen (1786). Schon nach einem Jahr wurde er als Bibliothekar und Hofrat der Nachfolger Johannes von Müllers. Während der Unruhen in Mainz floh er zu Jacobi (1792), kehrte aber wieder zurück, begann an dem neuen Roman *Hildegard von Hohenthal* (1795/96 erschienen) zu schreiben und entzog schließlich 1794 die wertvolle Bibliothek dem Zugriff der Besatzungsmacht, indem er sie nach Aschaffenburg, der damaligen Residenz des Kurfürsten, brachte.

Vom *Ardinghello* (1787) gehen bedeutsame Anregungen aus. Der Roman wird vom ersten Widerschein des Herrenmenschentums der italienischen Renaissance bestrahlt. Er gilt als Ausgangspunkt des Künstlerromans und Verkündung des Immoralismus, nimmt naturalistische und impressionistische Sehweise und Schilderung voraus und ist doch fester als die meisten Romane der Goethezeit an nahe und ferne Vergangenheit gebunden, an die Rokokowelt Wielands, Gleims und Jacobis und die utopische Darstellung des Zukunftsstaates in der Wiederaufnahme platonischer Ideen. Dazu kommt Rousseaus Naturideal. Wenn Heinses *Laidion* (1774) von den Zeitgenossen bejubelt wurde, so geschah es, weil er als Anwalt der Sinne und Leidenschaften sprach. Ardinghello ist eine fertige Persönlichkeit, in allen praktischen und künstlerischen Berufen bewährt. Er setzt sich über Recht und Moral hinweg, wechselt von der Malerei zur Seeräuberei und zu politischer Tätigkeit am Hof der Medici. Während der erste Band ein reichhaltiges äußeres Geschehen darstellt, bestreiten Gespräche über Gemälde und philosophische Themen den Hauptinhalt des zweiten, in dem der Held seine Liebe zu Fiordimona in allerlei Taten bewährt und schließlich auf den glückseligen Inseln einen Idealstaat gründet. Ardinghello als Handelnder und Genießender vertritt das Ideal des *Uomo universale*. Der Maler erfuhr die Begründung des Menschentums in der Freiheit und der Kunst, im Genuß des Lebens, so daß ihm die Geliebte zum Kunstwerk und die bildhaft dargestellte Frauengestalt zur Geliebten werden kann. So ist ihm wie seinem Schöpfer die Bedeutung barocker Farbgebung, der Sinn für das naturhafte Dasein der Antike, für die Schönheit des menschlichen Körpers, die von Leidenschaften bewegte Natur, das von Stürmen aufgepeitschte Meer, die von Gewittern durchtoste Landschaft aufgegangen. Er schaut die Natur mit den Augen Rousseaus. Seine Frauen-

gestalten haben Züge von Wielands Hetären und von barocken Macht-
weibern. Sie besitzen die Kunst, sich auszuleben. Dieses Lebensideal
sah Heinse im Zeitalter der Renaissance erfüllt. Sein Held geht durch
keine läuternde Entwicklung, er offenbart sein Wesen, wo ihm sein
abenteuerliches Leben Gelegenheit dazu bietet, besonders wenn er die
Eindrücke von Kunstwerken und Landschaften wiedergibt, die Heinses
Tagebücher festhalten. Wie Heinses Gestalten nicht aus der psychologischen Einfühlung ihres Schöpfers leben, sondern sich als Wunschbilder
offenbaren, so ist auch ihr Endziel, der ideale Staat auf den glückseligen
Inseln, ein Wunschbild. Gesetze und Zwang jeglicher Art werden von
diesen Menschen ferngehalten, sie gedeihen als geistige Wesen nicht in
der Umwelt eines Hofes, sondern in der Demokratie und verfolgen
das Ziel, die „Menschheit wieder zu ihrer Würde" zu bringen. Der
Traum des Goldenen Zeitalters erfüllt sich nicht mehr für die Allgemeinheit in der Geßnerschen Idylle; nur wenigen, Ardinghello mit seinen
Genossen und Genossinnen, ist es möglich, in einem solchen Idealzustand zu leben. Dieser wird nicht mehr in einer akademisch-klöster-
lichen Lebensform gefunden, wie in Rabelais' Abtei Thelem, sondern
auf zwei griechischen Inseln, einem Schauplatz, der platonisches Denken
mit rousseauschem Wollen mühelos vereinigen konnte.

Die Handlung des Romans *Hildegard von Hohenthal.* der abwechselnd an einem
Fürstenhof am Rhein und in Italien spielt, stellt die Heldin zwischen den Kapellmeister Lockmann und einen englischen Lord, dem sie schließlich als Gattin folgt,
nachdem sie den Nachstellungen eines Prinzen entflohen ist und in Rom als Sängerin
gewirkt hat. Lockmann erhält in Eugenia seine Ehepartnerin. In diesen Roman werden musikalische Gespräche über Oper und Kirchenmusik eingespannt.

Anastasia und das Schachspiel (1803), Briefe aus Italien, nimmt Motive des bürgerlichen Abenteuerromans auf. Der Briefschreiber gibt uns Auskunft über die Personen,
vor allem die Heldin, und lernt schließlich auch den Griechen kennen, der Anastasia
heiratet. Mögen die Gestalten und ihre Mimik auch lebendig sein: der Roman entfernt sich hier wieder von der Behandlung psychologischer Probleme und wird zu einem
Instrument der Bildung. Aus der Verbindung von Abenteuer und Didaktik war kein
Anschluß an die von Blankenburg gewiesene Richtung des deutschen Romans zu gewinnen. Das war rein äußerlich trotz mancher neuer Gedanken und tiefer Einblicke
in die Musik ein Rückschritt ins 17. Jahrhundert.

Die Philosophie des Aristoteles hat Heinse in seinen letzten Jahren besonders beschäftigt. Unter dem Einfluß von Sömmerring schrieb er
naturwissenschaftliche Abhandlungen. Die neue Dichtergeneration
(Hölderlin, Brentano) hat sein persönliches Andenken liebevoll bewahrt.

LITERATUR

Allgemeines: H. H. Borcherdt, Gesch. d. Romans u. d. Novelle. Leipzig 1926.
Ders., Der Roman der Goethezeit. Urach 1949. W. Rehm, Gesch. d. dten. Romans.
Berlin 1927. Ingeborg Arndt, Die seelische Welt im Roman d. 18. Jahrh.s. Diss.

Gießen 1940. Melitta Gerhard, Der dte. Entwicklungsroman. Halle 1926. O. Rietschel, Der Mönch i. d. dten. Dichtg. d. 18. Jahrh.s. Diss. Leipzig 1927. P. Kluckhohn, Das Ideengut d. dten. Romantik. Halle 1941, 3. Aufl. Tübingen 1953.
Jacobi: Frida David, J.s Woldemar. Diss. Leipzig 1913. E. Zirngiebl, F. H. J.s Leben, Dichten und Denken. Wien 1867. H. Schwarz, J.s Allwill. Halle 1911.
Hippel: Werke, 14 Bde. Berlin 1828–38. Romane, 6 Bde. Leipzig 1846–60. – F. J. Schneider, Th. G. H. in den Jahren 1741–81 u. die 1. Epoche seiner literar. Tätigkeit. Prag 1911. Ders., Stud. z. H.s Lebensläufen. Euphor. 22–23 (1915 u. 1921). F. Werner, Das Todesproblem in den Werken von Th. G. v. H. Halle 1938.
Moritz: Werke: Anton Reiser, hrsg. v. L. Geiger. 1886 (DLD 23). v. H. Eybisch, Leipzig 1909. G. Hinsche, K. Ph. M. als Psychologe. Diss. Halle 1912. E. Naef, K. Ph. M., seine Ästhetik u. ihre menschl. u. weltanschauliche Grundlage. Diss. Zürich 1930. R. Minder, Die religiöse Entwicklung von K. Ph. M. Berlin 1936. M. Eckert, K. Ph. M. u. der Sturm und Drang. Diss. Marburg 1938.
Heinse: Werke hrsg. v. C. Schüddekopf, 13 Bde. Leipzig 1903–25. – W. Rehm, Das Werden d. Renaissancebildes i. d. deutschen Dichtg. München 1924. E. Sulger-Gebing, W. H. München 1903. B. v. Wiese, Lebensanschauung im Ardinghello. In: Zeitschr. f. Deutschunterricht 1931, 42–52. R. Roedel, J. J. W. H. Diss. Leipzig 1892. A. Jolivet, W. H. Sa vie et son oeuvre jusqu'en 1787. Paris 1922. J. Obenauer, Die Problematik des ästhet. Menschen i. d. dten. Lit. München 1933. W. Montenbruck, W. Heinses Sprache bis zu seiner ital. Reise. Diss. Köln 1932. K. D. Jessen, H.s Stellung zur bildenden Kunst u. ihrer Ästhetik. Berlin 1901. H. Koch, Deutschland-Italien. Festschr. f. W. Waetzold, Berlin-Hamm 1941. A. v. Lauppert, Die Musikästhetik Heinses. Diss. Greifswald 1912. H. R. Sprengel, Naturanschauung u. malerisches Empfinden bei W. H. Frankfurt 1930. H. Schurig, Der junge H. München 1912.

DRITTER ABSCHNITT

DER AUFSTIEG WEIMARS

1. KAPITEL

DER JUNGE SCHILLER

Schillers Nachruhm wird von der idealistischen, begeisterungsfähigen Jugend getragen. Sein Tod erschütterte die Nation, weil sie an die geistigen Werte, die er erschlossen hatte, glaubte. Dennoch hat die Romantik – vor allem die romantischen Frauen – das Dogma vom Gegensatz zwischen Schiller und Goethe verkündet und auf lange Zeit zwei Parteien gebildet, woran auch Goethes Ausgabe des Briefwechsels (1827) nichts änderte. Die Wendung der akademischen Jugend zum christlichen Mittelalter, zu Arndt und Jahn, brachte Schiller, dem schon Stolberg (1788) die Abkehr vom Glauben vorgeworfen hatte, auf dieser Seite zunächst keinen großen Anhang. Den Vorrang auf der deutschen Bühne machte ihm der neuentdeckte Shakespeare streitig. Aber die zahlreichen Kompositionen von Gedichten Schillers, die Beliebtheit seiner Balladen und ihre Auswertung im Unterricht, der Aufstieg des historischen Dramas, der Stimmungsumschwung im Zeichen der Julirevolution, akademische Vorlesungen und Ansätze zu Biographien (Körner 1812, *Einleitung zur Ausgabe der Werke;* Döring 1853, *Schillers Selbstcharakteristik nach den Briefen entworfen*), die Wendung Menzels gegen Goethe, die neue Beleuchtung des moralischen Standpunktes sind Vorboten dessen, daß Schiller zum Günstling der Zeit werden sollte. Goethes Beispiel folgte W. v. Humboldt (1830) mit der Herausgabe seines Briefwechsels mit Schiller. Ohne hörbaren Nachhall zu finden, würdigte Humboldt den Menschen, Künstler und Denker als geistige Einheit. Körner konnte sich nicht zur Veröffentlichung entschließen. Sein Briefwechsel mit Schiller wurde zum ersten Mal 1847, zwar auf Grund des von Körner gesammelten Materials, aber nach einer Abschrift und mit wesentlichen Auslassungen gedruckt. Dem Bedürfnis, das *Leben Schillers* in seinen Zusammenhängen zu erfahren, kam Schillers Schwägerin Karoline v. Wolzogen 1830 entgegen. Daneben hatte die gleichzeitige deutsche Übersetzung von Th. Carlyles *Life of Schiller* (mit Einleitung von Goethe) wenig Erfolg, obwohl sie das Interesse der Leser auf die Werke hätte lenken können, während Hegel nachdrücklich auf die Philosophie (*Briefe über ästhetische Erziehung*) verwies und einen ästhetischen Zugang zu Schiller eröffnete.

Mit der endgültigen Entthronung der Romantik kam Schillers hohe Zeit. Er beschwingte das Freiheitspathos. Seine Gedenktage wurden gefeiert. Leipzig, wo 1840 der *Schillerverein* gegründet wurde, und Stuttgart, wo man 1837 das *Schilleralbum* herausgab, wurden Mittelpunkte der Schillerverehrung. Daß man den Wert der Dichtung am Charakter ihres Schöpfers maß, wirkte sich für Schiller günstig aus. Als Heros des Liberalismus wurde er von der Orthodoxie seines Heidentums wegen angegriffen; denn die Frage, wie sich der Dichter zum Christentum stelle, wurde nun aktuell. Damit wurde Schiller eine geschichtliche Funktion zugewiesen. Das Junge Deutschland blieb ohne inneres Verhältnis zu Schiller. Neue Quellen eröffnete Andreas Streichers *Bericht über Schillers Flucht nach Mannheim* (1836). Manches davon und aus dem Briefwechsel kam Karl Hoffmeisters fünfbändigem Werk (1838–42) zugute, der eine „wissenschaftliche Naturgeschichte des Schillerschen Geistes" schreiben und seine Schöpfung bis in die Denkweise und Persönlichkeit des Verfassers hinein verfolgen wollte. Bald widmete sich ernste Forschung dem Ziel, den Gegensatz zwischen Schiller und Goethe auszugleichen (F. W. Hinrichs 3 Bde. 1837–39). Den Dichterruhm Schillers stellte die Schule Hegels auf feste Grundlagen. Bei aller Bemühung, objektiv zu urteilen, kann Gervinus seine Sympathie für Schiller nicht zurückdrängen. Als jugendlicher Volksdichter betrat Schiller in Laubes *Karlsschülern* (1846) die Bühne. Sie trugen die Schillerbegeisterung wirksamer weiter als Schillers Dramen. Die bejubelten Erfolge seiner Nachahmer, eines Raupach, Mosen, Halm u. a., sind die Voraussetzung zur Wendung Hebbels und noch mehr Ludwigs gegen Schiller. Devrients Forderung nach der Einheit von Drama und Bühne, unterstützte sie.

Als politischer – nicht als nationaler – Dichter galt Schiller in der Revolution (1848). Obwohl der Dramatiker hinter Shakespeare zurücktrat, zeigten die Jubiläen der Jahre 1855 und 1859, daß Schiller als Dichter des Ideals, des Volkes und des Vaterlandes in höchsten Ehren stand. Johannes Scherr ließ der Novelle *Schiller* (1856) das Werk *Schiller und seine Zeit* folgen (1859), das den Geschmack des Durchschnittslesers traf. Gleichzeitig erschien E. Palleske, *Schillers Leben und Welt* (1858/59), vermochte aber die Kluft zwischen dem Urteil der Wissenschaft und der volkstümlichen Schillerverehrung nicht zu überbrücken. Daß man die lauten Feiern auch als Demonstration auffassen konnte, bewies die Zurückhaltung manches Berufenen wie Grillparzers oder Hebbels.

Die Akademierede Jacob Grimms bildete mit ihrer Forderung nach einer kritischen Ausgabe von Schillers Werken den Ausgangspunkt für ernstes wissenschaftliches Bemühen, als Gegenwart und Wirklichkeit Schillers Dramen von der Bühne verdrängten. Dennoch blieben seine Werke lebendiger Besitz. Die zahlreichen Denkmäler und Jubiläen

setzten sich in sentimentalen, historisierenden Abbildungen, kitschigen
Erzählungen und Dramen sowie Balladenkränzen fort. Verdienstvoller
waren die Erläuterungen H. Düntzers zu Schillers Gedichten (1863–65)
und die Dramenanalysen in Gustav Freytags *Technik des Dramas* (1863),
Hettners *Literaturgeschichte* (1856 ff.) und die ernsten Versuche von
Danzel, Heinsen und Robert Zimmermann, Schillers Stellung in der
Geschichte der Ästhetik zu bestimmen. Während Kuno Fischer die
philosophische Leistung Schillers ins rechte Licht rückte, stellte Karl
Tomaschek *Schiller in seinem Verhältnis zur Wissenschaft* (1863) dar,
behandelte J. Janssen *Schiller als Historiker* (1863) und gewann dem
männlichen Streben Schillers aufrichtige Achtung. Lotze würdigte
Schillers ästhetische Leistung im geschichtlichen Zusammenhang (1868) und
F. A. Lange verkündete (1897) den Ruhm der philosophischen Gedichte
Schillers, ja er rief ihn als Mitstreiter im Kampf gegen den Pessimismus
auf; denn im Umkreis Schopenhauers wich die Verehrung einer nüchternen Haltung, die Schillers Idealismus kein Verständnis entgegen-
brachte und sich über seine Weltfremdheit beklagte. Im neuen Reich,
etwa um 1890, mußte Schiller es büßen, daß er kein Realpolitiker war.
Mochte er noch so sehr an der Begeisterung der Jahre 1870/71 teil-
haben, der Schatten Bismarcks breitete sich über ihn aus. Hand in Hand
damit ging die Abkehr von der hohen Tragödie. Da begann der Stil
der Meininger Wandel zu schaffen. Während die billigen Volksausgaben
der Werke Schillers den Büchermarkt überschwemmten und Goedekes
kritische Ausgabe (1867–76) abgeschlossen wurde, wendeten sich im
Zeichen des philosophischen Pessimismus (Eduard von Hartmann) die
gebildeten Kreise von Schiller ab. Die poetische Welt, welche die
Klassiker dem Philister geschaffen hatten, versank in der Gründerzeit.
Herman Grimms Goethebuch (1876) wiederholt die romantische Wendung gegen Schiller. Wilhelm Scherers Forderung, jeden Dichter
nach seinen eigenen Grundsätzen zu messen (1883), schuf Wandel.
Während die Schule solide Kenntnisgrundlagen vermittelte, mußte sich
das Urteil über Schiller den Parteiparolen der Kulturkampfzeit fügen.
   Die naturwissenschaftliche Ästhetik Fechners (1876) führte als Vorstufe des Naturalismus von Schiller weg; denn bald sprach man von
Schillers Konstruktionen und – wie Nietzsche – von den unreifen Lebensaltern, in denen er seine maßgebenden Leser fand. Das moderne Leben
suchte nach anderen poetischen Ausdrucksmitteln. So glaubten selbst
Heinrich von Treitschke und Erich Schmidt, Schiller opfern zu können,
da sein Ziel erreicht sei und man sich nach anderen Vorbildern umsehen
müsse. Wieder stieg Goethes Ansehen. Mancher junge Dichter und Literat,
der eben noch den Dramen des Schillerepigonen Ernst von Wildenbruch
zugejubelt hatte, brüstete sich mit seiner Schillerfeindschaft. Der Naturalismus sah mit Nietzsche in Schiller den Prediger einer abgestandener

Moral. Mauerhoffs Aufsatz, *Die Lüge in der Dichtung* (1889), konnte einen Parodisten der Dramen Schillers mit brauchbarem Stoff versehen. Ottokar Lorenz, der zum Gedächtnis an Schillers erste Vorlesung (1789 in Jena) eine Betrachtung des „ganzen Schiller" forderte, konnte befürchten, daß Schillers Ruhm an seinem 100. Todestag verblichen sein werde. Die Berliner „Freie Bühne" trennte sich von der „Gesellschaft", indem sie „freie wissende Hochachtung" für die großen Geister bewies. Aber es lag im Zuge der an Jambendramen und unwahrem Pathos der Epigonen übersättigten Zeit, daß sie die Jugenddramen Schillers auf der Bühne pflegte als Werke, die nur noch einem anspruchslosen Publikum etwas zu sagen hatten. Es war also nur der revolutionäre Schiller, der noch eine Anziehungskraft ausüben konnte, während der klassische Schiller in der Bildungskrise und im Kampf gegen das Gymnasium dem Realismus geopfert werden sollte. Das Mißtrauen der Jugend gegen die hohlen Worte, deren innere Größe ihr weltabgewandt oder veräußerlicht schien, traf den berühmten Dichter. Er konnte die Forderung nach Wahrheit nicht erfüllen. Untreue gegen die Wirklichkeit wurde ihm nachgesagt. Zur gleichen Zeit aber bereitete das theoretische Bemühen um die Gesetze der Poesie mit der Kampfstellung gegen den Naturalismus und dem Versuch, Wagner als Vollender Schillers darzustellen, eine Schillerrenaissance vor. Das bedingte, wie Viktor Hehn richtig sah, daß Schiller aus historischen Voraussetzungen zu erfassen sei. Dem Weg, der Schiller zu Goethe führte, ging als erster Heinrich von Stein in seinen *Vorlesungen über die Ästhetik der deutschen Klassiker* (1886/87) nach. Heinrich Bulthaupt (1882) und Ludwig Bellermann (1888) brachten den Dramatiker Schiller zu Ehren. Die groß angelegten Biographien von Otto Brahm (1888–92), Richard Weltrich (1885–99) und Jakob Minor (1888–92) reiften nicht bis zur Vollendung. Dennoch wurden sie die Grundlagen eines neuen Wissens um Schiller. Den ästhetischen Fragen wandten sich Eugen Kühnemann (1889), Karl Berger (1894) und Otto Harnack (1892) zu. Auch ihre späteren Biographien betonten Schillers Bedeutung für die Gegenwart. Th. Lipps und Johannes Volkelt bemühten sich um eine neue Klärung des Begriffes Tragik.

Die Gründung des Freien deutschen Hochstifts (1859) förderte besonders durch Vorträge das Andenken der Klassiker. Der 1895 gegründete Schwäbische Schillerverein tat viel für die ernste Schillerforschung. Die kritische Gesamtausgabe der Briefe von Fr. Jonas (7 Bde. 1892–96) faßte alle Einzelausgaben zusammen und ist heute noch unentbehrlich. Zum 150. Geburtstag des Dichters (1909) legte A. Ludwig (*Schiller und die Nachwelt*) umfangreiches Material zur Geschichte seines Nachruhms vor, ohne deren Spannungen und Gegensätze herauszuarbeiten.

Nach einer Unterbrechung, die vom ersten Weltkrieg verursacht wurde, gab Ernst Cassirers Auseinandersetzung mit dem deutschen

Idealismus (*Idee und Gestalt* 1921; S. 77–108: *Die Methodik des Idealismus in Schillers philosophischen Schriften*) einen neuen Anstoß zur grundsätzlichen Beschäftigung mit Schiller. Je nach dem Standort des Betrachters erschien die idealistische Geistesart als Religiosität eigener Prägung und eigenen Rechtes (H. A. Korff, *Geist der Goethezeit* 1923 ff.) oder aber als folgenschwerer Abweg der deutschen Geistesgeschichte. Eduard Spranger hat in seinem Akademievortrag (*Der Kampf gegen den Idealismus*, Sitzungsber. d. preuß. Akad. d. Wiss., phil.-hist. Kl. 1931) diese Linie nachgezogen und insbesondere auf die verzeichnende Betrachtungsweise hingewiesen, die ein unhistorisches und gar zu existentielles Vorgehen verursachen mußte.

Die erste bedeutungsvolle Zusammenfassung dieser Probleme unternahm auf theologisch-philosophischer Grundlage Gerhard Fricke (*Der religiöse Sinn der Klassik Schillers. Zum Verhältnis von Idealismus und Christentum* 1927). Für ihn steht Schiller „auf der Mitte des großen Weges, der von Lessing über Kant bis zu Hegel führt". Doch ist daneben mit einem heute als peinlich empfundenen Getöse eine Bahn freigelegt worden, die Schiller gleichzeitig mit einem „Jahrtausend umfassen" wollte; denn es gäbe keine deutsche Dichtung, in der „ein größeres Deutschland" enthalten sei. So konnte man bei H. Cysarz 1934 lesen. Da wird Schiller als „Potentat" und als „der weltgeschichtlichste Dichter der deutschen Literatur" gefeiert, der „die unersetzliche Botschaft vom Menschen als kosmische Gattung beachtete" und „zuvörderst das Reich und die Macht des deutschen Geistes" verkündete. Dennoch hat der offizielle Kurs sich nicht auf Schiller festlegen lassen, sogar den Tell von Bühne und Freilichttheater verbannt und an Posas Forderung nach Gedankenfreiheit, wenn sie auf der Bühne ausgesprochen wurde, wenig Freude erlebt.

Entging Schiller dadurch einer verfälschenden Politisierung, so konnte die strenge Sachlichkeit der zweibändigen Darstellung seines Lebens von R. Buchwald (1937) einen Markstein setzen.

Als das Besondere an Schiller für unsere Zeit hebt Buchwald die Gestaltung der Größe, die ausstrahlende Kraft seiner Dichtung und die Idee in ihr hervor. Der Wandel dieser Größe läßt sich von den Brüdern Moor bis zu Wallenstein, Maria Stuart und Tell beobachten, Gestalten, die den sittlichen Verfall der Nation bannen sollten, in Werken, die politischen Taten gleichzusetzen sind. In der unsichtbaren Welt der Ideen Schillers werden die alten Barockallegorien ihres religiösen Inhalts entkleidet, mit dem Inhalt eines neuen, von ethischen Antrieben durchpulsten Glaubens erfüllt, der aus der Kraft des Herzens, der menschlichen Innerlichkeit lebt. Ihre ständige Prüfung und Bewährung ist das Leitmotiv in Schillers Leben und Werken. Beide weisen uns über das gestaltete Leben in die freie Welt der Ideen, die der Dichter in Symbolen darstellt. Das ist der Sinn des Vernunftidealismus.

Schon früher hatte Max Kommerell in seiner eigenwilligen, zusammenfassenden Darstellung der deutschen klassischen Literatur (*Der*

Dichter als Führer 1928) Schillers besondere Bedeutung von der Goethes abgehoben. Ernst Müller (*Der junge Schiller* 1947) betont diese besondere Bedeutung nicht zuletzt durch die Darlegung der engen Verbindung des Dichters mit der schwäbischen Geisteswelt und durch die Kenntnis der Ursprünge des deutschen Idealismus. Gerhard Storz (*Das Drama Friedrich Schillers* 1938) zeigt Schillers Dramen in der Selbständigkeit ihrer künstlerisch-weltanschaulichen Erscheinung, während Gerhard Fricke (*Schiller und die geschichtliche Welt* 1943) und Benno v. Wiese (*Die deutsche Tragödie von Lessing bis Hebbel* 1948) auf verschiedene Weise die historische Problematik und den geschichtlichen Raum der Schillerschen Dramen herzustellen trachten. Insgesamt wird eine Verlagerung des Interesses an Schiller deutlich: im Vordergrund steht Schiller als Dramatiker, ein nicht geringeres Interesse gilt seiner Wirkung auf die deutsche Nation. Immer mehr treten die Gedichte, die im vergangenen Jahrhundert zum selbstverständlichen Besitz des deutschen Gebildeten gehörten, zurück. Erst im Schillerjahr 1955 versuchte Thomas Mann in einer denkwürdigen Rede noch einmal die ganze Gestalt zu umreißen.

In historisch-kritischer Weise läßt Benno v. Wiese in seinem Referat (*Schillerforschung und Schillerdeutung von 1937–53*. In: Dte. Vierteljahrsschr. f. Literaturwiss. u. Geistesgesch. Bd. 24, 1953) rückgreifend über seinen Zeitraum mehr als ein Vierteljahrhundert Revue passieren. Das große Unternehmen einer *Schiller-Nationalausgabe* dagegen, auf Anregung Julius Petersens von Hermann Schneider 1943 begonnen, wartet immer noch auf seine Vollendung.

Die Wandlungen des Schillerbildes, der Mißbrauch seines Namens und die geistige Entwicklung, die er durchmessen hat, zeigen, wie schwer es ist, der Bedeutung Schillers gerecht zu werden. Wenn er von den „Revolutionen seines Geistes" spricht, so bestätigen seine Zeitgenossen, daß er in längerer oder kürzerer Zeit jeweils ein anderer geworden sei, weil er von neuen Eindrücken ganz erfüllt war. Die gewaltsame Störung eines seinem Wesen und seinen Wünschen entsprechenden geistigen Wachstums konnte er für sein hartes Schicksal verantwortlich machen. Wir dürfen sie segnen, weil sie ihn ungeahnte geistige Kräfte entfalten ließ und seine Leistungen steigerte, weil er sich der Dämonie seines Wesens bewußt wurde. So ist denn sein Leben durch scharfe Zäsuren abgeteilt, die mehr von äußeren Ereignissen als durch geistige Anstrengungen bestimmt sind. Mit rücksichtsloser Strenge widmete er sich seiner Selbstbildung, bis sein gestaltender Wille, der langen Bedrohung durch den Tod trotzend, die großen Werke in wenigen Jahren erzwang. Dazu mußte er seinen jugendlichen Sturm und Drang überwunden haben. Die Erkenntnis, die Räuber seien „eine Geburt, die der naturwidrige Beischlaf der Subordination und des Genies in die Welt setzte", konnte ihn vorübergehend sein ganzes dichterisches Schaffen preisgeben lassen, um den Menschen zu retten. Sie führte ihn durch den Vergleich seiner Wesensart mit der Goethes zu der Einsicht, daß dieser der griechische Fremdling in der nordischen Welt, er selbst aber dem Schicksal des modernen Menschen (Zerrissenheit, Friedlosigkeit, Naturentfremdung) verfallen sei. Wie er sich diese Erkenntnis abringt, entdeckt er, daß Goethe, mit dem er sich nun dem gleichen Ziel zustreben sah, die gleichen Hemmnisse seiner Entwicklung hatte beseitigen müssen. So ist auch bei ihm Leben, Denken und Dichten eins. Wenn er aber nun um die Wiedergewinnung seines Wesens, das einst so in die Irre hatte gehen müssen, sich abmüht und sie erreicht, so ist das kein Schritt zurück, sondern eine von neuen Erkenntnissen geschwellte Neugestaltung, an deren Ende ein Sieg über das Schicksal steht. Schicksal und Leben in ihrem wechselseitigen Verhältnis: das war das Problem, um das der Dramatiker und Geschichtsschreiber gerungen hat. Vom Willen Gottes hat Schiller die Leitung des Menschen auf das Schicksal übertragen und sich gegen Ende seines Lebens als Günstling des Glücks ansehen können, weil er das Schicksal gemeistert hatte. Ihm war Dichtung nicht Befreiung von belastenden Erlebnissen. Dennoch hat er im Geiste erlebt, was er dichtete.

1. ELTERNHAUS UND KARLSSCHULE

Am 10. 11. 1759 ist Johann Christoph Friedrich Schiller zu Marbach geboren. Dort und in verschiedenen Garnisonstädtchen (Ludwigsburg, Würzburg, Cannstatt) verbrachte er seine ersten Lebensjahre.

Sein Vater Johann Caspar Schiller (1723–96) hatte früh verwaist die Hoffnung auf das Studium, ja selbst auf den Schreiberberuf aufgegeben, bei einem Klosterbarbier in Denkendorf die Wundarznei gelernt und seine Wanderschaft angetreten. Einem bayerischen Husarenregiment, das durch Nördlingen zog, wo er gerade in Kondition war, schloß er sich als Feldscher an und nahm an den wechselvollen Kämpfen in Holland (1745–49) teil. Nach seiner Rückkehr heiratete er die Tochter des Löwenwirtes in Marbach, Elisabeth Dorothea Kodweiß (1732–1802), und übte dort (1749–53) die Praxis als Wundarzt aus. Der Niedergang des schwiegerväterlichen Geschäftes veranlaßte ihn neuerdings, Kriegsdienste in einem Regiment zu nehmen, das Herzog Karl Eugen im Solde Frankreichs gegen Friedrich den Großen ausrüstete. Als Fähnrich und Adjutant hielt er sich wacker in verschiedenen Schlachten (Leuthen 1757) und brachte es bis zum Hauptmann. Seine Rettung aus Lebensgefahr sah er als Werk der göttlichen Vorsehung an. Im Jahr 1764 nahm er als Werbeoffizier seine Familie zu sich in das Dorf Lorch. Gegen Ende 1766 ließ er sich zu seinem Regiment nach Ludwigsburg versetzen. Er hatte sich durch Selbststudium Kenntnisse in der Landwirtschaft und ökonomischen Dingen erworben und darüber einige Schriften (1767–69) veröffentlicht. Sie zeigen einen Mann, der offenen Auges durch Welt und Leben ging, sich über Dinge und Erscheinungen Rechenschaft ablegte, eifrig bestrebt war, die Lebensbedingungen seiner Umwelt zu bessern, und oft einen vergeblichen Kampf gegen Gewohnheit und Vorurteile kämpfte. Das „studium georgicorum", in dem er seine besonderen Interessen im Umkreis des Ackerbaus, der Baumzucht, Viehzucht und Tierheilkunde zusammenfaßte, könnte uns an den Freiherrn von Hohberg (Bd. 5 S. 357ff.) erinnern, wenn es nicht aus einem Willen zu reformieren und aus der Erkenntnis, daß da etwas faul war in Württemberg, gekommen wäre. Mit einem Silberbergwerk, das er 1772 in Wüstenroth anlegte, hatte er weniger Glück als mit der Baumschule, die er hinter seiner Wohnung in Ludwigsburg betreute. Sie war nach seinem Ausscheiden aus dem Militärdienst (1775) ein Ausweis für seine Verwendbarkeit. Er leitete die herzogliche Hofgärtnerei und reformierte die Forstschule. So verbrachte er noch zwei Jahrzehnte unermüdlichen und anerkannten Wirkens auf der Solitüde. Hart, eigenwillig, jähzornig, tätig, streng, ordnungsliebend, gerecht und herzenswarm wird er von Zeitgenossen genannt. Er konnte den Charakter und Willen seines Sohnes bilden.

Sanftheit und Milde vermittelte die Mutter. Die Sorge begleitete ihr Leben, erst die um den Mann im Felde, dann die um das Schicksal des Sohnes, der dem Willen des Landesfürsten seinen Neigungsberuf opfern mußte und ins Elend zog, endlich die um die Ihren, als die französischen Horden die Solitüde plünderten (1796), und sie verließ sie auch nicht, als sie ihren Alterssitz im Schlosse Leonberg bezog. Von ihrer Tochter Luise, der Frau Pfarrer Franckh, betreut, ist sie schließlich in Cleversulzbach gestorben. Dort hat ihr der Pfarrer Eduard Mörike einen Grabstein setzen lassen. Der Stolz auf den großen Sohn gab ihrem Leben freudvollen Inhalt, aber sie trug schwer an diesem Leben, zu dessen Bewältigung sie ihre Kraft aus einem schlicht innigen, pietistisch gefärbten Glauben zog. Ihre Mahnung am Vortage der Konfirmation (1772) war nach einer Familienüberlieferung der Anlaß zu Schillers erstem Gedicht. Das erbaulich-religiöse Denken war vom Vorbilde Gellerts geprägt und hatte keinen Zugang zum Pathos Klopstocks. Der Mutter verdankt Schiller die sittlichen Elemente seines Charakters, dem Vater die Elemente seiner Bildung.

Die Schulzeit zu Lorch (1764–66) legte in das empfängliche Kinderherz ein romantisches Interesse an geschichtlichen Erinnerungen und den Keim der Liebe zu ländlicher Idylle und zum selbstgewählten geistlichen Lebensberuf, den das Beispiel des Pastors Philipp Ulrich Moser vorführte. Darauf zielte auch der Besuch der Schule in Ludwigsburg. Die Hofhaltung mit Festen, Bällen, Maskenzügen und Theater berührte das Leben des Lateinschülers kaum. So waren es auch nicht Bühneneindrücke, die sein Dichten beschwingen konnten. Von der Oper als Instrument des Absolutismus gab es keinen Zugang zu den Räubern. Jugenderinnerungen von Freunden halten Schillers Fügsamkeit, Gerechtigkeitssinn, Mutwillen, Jugendstreiche und Neigung zu pathosgeschwellten Temperamentsausbrüchen fest. „Träume von Größe und Heldentum und kindliche Frömmigkeit" sind der Inhalt seiner Knabenseele. Schiller legte über seine Jugend paradiesische Verklärtheit, um den Kontrast zu seiner Ausbildung und den gewaltsamen Eingriff sichtbar werden zu lassen, der ihn aus einer vorgezeichneten Lebensbahn warf; denn er kam im Herbst 1773 nach dem abschließenden 5. Landexamen nicht, wie es vorgesehen war, an eine Klosterschule, sondern auf Veranlassung des Herzogs Karl Eugen an die Akademie, zu welcher sich die 1771 gegründete militärische Pflanzschule auf der Solitüde entwickeln sollte. Mit der Verlegung der Akademie nach Stuttgart (1775) wechselte Schiller auf herzoglichen Befehl vom Studium der Rechte zum Studium der Medizin. Nun konnte er nicht mehr hoffen, seine Studien an der Universität Tübingen abzuschließen.

Schon die wechselnde Beurteilung, die Schillers Leistungen in der Schule zuteil wurde, zeigt, daß er sein Studium als Zwang empfand. Das erklärt seine Flucht in die Welt der Dichtung, seine Ergriffenheit von der religiösen Dichtung Klopstocks. Der verhinderte Theologe erlebt die Wendung des deutschen Geistes von Gellert zu Klopstock, von der naiven zur sentimentalischen Dichtung, wie er es später nannte. Er wird durch die Berührung mit Leibniz philosophischen Spekulationen gewonnen, veröffentlicht seine ersten Gedichte in Haugs Schwäbischem Magazin (1776/77) und bekennt, daß die Freundschaftsidee Klopstocks „sich tief in seine Seele gesenkt" hat. Er konnte ihm dankbar sein, daß er ihn aus der Härte des Lebens heraus in eine andere Welt geführt hatte. Aber wie schwer war es, aus dieser Welt der Ideen in die Wirklichkeit zu finden. Dazu konnten weder Uz noch der Idylliker Kleist und selbst der verehrte Haller nicht den Weg weisen. Wohl fühlte sich der kommende Dramatiker nicht von Klopstocks biblischen Dramen, sondern von Gerstenbergs *Ugolino*, Goethes *Götz* und Leisewitz' *Julius von Tarent* angesprochen. Vom Wertherfieber wurde er weniger berührt als seine Mitschüler. Diese stellen eine Wandlung Schillers fest, eine Steigerung seiner Leistungen, ein Zurücktreten religiöser Interessen zugunsten moralischer, sozialer und politischer. Die Philosophie, der er durch seinen Lehrer Jakob Friedrich Abel (ab 1776) nahekam, gab ihm die Möglichkeit einer Aufklärung über sich selbst. Als er seine Leistungen unter Verzicht auf alle Ablenkungen in seinen letzten Studienjahren so gesteigert hatte, daß er Ende 1779 seine Entlassung aus der Karlsschule erwarten konnte, mußte er sich der Entscheidung des Herzogs fügen, der ihm zur „Dämpfung seines Feuers" eine Wiederholung des letzten Jahrgangs vorschrieb. Da auch sämtliche Mitschüler Schillers dazu verhalten wurden, läßt sich das Vorgehen des Herzogs nicht als besondere Härte gegen diesen deuten.

Die Erziehung der Schüler zum Selbstdenken, das Eintreten für größere Freiheiten, die Reformierung des Unterrichtes und ein unerschrockenes Auftreten machen Abel, der im Alter von 21 Jahren (1772) mit seinem Unterricht begann, zum beliebtesten Lehrer. Er regte zur Beobachtung und Sammlung von Erfahrungen an. In seiner Festrede (1776) sprach er über menschliche Größe als Ergebnis der Natur und Erziehung. Er wies der Leidenschaft, der Geisteskraft, dem Genie darin die Sendung zu, zu Großtaten zu begeistern. Er richtete sich an seine jugendlichen Zuhörer als Gestalter der Zukunft und stellte ihnen die „wahre, genievolle Lebhaftigkeit" vor als „Festigkeit der Empfindung zugleich mit Dauer und Tiefe des Eindrucks, tiefe und heftige Erschütterungen der ganzen Seele". Damit fiel die Bedrückung von aller Regelenge und die Verachtung der Schwärmerei. So war Abel gleichzeitig der „Erwecker" Schillers und der Schöpfer seiner philosophischen Grundlagen. Das waren Wirklichkeit und Menschenkunde, Beobachtung des Lebens „in seinen merkwürdigen Erscheinungen". Abel lehrte die Bindung der Seelenvorgänge an den Körper und an

äußere Umstände, die „wechselseitige Beeinflussung der einzelnen Seelenkräfte" – dagegen erhob Schiller im Namen der „Selbstbestimmung des Geistes und der Freiheit
des Menschen" Einspruch –, aber auch als Vorhandensein einer geistigen Besonderheit
(ideae innatae). Was Abel unter Größe versteht, zeigt den Übergang von Blankenburgs
Begriff des Erhabenen zur Genielehre, auch in der Bindung an den Stoizismus. Der
neuen Lehre wird Schiller durch seine Begeisterung für Plutarch gewonnen. Dennoch
behagt ihm die Moralphilosophie Fergusons (1769) in Garves erläuternder deutscher
Übersetzung (1772). Hier geht Schiller „das erste Licht im Reiche der Vernunftwahrheiten" auf. Hier lernte er denken, sich um eine scharfe Begriffsbildung bemühen,
hier gewann er die Kraft zur Wendung gegen Materialismus und Skepsis.

So hat denn Schiller auch in seinen beiden Dissertationen *Philosophie
der Physiologie* (1779) und *Versuch über den Zusammenhang der tierischen
Natur des Menschen mit seiner geistigen* (1780) sein Berufsstudium in die
Bahnen der Philosophie gelenkt. Schon hier rückt er trotz der systematischen Darstellung seinem Ziel auf zwei Wegen – vom Ideal und von
der Wirklichkeit her – näher. Schon hier entwickelt er den Gedanken
von der Ganzheit der Menschennatur. Die Beziehungen zwischen äußerem Geschehen und seelischer Tätigkeit (Denken und Empfinden) werden
von Veränderungen an der Seele und deren drei verschiedenen Kräften
begleitet (materiellen, mittleren und seelischen Kräften). Von Abels
psychologischem Anschauungsunterricht an Beispielen aus der Dichtung ist Schiller nachdrücklich auf Shakespeare hingewiesen worden.
Er öffnete ihm den Weg in die Wirklichkeit, zu den kolossalischen
Menschen und der Natur, die auch Goethe in den Werken des großen
Briten erkannt hatte. Was Haug und Abel an ästhetischen Erkenntnissen vermitteln konnten, lag im Bereich der Lehren von Sulzer,
Garve, Blankenburg und Lessing an den äußersten Grenzen des Klassizismus.

Weniger eindrucksvoll waren die Festspiele zu Ehren Franziskas von
Hohenheim und des Herzogs, an denen Schillers Mitwirken bezeugt ist,
und eine Aufführung des *Clavigo* (1780), bei der er die Rolle des Titelhelden in naturalistischem Stil gab. Französische klassizistische Dramen
und Opern erfuhren seinen dauernden Widerspruch.

Mit innerer Unlust einer Pflicht nachkommend und mit bewußter Eindämmung seiner persönlichen Meinungen hat Schiller das letzte Studienjahr verbracht. Seine gewaltsam zurückgehaltene Leidenschaft wurde in
seinem ersten Drama, den *Räubern*, frei. Sie wurzeln im Freiheitsdrang
und in der Empörung des Jahres 1780. Da erst ist ihm der unversöhnliche Gegensatz zwischen dem „System" und seinem Freiheitsdrang,
seinen Idealen im plutarchisch-republikanischen Sinn – nicht einer bestimmten Staatsform – bewußt geworden. Konnte Schiller lange Zeit in
seinen Gefühlen für den Herzog zwischen verehrender Anerkennung
und Abneigung schwanken, die verfehlte Erziehungsmaßnahme war der
letzte Anlaß zu dem *In tyrannos*, dem Motto der Räuber. Ihr Dichter hatte

Einblicke in das Privatleben seines Herzogs, die verrottete Wirtschaft, den Menschenhandel gewonnen, er wußte um das Schicksal Schubarts. Er konnte dem Herzog eine Erziehungsmethode vorwerfen, die ihn von der Literatur und dem Leben, den Voraussetzungen seiner Dichtung, fernhielt. Ja, er konnte ihn für die bald selbst erkannten Fehler seines dramatischen Erstlings verantwortlich machen. Über die schon 1777 verworfenen Planungen eines „Studenten von Nassau", der wie Werther endet, eines Absalon und Cosmus von Medici (zwei Brüder lieben dasselbe Mädchen) hinaus beschäftigten ihn die *Räuber*.

Schubarts Erzählung von den ungleichen Söhnen eines Edelmanns, Wilhelm und Karl, ,*Zur Geschichte des menschlichen Herzens*' (Schwäb. Magaz. 1775) hätte der beigefügten Aufforderung an ein Genie, sich des Stoffes für eine Komödie oder einen Roman zu bedienen, kaum bedurft, um Schiller einen verlorenen Sohn planen zu lassen. Der psychologischen Erklärung der Taten des jüngeren Grafensohnes Franz bot Shakespeares Richard III. äußere und der Neid innere Züge. Aber die entscheidende Wendung zur Tragik konnte sich für Schiller nicht in Karls ernstem Besserungsvorsatz vollziehen, der auch dadurch nicht geändert wird, daß sein Brief nicht beantwortet wird, sondern in seiner Empörung gegen das Menschengeschlecht. Dieses Rasen gegen die Allgemeinheit mußte stärker begründet werden durch die beiden Brieffälschungen von Franz, womit sich dieser als Kanaille offenbarte. Karls tragischer Irrtum, seine zusammengebrochene sittliche Ordnung, ist nicht als Akt der Selbsthilfe in anarchischer Zeit verwerflich, sondern durch das Mittel, mit dem er diesen Versuch durchführen will: die Räuber. Durch sie wird er in Schuld verstrickt: zuerst bei den Vorgängen um Rollers Befreiung, dann beim Treuegelöbnis nach Rollers Tod. Da spricht sein Gefühl so mit wie in der großen Mittelszene an der Donau, in seinen Kindheitserinnerungen und in seinem plötzlichen Entschluß, nach Franken aufzubrechen, als er aus Kosinskis Munde den Namen Amalie hört. Noch einmal kann er glauben, als Rächer und Hersteller der Ordnung eine Sendung zu erfüllen. Da enthebt ihn der Selbstmord von Franz seines Rächeramtes, erkennt ihn der Vater in seiner Todesstunde als Räuber. Das ist kein Erkämpfen des Weges in die Freiheit; denn diese kann ihm, der sich den Räubern verbunden hat, nicht an Amaliens Seite zuteil werden. Um sich die Freiheit seines Handelns wiederzugewinnen, tötet er die Geliebte und stellt in der Erkenntnis, daß zwei Menschen wie er den Bau der sittlichen Welt vernichten würden, den Glauben an die sittliche Weltordnung wieder her mit seinem Entschluß, sich dem Gericht auszuliefern. Für die Zeitgenossen bargen die Räuber viel Aktualität: Räuberunwesen, Ämterhandel, Günstlingswirtschaft.

Die Räuber sind einer der grandiosesten Ausbrüche eines dramatischen Genies, das ohne Bühnenkenntnis und -praxis mit bewußter Formung zusammengetragener und immer wieder umgestalteter Stoffmassen ein bühnenwirksames Stück schrieb in einer kraftstrotzenden, ekstatischen Sprache als Kampfansage an das tintenklecksende Säkulum. Seiner wissenschaftlichen Bemühung und dem Shakespearestudium verdankt Schiller die realistischen, seinem Pathos und Klopstock die lyrischen Elemente seines Stils. Als Dichter der Räuber hat er sich dem Gedächtnis seiner Zeitgenossen eingeprägt. Sie konnten nicht erkennen,

daß dieser Protest einer verwundeten Seele, dieser Aufschrei einer verletzten Persönlichkeit schon die Möglichkeiten einer Entwicklung barg,
die ihren bewußten Gestalter an die Seite Goethes stellen sollte. Das
„Monument Moors des Räubers" ahnte die Gefahren dieser Tragödie des Genies.

Von der Karlsschule weg wurde Schiller im Dezember 1780 als „Regimentsmedicus
bei Augé" für nicht ganz ein halbes Hundert ausgedienter Grenadiere ernannt. Das
war ein kümmerliches Dasein ohne besondere Zukunftsaussichten. Der Uniform-
zwang, die enttäuschte Hoffnung auf eine Privatpraxis, die Verpflichtung, um Erlaubnis anzusuchen, wenn er seine Garnison Stuttgart verlassen wollte, stacheln
den genialischen Lebensdrang an, der manchmal Anstoß erregt haben mag. Man
wird nicht daran zweifeln dürfen, daß sich seine stoische Haltung im Widerspruch
gegen die leichtfertige Umwelt des Hofes festigte. Auf dieser geistigen Voraussetzung verliert das Geschwätz über Schillers intime Beziehungen zu seiner Wirtin,
der Hauptmannswitwe Luise Vischer, der *Laura* seiner Gedichte, den Halt. Nach
Schillers eigenem Zeugnis haben wir das Recht, ihn einen der letzten *Petrarkisten* zu
nennen und uns an Klopstocks *Fanny-Oden*, ja an die metaphysischen Beziehungen des
Amores von Konrad Celtis zu erinnern. So stark nach rückwärts war dieser Teil der
Anthologie auf das Jahr 1782 gewandt.

Hier meldeten sich Schiller und seine Freunde gegen Stäudlins *Schwäbischen Musenalmanach* mit der Ernte der letzten Schuljahre an. Neben der himmlischen, im Kosmos
wirkenden Liebe wird sich Schiller auch der menschlichen seines Landsmannes Wieland bewußt. Er konnte ihn in seinem Protest gegen die Unnatur der geltenden Moral,
sei es der Fürsten, sei es der Gesetzgebung (Die Kindesmörderin), bestärken. Doch
lehrte ihn Wieland nicht, die ätherischen Gefilde zu verlassen, weil er glaubte, die
Einheit zwischen seinem hervorbrechenden Lebensdrang und den Weltgedanken,
zwischen der körperlichen und geistigen Natur wahren zu können. Schließlich ließ
ihn sein erfolgreiches Ringen mit seiner Leidenschaft die Einheit von Schönheit und
Sitte erkennen. Sonst brachte die Anthologie noch ein *Leichencarmen* auf den verstorbenen Kameraden August von Hoven (1781). Es ist kein Lobpreis des Toten, keine
Mahnung zur Fügung in das Unvermeidliche, sondern ein trotziges Sichauflehnen, ein
Zweifeln am Sinn des Lebens: „Sterben ist der langen Narrheit Ende." Der Zensur
entzog Schiller die Gedichte *Freigeisterei der Leidenschaft* und *Resignation.* Im ersten versetzt er sich in die Lage Werthers, und doch reißt ihn die Leidenschaft über religiöse
Bedenken hinweg. Im zweiten fordert er beim Weltgericht sein Anrecht auf Glück
und begründet es damit, daß er allen Zweifeln getrotzt habe. Da wird ihm dieser
Glaube als Glück und seine Hoffnung als Lohn gedeutet. In diese Zeit der Anthologie
sind die Gedichte zu datieren, wenn ihn auch ähnliche Gedanken in den kommenden
schweren Jahren heimgesucht haben mögen.

Man kann überhaupt von einer religiösen Krise Schillers in dieser
Zeit sprechen. Ihre Voraussetzungen waren seine Erfahrungen mit dem
wechselvollen Leben und erbärmlichen Menschen, die Enttäuschung
über den Freund Scharffenstein. Da wurde er sich seiner eigenen Unzulänglichkeit bewußt. Die Widmung der Anthologie an den Tod zeigt,
daß dieser allein Erlösung gewähren kann. So trennt Schiller die men-
schenverbindende, versöhnende Macht der Religion von der ihre Machtmittel skrupellos mißbrauchenden Kirche. Der Gegensatz zwischen den
orthodoxen Lehrern der Karlsschule und Abel förderte seine Zweifel

an einzelnen Dogmen und ließ an die Stelle seines Kinderglaubens eine gefühlsmäßig erfaßte Vernunftreligion treten. Sie sucht nach Ausgleich mit Gedanken der verschiedensten philosophischen Systeme. Auf ein einzelnes kann Schiller nicht verpflichtet werden. Was immer an Gedankengut bei ihm umläuft, konnte ihm Abels Unterricht oder die Dichtung vermitteln. So sind ihm Ideen von Leibniz und Shaftesbury (*Monade, Harmoniebegriff*) durch verschiedene Filter zugeflossen. Mochte die Wendung zu Wieland ihm auch den Weg zur Humanität eröffnen: wichtiger war es, daß ihm Ferguson den Gedanken des Aufstiegs, die Bedeutung der Willenskraft, die moralische Ausrichtung und die stoische Haltung vermittelte. Sie konnten ihm die Kraft geben, die bitteren persönlichen Erfahrungen des Zwanges der Karlsschule zu überwinden, den Zwiespalt zwischen innerer Freiheit und äußerem Zwang auszugleichen. Kaum aber beschwichtigten sie seine Abneigung gegen den Herzog. Die Schwermut seiner damaligen Lieblingsbücher (Young, Ossian, Werther, Siegwart und Hölty) schuf im Verein damit die Voraussetzungen seiner Hypochondrie. Ihr konnte er sich auf die Dauer nur entziehen, wenn er seine Leistungen immer wieder an seinen hohen Forderungen maß und sich zu dem Gedanken durchrang, eine Sendung zu erfüllen. Mit seiner innersten Hauptangelegenheit, dem Tod, wurde er ebensowenig fertig wie Karl Moor an der Donau. Im Aufbäumen gegen die grausigen Mächte des Daseins konnte Schiller seinen Sinn für das *Tragische* bilden und seine Tapferkeit bewähren. Diese überwand den „schwarzen Genius der Hypochondrie". Was immer an rousseauischem Gedankengut in Schillers Jugendwerken erscheint, konnte ihm aus zweiter Hand (Goethe, Gerstenberg, Leisewitz, Jacobi, Sturz) zugeführt worden sein; dennoch entspricht kaum etwas stärker seinem Denken und künstlerischem Ausdruckswillen. Die wachsende Erkenntnis, mit der er sich der Gefahren, die sein Schöpfertum und seine moralische Persönlichkeit bedrohen, bewußt wird, äußerte sich später in der strengen Selbstbeurteilung seiner Werke und in der rücksichtslosen Härte seiner Hinrichtung Bürgers, die im Grunde nichts anderes ist als die endgültige Abrechnung mit seiner eigenen jugendlichen Schaffensperiode, nachdem er selbst sie überwunden hatte. Aus dem Ernst und der Strenge, mit der diese Exekution vollzogen wird, ist zu ersehen, wie schwer ihm dieser Kampf gegen die eigene Dämonie geworden ist.

Wenn auch der Mannheimer Verleger Schwan, dem Schiller die *Räuber* anbot, das Werk nicht in seinen Verlag übernommen hat, so gab er doch den Anlaß zur nochmaligen Überarbeitung und warb mit Erfolg bei dem Intendanten Wolfgang Heribert Freiherrn von Dalberg (1750 bis 1806). Dieser machte Schiller Hoffnungen, als Bühnendichter in festere Verbindung mit ihm zu treten, und schlug ihm eine Bühnenbearbeitung des Werkes vor, das im Frühling 1781 erschienen war. Seiner Anregung, die Handlung in das ausgehende 15. Jahrhundert zu verlegen, gab Schiller widerstrebend nach. Gleichzeitig arbeitete er an einer *Selbstkritik* für das *Württembergische Repertorium* (1782). Er vereinigte darin die Einwände der Mannheimer gegen den Charakter von Franz mit jenen, die ihm selber während der Bühnenbearbeitung aufgefallen waren, in der er einigen Szenen ihre vollendete Fassung gegeben hatte. Schiller hat sämtlichen späteren Beurteilern der Räuber damit die Waffen gegen sein Werk in die Hand gegeben. Um Werk und Leistung würdigen zu können, muß man beide Fassungen gegeneinanderhalten. Wenn Schiller in der Vorrede zur 1. Fassung geschrieben hatte, das Stück sei „von der Bühne verbannt", so ist das kaum sehr ernst zu nehmen. Die begeisterte Aufnahme, die die 1. Ausgabe allenthalben fand – die *Erfurter Gelehrte Zeitung* nannte Schiller einen deutschen Shakespeare –, konnte ihm Hoffnungen machen, sein Dasein auf andere Grundlagen stellen zu können. Zahlreiche Besuche (Göckingk, Leuchsenring, Nicolai) und vornehmlich die fester geknüpften Beziehungen zur pfälzischen Aufklärung und zur *Deutschen Gesellschaft* in Mannheim konnten ihn darin bestärken. Das Ritterkostüm, in dem das Werk zum erstenmal über die Bretter ging, vermochte den Eindruck der bühnenfähigen Fassung mit der schärferen Handlungsführung nicht zu schwächen.

Zur Uraufführung der *Räuber* am 13. Januar 1782 reiste Schiller ohne Erlaubnis nach Mannheim. Der Theaterzettel machte seinen Namen einem begeisterten Publikum bekannt. Mit festen Aufträgen kehrte er in die Enge seines Daseins zurück. Für Schwan richtete er die Bühnenfassung und 2. Buchfassung zum Druck ein und schrieb am *Fiesko*. Im Mai verhandelte er nochmals mit Dalberg in Mannheim. Die unerlaubte Abwesenheit brachte ihm 14 Tage Arrest. Der Herzog hätte sich um die Räuber weniger gekümmert, wenn ihm nicht der Graubündener Cuplie, ein Aufseher der Karlsschule, den Protest eines Landsmannes, der sich in einer Hamburger Zeitung gegen Schillers Benennung seines Heimatlandes als das „Athen der heutigen Gauner" beschwert hatte, in die Hände gespielt hätte. Um außenpolitische Unannehmlichkeiten zu vermeiden, erging an Schiller bei Strafe der Kassation das Verbot, „Literarisches zu schreiben". Das Komödienschreiben und der Verkehr mit dem Ausland wurden ihm untersagt. Ein Gesuch Schillers vom 1. September um Milderung wurde abgewiesen. Verständnis für seine Lage fand er bei Frau Henriette von Wolzogen, der Mutter eines jüngeren Schulkameraden, und dem Musikus Andreas Streicher. Mit diesem, der zu seiner Ausbildung nach Hamburg reisen wollte, floh Schiller während der Empfangsfeierlichkeiten für den russischen Großfürsten Paul in der Nacht vom 22. zum 23. September 1782 in eine ungewisse Zukunft.

2. WANDERJAHRE

Dem Flüchtling Schiller sind wenige Enttäuschungen erspart geblieben. Wenn er vom „Neubau seiner Gesamtbildung" sprach, mit dem er jetzt beginnen mußte, so beachtete er die schwierigere Aufgabe, den Neubau seiner Existenz, nicht. Der Gedanke, die Seinen Gefahren ausgesetzt zu haben, bedrückte ihn schwerer als seine Schulden und das bewußte Hinhalten der Mannheimer Gönner. Ergebnislos blieben die Verhandlungen mit dem Herzog und Augé. Niemand wollte ihm Zusicherungen einer besseren Daseinsgrundlage in Stuttgart geben. Zunächst erfüllte sich keine Hoffnung Schillers. Die Vorlesung des fast vollendeten Fiesko vor Mannheimer Schauspielern und dem Regisseur Meyer hinterließ einen schlechten Eindruck. Streicher allein hielt Schiller die Treue. Endlich fanden die Freunde in Oggersheim bis Anfang Dezember 1782 Asyl. Von dort aus konnte sich Schiller seiner Familie gegenüber rechtfertigen, als sein Entschluß gereift war, endgültig auf eine Rückkehr in die Heimat zu verzichten. Unter solchen Spannungen wurde die Arbeit am Fiesko Anfang November abgeschlossen. Bald nachher wurde das Drama auf Grund eines Gutachtens von Iffland, der seine Abneigung gegen Shakespeare nicht eindämmen konnte, abgelehnt.

Ein Wort von Rousseau, das H. P. Sturz überlieferte, wünschte eine Darstellung Fieskos „mit dem Pinsel Plutarchs". Den anderen antiken Paten des neuen republikanischen Trauerspiels *Die Verschwörung des Fiesko zu Genua* brachte Schillers Motto mit den Worten Sallusts über Catalinas Verschwörung, die durch die „Neuheit des Verbrechens unter Gefahr" so denkwürdig sei. „Die kalte, unfruchtbare Staatsaktion" sollte „aus dem menschlichen Herzen heraus" gesponnen werden, wenn „jene lebendige Glut . . ., welche durch das lautere Produkt der Begeisterung herrscht", nicht aus dem Stoff zu entfachen war. In den Gestaltungen des Dramas, dessen 1. Fassung in der Buchausgabe von 1783 vorlag, sind Schillers eigene Wandlungen zu verfolgen. Der Stoff war nach älteren Quellen neuerdings in Häberlins *Geschichte Genuas* (1747) behandelt worden. Der Verschwörer, der einige catilinarische Existenzen um sich sammelte, wurde unter Schillers Händen zu einem anderen Karl Moor, der über die gesetzten Schranken hinausstrebt, wurde zum Liebling des Volkes und der Frauen, zu einer großzügig-vornehmen Herrschernatur. An einem solchen Stoff konnte das Problem der Größe abgewandelt werden. Als freier Republikaner verkörpert Verrina das Ideal altrömischer Tugend; als Hausvater ist er mit Charakterzügen aus dem bürgerlichen Trauerspiel ausgestattet wie Odoardo in der *Emilia Galotti*. Er stellt sich nicht so sehr gegen den Tyrannen Andrea Doria, „den ehrwürdigen Greis von 80 Jahren", als gegen das Prinzip der Tyrannei, das die Möglichkeit bietet, dessen Neffen Gianettino an die Herrschaft zu bringen. Dieser knauserige Schlemmer und Wüstling ist ein zweiter Franz Moor. Ihm steht der leutselig-würdevolle, freigebige Fiesko gegenüber, den Machtgefühl und Ehrgeiz schließlich so verblenden, daß er aus dem Tyrannenhasser selbst zum gefährlichen Tyrannen wird. Verrina als wahrer Patriot stößt ihn ins Wasser im Augenblick seines höchsten Triumphes. – Die beiden Frauengestalten, die ekstatisch schwärmende Leonore und das ins Groteske verzerrte Machtweib Julia gewinnen kein wahres Leben.

Die niedere Einschätzung dieses Dramas und die Behauptung, es sei den Räubern gegenüber ein Rückschritt, sahen völlig an der hier dargestellten Tragödie des politischen Führertums vorbei und beachteten nicht, daß es die neue Gattung der geschichtlichen Tragödie begründet hat und der erste bedeutsame Versuch ist, Shakespeare den Bühnenverhältnissen des 18. Jahrhunderts anzupassen.

Für die Aufführung in Mannheim am 11. Januar 1784 änderte Schiller auf Verlangen Dalbergs den ersten, an den geschichtlichen Tod Fieskos durch Ertrinken angelehnten Schluß dahin ab, daß Fiesko freiwillig auf die Krone verzichtet. Dadurch entstand unvermeidlich eine äußere und innere Inkongruenz. Trotz bester Besetzung kam kein Erfolg zustande. Mehr Verständnis fand das Stück in Berlin, wo ihm der Berliner Schauspieldirektor Plümicke (1749–1833) durch seine von Schiller verabscheute Bearbeitung große Wirkung verschaffte. Eine nochmalige Umarbeitung, die Schiller im September 1785 auf Veranlassung der Bühnen von Leipzig und Dresden vornahm, griff auf eine tragische Lösung zurück: Verrina ersticht den zum erhabenen Verbrecher verwandelten Fiesko und stellt sich dem Gericht der Genueser Bürgerschaft. Damit war der echte Sieg der republikanischen Idee erreicht.

In der ersten Fassung ließ Schiller das Drama als Buch beim Verleger Schwan in Mannheim zur Ostermesse 1783 erscheinen. Seine Uraufführung erlebte es in Frankfurt am 8. Oktober 1783.

Von Oggersheim aus war Schiller der Einladung Frau von Wolzogens gefolgt, die ihm auf ihrem Gut in Bauerbach Asyl bot. Auf der Reise dorthin lernte er in Meiningen seinen späteren Schwager, den Bibliothekar F. H. Reinwald, kennen.

Die Zeit, die Schiller als Dr. Ritter von Ende 1782 bis Juli 1783 in Bauerbach verbrachte, war der Selbstbesinnung und ernster Arbeit gewidmet. Quellenstudien zu *Don Karlos* und *Maria Stuart* beschäftigten ihn, er las die kunsttheoretischen Schriften von *Batteux*, die *Hamburgische Dramaturgie*, den *Laokoon*. Reinwald versorgte ihn mit Büchern. Im anregenden Briefwechsel mit ihm vergaß Schiller Menschenhaß und Hypochondrie und gewann den Glauben an seine Zukunft wieder. Den Mannheimer Freunden konnte er im Februar 1783 die Fertigstellung der *Luise Millerin* melden und erfuhr, daß Dalberg nicht abgeneigt schien, das Stück zu nehmen. Deshalb reiste Schiller am 24. Juli 1783 nach Mannheim, wo er allerdings Dalberg zunächst nicht antraf und wartend eintönige Wochen verbrachte.

Die *Luise Millerin* hat unter Schillers Dramen wohl die engste Verbindung zu den dramatischen Stoffen des Sturms und Drangs, zeigt aber im Unterschied zu Lenz' und Klingers Werken empfindsame Züge. Mit kaum einem Stoff, den *Don Karlos* ausgenommen, hat Schiller so qualvoll gerungen wie mit diesem. In der Mannheimer Wartezeit nahm er eine Umarbeitung vor, die die Gestalt der Lady Milford in den

Vordergrund drängte, so daß aus dem Trauerspiel der Liebe eine Tragödie der Eifersucht wurde. Die Veränderungen entstanden zum Teil aus der Rücksicht, die Schiller auf die Schauspieler und ihre Rollen zu nehmen versuchte. Iffland steuerte den bühnenwirksamen Titel *Kabale und Liebe* bei.

Das Hauptproblem entsteht durch den Standesunterschied zwischen den Liebenden, ein tragischer Konflikt, der in jener Zeit überaus beliebt war. In Diderots *Hausvater* und Lessings *Emilia Galotti* war er angetönt worden, Miller hatte das Thema in seinem *Siegwart* behandelt, auffällig ist auch die Nähe zu Lenz' *Hofmeister*.

Das Liebespaar *Ferdinand von Walther* und *Luise Millerin* ist durch den Gegensatz zwischen Adel und Bürgertum tragisch getrennt. Ferdinands Vater, der *Präsident*, will aus persönlichem Ehrgeiz und um sich dem Herzog gefällig zu erweisen, den Sohn mit der Favoritin des Fürsten, *Lady Milford*, verheiraten. Die Lady liebt Ferdinand, den sie als den einzigen menschlichen und reinen Charakter in ihrer höfischen Umgebung kennt. Er aber verschmäht sie, weil er nicht auf Luise verzichten kann. Da beschließt der Präsident, der sich in Gefahr sieht, den Untergang der Familie Miller und findet mit Hilfe *Wurms* die dazu nötige Intrige. Ferdinand stirbt an der Seite der Geliebten an dem Gift, das er ihr und sich eingeflößt hat in dem furchtbaren, doch zuletzt noch aufgeklärten Irrtum, die Geliebte habe ihn betrogen.

Schiller entwickelt die Themen des bürgerlichen Dramas der Geniezeit in *Kabale und Liebe* zu höheren geistigen Motiven und Konflikten. Er zeigt in Ferdinand wohl den Mann zwischen zwei Frauen – ein Motiv, das er schon im Fiesko abgewandelt hatte –, aber hier entscheidet sich der junge Held in gefühlsstarker Berufung auf den inneren Wert des Menschen für die Stimme des Herzens und der wahren Liebe, gegen Konvention und kalten Ehrgeiz. Im Gegensatz zu anderen Liebhabergestalten der Sturm-und-Drang-Dramatik sieht Ferdinand das Glück nicht in sinnlicher Befriedigung, sondern in der harmonischen Zusammengehörigkeit zweier Seelen. Wenn sonst die Krisis durch die Hingabe des Mädchens ausgelöst wird und unverträgliche Schande, Kindesmord und Selbstmord im Gefolge hat, so liegt bei Schiller das Glück und die Erfüllung der Liebe auf geistiger und seelischer Ebene. Luise und Lady Milford zeigen seelische Größe in der Bereitschaft zur Entsagung. Nicht die Lady, sondern der Präsident und der widerlich-intrigante Wurm – eine Glanzrolle Ifflands – sind Luisens Gegenspieler. Schiller macht sich in diesem Werk zum Sprecher einer allgemeinen, wenn auch selten laut werdenden Entrüstung über weit verbreitete Mißstände, wie Menschenhandel, Soldatenverkauf und Günstlingswirtschaft, wenn er den Schauplatz des Dramas ausdrücklich an einen deutschen Fürstenhof verlegt, während noch Lessing die Emilia Galotti in Italien spielen ließ. Daß er den Stuttgarter Hof im besonderen treffen wollte, zeigt die Charakterisierung des Fürsten mit Zügen Karl Eugens.

In Mannheim wurde das Stück am 15. April 1784 zum erstenmal aufgeführt und mit Begeisterung aufgenommen. Das war ein großer Erfolg für Schiller, der seit dem 1. September 1783 auf ein Jahr als Theaterdichter von Dalberg angestellt war und nun auf eine Verlängerung seines Vertrages hoffen konnte. Doch wog die ablehnende Kritik von Karl Philipp Moritz schwerer als der Erfolg der Uraufführung und einer anschließenden Gastspielreise des Ensembles. Zudem waren die pekuniären Bedingungen des Vertrags für Schiller nicht günstig, und es gelang ihm nicht, sich von seinen Schulden zu befreien. Überdies hinderte ihn eine langwierige Erkrankung daran, ein drittes Stück, zu dem er vertraglich verpflichtet worden war, für die Mannheimer Bühne zu liefern.

Als einen Höhepunkt seiner Mannheimer Zeit konnte Schiller seine Wahl zum Mitglied der *Kurfürstlich-Deutschen Gesellschaft* ansehen. Er hatte dort Gelegenheit, seine Abhandlung *Was kann eine gute stehende Bühne eigentlich wirken?* vorzulesen, die in der *Rheinischen Thalia* unter dem Titel *Die Schaubühne als moralische Anstalt betrachtet* erschien. Sie stellt einen Fortschritt gegenüber der zwei Jahre vorher geschriebenen Studie *Über das gegenwärtige teutsche Theater* dar, in der Schiller noch manche von Lessings *Hamburgischer Dramaturgie* abgetane Ansicht verfochten hatte. Inzwischen hatte er sich Lessings Theorien mehr zu eigen gemacht, übernahm aber auch Gedanken Fergusons, wenn er sagte, die höchste Aufgabe für die Bühne sei die Beförderung allgemeiner Glückseligkeit. Schiller sieht sie als eine Volksbildungsstätte im weitesten und höchsten Sinne an. Die Gedanken sind noch wenig originell, aber alle Gesichtspunkte werden vollständig und klar in geschickter Gruppierung dargelegt. In vielem lehnt er sich an Sulzer an, der die Entstehung der Bühne aus dem menschlichen Hang nach Neuem und Außerordentlichem, aus dem Verlangen, sich in leidenschaftlichem Zustand zu fühlen, ableitet. Auch in Erschöpfung und Ermattung des Geistes, so führt Schiller in Übereinstimmung mit der Theorie des französischen Ästhetikers Dubos (1670–1742) aus, drängt der Tätigkeitstrieb nach Befriedigung. Dem kommt die Schaubühne entgegen. Sie vereinigt edelste Unterhaltung mit Herzens- und Verstandesbildung, vermittelt durch Einblick in das Räderwerk der menschlichen Handlungsantriebe praktische Menschenkenntnis, dient als Mittel zur Aufklärung des Verstandes und wird zu einem Supplement der Gesetze und der Religion. Das sind rationalistische Gedanken und Voraussetzungen. Eine der wenigen direkten Beziehungen zu Rousseau ist hier Schillers Wendung gegen dessen ablehnende Stellung zum Theater, die 1758 in der *Lettre à Mr. d'Alembert sur les spectacles* dargelegt worden war. Für Schiller ist die Schaubühne „die Stiftung, wo sich Vergnügen mit Unterricht, Ruhe mit Anstrengung, Kurzweil mit Bildung gattet".

Von einem neuen Plan erhoffte Schiller einen Ausweg aus seiner Not. Er ließ im Selbstverlag 1785 die *Rheinische Thalia* erscheinen, eine Zeitschrift, *nach der ihm ein Bedürfnis zu sein* schien. Für die geplanten 6 Hefte jährlich rechnete er mit 500 Abnehmern. Als unabhängiger Weltbürger wendet er sich in der Ankündigung vertrauensvoll mit Selbstbekenntnissen an sein Publikum und legt die Geschichte seiner beengten Jugend und Erziehung dar. Die Räuber erklärt er in diesem Zusammenhang für die notwendige Frucht des Klimas, unter dem sie geboren wurden. Die klösterliche Trennung von der wirklichen Welt in der Karlsschule bedingte das Ausschweifen in eine ideale Welt. Unterschätzung seiner Jugendwerke und Überschätzung des Geschmacks eines erträumten Publikums spricht aus diesen leidenschaftlichen Bekenntnissen. Sein Programm für die Zeitschrift ist umfassend: Historisch-Biographisches, Philosophisches, Natur und Kunst, deutsches Theater, Poesie, Kritiken u. a. sollen zu Wort kommen. Die erste und einzige Nummer, die Mitte März 1785 erschien, enthielt den 1. Akt des *Don Karlos* und eine Vorrede dazu, ferner den *Brief eines reisenden Dänen*, eine Schilderung des Mannheimer Antikensaales, der Schiller eine tief nachwirkende Begegnung mit der Antike vermittelt hatte.

Da Schiller zu dieser Zeit seine ganze Hoffnung auf das Theater setzte, unterbreitete er im Jahr 1784 der Intendanz des Kurfürstlichen Theaters einen Entwurf zu einer *Dramaturgie des Mannheimer Nationaltheaters*. Er war lebhaft überzeugt „von dem ausgebreiteten Nutzen", den dieses als Monatsschrift gedachte Werk der Bühne und dem Publikum bieten werde. Die Zeitschrift sollte u. a. eine Geschichte des Theaters, Darlegung der Verfassung und Leitung, Nachrichten über Personal und Rollen, kritische Besprechung der gebotenen Stücke, Programme jeden Monats, Aufsätze über dramatische Kunst, Preisaufgaben, Beilagen bringen. Damit wäre Schiller den Fragen des praktischen Theaters nähergetreten, als es Lessing in der Hamburgischen Dramaturgie hatte tun können. Dalberg reagierte nicht auf den Vorschlag, und Schiller mußte sich anderen Plänen zuwenden. Zu seiner Enttäuschung über Dalbergs Unzugänglichkeit für seine Pläne kam, daß dieser ihm durch Mittelspersonen nahelegen ließ, sich wieder der Medizin zuzuwenden, obgleich Schiller sich bereit erklärt hatte, den Don Karlos, Übersetzungen französischer Stücke und Bearbeitungen von Macbeth und Timon von Athen zu liefern. Dalberg bearbeitete die von Schiller vorgeschlagenen Stücke selbst und fand einen Theaterdichter überflüssig. Schillers Vertrag wurde nach Ablauf des Jahres nicht erneuert. Zwar geriet Schiller dadurch in eine sehr bedrängte Lage, aber seine Schaffenskraft blieb ungebrochen. Trotz schwankender Stimmungen glaubte er an sich und seine Sendung.

Drückende Schulden und die unhaltbare Stellung zum Theater, nicht zuletzt aber die Lebenswirren, in die ihn die Begegnung mit Charlotte von Kalb stürzte, machten Schiller den Aufenthalt in Mannheim unerträglich. Seit dem 7. Dezember 1784 stand er mit Körner in Verbindung und ergriff nun dessen hilfreiches Angebot, ihn als Gast bei sich in Leipzig aufzunehmen und den Verleger Göschen für den Verlag der Thalia zu interessieren.

3. DON KARLOS. ERZÄHLUNGEN

Am 17. April 1785 kam Schiller in Leipzig an. Das war eine bedeutungsvolle Wende in seinem Leben. Er hatte den tiefsten Punkt überwunden
und wußte, daß er „anfange Dichter zu werden". Die Gruppe junger
Genies, die sich um Körner scharten und unter denen der Maler Reinhart, der Dichter Jünger und der Buchhändler Göschen waren, nahmen
Schiller begeistert auf.

Christian Gottfried Körner (1756–1831) war der Sohn eines Intendanten und
Theologieprofessors in Leipzig. Nach der Ausbildung auf der Fürstenschule in
Grimma studierte er Jura und habilitierte sich in Leipzig. Von einer großen Reise zurückgekehrt, die er als Begleiter des Grafen von Schönburg unternahm, wurde er 1784
als jüngster Rat in das Oberkonsistorium in Dresden gewählt. Der Tod seines Vaters
brachte ihm die Verfügung über ein beträchtliches Vermögen. Er war eine rezeptive
Natur von großem Einfühlungsvermögen und vornehmem Wesen. Seine unproduk-
tive Veranlagung wies ihn auf Erklären und Kritisieren; von da aus wurde er für
Schillers Entwicklung von größter Bedeutung. Sein Briefwechsel mit Schiller ist eine
kaum auszuschöpfende Quelle für dessen weiteres Leben.

Die Verehrung, die er und seine spätere Frau Minna Stock für Schiller empfanden,
hatte ihn zur Aufnahme der Beziehungen mit dem Dichter veranlaßt. Mit 300 Thalern
löste er Schillers Verbindlichkeiten in Mannheim und bot ihm an, mindestens ein Jahr
ganz für ihn zu sorgen.

In Gohlis als Gast des Verlegers Göschen und in Dresden und Losch-
witz bei den neuvermählten Körners genoß Schiller vom Sommer 1785
ab eine von Sorgen unbeschwerte, von jugendlicher Begeisterung erfüllte Zeit. Im November 1785 entstand aus der ersten schwärmerischen
Freundschaft das *Lied an die Freude*, das Schiller das Bundeslied dieser
Freundschaft genannt hat. In einem hymnischen Aufschwung jugendlicher Begeisterung preist er Freude und Liebe als stärkste Kräfte in Natur und Menschenwelt. Sie sind die Triebkräfte zu jeder Art sittlicher
Handlungen und erwecken im Menschen das Heldentum, verbinden alle
Wesen in schöner Harmonie und leiten zur Gottheit hinauf.

Ein Rückschlag dieser Hochstimmung war kaum zu vermeiden.
Schiller begann sich unselbständig zu fühlen, wurde hypochondrisch, vermißte das innere Gleichgewicht und ersehnte die Rückkehr zu einer natürlichen Seelenhaltung. Die müßige Schwärmerei, die mangelnden Anregungen, Enge und Kastengeist in Dresden bedrückten ihn. Eine unselige
Bindung an Henriette v. Arnim, vor der ihn Körner anfänglich umsonst
warnte, ließ die Arbeit am Don Karlos ins Stocken geraten. In Tharandt im
April 1787 gelang ihm dann doch die Vollendung der Buchausgabe des *Don
Karlos*, dessen letzte Akte er im Juni 1787 in Dresden den Körners vorlas.

Hatte Schiller im *Fiesko* die Idee politischer Freiheit im engen Rahmen eines italienischen Stadtstaates am Machtkampf zwischen einem
rohen Gewalthaber und einem genialen Mann dargestellt, dessen ursprünglich reines Wollen in Ehrgeiz und Machtrausch untergeht, so reichen

die Wurzeln der tragenden Idee im *Don Karlos* viel tiefer in allgemein menschliche Bezirke und die großen Anliegen der Zeit. Aus dem zuerst geplanten, in der Problemstellung an das bürgerliche Schauspiel gebundenen *Familiengemälde in einem fürstlichen Hause* wurde im Lauf von 5 Jahren und in aufschlußreicher Parallele zu einer entscheidenden Entwicklungsperiode des Dichters eine „hohe Tragödie". Schiller legt sein Zukunftsideal von fürstlicher und menschlicher Größe, von Toleranz und Freiheit in die Seelen zweier enthusiastisch befreundeter Jünglinge, während das Gegenspiel von den Mächten der Inquisition und dem rücksichtslosen Kampf gegen die Freiheitsbestrebungen der Niederländer geleitet wird, mit Philipp II. als dem Exponenten eines Systems, dessen erster Gefangener er selbst ist, und an dem sein Glück als Mensch, Gatte und Vater scheitert.

Als Historiker und Psychologe konnte Schiller sich von dem Stoff angesprochen fühlen. Er arbeitete in Bauerbach 1782/83 zunächst in engem Anschluß an die Quelle, auf die Dalberg ihn hingewiesen hatte, die *Histoire de Don Carlos* des Abbé de St. Réal (1673), eine historisch wertlose, sensationell aufgemachte Hofgeschichte. Der Vorwurf war ein beliebter Dramenstoff der Zeit, dessen sich Otway (1676), Campistron (1685), Alfieri (1783) bemächtigten.

Schiller vereinfachte die vielfach verwobene Intrige und hob den Stoff auf eine dramatisch und ethisch höhere Ebene. Er sah zunächst die vier „großen Charaktere": Don Karlos, den König, die Königin, Alba und den glänzenden welthistorischen Hintergrund. Karlos spielt hier zwischen der Königin und der Eboli eine ähnliche Rolle wie Ferdinand zwischen Luise und der Milford. Posa als neu hinzutretende Figur ist nur der opferbereite Freund, der dem Verfasser der Philosophischen Briefe des Julius als Ideal vorschwebt. Der Konflikt liegt in der verbrecherischen Liebe des Prinzen zu seiner Stiefmutter, die ihm ursprünglich zur Frau bestimmt gewesen war.

Nach einer durch die Umarbeitung von *Kabale und Liebe* verursachten Unterbrechung entwickelt sich im Sommer 1784 aus dem bürgerlichen ein politisches Drama, dessen äußere Form nach dem Vorbild des *Nathan* der Blankvers wird. Der ungehemmte Fluß der Jamben gibt der Sprache mehr deklamatorisch-musikalischen als dramatischen Charakter. Schiller trifft einen höfischen Konversationston ohne Pathos voll Natürlichkeit und Wahrheit. Ein gewisses Abwenden vom Naturalismus der Sturm-und-Drang-Zeit vollzieht sich unter dem Einfluß der Mannheimer „Kurpfälzischen deutschen Gesellschaft", die die Kunstgesetze der klassizistischen französischen Dramatik hochhielt. Schillers Arbeit am *Don Karlos* hat so verschiedene Beurteilungen erfahren, weil sie nicht von der Entstehungsgeschichte der Dichtung her gesehen worden ist; denn während der Bearbeitung wandelten sich die Gestalten und ihre

Aufgaben im Drama: so wird der Hofmann Perez zum Beichtvater Domingo, neben der Eboli der Hauptträger der Intrige. Posa tritt in den Vordergrund als Erzieher des Prinzen zu großen Menschheitsaufgaben und als Gegenspieler des Königs. Er lebt ganz aus dem Schwung und Idealismus des jungen Schiller und trägt dessen politische Herzensangelegenheiten vor. Der Zauber, mit dem er den einsamen König einen Augenblick zu erobern vermag, ist der reine und freie Mut, mit dem er seinen Glauben an eine Menschheit vertritt, die durch Freiheit zur wahren Humanität gelangen kann. Karlos, der in der ersten Fassung an der Umwelt, an Intrige und Zufall scheitert, gerät in der Umwandlung erst wirklich in die Nähe des *Hamlet* und *Julius von Tarent*, in die Schiller ihn schon in der Bauerbacher Zeit gestellt zu haben glaubte. Die Frauengestalten sind zum erstenmal bei Schiller lebende Wesen, welche Spuren seiner wachsenden Menschenkenntnis und Welterfahrung zeigen. Die Episodenfiguren sind weniger sorgfältig behandelt. Hofintrigen, gestohlene und abgefangene Briefe nach französischen dramatischen Mustern führen zu Unwahrscheinlichkeiten.

Die dritte Arbeitsperiode ist gekennzeichnet durch die Schwierigkeiten, die das Hervortreten des Marquis Posa als Hauptperson besonders in der 2. Hälfte des Dramas machte. Philipp, der dem Dichter durch die Lektüre der *Geschichte der Regierung Philipps II.* von Watson lebendiger geworden war, streifte die Züge des bösen, tyrannischen Prinzips ab und gewann an Menschlichkeit. Es zeigte sich nun, daß es für die Weiterführung des Dramas ein verhängnisvoller Schritt gewesen war, den ersten Akt, den Schiller Weihnachten 1784 am Darmstädter Hof in Gegenwart des Herzogs Karl August von Weimar vorgelesen hatte, bereits im März 1785 in der *Rheinischen Thalia* zu veröffentlichen. Es kam dadurch ein unheilbarer Bruch in die Handlung, mit dem Schiller selbst sich in seinen *Briefen über den Don Karlos* im *Teutschen Merkur* 1788 vergeblich auseinanderzusetzen suchte. Hauptsächlich am Charakter Posas, den zeitgenössische Kritik teils als göttlich, teils als hohlen Schwätzer aufgefaßt hatte, legte er dar, wie dessen Handlungen im Rahmen des Ganzen verständlich und logisch erscheinen können. Er widerlegt die Annahme, daß Posas Freundschaft zu Karlos die treibende Kraft seiner Handlungen sei. Karlos' Liebe zu ihm, die er nie im gleichen Maße erwidert habe, sei ihm nur das willkommene Werkzeug zur Erreichung seiner Pläne. So ist auch sein Tod keineswegs ein Opfer für den Freund, den er nicht mehr retten kann, sondern für sein ideales Ziel. – Doch sieht Schiller selbst, wie er an Körner schreibt, daß er hier „eine schlechte Sache zu verfechten" hatte.

Vielleicht hat gerade das heiße Bemühen um dieses Werk dazu mitgewirkt, daß der Don Karlos zum Ausgangspunkt der klassischen Periode des Schillerschen Theaters wurde.

Bei Göschen ließ Schiller von 1786 an in zwangloser Folge die Zeitschrift *Thalia* ohne das Beiwort „rheinische" und ohne die lokalen Beziehungen zur Pfalz und den übrigen Rheingegenden erscheinen. Der Absatz war schlecht. Das 2. Heft erschien im Februar 1786. In ihm veröffentlichte Schiller das *Lied an die Freude*, *Freigeisterei der Leidenschaft*, die ursprünglich *Der Kampf* hieß, und *Resignation* (vgl. S. 308). Mit Rücksicht auf die übrigens humane Zensur fügte Schiller eine Note bei, in der er den Leser bat, diese Aufwallung der Leidenschaft nicht für ein philosophisches System und die Verzweiflung eines erdichteten Liebhabers nicht für das Glaubensbekenntnis des Dichters anzusehen.

An entscheidender Stelle in Schillers Entwicklung steht der *Verbrecher aus Infamie* (1787), der 1792 in den „Kleineren prosaischen Schriften", die Schiller herausgab, *Verbrecher aus verlorener Ehre* genannt wurde. Von seinem Lehrer Abel kannte er die Geschichte des Sonnenwirts, eine wahre Begebenheit. Es war nur scheinbar eine Rückkehr in die Welt der Räuber.

Lektüre und Mitarbeit am *Neuen Pitaval* mögen Schiller angeregt haben. Mündliche Berichte und Protokolle waren ihm Quelle. Er verarbeitete sie mit der Blickrichtung auf das moralische Ziel: die selbstgefällige Scheintugend bloßzustellen und Verständnis zu fordern für die unergründlichen Regungen des menschlichen Herzens. Schiller appelliert an die Menschlichkeit und steht erstaunt vor der Wucht, mit der sich das Verbrechen durchsetzt. Das möchte er den Richtern ins Gedächtnis hämmern und ihnen den Weg aus den Gesetzbüchern in die Seele des Verbrechers weisen. Das Mitleid, das er für seinen Helden fordert, wollte erschüttern. Als Stiefkind der Natur muß sich der Held ertrotzen, was ihm versagt wird. Wohl hat er sich selbst zuzuschreiben, daß er Not leidet und bestraft wird. Die menschenunwürdige Behandlung im Zuchthaus, bittere Lebenserfahrungen und die Kaltherzigkeit seiner Umwelt führen ihn die Bahnen sacht hinab, machen ihn zum Mörder und lassen ihn bei den Räubern Schicksalsgenossen finden. Doch fühlt er sich trotz eigener Verderbtheit von ihnen abgestoßen und folgt dem Zug seines Herzens, sich der irdischen Gerechtigkeit auszuliefern in der Erkenntnis, daß er für seine Untaten verantwortlich sei.

Die Erzählung bedeutet in Schillers Entwicklung den Übergang zur geschichtlichen Darstellung mit ausgesprochen moralischem Zweck. Sie ist eine psychologische Vertiefung der Kriminalerzählung. Schiller wendet hier die Technik an, schon in den ersten Sätzen der eigentlichen Erzählung das grausige Ende des Verbrechers vorwegzunehmen, wie er Jahre später Maria Stuart mit der hoffnungslosen Situation der gefangenen, ihr Urteil erwartenden Königin beginnen läßt.

Auch diese Geschichte erschien im 2. Heft der Thalia. Schon im 4. Heft im Oktober desselben Jahres veröffentlichte Schiller den Anfang eines Romans: *Der Geisterseher*. Auf der Suche nach einem Vorbild des Helden dieses Werkes, des Prinzen von . . ., hat man mit Scharfsinn und Phantasie Züge aus dem Leben mehrerer Fürsten des 17. und 18. Jahrhunderts, hauptsächlich des protestantischen Neffen Karl Eugens, des Prinzen Eugen von Württemberg (1758 bis 1822) gefunden und sie mit gewissen Ereignissen, Eigenschaften und Motiven des Romans in Zusammenhang zu bringen gesucht. Geisterseherei, Kryptokatholizismus, das Treiben geheimer Gesellschaften und der Jesuiten waren allgemeine Gesprächsthemen der Zeit. Sie eigneten sich als Motive besser für einen Roman als für ein Drama, zumal Schiller sie im Don Karlos und den Vorstudien zu Maria Stuart berührt hatte.

> Der Prinz von . . . wird in Venedig durch eine lange Kette von geheimnisvollen Vorgängen so verwirrt und aus der Bahn seines ruhigen Denkens geworfen, daß er zur katholischen Kirche übertritt. Das Ziel der Intrigen, die von einer geheimen jesuitischen Gesellschaft gesponnen werden, ist, den Prinzen schließlich durch ein Verbrechen auf den Thron seines Stammlandes zu bringen und damit den von der katholischen Kirche erstrebten Einfluß auf ein regierendes Haus zu gewinnen.

Der *Dämon*, der Schiller den Geisterseher eingegeben hatte und ihn den Anfang im Sommer 1786 schnell hinwerfen ließ, ist wohl in der aufsehenerregenden Gegenerklärung des geistergläubigen Prinzen Eugen von Württemberg im Juliheft der Berliner Monatsschrift 1786 gegen Elisa von der Reckes Angriff auf Cagliostro zu erkennen. Schiller konnte die innere Erregung und Anteilnahme an dem Stoff nicht wiedergewinnen, als er das Werk auf Drängen Göschens mit Widerwillen nach anderthalb Jahren fortsetzte. Er holte die Vorgeschichte des geheimnisvollen Armeniers nach und ließ den Prinzen sein Inneres und die geheimen Vorgänge enthüllen. Diese Selbstanalyse und die Auseinandersetzungen über die Philosophie des Prinzen, über den Sinn des menschlichen Daseins und die Weltordnung passen schlecht zu dessen schwärmerischer Anlage. So kamen weder hier noch in den Fortsetzungen, die die Thalia 1789 brachte, die angekündigten Geistererzählungen zu ihrem Recht, sondern die Handlung wurde durch Einführung des Liebesmotivs neu belebt und erhielt schließlich einen fragmentarischen Abschluß mit der Konversion des Prinzen.

Was die Zeitgenossen an dem Werk faszinierte und woran sie herumgrübelten, war die Aufklärung der verbrecherischen Vorgänge, die Verstrickung des Prinzen in die Pläne der geheimen Gesellschaft, weniger wohl die Analyse seines Charakters, die Darlegung seiner Veranlagung und der Einblick in sein Denken. Wie der Prinz schließlich durch einen Mord an die Regentschaft kommen und ihn die wohlverdiente Rache treffen sollte, blieb nur leicht angedeutet. Aber gerade das hat bis in unser Jahrhundert hinein Anregungen ausgestrahlt.

> Schiller trug sich mit der Absicht, Besuche in Weimar und Hamburg zu machen, um neue Eindrücke und vielleicht eine Lebensgrundlage zu finden. Verschiedene Möglichkeiten boten sich ihm: Schröder in Hamburg wollte ihn gewinnen, aber Schiller fürchtete für seine Selbständigkeit. Dann hatte er die vage Hoffnung, daß Karl August, der ihm Weihnachten 1784 nach der Vorlesung des *Don Karlos* am Darm

städter Hof den Titel eines weimarischen Rates verliehen hatte, etwas für ihn tun
würde. Die dritte Möglichkeit, ein Ausbau der *Thalia*, erwies sich bald als undurch-
führbar. Aber Schiller blieb vom Sommer 1787 ab in Weimar und knüpfte feste Beziehungen zu Wieland an, dessen Urteil über *Don Karlos* ihm lange Zeit als Empfehlung diente. Es kam zu intensiver Mitarbeit am Teutschen Merkur. Zu Herder entstanden keine innigen Beziehungen, obgleich dieser für den *Don Karlos* eintrat und
Schiller sich von den *Ideen* angezogen fühlte. Die erhofften Anregungen durch Charlotte von Kalb mußte er bald als romantische Luftschlösser erkennen. Die anfängliche Enttäuschung über die Weimarer Verhältnisse machte sich in einem kalten,
nüchternen Bericht an Körner Luft. Er pocht auf seine eigene Kraft und erwartet
nichts vom Schicksal oder der Güte der Menschen. Seine Beurteilung der Verhältnisse ist realistisch. Doch wächst sein Selbstvertrauen, und er sieht die Arbeit vor sich,
der er sich widmen muß: den Neubau seiner Bildung und die Ordnung seiner
Finanzen. In der Arbeitsfron für Thalia und Merkur plant er die Herausgabe der Geschichte der merkwürdigsten Rebellionen.

4. GESCHICHTE UND BILDUNG

Der ungünstige Eindruck, den der *Don Karlos* auf Herzogin Anna
Amalia machte, veranlaßte Schiller zu der Bemerkung, für die Goethe-
sche Sekte sei eine gewisse Einfalt der Vernunft charakteristisch. Er
fühlte sich als spekulativer Kopf überlegen, schätzte aber andrerseits die
empirische Beobachtung, wie sie für Goethe charakteristisch war, sehr
hoch ein. „Das Resultat aller meiner hiesigen Erfahrungen ist, daß ich
meine Armut erkenne, aber meinen Geist höher anschlage, als bisher geschehen war." Seine Armut war für ihn der Mangel an Wissen und
gründlicher Bildung, der seine Wirklichkeitskenntnis erschwerte. Die
Abhilfe sah er in Fleiß und im Studium der Geschichte. Er wurde ein
„mächtiger Arbeiter". Der Plan zum *Abfall der Niederlande* gewann Gestalt. In Jena fand er Anschluß an die Universität und die Literaturzeitung. Seine Lebenskenntnis wuchs, er fühlte sich sicher und begann in
sich zu ruhen.

Ende November 1787 machte er einen Besuch bei seinem Schwager Reinwald und
in Bauerbach bei Frau von Wolzogen, und diese Rückkehr in die Vergangenheit
brachte ihm die Veränderung seiner Persönlichkeit zum Bewußtsein. Wilhelm von
Wolzogen, der sich auf Schillers Aufforderung hin in Weimar über Paris unterrichten
wollte, wo er im Auftrag Karl Eugens Architektur studieren sollte, riet dem Freund,
mit ihm auf dem Rückweg in Rudolstadt seine beiden „superklugen Cousinen" aufzusuchen. So machten die beiden Freunde am 6. Dezember 1787 einen winterlichen Ritt
über den Thüringer Wald zur Familie von Lengefeld.

Karl Christoph von Lengefeld, der Vater von Schillers zukünftiger Frau, war 1775
als Schwarzburgischer Oberforstmeister und Begründer der rationellen Forstwirtschaft gestorben. Seine Witwe Luise war eine bedeutende Frau. Von ihren Töchtern
hatte sich Karoline (geb. 1763) im Jahr 1784 mit dem Hof- und Konsistorialrat von
Beulwitz verheiratet, wurde aber 1794 geschieden. Die zweite Tochter Lotte (geb.
1766) war Patenkind von Charlotte von Stein. Sie zeichnete sich durch natürlichen
edlen Großsinn aus, eine schöne Seele, hilfsbereit, still zurücktretend, mit mannig-
faltigen Talenten und geistigen Interessen, eine Natur, die Schiller zu Goethe leiten

konnte. Karoline in ihrer aktiven, lebhaften, leidenschaftlichen Art, deren Kehrseite Reizbarkeit, Fried- und Haltlosigkeit waren, erkannte und billigte Schillers Genie. Sie betätigte sich selbst als Schriftstellerin. Ihr Roman *Agnes von Lilien* erschien 1796 in den Horen. Sie verband sich in zweiter Ehe mit ihrem Vetter Wilhelm von Wolzogen und schrieb 1830 die erste Biographie Schillers.

Seit dem ersten Besuch blieb die Verbindung mit der Familie Lengefeld durch Besuche und Briefe erhalten, und Schiller trug sich bereits mit Heiratsplänen, als er sich im Sommer 1788 in Rudolstadt und im Herbst in Volkstedt aufhielt. Schon Januar 1788 schrieb er an Körner, wie sehr er sich nach einer bürgerlichen und häuslichen Existenz sehne; doch schwankte er lange zwischen den beiden Schwestern, und Lotte bot ihm an, zugunsten von Karoline zurückzutreten.

Durch Wieland und Herder fand Schiller im Winter 1787/88 in Weimar neuen Zugang zur Antike. Seine Begeisterung strömte in das große Gedicht *Die Götter Griechenlands*. Mit den Schwestern Lengefeld las er im Sommer 1788 Homer und die griechischen Tragiker. Er übersetzte *Iphigenie in Aulis* und einzelne Szenen aus den *Phönikierinnen* und plante auf dem Umweg über das Französische die Übersetzung des *Agamemnon* von Aischylos.

In Erfurt bei Karoline von Dacheröden lernte Schiller Wilhelm von Humboldt kennen. Gespannt erwartete man dort Goethes ersten Besuch nach seiner italienischen Reise. Am 5. September 1788 traf Schiller ihn im Hause der Frau von Lengefeld, ohne daß sie sich, zu Schillers großer Enttäuschung, nähertraten. Er empfand Goethe an Lebenserfahrungen und Selbstentwicklung so weit vor sich voraus, daß er meinte, sie würden „unterwegs nie mehr zusammenkommen". Aber jetzt erlebte Schiller seine Abklärung und spürte selbst, daß er „mit den Fortschritten der Zeit manches gewinne und manches abstoße, was nicht gut ist". Seine Phantasie begann, „mit der Vernunft ein zartes und ewiges Band" zu knüpfen. Der trübe Weltschmerz wich, er gewann Interesse an den Dingen aus warmem Herzensbedürfnis. Nicht nur, daß er sich mit produktiver Kritik befaßte, im *Teutschen Merkur* die *Briefe über Don Karlos* und in der *Allgemeinen Literaturzeitung* die Rezension von Goethes *Egmont* veröffentlichte, die Novelle *Spiel des Schicksals* schrieb, eine wahre Begebenheit, an der sein Freund und Taufpate Rieger zugrunde ging, und die seine Begabung für die historische Anekdote großen Stils zeigt – vor allem befaßte er sich mit intensivem Studium der Geschichte und schloß nach sorgfältigen Quellenstudien den ersten und einzigen Teil der *Geschichte des Abfalls der Niederlande* Ende 1788 ab, zu der ihn die Welt des Don Karlos geführt hatte.

Es ist die Darstellung einer großen geschichtlichen Bewegung, in der die Weltmonarchie Spanien den Republiken Hollands gegenübergestellt wird. Bei der kraftvollen Charakterisierung der handelnden Personen geht es Schiller um die psychologische Verdeutlichung der Geschehnisse. Dadurch entsteht der Eindruck des Notwendigen im Ablauf der Ereignisse. Es ist ein Kunstwerk der Geschichtsschreibung, das bei seinem Erscheinen großen Erfolg hatte. Schiller erkannte die Förderung, die ihm durch diese Arbeit zuteil wurde: „Einfachheit ist die Frucht der Reife", schreibt er an Körner am 6. März 1788, „und ich fühle, daß ich ihr schon sehr viel näher gerückt bin als in vorigen Jahren."

Die Veröffentlichung war die Voraussetzung für die Professur der Philosophie und Geschichte in Jena, die ihm im Dezember 1788 auf Goethes Vorschlag angetragen wurde. Nicht gern tauschte Schiller seine Freiheit ein. Er wußte, daß diese Verpflichtung die Rückkehr zur Dichtung hinausschob. Zudem war die Professur unbesoldet. Aber mit heroischem Entschluß griff er zu und zog am 11. Mai 1789 in Jena ein. Am 25. Mai hielt er seine erste Vorlesung. Fünfhundert Studenten, mehr als die Hälfte der ganzen Universität, wollten ihn hören. Das Thema lautete: *Was heißt und zu welchem Ende studiert man Universalgeschichte?* Es war eine Einführung in die allgemeine Weltgeschichte; sie wurde November 1789 im *Teutschen Merkur* veröffentlicht. Schiller stellt den philosophischen Kopf und den Brotgelehrten gegeneinander und will die Studenten nicht als Fachgelehrte auf einen künftigen Beruf vorbereiten, sondern wendet sich an den Menschen. Was zur Emporentwicklung der Menschheit aus dem Urzustand zur Zivilisation, „von dem blinden Zwang des Zufalls in die sanftere Herrschaft der Verträge" diente, ist Gegenstand der Universalgeschichte. Es geht ihm auch hier um die psychologische Erhellung der Geschehnisse. „Welche Zustände durchwanderte der Mensch . . . vom ungeselligen Höhlenbewohner zum geistreichen Denker!" Das letzte Ziel ist das Verstehen der Zusammenhänge. Die Geschichte in ihrem ewigen Gang überdauert Menschen und Geschlechter, selbstisches Wollen löst sich in höhere Wirkungen auf. Wörtlich sagte er zu seinen ersten Hörern: „Wie verschieden auch die Bestimmung sei, die in der bürgerlichen Gesellschaft Sie erwartet – etwas dazu beisteuern können Sie alle! Jedem Verdienst ist eine Bahn zur Unsterblichkeit aufgetan, zu der wahren Unsterblichkeit meine ich, wo die Tat lebt und weitereilt, wenn auch der Name des Urhebers hinter ihr zurückbleiben sollte."

Das war ein glänzender Anfang für ein Leben voll Arbeit. Er sah sich in Jena im Mittelpunkt eines Schüler- und Freundeskreises, dem der Livländer Behaghel, Fritz von Stein, Fischenich, der Frankfurter Fichard und Hardenberg (Novalis) angehörten. Seine Stellung und die geordneten Lebensverhältnisse machten ihm endlich im Sommer 1789 die Verlobung mit Lotte von Lengefeld möglich. Am 22. Februar 1790 fand die Hochzeit statt.

Zu Schillers Enttäuschung ließ die Zahl seiner Hörer bald nach, und auch er verlor das Interesse an den Vorlesungen. Die Kollegen blieben ihm fremd, es überkam ihn das Gefühl, er passe nicht in das Milieu der Universität und für seine Frau sei die Enge der kleinen Stadt eine Zu-

mutung. Er begann, sich journalistischen Arbeiten zu widmen. Von
November 1789 ab ließ er die *Allgemeine Sammlung historischer Memoires
vom 12. Jahrh. bis auf die neueste Zeit, durch mehrere Verfasser übersetzt, mit
Noten und Anmerkungen versehen und jedesmal mit einer universalhistorischen
Übersicht begleitet* erscheinen.

Es war ein groß angelegter Plan nach dem Vorbild der in London
seit mehreren Jahren herauskommenden *Collection universelle des mémoires
particuliers relatifs à l'histoire de France.* Er wollte den Plan der französischen Sammlung erweitern, wie er in seinem Vorbericht darlegte, und
mit universalhistorischen Zeitgemälden begleiten. Durch entsprechende
Redaktion hoffte er, die Sammlung zu einem gewissen historischen Ganzen zu erheben, und wählte den Anfang der Kreuzzüge zur Epoche des
Werkes, weil erst von hier aus die Ordnung der Memoires, mit einigem
Zusammenhang wenigstens, fortgeführt werden konnte. Die erste, im
Oktober 1789 geschriebene Abhandlung war eine Übersicht der vornehmsten an den Kreuzzügen teilnehmenden Nationen, ihrer Staatsverfassung, Religionsbegriffe, Sitten, Beschäftigungen, Meinungen und
Gebräuche, die Schiller später *Über Völkerwanderung, Kreuzzüge und
Mittelalter* nannte. Hier wendet sich sein Hauptinteresse der Verfassung
und den Lebensfragen des Mittelalters zu, den Vorbedingungen einer
starken menschheitlichen Kultur. Das 16. und 17. Jahrhundert fesselten
ihn als die Anfänge seiner eigenen Welt. Er legte den Schwerpunkt
auf den Kampf um höchste Ideen, religiöse Werte, gesellschaftliche
Lebensformen des Abendlandes. Personen und Völker sah er in der
höchsten Anspannung menschlicher Kräfte.

Keine allzu feurige Parteinahme trübte mehr den Wahrheitssinn und
den ruhigen Blick für die Wirklichkeit. Für Schiller war die höchste
Aufgabe des Historikers nicht die quellenmäßige Darstellung einer Zeit
oder einer Person, sondern die Gesamtdarstellung der Weltgeschichte,
die Entwicklung der Menschheit vom Naturvolk zur Kulturhöhe. Seine
Grundlage ist die philosophische Idee der Menschheit, die im Kampf
mit dem Schicksal steht. Er hat als dichterischer Seher das Geschichts-
problem erkannt und es künstlerisch darzustellen versucht. Seit Schiller
verlangt man vom Historiker Kunstwerke; das war sein verpflichtendes
Erbe an Ranke, Treitschke und Mommsen. Mögen seine geschichtlichen
Darstellungen sachlich veraltet sein, sie sind es nicht in den philosophischen Grundgedanken. Geschichte ist für Schiller die Idee geistiger Freiheit, das Wechselspiel von Zufall und Willen, Ursache und Wirkung.
Sie lehrt Ehrfurcht vor dem Gegenstand, deshalb ist sie bedeutungsvoll
für den Künstler. Als Kampf mit dem Schicksal ist sie ein Drama.

Der Verlauf der Französischen Revolution, der mit der Hinrichtung
Ludwigs XVI. die Hoffnung auf einen idealen Vernunftstaat vernichtete,
änderte Schillers Gedankengänge. Nun sieht er erst in ferner Zukunft

die Verwirklichung des Zeitalters des Geistes und der Vernunft. – Der billige Vorwurf mangelnder Quellenkritik trifft sein ganzes Jahrhundert. Schillers Ziel war, vom faktisch ungeprüften Idealismus zur historischen Erfahrung zu kommen.

Eine Übersetzung von Bougeants *Geschichte des Dreißigjährigen Krieges und des Westfälischen Friedens* (1758) hatte er schon in Dresden 1786 gelesen. Er verhandelte nun mit dem Verleger Crusius über die *Geschichte der merkwürdigsten Rebellionen* und verteidigte seinen Entschluß, sich der Dichtung, die die größte Kraft erfordere, erst wieder zu widmen, wenn er durch Geschichte und Philosophie die Reife dazu erlangt habe, gegen Körner, der in diesem Entschluß einen Abweg von Schillers Bestimmung sah.

1791/92 erschien die *Geschichte des Dreißigjährigen Krieges* in drei Bänden, der erste im Historischen Kalender für Damen 1791, der Abschluß mit 4 Teilen 1792. Übersichtliche Ordnung, realistisches Erfassen und Wiedergeben sind die Merkmale des Fortschritts in der Darstellung. Gustav Adolf ist der epische Held. Aber nicht dieses Epos, auf das die geschichtliche Darstellung hindeutet, sondern das Drama *Wallenstein* wurde schließlich ausgeführt. Eine solche sinndeutende Behandlung der Geschichte entsprach der Forderung Kants, auf dessen geschichtsphilosophische Aufsätze Schiller schon 1787 von Wielands Schwiegersohn Reinhold hingewiesen worden war.

In der *Vorlesung über die Menschengesellschaft nach dem Leitfaden der mosaischen Urkunde* (erschienen 1790 im 11. Heft der Thalia) betrachtet Schiller unter Kants Einfluß die Gegenwart als Höhepunkt der Entwicklung und nimmt, in Aufklärungsoptimismus befangen, die Auswahl des Wichtigen in diesem Sinne vor. In der phantasievollen Darstellung der Entwicklung des Menschen vom ersten Naturzustand, in dem er wie Tier und Pflanze nur dem Instinkt gehorcht, zu dem „Paradies der Erkenntnis und Freiheit", wo der Mensch „dem moralischen Gesetz in seiner Brust" gehorchen lernt, erkennt man seine Ideen über den Zusammenhang der tierischen Natur des Menschen mit seiner geistigen wieder, die durch Kant von neuem angeregt worden waren. Gedanken aus diesem Aufsatz tauchen in der Ideenlyrik (*Der Spaziergang, Die vier Weltalter, Das eleusische Fest, Die Künstler*) auf.

Die ersten Beispiele jener für diese Entwicklungsperiode bezeichnenden Gedankenlyrik, die dann durch die philosophischen Studien der folgenden Jahre zu voller Entfaltung kommen sollte, waren die *Götter Griechenlands* und die *Künstler*.

Die Götter Griechenlands, im März 1788 im Teutschen Merkur veröffentlicht, flossen aus Schillers entscheidendem Antikeerlebnis. Diese sentimentalische Elegie eines Künstlers sieht in der Antike das goldene Zeitalter, in dem alle Erscheinungen naturbeseelte Wesen waren. Im

Gegensatz zur prosaischen Gegenwart erscheint dem Dichter Griechenland als Poesie, als die schöne, entschwundene Welt der Glückseligkeit, von
der nur der Schatten zurückblieb, die entgötterte Natur, aus der es keinen
Weg zur Gottheit gibt. Schiller hat die erste Fassung dieses schnell
hingeworfenen und schnell gedruckten Gedichtes später stark geändert,
er war bei ruhiger Einsicht kaum mit 15 Strophen zufrieden, 11 Strophen wurden ganz gestrichen, zwei neu hinzugedichtet. Damit wurde
der Schlußgedanke der älteren Fassung, daß die Strahlen der Größe und
Wahrheit des Christengottes den Sterblichen niederschlagen, geopfert.

Schon hier liegt der Ansatz zu der Auffassung Schillers, daß die Kunst
den Zwiespalt der menschlichen Natur zu versöhnen berufen sei. Er
tritt deutlicher hervor in dem Gedicht *Die Künstler*, das, 1788/9 geschrieben,
im Teutschen Merkur 1789 erschien. Schiller spürt die Notwendigkeit der
Welterneuerung, erhofft die Erkenntnis der Wahrheit durch die Kunst
und sehnt sich nach der Rückkehr zur Natur und zur Antike, um die erstrebte Versöhnung, den Ausgleich zwischen Natur und Geist, Leib und
Seele zu finden. *Die Künstler* sind ein Bekenntnis Schillers zur Kunst, zu
einem durch die Kunst veredelten Dasein.

Der Urmensch ist in dumpfer Verlassenheit ein Spielball sinnlicher Triebe, ratlos
steht er im ungeheuren Gewirr des Universums, nur durch die Fessel der Begier de an
die Erscheinungen gebunden. Von der Kunst wird er emporgeführt, seine Seele ent-
windet sich dem Sinnenschlafe, staunend vermag er den Gedanken zu fassen und
findet in der Schönheit die Führerin zu allen hohen Werten des Daseins. Als Grundgedanken der Künstler hat Schiller selbst die harmonische Einheit von Wahrheit und
Sittlichkeit in der Schönheit bezeichnet. Der Kunst fällt die erzieherische Aufgabe zu,
durch die Sinne Schönheit in die menschliche Seele auszustrahlen, sie geläutert der
Vernunft zuzuführen. Die Künstler erfüllen eine priesterliche Sendung, sie erhalten
die Weihe des *vates* zurück. Mancher Gedanke nimmt Motive der Renaissance wieder
auf. Grandios wird das Werk zu Ende geführt. Die Kunst ist Anfang und Vollendung
der menschlichen Kultur, die Schönheit Anfang und Ziel des Lebens, die Hauptmacht
des Daseins, die den Menschen zum Menschen erzieht. Es ist ein Ineinandergreifen
geschichtlicher und philosophischer Betrachtungsweise voll Sprachgewalt und rhythmischer Kraft. Lange hat Schiller mit der endgültigen Form des Gedichtes gerungen
und konnte sich 1793 für die geplante aber nicht ausgeführte Veröffentlichung der
ersten Sammlung seiner Gedichte noch nicht zur Aufnahme entschließen, da eine neue
Bearbeitung mehr Zeit gefordert hätte, als er ihr widmen konnte. Erst in der Sammlung von 1803 erschien das Gedicht.

Nach der Entstehung der *Künstler* ließ Schiller bewußt alle poetische
Arbeit liegen und widmete sich ganz seinen historischen und philosophischen Studien sowie dem Studium der Antike. Er strebte die Hoheit
griechischer Dichtung und klare Begriffe über Regeln und Kunst der
Antike an. So nahm er 1791 einen schon 1789 gehegten Plan wieder auf
und übersetzte in freien Stanzen den 2. und 4. Gesang der *Aeneis* des
Vergil, die er 1791/92 in der *Neuen Thalia* erscheinen ließ. Wichtiger für
die Wandlung seines Wesens ist die *Rezension* über Bürgers Gedichte in
der Jenaischen Literaturzeitung vom Januar 1791. Das war eine Ab-

rechnung mit der eigenen Vergangenheit und zeigte, wie die *Künst-ler*, den hohen Begriff vom Dichter, den er in sich trug. Die Sendung der Kunst, das Ethos dieses hohen Berufs liegt ihm am Herzen. Er fordert, daß die Dichtung auf der Höhe der Zeit stehen muß, wenn sie Kopf und Herz, Scharfsinn und Witz, Einbildungskraft und Vernunft in harmonischem Bunde zusammenschließen soll. Der Dichter muß die reife Bildung seiner Zeit in sich tragen. Was er den Menschen geben kann, ist seine Individualität, die er „zur reinsten herrlichsten Menschheit hinaufzuläutern" bestrebt sein muß, „ehe er es unternehmen darf, die Vortrefflichen zu rühren". Schiller fordert vom Dichter Idealisierung, Veredelung. In seiner Seele soll ein inneres Ideal der Vollkommenheit wohnen. Er entdeckt an sich selbst, wie wenig „dergleichen Matadorstücke der Jugend die Prüfung eines männlichen Geschmacks" aushalten, nach dem er selbst nicht umsonst gestrebt hat.

Das Glück seiner jungen Ehe wurde getrübt durch seine schwere Erkrankung im Januar 1791. Eine Lungenentzündung und Krämpfe mahnten ihn an die Vergänglichkeit des Lebens. Er war entschlossen, dem Tode Trotz zu bieten, und die Kraft seines Idealismus trug den Sieg über die Krankheit davon. Doch blieb er von diesem Zeitpunkt ab bedroht. Gleichwohl arbeitete er fieberhaft und diktierte schon vom Bett aus die *Geschichte des Dreißigjährigen Krieges.* Seine Lehrtätigkeit mußte er aufgeben. In dieser Zeit wurde ihm eine unerwartete Hilfe zuteil. Der dänische Dichter Jens Baggesen hatte eben eine Schillerfeier vorbereitet, als er die irrtümliche Nachricht vom Tode des Dichters erhielt. So wurde aus dem Fest eine Totenfeier, über die Baggesen an Reinhold berichtete. Dieser gab Schiller den Brief zu lesen und schrieb dann nach Dänemark über Schillers Krankheit und die dadurch verursachte Notlage. Baggesen erreichte, daß der dänische Finanzminister Graf Schimmelmann und Herzog Friedrich Christian von Augustenburg Schiller auf drei Jahre eine Pension von jährlich 1000 Talern gewährten. Jetzt konnte er aufatmen und sich, den dringendsten Sorgen enthoben, in Muße den philosophischen Studien widmen, die, von Kant angeregt, ihn immer mehr zu beschäftigen begannen.

LITERATUR

Vgl. S. 297 ff. *Schillers Werke*: Cottas Säkularausgabe, hrsg. von E. v. d. Hellen. 16 Bde. 1904 ff. Nationalausgabe Bd. 1 (Gedichte, hrsg. v. F. Beißner 1943). Bd. 3 (Räuber, hrsg. v. H. Stubenrauch 1953). Bd. 5 (Kabale u. Liebe, Kleine Dramen, hrsg. v. H. O. Burger u. W. Höllerer 1957). Bd. 8 (Wallenstein, hrsg. v. H. Schneider und L. Blumenthal 1949). Bd. 9 (Maria Stuart, Die Jungfrau von Orléans, hrsg. von B. v. Wiese u. L. Blumenthal 1948). Bd. 13 und 14 (Bühnenbearbeitungen, hrsg. von H. H. Borcherdt 1949). Bd. 16 (Erzählungen, hrsg. von H. H. Borcherdt 1954). Bd. 20 (Philosophische Schriften 1. T. u. Mitw. v. Helmut Koopmann hrsg. v. Benno v. Wiese 1962). Bd. 22 (Vermischte Schriften, hrsg. v. Herbert Meyer 1958). Bd. 23

(Schillers Briefe 1772–1785, hrsg. von W. Müller-Seidel 1956). Bd. 27 (Schillers Briefe 1794–1795, hrsg. v. W. Müller-Seidel 1958). Bd. 30 (Schillers Briefe 1798–1800, hrsg. v. Lieselotte Blumenthal 1961).

Für die neueste Literatur s. B. v. Wiese, Schillerforschung und Schillerdeutung von 1937 bis 1953. In: Dte. Vierteljahrsschr. f. Literaturwiss. u. Geistesgesch. 24. S. 452 ff. (1953).

Zur Wirkensgeschichte: A. Ludwig, Schiller u. die Nachwelt. Berlin 1909. R. Unger, Richtungen und Probleme unserer Sch.-Deutung. In: Nachrr. v. d. Ges. d. Wiss. z. Göttingen, Philol.-hist. Kl. Fachgr. 4, NF Bd. 1, 9. S. 203 ff. R. Buchwald, Wandlungen unseres Sch.-Bildes. Ein Vortrag. 1938. Ders., Sch. in seiner u. unserer Zeit. Heidelberg 1946. Melitta Gerhard, Die Wandlungen des Sch.-Bildes in unserer Zeit. In: Dte. Vierteljahrsschr. 7 (1929) S. 123 ff.

Dramen: B. v. Wiese, Die Dramen Sch.s. 1938. K. May, F. Schiller, Idee u. Wirklichkeit im Drama. Göttingen 1948. G. Storz, Das Drama Sch.s, Frankfurt a. M. 1938. G. Fricke, Sch. u. die geschichtl. Welt, Straßburger Univ.-Stud., Heft 5. H. Pongs, Sch.s Urbilder, Stuttgart 1935. P. Böckmann, Die innere Form in Sch.s Jugenddramen. Euphorion 35 (1939). S. 439 ff.

Erzählungen: O. Rommel, Rationalist. Dämonie, die Geisterromane d. ausgehenden 18. Jahrh. Dte. Vierteljahrsschr. f. Literaturwiss. u. Geistesgesch. 17 (1939). E. Weizmann, Die Geisterbeschwörung in Sch.s Geisterseher, Jahrb. d. Goetheges. 12 (1926). H. Sachs, Sch.s Geisterseher, in: Gemeinsame Tagträume. Wien 1924. S. 41 ff. H. Mörtl, Das philos. Gespräch in Sch.s Geisterseher. Zeitschr. f. österr. Gymnasien (1917). A. v. Hanstein, Wie entstand Sch.s Geisterseher? In: Forschgen. z. neueren Lit.gesch. 1903. W. Stoeß, Die Bearbeitungen des Verbrechers aus verlorener Ehre. Breslauer Beiträge z. Lit.gesch. NF Heft 37. 1913. D. E. Oppenheim, Zu Sch.s Verbr. a. verl. Ehre. 1913. Kathleen Cunningham, Sch. u. die franz. Klassik. Bonn 1930. F. Berresheim, Sch. als Herausgeber der Rhein. Thalia, Thalia u. Neuen Thalia. Breslauer Beiträge z. Lit.gesch. NF Heft 40. 1914. M. Kommerell, Schiller als Psychologe. In: Jahrb. d. Fr. Dt. Hochstifts 34/35. S. 177–219.

ZWEITES KAPITEL

GOETHE IN WEIMAR

Goethe war noch kein Jahr in Weimar, als er an Charlotte von Stein schrieb: „Es bleibt ewig wahr: sich zu beschränken, einen Gegenstand, wenige Gegenstände, recht bedürfen, so auch recht lieben, an ihnen hängen, sie auf alle Seiten wenden, mit ihnen vereinigt werden, das macht den Dichter, den Künstler – den Menschen." Auf die Fülle der Frankfurter Zeit, in der sich das Genie in wenigen Jahren nach allen Seiten ausdehnte, folgte in Weimar die von viel Verantwortung gebotene Beschränkung. Goethes neuer Wohnort war die Hauptstadt eines übersehbaren, waldgebirgsreichen Kleinstaates, der vor allem vom Landbau lebte, eine Universität sein eigen nannte und von einem jungen Herzog regiert wurde, dessen Gaben größer waren als sein Land. Karl August, Herzog von Sachsen-Weimar-Eisenach (1757–1828), hatte am 3. September 1775 die Regierung übernommen, in deren Geschäfte er Goethe bald einspannte. Goethe hat diesen Fürsten von Anfang an geliebt. Aus dem leitenden Verhältnis des um acht Jahre Älteren wurde im Laufe vieler Jahrzehnte eine unverbrüchliche, nicht immer spannungsfreie Freundschaft zwischen außerordentlichen Männern. Ursprüngliche Lebenskraft, großes Verantwortungsgefühl, Interesse für alles Wirkliche verbanden sich mit einem derben Charakter, den Goethe später mit einem seiner auszeichnendsten Worte, „dämonisch", beschrieb. Die Ämter, die der Herzog seinem neuen Diener im Laufe der ersten Jahre zudachte, der Geheime Legationsrat, später Geheime Rat und Minister im Geheimen Conseil, das Kriegs- und Wegekommissariat, das Kriegsdepartement, das Bergwesen, wurden von Goethe wie alle seine amtlichen Funktionen mit der größten Gewissenhaftigkeit wahrgenommen. Aber nicht nur die gemeinsame Tätigkeit, für deren Geist Gedanken Mösers eine Rolle spielten, verband den Fürsten mit dem Dichter. Das „starke Treiben" auf den Jagden durch die thüringischen Wälder, die Geselligkeit im Tiefurter Schlößchen, für deren geistreiche Einfachheit heute der Begriff fehlt, verbanden nicht weniger. 1783 hat Goethe in einigem Abstand in dem Gedicht *Ilmenau* das Wesen jener ersten Jahre zusammengefaßt. Die leidenschaftlichen Verstrickungen des jungen Fürsten werden ihm zum Symbol des eigenen Daseins

> Ich brachte reines Feuer vom Altar –
> Was ich entzündet, ist nicht reine Flamme,
> Der Sturm vermehrt die Glut und die Gefahr.

Aber ahnungsvoll zeichnet sich der Weg ab, der aus dem dumpfen Dasein in ein freies führt. „Ein neues Leben ist's, es ist schon lang be-

gonnen." Der Weg dahin ist durch die bewußte Beschränkung bezeichnet. Alles Gären ist nur Durchgang zu dem Augenblick, „da die Ernte
wird erscheinen". Diese Beschränkung entsprang für Goethe nicht zuletzt aus der Freundschaft mit Charlotte von Stein, geb. von Schardt
(1742–1827). Man hat viel an dieser Beziehung herumgedeutet, die
Goethe Glück, Förderung und Not gebracht hat. Man hat entweder der
edlen Frau vorgeworfen, daß sie das Genie unerhört ließ, oder aber das
in dieser Bindung enthaltene Problem auf eine platte moralische Ebene
verschoben. Für Goethe, der hier zum erstenmal Überlegenheit erfuhr,
vollzog sich im jahrelangen Werben ein vorschreitendes Bewußtwerden
der menschlichen Verhältnisse:

> Was mir in Kopf und Herzen stritt
> Seit manchen lieben Jahren,
> Was ich da träumend jauchzt' und litt,
> Muß wachend nun erfahren.

Die Zettel und Briefe Goethes sind im Unterschied zu den Briefen der
Frau von Stein erhalten. Sie zeigen, wie die Not dieser Beziehung vom
Gewinn unendlich übertroffen wird. War sie doch nichts anderes als der
Ausdruck der Unvollkommenheit jeder menschlichen Verbindung und
gerade der höchsten, die auf dieser Welt nicht vollkommen zu verwirklichen ist. Der schmerzliche Prozeß der Gewinnung der Freiheit wird
Goethe gerade in dieser Liebe ermöglicht. Ein halbes Jahr nach seinem
Eintreffen in Weimar schickte er das untergründige Gedicht *Warum
gabst du uns die tiefen Blicke* an Frau von Stein, in dem Geheimnis und
Begrenzung menschlicher Verhältnisse ausgesprochen ist. Jetzt ist Liebe
nicht mehr Anheimgabe an den Augenblick. Das „wahr Verhältnis" ist
viel mehr als die schnelle Freude; das, was man Glück nennt, versagt sich
den Wissenden, und wie soll eine reale Zukunft von Menschen aussehen,
deren Zusammengehören keine irdischen Wurzeln hat. Alles in diesem
Gedicht Beschworene wird nicht eigentlich verwirklicht. Es ist das erste
große Zeugnis der Entsagung, die eingesehen hat, daß der Unermeßlich-
keit die Unerfüllbarkeit entspricht. Die *Iphigenie* zeigt, daß eine solche
Erkenntnis keineswegs hoffnungslos ist.

1. IPHIGENIE

Das schönste Zeugnis dieser Begegnung, in der Goethe so viel Widerstand fand und die einer inneren Dimension zugehört, ist die Prosafassung der *Iphigenie auf Tauris*, die im ersten Vierteljahr 1779 entstand.
Wenn man mit ihr, oft allzu bereitwillig, den Beginn der Klassik an-
setzt, so soll man den düsteren Grund des Blutdampfs nicht übersehen,
der dem Drama des Euripides und dem grausigen antiken Mythos ent-

steigt. Die von der alten Sage gebotenen Urbilder werden von Goethe mit dem Recht des Dichters verwandelt. Der von den Erinnyen verfolgte Muttermörder *Orest* findet auf der fernen taurischen Insel seine Schwester Iphigenie als Priesterin der Diana wieder. Im Unterschied zur antiken Überlieferung rauben sie nicht das heilige Götterbild, vielmehr wird ihnen freiwillig gebilligte Heimkehr zuteil. Der dunkle, schicksalsschwere Hergang ist so in den Hintergrund getreten wie das Geschlecht der Tantaliden, deren titanische Ahnen einst Goethes „Heilige" waren. Aber die ungeheure Opposition jener Ahnen gegen die Götter ist der Grund auch dieser Dichtung. Muttermord und Kindesfraß gehört zu den Taten dieses Geschlechts, wie auch Iphigeniens Mutter den eigenen Gatten aus Begier umbrachte. Ihre Tochter dient der Göttin, und wenn sie ihre Herkunft verschweigt, so ist das mehr ein Akt der Reinigung als ein dramaturgischer Griff. Aber die menschlichen Verknüpfungen sind unentrinnbar. Der in der Barbarei Dienenden wird der flüchtige Bruder, vom Gewissen gehetzt, durch den Zufall zugeführt. Doppelt findet sie sich mit der Blutwelt verknüpft, von der sie frei sein wollte: Der Priesterin wird geboten, den eigenen Bruder zu opfern, zugleich muß sie aus dem Bericht des *Pylades* erkennen, daß sie selbst ursächlich in das Geschehen mitverschlungen ist. Unschuldig-schuldig ist das Lieblingswort Goethes angesichts der fürchterlichen Verknüpfungen, die Orest den bösen Krampf des Lebens nennt. Alle Hoffnung des Freundes Pylades kann gegen die furchtbare Schulderfahrung des Orest nicht angehen. Der Sohn, der den Vater an der entarteten Mutter rächt, vernichtet den eigenen Ursprung. So ist das Schuldigwerden auf einen äußersten Sachverhalt gebracht: „. . . mögen sie von meiner Seele den Schwindel nehmen, der unaufhaltsam auf dem Pfade des Bluts zu den Toten reißt, die Quellen vertrocknen, die meine Seele, ein ewiger Strom, wie aus den Wunden der Mutter sprudelnd, färbt."

Die Verzweiflung des Orest ist im letzten keine andere als die des Werther oder des Prometheus. Seine Not ist eine menschliche Not. Und so wie zum Prometheus das Gegenbild des Ganymed oder später des Epimetheus gehört, in jener antithetischen Gestaltung, in der Goethe so gerne die Einheit des Lebens zur Anschauung bringt, so gehört zu Orest Pylades. Er ist ein Liebender und ein Besonnener. Sein Denken dient dem Willen „jener droben". Die Götter, zwiegesichtig und wie die Natur zerstörend und erhaltend, gewähren dem Menschen die Freiheit der Wahl. Sie schließt die Möglichkeit der falschen Wahl ein und ist gefährlich; nicht umsonst erlaubt das Orakel eine doppelte Deutung: „So wunderbar ist dies Geschlecht gebildet und verknüpft, daß weder mit sich selbst noch anderen irgendeiner ganz reine Rechnung führen kann. Auch sind wir nicht bestellt, uns selbst zu richten. Zu wandeln und auf seinen Weg zu sehen ist der Mensch bestimmt."

Das Stück läßt einen tiefen Blick in Goethes Anthropologie tun, für die es keine reine Rechnung und kein reines Urteil gibt. Angesichts der Unerforschlichkeit des Daseins und der Widersprüchlichkeit menschlicher Verhältnisse erblickt er nur den Weg der Unterwerfung unter das Unerforschliche, der zugleich ein Weg der Liebe ist. Das wird leicht durch einen vordergründigen Humanismus mißverstanden, der den dämonischen Grund des Dramas meist übersieht. Deutlich wird es bei der Betrachtung der Zentralgestalt Iphigenie, der Tantalus entsprossenen Tochter einer gattenmörderischen Mutter, Schwester eines muttermordenden Bruders, die in barbarischer Fremde lebt. Sie läßt einen Blick auf Goethes „Theologie" zu und spricht an den entscheidenden Stellen nicht nur für sich selber. Wenn sie die Funktion des Chors in ihren großen Monologen mit übernimmt, so, weil Goethe sich die Idee nicht anders als in weiblicher Gestalt vorstellen konnte. Iphigenie ist nicht nurmehr Opfer, sondern durch ihre nichts erbittende Frömmigkeit in den Raum der Freiheit getreten. Sie vertraut – eine unerhörte, unantike Wendung – der Gnade als der schönsten Tochter des höchsten Gottes. Dieses Vertrauen durchbricht den Gang antiker Unerbittlichkeit; es ist ein Vertrauen in das eigene, liebende Herz, das nichts für sich will, aber liebend dem Bruder helfen und liebend die Götter verstehen möchte. Damit werden Erlösung und Befreiung durch die Kräfte möglich, die am Schluß des Faust wiederkehren werden.

Das Drama ist insofern undramatisch, als seine entscheidenden Stationen in den Seelen der Beteiligten zu finden sind. Wie reich mag sein inneres Leben hervorgetreten sein, als die Iphigenie am 6. April 1779 mit der schönen Corona Schröter (1751–1802) in der Titelrolle, mit Goethe als Orest und Prinz Konstantin als Pylades wenige Tage nach ihrer Vollendung in Weimar aufgeführt wurde. „Gar gute Wirkung davon auf reine Menschen", notierte der Dichter in sein Tagebuch. Die dem Vers bereits nahestehende musikalische Prosa hat einen eigenen Reiz, der durch die kühnen Bilder und Wechselreden noch gesteigert wird. Ihr Reichtum besteht nicht mehr in der überflutenden Kraft, sondern strebt zur Bändigung. Die Liebhaberbühne des Weimarer Hofs hat nicht nur dieses Werk aufgeführt. Goethes Klage über *Miedings Tod* (1782) gibt ein lebhaftes Bild dieser improvisierten Bühne, indem sie des ehrlichen Handwerkers gedenkt, der so manche Kulisse und Maschinerie geschaffen. Es enthält die berühmten Verse

> O Weimar! Dir fiel ein besonder Los;
> Wie Bethlehem in Juda, klein und groß!
> Bald wegen Geist und Witz beruft Dich weit
> Europens Mund, bald wegen Albernheit.
> Der stille Weise schaut und sieht geschwind,
> Wie zwei Extreme nah verschwistert sind . . .

Das gilt ein wenig auch für die Stücke, die Goethe für dieses Theater erfand. Als erstes wurden die *Geschwister* aufgeführt, die weniger wegen ihres Scheinproblems vermeintlicher Geschwisterliebe als durch den Hintergrund des Kaufmannshauses bedeutend sind, der auf *Wilhelm Meisters Theatralische Sendung* weist. Das Singspiel *Lila* und *Der Triumph der Empfindsamkeit*, *Das Neueste aus Plundersweilern* boten anmutigste Gelegenheitsdichtung, die teils persönliche, teils literarische Verhältnisse zum Gegenstand hat. Im *Triumph der Empfindsamkeit* ist das schwer zu deutende Monodram *Proserpina* unglücklich eingeschaltet, dessen dunkle Töne Corona eine große Rolle geboten haben. Die heitere Natur und die natürlichen Leidenschaften des Menschen von der innigsten Rührung bis zum ausfahrendsten Zorn werden anmutig in dem Singspiel *Jery und Bätely* (1779), einer Frucht der zweiten Schweizer Reise mit dem Herzog (1779), dargestellt. In ihr hatte Goethe die Natur genauer als zuvor erfahren und in den Tagebüchern in zusammenhängender Darstellung davon Zeugnis gegeben. Bedeutungsvoller und hintergründiger ist das „Wald- und Wasserdrama" *Die Fischerin* (1782), in der die Ballade vom *Erlkönig* und die aus Herders Volksliedsammlung entlehnte *Ballade vom Wassermann* die Naturkräfte der Landschaft an der Ilm magisch belebten. Zu diesen Bemühungen kamen allerlei ausgeführte und unausgeführte Opernpläne (*Scherz, List und Rache;* die *Ungleichen Hausgenossen,* der zweite Teil der *Zauberflöte*). Eine Gelegenheitsdichtung hohen Ranges ist das dramatische Fragment *Elpenor,* das kaum über einen ersten Akt (1781–83) hinausgelangt ist. Es sollte der erhofften Geburt eines Prinzen gelten und hat die zarte Jünglingsgestalt des Elpenor, des Hoffnungsreichen, zum Helden. Vielleicht wäre daraus ein Gegenbild zur Iphigenie geworden, ohne den Hintergrund dunkelster Verhängnisse, aber geeignet, die Kraft von Liebe und Mut zu zeigen. Allein das in beschwingter Prosa Überlieferte genügt nicht, um Genaues über den Plan zu sagen; doch stellt es uns in Elpenor eine bezaubernde Gestalt zwischen Kind und Mannesalter vor, von reinem Adel.

2. DIE GEDANKENWELT DES TASSO UND EGMONT
DIE THEATRALISCHE SENDUNG

Von anderem Umfang sind die beiden dramatischen Unternehmen, die Goethe in den Weimarer Jahren in seinem Sinn bewegt, wenn er den *Tasso* und den *Egmont* erfindet. Erst Italien gab ihnen Reife und Abschluß; aber daß sie in Weimar wachsen konnten, ohne zum Ende zu gelangen, gehört zur Geschichte jener Jahre. Insofern muß wenigstens ihre Gedankenwelt schon hier zur Sprache kommen. Der endgültige Tasso erlaubt einen tiefen Blick in Goethes Seele, er zeigt die Gefährdung des dichterischen Menschen, so wie der Egmont die des Tatmenschen. Zwei entgegengesetzte menschliche Möglichkeiten stellen sich dar, die verschiedenen Formen der Dämonie ausgesetzt sind. Das erste Prosafragment des Tasso ist verloren. Es wurde Ende März 1780 konzipiert und mag zwei Akte enthalten haben. Es besteht kein Anlaß zu der Annahme, daß sein Ansatz wesentlich verschieden von der späteren Ausführung gewesen sei, in der ein gescheiter Franzose „einen gesteigerten Werther" erblickte. Es ging um die „Disproportion des Talents mit dem Leben", dem alle Wirklichkeit Anlaß zur Imagination ist, das die Geschichte zu heroischer Bilderfülle, die Natur zum Elysium verwandelt. Die Freiheit seiner Einbildungskraft macht es dem Dichter unmöglich, ein reales Verhältnis zu sich und den Dingen zu finden. Die poetische Imagination trennt vom Leben und verursacht einen sittlichen Konflikt, der in dem alten Topos vom lügenden Dichter vorgebildet ist. Wenn dem Dichter die Poesie Wahrheit ist, so muß ihm das Leben schmerzliches Erwachen aus seinem Traum bereiten. Der Tasso bedeutet eine Steigerung des Werther, weil er die in der Brust wohnenden Gefühle total setzt, sie nicht der Sitte unterwirft, die erst Lebensform schafft, und die Erscheinung Leonores sowie die versöhnende Kraft der Liebe verkennt, die im Verhältnis zum anderen die Möglichkeit des Sichfindens bieten könnte. Tassos Unbedingtheit wird zur Maßlosigkeit. Die von ihm erhoffte Unabhängigkeit enthüllt sich als äußerste Abhängigkeit des im Ich Gefangenen, der die Welt nach seinem Bilde zurechtbiegt. Das Ich muß vernichtet sein, wenn es die wirklichen Verhältnisse der Welt erkennt.

Eine andere Art von Illusion ist die, aus der *Egmont* lebt. Das Drama, ebenfalls in Weimar unvollendet geblieben, stellt den handelnden Menschen vor, dessen Unbeirrbarkeit nicht zuletzt der Leichtfertigkeit entspringt, mit der er sich über die Wirklichkeit hinwegsetzt. Aber dieser Leichtsinn hat die tiefere Wurzel einer dämonischen Sicherheit, die sich das Gesetz des Handelns nicht vorschreiben läßt und noch im Untergang über die kühle Berechnung, eben durch den Untergang, siegt. Der Anfang des Schauspiels ist noch in Frankfurt zu suchen; 1782 war es vielleicht notdürftig abgeschlossen, ohne daß wir seine damalige Form kennten. Indem es die geschichtliche Überlieferung zugleich idealisiert und dämonisiert, entwirft es die Gestalt eines liebenswürdigen Helden, der, in sich uneinheitlich, das Verhältnis von äußerer und innerer Freiheit nicht herzustellen vermag. Egmonts Staatsvorstellungen scheinen utopisch – das Recht neigt sich dem Tyrannen Alba zu. Aber tieferes Recht und wahre Freiheit besitzt der, der mit dem eigenen Leben nicht rechnet. Die Selbstbeschränkung im Unglück, nicht der Erfolg, gibt Egmont den Glanz des Helden, den die lebensvollen Volksgestalten ihm von Anfang an zugebilligt und den das schlichte Klärchen vorahnend in ihm geliebt.

Auch in erzählender Form hat Goethe in Weimar versucht, das Verhältnis des dichterischen Menschen zur Welt zu bestimmen. *Wilhelm Meisters Theatralische Sendung* blieb unvollendet wie Tasso und Egmont. Die sechs Bücher der Theatralischen Sendung galten lange als verloren, bis ihre Abschrift aus der Hinterlassenschaft von Goethes Zürcher Freundin Barbara Schultheß ans Licht trat. Das Werk, in den Briefen an Frau von Stein oft erwähnt, von Goethe zwischen 1777 und 1785 geschrieben oder diktiert, hat einen persönlicheren und weniger objektiven Charakter als *Wilhelm Meisters Lehrjahre*. In seinem Mittelpunkt steht nicht mehr ein dämonisch an die äußersten Grenzen geführtes Individuum, sondern ein liebenswürdiger Bürgersohn, der sich dem Theater verschreibt, ohne sich über seine Fähigkeiten und die Realität der Kunst wie der Welt klar zu sein. Die vom Epos geforderte begründende Breite und Vollständigkeit zeigen Wilhelm als bildsamen Wanderer auf den unvermuteten Wegen der Erfahrung, die an ein anderes Ende als das erwartete führen. In viel höherem Maße als in den bisherigen Zeugnissen wirkt die Welt selber mit. Besonders der Anfang zeigt entschieden autobiographische Züge. Wenn es darum gehen sollte, den Einzelnen in seiner Beziehung zur bürgerlichen Wirklichkeit und zu einem höheren Dasein zu zeigen, so konnte kein besserer Schauplatz als das Theater gefunden werden, das, nach Körners schönem Wort, die „Brücke aus der wirklichen Welt in die ideale" darstellt. Wenn irgendwo, so mußten sich auf diesem Schauplatz die Überschneidungen von Leben und Kunst, Realität und Vorstellung, Lebensernst und Spiel zeigen. Deshalb war es nicht allein die früherwachte Leidenschaft Goethes für die Bühne, die diesen Schauplatz wählen ließ, wo in einem bürgerlichen Rahmen die Proportion von Talent und Leben herzustellen war.

Der Kaufmannssohn Wilhelm fühlt sich von Jugend an zum Theater gezogen und seinem eigenen Stande fremd. Er schlägt des Freundes und Schwagers Werner Warnungen in den Wind und liebt die Schauspielerin Marianne und in ihr die Bühne. Als er sich von ihr betrogen fühlt, bricht ihm alles zusammen. Nach schwerer Krankheit flüchtet er sich zur Poesie, unternimmt eine Reise für das väterliche Handelshaus, nicht ohne die Hoffnung, die Geliebte wieder zu finden. Als er unterwegs mit der Truppe der de Retti zusammentrifft, fasziniert ihn das Theater aufs neue und so sehr, daß er seine Zeit unter diesen mittelmäßigen Mimen verliegt. Sie nutzen ihn aus, führen sein Schauspiel auf und lassen ihn in den Ungelegenheiten, die dem Skandal der Aufführung folgen, allein. Nur die Rätselgestalten Mignons und des Harfners halten zu ihm und begleiten ihn mit der zerfallenen und neugegründeten Gesellschaft auf das Grafenschloß, wo Schauspieler gebraucht werden. Weder die soziale Deklassierung noch der Rat Jarnos, eines Weltmanns, der Wilhelm mit Shakespeare bekannt macht, vermögen ihn so zu belehren, daß er die illusionistische Gründung einer Schauspieler-Republik aufgäbe. Als die Truppe zur Stadt aufbricht, wird sie von einer Bande zersprengt, nur die anmutige Philine kommt unbeschadet davon, während Wilhelm verwundet wird. Sein letzter Blick nimmt eine herrliche Frau im Strahlenkranz wahr, sein erster nach dem Erwachen Philinen, die sich zu ihrem Vorteil als seine Frau ausgibt.

Allein Mignon und der Harfner bleiben ihm treu und begleiten ihn auch zu Serlo, in welchem Wilhelm zum ersten Male einen wahren Schauspieler kennenlernt. Seine Schwester Aurelie bittet den Jüngling, bei der berühmten Serloschen Truppe zu bleiben, eine Bitte, die durch die Nachricht vom Tode des Vaters und durch die gemeinsame Arbeit am *Hamlet* Unterstützung und schließlich Bejahung findet.

Auch der Kaufmannssohn Wilhelm ist mit Iphigenie und Tasso verwandt. „Selten, daß der Mensch fähig ist und daß es ihm das Schicksal zuläßt, nach einer Reihe von Leiden, nach einer Folge von Verbindungen mit sich selbst und anderen ganz reine Wirtschaft zu machen." Wilhelm hat echte Begabung und tiefe Empfindung, deren Grenzen er noch nicht kennt. Er ist ebenso gewissenhaft (falls keine Illusion dazwischen gerät) als gutmütig, zuweilen lehrhaft, gutgläubig und geduldig. Keine Katastrophe des an Zufällen reichen Zusammenseins mit einer höchst mittelmäßigen Schauspielergesellschaft vermag ihm die Hoffnung zu rauben. „Wilhelm, der alte Hoffer" – das ist wohl sein wesentlichster Zug. Er ist letztlich ein Illusionist, der sich in der Liebe so täuscht, wie im Theater, das selbst von der Illusion lebt. Die Illusion ist ein Selbstbetrug in bezug auf „die Wirklichkeit des Realen"; Wilhelm ist in den verschiedensten Sphären von ihr ergriffen. Er verleugnet gerne die Realität zugunsten der Hoffnung, sei es vor einer zum Durchfall bestimmten Aufführung, sei es, wenn es seine eigene Lage unter den Schauspielern zu erkennen gilt. Aber solche Täuschung entspringt nicht einer Charakterschwäche, sie ist vielmehr Ausdruck desjenigen, der die höhere Realität sucht, welche die gewöhnliche übersteigt, der den „gegenwärtigen Zustand" auf das Ideal zurückführen möchte. So gesehen, gehört der Illusionismus zu Wilhelm als dichterischem Menschen, führt ihn zum Theater als der Welt des glaubwürdigen Scheins und erweist sich als problematische Grundbedingung der Kunst überhaupt. Dieser Theaterroman ist von vornherein so genial angelegt, weil er das Wesen des dichterischen Menschen in einem Bereich zeigen kann, wo der Gedanke am meisten in die scheinbare Vorstellung tritt, und zwar durch Akteure, die im entscheidenden Akt nicht sie selber sind. Wilhelms Weg ist ein Umweg zu sich selbst, auf dem es zu lernen gilt, zwischen Schein und Wirklichkeit zu unterscheiden und zu erkennen, daß der bloße Schein schlechter Schauspielerei sowenig Leben hat wie eine bloße Wirklichkeit.

Wilhelms Identifikation mit der Bühne verkennt zunächst, daß solcher Schein nicht Selbstzweck sein kann, das heißt, er verkennt die zweite Form der Illusion, den Spieltrieb. Goethe führt in der Theatralischen Sendung die verschiedenen geschichtlichen Formen des Spiels vor, und es ist falsch, diese Stationen nur historisch zu sehen. Das Puppentheater ist einfachste Vergegenwärtigung und unverbindliche Anschauung. Pantomime und Seiltänzer führen die vollkommene Freiheit des Spieles vor; sie wurden von „Natur und Erfahrung die besten Regeln gelehrt". Ihre Freiheit erwächst aus der Unterwerfung unter die natürlichen Bedingungen, der Anschein ihrer Leichtigkeit ist der Ausdruck der Bewältigung des Gesetzes der Schwere. Das Wesen des Theaters aber wird in der Theatralischen Sendung an einem sehr starken Beispiel deutlich gemacht. Die Exekutionen, die der Dichter auf der Bühne veranstaltet, reizen die Neugier nicht weniger als die realen des Henkers. Aber auf der Bühne werden sie erträglich, weil es nur erscheint, als ob sie wirklich seien, weil eben im Spiel die wesentlichen Züge des Daseins ohne die letzte tödliche Konsequenz vorgebracht werden können.

Das Problem der Illusion ist also das Zentralproblem der Theatralischen Sendung. Wilhelms Schauspieltruppe gehört nicht nur zur Welt der wirklichen Gesellschaft. Das Leben kennt keine Proben und Wiederholungen, seine Aktionen lösen Verbindlichkeiten aus, in ihm ist die Aufführung die Probe selbst. Aber es wäre auch nicht zu verstehen, wenn das Spiel nicht seine Bedingungen und Gesetze sichtbar machte. Die eigentliche persönliche und objektive Kultur wird erst möglich, wenn diese Beziehungen und Unterscheidungen von Schein und Wirklichkeit verstanden sind. Als Wilhelm die Nichtigkeit und Wirklichkeitsfremde seiner Schauspielfreunde bedenkt, fällt ihm der Nebel in bezug auf sich selbst von den Augen.

Einige Figuren des Romans gehören dieser Scheinwelt nicht an und sind doch nicht Glieder der bürgerlichen Welt. Wilhelms „Familie", die merkwürdigen Gestalten, die er an sich zieht, stehen unter einem eigenen Schicksal, dessen Verknüpfungen in der Theatralischen Sendung noch keineswegs übersehbar sind. Da ist zunächst *Philine*, die anmutig-weiblichste Natur, der alles zu gelingen scheint, die den Genuß ohne Bindung sucht und von der das Wort stammt: „Wenn ich dich liebe, was geht's dich an." Es gibt wenig Frauengestalten in der Literatur, von denen ein ähnlicher Reiz ausgeht, dem auch Wilhelm sich ausgesetzt findet. Aber hinter Philines Zudringlichkeit birgt sich ihr Anheimgegebensein an den Augenblick vorteilhaften Genusses, bloße Natur ohne Dauer. Als Wilhelm die geheimnisvolle Amazone gesehen hat, deren eigentliche Rolle bei der Niederschrift wohl noch unklar war, enthüllt sich ihm Philines Wesen als „unrein". Diese alttestamentarische Bezeichnung trifft das Niedere der bloßen Physis, und enthält ein wenig unbillige Härte gegenüber einer so bezaubernden Gestalt, dem Weibswesen schlechthin. Ist Philines Wesen nur zu verständlich, so ist das *Mignons* voller Rätsel. Später hat Goethe gesagt, das ganze Buch sei nur um dieses Charakters willen geschrieben, der während der Niederschrift der Theatralischen Sendung noch so wenig festlag wie Mignons Geschlecht. Um so inniger ist die Intensität, die von dem fremdartigen Rätselwesen ausgeht, dessen Herkunft und Zukunft im Ungewissen liegen, und das sich seinem Beschützer mit dienender Treue anheimgibt. Singt Mignon, so klingt es nicht leichtfertig wie bei Philine, sondern ein süßer Ton geht aus Klängen hervor, in denen das Dämonische nicht fehlt und die von einer unermeßlichen Sehnsucht zeugen. Hier ist Poesie ohne Spiel als reiner Klang; für Wilhelm ist Mignon bereit zu tanzen, aber nicht für den Schein des Theaters. Mignon, in einem andern Land daheim, erkennt die Scheinwelt nicht an. Sie stellt sich von Anfang an gegen die Art von Realität, mit der sie sich umgeben sieht; denn sie weiß von einer schöneren, und sie liebt mit ihrem ganzen Wesen. Vielleicht war sie als eine hermaphroditische Gestalt gedacht, ungeteilt. Ein Zug des Besonderen haftet ihr an wie dem Harfner, dessen ehrwürdige Erscheinung Züge des Priesters und des Verfemten trägt. Singt der Harfner – alle drei aus Wilhelms Familie singen –, so entfaltet sich poetische Kraft aus dunkler Schuld, die Mächte walten mit Notwendigkeit und Verhängnis und reichen in eine harmlosere Welt hinein, durch die der Harfner als ein vom Geschick Gezeichneter wandert. Auch in Wilhelms Nähe ist er von schrecklicher Einsamkeit umgeben, und wo Mignon Liebe und reine Sehnsucht erfährt, empfindet er Qual und Todessehnen.

Wilhelms „Familie" ist nicht von der Welt, der er sich verschrieben hat. Reine Möglichkeiten scheinen mit diesen Figurationen zur Sprache zu kommen. Wenn man sie als unwahrscheinlich oder „kitschig" bezeichnet, so trifft man damit ungewollt ihr eigentliches Wesen. Sie müssen die Realität durchbrechen, denn in ihnen erscheint eine wahre Identität von Kunst und Leben, die Schicksal nach sich zieht. Wilhelms äußerer Lebenskreis ist mit diesem seinem inneren unvereinbar: „Die Anhänglichkeit des Kindes, dieser geheimnisvollen Kreatur, gab seinem Wesen eine gewisse Konsistenz . . . Die flüchtige Neigung zu Philinen regte seine Lebensgeister zu einer anmutigen Begierde, mit Harfenspiel und Gesang erhub ihn der Alte zu den höchsten Gefühlen, und er genoß in Augenblicken mehr Glückseligkeit, als er sich von seinem ganzen Leben erinnerte."

Ein Roman bedarf der epischen Distanz und strebt Objektivation an. Er zielt auf eine gewisse Vollständigkeit der geschilderten Welt und zeigt, nach einem Goethewort, die Konsequenz, die dem Leben abgeht. Wilhelm Meisters Theatralische Sendung legt die Voraussetzungen klar, deren Folgerungen erst später in den Lehrjahren gezogen werden konnten. Noch erscheint die Frage nach dem Weltverhältnis des dichterischen Menschen nicht beantwortet, noch ist der Widerspruch zwischen Illusion und Realität nicht aufgelöst, an dem Tasso in der endgültigen Fassung vernichtet werden wird. Der reine Künstler nähert sich der tragischen Gestalt, von der Wilhelm durch seine Bürgerlichkeit entfernt bleibt. Wie sollte Wilhelms weiterer Weg wohl nach dem

Plan der Theatralischen Sendung verlaufen? Diese Unsicherheiten sind mit Goethes Weimarer Dasein offenbar verbunden; sie lassen sich am Stile des Romanfragments ablesen, der erst im Laufe der Niederschrift wächst und bestimmbarer wird, zwischen Realismus und Bedeutsamkeit, Bericht und Reflexion wechselt und noch nicht jenen herrlich ruhigen und reichen Fluß der Erzählung besitzt, den die Lehrjahre nachher gewinnen werden.

Die Lösung der Probleme deutet sich in den Stanzen der *Zueignung* an (1784), die ursprünglich dem Kreis der *Geheimnisse* zugedacht waren, später von Goethe der ersten Ausgabe seiner Schriften vorangestellt wurden. Auch dies durch seine Allegorie zunächst nicht leicht verständliche Gedicht spricht von der Lage des dichterischen Menschen. Ihm erscheint aus dem Frühnebel der Natur, wie er des Morgens auf den Wiesen am Fluß bei Goethes Gartenhaus gelegen haben mochte, eine Frauengestalt, deren Name Wahrheit zunächst nicht genannt wird. Ihre tröstliche Kraft wird dem Dichter zuteil, allerdings nicht, indem er sich, ein „Übermensch", vor der Welt verschließt, sondern indem er den Brüdern das Geschaute zeigt. Sie selbst ist unbegreiflich, aber der Schleier, der sie umhüllt und den sie zurückläßt, macht ihre Gestalt anschaulich. Sein sichtbarer Schein besänftigt und befriedet, er ist aus Morgenduft und Sonnenklarheit gewebt, sein Abglanz ist das Höchste, das der Mensch wahrzunehmen vermag. Das Problem des Tasso ist zum Positiven gewendet: der Scheincharakter der Poesie erweist sich als die höchste mögliche Form der Anschauung, als eine Hülle der Wahrheit selber. Das ist weit von den prometheischen Jugendträumen entfernt und bezeichnet eine Station auf dem Wege der Bescheidung zum Möglichen, der in den Weimarer Jahren gegangen wird.

3. LYRIK

Auch in der Lyrik kommt das zum Ausdruck. Naiver als in der Zueignung, unbelasteter und dem Geniewesen näher, hatte zu Beginn des Weimarer Aufenthaltes schon in der *Erklärung eines alten Holzschnittes vorstellend Hans Sachsens poetische Sendung* (1776) eine allegorische Frauengestalt, die Muse, dem Dichter treuen Blick und den Genius der Natur gewünscht. Nie waren diese schöner am Werke als in *Wanderers Nachtlied* (12. Februar 1776), in dem sich ahnendes Gemüt und abendliche Landschaft vollkommen aneinander aussprechen. Noch einmal gelang ein ähnlicher Zusammenklang in der ersten Fassung von *An den Mond* (ca. 1777), wenn sich Liebesglück und Qual im Nebelglanz einer Mondnacht lösen wollen, die nicht ohne die Magie des Unendlichen ist. Aber nicht in dieser in Frankfurt und Straßburg erwachsenen Redeweise sprechen die meisten Gedichte dieses Zeitraums, auch nicht im sicheren

Überschwang der Frankfurter Hymnendichtung. Was in den großen Formen von Drama und Roman noch nicht ganz aussprechlich wird, die Einsicht in den Sinn der Begrenzung des Menschen, die als Selbstbegrenzung die Form der Freiheit gewinnt, zeichnet sich in den freien Rhythmen bereits ab. Der *Gesang der Geister über den Wassern* (1779) hat in seinen sanften Klängen nichts mehr von titanischem Trotz, sondern Bescheidung gegenüber der Vergänglichkeit; ähnliche Gesinnung spricht aus *Grenzen der Menschheit* (1781), während sich Goethe in dem Gedicht *Das Göttliche* (1783) aus der Werther-Tasso-Haltung losringt, um in edler Menschlichkeit das immer neu zu verwirklichende Spiegelbild des Göttlichen zu finden. Hier scheint der Klageruf der *Harzreise im Winter* (1777) überwunden:

> Ach, wer heilet die Schmerzen
> Des, dem Balsam zu Gift ward?
> Der sich Menschenhaß
> Aus der Fülle der Liebe trank . . .

Noch ist ein sicherer Stil, so groß diese Gedichte sind, nicht gefunden; sie stehen zwischen den kraftvollen Zeugnissen der Jugend und vor der bestimmten Einfachheit des reifen Goethe.

Wie bedroht diese Welt ist, zeigen die *Balladen* am ehesten. Zwar spricht aus dem *Sänger* (1783) ein heiteres dichterisches Selbstbewußtsein; aber die ganze Gefährdung klingt im *Elfenlied* (1780) an:

> . . . Wir suchen unsern Raum
> Und wandeln und singen
> Und tanzen einen Traum.

Die Balladen der ersten Weimarer Zeit bringen eine Erfahrung zur Sprache, die zwar in Goetz und Egmont im Bereich der Geschichte hervorgetreten, im Reiche der Natur aber seit der Volksballade verschüttet war; sie zeigen die Dämonie ihrer Kräfte. *Der Fischer* (1778) erliegt der magischen Süße ihrer Bezauberung. Im *Erlkönig* (1782) wird eine zerstörerische Gewalt offenbar, wie sie im Werther schon beschrieben war, hier aber des Unschuldigen sich unheimlich bemächtigt.

Diese Natur war zu gleicher Zeit Gegenstand eines wissenschaftlichen Interesses, das Goethe seither nicht mehr verlassen sollte. Man muß sich vergegenwärtigen, daß in der gleichen Zeit, in der die magische Natur dichterische Gestalt gewinnt, Goethes Bemühung um Geologie und Entwicklungslehre immer greifbarere Formen annimmt. Diese Bemühung war nicht ohne philosophischen Grund, wie er vor allem in dem *Fragment über die Natur* in dithyrambischen Denkansätzen hervortritt. Es ist in dem 32. Stück des *Journal von Tiefurt*, der handgeschriebenen Zeitschrift des herzoglichen Freundeskreises, 1782 erschienen und trotz aller Mystifikation gewiß Goethe zuzuschreiben. Wie nahe ist ein einziger Satz wie „Sie spielt ein Schauspiel; ob sie es selbst sieht, wissen wir nicht, und doch spielt sie's für uns, die wir in der Ecke stehen" der Problematik der Theatralischen Sendung. Das Wesentliche des teilweise noch in uralten Traditionen befangenen Entwurfs hat der greise Dichter selbst zusammengefaßt: „Man sieht die Neigung zu einer Art von Pantheismus, indem den Welterscheinungen ein unerforschliches, unbedingtes, humoristisches, sich selbst widersprechendes Wesen zum Grunde gedacht ist, und mag als Spiel, dem es bitterer Ernst ist, gar wohl gelten." Nach Wissenschaftlichkeit im modernen Sinne strebt der *Versuch über den Granit* (1784), der von der Spekulation zu der Beobachtung durch das Auge vorzudringen trachtet, die für Goethes entwickelte Naturwissenschaft charakteristisch ist. Der Aufsatz, zu den schönsten Stücken essayistischer Prosa in deutscher Sprache gehörig, wirft die Frage nach der Geschichte der Natur auf, die zeitweise in einem Roman über das Weltall gestaltet werden sollte. In den Briefen an Frau von Stein ist zu beobachten, wie die Fragestellungen immer genauer werden. Im Zusammenhang des organischen Lebens zeigen sie sich schon früh als das Problem der Entfaltung des Höheren aus dem Niederen, wie sie einem auf das Gesetzliche gerichteten, vom Platonismus mitbestimmten Geist naheliegen mußte, dem die Einheit der Natur über alles ging. Es ging um das „Gewahrwerden der wesentlichen Form, mit der die Natur gleichsam nur immer spielt und spielend das mannigfaltige Leben hervorbringt". Diese Form konnte nur in der Einzelheit greifbar werden, welche auf das höhere Ganze deutet und durch es zu deuten ist. Die vergleichende Anatomie, insbesondere die Osteologie schenkte Goethe die ersten Bestätigungen seiner Mühen, denen er sich zum Teil unter der Anleitung des Jenaer Anatomen Loder unterzog. Am glücklichsten war er über die Entdeckung des *os intermaxillare* im Frühjahr 1784, mit der eine Brücke zwischen Mensch und Tier geschlagen schien. Es ist nicht wichtig, daß sich Goethe mit der Meinung täuschte, er habe dieses fehlende Bindeglied als erster entdeckt; in der Fachwissenschaft war es, wenn auch umstritten, wohlbekannt. Bedeutend ist die Intention, aus der es gesucht und aufgefunden wurde. Es ging um den Erweis, daß es nichts Einzelnes geben könne, das vereinzelt sei. Alles mußte aus der einen bildenden und organisch vorschreitenden Kraft erwachsen sein, die vom Einfachen und Kleinen zum Zusammengesetzten und Ungeheuren vorschreitet. Von nichts ist diese im Laufe der Jahre immer ausgeprägtere und differenziertere Grundanschauung weiter entfernt als von einem evolutionistischen Materialismus; sie weist auf die Idee, deren vollkommene Anschauung versagt bleibt, die aber durch den Schleier der Erscheinung wahrnehmbar werden kann.

Die Entsagung, die sich auch in den Voraussetzungen Goetheschen naturwissenschaftlichen Denkens zeigt, bildet den Gegenstand eines der bedeutendsten Fragmente der fragmentreichen Weimarer Jahre. Die in Stanzen 1784 begonnene Verserzählung *Die Geheimnisse* überstieg die Möglichkeiten, denen sich der Dichter in seiner Lage gewachsen fühlen konnte. Sie sollte einen idealen Konvent frommer Männer aller Religionen zum Zeitpunkt einer bedeutenden Krise darstellen und begreiflich machen, wie in einzelnen Individuen die Begier nach höchster Ausbildung auch oder gerade „ohne Streben nach Unerreichbarem, durch Demut, Ergebenheit, treue Tätigkeit im frommen Kreise" am schönsten bewerkstelligt wird. Mag in der Absicht, die einzelnen Religionen geschichtlich zu charakterisieren, auch mancher Gedanke Herders zu finden sein, das Eigentliche ist Goethes, damals noch keineswegs gesichertes Eigentum:

> Denn alle Kraft dringt vorwärts in die Weite,
> Zu leben und zu wirken hier und dort;
> Dagegen engt und hemmt von jeder Seite
> Der Strom der Welt und reißt uns mit sich fort:
> In diesem innern Sturm und äußern Streite
> Vernimmt der Geist ein schwer verstanden Wort:
> Von der Gewalt, die alle Wesen bindet,
> Befreit der Mensch sich, der sich überwindet.

Es ist erlaubt, diese Verse zunächst persönlich zu verstehen; Goethes Lage in Weimar spricht sich in ihnen genau so aus wie eine Einsicht in die Bedingungen des Daseins überhaupt, wie denn der persönliche Moment in Goethes Poesie stets zum bedeutenden weist. Die Anforderungen des täglichen Daseins hatte er mit Sorgfalt zu erfüllen gesucht. Es fehlte nicht an dichterischen Plänen. Aber die Selbstbeschränkung, die dem Drange von Straßburg und Frankfurt gefolgt war, schien nun auch die innersten poetischen Kräfte einschränken zu wollen. Das wird nicht nur durch das Abbrechen der Pläne erwiesen, vielmehr durch die Problematik von Tasso und der Theatralischen Sendung selbst gezeigt. In ihnen kommen, zu dem Zeitpunkt, da Goethe zu schreiben aufhört, Künstler und Welt in keine Proportion; der Täter Egmont aber scheitert, wiewohl ehrenvoll, an der Wirklichkeit. Man wird sich mit diesen allgemeinen Hinweisen begnügen müssen, wenn es um die Frage geht, was den Dichter zur Flucht nach Italien getrieben hat. Im innersten Bezirk seines Daseins war viel Not. Aus Italien schrieb er an Frau von Stein, die diese Not zugleich genährt und gelindert hat, die schweren Worte: „Wie das Leben der letzten Jahre wollte ich mir eher den Tod gewünscht haben." Da lag der Abschied von Weimar schon hinter ihm, den er in aller Heimlichkeit, nur mit Wissen des Herzogs und des treuen Dieners Seidel von Karlsbad aus genommen hatte. Am 8. September 1786 überschritt er den Brenner.

LITERATUR

Ausgaben: Weimarer Ausgabe. G.s Werke, hrsg. im Auftrag der Großherzogin Sophie v. Sachsen, 140 Bde. Weimar 1887–1918. Jubiläums-Ausgabe, hrsg. v. E. v. d. Hellen, 41 Bde. Stuttgart 1902–06. Hamburger Ausgabe, hrsg. v. E. Trunz, 2. Aufl. 1952 ff. Für den jungen Goethe von besonderer Bedeutung: M. Morris, Der junge G., 6 Bde. Leipzig 1909–12. – Gespräche, hrsg. v. F. v. Biedermann, 5 Bde. Leipzig 1905 bis 1911. G.s Briefe an Langer, hrsg. v. P. Zimmermann, Wolfenbüttel 1922.

Aus der kaum übersehbaren G.-Literatur sind für die in diesem Bande behandelten Zeiträume u. a. zu nennen (vergl. auch S. 237ff): K. Viëtor, Der junge G., München und Bern 1950. E. Staiger, G. 1779–1786, Zürich und Freiburg 1952. E. Beutler, Essays um G. 3. Aufl. Wiesbaden 1946. E. Spranger, G.s Weltanschauung, Leipzig 1946. M. Kommerell, Gedanken über Gedichte, Frankfurt a. M. 1943. – Untersuchungen: R. Glaser, G.s Vater, Leipzig 1929. K. Heinemann, G.s Mutter, 9. Aufl. Leipzig 1921. F. Bothe, G. u. seine Vaterstadt, Frankfurt a. M. 1948. J. Vogel, G.s Leipziger Studentenjahre, 4. Aufl. Leipzig 1909. A. Kutscher, Das Naturgefühl in G.s Lyrik, Leipzig 1906. A. Strack, G.s Leipziger Liederbuch, Gießen 1893. A. Doell, G. s Mitschuldigen, Halle 1909. J. Becker, G. u. die Brüdergemeine, Neudietendorf 1922. P. Witkop, G. in Straßburg, Straßburg 1943. G. C. Houston, G. in Straßburg und Wetzlar, Oxford 1944. L. Pinck, Volkslieder von G. im Elsaß gesammelt, Metz 1932. W. Krogmann, Das Friederikenmotiv in G.s Dichtungen, Berlin 1932. H. Sudheim er, Der Geniebegriff des jungen G., Berlin 1935. O. Walzel, Das Prometheussymbol von Shaftesbury zu G., 2. Aufl. München 1932. C. Hinrichs, Ranke und die Geschichtstheologie der Goethezeit, Göttingen 1954. G. Fittbogen, Die sprachl. u. metrische Form der Hymnen G.s, Halle 1909 . F. Gundolf, Shakespeare und d. deutsche Geist, Berlin 1911. C. Verschaeve, G. en Shakespeare, Brügge 1941. P. Hagenbrink, G.s Götz v. Berlichingen, Halle 1911. H. Blumenthal, Zeitgenössische Urteile über G.s Götz und Werther, Berlin 1935. M. Morris, G.s u. Herders Anteil a. d. Jahrg. 1772 d. Frankfurter Gelehrten Anzeigen, 3. Aufl. Stuttgart 1915. H. Gloël, G.s Wetzlarer Zeit, Berlin 1911. G. Rieß, Die beiden Fassungen von G.s Leiden des jungen Werthers, Breslau 1924. E. Schmidt, Richardson, Rousseau u. G., Jena 1875. – H. Mensch, Der Pantheismus i. d. poetischen Lit. d. Deutschen, Gießen 1883. R. Hering, Spinoza im jungen G., Leipzig 1893. H. v. Schubert, G.s religiöse Jugendentwicklung, Leipzig 1925. O. Huppert, Humanismus u. Christentum, G. u. Lavater, Stuttgart 1949. G. Hohmann, Natur u. Gott i. d. Religiosität des jungen G., Göttingen 1948. O. Kein, G.s Pantheismus, Klausenburg 1930. – F. Saran, G.s Mahomet u. Prometheus, Halle 1914. F. Servaes, G.s Lili, Leipzig 1926. G. Grempler, G.s Clavigo, Halle 1911. L. Morel, Clavijo en Allemagne et en France, Paris 1904. H. Kluge, G.s Stella, Erlangen 1922. E. Feise, Die Knittelverse des jungen G., Leipzig 1909. G. Bäumer, G.s Satyros, Leipzig 1905. H. Neumann, G.s Satyros, Erlangen 1922. F. J. Schneider, G.s Satyros u. d. Urfaust, Halle 1949. Ch. Sarauw, Zur Entstehungsgesch. d. G.schen Faust, Kopenhagen 1918.– H. Düntzer, G.s Eintritt in Weimar, Leipzig 1883. W. Bode, Anna Amalia von Weimar, Berlin 1922. W. Andreas, Carl August. Ein Leben m. G., Stuttgart 1953. W. Deetjen, Die Göchhausen, Berlin 1923. W. Bode, Charlotte v. Stein, Berlin 1910. H. Keipert, Die Wandlung G.scher Gedichte zum klassischen Stil, Jena 1933.

Die gesamte moderne Goetheforschung wird erfaßt in der Goethe-Bibliographie, begründet von Hans Pyritz, fortgeführt von Paul Raabe, jetzt hrsg. von Heinz Nicolai, Heidelberg seit 1955.

DRITTES KAPITEL

HERDER IN WEIMAR

Mit Begeisterung gab sich Herder seinen neuen, vielseitigen Pflichten hin. Aber bald fühlte er sich davon bedrückt, vom Herzog und Goethe nicht genügend beachtet und im Konsistorium nicht stark genug, um seine Ideen durchsetzen zu können. Mochte er sich auch in seinem Aufsatz über Hutten (T. Merkur, Juli 1776) mit dem „Demosthenes unserer Nation" geistesverwandt fühlen und in solcher Stimmung Kaufmann und Lenz begrüßen, so blieb er doch verstimmt. Eng fühlte er sich mit der Herzogin Luise verbunden. Schwärmerische Verehrung, die ihm von Damen der Hofgesellschaft entgegengebracht wurde, konnte ihn über manche Enttäuschung hinwegbringen. Der Aufsatz im Merkur „Philosophie und Schwärmerei, zwei Schwestern" zeugt für gute Beziehungen zu Wieland. Da schied Herder zwischen den Originalen und ihren nachahmenden Jüngern. Die Wahrheit der Empfindungen des echten Schwärmers und der Gedanke des echten Philosophen verflüchtigen sich bei ihrem Anhang, den geistlosen Nachschwätzern. Damit zieht Herder gleichzeitig auch einen Trennungsstrich zwischen seinen Anregungen und dem Sturm und Drang. Er stellt den Mann der Mitte, den gesunden Menschen, der Kopf und Herz zugleich ist, als Ideal vor.

In dem kurmainzischen Statthalter zu Erfurt, Karl von Dalberg, fand Herder einen anregenden Gesprächspartner über philosophische und naturwissenschaftliche Fragen. Gedanken, die er an dessen „Betrachtungen über das Universum" (1777) entwickelte, stellten Natur, sittliches Leben und Geschichte unter ein Gesetz. Die Rückführung auseinanderstrebender Kräfte zu Gott ist die Forderung des Christentums und wird in der ganzen Schöpfung sichtbar. Wurde Herder in diesem Gedankenaustausch mit dem aufgeklärten Katholiken in das Mittelalter zurückgeleitet, so bot ihm der Verkehr mit August von Einsiedel, dem Jünger Rousseaus, und dem Prinzen August von Gotha, der in der Gedankenwelt Voltaires und der Enzyklopädisten lebte, Anregung, die Fragen der Gegenwart zu beleuchten.

Alte Pläne wurden nun wieder aufgenommen. Es war bedeutungsvoll, die Bezirke des Malerischen und Plastischen voneinander zu trennen, ihre Gesetze unter einem einheitlichen Gesichtspunkt zu erkennen. So führte denn die frei gestaltete Schrift über die Plastik zum *Denkmal Johann Winckelmanns* (1778) anläßlich eines Preisausschreibens der Gesellschaft der Altertümer in Kassel. Heyne, der den Preis davontrug, legte die Problematik der Altertumswissenschaft dar. Herder wollte den Stand dieser Wissenschaft vor und nach Winckelmann zeigen. Er berief sich auf das Recht, über Winckelmann deutsch zu schreiben, und verzichtete auf eine Lobrede. Aus den Dresdener Schriften könne die spätere Leistung Winckelmanns abgeleitet werden, aus ihnen können Hinweise gewonnen werden auf jene Aufgaben, die der Lösung noch harren, durch eine Kunstgeschichte „im Schattenriß allgemeiner Klassen und Charaktere" d. h. im richtigen, lebensvollen Sinnzusammenhang. Herders warmes persönliches Bekenntnis zu Winckelmann klingt in der Hoffnung nach einem deutschen Raffael oder Michelangelo aus, der Winckelmanns Ideen in die Wirklichkeit umsetze.

Gegen die ältere allegorische und nüchtern prosaische Deutung des Hohen Liedes von Michaelis stellte Herder seine „Lieder der Liebe; die ältesten und schönsten aus dem Morgenland, nebst 44 alten Minneliedern" (1777). Er erklärt sie aus dem Geiste des Morgenlandes und glaubt, aus der sentimentalen Stimmung seiner eigenen geistigen Umwelt das Ur-lied der Liebe zu erkennen. Mag Herder auch den Aufbau und die Entwicklung einer Liebe in das Hohe Lied hineingesehen haben: richtig blieb der Nachweis, daß auch Liebeslieder in die Bibel gehören, das heilige Buch vom Haushalt Gottes. Die angeschlossenen altdeutschen Minnelieder schlagen die Brücke zur lang vorbereiteten Ausgabe der Volkslieder, der Antwort auf Nicolais Almanach. So fand Herder den Anschluß an Boie und Bürger. Er blieb zurückhaltend und berief sich im ersten Teil (1778) auf Gewährsmänner von Luther bis Gerstenberg, er meinte in einem kurzen Nachwort sich weder zum Nachfolger Percys berufen zu fühlen, noch wolle er die Kunstdichtung verdrängen. Er habe sich bemüht, in Übersetzungen wiederzugeben, was er beim Lesen der Originale gefühlt habe, im übrigen schreibe er nur für seine Gesinnungsgenossen. Die Vorrede des zweiten Teils hielt diesen vorsichtigen Ton fest, wenn im Anschluß an den Begriff Volksdichtung gleich auf Homer übergegangen und seine Unübersetzbarkeit behauptet wurde. Die Hoffnung ist entschwunden, durch Sammeln, wozu Herder früher aufgerufen hatte, denkwürdige Reste deutscher Volksdichtung zusammenzubringen, die sich neben Percy sehen lassen könnten. Das klingt, wie wenn Herders Glaube an altdeutsche Volksdichtung starke Einbußen erlitten hätte. Lessing, bei dem Herder anfragte, wußte nur von Priameln und Bilderreimen. Herder versagte es sich mit einem Seitenblick auf Ramler, „geprägte klassische Münze" zu bieten, wo es ihm darum ging, daß „mit dem Ohr der Seele" gehört werde. So wollte er auch als Übersetzer vorgehen. Trotz manchen Zugeständnissen an die Ästhetik und dem herabgestimmten Ton gingen die fruchtbarsten Anregungen von dieser Sammlung aus. Es ist ein Seitentrieb dieser Studien, wenn Herder im Deutschen Museum (1778, 1780/81) das „Andenken an einige ältere deutsche Dichter" (Weckherlin, Filidor den Dorferer, Balde) erneuerte. Bedeutsamer war, daß er in Johann Valentin Andreae

wesensverwandte Züge entdeckte und später eine Übersetzung von
dessen „Dichtungen zur Beherzigung unseres Zeitalters" mit einer
Vorrede einleitete (1786).

Zu einer Zusammenfassung seiner Gedanken in einem Abriß der
Dichtungsgeschichte kam Herder durch ein Preisausschreiben der
Bayerischen Akademie der Wissenschaften, die (1777) die Aufgabe gestellt hatte, den Einfluß der Dichtung auf die Sitten der Völker in den
ersten Zeiten und in der Gegenwart zu untersuchen. Im grundsätzlichen
Teil der Abhandlung (1781) konnte sich Herder auf seine alte Auffassung von der Poesie als Kraft der Natur, Sprache der Sinne, der Leidenschaft und Einbildungskraft berufen, daraus ihre gute Wirkung ableiten und auf ihren Mißbrauch verweisen, der sie zum Gift werden lasse.
Das wird bei einem Gang durch die Geschichte von der göttlichen Poesie
der Hebräer bis in die Gegenwart verdeutlicht. Bei den Griechen wurde
die Dichtung zu sehr zum schönen Spiel, bei den Römern ist sie „nie
eine Triebfeder, noch weniger eine Grundsäule ihres Staates gewesen";
anders bei den nordischen Völkern, bei Ossian, bei der Einheit von Dichtung und Religion in den mittleren Zeiten. Der Buchdruck trennte
Musik und Dichtkunst und ließ diese erstarren. Damit schlägt er den
Grundton zur Beurteilung der Gegenwart an. Bei aller Anerkennung
Klopstocks, Gleims und Wielands: der wahre Dichter ist ein Geschenk
Gottes. So sehr stand Herders Urteil im Zeichen der Volksdichtung und
eines religiösen Patriotismus.

Trotz ihrer Abneigung gegen den „ausbrausenden Wirbelwind" des
Sturms und Drangs erkannte die Bayerische Akademie (1779) für die
neue, schnell hingeworfene Preisarbeit *Über den Einfluß der schönen auf
die höheren Wissenschaften* Herder wenigstens den halben Preis zu. Er
verteilte die Wirkung der Seelenkräfte auf die schönen und höheren
Wissenschaften, sprach als Erzieher und zeigte, daß die schönen, Sinn
und Einbildungskraft stärkenden Wissenschaften vor den höheren,
Verstand und Urteilskraft bildenden gepflegt werden müssen. Jene sind
allen zugänglich, diese als *humaniora* werden durch das Studium der
Alten zum geistigen Besitz und formen das Gefühl der Menschlichkeit.
Herder zieht damit einen Trennungsstrich gegenüber ausgeleierten Formen und ästhetisierender Oberflächlichkeit. Erziehungsfragen rückten
in sein Blickfeld, als er die Preisfrage der Berliner Akademie (1779) über
den *Einfluß der Regierung auf die Wissenschaften* beantwortete. Aus der Geschichte der Wissenschaften sollten Folgerungen gezogen werden.
Systematische und geschichtliche Einteilung deckten sich in der Aufgabe,
patriarchalische, despotische und demokratische Staatsformen und ihr
Wirken zu untersuchen und den Nachweis von Wechselbeziehungen
zwischen Wissenschaften und Regierungen zu erbringen. Gedankenfreiheit ist die „frische Himmelsluft, in der alle Pflanzen der Regierung,

zumal die Wissenschaften am besten gedeihen". Wohl steht die Republik vor dem verfeinerten Despotismus einer gesetzmäßigen Monarchie, aber diese erhält die Flamme, nachdem sie jene entfacht hat. Darum werden die Verdienste des „physisch-mathematischen Geistes", die Leistungen der Akademien und die praktische Auswertung der Wissenschaften in der Gegenwart gerühmt. Das waren Zugeständnisse an den Preußenkönig und die Aufklärung, mit der Herder nur noch in Fragen der Spekulation und des abstrakten Denkens nicht einig ging. Gleichzeitig wird dem Staat die Kontrolle des geistigen Lebens zur Pflicht gemacht (Zensur, Verbot namenloser Kritik). Besonders wunde Stellen sind die Prüfungen, denen sich Anwärter auf Ämter unterziehen müssen, und die Universitäten. Sie sollten durch Schulen ersetzt werden, in denen eine gediegene fachliche Ausbildung vermittelt werde. Die Akademien sollten sich aus ihrer Starrheit lösen, nicht Aufgaben stellen, sondern freie Schöpfungen fördern. Das war die dritte Abhandlung, für die Herder einen Preis der Preußischen Akademie (1780) empfing. Sieben Jahre später wurde er zum auswärtigen Ehrenmitglied ernannt. Manches klingt wie ein Widerruf der Ansichten, die Herder in Riga vorgetragen und im Reisetagebuch niedergelegt hatte. Sein Sturm und Drang begann sich zu läutern.

Das zeigen auch seine Arbeiten auf dem Gebiete der Theologie: *Briefe, das Studium der Theologie betreffend* (4 Teile, 1780/81). Die Einführung in das Studium der Theologie schöpft aus Herders amtlichen Erfahrungen und den sich hin und wieder vordrängenden Interessen an der Dichtung, verzichtet auf Polemik, erläutert das Studium der Bibel und geht dann zur Dogmatik und praktischen Theologie über. Der Plan Gottes wird in der Bibel sichtbar. Theologie sei die liberalste Wissenschaft, die Bibel müsse menschlich gelesen werden, ihre Göttlichkeit liege nicht im Abstrakten, sondern in der Natur. In der Forderung, „mit Einfalt des Herzens, mit redlicher, gerader Absicht" zu lesen, stimmt Herder mit Erasmus überein. Er stützt mit seinen Ableitungen Lessings Erkenntnisse, die dieser eben gegen Goeze entwickelt hatte. Für beide erweist das Christentum seine Bedeutung durch sein Dasein und die praktische Ausübung christlicher Grundsätze. Entfernt sich die Dogmatik von ihrer Grundlage, einer aus der Bibel geschöpften Philosophie, und versteigt sie sich in Spekulationen, so erfüllt sie ihre Aufgabe nicht. Die Theologie muß freundschaftlich versöhnen, die Verbindung mit den anderen Wissenschaften aufnehmen und von allen Heiden, Naturalisten und Deisten, ja selbst von dem „sogenannten Atheisten" Spinoza lernen.

Was die ersten 12 Briefe über das Alte Testament bringen, nimmt die gelehrte Arbeit *Vom Geist der Ebräischen Poesie* (2 Bde., 1782/83) nochmals auf. Hier bewegt sich Herder in der Umwelt der Ältesten Urkunde, in Vorstudien zu einer für später geplanten Bibelübersetzung. Dazu mußte in einem eigenen Werk der poetische Geist der Bibel festgehalten werden. Die ursprüngliche Planung wird durch die dialogische Form des ersten Teils und die sie ablösende Briefform verschleiert und von neuen, sich vordrängenden Ideen durchkreuzt. Aus drei Wurzeln: der hebräischen Sprache, dem Bericht vom Werden der Welt, der Geschichte der Patriarchen von Abraham bis Moses, sollte die hebräische Poesie abgeleitet und ihre Grundlegung durch Moses entwickelt werden. Dann sollten die drei Perioden (1. von Moses bis David, 2. David und Salomon, 3. die Propheten) behandelt werden. Die schönsten Werke sollten aus ihren Entstehungsbedingungen erklärt, ihre Zusammenhänge aufgedeckt und ihre Wirkung geschildert werden. Davon ist aber nicht mehr die Rede; denn mit einem Ausblick auf die Propheten bricht das Werk ab. Übersetzende Nachdichtungen zeigen, wie nahe es der Volksliedersammlung steht. Die Fragmente werden aufs neue durchgedacht: Sprache, Naturanschauung und geschichtliche Überlieferungen sind der Baustoff, mit dem Moses die heilige Dichtung begründet. Von ihm, dem Gesetzgeber, Organisator und Dichter, lassen sich die Verbindungslinien zu den Späteren ziehen. Als „Poesie der Freundschaft mit Gott" unterscheidet sich die hebräische Dichtung von allen anderen. So versöhnt die freundschaftliche Haltung der Unterredner Alciphron und Eutyphron den Rationalismus mit der poetischen Auffassung durch die neue Kunst der Interpretation, mit der die besondere Art der hebräischen Poesie gedeutet wird. Wie fruchtbar diese war, zeigt, daß die kritisch-historische Theologie gleichzeitig von Herder und Eichhorn, dem Jenaer Professor der orientalischen Sprachen, in einem lebendigen Gedankenaustausch gefördert wurde. Hier eröffnen sich neue verheißungsvolle Möglichkeiten zur geistigen Aneignung orientalischer Dichtung. Von da an erst gewannen die Gestalten des Orients einzelne Züge ihrer besonderen Art und öffneten sich dem Verstehen der Kommenden. Ein Blick auf Klopstocks biblische Dramengestalten und den West-östlichen Diwan zeigt, wie das Bild des Orients von Herder und Eichhorn in eine neue Atmosphäre gestellt wurde.

Als Sendbote Lavaters und um seine innere Ruhe nach einem Studium in Göttingen wiederzugewinnen, kam der Schaffhauser *Johann Georg Müller*, der Bruder des Historikers, im Herbst 1780 in Herders Haus. Seinem Tagebuch verdanken wir wertvolle Aufschlüsse über das Mentoramt, das Herder jetzt liebevoller und milder als einst über Goethe in Straßburg ausübte. Er hatte nun einen Priester in seinem Sinne zu erziehen. Dieser Verkehr regte Herder zur Fortsetzung der theologischen Briefe an. Doch führen auch diese *Briefe an Theophron* (1782) den Jüngling nach abgeschlossenem Theologiestudium nicht in sein Amt. Manches daraus hat Herder in die zweite Auflage der *Theologischen Briefe* (1785/86) aufgenommen. Es geht ihm vor allem darum, die Skrupel seines Zöglings, die ihm aus seiner Abhängigkeit von Lavater anhaften, zu zerstreuen und ihm die Freiheit theologischer Forschung zu zeigen. Herder schlägt mit seiner Forderung nach echter Toleranz nun auch versöhnliche Töne gegenüber den Theologen der Allgemeinen deutschen Bibliothek an. Es war nur folgerichtig, daß sich nach langsamer Entfremdung die Beziehungen zu Lavater lösten. Herder mußte es als tragisch empfinden, daß er zu einer Zeit, da er mit Lessing in theologischen Fragen einig ging, diesem verehrten Mitstreiter nur noch einen Nachruf im Teutschen Merkur (1781) halten konnte. Mendelssohn rühmte diesem Denkmal nach, daß Herder es verstanden habe, seinen Stil mit „Herz und Geist in eine bessere Harmonie gebracht" zu haben. Herder würdigt den Kritiker und deutet an, wie er ihm schrittweise gefolgt sei, bis er mit seinem ganzen Ansehen und seiner Würde zum Fragmentistenstreit Stellung nimmt, Lessing rechtfertigt und ihn als Diener der Wahrheit feiert.

Gelegentlich eines Besuches in Wandsbek und Hamburg (1783) war weder die alte Vertraulichkeit mit Claudius wiederzugewinnen noch eine festere Verbindung mit Klopstock herzustellen. Herders einsamer Weg zur Höhe seines klassischen Vermächtnisses ging nun doch eine Weile mit dem Goethes zusammen.

1. HERDERS KLASSISCHE HÖHE

Es war Herder nur einmal vergönnt, die Fülle seiner Gedanken und Anregungen von einem festen Mittelpunkt aus zu gewinnen, zu überblicken und um diesen zu ordnen, d. h. sein großes Wort als Kulturphilosoph zu sprechen. Seine weitgespannten Ideen führen wie Strahlen zu seinem klassischen Hauptwerk hin und zerstreuen sich von da aus wieder in die Alterswerke, die gleich den Jugendwerken Fragmente geblieben sind. Das gilt auch für Herders klassisches Hauptwerk *Ideen zur Philosophie der Geschichte der Menschheit* (4 Teile zu je 5 Büchern 1784 bis 91). Die beglückende Aussprache mit Goethe an dessen Geburtstag 1783 beseitigte manches Mißverständnis und festigte die alte Freundschaft in der gegenseitigen Anerkennung, die beide voneinander lernen ließ, diesmal im Umkreis der Naturwissenschaft. Ahnungen und Beobachtungen führten sie zu den gleichen Erkenntnissen. Geschichtsphilosophie und Morphologie wurden durch fruchtbare naturwissenschaftliche Gespräche gefördert. Die Humanität hat Natur- und Geisteswissenschaft, Theologie und Geschichtsphilosophie zusammengehalten.

Wie die Erde das menschliche Dasein, so bestimmt ihre Beziehung zu den anderen Sternen ihr Dasein. Aus ihrem Mittelmaß ergibt sich, daß der Mensch ein „Mittelgeschöpf" ist, wie in der Gestalt des Landes die Voraussetzungen der Geschichte seiner menschlichen Bewohner liegen (1. B.). Als Mittelwesen kann der Mensch erkannt werden, wenn die durchgehende Grundgestalt der Tiere erfaßt und die Abweichungen davon begründet werden, also durch eine neue Wissenschaft der vergleichenden Anatomie (2. B.). Im Fortschreiten vom Niederen zum Höheren wird durch Vergleich mit Pflanze und Tier als besonderes Merkmal des Menschen der aufrechte Gang abgeleitet (3. B.). Daraus ergeben sich neben der Forderung, in der Physiognomik die Zusammenhänge zwischen äußerer Gestalt und inneren Formen der Kraft schärfer herauszuarbeiten, alle Voraussetzungen, die den Menschen zum Kulturträger bestimmen, zum Kunstgeschöpf machen (gestaltende Hände, Sprache, Fähigkeit Geistiges aufzunehmen) und seiner Bestimmung, der Humanität, zuführen. Aus der aufrechten Haltung entsteht die Moral, aus dieser die Religion als Gipfel der Humanität (4. B.). Hier konnte nun seine Lieblingsidee „der ewigen Wiederkehr in aufsteigender Entwicklung", der Palingenesie, einen festen Platz finden, die er kürzlich gegen Schlosser in „drei Gesprächen über die Seelenwanderung" (Merkur 1781) verteidigt hatte. Trotz seines Vorhabens, über das, was „Physiologie und Erfahrung" bieten, nicht hinauszugehen, betritt Herder den Boden der Metaphysik, wenn er aus dem Fortschreiten der Menschheit ein Fortschreiten der unsichtbaren Kräfte und mit der äußerlich sichtbaren leiblichen Veränderung des Menschen auch eine Veränderung des „inneren geistigen Menschen" folgert, der erst in der Zukunft offenbar werde. In diesen seinen künftigen Zustand soll sich der Mensch „nicht hineinschauen, sondern sich hineinglauben". Er bleibt eben das Mittelgeschöpf (5. B.).

Der 2. Teil betont die Einheit des Menschengeschlechtes. Der Organisation der Völker in den verschiedenen Zonen (6. B.) folgt der gestaltende Einfluß des Klimas auf die körperliche und seelische Bildung des Menschen (7. B.). Der menschliche Gebrauch der Sinne, verändert durch Bildung und Klima, führt zur Humanität. Die Bedürfnisse der Lebensweise formen den praktischen Verstand. Die Glückseligkeit bleibt individuell (8. B.). Als Gestalter aus sich bleibt der Mensch doch in der Entwicklung seiner Fähigkeiten von anderen abhängig. Bildungsmittel und Schöpfer der Wissenschaften und Künste sind Nachahmung, Kunst und Sprache. Heiligste und älteste Überlieferung ist die Religion (9. B.). Heimat des Menschengeschlechtes ist Asien, die älteste Schriftüberlieferung berichtet über den Anfang der Menschengeschichte (10. B.). Nun galt es, im 3. und 4. Teil „hundert Völker unter einem Mantel zu Markte zu bringen" in einem Überblick, der seine Möglichkeit aus einer reichhaltigen Literatur zog und von dieser auf weite Strecken abhängig bleiben mußte. Mit Geschick hat Herder seine Völkerskizzen entworfen. Von der „sinesischen Eigenheit" an zeichnet er die Völkerphysiognomien des fernen (11. B.) und nahen Ostens (12. B.) mit einer eigentümlichen Wendung ins Politische bei der Darstellung der Hebräer. Sie wurden durch die falsch angewendete theokratische Erziehung verdorben und sind nie zum wahren Gefühl der Ehre und Freiheit gelangt. Die lebendigen Kräfte haben in harmonischem Zusammenwirken das weise und glückliche Gleichgewicht der ersten großen Kulturblüte im alten Griechenland geschaffen (13. B.). Im Zusammentreten von Tapferkeit, Glück und Tüchtigkeit entfaltet sich Rom. Die Voraussetzungen seiner Kultur liegen im Ausgleich und Gleichgewicht der lebendig wirkenden Kräfte (14. B.). Zweck der Menschennatur ist die Humanität. So hat unser Geschlecht wie jedes sein eigenes Schicksal in den Händen. Durch verschiedene Stufen gelangt das Menschengeschlecht zum Zustand seiner Wohlfahrt. Dieser ist auf Vernunft und Billigkeit gegründet, den Voraussetzungen der Humanität (15. B.).

Dem 4. Teil steht das Motto voran: *Tantae molis erat, Germanas condere gentes.* Er beginnt mit einem Überblick über das mittel- und nordeuropäische Völkergemisch (16. B.), ehe die Grundsätze des Christentums und seine Ausbreitung im Morgen- und Abendland besprochen werden (17. B.). Den Germanenstämmen und ihren politischen Ordnungen in Europa (18. B.) folgt eine Betrachtung der Hierarchie, ein Blick auf die Araber und die Sonderstellung Rußlands (19. B.). Handels- und Rittergeist haben Europa geformt. Die Kreuzzüge schaffen mit den Entdeckungen die Voraussetzungen zur Kultur der Vernunft. Ein Gegengewicht gegen die Hierarchie war nötig, damit die Kultur auf „Betriebsamkeit, Wissenschaften und Künste" gegründet blieb (20. B.). Die neue Epoche, in der die Herrlichkeit Europas „auf Tätigkeit und Erfindung, auf Wissenschaften und ein gemeinschaftliches wetteiferndes Bestreben" gegründet wurde, hat Herder nicht mehr dargestellt. Mit diesem Ausblick in die Richtung der Aufklärung schließt das Werk ab. Es hat den Sturm und Drang überwunden, denkt die Konstruktionen seiner Vorgänger folgerichtig weiter, dehnt den Organismusgedanken auf die Menschen aus und gibt deren Entwicklung die gleiche Richtung zur Entfaltung der Humanität wie dem einzelnen Menschen. Im Sinne des Aufklärungsoptimismus liegen Zweck und Aufgabe der Menschen im naturgesetzlichen Fortschreiten, das sich der Moral unterstellt. So sieht Herder in Natur und Moral den gleichen bestimmenden Grund.

Die Veröffentlichung der letzten Teile wurde durch Herders Arbeitsüberlastung und die Erschütterung seiner Gedankengänge verzögert. Kant setzte sich in der Jenaer Literaturzeitung (1785) mit dem 1. Teil auseinander und wies darauf hin, daß Idee und beobachtete Erfahrung nicht miteinander übereinstimmten. Man kann verfolgen, wie Herder sich zum Nachteil der Geschlossenheit des Werkes besonders im 3. Teil bemüht, sich gegen diesen und andere berechtigte Einwände zu verteidigen, und von seinem Ziel abgelenkt wird. Doch darf nicht übersehen werden, daß die Geisteswissenschaft und die geschichtlichen Fächer in diesem Buch auf völlig neue Grundlagen gestellt werden. Herders Weltbild formt sich neu in der Zusammenschau von Spinoza, Shaftesbury und Leibniz und in dem Plan, diesen drei Denkern ein Monument zu stiften. Im Anschluß an den Streit über Lessings Spinozismus empfing Herder neue Anregungen durch einen persönlichen Gedankenaustausch mit F. H. Jacobi. Doch wahrte er diesem gegenüber seinen Standpunkt in den fünf Gesprächen über „Gott" (1787). Hier wird der Trennungsstrich zum Rationalismus gezogen. Herder konnte sich mit Goethe einig fühlen gegen Lavater, Jacobi und Claudius. Gespräche mit Goethe und Caroline schimmern durch. Philaulus fügt sich anfangs dem reiferen Urteil Theophrons und wird dessen würdiger Gesprächspartner. Ihnen gesellt sich im 5. Gespräch Theano, die versöhnende, ausgleichende Frauengestalt. Die Unterredner sind keineswegs Anwälte von Spinoza, Shaftesbury und Leibniz, sondern sie lösen scheinbar gegensätzliche Gedanken in der Einheit auf. Sie sind nicht Fachleute, sondern Menschen, die auf der Höhe der Bildung stehen, die das Gesetz des Maßes in sich tragen, Herders „religiösen Naturalismus" ausdeuten und das weiterdenken, was er in den Ideen geboten hatte. Natur- und Geschichtsbetrachtung stehen unter dem gleichen Gesetz einer organischen Harmonie, das die Welt Gottes regiert. So werden in einem neuen Geist Wissen und Glauben versöhnt. Was Herder in der Seele und aus der Seele gelesen hat, verlegt seine grandiose Einheitsschau in den Kosmos. Hier findet seine nie erfüllte Sehnsucht wenigstens in Gedanken ihre Erfüllung. Was die klassische Dichtung in ihrer Einheit von gedanklichem Gehalt und Form schuf, wird bei Herder zu einem großen Gedankengebäude, das gleichzeitig auch sein persönliches Glaubensbekenntnis ist. Eng berührt er sich hier mit Lessing. So lassen sich beide im Bekenntnis ihrer Weltanschauung mit Spinoza verbinden.

Unter der besonderen Anregung Carolinens und Gleims entstanden Herders *Zerstreute Blätter* (1785–97): Altes, Umgearbeitetes und Neues, Übersetzungen, Nachdichtungen und Dichtungen, Gegenstände der Kunsttheorie und Poetik, der Geschichte und Altertumskunde, Philosophie und Moral. Die ersten drei Sammlungen entstammen der Umwelt der Ideen und Spinozastudien. In Erholungsstunden zwischen der anstrengenden Arbeit an diesen Werken sind sie entstanden. Da werden *Blumen aus der griechischen Anthologie* gesammelt und nachgebildet im engen Anschluß an die Form des Originals (Distichon). Herder eroberte so der deutschen Dichtung die Kunst des griechischen Epigramms; Empfindungspoesie tritt an die Stelle des Spottes. Goethes reger Anteil daran wird in den Venezianischen Epigrammen und den Xenien sichtbar. Die *Paramythien*, angeregt von der griechischen Fabel, sind eine Neuschöpfung Herders und entsprechen seiner Absicht, die Mythologie in dieser reizvollen Mischform aus Allegorie, Fabel, Mythos, Märchen und Morallehre zu erneuern. Im Tiefurter Journal (1781) hatte Herder die ersten Proben zum besten gegeben. Den Namen erklärt er damit, daß sie ihm Erholung, den Lesern Zeitvertreib und neue Sinngebung der alten griechischen Fabel, des Mythos, seien. Die sentimentalisierte Antike gewann der Gattung eifrige Leserinnen. Ähnlich ging Herder mit biblischen oder apokryphen Stoffen in den *Dichtungen aus der morgenländischen Sage* vor. Er glaubt, die Idee besser ausbilden zu können, um sie „in müßigen Minuten nach seiner Weise zu gestalten". In der 3. Sammlung veröffentlichte Herder seine eigenen G e d i c h t e. Diese „Jugendbilder und Jugendträume" sind mehr als „Übung und Versuch", obwohl er sie „äußerst simpel" nennt. Er spricht ihnen das Recht ab, sich Dichtung zu nennen. Was aus den sechziger Jahren und der Zeit des Reisejournals stammt, ist von der Forschung sehr wenig beachtet worden und verdiente längst einen würdigen Platz in der Geschichte der deutschen Lyrik zwischen Klopstock und Goethe.

Zur Rechtfertigung seiner Auffassung der griechischen Anthologie und als Erfüllung eines alten Lieblingsplanes schrieb Herder seine Abhandlung über *Geschichte und Theorie des Epigramms*. Da waren die Wandlungen der Anthologie vom *Kranz* des Meleager von Gadara bis zu Planudes sowie die neueren Ausgaben zu besprechen. Dann wurde das Epigramm aus dem sprachlichen Gestaltungstrieb, der einen Eindruck festhält, psychologisch abgeleitet. An der Beziehung zum Bild oder Gegenstand wird festgehalten. Leben, Umwelt und Veranlagung befähigten die Griechen zu Schöpfern des Epigramms. In der Auseinandersetzung mit dem dramatischen Epigramm Lessings hebt Herder hervor, daß es Aufgabe dieser Dichtungsart sei, die bei Betrachtung des Gegenstandes erregte Empfindung zu einem befriedigenden Abschluß zu bringen. Die Empfindung ist die Gestalterin des Epigramms und wandelt die bloße Sacherklärung zu einer Sinnerklärung. Demnach werden die sieben Gattungen bestimmt als: darstellende, paradigmatische oder Exempelepigramme, schildernde, leidenschaftliche, künstlich gewandte, täuschende, witzige oder pointierte. Das Epigramm erfüllt die Aufgabe, „ein gegenwärtiges Objekt zu einem einzelnen festbestimmten Punkt der Lehre oder der Empfindung poetisch darzustellen oder zu wenden und zu deuten". Einheit, Ausrichtung auf eine Wirkung, lebendige Gegenwart und leichter Gesichtspunkt treten an die Stelle der Lessingschen Kürze, Anmut und Pointe. Dann wird das Epigramm von verwandten Gattungen abgegrenzt und sein erzieherischer Wert betont. Herder führt damit Lessings Epigramm aus der Enge Martials in die griechische Weite. – Nicht so glücklich war er mit seinen Ergänzungen zu Lessings F a b e l t h e o r i e. Eine Gegenüberstellung des alten Vergleichs zwischen Lessing und Aesop in den Fragmenten und den neuen Ausführungen in der Abhandlung *Über Bild, Dichtung und Fabel* ist lehrreich. Da steht schließlich der Anweisung Lessings zur Anfertigung von Fabeln die neue Definition Herders gegenüber von „einer Dichtung, die für einen gegebenen Fall des menschlichen Lebens in einem anderen kongruenten Fall einen allgemeinen Erfahrungssatz oder eine praktische Lehre nach innerer Notwendigkeit derselben so anschaulich macht, daß die Seele nicht etwa nur überredet, sondern, kraft der vorgestellten Wahrheit, selbst sinnlich überzeugt wird". Das Werden der Fabel wird aus zwei geschaffenen Bildern, aus der Übertragung von solchen Seelenregungen und Handlungen in andere Geschöpfe abgeleitet. Das öffnete der Allegorie wieder den Zugang zur Fabel. Als Dichtung wird sie nun den Gesetzen der aristotelischen Poetik unterstellt.

In einer Zusammenschau auf moralisch-philosophisch-archäologischer Grundlage wird für Herder die *Nemesis ein lehrendes Sinnbild* (2. Sammlung). Er geht aus von der bildlichen Darstellung und leitet daraus das Wesen der Erscheinung in einer archäologisch-moralischen Abhandlung ab. Unter Nemesis versteht Herder den Unwillen, den man über ungerechte Verteilung der Glücksgüter an solche empfindet, die ihrer nicht wert sind. Sie hat deshalb nichts mit den Rachegeistern zu tun. Ihr Wirkenskreis „des Maßes und Einhalts" berührt die Bezirke von Dike und Tyche. Es liegt in der menschlichen Natur, den eigenen Zustand mit dem eines Glücklicheren zu vergleichen. Davon werden die Unedlen neidig und schadenfroh, die Edlen in Tugend und Wahrheit bestärkt. Seine Zeit, meint Herder, sollte sich in der Sophrosyne der Griechen spiegeln, um den „sanften Umriß eines menschlichen Daseins" wiederzugewinnen, da unser Streben immer ins Unendliche gehe. So deckt sich Nemesis mit Humanität, Billigkeit und Vernunft, ja sie erweitert sich zu einem in der Geschichte und der Natur wirkenden Gesetz und weist auf die Adrastea voraus. Der Aufsatz *Liebe und Selbstheit*, mit dem die 1. Sammlung schließt, knüpft an Gespräche mit Hemsterhuis während dessen Besuch in Weimar (1785) an und bietet eine Paraphrase des Themas, daß die menschliche Individualität die volle Entfaltung der Liebe einschränkt. Das Thema eines Gesprächsspiels, wie sie im Kreise der Herzogin Anna Amalia nach alten Überlieferungen (vgl. Bd. 5 S. 214–17) stattfanden, nimmt das *Göttergespräch; ob Malerei oder Tonkunst eine größere Wirkung gewähre*, auf. Friedlich, ohne scharfes Urteil entscheidet Apollo, daß die Malerei den Verstand, die Tonkunst das Herz bewegt. Zum phantasievollen Deuter griechisch-morgenländischer allegorischer Kunst wird Herder in dem Aufsatz *Persepolis*, der die 3. Sammlung schließt. Er glaubt, daß sich sämtliche Darstellungen in Beziehung zur Hauptgestalt des Königs Dschenid bringen lassen, in dem er einen anderen Salomo zu entdecken glaubt. Er fühlte sich von dem Gegenstand zu neuen Ideen angeregt, so daß er eine Reihe von Abhandlungen plante, die in seinen nachgelassenen „Persepolitanischen Briefen" (1805) vorliegen.

Die neue gefeilte Ausgabe der ersten drei Sammlungen (1791, 1796, 1798) ließ manches weg, was zur Polemik gereizt hätte, und nahm einiges aus geplanten Fortsetzungen anderer, meist theologischer Werke auf. Die 4. Sammlung (1792) nannte Herder einen *moralischen Blumengarten*. Das Klassische tritt nun hinter dem Orientalischen zurück. So wie diese Anthologie ihre Blüten in Sadis Rosengarten pflückte, bilden dessen Sprüche die Grundlage zu den rhapsodischen Gedanken über *Spruch und Bild;* sie sind dem „moralischen Genius" der deutschen Nation gewidmet. Forsters Eindeutschung der Sakontala regte ihn zu *Drei Briefen über ein morgenländisches Drama* an. Er vergleicht das Drama mit dem Hohen Lied, fühlt sich daraus über die indische Denkart unterrichtet und versucht, die dramatischen Lehren des Aristoteles im Sinne Lessings auf das indische Drama anzuwenden. So nannte er es später in der Vorrede zur 2. Auflage der Übersetzung (1803) eine Szenenfolge, „die von der sanftesten Idyllenanmut im Hain der Einsiedler zum höchsten Epos eines Paradieses über den Wolken" reiche. Nach der gleichen Richtung gingen die Anregungen der gebundenen Übersetzungsproben *Gedanken einiger Bramanen*. Anregungen Herders wirkten auf Schlegel und Rükkert, sie riefen nach einer Geschichte der indischen Mythologie, Dichtung und bildenden Kunst, wozu er allgemeine Betrachtungen anstellte. An den Aufsatz über Persepolis knüpfte der *Über Denkmale der Vorwelt* an, eine Ergänzung der *Ideen;* denn die Geschichte der Erde gleicht der Geschichte der Menschheit und die Denkmäler beider fordern dieselbe Betrachtung. Nicht die althebräische Poesie bietet den Schlüssel zur altindischen Dichtung, sondern die Maßstäbe zur Beurteilung dieser müssen aus ihr selbst gewonnen, an ihren Ursachen und Wirkungen erkannt werden. Eine Vorlesung *Über die menschliche Unsterblichkeit* – von Herder 1791 im Kreise der Herzogin Anna Amalia gehalten – leitete Gedanken über den menschlichen Nachruhm und das natürliche Fortleben des Geistes der Humanität aus der Forderung ab, daß der Mensch aus der Vergangenheit für die Zukunft leben solle. An die Paramythien erinnert die letzte Abhandlung *Titan und Aurora*, Betrachtungen über das Altern und die Mittel, es zu verhindern, über das Leben und Wirken in der eigenen Natur, Gedanken des Heimkehrers von der italienischen Reise über das Veralten von Einrichtungen. Sie klangen in der optimistischen Meinung aus, daß die Entwicklung gesund fortschreite, wenn ein gesunder Ausgleich der Kräfte im Staate vor sich gehe und die Natur der Dinge nicht beeinträchtigt werde.

Die Verbindung der Zerstreuten Blätter mit den Humanitätsbriefen zeigt die 5. Sammlung (1793). Herder spricht „durch fremde Zungen und Organe". Er beginnt mit A n d r e a e, dessen Parabeln und Vaterländische Gespräche er übersetzt, und schließt mit dem Denkmal auf *Hutten* (T. Merkur 1776). Andreaes allegorische Dichtungen sind „wahre Arznei für die geheimen Wunden unserer Zeit". Der Leser kann sich selbst Gedanken und Richtlinien aus den Parabeln ziehen. Das *Andenken an einige ältere deutsche Dichter* ist ein wiederholter Hinweis auf die altdeutsche und nordische Literatur, den Gräter mit Erfolg aufgenommen und in seinen „Nordischen Blumen" sowie in der Zeitschrift „Bragur" in die Weite getragen hat. Herders Husarenritt durch die altdeutsche Dichtung zieht eine Parallele zwischen Pindar, dem Ludwigslied und dem preußischen Grenadier. Seine Anregungen, die Anfänge der Dialekte, die metrischen Voraussetzungen und die deutsche Kulturgeschichte zu studieren, hat die Romantik mit Erfolg aufgenommen. Im Mittelpunkt dieser Sammlung steht als „Ulysses aller Ulysse" *Reineke Fuchs*, der Held des Fabelepos, das ihm durch Goethe aufs neue vertraut wurde.

Die 6. Sammlung (1797), wieder mit Dichtungen Herders, wendet sich damit und mit prosaischen Beiträgen der Theologie, Moral und mystischem Denken zu. Sie knüpfen an Gedanken Lessings an. Der Aufsatz *Palingenesie* zeigt, daß die Seelenwanderung in Volksglauben, Empfindungsweise und Denkart der ältesten Völker wurzelt. Sie soll nicht als Buße aufgefaßt werden, sondern als Bemühung, in diesem Leben zu moralischer Vollkommenheit zu gelangen. Es geht Herder also um eine innere Wiedergeburt, eine „Palingenesie der Gesinnungen". Forderungen, die Herder in den anderen Aufsätzen aufstellt, sind: sich nicht um das zu „bekümmern, was wir nicht wissen können", aus moralischen Gründen an ein künftiges Leben zu glauben. So wird zwischen Wissen, Ahnen, Wünschen, Hoffen und Glauben unterschieden und versucht, das Irrationale dem Gesetz der Vernunft zu unterstellen, der aber damit keineswegs eine absolute Herrschaft eingeräumt wird. Es steht in unmittelbarem Zusammenhang mit Herders hoher Einschätzung der Moral, wenn er sich als Dichter gleichzeitig dem „christlichen Märchen", der *Legende*, zuwendet. Auch hier wird wie bei Volkslied, Epigramm und Fabel die praktische Übung von der theoretischen Erörterung begleitet. Wundersame Frömmigkeit spricht aus der antiken Mythologie und der christlich-mittelalterlichen Legende. Hinter beiden steht menschlich-natürliche Wahrheit. Ja, die besonderen christlichen Tugenden werden in der mittelalterlichen Legende sichtbar. Der billige Spott der Aufklärung – so wird mit einem Seitenblick auf Kosegarten geschlossen – sieht an der Eigenart der Legende vorbei. Noch trennt ihn vom wahlverwandten romantischen Verstehen der Kunstgattung, daß er das „lehrende Idyll" in ihr zu finden glaubt. So führt Herder seine Legenden dem nützlichen Gebrauch, der moralischen Erbauung zu. Er kann sie von den Forderungen der Aufklärung noch nicht befreien und nicht vom

Lehrgedicht lösen. Frei schaltend mit dem Stoff formt er ihn im Sinne der Aufklärung um. Weil er an eine Rettung der christlichen Bestände und der Moral dachte, versperrte er sich selbst den Zugang zur klassischen deutschen Dichtung.

Die Anregungen, die Herder nach allen Seiten und in den verschiedensten Wissensgebieten ausstreute, könnten den Eindruck unsteten Wechsels, erlahmenden Interesses, Ertrinkens im Stoff, auseinanderfliehender Zusammenhänge und vergeblicher Bemühung um eine zusammenfassende Einheit erwecken. Es darf aber nicht übersehen werden, daß sich seine Hauptgedanken wie Leitmotive durch all seine Werke hindurch verfolgen lassen, daß sie reifen, sich an bereits Gedachtes angliedern und lebendig weiterentwickelt werden. Es verstärkt den Eindruck des Unsteten, daß literarisch-kritische, geschichtsphilosophische, ethische, religiös-theologische und archäologische Interessen einander ablösen und keine Kunstform beharrlich ausgebildet wurde. Dennoch kann in dem Bezirk von Herders Beruf und erzieherischer Aufgabe eine Mittellinie verfolgt werden, die wohl kleinen Schwankungen ausgesetzt ist, aber die Richtung wahrt. Es wäre eine reizvolle Aufgabe, von diesem Standpunkt aus die Predigten Herders vorzunehmen. Es dürfte sich da zeigen lassen, daß der gedankliche Gehalt und die sprachliche Formgebung dem Fassungsvermögen der Zuhörer angepaßt werden, daß sich die freie Rede vom schriftlich festgehaltenen Wortlaut oder Entwurf entfernt. Es müßte einmal das Bild des Redners Herder entworfen, die theoretische Forderung mit der praktischen Ausführung verglichen und die Stellung Herders innerhalb der Geschichte der Predigt bestimmt werden. Gegen Kanzelrhetorik und Schönrednerei suchte Herder die Urform der Predigt, die Homilie, wiederherzustellen, den Bibeltext zum Ausgangspunkt seiner Betrachtungen zu machen, zu erklären, „dem sanften Strom des Wortes Christi nachzugehen". Dazu fordern Gleichnisse und Parabeln heraus. Herders Predigten sind Situationspredigten, sie knüpfen an bestimmte Vorfälle an, wahren Würde und edle Humanität. Sie stehen weit ab von den „Kurrentartikeln der Kanzelmanufaktur".

Zunächst stand Herders Predigertätigkeit im Mittelpunkt seines Amtes zu Weimar, bis ihm unter wirksamer Unterstützung des Herzogs und Goethes im Herbst 1783 die Leitung des neuen *Schulmeisterseminars* übertragen wurde, so daß er seinen Plan der Neuorganisation des Weimarischen Schulwesens im Mai 1786 vorlegen konnte. Gegen die Widerstände im Konsistorium wurde ihm das alleinige Vorschlagsrecht bei Besetzung von Lehrstellen zugestanden. Als *Ephorus* des Gymnasiums suchte er von Anfang an den Unterricht zu beleben, die Leistungen bei den Prüfungen zu heben und in Eröffnungs- und Schlußreden auf die Bedeutung dieser Lehranstalt hinzuweisen. Die erste dieser *Reden* in deutscher Sprache hielt er 1779. Ein neuer Lehrplan setzte eine Grenze zwischen den unteren Klassen, in denen durch die Realien eine Vorbereitung auf das bürgerliche Leben geboten werden sollte, und den oberen, die auf das akademische Studium vorbereiteten. Es lag ihm an einem lebendigen Unterricht, der auf das Unnütze und Langweilige verzichte und an Stelle einer beschränkten Fachausbildung die Erziehung zur Humanität setze. Die Reformierung der Liturgie konnte Herder gegen die Widerstände des Konsistoriums schließlich (1788) durchsetzen. Dennoch fühlte er sich von der erneuten Aussicht, als Professor in Göttingen oder als Abt in Klosterbergen (1784) zu wirken, angesprochen, weil sich ihm damit die Möglichkeit zu bieten schien, sein Dasein auf festere Grundlagen zu stellen. Aussichten, Goezes Nachfolger in Hamburg zu werden (1786), zerschlugen sich. Erfolglos blieb die Anregung einer Berufung nach Jena (1788). Das Jahr 1788, das Herder eine Gehaltsaufbesserung, ein namhaftes Geldgeschenk und eine Einladung des Domherrn zu Trier, Worms und Speyer, Johann Friedrich Hugo von Dalberg, zu einer Reisebegleitung nach Italien beschert hatte, schien für Herder glückhaft zu beginnen.

2. HERDERS ITALIENISCHE REISE UND AMTLICHES WIRKEN

Über Herders Italienfahrt stand kein guter Stern. Die ursprüngliche Absicht, von Mannheim über die Schweiz auf einige Wochen nach der Provence zu gehen und sich dort auf Rom vorzubereiten, wurde nicht ausgeführt. Man traf sich am 22. August 1788, wenige Wochen, nachdem Goethe heimgekehrt war, in Augsburg. Dalberg brachte als „Überraschung" Frau Luise von Seckendorff geb. von Kalb, die Witwe des preußischen Gesandten am fränkischen Hof, als Reisebegleiterin mit. So reich die Anregungen waren, die Herder auf seiner Fahrt in Bamberg, Nürnberg und Ansbach empfangen hatte, so sehr er die neuen Eindrücke genoß, verarbeitete und in sein Weltbild einordnete, solange er selbst bestimmen konnte, um so wortkarger und verdrießlicher wurde er, wenn so manches Vorhaben einer weiblichen Laune geopfert werden mußte. Zudem wurde er entgegen den Abmachungen mit Ausgaben belastet. Es widerstrebte ihm, gleich anfangs eine Klärung der Situation herbeizuführen, und so machte er seinem Widerwillen und Ingrimm nur in Briefen an Caroline Luft. Nach Aufenthalten in Verona und Ancona ging die Reise in überhasteter Eile weiter über Loretto, Foligno, Spoleto und Terni nach Rom, wo man am 10. September ankam. Herders Reisebriefe lassen Gattin und Kinder an den Schönheiten der Landschaft, des Meeres und der Kunstdenkmäler teilnehmen. Pläne und Tageseinteilungen eines wohlüberlegten Kunstunterrichts müssen geopfert werden. Selbst

im Kreise der Herzogin Anna Amalia, an den Herder Anschluß suchte,
fühlte er zuerst die Einschränkung seiner Freiheit. Goethes Ratschläge,
seine Zartheit und Nachgiebigkeit zu überwinden, die Gesellschaft der
Künstler aufzusuchen, verletzten ihn. Er wollte nicht als „Kunstbursche"
leben und suchte Anschluß an die vornehmste römische Gesellschaft
und den päpstlichen Hof. Selten sind die Tage, an denen er sich dem
Genuß der Landschaft und der Götterstatuen oder der Beobachtung des
Lebens hingibt und seine Kinder in Briefen daran teilnehmen läßt. Das
Gefühl bedrückt ihn, schlecht vorbereitet, ohne genügende Kenntnis des
Italienischen und Schulung im Zeichnen, die Reise angetreten zu haben,
fördernde Eindrücke zu spät zu empfangen und aufquellende Fragen
nicht beantworten zu können. Neu gesehene Zusammenhänge sollten
einer Bearbeitung der Plastik zugute kommen; denn die Skulpturen und
nicht die Gemälde haben den nachhaltigsten Eindruck in seinem Denken
hinterlassen. Er studiert sie wie „einen Codex der Humanität in den
reinsten, ausgesuchtesten harmonischsten Formen" und nimmt diesen
Gedanken später in den Humanitätsbriefen (6. Sammlg.) auf. Hier findet
Herder unabhängig von Goethe und Moritz seinen Zugang zur griechischen *Mythologie* über die Statuen. Er hat den „plastischen Grund-
charakter des Griechentums und seiner Kunst" erfaßt.

Der Verkehr mit den römischen Gelehrten, die erschwerte Benützung
der vatikanischen Bibliothek, die Prachtentfaltung beim Weihnachtsgottes-
dienst lösen in Herder eine Heimwehstimmung aus, so daß er lieber den
Weg nach dem Norden eingeschlagen hätte, als im Gefolge der Herzogin
Anna Amalia mit dem Fräulein von Göchhausen und Herrn von Einsiedel nach Neapel zu reisen. Dennoch erlebte er dort eine Wiedergeburt. Er wird in sieben glücklichen Wochen vertraut mit der Welt
Homers und Vergils. Die Göttin Parthenope eröffnet ihm, daß Liebe
die Seele der Schöpfung sei. Von ihr glaubt er, wie es das später in
Schillers Musenalmanach (1796) veröffentlichte Gedicht festhält, zu erfahren, daß Liebe und Unschuld unverloren bleiben, wenn man sie im
innersten Herzen bewahrt. Dennoch vermag er Wehmut und Sehnsucht
nicht zu bannen. Nach Rom zurückgekehrt, konnte Herder sich von
Dalberg lösen. Er wurde mit einer namhaften Summe abgefunden,
war seiner Verpflichtungen ledig und lebte dann in der Villa Malta
auf dem Monte Pincio, welche die Herzogin Anna Amalia gemietet
hatte. Eine Frühjahrsreise nach Neapel mit der Möglichkeit, Sizilien zu
besuchen, konnte ihn nicht locken. Wohl bot ihm Meyers und Tisch-
beins kunstverständige Führung neue Einblicke in die Welt der Kunst,
aber gerade in der verschiedenen Auffassung der Kunst, des Lebens und
der Sitte trennen sich nun Goethes und Herders Wege. Dieser gründete
sein Geistesdasein auf einem moralischen Grund, er fühlte sich gereift
und gealtert, er konnte es nicht verstehen, daß jener in einer neuen Ju-

gend durchläutert worden war und in der Antike Maß und Glauben gefunden hatte. Das war für Herder eine Verewigung des Sturms und Drangs, den er selbst nun endgültig überwunden hatte. Ihn führte der Weg zur Aufklärung zurück.

Es war seine Wiedergeburt, die er in einer poetischen Reisebeschreibung, einem aufschlußreichen Selbstbekenntnis, festhält. Er gibt der Reise den Sinn, daß sie ihn die Eitelkeit der Welt erkennen ließ, ihm die Erhabenheit der Natur zeigte und die Einheit von Natur, Weisheit und Liebe auch in der Kunst offenbarte, die das Wesen der Menschheit festhält. Das habe er vergeblich im inhumanen alten und neuen Rom gesucht, aber er werde es wiederfinden im Kreise der Seinen. Dennoch verklärt seine letzten Wochen in Rom eine Freundschaft mit Angelika Kaufmann. Er hält ihr Andenken in den Humanitätsbriefen fest und nennt „die Muse der Humanität ihre Schwester". Die Tage, die er an ihrer Seite in Tivoli erlebte, waren die glücklichsten seines römischen Aufenthalts.

Mitte Mai reiste Herder über Florenz und Venedig heimwärts. Am 9. Juli traf er in Weimar ein. Hier stand er aufs neue vor der Entscheidung, einen Ruf nach Göttingen abzulehnen oder seine, durch Goethes Eingreifen gefestigte Stellung in Weimar aufzugeben. Er wußte, daß er den bedeutsamsten Schritt seines Lebens tat, als er sich entschloß, in Weimar zu bleiben. Bald beschränkte sich sein Lebenskreis auf diejenigen, die wie Knebel ihn gelten ließen oder wie Charlotte von Kalb ihm Verehrung entgegenbrachten. Mit der zunehmenden amtlichen Belastung und Unzufriedenheit wuchs das Gefühl des Zurückgesetztseins und der Benachteiligung gegenüber Goethe, bis der Gleichklang ihres harmonisch-klassischen Denkens zur Disharmonie wird, und sich ihre Wege trennen. Der Reineke Fuchs ist das letzte Werk Goethes, das im Herderhaus begeistert aufgenommen wird. Herder glaubte schließlich, daß er durch seinen Entschluß, in Weimar zu bleiben, seinem Leben eine Wendung zum Schlechteren gegeben habe. Während Goethe seinen Neigungen leben konnte und nach seiner Rückkehr aus Italien seine amtliche Tätigkeit neu geregelt hatte, fühlte sich Herder aufs neue in einen aufreibenden Frondienst gespannt. Er sah sich durch Sparmaßnahmen des Herzogs, deren Auswirkungen er nicht vorausgesehen hatte, betrogen. Krankheiten, von denen er in Karlsbad und Aachen Heilung suchte, drückten auf seinen Gemütszustand. Wenn er als Vizepräsident des Oberkonsistoriums den Gang geistlicher Prozesse beschleunigte, Gerechtigkeit bei der Neubesetzung von geistlichen Stellen walten ließ, sich als Leiter des Schulwesens mit Erfolg um Karl August Böttiger, den Magister ubique, als neuen Rektor des Weimarer Gymnasiums (1791) bemühte, selbst einige Lehrstunden übernahm, um die Stetigkeit des Unterrichts zu wahren, ein Gutachten über

das Verbindungswesen an den Universitäten und eine Denkschrift über
das Konvikt an der Universität Jena verfaßte, so steht hinter allen diesen
Unternehmungen der Wille zu reformieren und seine Grundsätze in die
Tat umzusetzen. Aber die schriftstellerischen Arbeiten ruhten. Zu
J. Georg Müllers „Bekenntnissen merkwürdiger Männer von sich selbst"
schrieb Herder(1790) eine Vorrede, in der er, an die Texte von Augustin,
Petrarca und Rousseau anknüpfend, auf die Gefahr hinwies, daß solche
Selbstgespräche zur „verführerischen Buhlerei mit Gott und dem eigenen Herzen" werden können. Diese mit bewundernswerter Einfühlung
geschriebenen Variationen über die Selbsterkenntnis waren eine Absage
an Lavater.

Unter dem Eindruck der Französischen Revolution tritt Herders
Absicht, die *Ideen* zur Gegenwart fortzuführen, zurück hinter dem
neuen Plan der *Briefe zur Beförderung der Humanität* (1792). Das war
äußerlich eine Rückkehr zu den Fragmenten und Kritischen Wäldern, dem Gehalt nach eine Wiederaufnahme älterer Gedankengänge
ohne die belebende, jugendliche Kraft der Anregung. Schon der ursprüngliche Titel „Briefe, die Fortschritte der Humanität betreffend"
erinnert daran, daß an die Stelle der Literatur in Herders Denken ein
Prinzip getreten ist, auf dem er seine Weltordnung aufbauen will und in
dessen Durchführung er die Leistung des zu Ende gehenden Jahrhunderts erkannte. Die Versöhnung mit Jacobi, Gespräche über die politischen Ereignisse, optimistischer Glaube an den Triumph der Freiheit
drängten ihn, sein politisches Glaubensbekenntnis in diesen Briefen
niederzulegen, es in sein humanistisches Testament einzubauen. Er
führt, zu den Formen der moralischen Wochenschriften zurückkehrend,
eine Gesellschaft von Freunden ein, für deren Meinungen er als sam-
melnder Herausgeber die Verantwortung ablehnt. Es ging also nicht um
klare Entscheidungen und Grundsätze, sondern um Beleuchtung der
Dinge von verschiedenen Standpunkten zu einer Zeit, da man die Wendung zu Terror und Schreckensherrschaft noch nicht voraussehen
konnte. So stellte die erste Fassung in 24 Briefen die Revolution in
Parallele zur Reformation und zeigte Herders demokratisch-republi-
kanische, adelsfeindliche fortschrittliche Gesinnung. Man wird sie kaum
so nahe an seine Umwelt und Gegenwart oder an die praktische Politik
heranrücken dürfen, sondern sollte eher auf ihre ideologischen Zusammenhänge mit dem Brutusideal der Renaissance und dem Göttinger
Hain achten. Diese Auffassung findet in Herders Wendung gegen die
kantische Revolution, den Sekten- und Parteigeist in der Philosophie
eine Stütze.

Unter dem Eindruck von Goethes mündlichem Bericht über die
Campagne in Frankreich und der jüngsten Ereignisse gab Herder den
Briefen ihren neuen Titel und ihre neue Gestalt. Die 1. und 2. Sammlung

erschienen 1793. Jetzt tauschten die Freunde ihre Gedanken aus über ihre Erfahrungen und Eindrücke. Mit der Bezeichnung *Glossen zu Lesefrüchten* wird das Wesen der Sammlung wiedergegeben, die in rascher Folge (3. u. 4. 1794, 5. u. 6. 1795, 7. u. 8. 1796 u. 97) veröffentlicht wurden. Mit besonderer Liebe wird eingangs das Bild *Benjamin Franklins* entworfen, des Erziehers, Volksschriftstellers und Organisators. Herder prüft die Richtlinien Franklins für die philosophisch-philanthropische Gesellschaft Junto in Philadelphia auf ihre Brauchbarkeit für deutsche Gesellschaften ähnlicher Art. An den Nachruf auf Franklin anknüpfend, wird die Idee einer literarischen Totengedenkhalle, einer Sammlung von Selbstbiographien, und der Wunsch nach einer deutschen Akademie laut in Gedankengängen, die, über Klopstocks Gelehrtenrepublik hinauskommend, die Absicht des Markgrafen von Baden unterstützten, eine Vereinigung von Gelehrten als beratendes Organ oder Gelehrtenparlament für den Fürstenbund zu schaffen. Herder hatte im Auftrag des Markgrafen 1787 eine Denkschrift *Über das erste patriotische Institut für den Allgemeingeist Deutschlands* verfaßt. Da wurde dieser deutschen Akademie die Ausbildung der deutschen Sprache, die Pflege der deutschen Geschichtsschreibung, der Bildungsgüter und der Erziehung zur Pflicht gemacht. Die Durchführung der dazu nötigen Organisation scheiterte an den hohen Kosten und am Widerstand Schlossers, so daß nicht einmal ein vorbereitender Ausschuß tätig sein konnte. Aber die Idee leuchtet in die Humanitätsbriefe hinein, sie belebte die Gestalten der verstorbenen großen Herrscher, Friedrichs des Großen und Josephs II. Jetzt wird der Preußenkönig auf Kosten des erfolglosen Staatsreformators, des mit seinen Reformen allzu eilfertigen Kaisers, in seiner Bedeutung gewürdigt. Mit der Erörterung über den „Geist der Zeit" beginnt die 2. Sammlung. Er wird weniger in der Gegenwart aufgesucht als bei Luther, wozu eine für andere Zwecke unternommene Sammlung von Luthers Aussprüchen verwertet werden konnte. Mit einem geschichtsphilosophischen Glaubensbekenntnis klingt die 2. Sammlung verheißungsvoll aus. Die 3. setzt die Betrachtungen über Wort und Begriff der Humanität fort und wendet sich ihren Äußerungen in Griechenland (Homer), in der römischen Dichtkunst und Geschichte, bei Shaftesbury, Swift, Diderot, Gleim und Lessing zu. Von einer Schrift des ausgehenden 17. Jahrhunderts von Realis de Vienna (d. i. Gabriel Wagner) angeregt, stellt Herder in der 4. Sammlung Nationalgesinnung und Humanität gegeneinander. Er fordert, daß man für die Nation eintrete, sich aber vor eiligem Selbstruhm hüte. Dann folgt die Rhapsodie über den Wahn – mit einem Seitenblick auf die Franzosen der Gegenwart – und das Mittel, ihm entgegenzutreten, indem man ihn nicht beachte. Den Gedanken der Rigaer Schulrede über Publikum und Vaterland der Alten nimmt mit neuen Gesichtspunkten die 5. Sammlung auf. Jetzt denkt

Herder, nachdem er seine Zeitgenossen an den Griechen gemessen hat, an ein ewiges Publikum. Die neueren Zeiten besitzen ein literarisches Publikum, erzogen durch Bildungsinstitute und Buchdruck. Auch unsere Handlungen haben – so urteilt der in der Öffentlichkeit Wirkende – ein Publikum. Seinen gesunden Nationalismus gründet Herder auf die Vaterlandsliebe. An den 2. Band von J. G. Müllers „Bekenntnissen berühmter Männer" knüpft die 5., an ästhetisch-humanistische Beobachtungen und italienische Reiseeindrücke die 6. Sammlung an. Ließ er in den seine literarischen Lieblingsthemen wieder aufnehmenden Sammlungen (7. und 8.) der französischen Literatur noch Gerechtigkeit widerfahren, so schlug die 9. das alte Thema von der *Gallomanie* der Deutschen an. Für die Wiedergewinnung unserer nationalen Würde hat niemand so viel geleistet wie Lessing. Ihm setzt er erneut ein einfühlendes Denkmal und beklagt sich in seinem Namen über das undankbare Publikum. Mißmutig und bitter faßt er in der poetischen Epistel *Der deutsche National-ruhm* seine Anliegen zusammen, aber die Anklage über das Elend der besten Deutschen in der Heimat und das Schicksal der Auswanderer wird zur Mahnung an den Einzelnen, sein Los demütig zu tragen. Eine Klage über Deutschlands Zerrissenheit wurde aus dem Manuskript entfernt, weil Herder damit keinen Anstoß erregen wollte. Mit ermattender Kraft schrieb er die letzte Sammlung. Er verzichtet auf Zeitglossen zugunsten von Betrachtungen, in denen er seinen Abscheu vor dem Versuch äußert, die geistige Entwicklung anderer Völker gewaltsam beeinflussen zu wollen. Im Krieg malt er sein Wunschbild ewigen Friedens. So sucht er sich über Gegenwart und Geschichte zu erheben und läßt seine Gedanken schließlich in den Ideen zur Philosophie der Geschichte einmünden.

In der „Neuen deutschen Monatsschrift" (1795) veröffentlichte Herder abgeschnittene Blätter, die ursprünglich für die Humanitätsbriefe bestimmt waren: Übersetzungen nach Sarbievius – dem polnischen Jakob Balde –, Horaz, Boileau, Thomson. In den Briefen über *Seneca*, den Philosophen und Minister, empfahl er diesen Stoff einem Dramatiker, ja, er dachte selbst daran, ihn zu bearbeiten als Gegengewicht gegen das deutsche klassische Drama. Der „glorreiche Staatsmärtyrer" hätte sich kaum anders denn als Gegenstück zu Philotas zeigen können. Es war eine Flucht aus der Politik der Gegenwart, in deren Beurteilung Herders Entfremdung von Goethe und Karl August sichtbar wird, wenn er sich im Winter 1793/94 in die Gedankenwelt und Formen Jacob Baldes versetzte. Stärkung und Trost zog er aus dessen lateinischen Oden, als er ihn eindeutschte, weil er ihn so „zeitgemäß" fand. Die zunehmende Fülle der Übersetzungen und Gedanken, die eine anregende Parallele zu Andreae bildeten, veranlaßten Herder, von einer Veröffentlichung dieser Studien und Arbeiten in den Zerstreuten Blättern abzusehen und

Balde in den Mittelpunkt der *Terpsichore* (3 Teile 1795/96) zu stellen. Lyrische Gedichte verschiedener Zeiten und Völker mit Charakteristiken ihrer Sänger sollten nach Herders Absicht den Inhalt bilden. Vielleicht hätte sich die Sammlung zu einem Werk antiker und moderner Parallelen entwickelt; denn Herder wollte nach der Behandlung Baldes auf Horaz übergehen. Aber dem Kenotaphium, das Balde im 3. Teil gesetzt wurde, und der Nachlese „Zu Erklärung seiner Denkart und seines Lebens" folgte nichts mehr. Herder hielt es für richtig, erst am Schlusse den Namen seines Schützlings, als dessen Anwalt er sich mit solcher Begeisterung einsetzte, bekanntzugeben. Die allgemeine Abneigung gegen den Jesuitenorden schien dies zu rechtfertigen. Sowie Herders einzigartiges Einfühlungsvermögen die geistige Wahlverwandtschaft mit Balde aufspürt, gelingt es ihm, entscheidende Wesenszüge Baldes (Trost der Zeitgenossen, Warnung, Vaterlandsliebe, Verurteilung der gegenwärtigen Politik) festzuhalten. Wenige lyrische Gedichte sind bis dahin mit so inniger Anteilnahme aus einer fremden Sprache ins Deutsche übersetzt worden. Prunk und Zierat sowie manche Huldigung Baldes an den Zeitgeschmack wurden ausgemerzt, aber Stil und Stimmung der einzelnen Gedichte hat Herder treu wiedergegeben. So wird das Zeitlose festgehalten und nicht mehr auf die Gegenwart Rücksicht genommen. Das fühlte auch A. W. Schlegel in seiner verständnisvollen Beurteilung (1797). Zwei Abhandlungen ließ Herder folgen: *Von der Natur und Wirkung der lyrischen Dichtkunst* und *Von zwei Hauptgattungen der lyrischen Dichtkunst*. Sie wiederholen alte Gedankengänge, wollen die lyrische Dichtkunst aus dem Zusammenwirken von Auge und Ohr ableiten, geschichtliche und natürliche Unterschiede festhalten. Sie sprechen von drei Epochen griechischer Lyrik, einer episch-elegischen, einer lesbischen und der Hochblüte, ohne diese zu kennzeichnen, und bestimmen den moralischen Grund aller Lyrik. Als deutscher Alkaios, in dessen Werken Herder Trost fand und seinen eigenen Unmut vergaß, wird wiederum Balde gefeiert, doch mit verständnisvoller Einschränkung. Er reiche den „stärkenden Trank", der geschöpft ist „auf den Höhen des Rechts, aus der Quelle der Wahrheit".

Gleichzeitig mit den letzten literarischen Arbeiten wendet sich Herder wieder theologischen Fragen zu (1793). Dem Pfingstwunder, das in den Erläuterungen zum Neuen Testament nur andeutend behandelt worden war, ging er in der Abhandlung *Von der Gabe der Sprachen am ersten christlichen Pfingstfest* nach. Er erklärt den Ausdruck „in Zungen reden" auf seine Weise als „in fremden Auslegungsarten", in der Geisterfülltheit sprechen, d. h. also, daß das Christentum den Mosaismus neu auffaßt. Dieser Pfingstbetrachtung folgt die österliche Schrift *Von der Auferstehung als Glauben, Geschichte und Lehre* (1794), in der der Hauptwert auf die moralische Wirkung dieses Glaubens gelegt wird. In häufiger Berührung mit Lessings theologischem Vermächtnis sucht Herder einen durch Dogmen nicht mehr gebundenen freien Glauben. Ältere Pläne wurden in den *Sammlungen christlicher Schriften* (1794–98) ausgeführt. Sie boten Abhandlungen vom Erlöser der Menschen, von Gottes Sohn (nach dem Johannesevangelium), und rückten dem Problem der Bedeutung des Christentums für die Gegenwart auf den Leib. Herder sucht die Chronologie der Evangelien nach höchst lebendigen Vorstellungen von ihrer Entstehung zu bestimmen, wobei ihm wohl unbewußt die literarischen Veränderungen, die er selbst erlebt und mit seinem Urteil begleitet hatte, zu Hilfe kommen, indem sie ihn zu kühnen Analogieschlüssen führen und schließlich das Johannesevangelium zum Kanon der Humanität machen. Daran wird am Ende die christliche Dogmatik geprüft. So glaubt Herder den Geist des Christentums nicht nur gegen Verächter und Feinde, sondern auch gegen bewußte und unbewußte falsche Ausdeutung retten zu müssen. Deshalb sucht er die Denkart der Heiligen Schrift wiederherzustellen und fordert ein freies Christentum, das unberührt bleibt von den Schwächen der menschlichen Gesellschaft. Die verhängnisvolle Bezeichnung dieser Wandlung: „den alten Judaismus germanisieren" hat Herder in die nächste Nähe des Rembrandtdeutschen gerückt. Im *Märchen vom Spiegel* wandelt Herder die Ringfabel aus Lessings Nathan zu einer Geschichte der christlichen Kirche. Die Namen der Brüder, deren Gesinnung der Spiegel wiedergibt, sind Peter (als Vertreter der römischen Hierarchie), Martin (Reformation) und Johannes (Urchristentum). Während zwischen diesen beiden der Gleichklang der Seelen leicht herzustellen ist, werden jenem seine falschen Hüllen genommen. Darin gleicht ihm St. Alban (die englische Hochkirche, deren Schöpfer „Harrys der Weiberfresser", Heinrich VIII., ist). So fiel das Stichwort im Kampf gegen das „Staats-Ceremonienchristentum". Herders Gedanken stehen zwischen Lessing und Schleiermacher. Die drei Namen zeigen, mit welch zunehmender Schärfe zwischen Religion und Lehrmeinung geschieden wird. Bei aller Freiheit der theologischen Auffassung Herders besteht dennoch kein Gegensatz zwischen seinem Glauben und seinen Amtspflichten. Er war davon überzeugt, den Boden des Christentums nie verlassen zu haben, weil er die Einheit zwischen christlicher und Humanitätsreligion hergestellt und damit jenen, die sich aus ihrem Gegensatz zur Orthodoxie der kirchlichen Bindungen entledigt hatten, den Weg zur Religion neu erschlossen hatte. Dennoch hat Herders einfühlendes Verstehen keine Schule machen können. Wohl strahlen auch davon Anregungen in das neue Jahrhundert aus, aber sie sind mehr die Kennzeichen einer Auflösung oder eines vergeblichen Rettungsversuches als ein fester Grundstein, auf dem ein Christentum ohne konfessionelle Bindungen ruhen könnte. Sein Scheitern daran hat sehr viel Gemeinsames mit dem Wirken der Rosenkreuzer, Jakob Böhmes und Andreaes.

Auch das 18. Jahrhundert fand keine anderen Lösungen als Verzicht auf das Bekenntnis oder Rückkehr zum Glauben eines anerkannten Bekenntnisses. – Mit Herders amtlichen Aufgaben war auch die schleppende Neugestaltung des Gesangbuches (1795) und des Landeskatechismus (1798) verbunden. Das Gesangbuch war eine Kompromißlösung, eine Liedersammlung, die sich der neueren Denkart und Sprache anpaßte. Damit wurde der Geist des Jahrhunderts, vornehmlich Gellerts, festgehalten.

3. HERDERS LETZTE LEBENSJAHRE

Herders Wendung zu Moral und Theologie sowie seine Stellung zu politischen Fragen entfremdete ihn Goethe. Die Hoffnung, Horen und Musenalmanach zum gemeinsamen Sprachrohr Schillers, Herders und Goethes zu machen, trog. Der schnelle Angriff Wolfs gegen Herders Aufsatz *Homer, ein Günstling der Zeit* (1795) verbitterte ihn. Da hatte Herder über das Werden seiner Homerauffassung berichtet, wie er die Entwicklung Homers in Parallele zur Kunst gestellt hat. Die Einheit der Homerischen Epen sowie der Fülle von Abenteuern und Sagen liege in der „gehaltenen dauernden Empfindung". Homer habe die Voraussetzung des epischen Kunstgebildes geschaffen, das in der Schule der Homeriden fortgestaltet sei. Diese habe sodann in den Epen eine Art religiös-humaner, kunstvoller Wissensenzyklopädie geschaffen, deren Wert von den Gesetzgebern Lykurg und Solon erkannt worden sei. In Alexandrien habe er schließlich eine endgültige Gestalt erhalten. Es war das Recht des Philologen Wolf, der dem Werden der Texte nachging, gegen diese phantasievolle Ableitung zu protestieren, Beweise zu verlangen und von einem Spielen „mit dunklen Gefühlen" zu sprechen. Er sah seine Ableitungen entstellt und mißverstanden, ja, er glaubte, Herder den Vorwurf des Plagiats machen zu können. Das zeigte wenig Verständnis für dessen Eigenart, die Ideen anderer aufzunehmen und weiterzudenken, ihren Wert nach der anregenden Kraft, die aus ihnen gezogen wurde, auszumünzen. Von Wolf aus gesehen, zielte diese Arbeitsweise darauf ab, fremde Gedanken und Anregungen zu verwirren und zu verhunzen.

Zur Abwehr und um die im Grunde richtigen, aber überbewerteten Ableitungen Wolfs in den Prolegomena als solche darzustellen, überarbeitete Herder einen älteren Aufsatz unter dem Titel *Homer und Ossian* für die Horen. Er suchte gegen seine neugewonnenen Einsichten und Zweifel an der Echtheit der Ossianischen Gesänge das „süße Staunen", mit dem er das Werk zuerst las, festzuhalten; dieses schon beweise ihre Echtheit. Als subjektiver, lyrisch-epischer Dichter wird Ossian dem objektiven, rein epischen Homer entgegengehalten. So verhalten sich die „dunkel zusammengereihten Gedichte" gegenüber der klaren Entwicklung. Humboldt zollte der Kennzeichnung nordischer und klassisch-antiker Dichtung seine Anerkennung. Ähnlich wie im Nemesisaufsatz bemühte sich Herder, das *Fest der Grazien* in den Horen (1795) zu erklären und aus der ursprünglichen Bedeutung der drei Grazien als Wohlwollen, Dankbarkeit und Freude abzuleiten. Die Zurückhaltung, mit der Schiller dem Aufsatz Herders *Iduna* (Horen 1796) über die nordische Mythologie begegnete, die Festigung der Freundschaft zwischen Goethe und Schiller, das Mißtrauen Carolinens, die wachsende Belastung des Herderhauses durch das Studium der Söhne und durch Krankheiten, die moralische Entrüstung über Römische Elegien, Venezianische Epigramme und Wilhelm Meister, Goethes Verzicht auf „moralische Grazie" und endlich eine fordernde Mahnung Carolinens an Goethe, die Regierung solle der eingegangenen Verpflichtung, für ihre Söhne zu sorgen, nachkommen: das sind die äußeren Anlässe und Gründe des Erkaltens der einst so anregenden Freundschaft zwischen Herder und Goethe. Lassen wir aber alles Zufällige beiseite, so sehen wir, daß der Sturm-und-Drang-Genosse von einst dem Höhengang der deutschen Dichtung geopfert werden mußte, da seine einzigartige Einfühlungsgabe an den großen Dichtwerken, die er noch miterlebte, versagte. Es war nur folgerichtig, daß Herder sich über die Xenien entrüstete und ihnen seine Meinung entgegenhielt. Die Freundschaft zu Gleim, der Anschluß an Wieland und die begeisterte Jüngerschaft Jean Pauls vermochten ihm keinen Ersatz zu bieten oder ihn aus seiner Isoliertheit zu lösen. Als Herder sich zum Kampf gegen Kant und dessen Anhänger aufgerufen fühlte, glaubte er eine Sendung zu erfüllen und eine neue Entwicklung einzuleiten. Er glaubte, sich an der *Metakritik* (1799) gesundgeschrieben zu haben. Da zeichnete er mit zunehmender Leidenschaft ein Zerrbild der Kantischen Philosophie. Er berührt sich dabei in seinen Anschauungen häufig mit Hamann, ja, er mochte das Gefühl haben, in dessen Sinne vorzugehen. Im 1. Band geht es um Verstand und Erfahrung, im 2. um Vernunft und Sprache. Herder setzt dem ableitenden und ordnenden Verfahren Kants seine intuitive Schau entgegen. Mit unzulänglichen Mitteln, die der Methode von Spinoza und Leibniz verpflichtet sind, versucht Herder dasselbe, was Schelling und Hegel gelang. Im Anhang gegen Kants Streit der Fakultäten wird Herder zum Anwalt der freien Wissenschaft gegen die Anmaßung der Universitätswissenschaft und deren Monopolisierung durch die Professoren, zum Ankläger der kritischen Philosophie als Verderberin der Jugend. Das war sein Hauptanliegen, das Einleitung und Abschluß mit gleicher Leidenschaft vortrugen. Unversöhnlich zeigte sich Herder auch gegen Fichte. Er hätte in diesem Kampf in Nicolai, der mit anderen Waffen focht, einen Bundesgenossen finden können (vgl. S. 124). Unbekümmert um die warnenden Stimmen stürzte sich Herder mit dem Motto Huttens *Jacta est alea* in den Kampf.

Schnell wurde die Neuauflage der Gespräche *Gott* (1799) mit der Front gegen Fichte und Schelling fertiggestellt. Der wahre Philosoph Spinoza wird als Retter der verfahrenen philosophischen Situation der Gegenwart aufgerufen. Die Polemik gegen Jacobi wurde unterdrückt oder gemildert. Dann nahm sich Herder die „Kritik der Urteilskraft" in der *Kalligone* (1799/1800) vor. Das Gespräch wird lässig gehandhabt, das Werk wird einzig vom Geist des Widerspruchs belebt, der sich auch gegen Goethes und Schillers Dichtung und die romantische Ästhetik wendet. Herder löst die Ordnungen der ästhetischen Grundbegriffe auf und setzt ihnen die verschwommenen Einheitsgrundsätze entgegen, mit denen er einst gegen die Ästhetik der Aufklärung (Sulzer) ins Feld gezogen war. Er urteilte aus der Ergriffenheit und fühlte sich von dem kalten Hauch der ästhetischen Normen umwittert. Ihm blieb das „Interesse" die Seele der Schönheit. Er plädiert für die Freiheit des Geschmacks und gibt der Schönheit Halt in der Harmonie der Natur. Nach der Entwicklung seiner Gedanken über das Schöne (1. Teil) wendet er sich der Kunst zu (2. Teil). Wie er einst seinen Standpunkt gegenüber Riedel durchgesetzt hatte, so glaubte er jetzt Kant begegnen zu können, wenn er sich von der Höhe seines Naturidealismus, in dem er eines Sinnes mit Goethe war, entfernt und das Nützliche zum Zweck der Dichtung erhebt, weil er das freie Spiel nicht anerkennen will. So redet sich Herder in den Gegensatz hinein. Einwände, denen schwer zu begegnen war und die nicht mit seinen Ansichten aus früherer Zeit widerlegt werden konnten, brachte Herder nur im Bereich der Musik vor. Sie nahm für ihn den höchsten Rang unter den Künsten ein. Seinen alten Geniebegriff konnte er vor der kritischen Philosophie nicht retten. Zu unfreiwilligen Zugeständnissen an Kant mußte er sich im 3. Teil bereit finden, wenn er den Begriff des *Erhabenen* entwickelte. In der Beharrung auf seinem Moralbegriff blickte er verächtlich auf das Spielen mit hohlen Formen, das ihm Goethe und Kant zu treiben schienen, dieser mit dem kategorischen Imperativ, jener aus seiner Gesinnung und Frivolität. So faßt Herder Gedanken der Ideen, Zerstreuten Blätter und Humanitätsbriefe zusammen, um sie mit trefflich gewählten Beispielen und aufblitzenden Anregungen dem System Kants entgegenzuhalten. Am wenigsten kann er der Vernunftethik Kants gerecht werden. Hätte Herder sein ästhetisches Vermächtnis von unnötigen Angriffen freihalten können, so hätte es vielleicht mehr Beachtung und Widerhall gefunden. Auch diese Polemik gegen Kant hat er nicht zu Ende geführt. Sein Geist mußte sich am Gegensatz entzünden, die Leidenschaft mußte ihn hinreißen, aber seine Kraft verzehrte sich, so daß wir ihn niemals mit der Miene sieghafter Überlegenheit sehen können.

Mit väterlicher Freundschaft verfolgte Herder beratend die Geschicke Johann Georg Müllers. Er freute sich über dessen Wahl in die vorläufige Kantonsregierung, begleitete seine Hoffnungen und Enttäuschungen in dieser vielbewegten Zeit und verfolgte mit Interesse die literarischen Arbeiten des Schützlings. Er besprach sie in den *Erfurter Gelehrten Nachrichten* zu einer Zeit, als er den endgültigen Trennungsstrich zu seiner literarischen Umgebung zog, die Universitäten im allgemeinen und die Jenenser im besonderen als „Unformen" von Bildungsanstalten ansah, an denen so schädliche Gewächse wie die kritische Philosophie gedeihen könnten. Derselben Verurteilung fiel auch die *Jenaische Literaturzeitung* anheim als unwürdige Erbin einer bedeutungsvollen Überlieferung, die seit den fünfziger Jahren abgesunken sei. Er glaubte nicht, seine früheren Gepflogenheiten zu treffen, wenn er gegen die Anonymität auftrat, und fühlte sich von den neuen Grundsätzen der Erfurter kritischen Zeitschrift angesprochen, die von 1797 an eine sichtbare Front gegen die Jenaer Literaturzeitung machte. Die Gedichte der Karschin beurteilte Herder zuerst. Nun sind seine Grundsätze Verstehen und Anerkennen geworden. Im Mittelpunkt seiner mit den Maßstäben der sechziger Jahre arbeitenden Beurteilung steht die schöne Literatur und der Versuch, Klopstock, Gleim und überhaupt die „patriarchalische Zeit unserer Poesie" vor dem „neuesten Dichterjargon" zu retten. Er kann auch seine Abneigung gegen die Kantische Philosophie nicht verbergen. Im Umkreis unbedeutender Mitarbeiter jedoch konnte er es dennoch nicht lange aushalten. Der vorübergehend erwogene Plan, selbst eine Zeitschrift zu leiten, wurde fallen gelassen und schließlich in den später aus dem Nachlaß herausgegebenen *Persepolitanischen Briefen* wieder aufgenommen. Es sind Briefe an befreundete oder mit den gleichen Fragen beschäftigte Gelehrte, die Herder an seinen Überlegungen teilnehmen läßt und denen er schließlich seine Ansichten über die altpersische Religion vorlegt. Literarische Unternehmungen wie die Zerstreuten Blätter und Humanitätsbriefe hatten ihn bereits dem Journalismus zugeführt. Nun wollte er, unterstützt von seinen treuesten Anhängern, mit der Zeitschrift *Aurora* vom Januar 1800 an in die Gegenwart hineinleuchten, über Wahn und Wahrheit berichten und „zum Edelsten, zum Besten aufmuntern". Politik sollte ausgeschaltet bleiben. Dichtungen, geisteswissenschaftliche Aufsätze und Kritiken sollten miteinander abwechseln. Der Plan nahm verschiedene Formen an, bis er in der *Adrastea* (1801–03) Gestalt gewann. Wahrheit und Gerechtigkeit waren die Grundsätze, die er bei der Beurteilung des verflossenen Jahrhunderts anzuwenden gedachte. Hochgespannte Erwartungen mußten sich enttäuscht fühlen; denn weder die geschichtsphilosophischen Paraphrasen über *Begebenheiten und Charaktere* – Herder wollte sie als sein „politisches Testament" und „Glaubensbekenntnis" gewertet wissen – noch die erhellenden Streiflichter, die er auf die französische Geschichte, im besonderen auf das Zeitalter Ludwigs XIV. und das

17. Jahrhundert wirft, gehen über das hinaus, was man von Herder zu hören gewohnt war. Bei aller Anerkennung der englischen Literatur um 1700 wendet sich Herders Neigung doch der französischen zu. Einschränkende Kritik an Goethes Palaeophron und Neoterpe bot die allegorisch-politische Satire *Aeon und Aeonis*. Von jenem, dem Vertreter des Alten, der höfisch-politischen Welt, empfängt diese, seine Tochter – begleitet von zwei palmentragenden Knaben, guter Wille und guter Ausgang genannt – den Segen und die Sendung, zu vollbringen, was er versäumt habe. Als Agape, umarmt von ihrer Mutter Arete, deutet sie am Ende an, daß Liebe und Tugend Leitsterne des neuen Jahrh.s sein sollen. Solche Rückwendung zur Barockallegorie begründet sich aus Herders ablehnender Beurteilung von „theatralischem Werk und Wesen". Er redet sich mit seiner Frau in verständnislosen Haß gegen die Weimarer Aufführung von Goethes Mahometübersetzung und -bühnenbearbeitung sowie Schillers Meisterdramen hinein. Im 3. und 4. Stück der Adrastea will Herder sein poetisches Testament festlegen. Es setzt, wie zu erwarten war, mit dem *Lehrgedicht* ein, unterscheidet in der Lieblingsgattung *Fabel* zwischen logischer, die eine Wahrheit als Naturgesetz veranschaulicht, sittlicher, die Leben und Liebe zur Einheit zusammenschließt, und dämonischer, die den „höheren Gang des Schicksals unter den Lebendigen" offenbart, will das *Idyll* nach dem Vorbild von Götz ausrichten, die Oper melodramatisch auf moralischer Grundlage aufbauen und dem Drama neue Gesetze geben. Sie sollten das klassisch-romantische Drama nach den Regeln der antiken Ethik richten. Es hat den Boden des Melodramas verlassen, die „Melodie der Handlung" zerstört und damit den Sinn des Dramas vernichtet. Das glaubt Herder mit einer neuen Deutung der *Katharsis* als Entsühnung beweisen zu können, worunter zu verstehen ist, daß mit der Seele der Zuschauer auch die der handelnden Personen gereinigt wird. Herder glaubt, daß sie durch tragische Schicksale, den sühnenden Vorgang auf dem Theater, herbeigeführt wird. Die Bühnenvorgänge sind durch ihre Schicksalhaftigkeit die Voraussetzung der Reinigung. Sein Lieblingsgedanke der Nemesis schlägt die Brücke zwischen antiker Tragödie (Heldenzyklus) und der Shakespeares (Weltzyklus). Das Lustspiel soll uns „richtig lachen lehren", indem es die Torheit in ihrer Lächerlichkeit enthüllt. Die Abhandlung wird durch den Gegensatz zum zeitgenössischen Drama bestimmt. Sie wendet sich im Namen der Moral gegen den französischen Klassizismus und schleudert aus dem Versteck giftige Pfeile auf das Geschichtsdrama Schillers. Wie schien es ihm von der Höhe Emilia Galottis und Nathans abgesunken!

So zeigt die kritische und literarische Ernte, die Herder in der Adastrea und den Taschenbüchern in die Scheuer bringt, daß er den Weg zur Klassik nicht mitzugehen vermochte. Das gilt weniger von *Eloise*

(Viewegsches Taschenbuch 1801), einer Ehrenrettung der liebenden Frau gegen Popes Heroide, als von der Prosarhapsodie *Kalligenia* (Wilmans Taschenbuch 1803), einer Heerschau des deutschen Parnaß. Wir können uns an Pyras Tempel der wahren Dichtung erinnert fühlen, der insofern modernisiert ist, als jetzt Kleist und Lessing die Herrscher sind und dieser ein bitteres Wort über das „Unkraut" spricht, das sich zur Zeit auf dem deutschen Parnaß ausbreite. Eine Reform des deutschen Parnaß in diesem Sinne ist denn auch das Ziel des Lehrgedichtes *Pygmalion* (Adr. 4. 9.) und melodramatischer Versuche (*Ariadne Libera, Der entfesselte Prometheus, Admetus' Haus*), in denen es um eine echte Erneuerung der Antike mit klassizistischer Geltung der Kunstgesetze, Anpassung an das Denken der Gegenwart und allegorische Deutung des Geschehens geht. Dabei wird besonderer Wert auf milde Menschlichkeit gelegt mit einem Seitenblick auf A. W. Schlegels „frech taumelnden Graecismus". Der dramatische Schwanengesang Herders, der Preis des altruistischen Liebesopfers, darf als Denkmal zu Ehren Carolines angesehen werden. Bekenntnis, moralische Betrachtung, Erlebnis, Reflexion und Polemik finden sich in diesen handlungsarmen Dramen zusammen. Die in Aussicht gestellten Darlegungen der epischen Theorie behandelten rhapsodisch-dithyrambisch nur *Epos, Romanze und Volksgesang* (Adr. 9. 10.). Es fehlt auch da nicht an gehässigen Anspielungen auf Hermann und Dorothea und die Balladen. Herder konnte sich weder mit dieser literarischen Richtung befreunden noch war er imstande, in der Naturphilosophie Schellings eine Fortsetzung seiner eigenen Gedanken zu erkennen. Sein unruhig im eben vergangenen Jahrhundert umherschweifender Blick ruht liebevoll auf *Karl XII.* und *Peter dem Großen*, dem „erhabenen Wilden", auf *Leibniz* (Adr. 5.), überschaut die Leistungen des *Missionswesens* und nimmt Lessings Betrachtungen über die *Freimaurer* (7. 8.) auf. Ein Gespräch baut an Gedanken weiter, die zwischen Herder (Faust) und Friedrich Ludwig Schröder (Horst) bei dessen Besuch in Weimar (1800 und 1801) zur Sprache kamen. Mit besserem Verständnis für die geschichtlichen Gegebenheiten, jedoch in der gleichen Richtung wie Lessings Nathan beschäftigt sich Herder mit der Bekehrung der Juden. Sie müsse bei den ehrlosen Christen beginnen und sich in der humanisierten Denkart des begabten Volkes vollenden. Seinem Unmut über den literarisch-kritischen Zustand in Jena macht Herder in dem Aufsatz *Atlantis* Luft, wenn er gegen die Freiheit der Presse auftritt. Eindrücke von der überheblichen Besatzungsarmee während seines Aufenthaltes in Aachen (1802) halten Herders Ausführungen über die *Bienenfabel von Mandeville* fest. Die letzten für die Adrastea (9.) bestimmten *Briefe über das Lesen des Horaz* stehen zurück hinter den Nachrufen auf *Klopstock* und *Gleim*, an deren Grab Herder „nichts zerreißen, aber manches verachten" wollte. Das Preisthema der Pariser Akademie, den Einfluß der Reformation auf die politische Lage der Staaten Europas und die Fortschritte der Aufklärung zu untersuchen, lockte ihn. Außerdem beschäftigte ihn eine zwanzigbändige *Gesamtausgabe* seiner Schriften, eine „Palingenesie" seiner Werke, die er auf den Stand gegenwärtiger Forschung zu bringen dachte. Theoretische Ausführungen über poetische Gattungen und die *nordische Mythologie* wurden für die Adrastea (10.) vorbereitet. Sie gehören in den Umkreis der bereits veröffentlichten *Cid-Romanzen*, indem sie Beispiele für Herders Auffassung der epischen Dichtung bringen sollten. Er konnte das „erhabenste Romanzen-Epos, das existiere", im Juni 1803 abschließen. Es ist aus einer französischen Prosabearbeitung und den Romanzen Sapulvedas zusammengewoben. So blieb auch diese letzte Nachdichtung Herders der Arbeitsweise seiner Frühzeit, dem Vorbild Macpherson verpflichtet. Die bunte Fülle des Gebotenen und Beabsichtigten, des Alten und Neuen, von der chinesischen Lehrerzählung zur gegenwärtigen Dichtungstheorie Reichenden wird durch die *Nachdichtung* römischer Poesie (Persius, Horaz) belebt.

Die letzten Lebensjahre Herders sind getrübt durch Auseinandersetzungen mit dem Herzog Karl August, der es mit Recht übelnehmen konnte, daß Herder beim Bayerischen Kurfürsten um seine Erhebung in den Adelsstand angesucht hatte. Seine Ernennung zum *Wirklichen Präsidenten des Oberkonsistoriums* (1801) nach dem Tode des Oberpräsidenten von Lyncker setzte ihn in jene Amtsverpflichtungen ein, die er längst ausgeübt hatte. Verschiedene Versuche einer Wiederbelebung der alten Freundschaft mit Goethe scheiterten an dessen „Künstleregoismus" und an Herders „Widerspruchsgeist". Ein Aufenthalt in Dresden, der ihm besonders ehrenvolle Anerkennungen von der Hofgesellschaft eintrug, bot ihm eine letzte Hoffnung, das verhaßte Weimar verlassen zu können. Sie trog ihn. – Er ist bis an sein Lebensende am 18. Dezember 1803 voll von Plänen und Anregungen gewesen.

VIERTES KAPITEL

DIE ZEITGENOSSEN DER GROSSEN ERFOLGSBÜCHER UND GEBRAUCHSDRAMEN

Das Bild einer kulturellen und literarischen Blüte erhält einen dunklen Hintergrund in dem beliebten Lesestoff und den zugkräftigen Dramen. Kitschige Rührseligkeit wechselt mit nervenaufpeitschenden Sensationen. Beides kam den Bedürfnissen der Masse genau so entgegen wie heute Film, Kolportageroman und was die Illustrierten uns vorzusetzen pflegen.

Die Überlieferung des Erbauungsschrifttums und der Moralsatire, der sich der Roman entwand, ohne deren ursprüngliche Absichten zu verlassen, löste sich im Zeichen der Aufklärung mit der einseitigen Pflege der natürlichen Moral und dem Zurücktreten der religiösen Antriebe auf. Die breiten Sammelbecken beispielhafter Erzählungen, sensationeller Tatsachenberichte, amüsanter und lehrhafter Anekdoten wurden zwar nicht mehr aufgefüllt, aber als Stoffreservoir benutzt. Das Stoffliche überwog noch immer. Es fügte sich den Wünschen der Zeit, wurde aus französischen und englischen Modegattungen aufgenommen und den heimischen Verhältnissen angepaßt.

In den *Unterhaltungen deutscher Ausgewanderten* hielt Goethe eine Revue über das vorhandene Material, aus dem die *kleine Prosaerzählung* gespeist wurde; er tadelte die moralische Schwarzweißmalerei, die Zustands- und Situationsschilderungen, die Technik der ineinandergeschachtelten Begebenheiten, die die Neugierde durch seltsame Kunstgriffe spannen, aber nicht befriedigen könne. Verschiedene literarische Gattungen lassen sich feststellen: französische Féerien, an deren Gestaltung Mlle. L'Héritier, Mme. de Murat, Mme. d'Aulnoy, Mme. d'Auneuil besonderen Anteil hatten. Darüber machte sich Crébillon d. J. (1707–77) lustig und fand den Anschluß an den frivolen *Schwank*. So wurden Reste der ritterlich-mittelalterlichen Unterhaltungsliteratur den neuen gesellschaftlichen Verhältnissen und Sitten angepaßt. Dem Boden der Aufklärung entwuchs die *moralische Erzählung*. Sie wurzelt in den englischen Romanen, gewinnt aber ihre Gestalt erst durch Marmontel und verliert damit sehr bald die Verbindung zur *philosophischen Erzählung* nach dem Muster von Voltaires *Candide* mit der scharfen Kritik an der „besten aller Welten" und seinem *L'ingenu*, der Geschichte eines Huronen, der sich den europäischen Sitten und Verhältnissen anpaßt und dabei seine naturhaften Tugenden aufgeben muß. Klingen hier letzte Akkorde des Abenteuerromans auf, so bietet die Gesellschaftskritik Ansätze zur Erfüllung der Wünsche Diderots, der in *La Réligieuse* eine Forderung der Reformation im Namen der Vernunft wirksam vorträgt. Gerade dieses Motiv der gewaltsamen Freiheitsberaubung durch das Kloster verbindet sich dann in der deutschen Literatur mit den vorromantischen Ansätzen zu einer geistigen Wiedergeburt des Mittelalters. Sie sind nicht zu trennen von Wielands Wiederbelebung der Feenmärchen und höfischer Ritterlichkeit oder den Volksmärchen im Geschmack der Aufklärung. Die *moralische Erzählung* zeigt ein geringes Bedürfnis, sich an andere Formen anzulehnen. Sie bildet die Grundlage der *Jugendliteratur*, vermeidet die Anklage und berührt auch die wunden Stellen der Gesellschaftsordnung kaum. Dagegen besitzt die *Kriminalgeschichte* ganz andere Entwicklungsmöglichkeiten psychologischer Probleme. Es geht also auch hier wie in der Entwicklung des Dramas um eine langsame Überwindung der Typen, nur sind auf dem Nährboden der deutschen *Novelle*, die uns bei Goethe, Tieck und Kleist zu beschäftigen hat, viel mehr Möglichkeiten des Aufstiegs zu einer höheren Kunst vorhanden.

Moderne Sammlungen, welche die Vorbilder der neuen Mode vermittelten, wie *Die Abendstunden* (seit 1760) und *Die neuen Abendstunden* (1780), bilden mit ihren Übersetzungen französischer Feenmärchen und moralischer Erzählungen, mit den Resten von Adagien, Schwänken und Elementen der moralischen Wochenschriften eine wichtige Zwischenstufe zur psychologischen Menschendarstellung. Wieland als Herausgeber des *Teutschen Merkur* war unter den ersten, die seit 1773 Erzeugnisse der neuen Prosa brachten. Er übernahm aus dem Englischen die stehende Figur, den Charakter, der nun, des Typischen entkleidet, die psychologische Darstellung eines Individuums trägt (*Bonifaz Schleicher*). Diese Form breitete sich weit aus. Als erster nach Wieland nahm sich Wezel ihrer mit Geschick an (*Herr Marks*). Lenz führte sie in Boies Deutsches Museum ein (*Zerbino*), und einer der letzten Schöpfer eines Charakters war Merck mit dem *Lindor* im Merkur (1781).

Der *Teutsche Merkur* (s. S. 99 f.) legte das Hauptgewicht auf die Pflege der literarischen Bildung, während Boies *Deutsches Museum* die allgemeine politische Bildung im Auge hielt. Zur Unterhaltung und Vermittlung von Bildung waren in *Schwabes Belustigungen des Verstandes und Witzes* und den *Bremer Beiträgen* schon Ansätze vorhanden, die weiterwirkten.

Überall trat die geistige Welt des Bürgertums in den Vordergrund und schuf neue Wachstumsbedingungen. Das Übernatürliche wurde auf dem Boden des Rationalismus mit Skepsis betrachtet und durch rationale Erklärungen aufgehoben. Trotzdem kam das M ä r c h e n mit der Möglichkeit, Furcht und Grauen zu erwecken und dadurch die moralische Nutzanwendung zu unterstreichen, der pädagogischen Neigung der Zeit entgegen.

1. DIE KLEINE PROSAERZÄHLUNG

Die *Schlesischen Märchen* (1789) von Georg Gustav Fülleborn (1769 bis 1803) schließen an Musäus an. Rübezahl ist ihr Held. Mit Seelentausch, ausgleichender Gerechtigkeit und gesühnter Schuld wird darin gearbeitet. Bedeutsamer ist Fülleborn als Satiriker, wenn er mit den *Herren von Felsenau* (1798) versucht, den *Siegfried von Lindenberg* zu parodieren, oder mit ironischem Wortschwall seine *Schutzrede* ... für den Gebrauch des Stockes in Schulen (1800) hält. Ein Vorbote Jean Pauls.

Christiane Benedikte Naubert (1756–1819) veröffentlichte *Neue Volksmärchen der Deutschen* (1789–92) und brachte den Gegensatz zwischen der altdeutschen, wenn auch rauhen, biederen Einfachheit und der Flitterwelt der französischen Féerien zum Bewußtsein. Ihr Bruder Professor Hebenstreit förderte ihre Belesenheit in den Sagen. Um Rudolf von Habsburg kreisen die meisten Geschichten. Seiner Gerechtigkeit und ehrsamen Biederkeit steht der sittenlose Artushof gegenüber. Stoffe und Motive verschiedenster Herkunft werden ohne Unterscheidungsvermögen zusammengewoben: örtliche Volkssagen, literarische Überlieferungen des Spätmittelalters, Legenden, Dramen der Stürmer und Dränger, Goethes Balladen, Nibelungenlied und Rosengarten.

August Friedrich Ernst Langbein (1757–1835) wandte sich von der Gefolgschaft des Musäus (*Schwänke* 1792, *Der Bieresel*) wieder der französischen Märchenüberlieferung (*Feierabende* 1793) zu. Mehr aus Sensationslust, als um die ungesunden Verhältnisse bloßzustellen oder Einblicke in das Seelenleben zu geben, schrieb er *Kriminalgeschichten*, die er in den 3. Band seiner *Feierabende* aufnahm. Er belebte die *Schwankliteratur* und gab seinen Erzählungen statt der moralisch-lehrhaften Anhängsel einen frivolen oder fröhlichen Schluß. Vorbilder des 17. Jahrhunderts nachahmend, durchsetzte er seine Prosa mit holprigen Versen. Derbheiten sind seine heitersten Einfälle, und wenn er die Fäden der Geschichte gehörig verwirrt hat, erklärt er, die Sache habe eine ihm unbekannte Lösung gefunden. *Rosenplüt, Hans Sachs, Boccaccio* und dessen Nachfolger vereinigen sich bei ihm mit Motiven der abgesunkenen Galanterie. Fast alle Geschichten kreisen um einen vollzogenen oder verhinderten Ehebruch. Meldet sich Langbein aber selbst zum Wort, so knüpft er alberne, rationalistische Betrachtungen über Gott und die Welt, den Tod und die bösen Geistlichen an. Seine späteren *Schwänke* kehren mit ihrem gesunden Realismus zum mittelalterlichen Ursprung zurück.

Johann Christian Heinrich Heydenreich (1776–1808) ist, sowohl was die Anleihen bei den Feengeschichten in den *Spanischen Novellen* (1794 ff.) wie die *Drolligen Abenteuer aus der wirklichen Welt* (1798) betrifft, Langbeins Schüler. *Märchen* und *Verserzählungen* halten sich an französische Muster der Mme. Madeleine Angélique de Gomes.

Ludwig Franz Josef von Baczko (1756–1823), Kants Kollege an der Königsberger Universität, beruft sich in seinem *Ehrentisch oder Erzählungen aus den Ritterzeiten* (1793) auf Chroniken als Quellen und Boccaccio als Muster der Rahmenerzählungen, kommt aber über Veit Weber nicht hinaus. Er predigt Toleranz, ergreift die Partei der edlen Räuber gegen die verruchten Mönche, verurteilt die Feme, schildert das Wirken der Geheimbünde und streift die Welt der Feen.

Karl Grosse (1761–1800) berührt in den *Novellen des Grafen Vargas* (1792) und *Spanischen Novellen* (1794) die Welt des Schicksalsdramas mit der Schilderung unglückseliger Verwicklungen, in die er seine kritische Abwehr einstreut, spielt aber auch den Moralisten, der das Lob der Standhaftigkeit singt und die idyllische Zurückgezogenheit preist. Seine vom Erbe der Feengeschichte zehrenden *Märchen*, in denen er sich über den Wunderglauben lustig macht, zerzauste die romantische Kritik.

Die Verbindung des Feenmärchens mit der nordischen Sagenwelt suchte Levin Sander (1756–1819) mit *Comischen Erzählungen nach dänischen Originalen* (1792) herzustellen, aber er tat kaum mehr, als daß er diese nach Rahbeck (1760–1830) mit den ihm vertrauteren deutschen Verhältnissen – Friedrich der Große und seine Generale treten auf –, mit orientalischem Märchenzauber und der moralischen Erbschaft von Marmontel zusammenwob.

Ansätze zu einer nationalen Wiedergeburt sind während des ganzen Jahrhunderts zu beobachten. Sie konnten an Bestrebungen der Humanisten und Sprachgesellschaften anknüpfen. Nunmehr vereinigen sie sich mit dem Überdruß an der billigen, süßlichen Moral, den Anregungen der Stürmer und Dränger in deren Ritterromantik und dem Ideengut der Aufklärung (Toleranz, Aufhebung der Klöster). Das alles trifft zusammen in den *Romantischen Erzählungen nebst Abhandlungen über Gegenstände vergangener Zeit* (1784) von Johann Christoph Krause (1749 bis 1799), der von 1787 an auf der Universität Halle allgemeine Weltgeschichte lehrte. Sein Programm war, „den teutschen Ausdruck zu bilden und wahre Geschichte anschaulich zu erzählen". Es fällt ihm schwer, über den erzählten Stoff Reflexionen anzustellen und das Morgenland wahrheitsgetreu darzustellen. Seinen Verzicht auf die Abfassung nationaler Schauspiele brauchen wir kaum mit ihm zu bedauern. Eine journalistische Aufforderung, mitgeteilte *Begebenheiten aus der Familie derer von Riedesel* nach dem Vorbild von Goethes Götz dramatisch zu verarbeiten (1774), regte ihn an, damit auch gegen die moralischen Erzählungen Front zu machen. Die *Rittererzählung* löste sich nun langsam vom *Ritterstück*. Personenverzeichnis, Schauplatzbeschreibung und Dialog behielt sie lange bei. Eine selbst zurechtgelegte und kaum aus der Quellenlektüre lebendig gewordene altertümelnde Sprache sollte die „altteutsche Stimmung" vermitteln. Vielleicht haben Herders *Volkslieder* hier Schule gemacht. Kühne Taten des Helden lassen den künftigen Schwiegervater über dessen Armut hinwegsehen. Der Graf von Gleichen begegnet uns hier frei von der Bewitzelung des Musäus. Siegwarts sehnsüchtige Empfindsamkeit wird auf eine Nonne übertragen. Das nahmen J o h a n n F r i e d r i c h E r n s t A l b r e c h t s (1752 bis 1814) *Skizzen aus dem Klosterleben* (1786) auf, sie berührten sich mit den Gedankengängen von Diderots *La Réligieuse* und beschäftigten sich mit der Zukunft der Mönche und Nonnen, die durch die Klosteraufhebungen Josefs II. heimatlos geworden waren. *Neue Biographien der Selbstmörder* gab Albrecht 1788 heraus. Er wollte damit der Wahrheit dienen.

Eine engere Verbindung mit dem *Ritterdrama* stellte J o s e f M a r i u s v o n B a b o (1756–1822) her. In seinen *Gemälden aus dem Leben der Menschen* (1783) schildert er u. a., daß ein armer Fischer die Verschwendung eines Klosters büßen muß. Babo greift als einer der letzten die alte Form des *Fürstenspiegels* auf.

Der wirksamste Wiedererwecker der Freude am Mittelalter war G e o r g L e o n h a r d W ä c h t e r (1762–1837), der als V e i t W e b e r die siebenbändige Sammlung *Sagen der Vorzeit* (1787–98) herausgab. Diese Geschichten spielen in einem zeitlosen Mittelalter mit gleichbleibenden Gewohnheiten, mag es sich um Begebenheiten aus der Umwelt Karls des Großen, der Hohenstaufen oder Maximilians I. handeln. Ort der Handlung ist meist irgendeine, gleichmäßig biderb eingerichtete Ritterburg. Literarisch leben die Sagen aus Motiven der Geniezeit, der moralischen Erzählung, der ossianischen Welt und Betrachtungen über einzelne Vorkommnisse. Bald aber werden Fluch und Schwur begünstigte Triebkräfte der Erzählung, dem rauhen aber ehrlichen Rittertum wird Pfaffentrug entgegengehalten, dem Wahnsinn der Kreuzzüge werden bittere Worte nachgesagt. Der Charakter der *Adelheid von Waldorf* wird zur Schablone des bösartigen Machtweibes. Schwarzes Gegenspiel siegt nicht selten über die weiße Unschuld. Mitunter glückt die Wiederaufnahme des Chronikenstils. P h i l i p p S t u r m wollte mit *Szenen aus der brandenburgischen Geschichte* (1797) die Ritterdialoge durch beglaubigte Begebenheiten ablösen, während J o h a n n C h r i s t i a n H e r m a n n G i t t e r m a n n (1768–1834) auf Polemik und Tendenz verzichtete, dafür aber seine *Romantischen Erzählungen* (1803) ossianisch einnebelte und Bardengesänge anstimmte. Da hinein wurden Gestalten vom Schlage *Pamelas* und *Lovelaces* versetzt. Schließlich aber zerstörte der Rationalismus allen Zauberspuk in den *Wundergeschichten samt dem Schlüssel zu ihrer*

Erklärung (1792) von Kajetan Tschink (1763–1830), in denen z. B. die Ähnlichkeit zweier Mädchen eine Zauberei auf natürliche Weise aufklärt oder irgendein Zauber als Betrug erkannt wird.

Es waren weniger die wenn auch zahlreichen Übersetzungen, die Marmontel zum Günstling der Zeit machten, als die *Moralischen Erzählungen im Geschmack Marmontels* (1782–84) und deren *Nachlese* (1788) von Sophie la Roche. Sie schwelgte in den vorbildlichen Tugenden ihrer Gestalten, indem sie diese zu Werkzeugen einer weisen Vorsehung, zu Mustern der besten Eigenschaften machte und ihr Glück in zufriedenem Bescheiden mit den Verhältnissen finden ließ. Da schlagen selbst schlechte Absichten zum Guten aus. Auf dem Lande blühen wahres Glück und Menschenliebe. Man ist versucht, in diesen Gestalten die flüchtenden Barockallegorien zu erkennen, die sich von ihren bösen Gegensätzen befreit haben, wenn man sie in den *Vermischten Abhandlungen und Erzählungen für Kinder* (1779) des Münchener Hofrates Karl von Eckartshausen (1752–1803) antrifft. Da stößt man auch auf Reste der kraftlos gewordenen Erbauungsliteratur, einer Moralsatire, die das Donnern verlernt hat. Lehrhaftigkeit drängt sich vor: *Die Folge der Tugend und des Lasters oder moralische Grundsätze, anwendbar gemacht auf das Herz durch Erzählungen* (1789), *Sittenlehren und Erzählungen für alle Stände der Menschen zur Bildung des Herzens* (1790). Eckartshausen hat auch die Rezepte bereit, wie man tröstet und Gutes tut, an welchen Merkmalen man den Bösewicht erkennt, wie man Empfindlichkeit und Empfindsamkeit unterscheiden kann, wie man nicht lesen soll. Einer seiner Helden, den ein böser Freund in ein Freudenhaus gelockt hat, erfüllt seine Sendung durch so erbauliche Reden, daß die Dirnen andachtsvoll seinen Worten lauschen und ihrem Laster entsagen. Das Böse, mehr aus der Literatur als aus dem Leben gewonnen, stellt sich dem Guten entgegen, um dessen Triumph zu vergrößern. Dazu sind ihm auch einmal Gespenster, Nattern und Räuber willkommene Requisiten. Schildert er vorbildliche menschliche Eigenschaften oder Typen der Gesellschaft, so hat er sie nicht aus eigener Beobachtung, sondern aus dem Moralkodex einer festen Lebensordnung gewonnen.

Gotthelf Wilhelm Christoph Starke (1762–1830) spielt nach dem Muster der La Roche in seinen *Gemälden aus dem häuslichen Leben in Erzählungen* (1793–98) die göttliche Vorsehung. Den Schritt zur *Allegorie* mit der Gegenüberstellung von Freiheit und Aufklärung gegen Bevormundung und Pfaffentum tat August Ludwig Christian Giseke (1756–1832) mit *Gemälden ländlicher Glückseligkeit* (1791) und *Erzählungen aus dem Menschenleben* (1794).

Betriebsamkeit ließ August Gottlieb Meißner (1753–1807) sich auf verschiedenen Gebieten versuchen. Er übersetzte *Arnaud* (1783 und 1788) und *Florian* (1786). In seinen *Skizzen* (1778 ff.) und *Dialogen* (1781 ff.)

kamen die moralischen Erzählungen zur Geltung. Selbstlosigkeit, Edelsinn und Großmut triumphieren. Beispielhaft wird der Lehrsatz: *Kleine Ursachen, große Wirkungen* bewiesen. Mit *Kriminalgeschichten* (1778) erhebt er Anklage gegen die Rechtspflege, indem er nicht den Verbrecher, sondern die Umstände, die ihn zur Tat trieben, verantwortlich macht, Rücksichtnahme auf die Veranlagung des Verbrechers fordert und den unschuldig Verurteilten mit dem Hinweis tröstet, daß sich die Schuld zu verraten pflege. Mit moralisch erhobenem Zeigefinger erzählt er auch orientalische Geschichten. Rupert Becker (1759–1826), Meißners Schwiegersohn, läßt in *Begebenheiten aus dem gesellschaftlichen Leben* (1786) einen Vater die göttliche Vorsehung spielen, indem er seinen Sohn grausam behandelt, ja sogar zum Mörder werden läßt, um ihn schließlich „gesäubert" für das glückseligmachende Landleben reif werden zu sehen.

Auf den Spuren Meißners wurde Kotzebue zum Erzähler. Die *jüngsten Kinder meiner Laune* (1794f.) erläutern die Erfahrungssätze, daß es anders komme, als man glaube, und Ursache und Wirkung oft kaum zu vereinbaren seien. Dazu kommt verkitschtes Voltairesches Geistesgut. Wenn Kotzebue vor der Lüge warnen will, so beweist er an den Folgen von neun harmlosen Lügen, wie zwei Ehen gestört und ein Menschenleben zugrunde gerichtet werden kann. Ein Geist, der es wissen muß, verkündet, daß Taten, die in der besten Absicht getan wurden, sich unselig auswirken, daß das Glück der einen das Unglück der andern ist, Räuber und Mörder segensreicher als die Guten wirken und welche Verantwortung auf dem einzelnen und seiner Nachkommenschaft lastet. Dazu mischt er noch die Empfindsamkeit der moralischen Erzählungen, die mit ihrem „Ende gut, alles gut" ernsthafte Zweifel an solchen Äußerungen aufkommen lassen mußten. Soziale und Standeskritik maskiert sich in orientalischem Kostüm. Aus zwölf Schlagworten stellte Kotzebue die *Geschichte meines Vaters* (1788) zusammen. Schwank- und Komödienmotive sind ihm willkommen und nach Bedarf auch bardischer Patriotismus und urväterliche Biederkeit, z. B. in *Ildegerte Königin von Norwegen* (1788).

Wilhelm Gottlieb Becker (1753–1813), Professor in Dresden, läßt in seinen *Darstellungen* (1795–98) Biedermänner, glückliche Paare, einen spleenigen Engländer, einen blasierten Höfling, den das idyllische Landleben auf den rechten Weg bringt, die zurückgesetzte Schwester, die mit dem reichsten Bewerber, auf den es ihre Rivalinnen abgesehen hatten, glücklich wird, und den wackeren Amtmann, den selbst die auf ihn herabprasselnden Glückgüter nicht übermütig machen, auftreten. Mit der Weisheit: *Wer weiß, wozu es gut ist,* kommt einer seiner Helden über die Schande seiner Tochter, eheliche Mißhandlung und Gefangenschaft bei den Kannibalen gut hinweg. – *Lebensszenen aus der wirklichen Welt* (12 Bände 1784–90) nannte Friedrich Theophil Thilo (1744–1825) seine Menschenrevue: aus dem Elend aufsteigende Dirnen, verhinderte Selbstmörder, unter dem Zwang der Not stehende Verbrecher, feindliche Brüder, Mörder aus Bruderliebe und Findlinge. Sie geben Beispiele ab für Elternliebe, Treue, Edelsinn und verderbliche Folgen klösterlichen Zwanges.

Liebenswürdiger, aber gleich gefährlich wie Meißner stellt August Wilhelm Schlegels Urteil, an das sich die Literaturgeschichten zu halten pflegen, August Lafontaine (1758–1831) hin. Fröhlichkeit und Jovialität, raffinierte Unsittlichkeit seiner Romane und rhetorischen Wortschwall sagt Schlegel ihm nach, ohne sehen zu können, daß Lafontaine der moralischen Erzählung das Leben gewann, sie mit sozialen Zügen ausstattete und die Ideen der Französischen Revolution verbreitete, die ihn mit neuen Stoffen versah. Dennoch ist er kein Mann des Umsturzes, wenn er soziale Gerechtigkeit und Gleichstellung der Stände im Bereiche der Sitte fordert. Die verführten Dienstboten, Erzieherinnen oder Försterstöchter erringen sich durch ihre moralische Haltung Achtung und Liebe ihrer einst leichtfertigen, nun aber gewandelten adeligen Liebhaber. Im weinerlichen Familienroman, als dessen Schöpfer Lafontaine gilt, vereinigen sich Elemente verschiedenster Herkunft: Gellert und dessen französische Vorläufer, Richardson und Marmontel. Daß der Brief den Dialog verdrängt, mag darauf hinweisen, daß die englischen Vorbilder vor den französischen begünstigt werden.

Friedrich Rochlitz (1769–1842) wünschte sich in den *Charakteren interessanter Menschen in moralischen Erzählungen* (1799) Leser, die denken und beobachten. Damit verlangte er nach seinesgleichen; denn an psychologischer Wahrheit übertreffen seine Gestalten die Schwarzweißmaler und tränenseligen Leisetreter. Er leuchtete in die Verhältnisse der Universitäten, des kritischen Journalismus und der gelehrten Berufe. Seine Familienbilder stammen aus dem Leben und können als schwaches Aufleuchten eines Realismus bezeichnet werden, dessen Entfaltung die Zeit nicht günstig war. Das hatte Goethe erkannt, der den „ruhigen, zusammengenommenen Charakter" von Rochlitz schätzte: „Er schreitet ruhig-getrost in der Literatur seiner Tage daher, erwirbt die vollkommenste Leichtigkeit des Ausdrucks, sagt nur, was sich aussprechen läßt, und spricht es gut aus."

Die *psychologische Betrachtung* wurde von den Angriffen auf die alte Rechtsordnung gefördert. Montesquieus *L'esprit des lois* (1748) gab das Signal, Voltaire und Rousseau verstärkten es. Das gleichzeitige Erscheinen der Übersetzung von Pitavals *Causes célèbres* von Gleditsch unter dem Titel *Erzählungen sonderbarer Rechtshändel* (1747–68) und den *Grundsätzen der Polizeiwissenschaft* (1765) von Josef Sonnenfels regte zur literarischen Behandlung von Verbrechen an. Auf die dramatische Behandlung des Kindsmordes ist bereits hingewiesen worden (S. 260f).

Christian Heinrich Spieß (1755–99) folgt Meißners Tendenzen in der Veröffentlichung von *Selbstmörderbiographien* (1785 ff.), um die Opfer solcher Verzweiflung dem Mitleid der Zeitgenossen zu empfehlen. Es geht ihm weniger um die Folgen der Verbrechen oder den plötzlichen Abschluß des Lebens als um die Verbrechen selbst und die Motive, die sie veranlaßten. Meist sind es Handlungen, die im Affekt, in Unkenntnis der Verhältnisse, aus mißverstandener Hilfsbereitschaft, Rachedurst, Eifersucht, Abwehr gegen eine herzenskalte Umgebung, Ehrgeiz, verletztem Rechtsgefühl begangen werden. Spieß wird zum leidenschaftlichen Anwalt der Verfolgten. In ähnlichen Bahnen bewegen sich seine *Biographien der Wahnsinnigen* (1795/96). Der Prager Buchhändler, Arzt und Theaterdirektor, Johann Fr. E. Albrecht folgte mit *Neuen Biographien der Selbstmörder* (1788). Die psychologische Vertiefung dieser Literaturgattung hat Schiller mit dem *Verbrecher aus verlorener Ehre* (1787) bewirkt.

Johann Christian Ludwig Haken (1767–1823) warf in der *Grauen Mappe aus Ewald Rinks Verlassenschaft* (1790–95) satirische Streiflichter auf das Leben der Junker, die eine schlechte Erziehung nicht mit den Mitteln ausstatten kann, sich gegen Widersacher, Weiber und Gläubiger zu wehren. Da Haken seine Vorliebe für Geheimgesellschaften und ihre Wirkungen mit alten Schwank- und Anekdotenmotiven verbindet, zeigt er, wie mühsam sich die zeitgemäßen Motive von der alten Überlieferung befreiten.

Als Johannes Cosmopolitanus veröffentlichte der Danziger Karl Feyerabend *Romantische Erzählungen wahrer Begebenheiten* (1802). Temperamentvoll und leidenschaftlich trägt er seine Angriffe gegen die erstarrte Rechtspflege vor. Öffentliche Hinrichtungen, überhaupt die Todesstrafe, die unmenschliche Behandlung im Zuchthaus, die körperlichen Strafen in der Schule, die schlechte Stellung der Lehrer, die diesem Beruf fragwürdige Kräfte zuführt: das ist es, was Feyerabend, stark berührt von den Ideen der Französischen Revolution, vor allem bekämpft, indem er die üblen Folgen dieser Erscheinungen ausführlich darstellt.

Den Weg von der Wissenschaft zur Literatur fand der Oldenburger Regierungsrat und Geschichtsschreiber Anton von Halem (1752 bis 1819). Seine *Gesammelten poetischen und prosaischen Schriften* (1787) und *Schriften* (1803–10) pflegen neben der moralischen Erzählung nach französischem Muster und der geschichtlichen Darstellung des Rittertums nach französischen Quellen die Erörterung politischer Fragen: die Negeremanzipation mit dem Motiv des edlen Wilden und im Anschluß an Hölderlins *Hyperion* den Philhellenismus. Die Erbschaft des wiedergewonnenen klassischen Griechentums verband sich mit dem Preis des naiven, glücklichen Naturvolkes.

Das Elend des begabten Schriftstellers, der im Alter ein erbärmliches Leben fristen muß, suchte den fruchtbaren Dramatiker und Erzähler Christian Leberecht Heyne (1751–1821) heim. Er veröffentlichte seine Werke unter dem Pseudonym Anton-Wall. Der Ausgangspunkt des Erzählers sind Florian und Voltaire. Französische Leichtigkeit rühmt August Wilhelm Schlegel seinen Märchen nach. Bedeutungsvoller ist, daß er Selbstbeobachtetes mit freundlichem Humor und beachtenswerter Anpassungsfähigkeit zu gestalten versteht. Seine bürgerliche Erzählung hält Stimmungen fest, zeigt psychologisches Einfühlungsvermögen und bemüht sich, die Moral nicht aufdringlich werden zu lassen.

Leonhard Meister (1741–1811) erweist sich in *Schweizer Geschichten und Erzählungen* (1789) als Schüler der Franzosen. Er schrieb Gesellschaftssatiren auf märchenhaft-allegorischem Hintergrund. Er wandelte das Motiv der unstandesgemäßen Ehe ab, pries Charakterfestigkeit und Ausharren und konnte nicht darauf verzichten, alte nationalhumanistische Motive aus Frischlins *Julius redivivus* wieder aufzuwärmen.

Alois Wilhelm Schreiber (1763–1841) bietet in seinen *Launen, Erzählungen und Gemälden* (1793) moralische Erzählungen, die schwankend gewordene Helden und Heldinnen auf die rechte Bahn zurückführen, vereinzelt auch galante Geschichten, und bereitete mit *Lebensszenen, Skizzen und Erzählungen* (1793) im Stil von Veit Weber auf die Wiedergewinnung des Mittelalters vor. Dort und in den *Romantischen Erzählungen* (1795) weiß er nichts Gutes von Kloster und Mönchen zu berichten, sie fördern Aberglauben und Wahn. Biedere Ritter finden sich immer bereit, im richtigen Augenblick das bedrohte Opfer aus den Klauen der Mönche zu befreien. August Samuel Gerber (1766–1821) gab als Doro Coro *Novellen* (1795) heraus. Er glaubte, sich durch die Versicherung, unterhalten zu wollen, ohne Sitte und Geschmack zu verletzen, der Verpflichtung enthoben, erzählte Ereignisse wahrscheinlich vorzubringen und psychologisch zu erklären. Den Gedanken des leitenden Bundes hat Gerber in seiner naiven Weise aufgegriffen.

2. DER ROMAN

Der Pietismus und die zerfließende, neuplatonisch-mystische Überlieferung müssen sich um die Mitte des Jahrhunderts gegen ihren orthodoxen Erbfeind und die Aufklärung zur Wehr setzen, wie diese gegen pietistische Schwärmerei und Orthodoxie ihre Stellungen bezog, so daß jede dieser drei geistigen Bewegungen nach zwei Fronten hin kämpfen mußte und keine Bereitschaft zu Kompromissen zeigte. Die neuplatonische Überlieferung – von jeher Feindin des Radikalismus – war gewohnt, den Weg zwischen streitenden Parteien zu gehen und Toleranz zu predigen. Das machte ihr die Aufklärung streitig, indem sie im Namen der Vernunft eine Forderung erhob, die für den Pietismus aus dem Gefühl gewachsen war. Wer sich von der Toleranzidee begeistern ließ, unterschied nicht, woher sie kam. Deshalb fragten die Freimaurer nicht nach dem Ursprung ihrer Leitideen und konnten auch keine Trennungslinie zwischen Aufklärung und neuplatonischer Überlieferung ziehen, obgleich diese im Zeichen der geheimen Gesellschaften sich abseits vom Pietismus zu einer merkwürdigen Blüte entfaltete. Scharf vermochten die Menschen des 18. Jahrhunderts nur zwischen Kritik und liebevoll sich bemühendem Verstehen zu unterscheiden, das sich bis zu schwärmerisch hingebendem Genießen steigern konnte. Dieses, volkstümlichem Denken gemäß, trug den Glauben, um den sich die offizielle theologische Richtung in Nicolais *Allgemeiner Deutscher Bibliothek* vergeblich bemühte. Religiöse Naturen lehnten es ab, damit zu paktieren. Die geistige Situation war ähnlich der um 1600. Ein Wehruf über die „Vernunft, die zum Herren der Empfindung sich machen will", wie ihn Friedrich von Meyern (1762–1829) in dem Roman *Dya-Na-Sore* (1787) ausstößt, vermittelte Stimmungen, die sich einst im Gegensatz zur Scholastik bilden konnten. Wer wies den rechten Weg zwischen den „Verirrungen einer vernünftelnden Philosophie" und denen „des blinden Glaubens"?

Die Freimaurerei englischer Prägung ruhte auf den Säulen des Weltbürgertums und der Toleranz. Ihre ersten Spuren werden in den moralischen Wochenschriften sichtbar. In den letzten Jahrzehnten des Jahrhunderts genoß sie das unerschütterte Vertrauen weitester Kreise. Das erklärt Cagliostros (1743–95) Erfolge und die vielen Logengründungen, von denen sich einige aus den geistlichen Ritterorden des Mittelalters ableiteten und damit die Verbindung zu Mitgliedern des aufgehobenen Jesuitenordens herstellen konnten. Haben hier die Aufklärer eingegriffen, so bereitete sich damit auch die Wiedergeburt des Mittelalters vor. Das kam der Freude am Ritterspiel und billigem Adel entgegen und ließ auch Wort und Begriff der Rosenkreuzerei wiederaufleben. Gleichzeitig erstand alchemistisches Bemühen, die Schriften von Paracelsus und Jakob Böhme kamen wieder zu Ansehen. Swedenborgs Anregungen nahmen die Wunderärzte Franz Anton Mesmer (1733 bis 1815) und Johann Josef Gaßner (1727–79) auf. Sie dringen in die Gedankenwelt des jungen Goethe ein, der schon 1764 die Aufnahme in die *Arcadische Gesellschaft zu Phylandria* suchte und bei der Wetzlarer Tafelrunde sich den Namen „Götz von Berlichingen der Redliche" zulegen ließ. Gegen Ende des Jahrhunderts, nachdem die Anschuldigungen des Kryptokatholizismus und -jesuitismus gegen den Freimaurerorden abgeflaut waren, nahm man ziemlich wahllos neue Mitglieder auf. Da es zum guten Ton gehörte, Mitglied eines Geheimbundes zu sein, taten sich auch die Studenten in Orden (Amizisten, Constantisten, Jukundisten

usw.) zusammen. Im Zeichen der Freimaurerei ersteht auch die Naturphilosophie wieder. Anton Josef Kirchwegers *Aurea Catena Homeri*
(1723) vermittelte sie. Im „neuesten Platonismus", so spottete Hippel,
treffen außer den neuplatonischen, pythagoreischen, aristotelischen und
platonischen Ideen auch noch Gnostik, Kabbala, morgenländische Philosophie, Judentum und Christentum zusammen.

Jung-Stilling ließ Schriften von Paracelsus und Böhme erscheinen. Des letzteren
Werke waren 1682 f. von Johann Georg Gichtel herausgegeben und seine Theosophie
1771 von Friedrich Christoph Oetinger (1702–82) gestaltet worden. Oetingers
Zentralanschauung als begnadete Erkenntnisfähigkeit ist mystisches mittelalterliches
Erbe, seine Schöpfung bedeutet eine sich abstufende Selbstoffenbarung Gottes. Louis
Claude de St. Martin († 1803), dessen Hauptwerk von Claudius (1782) übersetzt
wurde, ist ein wichtiger Vorahner romantischen Denkens gewesen. Die Furcht vor
den unbekannten Lenkern und ihren geheimen Aufträgen begünstigte das Wachstum
der romantischen Schicksalsidee, wie der Gegensatz zur materialistisch-atomistischen
Weltauffassung und empirischen Methode der aufklärerischen Naturforschung das
Aufleben der Naturphilosophie gefördert hatte.

Wie stark der Roman in der Gunst des Zeitalters stand, und wie er
als Lesestoff gegen Ende des Jahrhunderts eine ähnliche Rolle spielte
wie heutzutage die „Illustrierten", zeigt die Mitteilung der *Neuen Allgemeinen Deutschen Bibliothek* vom Jahr 1796, daß in den letzten 24 Jahren
etwa 6000 Romane erschienen seien. Die Verfasser trafen „den Ton, in
welchem Herzen und Sinne unseres Zeitalters gestimmt sind".

Unter den Vertretern des bürgerlichen Romans war Johann Jakob
Engel (1741–1802) nahezu durch ein Menschenalter mit seinem Roman
Herr Lorenz Stark, ein Charaktergemälde, beschäftigt. Das Werk erschien
1795/96 in Schillers *Horen*. Der Werdegang eines Kaufmanns und das
Generationsproblem stehen im Mittelpunkt. Die starren Ansichten des
Vaters, der seine Vorbilder in den Hausvätern des bürgerlichen Dramas
nach Diderot und Gemmingen hat, und der Wille des Sohns zur Teil-
nahme an höherer Kultur stehen gegeneinander. Die ursprünglich lust-
spielhafte Anlage schimmert noch durch die dialogisierten Gespräche.
Die tragische Zuspitzung wird durch die edle Handlungsweise des
Sohnes abgebogen. Das war zur Zeit des Erscheinens nicht mehr modern.

Lafontaines *Gemälde des menschlichen Herzens* (seit 1793) spiegelten ebenfalls die bürgerliche Alltagswelt und waren mit ihren billigen Sensa-
tionseffekten sehr beliebt.

Johann Karl Wezel (1747–1819) aus Sondershausen, studierte von 1764 an in
Leipzig zuerst Theologie, dann Philosophie und Literatur und war eine Weile Gellerts Hausgenosse. 1769 nahm er eine Hofmeisterstelle in der Lausitz an. Reisen führten ihn nach Berlin, Hamburg, London, Paris und Wien, wo er kurze Zeit ein erfolg-
reicher, von Josef II. geförderter Theaterdichter war.

Seine Erfahrungen als Hofmeister legte er in dem Roman *Lebensgeschichte des Tobias Knauts des Weisen, sonst der Stammler genannt* (4 Bde.

1774/75) nieder. Darin wird vor allem die Bedeutung der Erziehung auf die Charakterentwicklung dargelegt. Die Biographie des Helden ist wie ein pragmatisches Geschichtswerk, das zu großen Wert auf Geringfügigkeiten legt. Die Zergliederung der Seelenvorgänge verzerrt die Gestalten bis zur Karikatur. Sterne und Fielding standen Pate. Es ist ein Werk ohne künstlerische Geschlossenheit, wirkt einförmig durch die Grundstimmung der Verzweiflung und ist eigentlich eine Fortsetzung des Leipziger Literatentums im Anschluß an Christian Felix Weiße, außerdem eine Satire auf das Geniewesen. In der Nachfolge der englischen „Charakterwriters" steht Wezel mit seiner *Ehestandsgeschichte des Herrn Philipp Peter Marks* (1776). 1780 erschien sein bestes Werk, der Entwicklungsroman *Hermann und Ulrike*, eine realistische Erzählung von einem Bauernsohn, der bei Hof mit dem Fürstenkind erzogen wird und dessen Liebe alle Hindernisse überwindet. Die Empfindsamkeit als moralische Krankheit stellt er dar in dem zweibändigen Roman *Wilhelmine Arend oder die Gefahren der Empfindsamkeit* (1782).

Wezels Fruchtbarkeit als Schriftsteller war ungeheuer. Sein Programm erstrebte die Veredelung des bürgerlichen Familienromans als Abbild einer dichterisch erkannten Wirklichkeit.

Ein Vertreter des empfindsamen Romans war Johann Gottlieb Schummel (1748–1813) aus Seitendorf in Schlesien. Er wirkte, nachdem er seine Studien in Breslau vollendet hatte, als Lehrer in Magdeburg (1771) und an der Ritterakademie zu Liegnitz. An das Elisabethgymnasium in Breslau wurde er 1788 berufen. Von seinen pädagogischen Schriften war die *Empfindsame Reise durch Deutschland* (1770–72) beim Publikum sehr beliebt. Er ließ ihr 1779 *Spitzbart, eine komi-tragische Geschichte für unser pädagogisches Jahrhundert* und 1780/81 *Wilhelm von Blumenthal oder das Kind der Natur* folgen.

Ein ausgedehntes pädagogisches Schrifttum schloß sich an Rousseaus *Émile* und Basedows *Fürstenspiegel* an in Form von pädagogischen Romanen und romanhaften Darstellungen. Die Psychologie in Erziehung und Unterricht wurde theoretisch und an praktischen Beispielen demonstriert. Johann Georg Heinrich Feder (1740–1821) schrieb *Der neue Emil oder von der Erziehung nach bewährten Grundsätzen* (1771ff.). Die Fürstenerziehung beschäftigte die Pädagogen der Aufklärung wie Christian Friedrich Sintenis (1750–1820) in *Theodor oder über die Bildung der Fürstensöhne zu Fürsten* (1785). Die bürgerliche Familie erhielt Anweisungen im Geiste Rousseaus in *Vater Roderich unter seinen Kindern* (1783) von demselben Verfasser, und die wohlhabenden bürgerlichen Kreise wurden berücksichtigt in der *Familie Wertheim* (1798–1809), einem Handbuch der praktischen Erziehung, das Ideen Kants mit denen der Philanthropie und Rousseaus verschmilzt, von Johann Heinrich Gottlieb Heusinger (1767–1837). Sebastian Kluges praktische Ratschläge und nüchterne Behandlung des Themas bei kluger Ökonomie machten sein Werk *Constants kuriose Lebensgeschichte und sonderbare Fatalitäten* (1791–93) zu einem Volksbuch der Pädagogik.

Adolph Freiherr von Knigge (1752–96), Vielschreiber und Dilettant auf allen möglichen Gebieten der Bildung und des Lebens, hatte durch seine adelige Herkunft vielfältige Beziehungen bis in die höchsten Schichten der Gesellschaft und damit Gelegenheit, sich große Menschenkenntnis zu erwerben. Von Haus hatte er Verbindungen zur Freimaurerei und wurde „früh von der Krankheit unseres Zeitalters, von der Begierde nach geheimen Verbindungen und Orden hingerissen". Er gehörte zuerst einer Kasseler Loge an und trat dann in Verbindung mit dem berühmten Orden der *Illuminaten* in Ingolstadt, dessen Ziel, im haßvollen Gegensatz zu den Jesuiten, darin bestand, die Vernunft zur Herrschaft zu bringen, religiöse und politische Aufklärung zu befördern, gegen den kirchlichen Dogmenglauben für die natürliche Religion und die Bildung einer republikanischen Denkart zu wirken. Der Gründer und Leiter, Adam Weishaupt, Professor des kanonischen Rechts in Ingolstadt, bediente sich aber bald derselben Machtmittel, die er den Jesuiten so leidenschaftlich vorwarf. Ehe den Orden 1784 das Verbot und ein strenges Strafgericht traf, hatte sich Knigge bereits mit Weishaupt überworfen und war ausgetreten.

Kleine theatralische Arbeiten nach französischen Vorbildern schrieb Knigge für die Hamburger Bühne, gab dramaturgische Blätter heraus und ließ Predigten erscheinen. Seine ganze Schriftstellerei läßt sich unter dem einen Schlagwort der Menschenkenntnis zusammenfassen. Von kulturhistorischem Interesse ist der *Roman meines Lebens* (1781–83). Als politisch-soziale Satire ist die *Geschichte Peter Clausens* 1783 zu werten. In dem Roman *Die Verirrungen des Philosophen oder Geschichte Ludwigs von Seelberg* (1787) durchläuft Knigge mit dem Helden alle Möglichkeiten der Lebens- und Weltanschauungen, ein schwächlicher Nachfolger Fieldings und Lesages. Sein Hauptwerk, dem er heute noch eine gewisse Popularität verdankt: *Umgang mit Menschen* erschien 1788. Es ist eine ziemlich oberflächliche Lebenskunst, die hier aus den Erfahrungen eines bunten Daseins, aus dem gewonnenen *esprit de conduite* zusammengewoben wird.

Thümmel hatte mit seiner *Wilhelmine* (vgl. S. 149) das *komische Epos* aus der gebundenen Form in den Prosaroman übergeleitet. Wieland mit seinen komischen Erzählungen, Blumauer mit dem parodistischen Heldengedicht und Jean Paul mit den humoristischen Idyllen trugen zur Auflösung dieser Gattung bei.

Dagegen ist in der Jobsiade von Karl Arnold Kortum noch der von Zachariae geprägte Stil dieser Werke erhalten.

Karl Arnold Kortum (1745–1824) war der Sohn eines frühverstorbenen Apothekers in Mülheim a. d. Ruhr. Vom Gymnasium zu Dortmund kam er 1763 an die

Universität Duisburg. Dort promovierte er 1766 zum Doktor der Medizin und eröffnete in Mülheim eine ärztliche Praxis. Mit seiner jungen Frau ließ er sich 1770 zu
Bochum nieder. Neben seiner ausgedehnten Praxis war er von 1797 bis 1807 als Berg-
arzt tätig. Besondere Ehren wurden ihm anläßlich seines goldenen Doktorjubiläums
zuteil.

Seine populär-wissenschaftlichen Arbeiten – darunter die *Skizze einer
Zeit- und Literaturgeschichte der Arzneikunde* (1809) und zahlreiche Artikel
über Lebensmittel – sind von geringerer Bedeutung als seine Bemühungen um die *Entzifferungskunst deutscher Zifferschriften* (1782), um die
Alchemie oder die Mitbegründung einer hermetischen Gesellschaft. Die
sehr zahlreichen Gelegenheitsreimereien Kortums treten zurück hinter
dem Epos *Leben, Meynungen und Thaten von Hieronimus Jobs, dem Kandidaten, und wie Er sich weiland viel Ruhm erwarb, auch endlich als Nachtwächter
zu Sulzburg starb.* So erschien das Werk 1784. Die fortsetzenden Teile
(2. und 3.) sind Herbst und Winter 1798 entstanden und mit dem ersten
1799 als *Jobsiade* gedruckt worden. Sie führen das Schicksal des Helden
zu einem ausgleichenden Abschluß. Er wird Musterpastor und Dorf-
könig. Kortum selbst zeichnete die Bilder dazu. Wir haben es hier mit
einem der letzten Ausläufer des *pikaresken Romans* zu tun, der sich nun
mit dem Kandidaten- und Geistlichen-Roman in Swifts Satire *Schicksal
eines Geistlichen* und Nicolais *Nothanker* aufs engste berührt. Kaum wollte
Kortum damit Bochum als zweites Abdera bloßstellen, wenn auch
manches Zeitgenossen Züge karikaturenhaft wiedergegeben werden. Sie
gehen doch nicht über das Typische hinaus.

Das Vorbild des Tristram Shandy von Sterne wirkte auf das Hauptwerk von Johann Gottwerth Müller, von Itzehoe (1743 bis
1828). Er war Mitarbeiter an moralischen Wochenschriften und gab Ge-
dichtsammlungen heraus. Von 1773 ab lebte er als Buchhändler und
später Privatgelehrter in Itgehoe. Zeit seines Lebens hatte er eine Vorliebe für französische Literatur und übersetzte Novellen aus dem Französischen und Spanischen. Er hält sich stolz für den ersten Autor eines
originalen deutschen komischen Romans: *Siegfried von Lindenberg* (1779)
und steht doch deutlich unter dem Einfluß einer ganzen Reihe von Vor-
gängern, wie Sterne, Fielding, Wieland, ja sogar Wezel und Musäus.

Wie unmittelbar nach der Natur geschaffen, schildert er Personen und Zustände
des alltäglichen Lebens. Humoristisch erzählt er von dem lächerlichen Treiben eines
gutmütigen, aber ungebildeten pommerschen Landjunkers, der auf seinem Schloß
unter seinen Bauern das Gebaren eines großen Herrn kopiert, und stellt damit ein
lebenskräftiges Abbild menschlicher Torheit überhaupt hin. Scharfe Beobachtungsgabe, Lebenserfahrung und Menschenkenntnis sind dem Autor eigen. – Spätere Erweiterungen und Zusätze verdünnten die Substanz des Werkes und machten es
moralisierend und langweilig.

Sehr erfolgreich war die Gattung des historischen Romans, der neben
moralisch-beispielhafter Belehrung die mühelose Vermittlung geschicht-

licher Kenntnisse erstrebte. Chr. B. Naubert (s. S. 375) verwertete ihre geschichtlichen Studien zu über 50 Romanen. Friedrich Christian Schlenkert (1757–1826) fand wie die Naubert auf dem Felde der sächsischen und deutschen Geschichte reichliche Anregung für seine Werke, und der Königsberger Professor der Geschichte v. Baczko (s. S. 376) sah seine Aufgabe auch mehr in der poetischen als in der wissenschaftlichen Darstellung seiner Fachkenntnisse.

Von der patriotisch gefärbten Besinnung auf die Vergangenheit im historischen Roman war der Schritt zum Nationalepos nicht weit. Ihn tat in der Schweiz Franz Josef Benedikt Bernold mit seinem 1792 begonnenen *Tell*. Der Verfasser hielt sich trotz seiner hohen Einschätzung Klopstocks weniger an diesen als an Voltaires *Henriade*. Ebenso tritt in seiner Bewertung Rousseau hinter Homer zurück. Wenn er sich von der alten Überlieferung zu befreien sucht, indem er aus den zwölf Gesängen der 1. Fassung durch Streichen der mythologischen Zutat zehn macht, so kann er es doch nicht unterlassen, dem gefangenen Tell in einer Vision die Zukunft seiner Heimat durch Gestalten der Freiheit zu enthüllen. Bernold vermag es nicht, die Freiheitsidee vom Denken der Französischen Revolution zu lösen.

Den schon bei Chr. B. Naubert verwendeten Motiven aus dem ritterlichen Leben, die dem allgemeinen Interesse am Mittelalter entwuchsen, gab das Erscheinen von Goethes Götz den Anstoß, sich im Ritterdrama und Ritterroman zu verselbständigen. Dieser wurde gern als wahre Geschichte dargeboten, wie es Gottlob Heinrich Heinse in den 46 Bänden seines Romanwerks (1786–93) tat. Geniewesen und Aufklärung konnten in seinem solchen Mittelalter ihre eigenen Forderungen nach Kraftäußerung, Natur und Einfachheit erfüllt sehen.

Die innere Verwandtschaft des Götz als wohlmeinenden Selbsthelfers in anarchischer Zeit mit dem edlen Räuber Karl Moor führte zu einer Verschmelzung des Ritter- und Räuberwesens im Trivialroman. Die ersten Vertreter dieser Variante waren Spieß und Cramer. Karl Gottlob Cramer (1758–1817) begann 1782 seine Ritter- und Schauerromane zu veröffentlichen. Darunter hatte besonders *Hasper a Spada, eine Sage aus dem 13. Jahrhundert* (1792/93) großen Erfolg. Der erfolgreichste unter der Schar dieser Schriftsteller war aber zweifellos Christian August Vulpius (1762–1827), der im *Rinaldo Rinaldini, der Räuberhauptmann, eine romantische Geschichte unseres Jahrhunderts* (1799), dessen Handlung durch die Verlegung nach Italien noch einen besonders romantischen Anstrich bekam, nun den edlen Räuber par excellence schuf und mit dem berühmten Lied „In des Waldes düstern Gründen" einen weitreichenden Nachklang erzielte. Vulpius hatte in Jena und Erlangen Jus studiert, war eine Zeitlang Sekretär des Grafen von Soden gewesen und ließ sich von 1790 ab in Weimar nieder. Als Goethes Schwager wirkte er unter dessen Leitung am Theater, für dessen Repertoire er viele Bearbeitungen vornahm. 1797 wurde er Bibliothekssekretär, 1805 Bibliothekar und Münzinspektor. Seiner Tüchtigkeit gedenkt Goethe mit Anerkennung.

Durch die „Lieblingsnarrheit" der Zeit, die geheimen Gesellschaften, erhielt das Räuberwesen einen zugleich mittelalterlichen und modernen Anstrich. Heinrich Zschokke (1771–1848), der schon 1791–95 durch den Roman *Die schwarzen Brüder* (Enthüllungen über Geheimgesellschaften) berühmt geworden war, gibt mit seinem *Abällino* (1794) den Auftakt dazu. Die Geschichte von diesem mörderischen Schurken und zarten Kavalier in einem wurde auch dramatisiert und in Weimar den Schillerschen Stücken ziemlich gleichgestellt. Noch toller trieb Zschokke sein Spiel in dem Roman mit dem aufregenden Titel: „*. . . Kuno von Kyburg nahm die Silberlocke des Erschlagenen und ward Zerstörer des heimlichen Vehmegerichts. Eine Kunde der Vorzeit vom Verfasser der Schwarzen Brüder.*"

Ein breites Schrifttum, dessen weitverzweigte Wurzeln in alten religiösen und volkstümlichen Überlieferungen und in der mystischen Sehnsucht nach dem Irrationalen ruhen, geht von den Volksmärchen des Musäus aus. Der Einbruch der Geisterwelt in die rationalistische Sphäre der Ritterromane wird von einem Teil ihrer Autoren erfolgreich abgewehrt durch entzaubernde Hinweise auf natürliche Erklärungsmöglichkeiten. Diese Romane hatten es, wie der englische Ausgangspunkt der *gothic stories*, Walpoles *Castle of Otranto* (1765) darauf abgesehen, das Gruseln zu lehren. Solche „Ritterromane mit Gespenstern" standen in der Würzburger Leihbibliothek, in der Kleist im Jahr 1800 vergeblich nach den Werken der Klassiker fragte, den „Ritterromanen ohne Gespenster" als gleichermaßen viel verlangtes Lesefutter gegenüber.

Eine andere Entwicklung als die *gothic stories* nahmen die deutschen Geisterromane. Sie wollten zwar ebensowenig wie jene eine Metaphysik des Geisterwesens aufbauen, aber sie zielten auf die Psychologie des Grauens, auf Dämonie, die ihre Aufgabe im moralisch-theologischen Weltbild hat, sie lösten sich von der volkstümlichen Tradition und ergingen sich in lehrhafter Spekulation. Sie können an die französischen, orientalischen und Feenmärchen anknüpfen, doch ist ihre Vorliebe für die deutsche Vergangenheit, für ein Mittelalter, das sich zwischen Karl dem Großen und dem Dreißigjährigen Krieg des gleichen prächtigen Kostüms und ähnlichen fadenscheinigen Denkens bedient, besonders durch die geheimen Gesellschaften und Orden sowie die Ritterromane und -dramen in der Gefolgschaft des Götz gefördert worden. Es entstehen in der ernsthaften Berührung mit den Problemen der Theodizee die Typen des *Teufelsbündler-* und des *Erlösungsromans*.

Mangels klarer Jenseitsvorstellungen entsteht keine mystische Vertiefung des Weltbildes, sondern die Probleme und ihre Trägergestalten werden immer weiter ins Diesseitige und Menschliche übertragen, so daß z. B. die zuerst furchtbaren Ahnengeister, die als Repräsentanten des Guten und Bösen um die Seele des Prüflings kämpfen, zu würdigen Greisen entdämonisiert werden, die von den Enkeln sehnsüchtig erwartet und liebevoll empfangen, selbst aller menschlichen Gefühle fähig sind. Der *Selbsthelfer* (Götz) und der *Teufelsbündler* (Faust) werden auf dem Boden des Rationalismus nicht als Gestalten von erschütternder Tragik empfunden, sondern als Irrende, die büßen und auf den rechten Weg geleitet werden müssen. Die Irrwege des Menschen werden als *Reise* dargestellt, der *Wandler* bekommt von seinem guten Geist *Talismane* (Glöckchen, Zauberflöte) mit, die ihm zu Prüfung und Bewährung den rechten Weg weisen sollen. Davon wird er aber durch *Blendwerk* wie Gestaltentausch (Verwechslung des guten mit dem bösen Geist) oder irreführende Ähnlichkeit von Ort und Situation abgelenkt. Er übersieht im Bestreben, Gutes zu tun, daß seine Talismane ihn warnen, weil die lockende Guttat Blendwerk und böse ist. Fast alle Geprüften werden zum Schluß erlöst, selbst wenn sie sich in der Prüfungszeit im Bösen verhärten.

Der Roman *Das Petermännchen* (1791/92) von Chr. H. Spieß geht auf das Volksbuch des Dr. Faust zurück und zeigt mit dem gleichzeitigen Faust Klingers eine daraus zu erklärende Ähnlichkeit im Hauptmotiv: der Verführung eines Lebenshungrigen zum Pakt mit dem Teufel. Hier kommt keine Erlösung zustande. Der große Erfolg des Werkes wurde unterstützt von der Dramatisierung, die ihm Hensler für das Leopoldstädter Theater in Wien angedeihen ließ.

Als geisterhafter Ahnherr weckt der Verführer im Helden, Rudolph von Westerburg, Wünsche und Leidenschaften, die diesen ins Verderben führen. Die Ahnfrau, die im Leben ihrem gottlosen Mann gegenüber zu schwach war, muß nun als Geist gegen ihn kämpfen, um den Nachfahren zu retten, was nicht gelingt. Die Möglichkeit zur Entscheidung aus sittlicher Kraft wird dem Prüfling ausdrücklich gelassen. Darin liegt ein wichtiger Gegensatz zum sogenannten *Bundesroman*, bei dem die Geheimbundsendlinge die Erschütterung des naiven Selbstgefühls erstreben und die Oberen als unerbittliches Fatum darüberstehen. Ebenso unterscheidet sich dieser Typ vom romantischen Schicksalsgedanken.

In den *Zwölf schlafenden Jungfrauen* (1794–96) mündet das Motiv der Verführung in Gutmachung und Erlösung. Der berühmteste von Spieß' Romanen war *Der alte Überall und Nirgends* (1792–94), ein Büßer, der von seinen Zweifeln an Gottes Gerechtigkeit erlöst wird.

Hier und in den Selbstmörderbiographien grübelt Spieß ernstlich über das Übel in der Welt. Mit seinem Roman *Hans Heiling, vierter und letzter Vertreter der Erd-, Luft-, Feuer- und Wassergeister, ein Volksmärchen des 10. Jahrhunderts* (1798) wendete sich Spieß einer Sage des böhmischen Landes zu, in dem er lebte.

Als fruchtbarster Vertreter der Geisterromane schrieb Joseph Aloys Gleich (1772–1841) über hundert Romane und Geistergeschichten. Er überträgt die Phantastik der Geisterromane auf die komische Bühne, wo ihr dank der besonderen Gunst der theatralischen Möglichkeiten im sogenannten *Besserungsstück* eine neue Blüte beschieden war. Auch er wendete sich in den letzten Lebensjahren wie Spieß dem Volksmärchen zu.

Die Handlung der Geisterromane spielt in einer abenteuerlichen Atmosphäre. Die Landschaftsschilderung strebt nach dem Pathos des Furchtbaren, riesige Gebirge schützen abgeschlossene Gebiete, die nur durch unterirdische Gänge zu erreichen sind. In dieser unwirklichen Landschaft können edle Räuber ungestört als Bauern leben, finden sich, fast nur noch als Staffage, prächtige Ordensburgen oder unheimliche Versammlungsorte der Geheimbünde oder Feme. Der Bund kann Gewissenskonflikte verursachen, aber die freie sittliche Entscheidung nicht verhindern. Der Held ist meist frei von allen sozialen Bindungen, Lehensherr und Kaiser sind in weiter Ferne oder nicht vorhanden, auf Kreuzzüge geht er jederzeit auf eigene Faust. Die Vorgänge kreisen alle um das Problem des rechten Handelns.

3. DAS DRAMA

Die Entwicklung des D r a m a s im letzten Drittel des 18. Jahrhunderts schließt hauptsächlich an drei Werke an: Lessings Miß Sara Sampson und Emilia Galotti, Goethes Götz. In der ausgebreiteten Nachfolgeproduktion erscheinen viele Motive des Sturms und Drangs, aber in veränderter Gestalt. Sie haben ihre Wucht verloren und lösen ihre Probleme in Wohlgefallen auf. Das Bürgertum, dem von allen Seiten belehrender und bildender Lesestoff zugeführt wurde, schloß sich auf einem gleichmäßigen Bildungsniveau zusammen und konnte sich als Träger der Kultur fühlen. Das war der Nährboden für das b ü r g e r l i c h e D r a m a, in dem viele Ströme zusammenflossen. Aus der Comédie larmoyante, von Chr. F. Weiße, Gozzi und Goldoni, Molière, Diderot und Mercier nahm man die Themen, nachdem Lessing mit der *Sara Sampson* den ersten Schritt in die bürgerliche Sphäre getan hatte. Rührseligkeit und platte Natürlichkeit treten an die Stelle der unerbittlichen Tragik der Stürmer und Dränger und des Idealismus Schillers und Goethes. Im Jahr 1780 erschienen zwei Dramen, die sich auf dem neuentdeckten Gebiet bewegten.

Der Autor des einen war O t t o H e i n r i c h F r e i h e r r v o n G e m m i n g e n (1755–1836), der als kurpfälzischer Kämmerer in Mannheim mit Dalberg befreundet war und sich sehr für das Theater interessierte.

Gemmingens *Hausvater* (1780) ist wie sein literarisches Vorbild, Diderots (1713–84) *Père de famille*, eine Laienpredigt. Während der Abwesenheit des verwitweten Grafen Wodmar verführt sein ältester Sohn Karl das Bürgermädchen Lotte; der andere, Ferdinand, macht Spielschulden, und Sophie, die verheiratete Tochter, ist ihres leichtfertigen gräflichen Gatten überdrüssig. Heimgekehrt muß Wodmar die gestörte Ordnung wieder herstellen. Mit Hilfe des Kindes bringt er das auseinanderstrebende Ehepaar „mühelos" wieder zusammen und die Söhne auf den rechten Weg. Karl gibt die beabsichtigte standesgemäße Ehe

mit einer Gräfin auf und heiratet das Bürgermädchen, dem er sein Wort
gegeben hat. Alles kommt ins richtige Gleis durch Wodmars moralische
Kollegs, die über den Familienkreis hinaus an die Menschheit gerichtet
sind. – Hier sind die Elemente der Sturm- und Drangzeit (Standesunterschied, lasterhafter Adel etc.) im Grunde nur noch theatralische Ausstattung.

Auch Gustav Friedrich Wilhelm Großmann (1746–96), Schauspieler und Theaterpraktiker, lehnt sich in seinem Stück *Nicht mehr als
sechs Schüsseln* an Diderot an. Hier ist der Konflikt in die Ehe eines bürgerlichen Hofrats mit einer adeligen Dame verlegt, für deren Verwandte
der Hausherr nicht mehr als sechs Schüsseln zum Essen auftragen lassen
will. Natürlich siegt die bürgerliche Einfachheit über vornehme Wind-
beutelei, der bürgerliche Eindringling setzt sich durch, und die edel-
geborene Dame will zum Schluß bekehrt nur „eines deutschen Mannes
Weib sein, auf Du und Du". In seinen Schauspielen stellt er den idealen
Bürger vor und kämpft gegen Beamtenbestechlichkeit, Günstlings- und
Maitressenwirtschaft. Mit rohen Bearbeitungen trat er als Theaterleiter
in Bonn, Frankfurt und Hannover für Shakespeare ein und übersetzte
aus dem Französischen.

Bald bemächtigten sich überhaupt die Theaterpraktiker der bürgerlichen Spielart des Dramas. In immer neuen Abwandlungen wird der
belehrende Zweck mehr oder weniger unverhüllt herausgestellt, die
spießbürgerlichen Leiden und Freuden des Alltags vorgeführt. An Stelle
des leidenschaftlichen Klassenkampfes wird mit Genugtuung auf die
übrigens fragwürdige Förderung von Manufakturen und Fabriken
durch den Staat hingewiesen und die Hoffnung auf eine fortschreitende
wirtschaftliche Entwicklung zugunsten des Bürgertums genährt. Hier-
her gehört u. a. das *Bürgerglück* (1792) von J. M. v. Babo.

Daß der junge Schiller in diese Entwicklung noch einmal leidenschaftlich eingriff und wirkliche Schäden aufdeckte, empfand man als
überlebt. So konnte Schröder 1784 an Dalberg schreiben: „. . . ich hasse
auch diese regellosen Trauerspiele, die Kunst und Geschmack zu Grunde
richten. Ich hasse Schillern, daß er wieder eine Bahn eröffnet, die der
Wind schon verweht hatte."

Als Autor von bühnenwirksamen Dramen sorgte Schröder für die
Richtung der bürgerlichen Solidität. Zwischen Diderotscher Moral-
predigt und der leichten Szenenführung der Engländer pflegt er eine ge-
messene Rührseligkeit, die Motive scheinbarer Geschwisterliebe, trau-
riger Familienverhältnisse, und überläßt die glückliche Lösung häufig
einem deus ex machina. Sein bestes Stück war das *Porträt der Mutter oder
die Privatkomödie* (1786).

Auch für August Wilhelm Iffland war das Theater die Schule
der praktischen Weisheit, der Wegweiser im bürgerlichen Leben. Nach

dem Nützlichkeitsprinzip der Aufklärung sah er das Theater als wahre Schule der Sitten an, wie der junge Schiller in seiner Schaubühne sagt: „Die Gerichtsbarkeit der Bühne fängt an, wo das Gebiet der weltlichen Gesetze sich endigt." Für uns ist es unverständlich, warum die Zeitgenossen Ifflands Werke Schillers gleichzeitiger Luise Millerin vorzogen. Iffland selbst, der diesem Stück den Titel Kabale und Liebe gegeben hatte, zehrte von ihm in: *Die Kokarden* (1791). Da ist die Hauptfigur ein hoher, dem Fürsten nahestehender Beamter, daneben ein abgefeimter Schurke als Sekretär. Der schwärmerisch-tugendhafte Sohn verzichtet auf die Vorrechte des Adels und findet ein idyllisches Glück an der Seite eines einfachen Mädchens.

Die Jahre 1785–92, in denen Iffland die Regie des Mannheimer Theaters führte, waren seine fruchtbarste Zeit. Er fand viel Beifall mit seiner Absicht, Stimmung für das Gute hervorzurufen. Mit den frischen Farben seiner Familiengemälde ist er volkstümlich und bühnengerecht. Aber er opfert den ethischen Gehalt der theatralischen Wirkung. Das Ende ist bei ihm gewöhnlich ein unwahrscheinlicher Glücksumschwung. Sein erfolgreichstes Stück waren *Die Jäger*, die am 9. März 1785 in Mannheim uraufgeführt wurden. Goethe wählte das Stück zur Eröffnung des Weimarer Hoftheaters 1791. Zwischen Schauspielen und Lustspielen ist bei Iffland wie bei allen Autoren der Zeit, die in der Nachfolge der *comédie larmoyante* stehen, kein großer Unterschied. Goethe haßte diese modische Mischung von Rührendem und Komischem. Er und Schiller hielten *Die Hagestolzen* für Ifflands bestes Werk.

Ganz anders geartet waren Persönlichkeit und Talent von August Friedrich Ferdinand Kotzebue (1761–1819).

Er wurde als Sohn eines Legationsrates in Weimar geboren und nach dessen frühem Tod von seinem Onkel erzogen. Nach einem Rechtsstudium in Jena ließ er sich in Weimar als Rechtsanwalt nieder und machte später in Rußland rasche Karriere bis zum Gouvernementspräsidenten. Von 1790 an war er eine Zeitlang als Dramaturg und Regisseur in Wien tätig. Nach aufregenden Abenteuern anläßlich einer Reise nach Rußland wurde er Intendant am Petersburger deutschen Hofschauspiel. Von dort nach Weimar zurückgekehrt, überwarf er sich mit Goethe und Schiller, ging nach Berlin und gab erst allein, dann mit Garlieb Merkel zusammen den *Freimütigen* heraus. Hier griff er vor allem die Romantiker, aber auch Goethe an. Nach mehreren Reisen lebte er in Königsberg als Staatsrat, russischer Generalkonsul und Leiter des Staatstheaters. Als politischer Berichterstatter seit 1817 in Deutschland, wurde er von einem fanatisierten Studenten in Mannheim 1819 ermordet.

Seine Fruchtbarkeit und Gewandtheit als Schriftsteller waren in gewissem Sinne unerreicht. Witz, Einbildungskraft und ein nie versiegender Vorrat an Motiven und Ideen, die er sich skrupellos nahm, wo er sie fand, förderten nur seine oberflächliche, von Goethe als schleuderhaft bezeichnete Arbeitsweise. In seinen Dramen huldigte er jeder Mode und kein Großer war vor seinen Anleihen sicher. „Er liebt, was gefällt." Aber selbst Goethe, der von der „Nullität seines Wesens" spricht, kannte doch auch seine Vorzüge und hat als Theaterleiter mehrere hundert Aufführungen von Kotzebueschen Werken veranstaltet und einige Stücke bearbeitet. Spannung und

Effekt, kurzgehaltener witzsprühender Dialog, einfache Ausstattung und wirksame Rollen auch für mittlere Schauspieler sicherten seinen Werken bei Publikum, Theaterleiter und Schauspieler ihre Wirkung. Eine Entwicklung oder auch nur ein Streben zu höherer Kunst kannte er nicht.

Mit seinem ersten Drama *Menschenhaß und Reue* (1789), einer Ehebruchstragödie, erzielte er gleich seine größte Wirkung. In den *Indianern in England* schuf er in der Tochter des weisen Fürsten, der in London als Privatmann lebt und sich gescheit und edelmütig in der Art Nathans über die verschiedenen Religionen äußert, in *Gurli*, seine berühmteste Gestalt, eine Glanzrolle großer Schauspielerinnen. Sie ist ein Musterbild falscher Naivität, die ahnungslos die pikantesten Dinge äußert und ihre Unschuld im kindlichen Duzen aller Leute zur Schau trägt.

Diese Figur wiederholte Kotzebue in der *Sonnenjungfrau* (1791). Cora, eine Sonnenpriesterin, glaubt in „rührender" Einfalt auf den Wegen der Natur und Unschuld zu wandeln, obgleich sie dem spanischen Feldherrn Alonso schon ein Kind geboren hat. Das Motiv des Mannes zwischen zwei Frauen behandelt Kotzebue in *La Peyrouse* (1789), frei nach Goethes Stella und natürlich ohne daß jemand sterben muß. Die immer noch aufgeführten *Deutschen Kleinstädter*, ein Lustspiel in 4 Akten (1803), das in Krähwinkel spielt, bewies seine Schlagkraft bis in andere Literaturen, z. B. bei Gogols *Revisor*.

Der Bürger als loyaler Untertan, Patriot und Soldat ist eine Figur, die im Mittelpunkt von Soldatenstücken steht. Sie schließen an *Minna von Barnhelm* mit ihrem Hintergrund zeitgenössischer Geschichte an. Zwei Schauspielerdichter, die das Soldatenleben aus eigener Erfahrung kannten, nahmen dieses Thema auf. Der Wiener Schauspieler Gottlieb Stefanie der Jüngere (1741–1800) schrieb darüber eine ganze Reihe von populären Lust- und Schauspielen, nachdem er als preußischer Husar in österreichische Gefangenschaft geraten war. Sein preußisches Gegenstück war Heinrich Ferdinand Möller (1745–98) mit dem Schauspiel *Der Graf von Walltron oder die Subordination* (1776). Patriotismus und Ergebenheit gegen regierende Mächte, Landesvater und Untertan, Fürst und Volk in inniger Harmonie – das war weit entfernt von den Räubern und Kabale und Liebe!

Mit einer Mischung von Begeisterung für Friedrich den Großen, rührseligen Familienszenen und deutlicher pädagogischer Absicht errang J. J. Engel Erfolge in seinen Dramen *Der dankbare Sohn* (1771) und *Der Edelknabe* (1774). Rousseaus Naturschwärmerei wird zum bäuerlichen Idyll. Die politische Kritik wagt sich nur an die untergeordneten Organe, an deren Verderbtheit der Edelmut der Oberen erst richtig zur Geltung kommt.

Für eine in der dramatischen Entwicklung der siebziger Jahre bezeichnende Form, das *Melodrama*, ist beispielhaft die *Medea* (1775) des

vornehmlich durch seine Mitherausgeberschaft am Göttinger Musenalmanach, seine Betätigung für das Gothaische Theater und seine Förderung Ekhofs bekannten Schriftstellers Friedrich Wilhelm Gotter
(1746–97) zu nennen. Schon thematisch ist hier die Verbindung zum
klassizistischen Bereich gegeben, dem Gotter auch in seiner Nachgestal-
tung von Dramen Voltaires (*Orest und Elektra* und *Merope* 1774) verhaftet war, mit der er Größeres geleistet hat als mit seinen dem Theater
der Zeit dienenden Originallustspielen (*Die Dorfgala* 1772, *Der Ehe-
scheue* 1778, *Der Erbschleicher* 1789). Er vertrat mit allen Einschränkun-
gen und unter Berufung auf Lessing gegenüber dem regellosen Drama
die Rechte des Klassizismus. Er wollte die geschlossene Tragödienform
retten, sie mit neuen Inhalten beleben und damit der Theaterpraxis ent-
gegenkommen. Es geht also nicht um eine wort- und sinngetreue Übersetzung, sondern noch immer um eine Anpassung der Originale an das
Bedürfnis der Zeit.

Goethe hatte im Götz von Berlichingen vor den Zeitgenossen eine
ihnen fremde Welt ausgebreitet und zahllose Nachahmer auf den Plan
gerufen, die teils nur von der Freude am ungewohnten Kostüm, den
fremdartigen Sitten und Gebräuchen, teils aber von einem ehrlichen,
bildungsbeflissenen Interesse an der deutschen Vergangenheit angelockt
wurden. Als er Jahrzehnte später einer neuen Generation in Amerika
wünschte: „Bewahre sie ein gut Geschick / vor Ritter-, Räuber- und Ge-
spenstergeschichten!" hatte er die Entartung vor Augen, die sich aus
dem mehr oder weniger stückweisen Ausschreiben und Nachahmen
seines Götz ergeben hatte. Als Theaterleiter hat er die Aufführungen
von Ritterdramen auf ein Mindestmaß beschränkt.

Aber etwas vom Schwung und der Begeisterung des Sturms und
Drangs ging in die Ritterdramen über, deren Urheber sich vor allem
in Bayern für die heimische Geschichte und die kräftigen Gestalten der
Vorväter erwärmten. Ein romantisch-historischer und ein sozialer Zug
zeigen sich in den Stoffkreisen dieser Werke. Als Vorläufer des vaterländischen Dramas sind die ersten Werke zu bewerten, deren Volks-
oder Stammesbewußtsein sich noch ganz auf die engere Heimat beschränkt.

Jakob Maier (1739–84) schuf mit seinem *Sturm von Boxberg* (1778)
„ein pfälzisches Originalschauspiel" und blieb mit dem *Fust von Strom-
berg* (1782) ebenfalls auf fränkischem Boden und auf dem Gebiet des
ritterlichen Standesdramas. Sein Bestreben, geschichtliche Kenntnisse
zu vermitteln und Neugierde zu befriedigen, drückt sich in den 144 Seiten der Anmerkungen aus, die er dem Werk beigab. Schiller war geneigt, die schätzbare Wirkung solcher Werke anzuerkennen, denn „keine
noch so gut geschriebene Geschichte könnte so lebhaft und so sinnlich
in jene Zeit hineinführen, als dieses Stück es tut", wozu man ihm aller-

dings die „poetische Wirkung" erlassen mußte. Das mußte man auch
bei Ludwig Philipp Hahns (1746–1814) den gleichen Stoff wie
Maiers *Sturm von Boxberg* behandelnden *Robert von Hohenecken* (1778).
Es war kaum ein Zufall, daß sich in Bayern, wo die Tradition des
Barock noch lebendig war, die meisten Vertreter des Ritterdramas fan-
den. Als „Zeitvertreib in Mußestunden" konnte ein Adeliger des aus-
gehenden Jahrhunderts seine dramatischen Werke entschuldigend bezeichnen. So war es die Einstellung des Grafen Törring, daß „auch eines Shakespeares Glorie einem deutschen Edelmann, einem zum hohen
Dienste des Staates geborenen Bürger nicht rühmlich sei". Mit diesen
Worten zog er einen Schlußstrich unter seine erfolgreiche Tätigkeit als
Dramatiker. Aus der Geschichte seiner Vorfahren hatte Josef August
Graf von Törring-Jettenbach (1753–1836) den Stoff zu seinem
ersten Drama gewählt. Bayrischer Patriotismus und Ahnenstolz, Begeisterung für das deutsche Mittelalter, in dem er Einfachheit und Sitte
im Gegensatz zum Luxus und Verfall seiner Zeit zu sehen glaubt, waren
die Antriebe zu dem vaterländischen Schauspiel *Kaspar der Thorringer*
(1779).

Der edle Ritter kämpft gegen fürstliche Tyrannei nicht mit Meuchelmord und Re-
bellion, sondern in offener ehrlicher Fehde. Das Vaterland steht ihm hoch über der
Rücksicht auf Besitz und Familie. Ein Ahnherr greift als Geist an entscheidenden
Stellen ein, statt des drohenden tragischen Ausgangs wird ein großzügiger Friede
geschlossen. Bis in einzelne Motive ist der Götz Vorbild, doch bleiben Personen und
Handlung in konventioneller Schwarz-Weiß-Manier stecken.

Bedeutend ist sein Fortschritt im zweiten Drama. Hier wählte er einen
Stoff, der seine Anziehungskraft bis heute nicht verloren hat (Carl Orff):
Agnes Bernauerin. Das Stück wurde 1781 in Mannheim uraufgeführt und
hatte sehr großen Erfolg auch an anderen Bühnen. Mit Klingers *Otto*
wurde es von den Zeitgenossen neben Goethes *Götz* gestellt.

Hier ist ein echtes Sturm-und-Drang-Motiv, der Standesunterschied, das Hauptproblem, das aber in ganz anderem Sinn gelöst wird: im ersten Teil wird wohl mit
warmer Beredsamkeit das Recht des Herzens verteidigt – ein unglückliches Erlebnis
des Autors spielt nach seinem eigenen Geständnis hier herein –, aber im zweiten Teil
wird um so unnachgiebiger auf die Fürstenwürde hingewiesen, die Forderung der
bedingungslosen Unterordnung des empfindsamen Herzens unter das Staatswohl
aufgestellt.

Im gleichen bairisch-patriotischen Sinn wirkt Josef Marius v. Babo,
der sich wie auf allen Gebieten auch im Ritterstück versuchte. 1778 hatte
er im *Arno* ein militärisches Drama des Siebenjährigen Kriegs geschrieben, in dem es um die Offiziersehre und den Vorrang der Herzensbin-
dung vor den Erfordernissen des Soldatentums ging. 1779 vertrat er
mit *Dagobert der Frankenkönig* noch die französisch-klassizistische Dramatik und in den *Römern in Deutschland* (1780) bot er eine dramatische

Bardendichtung in Prosa. Nun wendete er sich in *Otto von Wittelsbach, Pfalzgraf in Baiern* (1782) der Verherrlichung Bayerns und der besonderen Eigenschaften seiner Männer zu. Es wurde das beliebteste Ritterstück und noch in der zweiten Hälfte des 19. Jahrhunderts bei festlichen Anlässen im Königshause gespielt. Der Autor entwickelt ein bemerkenswertes Bühnengeschick, wirksame Szenen und eine kräftige bildhafte Sprache. Schon Babos nächstes Drama, wohl noch im Rittermilieu, sinkt zu einem Ehedrama mit dem Problem der Frau zwischen zwei Männern in der Zeit der Kreuzzüge herab (*Oda, die Frau von zween Männern* 1782). Die folgenden bürgerlichen Lustspiele begnügen sich mit der Gegenüberstellung des biederen Bürgers und des verschwenderischen, charakterlosen Adligen. Als Journalist bekämpfte Babo die Aufklärer vom Standpunkt des Patriotismus.

Auch Friedrich Julius Heinrich Reichsgraf von Soden (1754 bis 1831) geriet trotz dem stolzen Titel und geschichtlichen Hintergrund seines Dramas *Leben und Tod Kaiser Heinrichs IV.* (1784), das er selbst als „Gemälde eines unglücklichen Vaters" charakterisierte, mehr in die Nähe des bürgerlichen als des historischen Schauspiels. Mit der Toleranzidee, zu deren Träger er den Kaiser macht, steht er in der Lessingschen Nathan-Tradition.

In einer beträchtlichen Anzahl weiterer bairischer Ritterdramen ohne künstlerischen Gehalt spiegelt sich die politische Spannung, die der österreichische Erbfolgekrieg (1741–48) zwischen den beiden Nachbarstämmen hervorgerufen hatte. Das verlockte die Österreicher zur Entgegnung und zur Beschäftigung mit der österreichisch-bairischen Vergangenheit. Friedrich Wilhelm Ziegler (1761–1827), Schauspieler am Burgtheater in Wien, schrieb u. a. ein Drama *Fürstengröße* (1793) aus der Zeit Ludwigs des Strengen. Aber auch Nichtösterreicher griffen in das unerschöpfliche Reservoir der österreichischen Geschichte, so Iffland mit einem *Friedrich von Österreich* (1791). Die durch Grillparzer klassisch gewordenen Stoffe *Rudolf von Habsburg* und *Ottokar* waren schon zu dieser Zeit beliebt und wurden mehrmals dramatisiert. Als besonders fruchtbarer Dramatiker predigte der Beamte der kaiserlichen Kabinettskanzlei Paul Weidmann (1746–1810) in seinem Drama *Stefan Fädinger oder der Bauernkrieg* (1777) Frieden und vernünftiges Bescheiden und griff in die schweizerisch-österreichische Geschichte mit dem Drama *Die Belagerung von Solothurn*. Da wird Leopold gefeiert: „denn Größe kennt der Fürst von Österreich, es wallt ja Habsburgs Blut in seinen Adern!" – In der Tradition dieser Dramen, die Vaterlandsliebe und Opferbereitschaft hochhielten, stand der große österreichische Dramatiker vom Anfang des 19. Jahrhunderts, Heinrich v. Collin.

Es konnte kaum ausbleiben, daß das Ritterdrama, das sich einerseits wieder dem historischen Drama näherte, andererseits in die volkstümliche Sphäre der Posse absank, wie es in Österreich bald geschah. Karl Friedrich Hensler (1761–1825) verband als Verfasser des berühmten Singspiels *Das Donauweibchen* die Volkssage mit dem Ritterstück. Er arbeitete am Leopoldstädter Theater erst mit dem Direktor Marinelli zusammen, dann allein als Leiter. Für Gastvorstellungen öffnete ihm sogar das Burgtheater seine Pforten. Als Dramatiker versuchte er sich mit Erfolg in allen Gattungen, seine Hauptbedeutung liegt aber auf dem Gebiet der *Ritterposse*, in der er sich eng an die alte Wiener Volksposse anschloß. Er vermischte die vorhandenen Formen der älteren Hanswurststücke, der volkstümlichen Zauber- und Geisterposse mit ernsten Ritterszenen, wodurch er den komischen Figuren der älteren Stegreifkomödie neuen Halt und eine kräftige Lebensdauer verlieh. Komik mit grausigem Ernst hatte schon Philipp Hafner (s. S. 401) verbunden, wenn er z. B. in seiner *Megära* Elemente aus Hanswurstiaden, Zauber- und Geistererscheinungen eingeführt hatte. Auch der Verfasser der Zauberflöte, Emanuel Schikaneder (1751–1812), schrieb 1792 zwei Ritterstücke. Die gleichen Motive werden immer wieder verschieden zusammengesetzt, um ihnen neue Seiten abzugewinnen, und mit Ballett- oder Wirtshausszenen u. ä. ausgeschmückt. Das Bindeglied zwischen der oberen und unteren Schicht ist der Knappe und Waffenträger des Helden, in dem sich der alte Hanswurst unter verschiedenen, wiederkehrenden Namen verbirgt. Mit ihm hielt sich der Wiener Dialekt auf der Bühne. Vor der Travestierung in solche Formen war kaum ein ernstes Stück sicher. Man versetzte die Lustigen Weiber nach Wien, machte aus dem Macbeth ein Spektakelstück und Hamlet wurde zum Prinzen vom Tandelmarkt.

In anderen Ländern deutscher Zunge war das ernste Ritterdrama ein Vorläufer des vaterländischen Dramas, das sich z. B. in der geschlossenen Eigenstaatlichkeit der Schweiz schneller entwickelte als in Deutschland. Tell und der Zürcher Bürgermeister Waldmann waren häufig die Helden. Manche Schweizer Autoren nahmen ihre Stoffe aus dem Geschichtswerk Johannes v. Müllers (1752–1809). Die Masse der Ritterstücke baute sich schließlich nur noch auf einer frei erfundenen Fabel auf, die die Autoren, um ihr Gewicht zu geben, an einen historischen Namen oder einen geschichtlich bedeutsamen Ort anknüpften.

4. DIE ENTWICKLUNG DER SCHAUSPIELKUNST

Parallel mit der Wandlung des deutschen Dramas vollzog sich die Erhebung des Berufsschauspielers vom Komödianten zum Schauspieler, vom sozial verachteten Mimen zum angesehenen Bürger. Das begann mit der Neuberin und Gottsched, mit dem zuchtvollen Ensemblespiel, der Achtung vor dem Dichterwort und einem von den Gesetzen der Vernunft begründeten Stil. Vorsichtig weiterbauend, ohne ganz auf Hanswurst und Stegreifspiel zu verzichten, gelang es Johann Friedrich Schönemann (1704–82), schon von 1740 an die besten Talente um sich zu sammeln und mit der Erfüllung der Forderung nach Natürlichkeit und Wahrscheinlichkeit zunächst dem Lustspiel nach Molières Vorbild (Johann Christian Krüger) sowie seiner weinerlichen Spielart und schließlich dem bürgerlichen Trauerspiel englischen Musters (1753) den Weg zu bereiten. Darin fand er in Heinrich Gotthelf Koch einen klugen Fortsetzer. In seinem Wirkenskreis, der sich später auf *Singspiel* und *komische Oper* beschränkte, setzte Lessings Reformwerk ein, so daß sich Konrad Ackermann im Bündnis mit dem von Schönemann kommenden Ekhof und den besten Schauspielern der Zeit schon 1764 in Hamburg neue Entfaltungsmöglichkeiten eröffneten, die aber erst von Johann Friedrich Löwen im Hamburger Nationaltheater als stehender Bühne richtig ausgenützt werden konnten. So wurden in der Zusammenarbeit Lessings mit Ekhof neue Grundlagen geschaffen durch die endgültige Überwindung des französischen Theaterklassizismus, den Hinweis auf das englische Vorbild und die Besinnung auf deutsche Eigenart, durch die neuen Rollenfächer, die beginnende Einsicht in die Schauspielkunst, die aufdämmernde Erkenntnis, daß die Bühne eine moralische Anstalt sei.

Der Zusammenbruch des Hamburger Theaterunternehmens löste eine Krise der Schauspielkunst aus; denn mit dem Auftreten Friedrich Ludwig Schröders, der sich wieder dem ziemlich alleinstehenden Ackermann anschloß, setzt sich der neue Sturm-und-Drang-Stil mit dem wohlüberlegten Stil der älteren Generation, vor allem eines Ekhof, auseinander. Stilisierte Natürlichkeit stand der neuentdeckten Natur, lebenserfahrener Überlegenheit ein leidenschaftlich sich gebärdendes Gefühl gegenüber. Ekhof wurde Mitglied der Truppe Seylers und leitete das Hoftheater in Gotha (1774–78). Inzwischen hatte Schröder nach dem Tode seines Schwiegervaters Ackermann (1771) die Leitung der Hamburger Truppe übernommen. Er konnte sein Repertoire mit den neuen Dramen des Sturms und Drangs erweitern und das Gefühl zur Triebkraft der schauspielerischen Leistung erheben. Schröder verschrieb sich den Parolen Natur und Wahrheit und dem Programm der Schrift *Von deutscher Art und Kunst.* Jetzt, da man Shakespeare endgültig für die deutsche Bühne gewann, konnte es nicht mehr um die Vermittlung rokokohafter Stimmung, anakreontischer Lebensfreude oder empfindsamer Rührung gehen, sondern um die Darstellung und Erregung von Leidenschaft, um die entfesselte Dämonie, den Aufschrei der gequälten Natur, um die Sprengung einer gesellschaftlichen Ordnung, der man sich nicht mehr beugen wollte.

Friedrich Ludwig Schröder wurde 1744 in Schwerin geboren als Sohn eines trunksüchtigen Organisten, der im gleichen Jahre starb. Seine Mutter, die Schauspielerin Sophie Charlotte geb. Biereichel, eine Berlinerin, führte eine Theatertruppe und verheiratete sich in zweiter Ehe in Moskau mit Konrad Ackermann (1710–71). Der junge Schröder besuchte eine Zeitlang das Friedrichskollegium in Königsberg, wo ihn seine Eltern auf der Flucht vor den Russen zurückließen. Nach vielen Abenteuern traf er in der Schweiz 1759 wieder mit ihnen zusammen und ging 1764 mit ihnen nach Hamburg, wo die Ackermannsche Gesellschaft sich niederließ und Schröder zum tragischen Fach überging, in dem er berühmt wurde. Nach Ackermanns Tod führte er bis 1798, von einer kurzen Unterbrechung durch eine Kunstreise und ein dreijähriges Engagement in Wien abgesehen, das Hamburger Theater. Dann zog er sich auf ein kleines Landgut zurück. 1811 unternahm er einen erfolglosen Versuch, die inzwischen heruntergekommene Bühne zu retten, und starb im September 1816. – Das Preisausschreiben, das er mit Bode gemeinsam 1775 erließ, regte Klinger und Leisewitz zu ihren Werken an.

Am südöstlichen Gegenpol Hamburgs, in Wien, führten Volkstheater (am Kärntnertor) und Hoftheater alte heimische und klassizistische, französisch-italienische Aufführungen nebeneinander weiter, bis Josef II. die stolzen Ansätze der Hamburger Bühne übernahm und das Burgtheater 1776 zum deutschen Nationaltheater erhob. Dennoch entwickelte sich das Volkstheater im alten Kärntnertheater und den neuen Vorstadttheatern fruchtbar und bedeutungsvoll weiter. Im Burgtheater unterblieb die Rückkehr zu Gottsched – die Sonnenfels gewollt hatte –, doch wurde die Treue zum Text gefördert und auf Zusammenspiel, Darstellungskunst und einheitliche Bühnenaussprache besonderer Wert gelegt. Immerhin konnten, obwohl die Leitung des Burgtheaters in die Hände von Unternehmern wie des Freiherrn von Braun und des Grafen Palffy gelegt wurde, die Voraussetzungen zu seinem Aufstieg unter Schreyvogel geschaffen werden.

Wie wohltuend Einfachheit das gehaltlos gewordene Barockgepränge ersetzte und verdrängte, zeigte das Zurücktreten der *Haupt- und Staatsaktion* im Volkstheater; denn dort gesellte sich dem Hanswurst der Nachfahren Stranitzkys (Bd. 5 S. 339f.), unter denen Gottfried Prehauser der nächste war, als Partner der junge Wiener Bernardon, wie ihn Josef Felix von Kurz spielte. Damit erhalten komisches Volksstück, Volkskomödie, Posse und Burleske neue Entwicklungsmöglichkeiten, wozu noch Maschinenkomödie und Zauberstück kamen, denen die lebendige Überlieferung der absinkenden barocken Spielelemente manches vererben konnte. Dem Stegreifspiel nahmen die Gesetze der Aufklärung (Gottsched und Sonnenfels) den Atem, doch führte Philipp Hafner das Lebensfähige und Bühnenwirksame daraus in das neue Volksschauspiel hinüber, dessen Formen, Posse, Charakterkomödie und Zauberstück später noch um Besserungsstück und Parodie erweitert und bis Raimund und Nestroy von einer Schar berühmter, äußerst fruchtbarer Schauspiel-Dichter weitergepflegt wurden.

Gottfried Prehauser (1699–1769) war als Sohn eines Hausmeisters bei Schauspielern bedienstet gewesen und darüber selbst zum Schauspieler geworden. Er kam 1725 zu Stranitzky an das Kärntnertortheater und nahm als Hanswurst dessen Tradition auf, ja er soll sogar von ihm als Nachfolger eingesetzt worden sein. Er behielt zwar Tracht und Bartmaske seines Vorgängers bei, überwand aber den Grobianismus und knüpfte an die Moralsatire an. Er versetzte den Hanswurst aus den Fürstenhöfen der Haupt- und Staatsaktionen in die bürgerliche Welt Wiens. Aus dem Spaßmacher wurden richtige Rollenfiguren: Handwerkertypen, Straßengestalten, Wucherer, Diener, Talmi-Adelige, die Windmacher und Hochstapler des Sittenstücks. Prehausers Darstellungsstil nahm Elemente der Commedia dell'arte auf, war spielerisch-artistisch und in seiner Anziehungskraft eine Gefahr für das Reformwerk von Sonnenfels, der bei Prehausers Tod triumphierte: „Er ist tot, der große Pan!"

Neben Prehauser wurde Josef Felix von Kurz (1717–83) seit 1744 der Liebling des Wiener Publikums. Er entstammte einer adeligen Familie des Allgäu, jedoch war schon sein Vater, in dessen Truppe er zunächst tätig war, Schauspieler. Seit 1740 trat Kurz als naiv-drolliger Bernardon auf, der Rollencharakter wurde zu seinem Beinamen. Seine Bernardoniaden führten einen erfolgreichen Kampf gegen die regelmäßige Komödie. Er ließ den Prosadialog durch Gesangseinlagen unterbrechen, wie es sich bis zu Raimund und weiterhin erhalten hat. Joachim Perinet konnte diese Seite der Gattung zu einer förmlichen Singspiel-Kasperliade ausbauen. Kurz-Bernardon war auch Schöpfer der dramatischen Parodie, zu der Ansätze allerdings schon bei Stranitzky vorhanden waren. Kurz' *Prinzessin Pumphia* machte sich über die regelmäßige Tragödie lustig. – Kurz trat mit seiner Truppe auch in Prag, Preßburg, München und Nürnberg auf und leitete eine Weile das Theater in Warschau.

Auch Philipp Hafner (1735–64) wurde im Hanswurststreit ein Vorkämpfer der Wiener Volkskomödie. Er schrieb eine „Verteidigung der Wienerischen Schaubühne" (1761) und verhöhnte Sonnenfels in seinen *Reisenden Komödianten*. Verschwenderisch setzte er seine große Begabung und sein kurzes Leben für das Theater ein, mäßigte die Hanswurstderbheiten, verstand es, durch die Mundart und anderes Lokalkolorit die Wiener Eigenart anzusprechen. Sein Zauberstück *Megära, die förchterliche Hexe* (1763) hatte großen Erfolg. Perinet goß Hafners Stücke in die modische Singspielform um, was ihnen bis zu Raimund und Nestroy auf dem Spielplan Bestand gab.

Die Vorstadtbühnen vermittelten auch zuerst die dramatische Bewegtheit und Leidenschaft des Sturms und Drangs, der sich den Zugang zum Burgtheater erst spät und in einer von der Zensur verstümmelten Form errang. *Götz*, *Die Räuber*, *Fiesko* kamen zuerst am Kärntnertortheater heraus.

Den sozialen Aufstieg des Schauspielerstandes schloß Josef II. damit ab, daß er den Burgschauspieler zum Hofbeamten machte. In ähnlichem Sinn, die bürgerlichen Ideale stärker betonend, wirkten die neuen Hoftheater in Gotha, Mannheim und Weimar.

Die nationale Schaubühne, von Kurfürst Karl Theodor 1777 in Mannheim begründet, hatte, wenn sie auch von der französischen Manier abhängig blieb, einen Hauch der Geniezeit verspürt, um so mehr, nachdem der Kurfürst, als er 1777 Bayern erbte, die Truppe Marchands dorthin verpflanzte, so daß Wolfgang Heribert von Dalberg als Präsident der Deutschen Gesellschaft und Leiter des kurfürstlichen Hof- und Nationaltheaters (1778) mit der nach Ekhofs Tod verwaisten Gothaischen Truppe seine Spielzeit eröffnen konnte (1779). Der dadurch bedingte Stil reifte durch Schröders Gastspiel der Aufnahme Schillers entgegen. Doch dämpfte Dalberg bei aller Rücksicht den wildesten Urlaut, so daß er den Jugendwerken Schillers zwar gerecht werden konnte, sich aber doch leichter den Forderungen des Dramatikers Iffland und seiner bürgerlich-sentimentalen Welt anglich.

Als Schauspieler und Bühnenleiter hat Iffland die von Ekhof und Schröder eingeleiteten Bestrebungen zur Ausbildung einer von der französischen Art unabhängigen deutschen Kunst der Darstellung und zur gesellschaftlichen, sittlichen und künstlerischen Hebung des Schauspielerstandes erfolgreich fortgesetzt und in diesem Sinn in Mannheim und Berlin gewirkt.

August Wilhelm Iffland (1759–1814) stammte aus einer wohlhabenden, angesehenen Familie in Hannover und genoß eine gute Erziehung. Der erste Theaterbesuch war für ihn ein bestürzendes und einschneidendes Ereignis. Seine Begeisterung wurde erzieherisch gedämpft, und so glaubte er eine Zeitlang, dieselbe Befriedigung des öffentlichen Wirkens im Predigerberuf finden zu können, sah diesen kindlichen Irrtum aber bald ein. Im Frühling 1777 floh er von zu Hause fort nach Gotha und erreichte, daß Ekhof sich seiner annahm. Unter dessen Leitung entwickelte sich sein Talent schnell. Nach Ekhofs Tod 1778 und der Auflösung des Gothaer Theaters ging Iffland mit seinen begabten Kollegen Beil und Beck zu Dalberg nach Mannheim. Dort wurde er zum großen Schauspieler. Auch seine bühnenschriftstellerische Tätigkeit begann er in Mannheim. Von 1796 an leitete er das Berliner Theater und erfreute sich der besonderen Gunst des Hofes. Das neu erbaute Schauspiel wurde 1802 mit seinen *Kreuzfahrern* eröffnet. Der Empfang, den er 1804 Schiller in Berlin bereitete, war für diesen ein großer Triumph. – Am 22. September 1814 starb Iffland in Berlin.

In die theoretischen Erörterungen der Mannheimer griff Schillers Theaterrede *Was kann eine gute ständige Schaubühne eigentlich wirken?* ein. In dem späteren Titel *Die Schaubühne als moralische Anstalt betrachtet* tritt die gedachte, volkserzieherische Bedeutung des Theaters klarer hervor. Es soll die Menschen sich ihres himmlischen Ursprungs bewußt werden lassen. Hier konnte nach der Überwindung der Genierevolution wie in der Wiener Entwicklung das Theater der Humanität einsetzen.

5. DIE WIENER LITERARISCHE SITUATION IM ZEICHEN DES JOSEFINISMUS

Auf die österreichische Literatur wirkten die Reformen Josefs II. entscheidend ein. Sein Toleranzedikt (1781), die Aufhebung der Klöster, der nach dem Verbot des Jesuitenordens die Schulreform Maria Theresias vorangegangen war, seine auf eine Unterordnung der Kirche unter den Staat strebenden Maßnahmen (Ehepatent etc.), seine Andachtsordnung und andere Eingriffe in die kirchlichen Rechte und Gewohnheiten, die dem Aberglauben steuern sollten, erweckten Vorkämpfer und Widersacher. Es setzte eine Art Staatsliteratentum ein, indem hohe Staatsbeamte zur Feder griffen, um aus bester Kenntnis der Mißstände die Reformen zu fördern und in weite Kreise zu tragen.

Seit der Aufhebung des Jesuitenordens hatte die Freimaurerei an Boden gewonnen. In der Nachfolge von Denis hatte sich eine ganze Reihe von ehemaligen Jesuiten um den Naturforscher und Hofrat Ignaz von Born in der *Loge zur wahren Eintracht* gesammelt, die den Vorwurf zu Schikaneders *Zauberflöte* geliefert hat. Ihr öffentliches Sprachrohr war seit 1777 der Wiener Musenalmanach. Blumauer leitete von 1782–84 das Hauptorgan der jüngeren Wiener Aufklärung, die *Realzeitung*. Sie brachte schöngeistige Artikel und Übersetzungen aus dem Englischen. Nach dem Erlaß der „erweiterten Preßfreiheit" (1781) entwickelte sich eine uferlose Publizistik, die sogenannte *Broschürenflut*, Massen von Pamphleten, leitartikelartigen Stellungnahmen zu allem und jedem, was den Wiener anging. Davon blieb als letzter Vertreter der *Eipeldauer* auf dem Plan.

Seit den sechziger Jahren waren Bestrebungen im Gang, die deutsche Sprache gegen das Überhandnehmen des Französischen als Gesellschaftssprache zu schützen, indem man das „Meißner" Deutsch unter Gottscheds energischer Leitung pflegte. Der Sachse Christian Gottlob Klemm trat in seiner Wochenschrift *Die Welt* (1761) und *Der österreichische Patriot* (1764/65) für diese Sprachreform ein. Die älteren Anhänger Gottscheds gründeten die *Deutsche Gesellschaft* als erste Wiener Literaturgesellschaft unter den Auspizien von Gellert, Rabener und Hagedorn. Bei den Geistlichen und hohen Beamten hatte Klopstock eine feste Gemeinde. Die Druckerei Trattner druckte deutsche Literatur. Dann trat Sonnenfels in seinem *Mann ohne Vorurteil* und vor allem von 1765 an mit den *Briefen über die Wienerische Schaubühne* für die Theaterreform Josefs II. ein.

Josef von Sonnenfels (1733–1817) erhielt als Sohn eines gelehrten jüdischen Orientalisten, der katholisch geworden war, seine Ausbildung in Wien am Gymnasium, wurde vom Freimaurerorden gefördert und erhielt eine Professur der Polizeiwissenschaften in Wien. Er wirkte mit seiner Geschmacksreform als österreichischer Gottsched auf die literarische Entwicklung ein. Sein Eingreifen im Kampf gegen das Stegreifspiel, dem sogenannten *Hanswurststreit*, ließ jedes Verständnis für die tief volkstümliche Tradition des Wiener Theaters vermissen. Goethe warf ihm in den *Frankfurter Gelehrten Anzeigen* die historische Voraussetzungslosigkeit vor, mit der er Gesetze aufstellen wolle, die „nur einem eben erst zusammengetretenen Volke gegeben" werden könnten. Dies war auch der Grund seines Scheiterns. Er gefährdete obendrein seine Stellung durch gehässige persönliche Angriffe auf die beliebten Schauspieler des Volkstheaters und machte sich Feinde. Klemm verhöhnte ihn in seiner Posse *Der auf den Parnaß versetzte grüne Hut* (1767). An der Bühnenreform des Herrn von Sonnenfels rächte sich der gesäuberte Hanswurst. Das neugegründete Theater an der Burg (1776) spielte anfangs vor leeren Bänken. Sonnenfels fiel bei der Kaiserin in Ungnade, jedes Einmischen in Theaterangelegenheiten wurde ihm verboten und den Ruhm, das neue Burgtheater gegründet zu haben, nahm Gebler für sich in Anspruch.

Man rief nach einheimischen Talenten. Klemm und Heufeld betätigten sich als Verfasser deutscher Originallustspiele, die das komische Element der Wiener Volksbühne mit dem regelmäßigen Aufbau des sächsischen Lustspiels zu verbinden suchten. Der hohe Offizier Ayrenhoff schrieb als einer der ersten für das Burgtheater Alexandrinertragödien; denn Josef II. verlangte „gute regelmäßige Originale und wohlgeratene Übersetzungen". Mit dem Anschluß an Gottscheds regelmäßiges Schauspiel entstand in Österreich zum erstenmal ein literarisch anspruchsvolles Drama, das den Kontakt mit der deutschen Dramatik wiederherstellte, wenn auch nur in der Schicht des Gebrauchsstücks. Erst in Grillparzers Werken wuchs das österreichische Drama dem klassischen deutschen nach.

Die Wegbereiter dieser Entwicklung sind daher trotz ihrem mangelnden Genie wichtig. Wie das Volkstheater den Boden für Raimund und Nestroy bereitete, so wurde die Burgtheatertradition für Collin und Grillparzer bedeutungsvoll.

Waren die Versuche Klopstocks, Lessings und Wielands, in Wien persönlich festen Fuß zu fassen, auch fehlgeschlagen, so hatte man ihre Anregungen doch aufgenommen. Die Bardendichtung konnte dort gedeihen, wo man es liebte, sich in literarischen Mystifikationen, Symbolen und Masken zu ergehen. Wieland fand auf dem österreichischen Boden, wo der griechische und römische Olymp dem Theater- und Opernpublikum seit dem Barock vertraut waren, leicht Eingang. Hier verschlangen sich ossianische Welt, germanische Mythologie, keltische Mystik und die symbolischen Gestalten christlich-mittelalterlicher und heidnischer Überlieferung zu einem einzigartigen Reigen, dem sich die aufgeklärtesten Dichter nicht entziehen konnten.

Auch die Alexandrinerdramatik des Burgtheaters knüpfte an die barocke Tradition an, wählte Stoffe aus der Antike und der germanischen Vergangenheit.

Tobias Freiherr von Gebler (1726–86) hielt als gebürtiger Deutscher trotz seiner hohen österreichischen Beamtenstellung die Verbindung mit den literarischen Größen Deutschlands, besonders mit Lessing, aufrecht. Er verwertete in seinen zahlreichen Stücken die Anregungen der sächsischen Komödie, Diderots, Lessings und wirkte für die josefinischen Reformen, was seinen Stücken ein wienerisches Kolorit verlieh.

Cornelius Hermann von Ayrenhoff (1753–1819) bemühte sich mit etwas mehr Gewicht um österreichische Trauer- und Lustspiele im Sinne Gottscheds und des französischen Klassizismus. 1766 wurde sein *Aurelius*, 1768 *Hermann und Thusnelda* aufgeführt. In seiner Comédie larmoyante *Erziehung macht den Menschen* behandelt Ayrenhoff das Problem des Standesunterschieds vom Standpunkt des vorurteilslosen Edelmanns aus. Voltaires *Nanine* hilft ihm, es ohne Tragik zu lösen.

Paul Weidmann (vgl. S. 397) dagegen läßt in seinem Originallustspiel *Der Fabrikant oder Das war ein fürstlicher Zeitvertreib* (1789), den Edelmann die Ablehnung durch den stolzen bürgerlichen Vater seiner Angebeteten erfahren.

Sonnenfels hatte in den *Briefen über die Wienerische Schaubühne* die Figur des *Kapa-ka-um* kreiert, der als Naturmensch naiv und kritisch in das Getriebe der Kulturwelt blickt. Diese Form des fingierten Reisebriefs pflegte auch Johann Pezzl (1756–1823) in seinen *Marokkanischen Briefen*. Seine *Skizzen aus Wien* (1786–90) sind gegen Nicolai und die Berliner Aufklärung gerichtet.

Pezzl knüpfte in seinem Roman *Faustin* (1783) unmittelbar an die Gedankengänge in Voltaires *Candide* an. Er wollte zeigen, wie weit es sein Jahrhundert in der Intoleranz gebracht habe. Der weltfremde Lehrer Bonifaz setzt sich mit seinem Schüler Faustin über dieses Thema auseinander. Faustin fühlt sich zum Apostel der Toleranz berufen und unternimmt eine Reise, die ihn nach Neapel führt. Dort wird er von der Menge fast getötet, weil in seiner Anwesenheit das Wunder des heiligen Januarius nicht stattfinden kann. In Spanien wird er der Inquisition ausgeliefert, und in Frankreich sieht er, wie Voltaires Leiche auf den Schindanger geworfen wird. In Deutschland wird er als Soldat nach Amerika verkauft. Endlich findet er seinen alten Lehrer, der ihn auf Friedrich den Großen und Josef II. als wahre Fürsten der Aufklärung hinweist.

In der gleichen Stimmung des Kulturkampfes gab Friedrich Freiherr von der Trenck (1726–94) ohne Namensnennung eine scharfe Satire gegen den Katholizismus heraus: *P. Pavian, Voltaire und ich in der Unterwelt* (1784). Im Traum wandelt der Held – ein zweiter Dante – durch die Unterwelt, begleitet von Voltaire, der an dem sich naiv gläubig Gebenden keine Freude hat und dessen Einwände widerlegt. Ein Großinquisitor, der sich zu ihnen gesellt, will von der Toleranz nichts wissen und empfiehlt als Richtlinien des Regiments Ketzerverbrennung, Fürstenmord, Bartholomäusnacht. Mit dem Teufel Losbi als Führer durchwandern sie die Hölle und diskutieren mit P. Pavian über allgemeine Fragen wie die Daseinsberechtigung des Papsttums. Losbi bezeichnet jene als Rechtgläubige, die nicht wissen, was sie glauben, und etwas für wahr halten, was sie niemals geprüft haben. Eine Gerichtsverhandlung über P. Pavian führt zu dem Urteil, daß der Delinquent in der Gestalt eines Exjesuiten zweimal wöchentlich seinen Freunden von der Verunglimpfung Andersdenkender abraten muß, daß er als Schiedsrichter zwischen Leo X. und Luther jedesmal Luther recht geben muß, täglich zur Erheiterung des Königs der Unterwelt aus seinem „katholischen Unterricht" vorlesen und den Anhängern aller Sekten brüderlich begegnen muß. Außerdem wird ihm ein Aufenthalt in Miltons Narrenparadies verordnet. Da er in sich geht, wird das Strafausmaß auf hundert Jahre herabgesetzt. Damit endet Trencks Traum.

Um Friedrich den Großen und Josef II. wurden viele solcher Flugschriften geschrieben. Sie nahmen manches Element der Reformationsstreitschriften wieder auf, nur brachten sie es mit überlegenem Witz vor.

Die journalistische Hochflut war bereits im Abflauen, als der *Eipeldauer* erschien. Es war das bedeutendste kritisch-satirische Werk mit der Figur des naiven Beobachters, der diesmal kein Exote, sondern ein einfacher Landbewohner ist. Er schreibt *Die Briefe eines Eipeldauers an seinen Herrn Vetter in Kakran über d'Wienerstadt* (1785 ff.). Der Verfasser war J o s e f   R i c h t e r (1749–1813), der unter solcher Tarnung ein drastisches Bild des Wiener Lebens entwarf. Im Sinne der josefinischen Aufklärung treten die Briefe für deutsche Sprache und Erziehung ein, sind gegen die Romantik, für gesunde Vernunft und unverdorbenes Gefühl, und es fehlt nicht an echt österreichischer Kraft des Ausdrucks und gesundem Sinn.

An hervorragender Stelle in der österreichischen Publizistik stand A l o y s   B l u m a u e r (1755–98) als Redakteur des Wienerischen Musenalmanachs (seit 1781). Sein im Burgtheater 1780 aufgeführtes Ritterdrama *Erwine von Steinheim* und seine *Lyrik* hatten ihn bekannt gemacht.

Sein Altersgenosse und Gegner, Vertreter vornehmer Wiener Kultur, war A l x i n g e r, der sich besonders der Pflege einer reinen Sprachform widmete.

In keinem andern Werk des ausgehenden Jahrhunderts wird die geistige Wandlung Österreichs unter Josef II., die ablehnende Haltung gegen die Berliner Aufklärung, das Ende mittelalterlich-barocker Lebensformen so sichtbar wie in Blumauers *Virgils Aeneis travestiert* (1783). Auf ihre Verwandtschaft mit den französischen Vergiltravestien und Wieland als formales Vorbild ist oft hingewiesen worden. Schillers Abscheu vor diesem Werk ist in seiner Vergilverehrung begründet; denn Blumauer schwärzt für ihn das Strahlende. Was die Zeitgenossen, die Freimaurer und Parteigänger Josefs II. an diesem Werk anzog, war die Überwindung einer Kultur, die sich selbst überlebt hatte. Über ihren Trümmern begrüßte Blumauer als Sohn der Aufklärung die kommende Zeit. Er arbeitet mit Argumenten der Reformationssatire und der Flugschriften der achtziger Jahre, führt die Helden- und Götterwelt, den Mythos, die falsche Frömmigkeit und den Aberglauben ad absurdum, sieht Altertum, Mittelalter und Gegenwart in eins und freut sich des Erfolges. Doch triumphiert er nicht mit dem Pathos des Zornes, sondern schwingt die Narrenpritsche. Ihr verdankt er seine Überlegenheit.

Da warnt Kassandra als Kastenbraterweib vor dem trojanischen Roß, speit der Ätna Kapuzen, Rosenkränze, Folterbänke, Ketten, gebratene Menschenglieder und ganze Scheiterhaufen aus. Durch Fama, deren Kunden Journalisten und Kannegießer sind, erfährt Jupiter, daß Äneas seine Sendung, Rom zu gründen und das Papsttum zu stiften, nicht erfüllen will, und sendet ihm den Befehl, von Dido, die ihn vor das Konsistorium zitiert hatte, zu lassen. Die Wettkämpfe am Grabe des Anchises werden zu einem Spott auf Totenmessen, Ablaßzeremonien und

Fakultätswissenschaften. Die Fahrt in die Unterwelt gibt Anlaß zu prophetischen Ausblicken in die Zukunft und zu einer grotesken Heerschau in den drei Reichen der abgeschiedenen Seelen. Eine besonders schwere Strafe hat sich Blumauer für die unverschämten Nachdrucker ausgedacht. Der Schild, den Venus für ihren Sohn bei Vulkan bestellt, wird zum Wirtshausschild, das dem Äneas die Zukunft verkündet; denn er sieht auf der einen Seite des Wunderschildes Schreckensbilder aus der Geschichte des christlichen Roms vor dem Haus zu'n römischen Päpsten, auf der andern eine Apotheose Kaiser Josefs mit dem Besuch des Papstes zu Wien. Die Aufschrift für diese Seite lautet: Zum römischdeutschen Kaiser. Das abschließende 9. Buch mit der Schilderung des Blutbades, das Turnus unter den Trojanern anrichtet, hat Blumauer noch selbst verfaßt. Als Bearbeiter der letzten drei Bücher, die keinen Höhepunkt der Darstellung mehr erreichen, stellte sich mit Blumauers Einverständnis ein Professor Schaber dem Publikum vor. Blumauer wußte wohl, daß er sich verausgabt hatte, und überließ es einem gewandten Versemacher, das Werk zu vollenden. Dieser verfügte weder über eine solche Fülle geistreicher Einfälle noch konnte er die Beziehungen zwischen Altertum und Gegenwart mit so anmutiger Leichtigkeit darstellen.

Blumauers Lyrik zeigt viele gemeinsame Züge mit der Hagedorns, Wielands und der Anakreontik. In die ätherischen Gefilde der Klopstockjünger hat er sich nicht verstiegen. Ebensowenig stimmte er in den Gesang der Barden ein. Über ein Kraftgenie, dem bei einer Liebeserklärung die Tränen wie Kanonenkugeln aus den Augenmörsern rollen, macht er sich lustig. Es ist wenig Neues in seiner Lyrik, den Gelegenheitsgedichten zu den Festen der Freimaurerloge, dem ironischen Lob der Gans, des Schweins oder Esels, den poetischen Briefen, die er an seine Freunde schickt, mit denen er einem Mädchen Anweisungen zu einer glücklichen Ehe gibt. Wenn er sich Bürgers Bacchuslied zum Vorbild nimmt, so stellt er den Weingott, statt ihn zu preisen, als einen schmutzig-groben Bengel vor. Er bezweifelt das Glück von Tahiti, das Forster so anschaulich gepriesen hatte, weil es eben dort Menschen gäbe, und wo diese seien, da seien auch Übel. Diese Dichtung lebt mehr aus der Parodie der Gedanken, welche einst Rettenpacher in lateinischen Versen abgewandelt hatte. Sie bietet Abbilder des Lebens und steht zwischen Neidhart und Weinheber. Sie deutet auf die Parodien in den Wiener Vorstadttheatern und kaum weiter als in die ersten Jahrgänge von Bäuerles Theaterzeitung. Zwischen Blumauers Epistel an seinen Freund Pezzl aus Gastein im Salzburgischen mit dem Ausblick auf die Auswirkungen des jahrhundertelangen geistlichen Regiments und Grillparzers *Abschied von Gastein* (1820) liegt eine ganze Welt. Er setzt sich noch mit der Welt von Teufeln auseinander, die Aegidius Albertinus beschworen hatte, spottet über Martin von Cochem und hält gleichsam der überlebten Erbauungsliteratur seinen Epilog. Zur Welt und den geistigen Anliegen der Klassiker hat er ebensowenig Zugang wie zu den Schönheiten der Natur. Er wollte „Menschenglück bauen".

Johann Baptist von Alxinger (1755–97) stammt aus einer wohlhabenden Wiener Familie. Nach seiner Ausbildung bei den Jesuiten studierte er Jura und schloß seine Studien 1780 mit dem Doktorat ab. Früh trat er dem Dichterkreis um Denis und Haschka nahe und verkehrte im Hause Greiner. Seine erste Gedichtsammlung gab Riedel (1780) heraus. Die Ablehnung seiner Übersetzung von Gressets Alexandrinertragödie *Eduard III.* veranlaßte ihn, auf fernere dramatische Tätigkeit zu verzichten. Im Auftrag seiner Freimaurerloge unternahm Alxinger 1784 eine Reise nach Leipzig, Berlin und Weimar mit einem Besuch bei Wieland. Er verteidigte die Rechte der Berliner Aufklärung gegen die österreichischen Patrioten und seinen Rivalen Blumauer. Geistige Unabhängigkeit und Freimut verscherzten ihm eine Professur der Ästhetik an der Wiener Universität (1792).

Mit gedämpfter Anakreontik, Bardengesang, Gelegenheitsdichtungen alten Musters und Übersetzungen betrat Alxinger den österreichischen Parnaß. Aufklärungsoptimismus, Tyrannenhaß, Pfaffenfeindschaft, Kampf gegen den unbefugten Nachdruck und die mangelnde Teilnahme der Fürsten und Adeligen am geistigen Leben, wachsende Begeisterung an der Antike, Verherrlichung der Wahrheit bestimmen die ernsthaft-moralischen Züge seiner Lyrik. In bewußtem Gegensatz zu Blumauer gestaltete Alxinger die Ideale der Freimaurer in seinen mittelalterlichen Ritterepen *Doolin von Mainz* (1787) aus der Welt Karls des Großen und *Bliomberis* (1791), der Geschichte eines Ritters, der durch seine kühnen Taten und die Aufnahme in die Tafelrunde des Königs Artus den Mangel seiner außerehelichen Geburt tilgt. Die Quellen beider brachte Reichards „Bibliothek der Romane". Die französischen Originale hat Alxinger nicht eingesehen.

Vergil, die italienischen Renaissanceepen, die Überlieferung des historisch-politischen Heldenromans, Geister und Feen alter allegorischer oder modern französischer Abkunft, Elemente aus Wielands Oberon umhüllen mit schwererem oder zarterem Faltenwurf Anklagen gegen Despotismus, Freigeisterei, Auswüchse der Aufklärung und deren zersetzende Philosophie nicht ohne Zugeständnisse an Frivolität und Sentimentalität. Dazu kommen Hinweise auf das Wirken der geheimen Gesellschaften, staatsphilosophische Betrachtungen und ein Schuß Lehrhaftigkeit, aber ohne Beziehung zum wirklichen Leben, ohne humorvolle Überlegenheit und abstufendes Kennzeichnen der Menschen. Dem entspricht es auch, daß Alxinger das gleichmäßige Auf und Ab der Stanze nie durch Anapäste stört. Was er über Metrik äußert, ist echter Opitz. Wenn er *Numa Pompilius* von Jean-Pierre Florian (1755–94) ins Deutsche übersetzte (1791), so rückt ihn dies in unmittelbare Nähe von Zesen. Hat Alxinger nach dem Regierungsantritt Kaiser Leopolds (1790) auch mit seinen Ansichten zurückgehalten, so verteidigte er doch in einer Streitschrift gegen den Herausgeber der reaktionären Wiener Zeitschrift, den Professor der Rhetorik L e o p o l d A l o y s H o f f m a n n, das Recht freier Meinungsäußerung und wehrte sich gegen die Gleichsetzung von Freimaurern und Jakobinern als Staatsfeinden (1792). Er hoffte mit der *Österreichischen Monatsschrift* (1793/94) auf weitere Kreise wirken zu können. Obwohl Schreyvogel von 1794 an die Herausgabe dieser Zeitschrift übernahm, konnte sie sich nicht halten. Als politischer Journalist suchte Alxinger die Ideale der Aufklärung gegenüber dem reaktionären Kurs in Österreich und dem französischen Radikalismus der Schreckenszeit zu retten. Eine Betrachtung über die Umgangssprache zeigt mit dem Rat, das Französische als Verständigungsmittel der höheren Stände durch das Latein zu ersetzen, wie kräftig die humanistische Bildungsgrundlage noch immer ist. Alxingers Bewertung der antiken Autoren hält sich im wesentlichen an den Kanon Scaligers und der Jesuiten. Wenn Homer die Verletzung des moralischen Gefühls vorgeworfen wird, so zeigt dies, wie man in Österreich Vergil die Treue hält und den Zugang zum Griechentum am Ende des Jahrhunderts noch nicht gefunden hat. Darum hat Alxinger auch die alte Übersetzungspraxis gegenüber den Neuerungen von Voß verteidigt.

Aber auf die Dauer war auch in Österreich die neue Zeit nicht aufzuhalten, der Stern Weimars war im Aufstieg und seine Strahlen sollten Grillparzer und Stifter erleuchten; das wird der Gegenstand späterer Darstellung sein.

LITERATUR

Prosaerzählung: R. Fürst, Die Vorläufer der modernen Novelle im 18. Jahrh. Halle 1897. O. Rommel, Rationalistische Dämonie, in: Dte. Vierteljahrschr. 17 (1939) S. 183 bis 220. H. Beyer, Die moralische Erzählung in Deutschland bis zu H. v. Kleist. Diss. Frankfurt a. M. 1939.
Roman: Marianne Thalmann, Der Trivialroman d. 18. Jahrh.s u. d. romantische Roman. German. Stud. 24. R. Bauer, Der historische Trivialroman im ausgehenden 18. Jahrh. München 1930. Agnes Genevieve Murphy, Banditry, Chivalry and Terror in German Fiction 1790–1830. Diss. Chicago 1935. Edith Birkhead, The Tale of terror. London 1932. H. Ritter, Die pädagogischen Strömungen im letzten Drittel d. 18. Jahrh.s in den gleichzeitigen deutschen pädagogischen Romanen u. romanhaften Darstellungen. Diss. Halle 1938. G. O. Schmid, Marmontel. Seine moralischen Erzählungen u. die deutsche Lit. Straßburg 1935.
Drama: Rob. F. Arnold, Das deutsche Dr. München 1925. A. Eloesser, Das bürgerl. Dr. Seine Geschichte im 18. u. 19. Jahrh. Berlin 1898. F. Sengle, Das deutsche Geschichtsdrama, Gesch. eines literar. Mythos. Stuttgart 1952. O. Brahm, Das deutsche Ritterdr. des 18. Jahrh.s. Studien über J. A. v. Törring, seine Vorgänger und Nachfolger. London 1880. K. Holl, Gesch. d. deutschen Lustspiels. 1923. F. Brüggemann, Der Kampf um die bürgerl. Welt- und Lebensanschauung im 18. Jahrh. Dte. Vierteljahrschr. 3. Jg. 1925. F. J. Schneider, Die Freimaurerei und ihr Einfluß auf die geistige Kultur in Deutschl. am Ende des 18. Jahrh.s. Prag 1909.

Knigge: Jos. Popp, Weltanschauung u. Hauptwerk des Freihrn. A. v. K. Diss. München 1931.

Kortum: K. Deicke, Der Jobsiadendichter C. A. K. (o. J.). H. Dickerhoff, Die Entstehung der Jobsiade. Münster 1908.

Gemmingen: Herm. Fischer, Briefwechsel zwischen Albr. v. Haller u. G. Tübingen 1899. Mit Biographie. C. Flaischlen, G. Stuttgart 1890.

Schauspielkunst: H. Kindermann, Theatergesch. d. Goethezeit. Wien 1949.

Wien: Nagl u. Zeidler, Deutsch-österr. Lit.-Gesch. Wien 1914. M. Enzinger, Die Entwicklg. d. Wiener Theaters v. 16. bis 19. Jahrh. Schriften der Gesellschaft für Theatergesch. 28 f. 1918/19. J. Nadler, Lit.-Gesch. d. dten. Stämme u. Landschaften. III. Bd. 2. Aufl. (1740–1813). Regensburg 1924. O. Rommel, Die Alt-Wiener Volkskomödie. 1952. Ausführliche Bibliographie über das Theaterwesen in: Deutsche Philologie im Aufriß 3. Bd. 22. Lief. Sp. 554 ff. von K. Braun.

Richter: Die Eipeldauerbriefe 1785–97. Auswahl hrsg. und eingeleitet von E. v. Paunel. München 1917.

ZEITTAFEL

1724 Klopstock*.

1729 Lessing *.

1730 Haman *. J. Thomson, Jahreszeiten.

1733 Wieland *. Nicolai *.

1739/47 Joh. Jak. Moser: Teutsches Staatsrecht.

1740 Samuel Richardson, Pamela.

1742 Edward Young, The Complaint or Nightthoughts.

1743 Joh. Elias Schlegel, Hermann.

1744 Herder *. Alexander Pope †.

1747 Beginn der Klopstockschen Odendichtung.

1748 Klopstock, die ersten drei Gesänge des Messias in den Bremer Beiträgen. Lessing, Der junge Gelehrte. Richardson, Clarissa.

1749 Lessing, Der Freigeist, Die Juden. E. v. Kleist, Der Frühling. Justus Möser, Arminius. Fielding, Tom Jones. Johann Wolfgang Goethe * am 28. August.

1750 Klopstock, Der Zürchersee. Lessings Zeitschrift „Beiträge zur Historie und Aufnahme des Theaters" erscheint.

1751 Henry Home, Essays on the Principles of Morality and Natural Religion. Klopstock, Messias 1. Bd. Lessing, Samuel Henzi.

1752 Wieland, Der Frühling. Lessing, Miss Sara Sampson.

1753 Klopstock, Drei Gebete. Lessing, Lyrica. Wieland, Noah, Briefe von Verstorbenen, Der geprüfte Adam. Die „Göttinger Gelehrten Anzeigen" erscheinen. Richardson, Grandison.

1754 J. J. Winckelmann, Gedanken über die Nachahmung der griechischen Werke. Lessing, Briefe, Rettungen, Vademecum.

1755 Klopstock, Messias, zweibändige Kopenhagener Ausgabe. Lessing, Dramen. M. Mendelssohn, Briefe über die Empfindungen. J. H. Obereit entdeckt in Hohenems die Handschrift C des Nibelungenliedes. Die „Erfurter Gelehrte Zeitung" erscheint (–1803).

1756 S. Geßner, Idyllen. Chr. Fr. Nicolais Preisausschreiben für das beste Trauerspiel.

1756–63 Der Siebenjährige Krieg.

1757 Klopstock, Der Tod Adams. E. v. Kleist, Ode An die preußische Armee. Chr. Fr. Nicolais „Bibliothek der schönen Wissenschaften und freien Künste" erscheint. Ders., Abhandlung vom Trauerspiel, Briefe über den itzigen Zustand der schönen Wissenschaften. M. Mendelssohn, Über die Hauptgrundsätze der schönen Künste und Wissenschaften. Karl August Herzog von Sachsen-Weimar-Eisenach *.

1758 Klopstock, Geistliche Lieder 1. Teil, Hymnen (–1761). Lessing, Theatralische Bibliothek. Wieland, Lady Johanna Gray. M. Mendelssohn, Betrachtungen über das Erhabene und Naive. K. W. Ramler übersetzt Batteux. Hamann, Gedanken über meinen Lebenslauf. Diderot, Le père de famille.

1759 Klopstock, Frühlingsfeier. Lessing, Briefe die neueste Literatur betreffend (24 Teile bis 1765), Philotas, Fatime. Wieland, Cyrus. E. v. Kleist, Cissides und Paches. Chr. F. Weiße, Richard III. Hamann, Sokratische Denkwürdigkeiten. Friedrich Schiller * am 10. November.

1760 Klopstock, Messias 1 Bd. Hallesche Ausgabe. Wieland, Araspes und Panthea. J. K. A. Musäus, Grandison II. (–1762). J. J. Rousseau, Nouvelle Héloïse. Sterne, Leben und Meinungen des Tristram Shandy (–1767).

1761 Th. Abbt, Vom Tode fürs Vaterland. H. W. v. Gerstenberg, Dänische Grenadierlieder. S. Richardson †.

1762 Wieland beginnt Shakespeare zu übersetzen (–1766). Hamann, Kreuzzüge des Philologen. J. J. Rousseau, Émile, Le contrat social. J. Macpherson, Ossian, Fingal. H. Home, Elements of Criticism. Anonyme Ossianübersetzung im Bremischen Magazin.

1763 J. J. Winckelmann, Geschichte der Kunst des Altertums. M. Mendelssohn, Abhandlung über die Evidenz der metaphysischen Wissenschaften. J. N. Meinhard übersetzt Home's Grundsätze der Kritik (–1766). J. G. Zimmermann, Von der Erfahrung in der Arzneikunst. J. Macpherson, Ossian, Temora. Marivaux †.

1764 Klopstock, Salomo. Wieland, Die Abenteuer des Don Sylvio de Rosalva. J. G. Jacobi, Poetische Versuche. I. Iselin, Geschichte der Menschheit, Über die Liebe des Vaterlandes. M. Thümmel, Wilhelmine. Die Gedichte der Karschin erscheinen.

1765 Chr. F. Weiße, Die „Neue Bibliothek der schönen Wissenschaften und freien Künste" erscheint (82 Bde. bis 1806). Nicolai, Die „Allgemeine deutsche Bibliothek" erscheint (139 Bde. bis 1798). Thomas Abbt: Vom Verdienst. Fr. K. Moser, Von dem deutschen Nationalgeist. J. v. Sonnenfels, Grundsätze der Polizeiwissenschaft, Briefe über die Wienerische Schaubühne. Goethe als Student in Leipzig (–1768).

1766 J. J. Winckelmann, Versuch einer Allegorie. Lessing, Laokoon. Wieland, Agathon. K. W. Ramler, Lieder der Deutschen. Chr. F. Weiße, Lieder für Kinder. H. W. v. Gerstenberg, Briefe über Merkwürdigkeiten der Literatur, Gedicht eines Skalden. Herder, Über die neuere deutsche Literatur. Oliver Goldsmith, The Vicar of Wakefield.

1767 Lessing, Minna von Barnhelm, Die Matrone von Ephesus, Die Hamburgische Dramaturgie. Wieland, Idris-Fragment. Chr. F. Weiße, Atreus von Rhyest. M. Mendelssohn, Phaedra. Fr. J. Riedel, Theorie der schönen Künste und Wissenschaften. Fr. K. Moser, Patriotische Briefe. H. P. Sturz, Julie, Brief über das deutsche Theater. H. W. v. Gerstenberg, Rezensionen in der „Hamburgischen Neuen Zeitung" (–1771). Chr. A. Klotz, „Deutsche Bibliothek der schönen Wissenschaften" (–1771). Goethe, Oden An meinen Freund.

1768 Klopstock, Messias 3. Bd. Lessing, 1. Teil der Briefe antiquarischen Inhalts. Wieland, Musarion. Herder, Über Thomas Abbts Schriften. J. Möser, Osnabrückische Geschichte. J. B. Basedow, Vorstellungen an Menschenfreunde. Goethe, Laune des Verliebten. M. Denis übersetzt Ossian. H. W. v. Gerstenberg, Ugolino. Lorenz Sterne, Yoricks Empfindsame Reise erscheint im Todesjahr des Dichters.

1769 Klopstock, Geistliche Lieder 2. Teil, Hermanns Schlacht. J. G. Jacobi, Winterreise. Lessing, Briefe antiquarischen Inhalts 2. Teil, Wie die Alten den Tod gebildet. Herder, Kritische Wälder. Goethe, Neue Lieder, Die Mitschuldigen. A. Ferguson, Institutes of Moral Philosophy.

1770 Wieland, Beiträge zur geheimen Geschichte der Menschheit. J. G. Jacobi. Sommerreise. J. Th. Hermes, Sophiens Reise von Memel nach Sachsen (–1773), Goethe trifft in Straßburg mit Herder zusammen. Der Leipziger und der Göttinger Musenalmanach erscheinen.

1771 Klopstock, Oden, Hymnen. Wieland, Der neue Amadis. Sophie la Roche, Das Fräulein von Sternheim. Sulzer, Allgemeine Theorie der schönen Künste und Wissenschaften. Lavater, Tagebuch von einem Beobachter seiner selbst. M. Claudius gibt den Wandsbecker Boten heraus. Goethe, Rede zum Shakespearestag, Friederikenlieder, erste Niederschrift der „Geschichte Gottfriedens von Berlichingen".

1772 Klopstock, David. M. Denis, Lieder Sineds des Barden. Lessing, Emilia Galotti. Wieland, Der goldene Spiegel. S. Geßner, Neue Idyllen. Garve übersetzt Fergusons Institutes. Hamann, Rosencreuz. Herder, Über den Ursprung der Sprache. Goethe, Von deutscher Baukunst, Wanderers Sturmlied, Pilgers Morgenlied, Elysium, Felsweihegesang. Der Göttinger Hainbund wird gegründet. J. H. Merck gibt die „Frankfurter Gelehrten Anzeigen" heraus.

1773 Klopstock, Messias 4. Bd. Lessing, Zur Geschichte und Literatur. Wieland, Alceste, Briefe über die Alceste, Der Geist Shakespeares, Über den gegenwärtigen Zustand des deutschen Parnasses; der „Teutsche Merkur" erscheint (–1810). Nicolai, Das Leben und die Meinungen des Sebaldus Nothanker (3 Bde. bis 1776). Herder, Von deutscher Art und Kunst, Ossian und die Lieder alter Völker, Shakespeare. Goethe, Götz von Berlichingen, Götter, Helden und Wieland, Jahrmarktsfest von Plundersweilern, Satyros, Pater Brey, Hans Wursts Hochzeit, Prometheus, Mahomets Gesang. L. S. Mercier, Du Théâtre ou nouvel Essai sur l'Art dramatique.

1773/75 Goethe, Urfaust.

1774 Klopstock, Die deutsche Gelehrtenrepublik. Lessing, Beiträge. Hamann, Prolegomena. Herder, Die älteste Urkunde des Menschengeschlechts (2 Bde. bis 1776). Auch eine Philosophie der Geschichte, Wie die Alten den Tod gebildet? L. Hölty, Adelstan und Röschen. G. A. Bürger, Lenore. Chr. Fr. D. Schubart, Die deutsche Chronik (–1777). Goethe, Die Leiden des jungen Werthers, Clavigo. Ganymed, An Schwager Kronos, Der untreue Knabe; Rheinreise mit Lavater und Basedow. J. M. R. Lenz, Anmerkungen über das Theater, Lustspiele nach Plautus, Der Hofmeister. W. Heinse, Laidion. Chr. F. v. Blankenburg, Versuch über den Roman. J. Chr. Adelung, Deutsches Wörterbuch (–1786).

1775 Lessing, Zerstreute Anmerkungen über das Epigramm. Wieland, Geschichte des weisen Danischmend, Verserzählungen. Chr. F. Weiße, Der Kinderfreund, Zeitschrift (24 Bde. bis 1782). Nicolai, Die Freuden des jungen Werthers. Hamann, Hierophantische Briefe. Herder, Erläuterungen zum Neuen Testament, Ursachen des gesunkenen Geschmacks. J. C. Lavater, Physiognomische Fragmente. Goethe, Lili-Lieder, Erwin und Elmire, Claudine von Villa Bella, Stella; erste Schweizer Reise, Auf dem See, Herbstgefühl; erste Arbeit am Egmont; Abreise nach Weimar am 3. November. Fr. H. Jacobi, Fragmente des Romans: Aus Eduard Allwills Papieren. Chr. F. D. Schubart: Zur Geschichte des menschlichen Herzens. Fr. M.

Klinger, Otto, Das leidende Weib. Maler Müller, Idyllen. M. Claudius, Asmus.
Voltaire, Warnungsbrief an die französische Akademie betreffend Shakespeare. J. J. Eschenburg übersetzt Shakespeare (–1782).

1776 H. P. Sturz, Abhandlung über Todesstrafen mit dem „Bekenntnis einer
Kindsmörderin". H. Boie gibt das „Deutsche Museum" heraus. J. M. Mil-
ler, Siegwart. J. A. v. Leisewitz, Julius von Tarent. J. M. R. Lenz, Die
Soldaten, Zerbin. H. L. Wagner, Die Kindermörderin. Maler Müller,
Situation aus Faust's Leben. Fr. M. Klinger, Die Zwillinge, Die neue
Arria, Simsone Grisaldo, Wirr-Warr (später: Sturm und Drang genannt).
J. K. Wezel, Ehestandsgeschichte des Herrn Marks. A. Wittenberg übersetzt
Voltaires Brief über Shakespeare. Fr. L. Schröder bietet die deutsche Ur-
aufführung des Hamlet. Eröffnung des Theaters an der Burg in Wien.
Goethe, Wallfahrt nach Erwins Grab, Wanderers Nachtlied, Hans
Sachsens Poetische Sendung, Die Geschwister, Lila, Triumph der Empfind-
samkeit, Briefe und Gedichte an Charlotte von Stein (–1788).

1777 Lessing, Beiträge, Fragmente, Gegensätze. Herder, Von Ähnlichkeit der mittleren englischen und deutschen Dichtkunst. Nicolai, Eyn feyner kleyner Almanach. J. M. R. Lenz, Der Landprediger. Goethe, An den Mond, Harzreise im Winter; Beginn der Arbeit an Wilhelm Meisters Theatralischer Sendung.

1778 H. Bodmer, Iliasübersetzung. Fr. L. v. Stolberg, Iliasübersetzung. Lessing,
Duplik, Gespräche für Freimaurer, Anti-Goeze, Nötige Antwort, Parabel vom
Königspalast. Wieland, Verserzählungen. Herder, Volkslieder. Denkmal
Johann Winckelmanns, Vom Erkennen und Empfinden der menschlichen
Seele. Jung-Stilling, Heinrich Stilling. Th. G. v. Hippel, Lebensläufe. Maler
Müller, Fausts Leben. J. G. Forster, Beschreibung einer Reise um die Welt.
Goethe, Der Fischer. J. J. Rousseau †.

1779 Lessing, Nathan der Weise. Wieland, Pandora, Pervonte. Herder, MA-
PAN AΘA. H. L. Wagner, Evchen Humprecht. Fr. H. Jacobi, Woldemar.
Müller-Itzehoe, Siegfried von Lindenberg. J. A. Graf von Törring, Kaspar der
Thorringer. Goethe, Aufführung der Prosafassung der Iphigenie am
6. April; zweite Schweizer Reise; Gesang der Geister über den Wassern,
Jery und Bätely, Briefe aus der Schweiz.

1780 Lessing, Erziehung des Menschengeschlechts. Wieland, Oberon.
Friedrich der Große, De la littérature allemande. H. Voß, Der Siebzigste Geburtstag. Herder, Briefe das Studium der Theologie betreffend. K. Fr.
Cramer, Klopstock, Er und über ihn. Chr. Fr. D. Schubart, Die Gruft
der Fürsten. Fr. M. Klinger, Stilpo, Plimplamplasko. O. H. v. Gemmingen, Der Hausvater. Goethe, Elfenlied, Meine Göttin. Schiller,
Versuch über den Zusammenhang der tierischen Natur des Menschen mit
seiner geistigen.

1781 Kant, Kritik der reinen Vernunft. Klopstock, Gesamtausgabe des Messias.
Wieland, Die Abderiten, Geister. Pestalozzi, Lienhard und Gertrud
(–1787). J. H. Voß, Die Odüßee. Herder, Über den Einfluß der schönen
in die höheren Wissenschaften, Vom Einfluß der Regierung auf die Wissenschaften. Maler Müller, Genoveva. J. A. v. Törring, Agnes Bernauerin.
Toleranzedikt Josefs II. und „erweiterte Preßfreiheit". Goethe, Grenzen

der Menschheit, Das Neueste aus Plundersweilern. Lessing † am 5. Februar.

1782 Henry Home †. Wieland, Briefe an einen Dichter. J. K. Musäus, Volksmärchen der Deutschen (–1787). Sophie la Roche, Moralische Erzählingen im Geschmack Marmontels (–1784). Herder, Vom Geist der ebräischen Poesie. J. M. Babo: Otto von Wittelsbach. Goethe, Fragment über die Natur, Die Fischerin, Erlkönig, Miedings Tod. Schiller, Anthologie; Flucht aus Stuttgart; Uraufführung der Räuber am 13. Januar.

1783 Chr. Fr. Nicolai, Beschreibung einer Reise durch Deutschland (–1796). G. K. Pfeffel, Fabeln, Die Tobackspfeife. J. Pezzl, Faustin. A. Blumauer, Virgils Aeneis travestiert. Goethe, Ilmenau, Das Göttliche, Der Sänger. Schiller, Uraufführung des Fiesko am 8. Oktober; Kabale und Liebe.

1784 Klopstock, Hermann und die Fürsten. M. Denis, Lieder Ossians und Sineds. Chr. F. Weiße, Briefwechsel der Familie des Kinderfreundes (12 Bde. bis 1792). J. G. Zimmermann, Über die Einsamkeit. Hamann, Metakritik. Herder, Ideen (–1791). Fr. M. Klinger, Konradin. K. A. Kortum, Die Jobsiade. Goethe, Die Geheimnisse, Zueignung, Versuch über den Granit, Scherz, List und Rache (–1785). Schiller, Uraufführung von Kabale und Liebe am 15. April; Vortrag in der „Deutschen Gesellschaft": Was kann eine gute stehende Bühne eigentlich wirken? M. Denis †. Diderot †.

1785 Herder, Zerstreute Blätter. Fr. H. Jacobi, Über die Lehre des Spinoza. K. Ph. Moritz, Anton Reiser (–1790). Chr. H. Spieß, Selbstmörderbiographien. A. W. Iffland, Die Jäger. J. Richter, Briefe eines Eipeldauers. Chr. G. Schütz gibt die „Allgemeine Literaturzeitung" heraus (–1803). Schiller, Die Rheinische Thalia, Die Schaubühne als moralische Anstalt betrachtet, Lied an die Freude.

1786 Wieland, Dschinnistan (–1789). Sophie la Roche, Moralische Erzählungen G. A. Bürger, Wunderbare Reisen des Freiherrn von Münchhausen. K. Ph. Moritz, Über die bildende Nachahmung des Schönen. J. Pezzl: Skizzen aus Wien. Goethe, Abreise nach Italien am 3. September. Umarbeitung der Iphigenie in fünffüßige Jamben (–1787). Schiller, „Thalia", Philosophische Briefe. Friedrich der Große †.

1787 Klopstock, Hermanns Tod. Herder, Gespräche über Gott. Fr. M. Klinger, Medea in Korinth. W. Heinse, Ardinghello. Veit Weber, Sagen der Vorzeit. Schubart, „Vaterländische Chronik" (ab 1788 „Vaterlandschronik"), Das Kaplied. Goethe, Schriften (1. Sammlg. seiner Werke) Bd. 1–4. Schiller, Buchausgabe des Don Karlos, Verbrecher aus Infamie, Der Geisterseher.

1788 Wieland, Lukianübersetzungen, Randglossen zur französischen Politik, Geheimnis des Kosmopolitenordens, Gespräch in Elysium. A. v. Kotzebue, Geschichte meines Vaters. A. Knigge, Umgang mit Menschen. Goethe in Rom: Egmont abgeschlossen, Arbeit an Faust, Tasso, Wilhelm Meister. Rückkehr nach Weimar 18. Juni. Schiller, Die Götter Griechenlands, Geschichte des Abfalls der Niederlande.

1789 Beginn der Französischen Revolution. Wieland, Kosmopolitische Adresse an die französische Nationalversammlung. G. Fülleborn, Schlesische Märchen Chr. B. Naubert, Neue Volksmärchen der Deutschen. A. v. Kotzebue, Menschenhaß und Reue. Goethe, Tasso beendet; Römische Elegien (erschienen 1795). Schiller, Was heißt und zu welchem Ende studiert man Universalgeschichte? Die Künstler.

1790 Wieland, Göttergespräche (–1793). K. v. Eckartshausen, Sittenlehren und Erzählungen. J. C. L. Haken, Die graue Mappe. Goethe, Zweite italienische Reise; Venezianische Epigramme (erschienen 1796), Metamorphose der Pflanzen, Faust, ein Fragment.

1791 Wieland, Peregrinus Proteus. Thümmel, Reise in die mittäglichen Provinzen von Frankreich (–1805). G. Forster, Ansichten vom Niederrhein. Fr. M. Klinger, Medea auf dem Kaukasus, Faust's Leben, Taten und Höllenfahrt. A. W. Iffland, Die Kokarden, Friedrich von Österreich. A. Giseke, Gemälde ländlicher Glückseligkeit. Seb. Kluge, Constants kuriose Lebensgeschichte. H. Zschokke, Die schwarzen Brüder. Chr. H. Spieß, Das Petermännchen. Schiller, Geschichte des dreißigjährigen Krieges (–1792), Übersetzung des 2. und 4. Gesangs der Aeneis. Goethe, Der Groß-Cophta.

1792 Fr. H. Jacobi, Allwill. Fr. M. Klinger, Geschichte Giafars. K. Tschink, Wundergeschichten. K. G. Cramer, Hasper a Spada. Chr. H. Spieß, Der alte Überall und Nirgends. J. M. Babo, Bürgerglück. Goethe, Die Campagne in Frankreich 1792 (erschienen 1822).

1793 Kant, Religion innerhalb der Grenzen der bloßen Vernunft. Nicolai, Neue allgemeine deutsche Bibliothek (117 Bde. bis 1806). Jung-Stilling, Über den Revolutionsgeist. Fr. M. Klinger, Raffael de Aquila. Herder, Briefe zur Beförderung der Humanität (–1797). Th. G. v. Hippel, Kreuz- und Querzüge des Ritters A. bis Z. (–1794). A. Lafontaine, Gemälde des menschlichen Herzens. Goethe, Der Bürgergeneral. Schiller, Über Anmut und Würde.

1794 Klopstock, Grammatische Gespräche. Herder, Von der Auferstehung als Glauben, Geschichte und Lehre; Sammlung christlicher Schriften (–1798). Chr. Fr. Nicolai, Geschichte eines dicken Mannes. Jung-Stilling, Heimweh. Chr. Heydenreich, Spanische Novellen. A. v. Kotzebue, Die jüngsten Kinder meiner Laune. Goethe, Reineke Fuchs. – Goethe und Schiller, Begegnung und erstes Gespräch in Jena. Schillers Brief vom 23. August.

1795 J. H. Voß, Luise. Wieland, Voß als Homerübersetzer. Herder, Homer ein Günstling der Zeit, Homer und Ossian, Terpsichore (3 Teile bis 1798). W. Heinse, Hildegard von Hohental. W. G. Becker, Darstellungen. Chr. H. Spieß, Biographien der Wahnsinnigen. J. J. Engel, Herr Lorenz Stark (–1796). Goethe, Römische Elegien, Unterhaltungen deutscher Ausgewanderten. Schiller, Über die ästhetische Erziehung des Menschen.

1796 Wieland, Neue Fassung des Agathodämon. Fr. M. Klinger, Der Faust der Morgenländer. Herder, Iduna. Goethe, Wilhelm Meisters Lehrjahre, Venezianische Epigramme. Schiller, Über naive und sentimentalische Dichtung.

1797 Ph. Sturm, Szenen aus der brandenburgischen Geschichte. Sophie la Roche, Erscheinungen am See Oneida. J. M. R. Lenz, Der Waldbruder (posthum erschienen). Goethe, Hermann und Dorothea, Alexis und Dora. Schiller, Das Mädchen aus der Fremde, Die Klage der Ceres. Goethe und Schiller im Musenalmanach auf das Jahr 1797: Xenien.

1798   Chr. Fr. Nicolai, Leben und Meinungen Sempronius Gundiberts. Fr. M. Klinger, Geschichte eines Deutschen der neuesten Zeit, Der Weltmann und der Dichter. Chr. A. Vulpius, Rinaldo Rinaldini. Chr. H. Spieß, Hans Heiling. Goethe und Schiller im Musenalmanach auf das Jahr 1798: Balladen. Schiller, Uraufführung von Wallensteins Lager am 12. Oktober.

1799   Herder, Verstand und Erfahrung. Eine Metakritik zur Kritik der reinen Vernunft, Kalligone. Chr. Fr. Nicolai, Vertraute Briefe. Fr. Rochlitz, Charaktere interessanter Menschen in moralischen Erzählungen. Schiller, Uraufführung der Piccolomini am 30. Januar und von Wallensteins Tod am 20. April.

1800   Schiller, Das Lied von der Glocke, Maria Stuart.

1801   Wieland, Aristipp und seine Zeitgenossen. H. Pestalozzi, Wie Gertrud ihre Kinder lehrt. Herder, Adrastea (–1803). Schiller, Die Jungfrau von Orléans.

1802   H. Voß, Zeitmessung der deutschen Sprache. J. P. Hebel, Alemannische Gedichte. A. W. Iffland, Die Kreuzfahrer (zur Eröffnung des Schauspielhauses in Berlin).

1803   Herder, Kalligenia. W. Heinse, Anastasia oder das Schachspiel. A. v. Kotzebue, Die deutschen Kleinstädter. Goethe, Die natürliche Tochter. Schiller, Die Braut von Messina. Klopstock † am 14. März. Herder † am 18. Dezember.

1804   Wieland, Menander und Glykerion. Jung-Stilling, Lehrjahre, Rückblick. Schiller, Wilhelm Tell, Arbeit am Demetrius (–1805).

1805   Wieland, Das Hexameron von Rosenhain. Herder, Der Cid. Schiller † am 9. Mai.

1807   J. P. Hebel, Der rheinländische Hausfreund.

1808   Wieland übersetzt Ciceros Briefe. Jung-Stilling, Theorie der Geisterkunde. Goethe, Faust. Der Tragödie erster Teil.

1809   Goethe, Pandora, Die Wahlverwandtschaften.

1811   J. P. Hebel, Das Schatzkästlein des rheinischen Hausfreundes. Goethe, Aus meinem Leben. Dichtung und Wahrheit (–1814).

1813   Wieland † am 20. Januar.

PERSONENVERZEICHNIS

SACHVERZEICHNIS

ORTSVERZEICHNIS

DIE KOMMENTIERTE
HAMBURGER GOETHE-AUSGABE

Goethes Werke in 14 Bänden . . . . Leinen DM 325.–

Einzelbände . . . . Leinen DM 28.–

Goethes Briefe und Briefe an Goethe

in 6 Bänden . . . . Leinen DM 165.–

Einzelbände . . . . Leinen DM 32.–

GOETHES WERKE

Hamburger Ausgabe in vierzehn Bänden. Herausgegeben von Erich Trunz, unter Mitwirkung von Herbert v. Einem, Wolfgang Kayser, H. J. Schrimpf, C. F. von Weizsäcker, Benno von Wiese, Lieselotte Blumenthal und Dorothea Kuhn. 7039 Seiten Text. 2750 Seiten Kommentar und Register

Band 1   Gedichte und Epen I: Gedichte in zeitlicher Anordnung. Herausgegeben von Erich Trunz (Kiel). 1948. 9. Auflage 1969

Band 2   Gedichte und Epen II: West-östlicher Divan – Die Geheimnisse – Reineke Fuchs – Hermann und Dorothea – Achilleis. Herausgegeben von Erich Trunz. 1949. 9. Auflage 1972

Band 3   Dramen I: Faust I – Faust II – Urfaust – Herausgegeben von Erich Trunz. 1949. 9. Auflage 1972

Band 4   Dramen II: Die Laune des Verliebten – Die Mitschuldigen – Götz von Berlichingen – Prometheus Satyros – Götter, Helden und Wieland – Claudine von Villa Bella – Clavigo – Stella – Die Geschwister – Egmont – Proserpina. Herausgegeben von Wolfgang Kayser. 1953. 7. Auflage 1968

Band 5   Dramen III: Iphigenie auf Tauris – Nausikaa – Torquato Tasso – Die Aufgeregten – Die natürliche Tochter – Paläophron und Neoterpe – Elpenor – Pandora – Des Epimenides Erwachen. Herausgegeben von Josef Kunz (Marburg). 1952. 7. Auflage 1966

Band 6   Romane und Novellen I: Die Leiden des jungen Werther – Unterhaltungen deutscher Ausgewanderten – Die Wahlverwandtschaften – Novelle. Herausgegeben von Erich Trunz und Benno von Wiese (Bonn). 1951. 7. Auflage 1968

Band 7   Romane und Novellen II: Wilhelm Meisters Lehrjahre. Herausgegeben von Erich Trunz. 1950. 8. Auflage 1973

Band 8   Romane und Novellen III: Wilhelm Meisters Wanderjahre. Herausgegeben von Erich Trunz. 1950. 8. Auflage 1973

Band 9   Autobiographische Schriften I: Dichtung und Wahrheit, Buch 1–13. Herausgegeben von Erich Trunz. Textkritisch durchgesehen von Lieselotte Blumenthal (Weimar). 1953. 6. Auflage 1967

GOETHES BRIEFE

Herausgegeben von Karl Robert Mandelkow unter Mitarbeit von Bodo Morawe.
2028 Seiten Text. 894 Seiten Kommentar und Register

BRIEFE AN GOETHE

Herausgegeben von Karl Robert Mandelkow. 1170 Seiten Text. 312 Seiten Kommentar
und Register

Als Sonderausgabe ist erschienen:

GOETHES FAUST

Faust I, Faust II und Urfaust, kommentiert von Erich Trunz. 149. Tausend. 1972.
964 Seiten, davon 243 Seiten Kommentar. Leinen DM 14.80

VERLAG C. H. BECK MÜNCHEN